智库 中社 年度报告 Annual Report

INSTITUTE OF ECONOMICS
CHINESE ACADEMY OF SOCIAL SCIENCES
中国社会科学院·经济研究所

中国经济报告

2023

推进中国式现代化

CHINA ECONOMIC REPORT 2023

Pursue Chinese Path to Modernization

中国社会科学院经济研究所 著

中国社会科学出版社

图书在版编目（CIP）数据

中国经济报告．2023：推进中国式现代化/中国社会科学院经济研究所著．—北京：中国社会科学出版社，2023.12（2024.6重印）

ISBN 978-7-5227-2854-4

Ⅰ．①中…　Ⅱ．①中…　Ⅲ．①中国经济—经济发展—研究报告—2023　Ⅳ．①F124

中国国家版本馆 CIP 数据核字(2023)第 240386 号

出 版 人　赵剑英
责任编辑　王　曦　刘晓红　王　衡　车文娇　李斯佳
责任校对　杨　林
责任印制　戴　宽

出　　版　中国社会科学出版社
社　　址　北京鼓楼西大街甲 158 号
邮　　编　100720
网　　址　http://www.csspw.cn
发 行 部　010-84083685
门 市 部　010-84029450
经　　销　新华书店及其他书店

印刷装订　北京君升印刷有限公司
版　　次　2023 年 12 月第 1 版
印　　次　2024 年 6 月第 2 次印刷

开　　本　710×1000　1/16
印　　张　50
字　　数　759 千字
定　　价　239.00 元

凡购买中国社会科学出版社图书，如有质量问题请与本社营销中心联系调换
电话：010-84083683

各章作者

导　论　　黄群慧

理论基础

第一章　　赵学军　钟李隽仁
第二章　　隋福民
第三章　　郭冠清
第四章　　沈　博　熊昌锟
第五章　　陈　健
第六章　　范建鏋
第七章　　阎瑞雪　魏　众
第八章　　彤新春　高歌阳　袁亦峥
第九章　　王大任
第十章　　姜长青

发展战略

第十一章　　倪红福
第十二章　　陈昌兵
第十三章　　续　继
第十四章　　郭冠清　陈　健
第十五章　　段　凡　刘学良
第十六章　　张自然

第十七章　　楠　玉

第十八章　　王　瑶

第十九章　　周慧珺　杜　创　付明卫
　　　　　　欧阳耀福　王世强

第二十章　　原　磊

政策实践

第二十一章　付敏杰

第二十二章　汤铎铎　陈汉鹏　贺　颖　王　佳

第二十三章　马国英

第二十四章　何　伟

第二十五章　王　山　原　磊

第二十六章　张彩云　寇冬雪

第二十七章　欧阳耀福　周慧珺

第二十八章　张　磊

第二十九章　张　鹏

第三十章　　王　震

第三十一章　李　铮

第三十二章　孙婧芳

第三十三章　王　庆

第三十四章　林　盼

第三十五章　张　弛

第三十六章　张　鹏

第三十七章　张小溪

目　录

发展战略

政策实践

导 论

习近平总书记在学习贯彻党的二十大精神研讨班开班式上指出：概括提出并深入阐述中国式现代化理论，是党的二十大的一个重大理论创新，是科学社会主义的最新重大成果。[①] 中国式现代化蕴含的独特世界观、价值观、历史观、文明观、民主观、生态观等及其伟大实践，是对世界现代化理论和实践的重大创新。

一 中国式现代化道路的创新超越

中国式现代化既切合中国实际，体现社会主义建设规律，也体现人类社会发展规律，实现了对西方现代化理论的全面超越，有着深刻的历史逻辑、理论逻辑、实践逻辑。习近平总书记指出："我们坚持和发展中国特色社会主义，推动物质文明、政治文明、精神文明、社会文明、生态文明协调发展，创造了中国式现代化新道路，创造了人类文明新形态。"[②] 作为一条现代化新道路，中国式现代化至少实现了以下四个方面的创新超越。[③]

（一）坚持以人民为中心的发展思想，摒弃西方现代化老路

中国式现代化遵循现代化理论中关于以工业化、市场化、经济全球化促进生产力发展的普遍规律，但其与西方现代化的基本逻辑并不

① 习近平：《正确理解和大力推进中国式现代化》，《人民日报》2023年2月8日第1版。

② 习近平：《中共中央关于党的百年奋斗重大成就和历史经验的决议》，人民出版社2021年版，第10页。

③ 黄群慧：《中国式现代化道路新在哪里》，《人民日报》2022年10月10日第17版。

相同，与西方现代化有着本质区别。

中国式现代化摒弃了西方现代化所遵循的生产力发展单纯服从于资本的逻辑，摒弃了西方以资本为中心的现代化、两极分化的现代化、物质主义膨胀的现代化、对外扩张掠夺的现代化老路，既实现了对西方现代化理论的超越，又丰富和发展了马克思主义发展理论。中国式现代化坚持以人民为中心的发展思想，把增进人民福祉、促进人的全面发展、朝着共同富裕方向稳步前进作为经济发展的出发点和落脚点，扎实推动共同富裕，不断增强人民群众获得感、幸福感、安全感。中国式现代化统筹推进经济建设、政治建设、文化建设、社会建设、生态文明建设，推动新型工业化、信息化、城镇化、农业现代化同步发展，推动物质文明、政治文明、精神文明、社会文明、生态文明协调发展，形成了系统协调的现代文明新形态。围绕满足人民美好生活需要，针对发展不平衡、不协调、不可持续问题，中国式现代化推动经济发展质量变革、效率变革、动力变革，努力实现创新成为第一动力、协调成为内生特点、绿色成为普遍形态、开放成为必由之路、共享成为根本目的的高质量发展。新时代现代化理论的创新突破，指引我国从“现代化的迟到国”跃升为“世界现代化的增长极”。

（二）坚持立足本国国情探索现代化动力机制和战略，给发展中国家走向现代化带来启示

坚持独立自主开辟发展道路，立足本国国情探索适合自己的现代化动力机制和战略，是中国式现代化取得成功的一个重要原因。

从现代化动力机制看，中国共产党创造性地把社会主义与市场经济有机结合起来，探索建立了社会主义市场经济体制，既充分发挥市场经济提高资源配置效率的长处，又有效发挥社会主义制度集中力量办大事的优越性；既使市场在资源配置中起决定性作用，又更好发挥政府作用；既充分利用资本在促进生产力发展方面的积极作用，又有效防止资本野蛮生长，实现了有效市场和有为政府的更好结合，让一切劳动、知识、技术、管理、资本的活力竞相迸发，让一切创造社会财富的源泉充分涌流，极大地解放和发展了社会生产力。

从现代化战略看，中华人民共和国成立以来，中国共产党始终立

足本国国情和发展阶段对建设社会主义现代化国家作出的战略安排，并以五年规划（计划）的形式加以贯彻落实。进入新时代，以习近平同志为核心的党中央对全面建成社会主义现代化强国作出了分两步走的战略安排：在“十三五”“十四五”规划建议中提出一批具有标志性的重大战略，实施富有前瞻性、全局性、基础性、针对性的重大举措。习近平总书记关于立足新发展阶段、贯彻新发展理念、构建新发展格局、推动高质量发展的一系列重要论述，为破解发展难题、增强发展动力、厚植发展优势、加快现代化发展提供了行动指南。适合国情的正确现代化战略，指引我国加快迈上更高质量、更有效率、更加公平、更可持续、更为安全的发展之路。

中国式现代化的成功实践向世人表明，一个后发国家即使不具备先发国家那样的发展条件，只要锚定自己的现代化目标，立足本国国情，独立自主探索适合自己的现代化道路，也能实现跨越式发展。

（三）积极倡导文明交流互鉴，打破西方“文明冲突论”对人类文明的桎梏

西方现代化是从农耕文明到工业文明再到信息文明的依次发展过程，形成了传统和现代二元对立的文明观，主张用现代性取代传统性。许多西方学者和政要认为，多种文明不可能和谐相处，必然发生冲突和对立。在西方现代化史上，一些国家利用其工业文明的先发优势对仍处于传统农业文明阶段的国家和民族进行侵略、压迫和奴役。今天，一些西方学者和政客依然在竭力宣扬西方文明等同于现代文明，试图改造其他文明。这加剧了世界范围的文明冲突，不利于人类文明丰富发展。

中国式现代化主张以文明交流超越文明隔阂，以文明互鉴超越文明冲突，以文明共存超越文明优越，探索创立具有包容性的人类文明新形态。中国共产党坚持把马克思主义基本原理同中国具体实际相结合、同中华优秀传统文化相结合，用马克思主义真理的力量激活了中华民族历经几千年创造的伟大文明，使中华文明再次迸发出强大精神力量。坚持弘扬平等、互鉴、对话、包容的文明观，尊重文明多样性，推动不同文明交流对话、和平共处、和谐共生，努力让文明交流

互鉴成为增进各国人民友谊的桥梁、推动人类社会进步的动力、维护世界和平的纽带。中国式现代化打破了西方“文明冲突论”对人类文明的桎梏，推动人类创造的各种文明交相辉映、相互尊重、和谐共处。

（四）坚持走和平发展道路，维护世界和平、促进共同发展

习近平总书记指出，我国现代化是“走和平发展道路的现代化”。与西方国家在现代化进程中长期奉行“国强必霸”的丛林法则和对抗性的零和博弈思维不同，和平发展是中国式现代化的重要特征。在推进现代化的过程中，中国始终坚守永远不称霸、不搞扩张、不谋求势力范围的庄严承诺，坚持推动构建人类命运共同体，在努力谋求自身发展的同时，积极为维护世界和平、促进共同发展贡献力量。

当今世界正经历百年未有之大变局，这场变局不限于一时一事、一国一域，而是深刻而宏阔的时代之变。百年变局和世纪疫情相互叠加，世界进入新的动荡变革期。各国人民对和平发展的期盼更加殷切，对公平正义的呼声更加强烈，对合作共赢的追求更加坚定。这更加凸显了走和平发展道路的中国式现代化的重大意义。针对当前世界面临的一系列现代化困境和危机，中国积极推动构建人类命运共同体，推动共建“一带一路”高质量发展，提出全球发展倡议、全球安全倡议，科学回答世界之问、时代之问，指出人类文明进步和现代化发展的正确方向，为建设持久和平、普遍安全、共同繁荣、开放包容、清洁美丽的世界贡献了中国智慧、中国方案、中国力量。

二　中国式现代化的重大理论价值

中国式现代化，不仅有中国共产党领导下中华民族实现伟大复兴的历史和实践逻辑，也有其深刻的理论逻辑和重要的理论价值。面对纷繁复杂的现代化理论，中国式现代化以马克思主义理论为指导，实现了对现代化理论兼容并蓄与创新超越的结合、规律性与多样化统一，形成了以“人民中心论”“本国国情论”“文明协调论”“和平发

展论”为理论内核的中国特色的社会主义现代化理论，[①] 为人类实现现代化提供了新选择，对世界现代化理论发展作出了原创性贡献，这至少体现在以下三个方面。[②]

（一）中国式现代化开创了一个全新的人类文明形态

现代化是一个文明发展和文明转型的过程，也是一个文明扩张和文明交融的过程。现代西方文明扩张过程中循序了“文明—野蛮”二元对立的“文明冲突论”来书写文明逻辑，运用其工业文明的先发优势对仍处于传统农业文明的国家进行欺凌和奴役。近代以来，中华民族“国家蒙辱、人民蒙难、文明蒙尘”的经历彰显了西方文明作为先发的现代文明对中华传统文明的侵略和压迫。中国式现代化全面摒弃了传统文明与现代文明相互冲突的文明发展逻辑，探索和创立了一个具有包容发展的文明新形态。中国式现代化的形成本身就是文明的平等尊重、交流互鉴、多元协调、开放包容、和合发展的结果。中国式现代化，一是秉承了中华优秀文明理念，将马克思主义与中华文明有机融合起来，用马克思主义真理的力量激活了中华民族历经几千年创造的伟大文明，使中华文明再次迸发出强大精神力量；二是将物质文明与精神文明相协调，积极推进精神文明建设，弘扬了中国特色社会主义先进文化，大力弘扬社会主义核心价值观，汇聚全体人民团结奋斗的思想基础与价值共识；三是借鉴了世界文明，特别是结合自己国情积极吸收和借鉴西方创造的现代文明成果。因此，正如习近平总书记指出的，中国式现代化深深植根于中华优秀传统文化，体现科学社会主义的先进本质，借鉴吸收一切人类优秀文明成果，代表人类文明进步的发展方向，展现了不同于西方现代化模式的新图景，是一种全新的人类文明形态。

（二）中国式现代化为人类探索更好的社会制度提供了新方案

中国式现代化坚持了“人民中心论”的现代化指导思想，丰富发

---

① 中国式现代化研究课题组：《中国式现代化的理论认识、经济前景与战略任务》，《经济研究》2022 年第 8 期。

② 黄群慧：《中国式现代化的重大创新意义与光明经济前景》，《中国社会科学报》2023 年 3 月 2 日第 6 版。

展了社会主义现代化理论，将解放和发展生产力作为发展社会主义的一个本质要求，将科学技术作为第一生产力，将创新作为发展的第一动力，成功跨越了“卡夫丁峡谷”，使一个落后的东方农业大国发展成为世界第一工业产出大国，把工业较发达国家向工业较不发达国家展示的未来景象变为现实。围绕着生产力发展，中国式现代化遵循了现代化理论中关于工业化、市场化、经济全球化促进生产力发展的普遍性规律，仅用几十年时间就走完了发达国家几百年走过的工业化历程。但是，中国式现代化与资本主义现代化的目标和逻辑根本不同，中国式现代化绝不是单纯遵循现代化理论所揭示的生产力发展的普遍性规律，而是摒弃了西方以资本为中心的现代化、两极分化的现代化、物质主义膨胀的现代化、对外扩张掠夺的现代化的老路，成功颠覆了以西方社会经济制度为模本的经典现代化理论，打破了“现代化=西方化”的迷思，展现了现代化的另一幅图景，拓展了发展中国家走向现代化的路径选择，为人类对更好社会制度的探索提供了中国方案。

（三）中国式现代化拓展了发展中国家走向现代化的路径选择

中国式现代化坚持了“和平发展论”的国际化发展模式，一方面，中国在融入世界经济体系、为促进全球经济发展和人类进步作出重要贡献的同时，始终保持了国家独立性和政治自主性，中国不仅没有成为依附发展理论所揭示的发展中国家在现代化进程中被“半边缘”或者“边缘”的状况，反而日益走近世界舞台中央；另一方面，中国始终奉行和平发展理念，彻底摒弃资本主义现代化的“国强必霸”的丛林逻辑，避免了“修昔底德陷阱”和“文明冲突论”。作为一个14亿多人口大国的和平崛起，将推动全球发展进入一个新时代。

中国式现代化坚持了“本国国情论”的现代化战略路径，创造了经济快速发展和社会长期稳定的奇迹，超越了西方主流经济发展理论，拓展了发展中国家走向现代化的路径选择。改革开放以来，从1978年到2020年的42年里，中国的GDP年均增长率达到9.2%。根据世界银行的数据，1996年中国经济总量占美国的比例突破10%，2006年突破20%，2008年突破30%，2010年突破40%，2012年突破50%，2014年突破60%，2020年突破70%。[①] 中国式现代化向发展中国家证实：一个发展中国家即使不具备先发国家所具备的发展条件，也可以实现跨越式发展。发展中国家需要基于自己的国情，制定科学的经济社会发展战略，发挥后发优势，将强烈的现代化意愿转化成经济发展的辉煌成就。

三 以高质量发展推进中国式现代化

高质量发展是全面建设社会主义现代化国家的首要任务，实现高质量发展是中国式现代化的本质要求之一。这就要求我们党在现代化建设中，要牢牢把握高质量发展这个本质要求，完整、准确、全面贯彻新发展理念，加快构建新发展格局，建设现代化经济体系，坚持以高质量发展推进和拓展中国式现代化。[②]

（一）立足新发展阶段，在高质量发展中走好现代化建设新征程

党的十九届五中全会提出，全面建成小康社会、实现第一个百年奋斗目标之后，我们要乘势而上开启全面建设社会主义现代化国家新征程、向第二个百年奋斗目标进军，这标志着我国进入了一个新发展阶段。新发展阶段是社会主义初级阶段中的一个阶段，同时是其中经过几十年积累、站到了新的起点上的一个阶段，也是我们党带领人民迎来从站起来、富起来到强起来历史性跨越的新阶段。

进入新发展阶段，我国经济实力、科技实力、综合国力和人民生活水平都跃上了新的台阶，人均国内生产总值超过1.2万美元，我国经济总量占世界经济比重达到18.5%，成为经济总量全球第二的超大规模经济体。但是，我国发展不平衡不充分问题仍然突出。我国正处在转变发展方式的关键阶段，劳动力成本上升、资源环境约束增大、粗放的发展方式难以为继，必须推动高质量发展，才能形成优质高效

---

① 黄群慧、杨虎涛：《中国式现代化道路的特质与世界意义》，《人民日报》2022年3月25日第9版。

② 黄群慧：《以高质量发展推进中国式现代化》，《经济日报》2022年10月27日第10版。

多样化的供给体系，使供求在新的水平上实现均衡。我国社会主要矛盾发生了重大变化，经济发展阶段也在发生历史性变化，解决我国社会的主要矛盾，必须推动高质量发展。还要看到，经济发展是一个螺旋式上升的过程，上升不是线性的，量积累到一定阶段，必须转向质的提升，这就要求我们必须把发展质量问题摆在更为突出的位置，着力提升发展质量和效益。这是经济发展规律的必然要求。

进入新发展阶段，世界百年未有之大变局加速演进，错综复杂的国际环境充满不确定性和挑战，逆全球化趋势更加明显，全球贸易格局、产业链供应链布局面临巨大冲击。但是，和平和发展仍是当今时代主题，我国发展仍处于重要的战略机遇期。聚焦到高质量发展上，从一定意义上说，百年变局亦给我们加快经济结构优化升级、建设现代化经济体系，提升科技创新能力、突破关键核心技术，深化经济体制改革、建设全国统一大市场，加强生态文明建设、推进可持续发展，坚持高水平对外开放、积极参与全球治理体系改革和建设等方面带来了新机遇新动力。只要我们保持战略定力，集中精力办好自己的事，牢牢把握高质量发展这个主题，就可以更好地在危机中育新机、于变局中开新局。

进入新发展阶段，我们对现代化规律的认识不断深入，不断推进和拓展中国式现代化。世界上既不存在定于一尊的现代化模式，也不存在放之四海而皆准的现代化标准。中国式现代化，是中国共产党领导的社会主义现代化，既有各国现代化的共同特征，更有基于自己国情的中国特色。改革开放新时期，邓小平同志从我国基本国情出发，提出要走出一条中国式的现代化道路。从党的十二大起，党的历次全国代表大会都对推进社会主义现代化建设作出战略部署。党的十八大以来，以习近平同志为核心的党中央对全面建成社会主义现代化强国作出了分两步走的战略安排：从 2020 年到 2035 年基本实现社会主义现代化，从 2035 年到 21 世纪中叶把我国建成富强民主文明和谐美丽的社会主义现代化强国。[①] 我们党深刻总结历史经验，针对新时代我国社会主要矛盾转化为人民日益增长的美好生活需要和不平衡不充分的发展之间的矛盾，提出完整准确全面贯彻新发展理念，统筹推进“五位一体”总体布局、协调推进“四个全面”战略布局，推进高质量发展，推进新型工业化、信息化、城镇化和农业现代化同步发展，建设现代化经济体系，进一步推进和拓展了中国式现代化。推进高质量发展，既是中国式现代化道路的重要内涵，也是实现中国式现代化的发展路径。新发展阶段，要切实增强推进高质量发展的自觉性，在高质量发展中走好现代化建设新征程。

（二）贯彻新发展理念，把握高质量发展这一中国式现代化本质要求

发展是党执政兴国的第一要务，是解决中国所有问题的关键。没有坚实的物质技术基础，就不可能全面建成社会主义现代化强国。高质量发展是全面建设社会主义现代化国家的首要任务。而要解决发展问题，必须先解决发展观或者明确发展理念。2015 年 10 月，习近平总书记在党的十八届五中全会上提出了创新、协调、绿色、开放、共享的新发展理念，强调坚持新发展理念是关系我国发展全局的一场深刻变革。其中，创新发展理念要求崇尚创新，明确创新是引领发展的第一动力，注重解决发展动力问题；协调发展理念要求注重协调，强调协调是持续健康发展的内在要求，注重解决发展不平衡问题；绿色发展理念要求倡导绿色，认为绿色是永续发展的必要条件和人民对美好生活追求的重要体现，注重解决人与自然和谐问题；开放发展理念要求厚植开放，坚持开放是国家繁荣发展的必由之路，注重解决发展内外联动问题；共享发展理念要求推进共享，把共享作为中国特色社会主义的本质要求，注重解决社会公平正义问题。高质量发展就是体现新发展理念要求、解决发展不平衡不充分问题、满足人民日益增长的美好生活需要的发展，这意味着，发展质量高低要用是否符合新发

① 习近平：《高举中国特色社会主义伟大旗帜　为全面建设社会主义现代化国家而团结奋斗——在中国共产党第二十次全国代表大会上的报告》，人民出版社 2022 年版，第 22 页。

展理念来界定和衡量。高质量发展表现为发展驱动力主要来自创新，表现为区域、产业、社会等各方面发展具有内在协调性，表现为绿色增长、人与自然和谐是发展的普遍形态，表现为全面开放、内外联动是发展的必由路径，表现为发展成果由全体人民共享。

从实现中国式现代化的角度看，新发展理念从理念层面回答了现代化的动力、路径、目标等重大问题，是我国现代化建设的指导原则。创新发展理念指明了推进中国式现代化进程的重要动力是创新，现代化的动力是遵循经济发展规律、科技发展规律的创新活动，现代化要通过不断创新和提供新资源以满足不断增长的人类需要的路径来实现。协调发展理念注重解决现代化进程中平衡性、协调性、整体性问题，可以说，协调发展既是现代化的目标要求，也是现代化的发展方式和路径，协调发展理念要求同步推进新型工业化、信息化、城镇化、农业现代化，要求推进产业协调发展、区域协调发展、城乡协调发展，要求实现物质文明和精神文明相协调的现代化。绿色发展理念从理论上回答了现代化进程中人与自然关系问题，要求现代化必须尊重自然、顺应自然、保护自然，遵循自然发展规律。开放发展理念表明，对外开放、与世界各国合作共赢是一个国家实现现代化的必由之路，在我国现代化建设中要提高内外联动性，进一步主动参与、推动、引领经济全球化。共享发展理念回答了现代化的根本目的问题，要求促进现代化进程中的社会公平正义，实现共同富裕，让发展成果更多地惠及全体人民，实现发展为了人民、发展依靠人民、发展成果由人民共享。综合来看，我国现代化是人口规模巨大的现代化，是全体人民共同富裕的现代化，是物质文明和精神文明相协调的现代化，是人与自然和谐共生的现代化，是走和平发展道路的现代化。贯彻新发展理念，是实现高质量发展的必然要求，而实现高质量发展又是中国式现代化的一个本质要求。以高质量发展推进中国式现代化，一定要完整、准确、全面贯彻新发展理念。

（三）构建新发展格局，以高质量国民经济循环推进中国式现代化

党的二十大报告提出，建成现代化经济体系，形成新发展格局，

基本实现新型工业化、信息化、城镇化、农业现代化。这是到2035年我国发展的总体目标之一。加快构建新发展格局，是以习近平同志为核心的党中央统筹中华民族伟大复兴战略全局和世界百年未有之大变局，审时度势作出的既立足当前又着眼长远的重大战略部署，对于坚持以高质量发展推进中国式现代化具有重大意义。

构建新发展格局的关键在于经济循环的畅通无阻，最本质的特征是实现高水平自立自强。经济活动本质是一个基于分工和价值增值的信息、资金和商品（含服务）在居民、企业和政府等不同的主体之间流动循环的过程，这个过程可以分为生产、分配、流通、消费等各个经济循环环节。经济发展正是通过这无数个、无数次的经济循环过程实现的。经济高质量发展需要有高质量的国民经济循环，其具备经济循环要素高端丰富、过程畅通无阻、环节协调平衡、流量稳定巨大、国内国际循环相互促进等特征。当前我国经济循环质量不高主要表现在内需体系不完善、经济循环不畅问题突出、高水平自主创新能力亟待提高等方面。从畅通经济循环重要内涵、实现高水平自立自强本质特征来看，以国内大循环为主体、国内国际双循环相互促进的新发展格局，不仅仅体现在国内循环流量在整体经济循环流量中占比高，还体现在以国内高水平自主创新驱动经济循环畅通无阻、以持续扩大国内需求不断做大经济循环流量、以发挥国内大循环主导作用促进国内国际双循环畅通。加快构建新发展格局的关键要求是提高国民经济循环的“质”，而高质量国民经济循环表现为以高水平自主创新为主、以扩大内需为主、以发挥国内大循环作用为主的经济循环。因此，通过加快构建新发展格局，可以提高国民经济循环质量，更好地推进高质量发展，进而推进中国式现代化进程。

构建新发展格局是我国经济现代化的路径选择。在新发展阶段，过去基于劳动力等要素低成本的比较优势的现代化赶超战略已经不适应发展形势，加上关键核心技术领域存在瓶颈等，极大制约国内国际经济循环质量，需要通过扩大内需、加快突破关键核心技术提升经济循环质量，从而形成基于新的比较优势的经济现代化战略路径。我国具有超大规模市场优势，需要利用好大国经济纵深广阔的比较优势，使得规模经济和集聚经济作用充分发挥，尤其是用好市场这个当今世界最稀缺的资源，不断提高自主创新能力，实现高水平自立自强，将比较优势转化为竞争优势，从而实现向创新驱动的质量提升型经济循环模式转变，推进中国式现代化进程。世界百年未有之大变局正在加速演进，我国发展面临新的战略机遇，也面临新的风险和挑战，必须通过加快构建新发展格局，确保国内大循环畅通无阻、实现高水平自立自强，增强国内大循环内生动力和可靠性，以国内大循环吸引全球资源要素，提升国际循环质量和水平，从而实现更高质量、更有效率、更加公平、更可持续、更为安全的发展，为推进中国式现代化提供重要保障。

（四）建设现代化经济体系，以高质量经济体系支撑现代化建设

一个现代化国家，必须有现代化经济体系作支撑。经济体系是由社会经济活动各个环节、各个层面、各个领域的相互关系和内在联系构成的一个有机整体，要求产业体系、市场体系、收入分配体系、城乡区域发展体系、绿色发展体系、全面开放体系和经济体制一体建设、一体推进。建设现代化经济体系，既是实现高质量发展的必由之路，也是现代化建设的战略目标任务。只有形成现代化经济体系，才能更好地顺应现代化发展潮流，赢得国际竞争主动，也才能为其他领域现代化提供有力支撑。

1. 坚持把发展经济的着力点放在实体经济上，建设现代化产业体系

实体经济是一国经济的立身之本、财富之源，是我国在国际经济竞争中赢得主动的根基。党的二十大报告专门提出建设现代化产业体系的要求，明确了产业发展的重点战略和基本方向，并强调指出，坚持把发展经济的着力点放在实体经济上，推进新型工业化，加快建设制造强国、质量强国、航天强国、交通强国、网络强国、数字中国。在实体经济和现代化产业体系中，制造业具有重要地位，其价值链长、关联性强、带动力大，在很大程度上决定着现代农业、现代服务业的发展水平，对建设现代化经济体系具有引领和支撑作用。建设现代化经济体系，首先要推进实体经济特别是制造业高质量发展，依靠

创新推动实体经济供给质量提升，促进实体经济、科技创新、现代金融、人力资源协同发展，建设现代化产业体系。推进实体经济特别是制造业高质量发展，要求推进新型工业化和工业现代化进程，加快发展先进制造业和战略性新兴产业，推进产业基础高级化、产业链现代化，提高产业链供应链韧性，推进数字经济和实体经济深度融合发展，构建现代化基础设施体系，不断夯实实体经济根基。

2. 构建高水平社会主义市场经济体制，高标准建设统一开放、竞争有序的市场体系

市场体系是社会主义市场经济体制的重要组成部分和有效运转基础。现代化经济体系要求市场体系容量巨大、结构合理、运行高效、统一开放、主体活跃、竞争有序。改革开放以来特别是党的十八大以来，我国市场体系建设取得长足进展，市场在资源配置中的决定性作用日益增强，市场发展环境持续改善。与此同时，一些束缚市场主体活力释放的体制机制障碍依然存在，我国市场体系建设任重而道远，必须坚持和完善社会主义基本经济制度，持续推进现代市场体系建设，不断夯实我国经济长远发展根基。在这一过程中，要进一步深化要素市场化配置改革，坚决清除妨碍各种生产要素市场化配置的体制机制障碍，依法依规引导各类资本健康发展；要进一步推进全国统一大市场建设，打造市场化、法治化、国际化一流营商环境；要进一步完善产权保护制度、市场准入制度、公平竞争制度、社会信用制度等；进一步全面对接国际高标准市场规则体系，有效利用全球要素和市场资源，使国内市场与国际市场更好联通。

3. 健全完善分配制度，建设体现效率、促进公平的收入分配体系

马克思主义政治经济学认为，分配决定于生产，又反作用于生产。分配体系在经济体系中具有重要作用。从我国生产力和生产关系的实际出发，我们确立了按劳分配为主体、多种分配方式并存的分配制度，形成了我国的基本分配制度。实践证明，这一制度安排有利于调动各方积极性，有利于实现效率和公平有机统一。由于种种原因，目前我国收入分配中还存在一些突出问题。在未来的现代化建设中，要以新发展理念为指导，围绕着实现共同富裕的目标要求，坚持按劳

分配为主体、多种分配方式并存，构建初次分配、再分配、第三次分配协调配套的制度体系，积极实施就业优先战略，努力提高居民收入在国民收入分配中的比重，不断健全体制机制和具体政策，持续增加城乡居民收入，改善收入和财富分配格局，不断缩小收入差距，规范财富积累机制，使分配体系体现出收入分配合理、社会公平正义、全体人民共同富裕的要求。

4. 全面推进乡村振兴和促进区域协调发展，建设彰显优势、协调联动的城乡区域发展体系

进入新发展阶段，高质量发展对城乡区域发展提出了新要求，要求建立充分发挥各区域比较优势、各区域在合理分工基础上良性互动、城乡融合的城乡区域发展体系。从城乡发展体系建设看，要全面推进乡村振兴，坚持农业农村优先发展，巩固拓展脱贫攻坚成果，加快建设农业强国；要加快推进以人为核心的新型城镇化，推进农业转移人口市民化，促进城乡融合发展。从区域发展体系建设看，总体思路是发挥各区域比较优势，进行合理分工定位，通过要素合理流动实现各区域良性互动，最终形成优势互补、高质量发展的区域经济布局。从一定意义上看，协同推进乡村振兴、区域协调发展和新型城镇化战略，形成彰显优势、协调联动的城乡区域发展体系，本质上是推动新型工业化、信息化、城镇化、农业现代化“四化”同步发展的重要体现，是实现中国式现代化的必然要求。

5. 以推进碳达峰碳中和为抓手，建设资源节约、环境友好的绿色发展体系

人与自然和谐共生是中国式现代化的重要特征，而要实现人与自然和谐共生需要绿色低碳的现代化经济体系支撑。在这一过程中，要推进美丽中国建设，加快发展方式绿色转型，提高生态系统多样性、稳定性、持续性，协同推进降碳、减污、扩绿、增长，推进生态优先、节约集约、绿色低碳发展。实现碳达峰碳中和目标是推动高质量发展、实现中国式现代化的内在要求，既要坚定不移推进，又要坚持统筹协调推进。这要求狠抓绿色低碳技术攻关，以能源革命和绿色制造为突破口，深化供给侧结构性改革，加快推进能源结构优化和产业

绿色升级，全面推进绿色生产和消费转型。

6. 积极推进高水平对外开放，建设多元平衡、安全高效的全面开放体系

可以说，现代化进程中的国家发展本质上是一个国家主动顺应经济全球化潮流、坚持与世界各国合作共赢从而实现国家繁荣发展的过程。推进中国式现代化必然也要求建设互利共赢、多元平衡、安全高效的开放型经济体系。在构建开放型经济体系中不断增强我国国际经济合作和竞争新优势，增强国内国际两个市场两种资源的联动效应，依托强大的国内经济循环体系和稳固的基本盘，更好地形成对全球要素资源的强大吸引力、在激烈国际竞争中的强大竞争力、在全球资源配置中的强大推动力。在未来的现代化建设中，聚焦建设全面开放体系，要更加注重制度型开放，强化规则、规制、管理、标准等方面的开放，积极推进贸易强国建设；要积极参与全球经济治理体系改革，统筹发展与安全，在扩大开放的同时，健全外商投资国家安全审查、反垄断审查、国家技术安全清单管理、不可靠实体清单等制度。

7. 推动有效市场和有为政府更好结合，构建市场机制有效、微观主体有活力、宏观调控有度的经济体制

中国共产党创造性地把社会主义与市场经济有机结合起来，探索建立了社会主义市场经济体制，既充分发挥市场经济提高资源配置效率的长处，又有效发挥社会主义制度集中力量办大事的优越性；既使市场在资源配置中起决定性作用，又更好发挥政府作用；既充分利用资本在促进生产力发展方面的积极作用，又有效防止资本野蛮生长，实现了有效市场和有为政府的更好结合，让一切劳动、知识、技术、管理、资本的活力竞相迸发，让一切创造社会财富的源泉充分涌流，极大解放和发展了社会生产力。可以说，这是推进中国式现代化的重要动力机制。在新征程上建设现代化经济体系，要构建高水平社会主义市场经济体制，加快形成供给与需求动态平衡、改革与管理高效统筹、国内循环与国际循环相互促进、市场机制与政府作用有效结合的经济运行机制，为以高质量发展推进中国式现代化提供重要支撑。

四　夯实中国式现代化的实体经济根基

在以中国式现代化全面推进中华民族伟大复兴的新征程中，高质量发展是全面建设社会主义现代化国家的首要任务、是中国式现代化的本质要求之一。实体经济是高质量发展的根基和引擎，没有实体经济提供的坚实物质技术支撑，就不可能实现高质量发展，从而也不可能实现全面建成社会主义现代化强国的奋斗目标。因此，成功推进和拓展中国式现代化，必须坚持把发展经济的着力点放在实体经济上，推进实体经济高质量发展，为此要全面把握以下三个方面认识。①

（一）实体经济为中国式现代化筑牢根基

习近平总书记指出，中华民族伟大复兴要靠我们的经济竞争力；经济竞争力，还是要抓实体经济。像我们这么一个大国，要想强大，必须靠实体经济，实体经济一定要抓在手里。实体经济是一国经济的立身之本、财富之源。没有强大的实体经济，就不能形成中国式现代化坚实的物质技术基础。中国式现代化是人口规模巨大的现代化，中国式现代化要使占世界18%的人口实现共同富裕，实现物质文明和精神文明相协调，实现人与自然和谐共生，就必须不断厚植现代化的物质基础，不断夯实人民幸福生活的物质条件。中国式现代化是走和平发展道路的现代化，没有强大物质基础支撑，我们也难以沿着独立自主的和平发展道路崛起。为此，党的十九大报告指出“必须把发展经济的着力点放在实体经济上”②，党的二十大报告进一步强调：“坚持把发展经济的着力点放在实体经济上，推进新型工业化，加快建设制造强国、质量强国、航天强国、交通强国、网络强国、数字中国。”③

实体经济是我国发展的本钱，也是构筑未来发展战略优势的重要支撑。无论经济发展到什么时候，实体经济都是我国经济发展、在国

① 黄群慧：《厚植中国式现代化的实体经济根基》，《光明日报》2022年10月25日第11版。

② 习近平：《习近平著作选读》（第二卷），人民出版社2023年版，第25页。

③ 习近平：《习近平著作选读》（第一卷），人民出版社2023年版，第25页。

际竞争中赢得主导的根基。中国共产党在领导人民建设社会主义现代化国家、开创中国式现代化新道路的过程中，一直高度重视实体经济的发展。在社会主义革命和建设时期，确立社会主义基本制度，推动社会主义向着工业、农业、国防和科学技术四个现代化目标不断发展，建立了独立的比较完整的工业体系和国民经济体系；在改革开放和社会主义现代化建设时期，形成了充满新活力的社会主义市场经济体制，指明了新型工业化发展道路，实现了人民生活从温饱不足到总体小康、奔向全面小康的历史性跨越；中国特色社会主义进入新时代，我国全面建成小康社会，迈进了向第二个百年奋斗目标奋进的新发展阶段。回顾历史，实体经济始终都是我国迈向现代化的重要支撑。迈向全面建设社会主义现代化国家新征程，以高质量发展推进和拓展中国式现代化，实现中华民族伟大复兴，必须促进实体经济高质量发展。实体经济高质量发展的主攻方向是不断提高供给体系质量，显著增强我国的经济质量优势。当前我国经济运行面临的突出矛盾和问题，主要根源是结构性失衡，包括实体经济内部的供需结构失衡，以及实体经济与虚拟经济之间的结构失衡，都需要通过深化供给侧结构性改革加以应对。

（二）大力发展实体经济需要推进新型工业化进程

现代化是一个复杂的历史现象和发展过程，从经济发展的角度，可以看作一个国家通过工业化进程成为经济社会发展领先国家的过程。工业化是工业（主要是制造业）驱动的一个国家或地区人均收入提高、产业结构从农业主导向工业主导的演进过程，其实质是国民经济中一系列重要生产要素组合方式连续发生由低级到高级的突破性变化、进而推动经济增长的过程。实体经济最核心、最主体的部分是制造业，因此，促进实体经济发展的核心内容无疑是继续推进和深化工业化进程。

中国共产党在领导中国人民建设社会主义现代化国家、开创中国式现代化道路的过程中，一直高度重视以推动工业化和工业现代化来带动实体经济的发展。从中华人民共和国成立初期人口众多、底子薄弱、经济落后的农业大国，发展成为经济总量世界第二的经济大国、制造业总量世界第一的制造大国，我们用几十年时间走完了发达国家几百年走过的工业化历程，实体经济在快速工业化的过程中取得令世人瞩目的成就。党的十八大以来，以习近平同志为核心的党中央在坚持走新型工业化道路的同时，针对我国现代化进程中的不平衡不协调问题，以新发展理念为指导，提出走中国特色新型工业化、信息化、城镇化、农业现代化道路，推动信息化和工业化深度融合、工业化和城镇化良性互动、城镇化和农业现代化相互协调，促进工业化、信息化、城镇化、农业现代化同步发展。党的二十大报告进一步明确指出，在2035年基本实现现代化时，要基本实现新型工业化、信息化、城镇化和农业现代化。

走新型工业化道路，促进新型工业化、信息化、城镇化、农业现代化同步发展，这为实体经济和制造业高质量发展指明了高端化、智能化、绿色化、融合化的方向，是制造业和实体经济高质量发展的核心要求。虽然中国工业化进程总体上已经到了工业化后期后半阶段，还没有全面实现工业化，工业化进程中还存在突出的发展不平衡不充分问题，与实现新型工业化要求还有较大差距，工业现代化水平还有待进一步提升。此外，与工业化进程相比较，我国的信息化、城镇化和农业现代化的总体水平还相对滞后，这都制约了实体经济和制造业的高质量发展。在未来全面建设社会主义现代化国家的新征程中，进一步深化工业化进程、推进新型工业化，促进新型工业化、信息化、城镇化、农业现代化同步发展，意义十分重大。当前我国实体经济发展存在的突出问题是大而不强，供给质量和效益还不高，创新能力不够强，还存在众多“核心能力短板”“关键能力短板”“基础能力短板”，存在不少“卡脖子”技术问题有待突破，总体表现为我国是制造大国而不是制造强国和质量强国，是航天大国、交通大国而不是航天强国、交通强国，网络强国和数字中国建设还任重而道远。实体经济和制造业发展中存在的这些突出问题，都需要在推进新型工业化进程，促进新型工业化、信息化、城镇化、农业现代化同步发展中逐步解决，绝不能过早和过快“去制造业化”“去工业化”，出现经济结构“脱实向虚”趋势，否则无法实现实体经济从大到强的转变，进而会影响到以高质量发展推进中国式现代化。

（三）大力发展实体经济必须加快建设现代化产业体系

国家强，经济体系必须强。一个现代化国家必须有现代化经济体系的支撑。只有形成现代化经济体系，才能更好顺应现代化发展潮流和赢得国际竞争主动，也才能为其他领域现代化提供有力支撑。中国开启全面建设社会主义现代化新征程，必须加快建设现代化经济体系，到2035年基本实现社会主义现代化时建成现代化经济体系。在经济体系中，产业体系发挥了创造供给、实现生产和再生产的关键作用。建设现代化经济体系的关键任务，就是建设现代化产业体系。党的二十大报告专门提出建设现代化产业体系的要求，明确了产业发展的重点战略和基本方向，这也是推进实体经济高质量发展的根本要求和主要着力点。建设现代化产业体系，必须依靠创新驱动实体经济供给质量提升和高质量发展，必须促进实体经济、科技创新、现代金融、人力资源协同发展。在未来中国式现代化新征程中，建设现代化产业体系、推进实体经济高质量发展，必须高度重视以下几个方面任务。

1. 加快发展先进制造业和战略性新兴产业，推进产业融合集群发展

先进制造业和战略性新兴产业是产业竞争的制高点和经济发展的新动能，包括新一代信息技术、人工智能、生物技术、新能源、新材料、高端装备、绿色环保等，代表着新一轮科技革命和产业变革的方向，建设现代化产业体系需要在这些方面加大投入。同时要把握产业融合集群发展的现代化趋势，推进现代服务业与先进制造业、现代化农业的深度融合发展，打造一批具有国际竞争力的先进制造业集群，推进物联网发展和高效畅通的物流产业现代化体系建设。

2. 推进产业基础能力高级化、产业链现代化，提高产业链韧性和战略性资源保障能力

产业基础能力，是指一个国家和地区所具有的促使产业形成和发展的基础性保障条件和综合实力，具体体现在基础零部件（元器件）、基础工艺、基础材料、基础技术、基础动力和基础软件等方面。我国

产业基础能力一直是短板，所谓“卡脖子”问题大多来自产业基础能力方面的不足。产业链现代化水平，是指一个国家产业链在全球价值链各环节的增值能力和地位，我国产业链总体处于全球价值链中低端。产业链韧性，是指当产业受到外界巨大冲击时能够迅速恢复的能力，在当今世界百年未有之大变局的背景下，产业链韧性和战略性资源保障能力对国家经济安全至关重要。建设现代化产业体系，需要通过实施产业基础再造工程、重大技术装备攻关工程、完善国家质量基础设施、大力发展世界一流企业和专精特新企业、优化产业链供应链发展环境等各方面举措，不断提高产业基础能力高级化、产业链现代化和战略性资源保障水平。

3. 推进数字经济和实体经济深度融合发展，推进数字产业化和产业数字化

发展数字经济是把握新一轮科技革命和产业变革新机遇的战略选择，是新一轮国际竞争的重点领域。在现代化新征程中，一定要加强关键核心技术攻关，抓住先机大力发展数字经济，抢占现代化产业体系建设的制高点。数字经济和实体经济的深度融合，其重点一方面是通过数字技术赋能传统产业转型升级，以智能制造为主攻方向推进产业数字化；另一方面是通过数字技术催生新产业新业态新模式，促进平台经济和共享经济健康发展，推进数字产业化。与此同时，注重通过数字产业化和产业数字化，逐步打造具有国际竞争力的数字产业集群。

4. 加快建设现代化基础设施体系，以有效投资促进新型基础设施建设

全面建设社会主义现代化国家，需要优化基础设施布局、结构和功能，加快建成系统完备、高效实用、智能绿色、安全可靠的现代化基础设施体系，具体包括新型基础设施建设、交通基础设施建设、现代能源体系建设、水利和农业农村基础设施建设等各方面。其中新型基础设施建设是现代化产业体系建设的重点，包括通信网络、算力等信息基础设施，智能交通、智慧能源等融合基础设施，以及重大科技基础设施、科教基础设施、产业技术创新基础设施等建设。新型基础

设施有效支撑产业的信息化、数字化、智能化水平提升，有利于促进工业化、城镇化和信息化深度融合，提高创新能力，因而具有重要意义。基础设施建设要优化其发展模式，实现经济效益、社会效益、生态效益、安全效益相统一。

5. 深化金融供给侧结构性改革，为实体经济发展提供更高质量、更有效率的金融服务

经济发展任何时候都不能“脱实向虚”，实体经济是金融的根基，金融是实体经济的血脉，为实体经济服务是金融的天职，满足社会经济发展需要是金融的本分。必须不断深化金融体制改革，增强金融服务实体经济的能力，优化融资结构和完善金融机构体系、市场体系、产品体系，健全资本市场功能，提高直接融资比重，促进多层次资本市场健康发展。

五　结语：中国式现代化具有光明的经济前景

在未来基准情况下，我国人均 GDP 将在 2025 年达到 14648 美元，在“十四五”时期我国将成功跨越“中等收入陷阱”，人均 GDP 水平进入高收入国家；到 2032 年中国人均 GDP 会超过 2 万美元，此时我国 GDP 总量会超过美国经济总量，成为全球第一大经济体，到 2035 年我国人均 GDP 会达到中等发达国家水平，基本实现现代化；在 2040 年之前我国人均 GDP 将超过 3 万美元，到 2050 年我国人均 GDP 将达到 48705 美元。我国人均 GDP 从 1 万美元到 2 万美元，从 2 万美元到 3 万美元大体都花费了 10 年左右的时间。[①] 总体上看，中国式现代化具有光明的前景，实现以中国式现代化全面推进中华民族伟大复兴未来可期。

当然，这种光明的前景并不是轻轻松松、敲锣打鼓就可以实现的。推进中国式现代化，是一项前无古人的开创性事业，必然会遇到

① 中国式现代化研究课题组：《中国式现代化的理论认识、经济前景与战略任务》，《经济研究》2022 年第 8 期。

各种可以预料和难以预料的风险挑战、艰难险阻甚至惊涛骇浪。我们要按照习近平总书记要求的，增强忧患意识，坚持底线思维，居安思危、未雨绸缪，敢于斗争、善于斗争，通过顽强斗争开创事业发展新天地。

（本章执笔：黄群慧）

理论基础

第一章
中国式现代化的探索历程

鸦片战争之后，中国的仁人志士为救亡图存，已开始寻找现代化道路。洋务派掀起洋务运动，建设现代工业。北洋政府时期，在实业救国的社会潮流中，工业化有所发展。孙中山也提出了发展经济的三民主义。他们的探索都失败了。中国共产党成立后，形成了新民主主义思想，提出了从新民主主义革命到社会主义革命的经济建设之路。中华人民共和国成立后到改革开放前，中国初步建立起比较独立完整的工业体系与国民经济体系，为中国式现代化打下了坚实基础。改革开放到党的十八大前，中国初步构建了现代化经济体系，并向纵深推进。党的十八大以来，统筹推进“五位一体”总体布局，协调推进“四个全面”战略布局，不断开创中国式现代化新局面。中国式现代化探索历程艰辛曲折，留下不少深刻的历史经验。

第一节　中华人民共和国成立前对经济现代化的探索

中国的现代化是在资本主义全球化的外部冲击下开始的。近代中国，出现了以追求工业化、民主化和民族独立化为中心的现代化，从现代化全程性和整体性的角度看，是早期现代化的表现。[①] 1840 年鸦片战争以后中国开始了以发展近代工业和市场为特征的现代化，到今

① 虞和平：《中国早期现代化道路的三大特性》，《近代史研究》2023 年第 1 期。

天已有 180 多年的时间。[①] 工业化是现代化的核心，在中华人民共和国成立之前，经济现代化的主要内容是工业化，大致经历了晚清的工业化、民国时期的工业化，中国共产党把马克思主义基本原理与中国实践相结合，形成了新民主主义经济思想，探索新民主主义的经济建设道路。

一　晚清时期工业化起步维艰

1840 年鸦片战争之后，魏源提出了“师夷长技以制夷”的思想，主张学习外国先进的生产和科学技术，创办军用、民用企业，以应对西方列强的侵略。曾国藩、李鸿章、左宗棠等人在镇压太平天国运动中，继续了魏源的思想，开启了以“自强求富”、抵御西方侵略为目标的洋务运动，实际上是启动了中国早期现代化。

1861 年清廷设立总理各国事务衙门，洋务运动兴起。在洋务派主导下，从枪炮、轮船扩大至电报、矿冶、纺织、火车等领域学习西方先进技术，在军事、工业、交通等方面，拉开了中国早期工业化的序幕，如曾国藩设立安庆军械所，李鸿章创办上海洋炮局、苏州洋炮局。从 1865 年镇压太平天国运动后，到 1895 年甲午战争结束时，清政府兴办了 21 家军工企业，著名的军工企业有江南制造总局、金陵机器局、福州船政局、天津机器局。各省也创办军工企业，如湖北枪炮厂、西安机器局、山东机器局、四川机器局等。但甲午战争的战败，标志着洋务运动的失败。

随着西方资本主义侵略的不断深入、洋务运动的推进，中国民用工矿企业也开始创设，企业组织形式有官办、官商合办、官督商办、商办，但主要是后两种方式。民用工矿业在船舶修造业、航运业、煤矿业、金属采矿业、钢铁冶炼业、机器缫丝业、棉纺织业、铁路、电报业等领域，都取得突破。

甲午战争失败，列强掀起瓜分中国的狂潮，民族危机空前严重。

---

① 武力：《中国式现代化的经济史分析》，《近代史研究》2023 年第 1 期。

商人、实业家、思想家们纷纷要求清政府放开商办、设厂救国、以商为战，民族资本工矿业得到发展机会。机器棉纺织业兴起，现代缫丝业得到较快的发展，面粉加工业快速增长，其他民族工业如火柴工业、卷烟工业、机器制造修配业也得到发展。煤炭工业得到初步发展，铁矿与冶炼工业缓慢发展。铁路、航运也有一定的发展。

二　民国时期工业化曲折发展

北洋政府时期，实业救国与建国成为社会潮流，各类实业团体纷纷创办。政府制定经济法规，鼓励兴办公司，保护幼稚民族工矿企业，提倡国货。北洋政府时期，政局动荡，官僚资本企业承接的是洋务派企业，自身甚少创建。工业方面，除汉冶萍公司、江南造船所有所发展外，多数陷于停滞。矿业稍有增拓，交通运输业，铁路、邮电均有发展，轮船招商局仅能维持。[①] 民族工商业在第一次世界大战期间得到短暂的较快发展。

孙中山从当时的世界政治经济环境及中国国情出发，设想了发展中国经济的三条途径。一是独立自主地利用世界资本主义国家的资本、机器、“专门家、发明家”等资源；二是以发展交通业为重点，推进经济发展，提出筑大港、修铁路，带动各地、各项工业建设，并惠及矿业和农业的发展；三是国家与私人两路开发实业，凡私人能力所及，或更宜于私人经营之产业，均应由私人自由经营，凡私人能力所不及，或具独占性质而不宜于私人经营的产业，应由国家经营，以利于全面而统一地发展工业化，抵抗外资侵入。孙中山逝世后，他所制定的发展经济的构想由当时的国民党和共产党在后来的一段时期内继续执行，工商业发展较快。[②] 南京国民政府大力发展国家垄断资本主义，民族资本主义经济虽仍有发展，但增长率大不如前。1937 年抗日战争全面爆发，中国的工业化、经济现代化又一次被打断。

① 许涤新、吴承明主编：《中国资本主义发展史》（第二卷），人民出版社 1990 年版，第 786 页。

② 虞和平：《中国早期现代化道路的探索》，《历史研究》2023 年第 2 期。

从洋务运动到南京国民政府覆灭，中国近代的工业化虽取得一些成绩，但成就并不大。中华人民共和国成立之前，传统的生产方式仍占绝对的重要位置，现代工业与工业体系未获得突破性发展。上海是近代中国最为发达的工业制造基地，但在冶金、机械、钢铁、电气、化学等重化工类基础行业方面也没有取得明显进展。1945—1947 年上海的化学工业与电气工业虽然有较大的进步，但工业生产的最重要行业依然是棉纺织业、食品制造业、服饰品业等生活资料生产工业，没有形成比较完整的工业体系。① 1949 年上海有 88 个工业行业，绝大多数是轻工业，工业主体是纺织、造纸、卷烟、火柴、肥皂、面粉、橡胶、皮革 8 个行业。冶金、化学等原料工业产值只占工业总产值的 3.3%，装备工业产值仅占工业总产值的 8.5%，仅有 1.8 万台金属切削机床，大多数企业从事修配业务，设备较好的工厂也只能生产一些结构简单、精度较低的机械产品。② 上海尚且如此，其他地方的工业结构更为落后。1949 年工农业总产值中机器大工业只占 17%，农业和手工业还占 83%。近代中国工业还表现为很强的对外依附性。③

三　新民主主义革命时期的探索

中国共产党成立以后，以毛泽东同志为主要代表的中国共产党人将马克思主义与中国革命实践相结合，形成了新民主主义思想，提出新民主主义经济理论。新民主主义经济思想源于中国共产党对当时社会性质的深刻认识，萌芽于土地革命时期，形成于抗日战争时期，发展于解放战争时期。完整形态的新民主主义经济实践于国民经济恢复时期。新民主主义经济思想的基本特征是：党对经济工作的领导；多种经济成分并存的经济结构；国营经济处于领导地位；市场机制与政府力量共同发挥作用。

实现工业化，是新民主主义经济理论的重要组成部分。1944 年 8

① 方书生：《近代中国工业体系的萌芽与演化》，《上海经济研究》2018 年第 11 期。
② 陈沂主编：《当代中国的上海》（上），当代中国出版社 1999 年版，第 386—387 页。
③ 汪海波主编：《新中国工业经济史》，经济管理出版社 2017 年版，第 20、17 页。

月毛泽东在给博古的信中说："民主革命的中心目的就是……建立近代工业社会。"[①] 1945年他又强调，"没有工业，便没有巩固的国防，便没有人民的福利，便没有国家的富强"[②]。1948年，毛泽东同志进一步指出："消灭封建制度，发展农业生产，就给发展工业生产，变农业国为工业国的任务奠定了基础，这就是新民主主义革命的最后目的。"[③] 中华人民共和国成立前夕，毛泽东同志提出"新民主主义的经济形态"之说，指出：推翻国民党政权，"还没有解决建立独立的完整的工业体系问题，只有待经济上获得了广大的发展，由落后的农业国变成了先进的工业国，才算最后地解决了这个问题"，才能"把中国建设成一个伟大的社会主义国家"[④]。1949年9月第一届中国人民政治协商会议通过了具有临时宪法作用的《中国人民政治协商会议共同纲领》，确定了中华人民共和国成立初期经济现代化建设的根本方针，再次强调工业化任务，规定："发展新民主主义的人民经济，稳步地变农业国为工业国。"[⑤]

中国共产党新民主主义革命理论提出，中国革命必须分两步走：第一步是民主主义的革命，第二步是社会主义的革命。新民主主义经济只是中国经济发展的第一步，随着社会主义革命的到来，其前途必定是社会主义经济。[⑥] 中华人民共和国成立后，中国完成社会主义革命，走向了社会主义现代化经济建设道路。

第二节　比较独立完整工业体系的初步建立

在1949年到1978年社会主义革命和建设时期，以毛泽东同志为核心的第一代中央领导集体推动了社会主义工业化，提出了从"一化

---

① 《毛泽东书信选集》，人民出版社1983年版，第237页。

② 《毛泽东选集》（第3卷），人民出版社1953年版，第1080页。

③ 《毛泽东选集》（第4卷），人民出版社1960年版，第1316页。

④ 《毛泽东选集》（第4卷），人民出版社1960年版，第1337页。

⑤ 毛泽东：《中国人民政治协商会议共同纲领》，人民出版社1952年版，第2页。

⑥ 赵凌云等主编：《为了人民的利益：中国共产党经济工作100年》，北京大学出版社2021年版，第112页。

三改”到“四个现代化”的中国现代化发展的目标与路径，推动从“赶超战略”到“两步走”的战略转变，为中国式现代化打下了坚实基础。

一 将“一化三改”作为过渡时期的总路线

中华人民共和国成立初期，现代化建设面临着经济基础薄弱、经济发展缓慢、人均收入低、经济结构原始而落后、基础设施建设落后、劳动力素质低和区域经济发展不平衡等问题。毛泽东同志指出：“我们还是一个农业国。在农业国的基础上，是谈不上什么强的，也谈不上什么富的。”[①] 为此，党和国家最重要的基础性工作是恢复国民经济。中国共产党采取建立国营经济、统一全国的财政经济工作、公私兼顾调整城市工商业、鼓励农业劳动互助和供销合作等一系列恢复经济的举措，争取财政经济状况的基本好转。1952 年年底，全国工农业总产值比 1949 年增长 77.5%。[②] 1953 年国营工业产值达 192.69 亿元，占全国工业总产值的 54.1%。[③] 这为有计划地进行大规模经济建设以及新民主主义向社会主义过渡创造了条件。

1953 年，毛泽东同志提出了党在过渡时期的总路线，指出：“要在一个相当长的时期内，逐步实现国家的社会主义工业化”。[④] 按照过渡时期总路线，1956 年年底，中国基本上完成了对生产资料私有制的社会主义改造，建立起了单一公有制的国民经济结构，为中国式现代化构建了基本经济制度。1957 年国营工业产值为 421.52 亿元，占全国工业总产值的 64.8%，而私营工业产值占全国工业总产值的比

---

① 《毛泽东文集》（第 6 卷），人民出版社 1999 年版，第 495 页。

② 中央财经领导小组办公室主编：《中国经济发展五十年大事记》，人民出版社、中共中央党校出版社 1999 年版，第 52 页。

③ 姜长青：《社会主义革命和建设时期中国工业化道路的形成逻辑与发展路径研究》，《经济纵横》2021 年第 6 期。

④ 《毛泽东著作选读》（下册），人民出版社 1986 年版，第 704 页。

重由 1954 年的 36.8%下降到 1957 年的 0.06%。①

第一个五年计划则开启了由农业化转向工业化的历史进程。1955 年 7 月，《中华人民共和国发展国民经济的第一个五年计划（1953—1957）》审议通过，成为指导过渡时期经济建设的纲领性文件。“一五”计划对重工业、农业、轻工业的发展比例、地区布局、规模、速度和效益都作出较详细、全面的安排，启动了我国大规模的工业化。在“一五”时期，轧钢厂、汽车制造厂、机床厂等重要工业生产场地建成投产，重要交通线建成，工业基地建成。“1953—1956 年，全国工业总产值平均每年递增 19.6%。”②“工业生产所取得的成就，远远超过旧中国的 100 年。增长速度同世界其他国家同一时期相比，也是名列前茅的。”③

二 将社会主义现代化界定为“两个现代化”

1954 年 6 月，毛泽东同志指出，我们的总目标是“要实现社会主义工业化，要实现农业的社会主义化、机械化，要建成一个伟大的社会主义国家”④。这就将社会主义现代化内涵界定为“两个现代化”。体现了中国的现代化道路是从传统农业社会向现代工业社会的转变过程，工业化是其核心。这一点在中国式现代化进程中始终是一个鲜明的特点。

前四个五年计划都实行重工业优先发展的工业化战略，其中“一五”计划最具有代表性，奠定了中国工业体系的基础。⑤“一五”计划的首要任务是进行以苏联帮助中国设计的 156 个项目为中心的、由

① 《1953—1957 中华人民共和国经济档案资料选编·工业卷》，中国物价出版社 1998 年版，第 799 页。

② 中央财经领导小组办公室主编：《中国经济发展五十年大事记》，人民出版社、中共中央党校出版社 1999 年版，第 109 页。

③ 中共中央党史研究室主编：《中国共产党历史：第 2 卷（1949—1978）》上册，中共党史出版社 2011 年版，第 419 页。

④ 《毛泽东文集》（第 6 卷），人民出版社 1999 年版，第 329 页。

⑤ 王晗、李琼：《新中国成立以来中国工业化历程》，《上海经济研究》2023 年第 8 期。

限额以上的694个建设项目组成的工业建设。具体包括：建立和扩建电力工业、煤矿工业和石油工业；建立和扩建现代化的钢铁工业、有色金属工业和基本化学工业；建立制造大型金属切削机床、发电设备、冶金设备、采矿设备和汽车、拖拉机、飞机的机器制造工业。与此同时，也要发展轻工业和改造小农经济。[①]

1952年，工业GDP占总GDP的份额仅为17.6%，1978年达到了44.3%。[②] 1953—1965年，中国重要工业部门从无到有，涵盖能源、冶金、化工、民用机械和国防工业等部门。[③]

三 将科学技术纳入现代化体系

以毛泽东同志为核心的党的第一代中央领导集体，始终高度重视科学技术对实现现代化的重要作用。1953年2月7日，毛泽东同志在全国政协一届四次会议闭幕会上强调要学习苏联“先进的科学技术”。1957年2月，毛泽东同志再次强调科学技术在现代化中的地位，在《关于正确处理人民内部矛盾的问题》中进一步明确：“将我国建设成为一个具有现代工业、现代农业和现代科学文化的社会主义国家。”[④] 科学技术的地位提升至国家战略层面，凸显了科学文化在现代化建设中的重要性。为我国后续接连在科学技术领域取得重大成就，国民经济实现快速发展作出了技术支撑。

这一时期我国高度重视教育发展，新建了很多学校，学生入学率和学科体系建设相比过去都有很大提高。从1949年到1976年，小学在校生从2439万人发展到1.5亿人；中学在校生从103.9万人发展到5836.5万人；高等学校在校生从11.7万人发展到67.4万人。学

① 中共中央文献研究室主编：《建国以来重要文献选编》（第6册），中央文献出版社1993年版，第411—413页。

② 国家统计局工业交通统计司主编：《中国工业交通能源50年统计资料汇编（1949—1999）》，中国统计出版社2000年版，第4页。

③ 董志凯、吴江：《新中国工业的奠基石：156项建设研究》，广东经济出版社2004年版，第303—315页。

④ 《毛泽东文集》（第7卷），人民出版社1999年版，第207页。

龄儿童入学率达到90%以上。劳动者的整体素质得到了很大提高[①]；中国还设立大批科研机构，培养科研人员，同时吸引海外科学家回国。1952—1955年，约有2500名留学生陆续回到祖国，仅1950年8月底，就有130多名留美生乘“威尔逊总统号”客轮经香港回国；[②]“一五”时期聘请了许多苏联顾问和专家，并派遣留学生出国学习现代科技知识。截至1965年，共向苏联派遣了8400多名留学生。[③]此外，至1976年年底，中国已向法国、英国、意大利、德国、瑞士、比利时等多个西方国家派出了留学生。[④]这些都有力地促进了中国的科技发展。

通过技术引进并消化吸收也是提高工业科技水平的重要途径。我国抓住有利的国际时机，进行三次大规模的技术装备引进，每一次技术装备引进都对中国产业升级发挥了重要的促进和引领作用。[⑤]“一五”时期，中国从苏联和东欧社会主义国家引进先进技术和成套设备，开展以“156项”工程为中心的工业化建设，填补了在电力、冶金和机电等领域的技术空白，使得中国工业技术水平迅速提高到20世纪40年代的世界水平。[⑥]

四　以“四个现代化”指引现代化建设实践

从“一化三改”到“四个现代化”，中国现代化道路的目标在实践中不断深化。1954年周恩来在党的文献中提出有关“四个现代化”的最早表述：“如果我们不建设起强大的现代化的工业、现代化的农

① 沙健孙：《毛泽东与新中国的经济建设》，《党的文献》2013年第1期。

② 张俊：《新中国成立初期中国共产党的留学生统战工作研究（1949—1956）》，《学术探索》2017年第5期。

③ 柳彦：《新中国出国留学工作的先河：简述五、六十年代向苏联派遣留学生工作》，《高等教育学报》1990年第3期。

④ 张东海：《改革开放前新中国的留学教育》，《比较教育研究》2010年第10期。

⑤ 姜长青：《社会主义革命和建设时期中国工业化道路的形成逻辑与发展路径研究》，《经济纵横》2021年第6期。

⑥ 《1958—1965中华人民共和国经济档案资料选编·工业卷》，中国财政经济出版社2011年版，第194页。

业、现代化的交通运输业和现代化的国防，我们就不能摆脱落后和贫困。"[①] 1959 年 12 月到 1960 年 2 月，毛泽东在读苏联《政治经济学教科书》时，加深了对社会主义现代化的认识，"建设社会主义，原来要求是工业现代化，农业现代化，科学文化现代化，现在要加上国防现代化"[②]。1964 年 12 月 21 日，周恩来提出："争取在不太长的历史时期内，把我国建成一个具有现代农业、现代工业、现代国防和现代科学技术的社会主义强国。"[③] 至此，"四个现代化"的内容正式成型。遗憾的是，这次会议提出的"四个现代化"重要思想和工作安排在"文化大革命"中受到了冲击和挑战。

1975 年，周恩来再次重申了"四个现代化"，以此来推动国民经济向前发展。此外，针对"大跃进"和"人民公社化"运动造成严重经济损失和一系列社会问题，周恩来提出的"新四个现代化"目标，设想了"两步走"的战略设想，即"从第三个五年计划开始，我国的国民经济发展，可以按两步来考虑：第一步，建立一个独立的比较完整的工业体系和国民经济体系；第二步，全面实现农业、工业、国防和科学技术的现代化，使我国经济走在世界的前列"[④]。"四个现代化"的实践路径从"赶超战略"转变到"两步走"，成为转型时期的关键抉择，重新科学认识了中国发展阶段，为重新选择适合中国国情的现代化道路提供了理论基础。

这一时期，基于国家工业化提出不断优化调整的"四个现代化"目标，引导了中华人民共和国成立后近 30 年的发展。至 1978 年年底，综合国力有了较大提高，初步建立起独立的比较完整的工业体系和国民经济体系。1949—1978 年，我国工业总产值年均增长 13.5%，到 1978 年工业总产值在工农业总产值中的比重增长到 75.2%。基本解决了近 10 亿人口的吃饭问题。1949 年我国人口出生率为 36%，死亡率为 20%，平均寿命仅 35 岁。中华人民共和国成立之初城镇化水

---

① 《周恩来选集》（下卷），人民出版社 1984 年版，第 132 页。
② 《毛泽东文集》（第 8 卷），人民出版社 1999 年，第 116 页。
③ 《建国以来重要文献选编》（第 5 册），中央文献出版社 2011 年版，第 503 页。
④ 《周恩来选集》（下卷），人民出版社 1984 年版，第 439 页。

平仅为10%左右，城市居民人均可支配收入不足100元，农村居民人均纯收入为44元。1978年城镇化率达到了17.92%。人口死亡率大幅下降，人均预期寿命提高到66岁左右。[①]

同时，这一时期主要以“均衡发展”为指导思想，区域发展战略重点向内地倾斜，总体发展追求区域生产力均衡布局，逐渐调整中华人民共和国成立之前形成的工业集中在东北和沿海一带的畸形生产力布局，建设以内地为重心的工业平衡布局，坚持统筹协调正确处理“十大关系”，推动“三线建设”，缩小了地区之间的经济发展差距，现代化取得均衡发展的成绩。

第三节　中国式现代化体系的构建和演进

1978年，党的十一届三中全会作出了改革开放的重大决策。此时，我国经济和社会发展基础仍然薄弱，以邓小平同志、江泽民同志、胡锦涛同志为主要代表的中国共产党人认识到建设有中国特色的现代化道路的必要性和紧迫性，先后提出了“中国式的现代化”重大命题，形成了“三步走”战略目标，推动由工业化到新型工业化道路的战略转型，构建“四位一体”总体布局，实现“三个迈上大台阶”，中国式现代化体系向纵深演进。

一　“中国式的现代化”重大命题的提出

面对在农村的7亿多贫困人口，全国人均耕地面积只有1.55亩，这样底子薄、人口多、耕地少的困难局面，邓小平同志提出“社会主义现代化建设是我们当前最大的政治”[②]，“现在搞建设，也要适合中国情况，走出一条中国式的现代化道路”[③]。在1978年到1979年多次

---

① 姜长青：《社会主义革命和建设时期中国工业化道路的形成逻辑与发展路径研究》，《经济纵横》2021年第6期。

② 《邓小平文选》（第2卷），人民出版社1994年版，第163页。

③ 《邓小平文选》（第2卷），人民出版社1994年版，第163页。

出访国外后，邓小平同志指出："我们要实现的四个现代化，是中国式的四个现代化。我们的四个现代化的概念，不是像你们那样的现代化的概念，而是'小康之家'。"[①] 邓小平同志根据改革开放初期我国经济发展水平的实际状况，明确提出了中国式现代化的重大命题及其核心内涵，为中国式现代化进程进一步指明了方向。

经过一个时期的发展，1987 年《政府工作报告》指出了国民经济的整体发展面貌，即"国家经济实力大大增强……林业、畜牧业、渔业、其他多种经营和乡镇企业，继续有了新的发展。农业和工业的比例、轻重工业的比例基本协调"[②]。此外，在原有的"四个现代化"关系之中，邓小平同志更明确指出："四个现代化，关键是科学技术的现代化"[③]，并提出"科学技术是第一生产力"[④]。更加强调了科技创新在中国式现代化中的引领作用。

人民生活水平不断提升。从 1978 年到 1984 年，城乡居民合计实物消费量，食品增加 28.6%，食用植物油增加将近 2 倍，猪肉增加 70%；穿的各类布增加 35%；每人购买日用消费品增加 32.6%。[⑤] 至 1990 年，在农民消费结构中，恩格尔系数由 1980 年的 61.8%下降至 54.9%；在城镇居民消费结构中，恩格尔系数则由 56.7%下降至 54.3%。[⑥]

从 1978 年到 20 世纪 90 年代末期，主要特点是农村工业化取得突出成就，乡镇企业异军突起，工业体系结构失衡问题得到有效改善。20 世纪 80 年代，政府向企业放权让利，国营企业拥有更多生产经营计划权和产品销售权等。处于夹缝中的乡镇企业，通过种种关系与国营企业建立了经济联系，有了生产资料与市场机会，从而快速发

① 《邓小平文选》（第 2 卷），人民出版社 1994 年版，第 237 页。

② 《十二大以来重要文献选编》（下），人民出版社 1988 年版，第 1310—1311 页。

③ 《邓小平文选》（第 2 卷），人民出版社 1994 年版，第 86 页。

④ 《邓小平文选》（第 3 卷），人民出版社 1993 年版，第 274 页。

⑤ 薛暮桥：《我国六年来物价和人民生活的变化》，《价格月刊》1986 年第 2 期。

⑥ 朱庆芳：《小康社会指标体系及 2000 年目标的综合评价》，《中国社会科学》1992 年第 1 期。

展起来。[①] 乡镇企业的异军突起，使得长期生产不足的消费资料快速增长，到 90 年代末，轻重工业产值比例大致恢复了平衡。1978 年，轻工业与重工业的产值之比为 43.1∶56.9，重工业比重显著高于轻工业。[②] 1999 年，轻工业与重工业的产值比例为 50.33∶49.67。[③] 轻重工业和一二三产业之间的比例不断趋于协调。

科技创新成为引领经济发展的重要动能。1985 年科技体制改革正式启动，“863”计划、火炬计划等重大计划开始实施。在市场化改革中，从具有高度计划性的科技体制向引入更多市场机制的科技体制转型，形成较为完整的国家创新体系。[④] 技术引进加速推进。技术引进管理机制和模式由以前管理权限高度集中于中央向地方和行业放权分级管理转变。[⑤]

人才海外交流成为趋势。1978 年 7 月，我国第一次开始大规模派遣公费留学生，中国留学教育事业进入了崭新的历史阶段。1978 年到 1989 年间，我国各类留学人员累计 96101 人。[⑥] 其中，大部分公派生选择攻读物理、工程、生物、数学、计算机等专业，而自费生则主要集中在工程、人文科学、物理、商科和计算机等专业。[⑦] 总体而言，自然科学为这一阶段留学的重点领域，选修自然科学的学生比例高达 90%。[⑧]

中国式现代化命题提出后，在这一时期引领民生、工业和科技领域不断取得新的成就。

---

① 王晗、李琮：《新中国成立以来中国工业化历程》，《上海经济研究》2023 年第 8 期。

② 国家统计局工业交通统计司主编：《中国工业交通能源 50 年统计资料汇编（1949—1999）》，中国统计出版社 2000 年版，第 8 页。

③ 国家统计局工业交通统计司主编：《中国工业交通能源 50 年统计资料汇编（1949—1999）》，中国统计出版社 2000 年版，第 8 页。

④ 洪蔚：《改革开放以来科技政策大事记》，《中国科学报》2012 年 3 月 5 日。

⑤ 贺俊、陶思宇：《创新体系与技术能力协同演进：中国工业技术进步 70 年》，《经济纵横》2019 年第 10 期。

⑥ 李滔：《中华留学教育史录（1949 年以后）》，高等教育出版社 2000 年版，第 200 页。

⑦ 岳婷婷：《改革开放以来的中国留美教育研究》，博士学位论文，南开大学，2015 年。

⑧ 李婵玉、朱智斌：《改革开放以来我国留学教育发展历程与演进逻辑》，《教育文化论坛》2019 年第 5 期。

二 经济发展的“三步走”战略目标

面对经济社会发展的新形势，中央开始形成清晰的社会经济发展目标。

1987年4月30日，邓小平同志在会见西班牙工人社会党副总书记、政府副首相阿方索·格拉等外宾时，初步阐述了我国“三步走”的发展战略。1987年党的十三大报告充分肯定邓小平同志的战略构想，明确提出“三步走”战略部署，其中，“第一步，实现国民生产总值比1980年翻一番……第二步，到20世纪末，使国民生产总值再增长一倍……第三步，到21世纪中叶，人均国民生产总值达到中等发达国家水平，人民生活比较富裕，基本实现现代化”①。

经过一个时期的发展，1992年《政府工作报告》指出，“1991年国民生产总值比上年增长百分之七……国家经济实力进一步增强”。2000年《政府工作报告》指出，“国内生产总值增长率达到预期目标”。

随着经济发展取得更大进展，中国根据实际情况不断适时调整经济发展目标。党的十五大谋划了到2010年及两个“一百年”三个时期改革和发展的任务，② 党的十六大提出国内生产总值到2020年力争比2000年翻两番，为从计划经济体制向社会主义市场经济体制转变的新阶段提出新的“小三步走”战略，党的十七大调整了此目标，提出“实现人均国内生产总值到2020年比2000年翻两番”的更高要求，基于现实需要滚动更新的“小三步走”发展目标。

经过一个时期的发展，1997年，我国人均国内生产总值达到6054元，按可比价格计算，比1980年增长3.1倍，③ 提前3年实现党的十三大确定的翻两番目标。2011年《政府工作报告》指出，“胜

① 《中国共产党简史》，人民出版社、中共党史出版社2021年版，第257页。

② 《十五大以来重要文献选编》（上），人民出版社2000年版，第4页。

③ 国家统计局国民经济综合统计司编：《新中国五十五年统计资料汇编（1949—2004）》，中国统计出版社2005年版，第12页。

利完成‘十一五’规划的主要目标和任务，国民经济迈上新的台阶。国内生产总值达到三十九万八千亿元，年均增长百分之十一点二”①。两个“三步走”，不断推动中国式现代化取得了阶段性成果。

三 从“四化”到“新四化”的转变

以江泽民同志、胡锦涛同志为主要代表的中国共产党人，在新的历史变化下，不断丰富“中国式现代化道路”的内涵。

党的十六届五中全会提出以工业化、城镇化、市场化、国际化为基本特征的“新四化”，较 1964 年“四化”内容新增了“城镇化、市场化、国际化”等表述，体现了 21 世纪中国对现代化的新认知和新拓展，是中国发展社会主义市场经济和适应经济全球化发展潮流的新变化。党的十七大报告中又增加了“信息化”这个新的提法，是党中央在科学分析我国经济全面参与全球化和世界信息化而提出的新认识，同样也是中国共产党对“中国式现代化”内容的新拓展。② 中国式现代化的内涵在改革开放以来不断动态丰富和完善发展，聚焦解决时代发展中的主要矛盾和突出问题，充分反映其科学性。

这一时期，工业化体系从小到大。从占世界的比重来看，1980 年，中国工业增加值占世界的比例仅为 1.1%，2000 年为 5.8%，2012 年达到了 15.1%。③ 从产品产量来看，中国各类工业产品产量急剧增长，居世界前列。截至 2011 年，中国钢、煤、水泥、棉布等 200 多种工业品产量居世界第 1 位。④ 从规模来看，中国拥有规模庞大、门类齐全的工业体系。至 2009 年，中国已拥有 39 个工业大类、191

---

① 《十七大以来重要文献选编》（下），中央文献出版社 2013 年版，第 221 页。

② 丁春福、冯贺：《中国共产党探索社会主义现代化道路的历史演进和基本经验》，《大连干部学刊》2022 年第 7 期。

③ 徐毅、范鲁文：《中国工业的长期表现及其全球比较：1850—2012 年——以增加值核算为中心》，《中国经济史研究》2016 年第 1 期。

④ 马建堂：《全面认识我国在世界经济中的地位》，《人民日报》2011 年 3 月 17 日第 16 版。

个中类、525个小类，覆盖联合国产业分类中所列的全部工业门类。[①] 从供需平衡来看，在20世纪90年代中后期，中国就已告别短缺经济，一般加工工业的生产能力出现过剩。在社会零售的613种商品中，供求平衡的占66%，供大于求的占34%。[②]

城镇化从平稳发展推进到快速发展。在1978—1996年的平稳发展阶段，以1984年为界，我国经济体制改革从农业转向工业、从农村转向城市。随着社会主义市场经济的建立和全面运行，建制镇数量从1978年的2851个增长到1996年的1.58万个，年均增长680个以上；城市数量从1978年的193个增长到1996年的666个，年均增长24.89个；城镇人口比重从1978年的17.92%增加到1996年的30.48%；在1996—2012年的快速发展阶段，城镇人口占总人口的比重从1996年的30.48%，上升至2008年的46.99%，达到世界平均水平，2012年已上升至53.10%；建制镇数量也达到了19881个，我国正式进入以城镇社会为主体的新时代。[③]

市场化体系向纵深构建。1981年党的十一届六中全会通过的《关于建国以来党的若干历史问题的决议》首次提出“以计划经济为主，市场调节为辅”的经济发展思路。1987年党的十三大提出“社会主义有计划商品经济”。1992年党的十四大正式确立“我国经济体制改革的目标是建立社会主义市场经济体制”，为中国经济发展确立了基本的体制机制框架。[④]

农村经济体制改革不断推进，提高了农村经济的效率。人民公社体制是“大锅饭”体制，生产激励不足，严重挫伤了农民的积极性。从安徽开始的家庭联产承包责任制改革，给了农民生产和分配的自主

① 王晗、李琼：《新中国成立以来中国工业化历程》，《上海经济研究》2023年第8期。

② 中国社会科学院工业经济研究所主编：《中国工业发展报告（1999）：告别短缺经济的中国工业》，经济管理出版社1999年版，第36页。

③ 高志刚、任严岩：《新中国成立以来我国城镇化建设的历程和经验》，《理论视野》2022年第7期。

④ 张素峰：《从新中国经济史看中国特色社会主义市场经济理论的六大突破》，《长江论坛》2022年第2期。

权。1984 年，全国 99% 的生产队、96.6% 的农户实行了“大包干”。[①] 伴随着家庭联产承包责任制的推行，乡镇企业异军突起。1987 年，乡镇企业第二、第三产业产值合计 4854 亿元，相当于农业总产值的 104%。乡镇企业有力地推动了国民经济的市场化进程，为增加农民收入、实现脱贫致富打下了一定的基础。1986 年，中央一号文件允许农民进城务工经商，逐渐打破了城乡隔离，户籍制度开始松动。城乡人口流动促进了生产力发展，释放了人口红利。党的十四大以后，城乡人口流动规模不断扩大，地区之间的要素流通不断加快。[②] 2006 年起，我国废止农业税，为广大农民历史性地减轻了负担，极大地调动了农民积极性，解放了农村生产力。

深化国营企业、集体企业经营体制改革，激发企业活力，增强企业创造物质财富的能力。1984 年，党的十二届三中全会通过了《中共中央关于经济体制改革的决定》，国营企业开始实行生产责任制。1985 年，《国务院关于国营企业工资改革问题的通知》规定：“在国营大中型企业中实行职工工资总额同企业经济效益按比例浮动的办法。”[③] 政府通过实行政企分开、简政放权、企业自负盈亏、自主经营，寻求公有制与市场经济相结合的有效途径。国营企业经营体制改革，扩大了企业自主权，明显提高了企业劳动生产率，提升了企业的生产能力，创造出了更高的经济效益。企业生产效率的提高，也增加了职工收入、福利待遇，改善了职工生活质量，进一步释放了生产力和发展动能。[④]

中国经济参与国际市场体系的程度不断加深，开放型经济持续构建与完善。1978 年改革开放后，中国开始实施出口导向战略，探索

---

① 芦千文、高鸣：《中国农业生产性服务业支持政策的演变轨迹、框架与调整思路》，《南京农业大学学报》（社会科学版）2020 年第 5 期。

② 张海鹏：《中国城乡关系演变 70 年：从分割到融合》，《中国农村经济》2019 年第 3 期。

③ 中共中央党史研究室主编：《中国共产党历史大事记（1919.5—1987.12）》，人民出版社 1989 年版，第 398 页。

④ 赵学军、钟李隽仁：《中国共产党的共同富裕思想与实践》，《经济思想史学刊》2022 年第 3 期。

建立具有中国特色的对外开放平台，极大地提升了对外开放水平，崛起为“世界工厂”和贸易大国。这一时期，对外开放平台从局部区域逐渐拓展。1979 年中国对广东、福建的对外经贸活动实行特殊优惠政策，1980 年将深圳、珠海、汕头、厦门设为经济特区。1990 年开放上海浦东，逐步形成了多个增长极协同发展的局面。[①] 从统计数据来看，1978 年中国货物出口总额为 97.5 亿美元，进口总额为 108.9 亿美元。从 1979 年至 1984 年 5 年间累计吸引外商直接投资只有 41.04 亿美元。从 1976 年至 1988 年，对外承包工程累计完成营业额只有 49.70 亿美元，对外劳务合作累计完成营业额只有 11.21 亿美元。1978 年的旅游业外汇收入更是只有 2.63 亿美元。[②] 经过多年发展，2004 年，进出口总额突破万亿美元大关，2008 年进出口总额达到 2.5 万亿美元以上；到 2009 年，中国已成为出口世界第一、进口世界第二的贸易大国。外商直接投资也在激增，从 1979 年到 2008 年累计吸收外商直接投资 8526.13 亿美元，其中 2004 年突破 600 亿美元，位居世界前列。[③]

信息化产业蓬勃发展。20 世纪 70 年代末至 80 年代，中国开始建立国家计算机网，并逐步形成了以电子计算机和半导体等电子信息产业为基础的国家信息化发展产业。[④] 从 1984 年开始，通信发展速度开始超过国民经济增长速度，80 年代后期，年均发展速度达到 20%以上。[⑤] 到 1989 年，我国电子企业发展到 3254 家，实现总产值 634 亿元，比 1980 年增长了 5.73 倍，其中增长速度较快的是电子计算机总产值和通信广播电视总产值，与 1980 年相比分别增长了 9.4 倍、8.38 倍；这个时期电子工业在规模化、集约化发展方面也取得了丰

---

① 崔庆波、邓星、关斯元：《从扩大开放到制度型开放：对外开放平台的演进与升级》，《西部论坛》2023 年第 1 期。

② 国家统计局主编：《新中国五十五年统计资料汇编》，中国统计出版社 2005 年版。

③ 张洁、李敦瑞：《中国共产党成立以来关于开放型经济的思想发展与实践探索》，《上海市经济管理干部学院学报》2022 年第 3 期。

④ 林爱珺、莫继严：《中国信息化发展的历史路径与时代贡献》，《暨南学报》（哲学社会科学版）2023 年第 5 期。

⑤ 中共中央文献研究室主编：《回忆邓小平》（中册），中央文献出版社 1998 年版，第 279 页。

硕的成果，到1990年共组建了包括57家上市公司在内的一批企业集团。[①] 20世纪90年代末，中国互联网骨干网络基本建成，中国在互联网技术和应用领域进入与国际社会同步发展轨道。[②] 2000年年底，全国广播综合人口覆盖率达92.1%，电视综合人口覆盖率达93.4%。[③] 2011年，我国已成为世界第一电子信息制造大国，计算机、移动电话、电视机等电子产品产量居世界第一，建成了全球最大的宽带通信网络，[④] 为新时代建设网络强国和数字中国打下坚实基础。

四　从“三位一体”向“四位一体”的演进

以江泽民同志为主要代表的中国共产党人，在深入推进改革开放和现代化建设进程中，明确提出了社会主义市场经济体制改革目标，在党的十六大报告中提出构建发展社会主义市场经济、社会主义民主政治和社会主义先进文化的“三位一体”布局。

然而，这一时期区域间、城乡间发展不平衡的问题逐渐凸显。1978年东部、中部、西部及东北地区的人均GDP分别为551元、276元、265元、560元；到2003年则分别变为16775元、7306元、6417元、12126元，区域差距拉大。1978年，全国城镇居民人均可支配收入343.4元，农村居民人均纯收入133.6元，城乡居民人均收入比为2.6∶1；2003年，全国城镇居民人均可支配收入8472.2元，农村居民人均纯收入2622.2元，城乡居民人均收入比扩大到3.2∶1。[⑤] 面对我国经济社会发展中的突出问题，以胡锦涛同志为主要代表

① 娄勤俭主编：《中国电子信息产业发展模式研究》，中国经济出版社2003年版，第139—145页。

② 王文、刘玉书主编：《数字中国：区块链、智能革命与国家治理的未来》，中信出版社2020年版，第46页。

③ 柳建辉主编：《中华人民共和国通史》（第六卷），广东人民出版社2020年版，第20页。

④ 当代中国研究所主编：《中华人民共和国简史（1949—2019）》，当代中国出版社2019年版，第119页。

⑤ 国家统计局国民经济综合统计司编：《新中国五十五年统计资料汇编（1949—2004）》，中国统计出版社2005年版，第12、34页。

的中国共产党人，明确提出“全面、协调、可持续”的科学发展观，在“三位一体”的基础上，2004 年 9 月，党的十六届四中全会提出构建“社会主义和谐社会”的新概念，为中国式现代化新增“和谐”这一社会建设方面的内容，构成“四位一体”布局，部署全面建设小康社会的宏伟目标，加快转变经济发展方式和深化重要领域改革。①

中国现代化建设取得突出成就。1979—2003 年，国内生产总值年均增速达到 9.1%；2003 年，我国人均国内生产总值达到 9111 元，折合 1101 美元，按可比价格计算，比 1978 年增长近 6 倍。② 此后，我国经济总量自 2010 年以来稳居世界第二，对世界经济增长的贡献逐年增加。消除贫困，实现共同富裕成为党和政府的关注点。1994 年，国务院制定了《国家八七扶贫攻坚计划》，解决了 8000 万农村人口的温饱问题。2000 年，党的十五届五中全会将西部大开发战略作为推进共同富裕的战略任务。2002 年实行中央与地方所得税收入分享改革，随着深化财税管理体制机制改革，进一步健全了财政转移支付制度。2011 年在中央预算 10.22 万亿元的总支出中，对地方税收返还和转移支付达 3.371 万亿元，其中转移支付高达 3.2 万亿元，主要用于欠发达地区，而西部省份又是转移支付的重点，如西藏、青海等地的中央转移支付均超过当地财政税收总额的 5—10 倍。③

在国家政策倾斜和大力投入下，中国贫困人口大幅下降。1978 年我国的农村贫困人口有 2.5 亿人，1993 年减少到 8000 万人，贫困人口占农村总人口的比重从 30.7%下降到 8.7%。区域间相对增长速度差距不断缩小，2007 年西部地区经济增速首次超过东部地区，2010 年西部地区生产总值同比增长 14.2%，分别比东部、中部及全国平均水平高出 1.8 个、0.5 个和 1.1 个百分点，这意味着西部地区经济增

---

① 张紫驰：《中国共产党对中国式现代化的百年探索》，《大庆社会科学》2023 年第 2 期。

② 国家统计局国民经济综合统计司编：《新中国五十五年统计资料汇编（1949—2004）》，中国统计出版社 2005 年版，第 9 页。

③ 赵学军、钟李隽仁：《中国共产党的共同富裕思想与实践》，《经济思想史学刊》2022 年第 3 期。

长的追赶趋势发展良好，与东部地区相对差距开始有所缩小。[①] 城乡与区域发展不平衡问题在发展中不断得到缓解，中国式现代化不断向纵深推进。

第四节 新时代中国式现代化体系的伟大实践

2012 年以来，中国特色社会主义进入了新时代。以习近平同志为核心的党中央带领全党和全国人民推动党和国家事业取得历史性成就、发生历史性变革，成功推进和拓展了中国式现代化。统筹推进“五位一体”总体布局、协调推进“四个全面”战略布局，以新的伟大实践不断开创中国式现代化新局面。

统筹推进“五位一体”总体布局。立足发展现状和国际国内新形势新变化，以习近平同志为核心的党中央深刻反思了传统工业化道路的粗放、资源浪费等对自然环境的破坏，带领人民在“四位一体”的基础上，为中国式现代化新增“美丽”这一生态建设方面的内容，构成“五位一体”总体布局，实现从“四位一体”到“五位一体”的重要跃升，标志着中国共产党对中国特色社会主义规律认识的进一步深化，为中国式现代化提供了战略指导。

协调推动“四个全面”战略布局。2014 年 11 月，习近平总书记在福建考察调研时提出“协调推进全面建成小康社会、全面深化改革、全面推进依法治国进程”的“三个全面”。2015 年 2 月，习近平总书记在论述依法治国在全局中的重要性时，首次将“四个全面”定位为党中央的“战略布局”。“‘四个全面’这一战略布局，统一于民族复兴的伟大梦想，统一于中国特色社会主义伟大事业中”，提出在治国理政的战略布局里，实现“全面建成小康社会”“全面深化改革”“全面依法治国”“全面从严治党”的“四个全面”有机统

① 蒙慧：《从“先富”带动“后富”角度解析区域共同富裕困境》，《西南大学学报》（社会科学版）2013 年第 4 期。

一。[①] 全面建成小康社会是发展目标，全面深化改革是发展动力，全面依法治国是发展保障，全面从严治党是发展关键，“四个全面”为坚持和发展中国特色社会主义注入了新的时代内涵。

全面建成社会主义现代化强国“两步走”新战略。站在新的历史方位，综合研判国内外发展形势，立足更加全面的中国式现代化，党的十九大对“两个一百年”奋斗目标进一步细化，对推进现代化建设作出新的战略部署，提出“两步走”战略，即“从二〇二〇年到二〇三五年……基本实现社会主义现代化；从二〇三五年到本世纪中叶……把我国建成富强民主文明和谐美丽的社会主义现代化强国”[②]。新“两步走”战略，不仅把党的十三大以来确定的基本实现社会主义现代化的时间提前了 15 年，也丰富了第二个百年奋斗目标的科学内涵，为全党和全国各族人民在新时代新征程努力奋斗提供了新的战略指引和历史坐标。

经过新时期新发展，党的十九大报告指出：“经济建设取得重大成就……经济保持中高速增长……国内生产总值从五十四万亿元增长到八十万亿元，稳居世界第二，对世界经济增长贡献率超过百分之三十。”[③] 党的二十大报告指出，“我国经济实力实现历史性跃升……我国经济总量……稳居世界第二位”[④]。2012—2021 年，国内生产总值年均增速为 6.7%。至 2021 年，国内生产总值从 2012 年的 54 万亿元增长到 114 万亿元，我国经济总量占世界经济的比重达 18.5%，稳居世界第二位。城乡居民人均收入比由 2012 年的 3.1∶1，缩小至 2021 年的 2.5∶1。从区域发展格局来看，2012—2021 年，中部、西部地

---

① 《习近平在省部级主要领导干部学习贯彻十八届四中全会精神全面推进依法治国专题研讨班开班式上发表重要讲话》，人民网，2015 年 2 月 3 日。

② 习近平：《决胜全面建成小康社会　夺取新时代中国特色社会主义伟大胜利——在中国共产党第十九次全国代表大会上的报告》，人民出版社 2017 年版，第 28—29 页。

③ 习近平：《决胜全面建成小康社会　夺取新时代中国特色社会主义伟大胜利——在中国共产党第十九次全国代表大会上的报告》，人民出版社 2017 年版，第 3 页。

④ 习近平：《高举中国特色社会主义伟大旗帜　为全面建设社会主义现代化国家而团结奋斗——在中国共产党第二十次全国代表大会上的报告》，人民出版社 2022 年版，第 8 页。

区经济快速发展，与东部地区的差距渐趋缩小。[①] 我国经济实力实现历史性跃升，中国式现代化取得新的伟大成就。

第五节　探索中国式现代化道路的历史经验

从中国共产党带领人民探索经济现代化的历程看，主要的历史经验有：坚持党的领导，坚持中国特色社会主义道路，坚持以人民为中心，坚持深化改革开放，坚持独立自主开拓创新，市场力量与政府作用相协调，坚持融入全球经济体系。

一　坚持党的领导

中国式现代化的独特性质决定了必须坚持党的领导。党的十九大报告指出，“中国特色社会主义最本质的特征是中国共产党领导，中国特色社会主义制度的最大优势是中国共产党领导”[②]。一百年来，中国共产党始终与人民想在一起、站在一起，始终代表最广大人民的根本利益，不断夯实共同富裕的政治基础和思想共识。毛泽东同志指出，“没有中国共产党人做中国人民的中流砥柱，中国的独立和解放是不可能的，中国的工业化和农业近代化也是不可能的”[③]。实践证明，中国共产党是推动实现中国式现代化的核心领导力量。党中央的集中统一领导，能够总揽全局、协调各方、攻坚克难、胜利前进。

二　坚持中国特色社会主义道路

中国式现代化是中国共产党领导的社会主义现代化，是立足中国国

---

① 常明明：《新中国成立以来中国共产党对中国式现代化的探索历程及其基本特征》，《求索》2023 年第 4 期。

② 习近平：《决胜全面建成小康社会　夺取新时代中国特色社会主义伟大胜利——在中国共产党第十九次全国代表大会上的报告》，人民出版社 2017 年版，第 20 页。

③ 《毛泽东选集》（第 3 卷），人民出版社 1991 年版，第 1098 页。

情的现代化，体现了科学社会主义的先进本质。中国近代史证明，只有社会主义才能救中国。当代中国经济建设史证明，只有中国特色社会主义才能发展中国。习近平总书记指出，“改革开放以来，我们总结历史经验，不断艰辛探索，终于找到了实现中华民族伟大复兴的正确道路，取得了举世瞩目的成果”，“全党同志必须牢记，道路决定命运，找到一条正确的道路多么不容易，我们必须坚定不移走下去”①。只有坚持社会主义道路，坚持以公有制为主体、多种所有制经济并存，以国有经济为主导、多种经济协调发展的社会主义基本经济制度，才能够集中力量办大事，为中国式现代化提供发展基础和不竭动力。

三　坚持以人民为中心

以人民为中心是马克思主义的根本立场。以人民为中心，全心全意为人民服务，是中国共产党的根本宗旨。习近平总书记强调，“打江山、守江山，守的是人民的心”②。从毛泽东思想中的“群众路线”，到邓小平理论中的对社会主义本质的高度概括，从“三个代表”重要思想中要求代表最广大人民的根本利益，到科学发展观中的核心以人为本，再到习近平新时代中国特色社会主义思想中的坚持“以人民为中心”的基本方略，充分体现了“以人民为中心”的价值遵循。③ 人民群众的美好生活是推进中国式现代化的出发点和落脚点。只有充分发挥人民群众的主观能动性，才能够更好地保障中国式现代化全面推进。

四　坚持深化改革开放

改革开放是推进和拓展中国式现代化的内生动力。改革开放以

---

① 《习近平谈治国理政》（第1卷），外文出版社2018年版，第35—36页。

② 习近平：《在庆祝中国共产党成立100周年大会上的讲话》，《人民日报》2021年7月2日。

③ 赵学军、钟李隽仁：《中国共产党的共同富裕思想与实践》，《经济思想史学刊》2022年第3期。

来，从1978年到2020年，我国国内生产总值从3678亿元增加到1015986亿元左右，年均增速超过9%，经济总量占世界的比重从1.8%上升到17%左右，稳居世界第二大经济体；全国工业增加值从1622亿元增加到313071亿元左右，是世界制造业第一大国；人民生活水平显著提升，取得的经济发展成就令世界瞩目。① 历史经验表明，推进中国式现代化必须要把改革开放向纵深推进，向改革要动力、向开放要活力，只有解放和发展生产力，才能为中国式现代化提供源泉动力。

五 坚持独立自主开拓创新

独立自主是毛泽东思想活的灵魂，也是中国共产党百年奋斗的重要历史经验。中国巨大的人口规模决定了中国式现代化不能因袭他国道路、照搬他国模式，必须立足中国国情进行探索。② 在党的坚强领导下，中国独立自主开拓出了一条不同于世界其他现代化模式的新路。从“以俄为师”到“以苏为鉴”，再到国际共产主义运动遭受挫折和复杂国内外环境中，党的历代领导集体始终注重汲取历史经验、始终注重立足中国国情、始终坚持以我为主、始终尊重客观规律，独立自主地走出了一条中国自己的现代化道路，为世界各国推进现代化进程提供了宝贵经验和历史借鉴。

六 市场力量与政府作用相协调

习近平总书记强调，要通过全国人民共同奋斗把“蛋糕”做大做好，然后通过合理的制度安排正确处理增长和分配的关系，把“蛋糕”切好分好。③ 历史证明，能否很好地协调市场力量和政府作用，

---

① 郝飞飞、任霏、刘欢：《中国共产党推进共同富裕的百年历程、主要成就及基本经验》，《华北理工大学学报》（社会科学版）2022年第1期。

② 陈金龙、李丹：《中国式现代化的叙事方式》，《学术研究》2022年第11期。

③ 习近平：《正确认识和把握我国发展重大理论和实践问题》，《求是》2022年第10期。

兼顾效率与公平的关系，事关我国的改革、发展和稳定的大局。要积极借助市场力量，促进“看不见的手”优化分配效率。在初次分配和再分配阶段，效率和公平都要兼顾。要坚持公有制为主体、多种所有制经济共同发展，按劳分配为主体、多种分配方式并存的社会主义基本经济制度，保障全体人民共享发展成果，把满足人民群众对美好幸福生活的需要作为中国式现代化发展的出发点和落脚点。要充分发挥政府作用，通过“看得见的手”促进公平分配。要抛弃“资本至上”的逻辑，坚持“人民至上”的价值观，在再分配环节，应该更加注重公平，而在第三次分配环节，要在自愿的原则下兼顾公平。兼顾效率与公平，既能促进生产力发展，又能促进公平分配，始终牢记让人民共享中国式现代化发展成果，体现社会主义制度优势。①

七　坚持融入全球经济体系

当前，全球化虽然出现逆流，但仍然是世界经济发展的基本特征和基本趋势。在全球化过程中，“世界人民的普遍交往，促进了人类文明的交流互鉴与共同进步，把人类凝聚成一个相互依存的‘命运共同体’”②。改革开放以来，中国逐渐参与经济全球化，积极承担国际产业分工，日益融入了全球价值链。全球性浪潮为中国产业结构优化升级带来了良好的机遇，中国利用国内国外市场与资源，实现了快速发展，成为世界第二大经济体，中国式现代化不断取得新的历史性突破。可见，融入全球价值链助推中国经济成长，有利于中国式现代化向纵深推进，有利于持续提升中国国际竞争力和全球影响力。

（本章执笔：赵学军　钟李隽仁）

---

① 赵学军、钟李隽仁：《中国共产党的共同富裕思想与实践》，《经济思想史学刊》2022年第3期。

② 李包庚：《世界普遍交往中的人类命运共同体》，《中国社会科学》2020年第4期。

第二章
中国式现代化的伟大成就

中国走向现代化，是世界历史上的一个重大事件。党的十八大以来，中国特色社会主义进入新时代，以习近平同志为核心的党中央立足中华民族伟大复兴战略全局和世界百年未有之大变局，顺应中国共产党执政规律、社会主义建设规律、人类社会发展规律，紧紧围绕全面建设社会主义现代化这一重大课题，提出一系列治国理政新理念、新思想、新战略。2017 年 10 月，习近平总书记在党的十九大报告中提出全面建成社会主义现代化强国分两步走战略：从 2020 年到 2035 年基本实现社会主义现代化，从 2035 年到本世纪中叶把我国建成富强民主文明和谐美丽的社会主义现代化强国。在党的二十大报告中，习近平总书记对于中国式现代化作了详尽而系统的阐述，明晰了中国式现代化的内涵，标志着中国式现代化理论体系的初步形成。①

中国式现代化摒弃了西方以资本为中心的现代化、两极分化的现代化、物质主义膨胀的现代化、对外扩张掠夺的现代化，代表着人类文明进步的发展方向。习近平总书记指出中国式现代化具有五个基本特征：中国式现代化是人口规模巨大的现代化、是全体人民共同富裕的现代化、是物质文明和精神文明相协调的现代化、是人与自然和谐共生的现代化、是走和平发展道路的现代化。对这五个基本阐述进行把握是研究中国式现代化的重中之重。这五个基本特征进一步深化了对中国式现代化的内涵和本质的认识，为中国式现代化提供了根本遵循，使中国式现代化更加清晰、更加科学、更加可感可行，深刻体现

① 杨正权：《中国式现代化理论的形成和发展》，《社会主义论坛》2023 年第 1 期。

了马克思主义理论的精髓要义，深刻体现了中国共产党致力于建成社会主义现代化强国的远景目标，深刻体现了中国共产党以新的伟大奋斗创造新的伟业的坚定决心和信心，指引中国人民在现代化的道路上取得了一系列重大成就。

第一节　推进人口规模巨大的现代化

一　全面小康与脱贫攻坚取得历史性成就

党的十八大以来，党和国家建设事业取得历史性成就、发生历史性变革，我们经历了对党和人民事业具有重大现实意义和深远历史意义的三件大事，其中之一就是“完成脱贫攻坚、全面建成小康社会的历史任务，实现第一个百年奋斗目标”。

2021 年 2 月 25 日，习近平总书记在全国脱贫攻坚总结表彰大会上发表重要讲话，庄严宣告经过全党全国各族人民共同努力，在迎来中国共产党成立一百周年的重要时刻，中国脱贫攻坚战取得了全面胜利。通过实施东西部扶贫协作，东部 9 个省、14 个市结对帮扶中西部 14 个省区市，全国支援西藏和新疆，东部 343 个经济较发达县市区与中西部 573 个贫困县开展携手奔小康行动；党和国家集中力量解决贫困群众基本民生需求，优先保障脱贫攻坚资金投入：2012 年至 2020 年，各级财政专项扶贫资金累计投入 1.6 万亿元，扶贫再贷款累计发放 6688 亿元。现行标准下 9899 万农村贫困人口全部脱贫，832 个贫困县全部摘帽，12.8 万个贫困村全部出列，区域性整体贫困得到解决，完成了消除绝对贫困的艰巨任务。[①] 全面建成小康社会取得伟大历史性成就，决战脱贫攻坚取得决定性胜利。

建档调查也是脱贫攻坚的一大特色。国家统计局在国家贫困县中共计普查了 14823471 个建档立卡户。经逐户走访，登记成功 14821686 户（涉及建档立卡贫困人口 53073606 人），登记成功率

① 习近平：《在全国脱贫攻坚总结表彰大会上的讲话》，人民出版社 2021 年版，第 1 页。

99.99%。其中，国家贫困县98.94%的建档立卡户随时能吃肉蛋奶或豆制品，93.67%供水入户，6.33%未供水入户但取水方便，99.85%参加城乡居民基本医疗保险，0.14%参加职工基本医疗保险；建档的少年儿童中，98.83%在校就学，0.26%送教上门。[①]

脱贫摘帽不是终点，而是新生活、新奋斗的起点，是乡村产业、人才、文化、生态、组织等全面振兴的起点。针对脱贫之后可能出现的返贫问题，习近平总书记同样指出："对易返贫致贫人口要加强监测，做到早发现、早干预、早帮扶。"[②] 此外，对脱贫地区产业要长期培育和支持，促进内生可持续发展。对易地扶贫搬迁群众要搞好后续扶持，多渠道促进就业，强化社会管理，促进社会融入。对脱贫县要扶上马送一程，设立过渡期，保持主要帮扶政策总体稳定。要坚持和完善驻村第一书记和工作队、东西部协作、对口支援、社会帮扶等制度，并根据形势和任务变化进行完善。为下一步的防止农村返贫、推进乡村振兴作出了部署。

摆脱贫困，是中国人民孜孜以求的梦想，也是实现中华民族伟大复兴中国梦的重要内容。完成脱贫攻坚、全面建成小康社会是实现中华民族伟大复兴的重要基础。脱贫攻坚取得了举世瞩目的成就，彰显了科学社会主义的强大生机活力，是对我国社会主义制度优越性有力的诠释。贫穷不是社会主义，消除贫困、改善民生、实现共同富裕是社会主义的本质要求。完成脱贫攻坚和全面建成小康社会，在实践中深化了对社会主义本质的认识，为全面建设社会主义现代化国家、实现中华民族伟大复兴创造了有利条件，打下了坚实基础，积累了宝贵经验，实现中华民族伟大复兴迈出了关键一步。

二　由人口红利向人才红利的转变

中国已经历了30余年的高增长，创造了罕见的世界经济奇迹。

---

① 参见：《国家脱贫攻坚普查公报（第四号）》，http://www.stats.gov.cn/sj/zxfb/202302/t20230203_1900999.html。

② 习近平：《习近平著作选读》（第二卷），人民出版社2003年版，第443页。

许多研究认为，这应在相当程度上归功于人口红利效应。所谓的“人口红利”，就是指一个国家的劳动年龄人口占总人口比重较大，从而形成一个劳动力资源相对丰富、抚养负担较轻、对经济发展十分有利的“黄金时期”。然而，人口红利并非没有尽头，受多种因素的影响，近年来中国适龄青年生育率持续下降，劳动年龄人口占比趋于下降，人口老龄化程度不断加深，人口红利优势正逐渐减弱。

中国经济已由高速增长阶段转向高质量发展阶段。高质量发展需要依靠更高的生产效率而非投入更多的传统劳动要素，更为重视劳动力质量，需要把人才资源“关键变量”转化为高质量发展“最大增量”。习近平总书记指出：“国家发展靠人才，民族振兴靠人才。”克服人口红利减弱对经济发展的影响，必须促进人口红利向人才红利转变，加快建立人才资源竞争优势。教育是提高人口素质、积累人力资本最有效、最直接的途径。“十四五”规划纲要指出：“十四五”时期，通过推动义务教育优质均衡发展、普及高中阶段教育、增强职业技术教育适应性、提高高等教育入学率等措施，使2025年义务教育巩固率保持在95%以上、高中阶段教育毛入学率提高到92%以上、高等教育毛入学率提高到60%，劳动年龄人口平均受教育年限可达11.3年。着力提升新增劳动力的供给质量，注重强化新成长劳动力培养与社会需求的有效匹配，把学历教育、技能提升、就业培训统一起来，为广大在职劳动者提供普惠的职业技能培训机会。截至2022年年底，全年研究生教育招生124.2万人，在学研究生365.4万人，毕业生86.2万人。普通、职业本专科招生1014.5万人，在校生3659.4万人，毕业生967.3万人。中等职业教育招生650.7万人，在校生1784.7万人，毕业生519.2万人。普通高中招生947.5万人，在校生2713.9万人，毕业生824.1万人。初中招生1731.4万人，在校生5120.6万人，毕业生1623.9万人。普通小学招生1701.4万人，在校生10732.0万人，毕业生1740.6万人。特殊教育招生14.6万人，在校生91.9万人，毕业生15.9万人。学前教育在园幼儿4627.5万人。九年义务教育巩固率为95.5%，高中阶段毛入学率为91.6%，截至2022年年底，中国发明专利有效量达421.2万件，位居世界第一。[①] 这为人口红利转向人才红利打下了坚实基础。

同时，强化技术创新具体落地应用，加快产业升级步伐，为高质量劳动力就业创造更多的岗位空间，使高素质劳动力与先进生产能力密切结合也是发挥人才红利的必经之路。2022 年，中国全年研究与试验发展（R&D）经费支出 30870 亿元，比上年增长 10.4%，占国内生产总值的比重为 2.55%，其中基础研究经费 1951 亿元。国家自然科学基金共资助 5.19 万个项目。截至 2022 年年末，正在运行的国家重点实验室 533 个，纳入新序列管理的国家工程研究中心 191 个，国家企业技术中心 1601 家，大众创业万众创新示范基地 212 家。国家科技成果转化引导基金累计设立 36 只子基金，资金总规模 624 亿元。国家级科技企业孵化器 1425 家，国家备案众创空间 2441 家。全年授予专利权 432.3 万件，比上年下降 6.0%；PCT 专利申请受理量 7.4 万件。截至 2022 年年末，中国公民具备科学素质的比例达到 12.93%。[②] 以科技创新为核心，带动其他各领域创新，为人才发挥作用创造更大舞台。产、学、研结合，既能培养造就更多有用之才，又能加快科技成果转化，形成人才成长、科技创新、产业发展的良性循环，让中国的人才红利越来越厚实。

第二节　推进全体人民共同富裕的现代化

一　深化收入分配制度改革

民生福祉与生活品质的持续提高，离不开收入水平的稳步提升。党的二十大报告提出要“增进民生福祉，提高人民生活品质”，并重申要“着力解决好人民群众急难愁盼问题，健全基本公共服务体系，

---

① 参见国家统计局《中华人民共和国 2022 年国民经济和社会发展统计公报》，http://www.stats.gov.cn/sj/zxfb/202302/t20230228_1919011.html。

② 参见国家统计局《中华人民共和国 2022 年国民经济和社会发展统计公报》，http://www.stats.gov.cn/sj/zxfb/202302/t20230228_1919011.html。

提高公共服务水平，增强均衡性和可及性，扎实推进共同富裕”①。中国式现代化是全体人民共同富裕的现代化，实现全体人民共同富裕是中国式现代化的本质要求之一，而深化收入分配制度改革是扎实推进共同富裕的必然手段。

客观来说，目前我国中等收入群体规模还不大，并且低收入群体增收存在困难；全社会的收入、财产差距尚未呈现明显的缩小趋势，少数人群通过不合理甚至非法手段获取不当利益。这些分配领域的问题都阻碍了实现共同富裕的步伐。近年来，各项政策多管齐下，低收入群体的收入有了明显增加。2022 年全国低收入群体人均可支配收入名义增长 3.22%，增速高出全国居民人均可支配收入平均水平 0.31 个百分点，但低收入群体收入绝对数仍然偏低。进一步增加低收入人群收入，促使其迈入中等收入行列，对于形成合理的收入分配格局、持续拉动消费乃至促进经济增长，都具有重要意义。

近年来，在促进共同富裕目标的指引下，相关税制改革也在提速。党的二十大报告提出要“规范收入分配秩序，规范财富积累机制，保护合法收入，调节过高收入，取缔非法收入”。所谓规范财富积累，就是要避免和杜绝财富在一小部分人手中的大幅增长和积累，增强财富分配的公平性，以达到缩小财富分配差距的初衷。其中，提高直接税比重，完善相关税种成为主攻方向之一。按照“十四五”规划的有关要求，深化税收制度改革将围绕进一步完善现代税收制度，健全地方税、直接税体系，优化税制结构展开。其中，健全直接税体系，逐步提高直接税比重，有效发挥直接税筹集财政收入、调节收入分配和稳定宏观经济的作用，有助于夯实社会治理基础。

“十四五”时期，必须坚持多劳多得原则，着重保护劳动所得，增加劳动者特别是一线劳动者报酬，从而提高劳动报酬在初次分配中的比重，缩小分配差距。要进一步完善反映市场供求关系和企业生产经营效益的工资决定机制，包括劳动报酬增长机制和薪酬支付保障机

---

① 习近平：《高举中国特色社会主义伟大旗帜 为全面建设社会主义现代化国家而团结奋斗——在中国共产党第二十次全国代表大会上的报告》，人民出版社 2022 年版，第 46 页。

制。在社会主义市场经济条件下，进一步完善劳动力需求方和劳动力供给方的工资集体协商机制，同时参照市场工资水平，合理调整机关事业单位职工的劳动报酬。随着《中共中央国务院关于促进民营经济发展壮大的意见》的出台，让资本、管理、技术以及数据等要素在生产经营中更加活跃起来，使企业家、职业经理人、科研技术人员和职业技能人员的各种创新潜能得以充分发挥，并进一步扩大中等收入群体也是实现共同富裕的题中应有之义。

二　多措并举缩小城乡贫富差距

党的十八大以来，以习近平同志为核心的党中央把逐步实现全体人民共同富裕摆在更加重要的位置上，持续推动区域协调发展，采取有力措施保障和改善民生，历史性地解决了绝对贫困问题并全面建成小康社会，为促进共同富裕创造了良好条件、奠定了坚实基础。当前，要在高质量发展中促进共同富裕，推动全体人民共同富裕取得更为明显的实质性进展，最艰巨最繁重的任务仍然在农村，重点是要让农民富起来，难点在如何让农民持续增收。促进农民持续增收，是乡村振兴战略的中心任务。实施乡村振兴战略是实现全体人民共同富裕的必然选择。

“十四五”时期，党和国家提出要把维护农民群众根本利益、促进农民共同富裕作为出发点和落脚点，促进农民持续增收，并要求保持农村居民收入增速快于城镇居民。2023 年上半年，全国居民人均可支配收入中位数为 16393 元，增长 5.4%，中位数是平均数的 83.3%。其中，城镇居民人均可支配收入中位数为 23298 元，增长 4.4%，中位数是平均数的 88.4%；农村居民人均可支配收入中位数为 8920 元，增长 6.1%，中位数是平均数的 84.5%。切实促进农民持续增收，调动亿万农民的积极性、主动性和创造性，直接影响乡村振兴战略目标任务的实现。习近平总书记指出：“城乡发展不平衡不协调，是我国经济社会发展存在的突出矛盾”“城乡二元结构没有根本改变，城乡发展差距不断拉大趋势没有根本扭转”。[①]

当前，尽管“三农”工作取得了显著成就，但农业基础还不稳固，城乡区域发展和居民收入差距仍然较大，城乡发展不平衡、农村发展不充分仍是社会主要矛盾的集中体现，也是拉大收入差距的原因之一。城乡收入和财富差距，有不少是经由城乡二元结构而产生的。党的二十大报告提出，“坚持农业农村优先发展，坚持城乡融合发展，畅通城乡要素流动”[②]。促进农业农村优先发展，不仅可以巩固拓展脱贫攻坚成果，而且可以拓宽农民增收致富渠道，增加农民收入。为此，必须健全体制机制，构建长效政策机制，形成以工促农、以城带乡、工农互惠、城乡一体的新型工农城乡关系，让广大农民平等参与现代化进程、共同分享现代化成果。通过发展农村经济、组织农民外出务工经商、增加农民财产性收入等多种途径，不断缩小城乡居民收入差距。农村地区应着重发展比较优势明显、带动能力强、就业容量大的县域富民产业，多措并举促进农民工稳岗就业，挖掘经营增收和务工增收潜力。完善联农带农机制，注重把产业增值收益更多留给农民，让农民挑上“金扁担”。加大惠农富农政策力度，给农民的补贴能增加的要增加，社会保障水平能提高的要提高，农村各类资源要素能激活的尽量激活，让农民的腰包越来越鼓、日子越过越红火。

对于平台经济在乡村振兴和增加农民收入中所发挥的作用，近年来党和国家也给予了重视。2021 年，中央一号文件聚焦全面推进乡村振兴加快农业农村现代化，明确提出深化供销合作社综合改革，开展生产、供销、信用“三位一体”综合合作试点，健全服务农民生产生活综合平台；2022 年的中央一号文件则在部署加强县域商业体系建设时，明确支持供销合作社开展县域流通服务网络建设提升行动，建设县域集采集配中心。这有助于立足服务农民的历史传统，促进农业生产要素的“下行”与优质农产品的“上行”。除此之外，农村宅基地历史遗留问题也得到逐步解决，“三权分置”有效实现形式正在

---

① 习近平：《习近平著作选读》（第一卷），人民出版社 2023 年版，第 168—169 页。

② 习近平：《习近平著作选读》（第一卷），人民出版社 2023 年版，第 25 页。

探索中形成试点，兼顾国家、农村集体经济组织和农民利益的土地增值收益有效调节机制逐步形成。农民的财产权益得到更加充分的保障。

第三节　推进物质文明和精神文明相协调的现代化

一　适应主要矛盾转变的新形势，推动高质量发展

党的十八大以来，习近平总书记坚持用马克思主义观察时代、把握时代、引领时代，创造性地提出中国经济已由高速增长阶段转向高质量发展阶段的重大论断，强调要准确认识我国经济发展的阶段性特征，立足新发展阶段推动高质量发展，为科学把握新时代我国经济发展的历史方位提供了根本遵循，深化了对社会主义初级阶段发展演进规律的认识，丰富发展了马克思主义政治经济学关于经济发展阶段的理论①。

具体而言，尽管我国社会生产力水平总体上显著提高，但发展的不平衡不充分仍然十分突出，近年来更是面临着劳动力成本上升、资源环境约束增大、粗放的发展方式难以为继的复杂局面，我国经济发展已经到了主要由要素驱动的粗放式发展转向主要由创新驱动的高质量发展的阶段。高质量发展阶段重大论断是适应我国社会主要矛盾变化的必然要求，是解决好发展不平衡不充分问题、更好满足人民日益增长的美好生活需要的根本途径。

党的十八大以来，以习近平同志为核心的党中央科学把握我国发展大势，提出并贯彻新发展理念，着力推进高质量发展，推动构建新发展格局，实施供给侧结构性改革，引领我国经济迈上更高质量、更有效率、更加公平、更可持续、更为安全的发展之路。十年来，我国经济实力实现历史性跃升，国内生产总值由 54 万亿元跃升至 121 万

---

① 胡怀国：《立足新发展阶段推动高质量发展》，《红旗文稿》2022 年第 16 期。

亿元，经济总量翻了一番，从国际比较看，2022年中国国内生产总值增长3%，快于美国的2.1%、德国的1.9%、法国的2.6%等主要经济体经济增速。初步测算，2022年中国对世界经济增长贡献率接近20%，仍是世界经济增长的重要引擎和稳定力量。经济发展的基础更加坚实。中国拥有最完整的产业体系、日益完备的基础设施网络，粮食、能源资源安全保障能力不断提升，产业链供应链韧性持续增强。2022年全年粮食产量13731亿斤，比上年增产0.5%，创历史新高，实现“十九连丰”；主要工业产品产量继续位居世界前列。对世界经济增长的贡献在全球居于首位，战略性新兴产业发展壮大，发展的平衡性协调性包容性持续提高，生态环境呈现明显改善和趋势性好转，共建“一带一路”走深走实，创新型国家建设取得重大进展。中国作为世界第二大经济体、第二大消费市场、制造业第一大国、货物贸易第一大国、服务贸易第二大国、外汇储备第一大国的地位更加巩固。

实践充分证明，推动高质量发展是遵循经济发展规律、保持经济持续健康发展的必然要求，是适应我国社会主要矛盾变化、解决发展不平衡不充分问题的必然要求，是有效防范化解各种重大风险挑战、以中国式现代化全面推进中华民族伟大复兴的必然要求。

二　把握马克思主义与中华民族传统文化的“第二个结合”

习近平总书记在文化传承发展座谈会上发表重要讲话指出：“在五千多年中华文明深厚基础上开辟和发展中国特色社会主义，把马克思主义基本原理同中国具体实际、同中华优秀传统文化相结合是必由之路。”习近平总书记特别强调：“‘第二个结合’是又一次的思想解放，让我们能够在更广阔的文化空间中，充分运用中华优秀传统文化的宝贵资源，探索面向未来的理论和制度创新。”[①] 这一重大论断，不仅对

① 习近平：《“两个结合”的认识飞跃和理论内涵的发展》，《人民日报》2023年6月3日第1版。

于在新时代新征程上推动“两个结合”具有重大的现实意义和深远的历史意义，而且对于建设中华民族现代文明具有重大认识论意义。

“第二个结合”是中国共产党对马克思主义中国化时代化历史经验的深刻总结，是对中华文明发展规律的深刻把握。在文化传承发展座谈会上的重要讲话中，习近平总书记深刻揭示“两个结合”的重大意义，深入阐明“第二个结合”的精髓要义，进一步拓展和深化了我们党对推进马克思主义中国化时代化的规律性认识，为在新的历史起点上不断推进党的理论创新提供了科学指引。①

“第二个结合”为中国道路开辟、推进和拓展提供历史纵深。党的十八大以来，中国共产党成功推进和拓展了中国式现代化，高度重视从马克思主义基本原理同中华优秀传统文化相结合中求索回答“中国之问”“世界之问”“人民之问”“时代之问”，充分彰显了新时代中国共产党在文化上的高度自觉自信。中华优秀传统文化中一脉相承的哲学内蕴、文化底蕴、理论积蕴，因为被马克思主义基本原理所唤醒、所激活，从而为中国人民“走自己的路”提供了坚定的价值和情感支撑。马克思主义基本原理因为从中华优秀传统文化中得到宝贵文化滋养而充满生机活力、激发时代脉动，两者的有机结合，使得中国式现代化既具有世界各国现代化的共同特征，又必然呈现鲜明的中国特色。

“第二个结合”为未来理论和制度创新提供认知空间。“第二个结合”既让我们深刻感受辩证唯物主义和历史唯物主义这一科学世界观和方法论的永恒魅力，又让我们深刻体会到，必须以更高远的历史站位、更宽广的世界视野、更深邃的战略眼光，充分运用中华优秀传统文化的宝贵资源，探索面向现代化、面向世界、面向未来的理论和制度。我们既要在“第二个结合”中不断增强对马克思主义的思想主动，又要不断增强对中华优秀传统文化的文化主动，从而让“第二个结合”作用于中国特色社会主义道路、理论和制度，让我们在更广阔的文化空间中，充分运用中华优秀传统文化的宝贵资源，探索面向未

① 洪晓楠：《深刻把握“第二个结合”的精髓要义》，《中国社会科学报》2023 年 6 月 15 日第 3 版。

来的理论和制度创新，涵养更基础、更广泛、更深厚的文化自信。①

把马克思主义基本原理同中华优秀传统文化相结合，是一个长期的历史过程，必须紧密结合时代发展，深入把握时代特征。在中国特色社会主义新时代，对中华优秀传统文化的发掘和阐释、传承和弘扬，必须坚持以当代中国马克思主义、21 世纪马克思主义为指导，坚持古为今用、推陈出新，顺应新时代发展潮流和发展趋势，不断赋予中华优秀传统文化新的时代内涵和表达形式，充分激发中华优秀传统文化的生命力和感召力，为实现中华民族伟大复兴汇聚起强大精神力量。

第四节　推进人与自然和谐共生的现代化

一　走发展和保护双赢的文明发展道路

西方发达国家在工业化进程中，曾经走过一条“先污染后治理”的发展道路。经过几百年的工业化发展，许多国家生态环境急剧恶化。英国是最早开始走上工业化道路的国家，伦敦在很长一段时期是著名的“雾都”。1930 年，比利时爆发了的马斯河谷烟雾事件。自 20 世纪 70 年代开始，西方发达国家中越来越多的民众意识到环保问题的重要性，开展了如火如荼的环保运动，与此同时，政府也加大了环境治理力度，这些发达国家的环境逐渐好转。

中国用短短 30 余年的时间，创造了西方发达国家几百年的工业化业绩，然而也带来了环境问题的集中爆发。面对西方国家“先污染后治理”的历史背景，势必不能重蹈覆辙，而是要走出一条发展和保护双赢的文明发展道路。2022 年，在上海与深圳实施的“无废城市”试点任务均已如期完成，通过推进生活垃圾精细化分类管理，推进绿色建筑建设发展，打造绿色制造体系等措施，让生活垃圾分类收运系

① 任仲平：《增强实现中华民族伟大复兴的精神力量》，《人民日报》2023 年 6 月 4 日第 1 版。

统覆盖率、工业危险废物安全处置率、医疗废物收集处置体系覆盖率、污泥无害化处置率、危废经营单位环境污染责任保险覆盖率、环境公共服务单位环境污染责任保险覆盖率、绿色建筑占新建建筑的比例等大幅提高，制度、市场、技术、监管四大保障体系四轮驱动的生态模式取得显著成效。这证明，发展和保护双赢的文明发展道路是可行的、正确的，发展与环境不是舍此取彼的关系，而是蕴藏在辩证统一中。

生态兴则文明兴。建设生态文明，关系人民福祉，关乎民族未来。我们要坚定不移贯彻新发展理念，坚定不移走生态优先、绿色发展之路。党的十八大以来，以习近平同志为核心的党中央从中华民族永续发展的高度出发，深刻把握生态文明建设在新时代中国特色社会主义事业中的重要地位和战略意义，大力推动生态文明理论创新、实践创新、制度创新，创造性提出一系列新理念新思想新战略，形成了习近平生态文明思想。[①] 新时代中国生态环境保护发生历史性、转折性、全局性变化，美丽中国建设开创新局面，根本在于以习近平同志为核心的党中央的坚强领导，在于习近平生态文明思想的科学指引。

二　推动形成人与自然和谐发展的现代化建设新格局

“十四五”时期，中国进入新发展阶段，贯彻新发展理念、构建新发展格局、推动高质量发展、创造高品质生活，对加强生态文明建设、加快推动绿色低碳发展提出了新的更高要求。中国生态环境保护的结构性、根源性、趋势性压力总体上尚未根本缓解，生产和生活体系向绿色低碳转型的压力都很大。建设人与自然和谐共生的现代化，必须以习近平生态文明思想为指引，完整、准确、全面贯彻新发展理念，以经济社会发展全面绿色转型为引领，以减污降碳为主抓手，加快形成节约资源和保护环境的产业结构、生产方式、生活方式、空间格局。加快推动绿色低碳发展。推进重点行业绿色化改造，推动煤炭

① 仲音：《走生态优先、绿色发展之路》，《人民日报》2022年8月17日第4版。

等化石能源清洁高效利用，加大货物运输结构调整力度，壮大节能环保等产业，建立健全绿色低碳循环发展经济体系，增强绿色低碳的新动能。制定实施2030年前碳排放达峰行动方案，稳步推行碳排放总量和强度双控制度，支持有条件的地方和重点行业、重点企业率先达峰，严控高耗能、高排放项目建设。

党的十八大以来，在习近平生态文明思想科学指引下，以习近平同志为核心的党中央把生态文明建设作为关系中华民族永续发展的根本大计，开展一系列开创性工作，决心之大、力度之大、成效之大前所未有，生态文明建设从理论到实践都发生了历史性、转折性、全局性变化。出台《中共中央国务院关于加快推进生态文明建设的意见》《生态文明体制改革总体方案》，制（修）订《大气污染防治法》《水污染防治法》《长江保护法》等多部相关法律；建立健全生态环境保护"党政同责"和"一岗双责"等制度，构建起生态文明体系"四梁八柱"……这一系列重大制度安排和决策部署，引领和保障中国生态文明建设实现由重点整治到系统治理的重大转变、由被动应对到主动作为的重大转变、由全球环境治理参与者到引领者的重大转变、由实践探索到科学理论指导的重大转变，人与自然和谐共生的现代化不断迈上新台阶。党的十八大以来，中国累计完成造林10.2亿亩，防沙治沙3.05亿亩。截至2022年年底，全国地级及以上城市细颗粒物（PM2.5）年均浓度下降至29微克/立方米，地表水水质优良断面比例达87.9%，近岸海域水质优良比例达81.9%。党的十八大以来，中国以年均3%的能源消费增速支撑了年均6%以上的经济增长，成为全球能耗强度降低最快的国家之一。[①] 新时代的中国，"美丽经济"发展壮大，生态优势不断转化为发展优势，绿水青山正在产生越来越大的生态效益、经济效益和社会效益。

为推进全球环境治理探索合作共赢新路。面对全球环境风险挑战，各国是同舟共济的命运共同体。共建地球生命共同体，必须破除

① 国务院新闻办公室：《新时代的中国绿色发展》白皮书，中国政府网，https://www.gov.cn/zhengce/2023-01/19/content_5737923.html。

单边主义的壁垒和藩篱，在携手合作中建设清洁美丽世界。在推进现代化进程中，中国始终秉持人类命运共同体理念，积极推进国际资源节约和生态环境保护领域务实合作。坚持共同但有区别的责任原则，主动承担同国情、发展阶段和能力相适应的环境治理义务，努力推动构建公平合理、合作共赢的全球环境治理体系，坚定落实《联合国气候变化框架公约》，以积极建设性姿态参与全球气候谈判议程，为《巴黎协定》达成和落实作出历史性贡献，推动构建公平合理、合作共赢的全球气候治理体系。致力于推进共建“一带一路”绿色发展，通过发起建立“一带一路”绿色发展国际联盟等一系列务实合作，让绿色切实成为共建“一带一路”的底色，为全球环境治理作出了重要贡献。

第五节　推进走和平发展道路的现代化

一　高质量共建“一带一路”

“一带一路”建设十年来，取得显著成果。实施“一带一路”倡议过程中，形成了“共商、共建、共享”的合作原则，提出了“政策沟通、设施联通、贸易畅通、资金融通和民心相通”的发展方向，勾勒了“六廊、六陆、多国、多港”的合作框架，开辟了一些惠及沿线国家的基础设施，产生了一批优质合作项目，为合作伙伴创造了良好的发展机遇，新冠疫情肆虐期间，为沿线国家抗疫合作提供了重要条件。

“一带一路”倡议已经成为深受欢迎的公共产品和国际合作平台。同时，“一带一路”倡议承载了代表世界绝大多数国家和人民愿望的新的国际关系原则和国际合作理念。在“一带一路”十年建设过程中，也遇到一系列问题和来自外部的挑战，但这些问题与挑战阻挡不住“一带一路”建设的步伐。习近平总书记在党的二十大报告中再次强调“推动一带一路高质量发展”。可以预见，“一带一路”建设的潜力必将持续得到发挥。

中国已经与140多个国家（地区）、30多个国际组织签署200多份“一带一路”合作文件，有效增进相互了解，取得合作共识。在“一带一路”倡议带动下，中国与沿线国家（地区）贸易持续增长。2021年，在新冠疫情肆虐的情况下，中国与沿线国家货物贸易额达11.6万亿元人民币，同比增长23.6%，占中国外贸总额的比重达29.7%。跨境电商等外贸新业态快速发展，一批海外仓建成并投入使用。从2013年到2022年，中国与沿线国家货物贸易总额从1.04万亿元人民币增加到2.07万亿元人民币，年均增长8%，2022年中欧班列开行1.6万列，发送货物160万标准箱，同比分别增长9%、10%，充分发挥了战略通道作用。西部陆海新通道班列发送货物75.6万标箱，同比增长18.5%。[①] 据商务部数据，中国已经与“一带一路”沿线13个国家签署7个自贸协定。中国海关加强与国内外有关部门协作配合，与欧盟、新加坡等20个经济体签署了AEO互认协议，构建广泛的朋友圈，提高贸易便利化水平。随着贸易便利化的推进，运输成本降低，通关时间压缩和商品损耗减少，这为一些特色商品的出口和交易创造了条件。新疆的特色林果产品就是借助“一带一路”创造的便利条件得以走向国际市场，其番茄酱、核桃等产品已经成功销往意大利、德国、俄罗斯、土耳其、哈萨克斯坦等“一带一路”沿线国家。在新冠疫情期间，正是畅通的贸易使得“一带一路”沿线国家之间及中国与上述国家的贸易得以顺利进行，为保障人民生活和各国经济发展作出重要贡献。

习近平总书记在党的二十大报告中再次强调推动“一带一路”高质量发展。这要求我们践行共商、共建、共享原则，弘扬开放、绿色、廉洁理念，把“一带一路”建设成为和平之路、繁荣之路、开放之路、绿色之路、创新之路、文明之路，为推动构建开放型世界经济、人类命运共同体作出新的更大贡献。“一带一路”倡议对于在百年未有之大变局下建立公正的世界经济秩序，在经济全球化进程中坚

① 数据来源：中国政府网，2023年3月2日。

持开放、平等、互利共赢原则发挥着日益显著的作用。

二 为构建人类命运共同体贡献中国智慧

当今世界，和平与发展仍然是时代主题，但国际环境日趋复杂，不稳定性、不确定性明显增强。一些大国以本国利益为先，大搞单边主义、保护主义、霸权主义，大搞经贸规则“小圈子”，对世界和平与发展构成威胁；重大传染性疾病、气候变化、网络安全等非传统安全风险蔓延，特别是新冠疫情暴发凸显了人类共同面临的重大安全挑战；世界经济长期疲弱，仍处在国际金融危机后的深度调整期，主要经济体推动再工业化和产业回流，国际贸易投资萎靡不振，各国发展差距有拉大之势。

在此背景下，中国明确宣示要不断推动构建人类命运共同体，是面对世界和平、安全和发展的系统性难题提出的系统性解决之道，抓住了世界百年未有之大变局中各国利益的最大公约数，为融通中国梦与世界梦、实现各国人民对美好生活的向往贡献了中国智慧。正如习近平总书记指出的，只要坚持走和平发展道路，同各国人民一道推动构建人类命运共同体，就一定能够迎来人类和平与发展的美好未来。

人类命运共同体理念经历了从酝酿、提出到不断充实、发展的历史过程：从2013年在俄罗斯莫斯科国际关系学院的演讲中“开篇立论”，到2015年在博鳌亚洲论坛年会和第七十届联合国大会一般性辩论上“深入阐释”，从2017年在联合国日内瓦总部“系统陈述”，再到倡导打造人类卫生健康共同体、呼吁构建全球发展命运共同体、提出共建人类安全共同体。习近平总书记始终遵循世界历史演进规律、着眼人类社会发展全局，在回答世界之问、时代之问、历史之问中不断拓展人类命运共同体理念的内涵外延，为大变局时代人类共同应对重大危机和全球性挑战贡献中国智慧。[①] 习近平总书记关于构建人类

① 杨永强：《深刻理解构建人类命运共同体理念的内涵》，《中国社会科学报》2023年7月27日第5版。

命运共同体的重要论述内涵丰富、逻辑缜密、框架清晰，日益形成宏大、系统、全面的科学理论体系，创造性回答了为何构建、如何构建、以何构建、谁来构建人类命运共同体等重大问题。

中国式现代化对推动构建人类命运共同体意义重大。中国作为一个拥有 14 亿多人口的大国，保持长期稳定和持续发展，本身就是对世界和平、稳定、繁荣的重大贡献。中国式现代化，是中国共产党领导的社会主义现代化，既有各国现代化的共同特征，更有基于自己国情的中国特色。这一现代化道路以顺应和平与发展时代大势为历史基点，以实现中华民族伟大复兴与共产主义远大理想为价值遵循，以不断推进马克思主义中国化时代化为战略选择，以满足人民对美好生活的向往为评判标准。这同西方发达资本主义国家通过殖民掠夺、血腥战争、资本垄断和非正义的国际秩序来运行的现代化模式有质的差别，破除了“现代化=西方化”的迷思，创造了人类文明新形态，拓展了发展中国家走向现代化的途径，给世界上那些既希望加快发展又希望保持自身独立性的国家和民族提供了全新选择，为构建人类命运共同体开辟了广阔道路。

（本章执笔：隋福民）

第三章
中国式现代化的文明逻辑

“创造人类文明新形态”是新时代中国共产党人提出的崭新理论命题，这种文明形态不仅不同于西方现代文明形态，不同于苏联模式社会主义文明形态，而且也不同于经典马克思主义设想的未来社会文明形态，它是中华文明的现代形态、是社会主义文明的当代形态、是在借鉴资本文明等一切人类文明基础上创造的人类文明新形态。“人类文明新形态”这一标识性的“术语”，是习近平总书记《在庆祝中国共产党成立100周年大会上的讲话》中创造性地提出的，“中国特色社会主义是党和人民历经千辛万苦、付出巨大代价取得的根本成就，是实现中华民族伟大复兴的正确道路。我们坚持和发展中国特色社会主义，推动物质文明、政治文明、精神文明、社会文明、生态文明协调发展，创造了中国式现代化新道路，创造了人类文明新形态”。在党的十九届六中全会中直接将“创造了人类文明新形态”写进《中共中央关于党的百年奋斗重大成就和历史经验的决议》，“党领导人民成功走出中国式现代化道路，创造了人类文明新形态”。在党的二十大报告和学习贯彻党的二十大精神研讨班开班式上，习近平总书记对中国式现代化创造人类文明新形态这一理论命题进行了深入论述，并明确指出，“中国式现代化，深深植根于中华优秀传统文化，体现科学社会主义的先进本质，借鉴吸收一切人类优秀文明成果，代表人类文明进步的发展方向，展现了不同于西方现代化模式的新图景，是一种全新的人类文明形态”。

第一节　中国式现代化创造人类文明新形态的理论逻辑

历史唯物主义和辩证唯物主义揭示了人类社会发展规律和社会运行规律，论证了社会主义和共产主义最终必然代替资本主义和一切私有制社会的规律性和历史趋势，勾画了随着生产力的发展，人类社会形态从“人的依赖关系”到“物的依赖性”再到“人的自由全面发展”的发展过程，[①] 阐述了生产关系和上层建筑对生产力发展的影响，建立了指导社会运行规律尤其是社会主义建设规律的科学思想方法，为创造人类文明新形态提供了科学的方法论指导。中国共产党在百年实践中，不断将马克思主义基本原理同中国具体实际相结合，创造性地将历史唯物主义的生产力和生产关系、经济基础和上层建筑两大基本原理应用于社会主义社会，形成对社会主义社会具有指导性的社会主义生产力和生产关系、社会主义经济基础和上层建筑两大基本原理，创造性地将辩证唯物主义的辩证法和实践认识论有机结合起来形成对社会主义社会尤其是中国特色社会主义更具指导性的科学思维方法和工作方法，并创造性地提出将马克思主义基本原理同中华优秀传统文化相结合，开辟了中国式现代化的新道路，创造了人类文明新形态，形成了中国式现代化和人类文明新形态理论体系。

一　社会主义生产力和生产关系

按照马克思“已经得到就用于指导我的研究工作”的历史唯物主义，生产力和生产关系的矛盾运动，推动作为生产方式[②]的人类社会

① 《马克思恩格斯全集》（第30卷），人民出版社1995年版，第107—108页。

② 生产方式的含义有两重性，包括劳动的方式和生产的社会形式。劳动的方式“指的是劳动者在劳动过程中相互结合的方式以及他们使用劳动资料的方式”，我们熟知的协作、工场手工业、机器大工业就是这个意义上的生产方式。生产的社会形式可以用社会经济结构或社会形态来描述，如资本主义生产方式、社会主义生产方式。参见郭冠清《回到马克思：对生产力——生产方式——生产关系原理再解读》，《当代经济研究》2020年第3期。

不断由新的社会形态代替旧的社会形态，不断由低级文明形态发展为高级文明形态、由旧文明形态发展为新文明形态。除生产力不发达状态下的愚昧和野蛮为主要特征的原始社会外，马克思提出的依次更替的奴隶主义社会、封建主义社会、资本主义社会、共产主义社会都是人类社会文明形态。资本主义社会之所以被称为“现代文明”形态，那是因为，它已经摆脱了“人的依赖关系”的第一阶段进入了“物的依赖性为基础的人的独立性”的第二阶段，尽管这种文明形态存在着“野蛮”“掠夺”，但是由于“在它的不到一百年的阶级统治中所创造的生产力，比过去一切世代创造的全部生产力还要多，还要大”①，因而，它相比奴隶制社会、封建制社会，是更现代更文明的社会形态。

在生产力和生产关系中，生产力是第一位的，生产力是作为“生产的社会形式”的生产方式变革的根本力量，生产关系是第二位的，它要适合生产力的性质。在一个社会形态相对稳定状态下亦即“生产的社会形式”还处于量变积累未引起质变的情况下，生产力是作为“劳动的方式”的生产方式的基础和条件，② 例如，与资本主义大工业和机器大生产这种生产方式相适应的生产关系是资本雇佣关系。从生产方式两种含义及其与生产力和生产关系之间的关系可以看出，在生产力和生产关系之间还存在生产方式中介，亦即“生产力——生产方式——生产关系”，生产力是生产方式产生和变革的基础，生产关系要与生产方式相适应，③ 要适应生产力的性质，但是生产方式、生产关系不是生产力的单调增函数，甚至也不是它的单调函数，生产力是生产方式滞后变量而不是相反，生产方式可以促进也可以阻碍生产

① 《马克思恩格斯文集》（第2卷），人民出版社2009年版，第36页。

② 早在1846年12月28日马克思致安年柯夫的信中就讲过：“人们不能自由选择自己的生产力——这是他们的全部历史的基础，因为任何生产力都是一种既得的力量，以往的活动的产物。所以生产力是人们的实践能力的结果。”参见《马克思恩格斯全集》（第46卷），人民出版社1960年版，第477—478页。

③ 马克思在《资本论》脚注33中对我们称之为历史唯物主义经典论述进行了修改：“在那本书中我曾经说过，一定的生产方式以及与之相适应的生产关系……”参见《马克思恩格斯全集》（第44卷），人民出版社2001年版，第100页。

力发展，这就要求我们，既要遵循生产力发展的客观规律，避免超越生产力发展阶段的生产方式安排，又要发挥生产关系的积极作用，寻求推动生产力的生产方式。①

社会主义生产方式并不是在马克思设想的生产力高度发达的资本主义社会基础上建立起来的，是否有利于生产力的发展成了生产关系是否适应生产力性质的关键。在中华人民共和国成立之前，毛泽东同志就明确指出："中国一切政党的政策及其实践在中国人民中所表现作用的好坏、大小，归根到底，看它对于中国人民的生产力的发展是否有帮助及其帮助之大小，看它是束缚生产力的，还是解放生产力的。"②

社会主义社会下生产力和生产关系是社会主义建设中面临的一个重大理论难题。在苏联《社会主义政治经济学教科书》中，社会主义社会生产关系是完全适应于生产力的，即便是承认生产关系和生产力的矛盾，也是在承认"完全适合"的前提之下。对此，毛泽东同志不仅强调"在社会主义社会中，基本的矛盾仍然是生产关系和生产力之间的矛盾"，而且生产关系一定要适应生产力发展的规律，在社会主义社会乃至共产主义社会仍然会起作用。他在《读苏联〈社会主义政治经济学教科书〉谈话》中指出："从世界历史来看，……都是先把上层建筑改变了，生产关系搞好了，上了轨道了，才为生产力的大发展开辟了道路，为物质基础的增强准备了条件。当然，生产关系的革命，是生产力的一定发展所引起的。但是，生产力的大发展，总是在生产关系改变以后。"③

改革开放以来，我们党始终遵循和把握生产力发展规律，以解放和发展社会生产力为根本任务，在生产方式上，突破了资源配置的计划经济模式，建立了社会主义市场经济体制，在所有制形式上，突破了"社会主义等于公有制"公式，建立了公有制为主体、多种所有制共同发展的所有制形式，在分配关系上突破了名义上的按劳分配实际

① 郭冠清：《回到马克思：对生产力——生产方式——生产关系原理再解读》，《当代经济研究》2020年第3期。

② 《毛泽东选集》（第三卷），人民出版社1991年版，第1079页。

③ 《毛泽东文集》（第八卷），人民出版社1999年版，第131页。

上的平均主义的传统社会主义教条，建立了按劳分配为主体、多种分配方式并存的分配制度。

党的十八大以来，以习近平同志为核心的党中央，依据我国生产力发展状况，对我国经济所处的发展阶段和我国社会主要矛盾的变化作出了科学的判断，创造性地提出了“保护生产力就是发展生产力”“改善生产环境就是发展生产力”“绿水青山就是金山银山”等理念，不断完善社会主义基本经济制度，将“社会主义市场经济体制”和“按劳分配为主体、多种分配方式并存”纳入社会主义基本经济制度，将社会主义制度优势和市场经济的资源配置优势有机结合起来，极大地促进了生产力发展，丰富和发展了马克思的生产力和生产关系的基本原理，为社会主义国家如何利用制度优势，根据生产力所处的阶段选择生产方式以促进生产力发展并理顺生产关系提供了方法论指引。

二　社会主义经济基础和上层建筑

经济基础和上层建筑的关系是唯物史观的重要命题①，由于“物质生活的生产方式制约着整个社会生活、政治生活和精神生活的过程”，经济基础和上层建筑的矛盾受生产力和生产关系矛盾的制约。经济基础和上层建筑的关系存在一切社会形态之中，并且贯穿于每一个社会形态的始终。对于经济基础和上层建筑的关系，恩格斯在《反杜林论》中指出，每一个时代的社会经济结构形成现实基础，每一个历史时期的由法的设施和政治设施以及宗教的、哲学的和其他的观念形式所构成的全部上层建筑，归根到底都应由这个基础来说明。

经济基础和上层建筑的关系原理同样适合于社会主义社会，但社会主义经济基础和上层建筑的关系具有特殊的性质和特点，它集中体现在经济和政治的辩证关系，列宁、毛泽东、邓小平、江泽民等在不

① 需要说明的是在一些苏联文献中，使用的不是“经济基础”，而是更贴近马克思恩格斯经典著作的“现实基础”。

同的时期都提出过“政治是经济的集中表现”“经济是最大的政治”等相关论述。政治的核心是国家，国家是政治的权力机关，国家通过制定和实施法律等强制性手段与运用财政、货币等经济手段，影响经济生活。社会主义中国在党的领导下，坚持以人民为中心的发展思想，制定发展战略，加强顶层设计，克服“市场失灵”，为社会主义奋斗目标砥砺前行，推动经济社会持续健康发展。社会主义国家是具有强大建设功能的主体，而这些作用都是建立在党的集中领导之下，因此要理解社会主义政治与经济关系，需要充分理解国家的作用和党的领导的政治优势。

对于社会主义国家政治与经济关系，习近平总书记作了一系列重要论述，指出：“经济离不开政治，政治也离不开经济，这是客观事物发展的必然规律。经济政治化和政治经济化，应是经济和政治辩证统一关系和谐发展的集中体现。”① “社会主义与市场经济的有机结合，为实现政治与经济的辩证统一找到一种迄今为止的最佳形式。在这一体制下，一方面是社会主义的制度优势为市场经济健康发展开辟了广阔空间，使社会主义的经济基础更加雄厚、经济内涵更为丰富，形成了显著的政治经济化特征；另一方面，市场经济的发展也推进了政治体制的改革，并在优化经济资源配置的同时，优化了政治资源的配置，使社会主义民主政治建设不断加强，社会主义制度进一步趋于完善和巩固，经济政治化的特征和运动趋势也更加显著。”② “一个国家的政治制度决定于这个国家的经济社会基础，同时又反作用于这个国家的经济社会基础，乃至于起到决定性作用。”③ “乃至于起到决定性作用”是对马克思主义经济基础—上层建筑关系基本原理的创新和发展，为理解为什么要加强党的集中统一领导、为什么要以新发展理念引领、为什么要将马克思主义基本原理同中华优秀传统文化相结合

① 习近平：《对发展社会主义市场经济的再认识》，《东南学术》2001 年第 4 期。

② 习近平：《对发展社会主义市场经济的再认识》，《东南学术》2001 年第 4 期。

③ 习近平：《在庆祝全国人民代表大会成立 60 周年大会上的讲话》，《人民日报》2014 年 9 月 6 日。

等提供了依据。①

习近平总书记对于社会主义经济基础与上层建筑关系的系列重要论述，深化了我们对经济基础与上层建筑关系的认识，丰富和发展了马克思主义基本原理，有力地指导了新时代中国特色社会主义建设，是对马克思主义唯物主义历史观的创新和发展。

三　正确的工作策略和思维方法

辩证法是马克思研究政治经济学运用的根本方法，实践认识论是马克思主义理论的重要组成部分。中国共产党人创造性地将马克思主义的辩证法和实践认识论应用于经济工作之中，提出了坚持系统观念、坚持问题导向、坚持稳中求进工作总基调等内容，是马克思主义中国化时代化的重要成果，是推进和拓展中国式现代化、创造人类文明新形态的根本遵循。

（一）坚持系统观念

党的十八大以来，党中央坚持系统谋划、统筹推进党和国家各项事业，根据新的实践需要，形成一系列新布局和新战略，带领全党全国各族人民取得了历史性成就，其中，“系统观念是具有基础性的思想和工作方法”②。在《中共中央关于制定国民经济和社会发展第十四个五年规划和二〇三五年远景目标的建议》中，将“坚持系统观念”列为“十四五”时期经济社会发展必须遵循的五大原则之一。在党的二十大报告中，把“必须坚持系统观念”列为“六个必须坚持”之一。

（二）坚持问题导向

坚持问题导向是马克思主义实践认识论在中国的具体运用，具有

① 习近平总书记在庆祝中国共产党成立100周年大会上的讲话中首次提出“坚持把马克思主义基本原理同中国具体实际相结合、同中华优秀传统文化相结合”即“两个结合”，凸显了文化的作用。

② 中共中央宣传部、国家发展和改革委员会：《习近平经济思想学习纲要》，人民出版社、学习出版社2022年版，第164页。

鲜明的马克思主义的特点。中国共产党的历史就是坚持问题导向，不断推进马克思主义中国化的历史，我们常说的坚持把马克思主义基本原理同中国具体实际相结合的中国具体实际就是现实中的问题，相结合的方法就是坚持问题导向的方法。正如习近平总书记所强调的："我们中国共产党人干革命、搞建设、抓改革，从来都是为了解决中国的现实问题。"[①] 在党的二十大报告中，把"必须坚持问题导向"列为"六个必须坚持"之一，明确指出："必须坚持问题导向。问题是时代的声音，回答并指导解决问题是理论的根本任务。"[②]

（三）坚持稳中求进的工作总基调

稳中求进工作总基调是党的十八大以来历年中央经济工作会议都强调的工作方法，是实践认识论在经济工作中的具体运用。"稳"是做好经济工作的基调和大局，只有把握了这个前提，才能守住资源、环境和生态底线，守住民生的底线，守住防范系统风险的底线，经济才能平稳发展。在"稳"的基础上，要在关键领域"进"，在调整经济结构和深化改革开放上取得新进展。习近平总书记强调，"'稳'和'进'要相互促进，经济社会平稳，才能为调整经济结构和深化改革开放创造稳定宏观环境；调整经济结构和深化改革开放取得实质性进展，才能为经济社会平稳运行创造良好预期"。

四 "第二个结合"与人类文明进步

文化是人类在社会历史发展过程中物质财富和精神财富的总和，它作为一种社会意识层面的上层建筑对于一个空间维度上具体文明形态的形成和发展具有十分重要的作用，正如马克思所讲："人们自己创造自己的历史，但是他们并不是随心所欲地创造，并不是在他们自己选定的条件下创造，而是在直接碰到的、既定的、从过去承继下来

① 习近平：《习近平著作选读》（第一卷），人民出版社 2023 年版，第 161 页。

② 习近平：《高举中国特色社会主义伟大旗帜　为全面建设社会主义现代化国家而团结奋斗——在中国共产党第二十次全国代表大会上的报告》，人民出版社 2022 年版，第 20 页。

的条件下创造。一切已死的先辈们的传统，像梦魇一样纠缠着活人的头脑。”①

“文明”与“文化”相通，但内涵更丰富，是标志人类进步状态的概念，是对人类认识和改造世界积极成果的整体性概括和正面性评价。② 文化是文明的底色，就西方现代化而言，尽管从时间维度上都是资本主义文明形态，但从空间维度上具体到某一个国家，不可避免地会打上文化的烙印。就拿世界上第一个“原生性”的现代化国家英国来说，它之所以能成为第一个率先实现工业化建立资本主义制度的国家，并通过野蛮“掠夺”将资本主义文明向世界各地传播并成为“日不落帝国”，其原因除了盎格鲁—撒克逊本身文化特征外，或许与它通过大宪章运动建立议会、通过光荣革命建立君主立宪制的文化历史传统有关，至少与通过贩卖黑奴的海盗弗朗西斯·德雷克领导下击败西班牙的无敌舰队的历史有关。③ 就现代化而言，通过选择与本国文化特征相结合的路径，可以节约交易成本，踏上现代化的快速列车。遗憾的是，许多国家尤其是拉丁美洲和西亚的国家，却选择了与自身文化背道而驰的西方现代化的路径，结果大都失败了。在 1960 年时已有 101 个中等收入经济体，到了 2008 年只有 13 个成功进入高收入经济体行列。如果考虑到这 13 个经济体中，毛里求斯等经济体规模太小且本身还是发展中国家，日本、以色列和爱尔兰在 1960 年都已接近高收入边界，剩下的只有韩国、西班牙、中国香港。可以看出大多数发展中国家接近 50 年没有迈入高收入阶段之列，绝大多数跌入了“中等收入陷阱”。④

中华文明是唯一延续至今的文明，它有许多与马克思主义具有紧密耦合的文化基因。对于这种文明的特殊性，习近平总书记在 2023 年 6 月 2 日文化传承发展座谈会上，将它概括为连续性、创新性、统

---

① 《马克思恩格斯文集》（第 2 卷），人民出版社 2009 年版，第 470—471 页。

② 刘建军：《论中国特色社会主义创造了人类文明新形态》，《中国社会科学》2023 年第 3 期。

③ 钱乘旦、许洁明：《英国通史》，上海社会科学院出版社 2002 年版。

④ 郭冠清：《新发展理念生成逻辑及其对新发展格局的引领作用研究》，《河北经贸大学学报》2021 年第 4 期。

一性、包容性、和平性五个特性，并特别强调“我们应当以当代中国的实践为思维坐标，用马克思主义这一指导思想来分析中国传统文化，进而对中华优秀传统文化进行创造性转化、创新性发展，不断推进马克思主义基本原理同中华优秀传统文化相结合”。

“第二个结合”是获得发展张力加快推进和拓展中国式现代化的结合，是在借鉴世界文明成果的基础上提升人类文明进步的结合，是实现中华民族伟大复兴创造人类文明新形态的结合。

第二节　中国式现代化创造人类文明新形态的历史逻辑

中国共产党在百年的探索中，创造性地将马克思主义基本原理同中国具体实际相结合、同中华优秀传统文化相结合，不断开拓马克思主义中国化时代化的新境界，创造了中国式现代化新道路，创造了人类文明新形态。本节将围绕生产力的发展、生产方式的迭代过程、生产关系的优化和上层建筑的建设等多个层面，以中国式现代化的经济探索历程为主线，对中国特色社会主义社会进入新时代之前，人类文明新形态的产生、孕育和实践进行研究，而将在此基础上“创造了中国式现代化，创造了人类文明新形态”的新时代的实践放在下一节进行探讨。

一　现代化文明道路的选择和工业建设的探索

英国的洋枪洋炮将沉睡的东方巨人惊醒，原来处于传统国家和农业文明体系下的中国在面对经过资产阶级革命后的现代国家和工业文明的英国的挑战时竟然如此不堪一击，于是先进的中国人开始寻求治国良方，虽然“经过千辛万苦，向西方国家寻求真理”①，但是“一切别的东西都试过了，都失败了”②，即便是孙中山领导的资产阶级

① 《毛泽东选集》（第4卷），人民出版社1991年版，第1469页。
② 《毛泽东选集》（第4卷），人民出版社1991年版，第1471页。

革命推翻了清王朝的统治，也因为没有改变中国半殖民地半封建社会的性质也不可避免地失败了。在寻求中华民族文明复兴的探索中，“十月革命一声炮响，给我们送来了马克思列宁主义”[①]，“曾经留恋过别的东西的人们，有些人倒下去了，有些人觉悟过来了”[②]，选择与中华民族优秀传统文化高度契合的马克思主义、选择通向“大同”的社会主义道路，毫无疑问成了中华民族文明复兴的最优选择，于是，毛泽东同志不无感叹地讲道：“走俄国人的路——这就是结论。”[③]

走苏联社会主义道路，意味着我国要从一个传统的农业国转向工业国，于是在新民主主义革命时期，以毛泽东同志为代表的中国共产党人就开始思考如何进行工业化建设问题，并提出了走新民主主义工业化道路的极富创造性的构想。毛泽东同志指出：“在新民主主义的政治条件获得之后，中国人民及其政府必须采取切实的步骤，在若干年内逐步地建立重工业和轻工业，使中国由农业国变为工业国。”[④]

在工业基础条件极其薄弱，中国共产党领导了中央苏区、抗日根据地、解放区进行了军事工业和民用工业建设，成立了大量国营工厂（后期一般称为公营工厂），如 1931 年在瑞金成立的中央兵工厂、中央印刷厂，1938 年在延安成立的难民纺织厂、制鞋厂，其生产方式基本是工场手工业方式，管理模式基本上是军事供给制，分配一开始采取供给制，后期有的采取工资制，广大人民群众在极大的革命热情中工作，生产力有了快速发展，基本实现了军需物资和生活资料的自给自足，初步形成了具有特色的工业经济体系。[⑤][⑥] 同时，在新民主主义革命时期，在中央苏区、抗日根据地、解放区还建立了与生产和交换条件相适应的对外贸易体系，提出了具有当代价值的“对外调

---

① 《毛泽东选集》（第 4 卷），人民出版社 1991 年版，第 1471 页。

② 《毛泽东选集》（第 4 卷），人民出版社 1991 年版，第 1471—1472 页。

③ 《毛泽东选集》（第 4 卷），人民出版社 1991 年版，第 1471 页。

④ 《毛泽东选集》（第 3 卷），人民出版社 1991 年版，第 1081 页。

⑤ 汪海波：《中国新民主主义革命时期根据地和解放区的国营工业》，《江西社会科学》1985 年第 6 期。

⑥ 彤新春：《新民主主义革命时期中国共产党的经济探索与发展道路的初步形成》，《经济纵横》2021 年第 6 期。

剂，对内自由”贸易方针，形成了对外贸易统制的制度安排[①]，而这些为新中国成立后，国家工业化建设积累了宝贵的经验，推动了我国从农业国向工业国的转型，为社会主义工业文明在中国落地扎根奠定了基础。

二 社会主义文明的探索和国家工业化的推进

尽管自洋务运动以来，中华民族就踏上了探索工业化的道路，新民主主义时期还进行了工业化建设，但是由于战争等原因，中华人民共和国成立之初中国工业化还处于工场手工业时代，1952 年我国工业产值才是 1933 年的 17%。[②] 尽管对国家工业化战略选择有不同意见，例如，1949 年 12 月周恩来讲道，“如果没有广大农业的发展，工业发展是不可能的”“必须在发展农业的基础上发展工业”“工业离不开农业而且要以农业为基础”[③]，苏联提出的由苏联等搞重工业中国只提供原材料、农业、轻工业的“经互会的方式”一体化分工思想也有一定的影响[④]，但是，由于朝鲜战争对国防现代化的需要等原因，最终还是选择了以重工业优先发展为核心战略的工业化发展道路。[⑤] 在苏联 156 项工程援助和 5092 个专家的帮助下[⑥]，苏联模式社会主义工业文明在我国开始生根发芽，中国的工业化水平取得了飞跃式发展，建立起了独立的比较完整的工业体系和国民经济体系。

---

① 张瑞、郭冠清：《中国共产党对外开放的百年探索及其对构建新发展格局的启示》，《上海经济研究》2021 年第 9 期。

② 彭圣钦、周晓虹：《现代性的再启与“工业中国”的想象——以 20 世纪 50 年代草明的工业小说为例》，《中央民族大学学报》（哲学社会科学版）2021 年第 6 期。

③ 《周恩来经济文选》，中央文献出版社 1993 年版，第 177 页。

④ 姜长青：《中国式现代化的经济探索历程：第二卷开局与奠基》，江西高校出版社 2023 年版，第 55 页。

⑤ 事实上早在 1945 年 4 月党的第七次代表大会讲话中，毛泽东就明确指出：“没有工业，便没有巩固的国防，便没有人民的福利，便没有国家的富强。”参见《毛泽东选集》（第 3 卷），人民出版社 1991 年版，第 1029—1100 页。

⑥ 沈志华：《苏联专家在中国：1948—1960》（第 3 版），社会科学文献出版社 2015 年版，第 3—4 页。

如果说实施重工业优先发展战略存在分歧的话，那么通过“一化三改”逐步建立社会主义公有制是一件顺理成章的事情，只是比1953年通过的《党在过渡时期的总路线》预期的时间要短很多，1956年我国完成了社会主义改造，建立起了社会主义制度，从此，中国式现代化就深深烙上了社会主义的痕迹，中国式现代化建立的人类文明形态就一定是社会主义文明形态。至于计划经济体制，在中华人民共和国成立之初就开始学习苏联经验，并在苏联的帮助下，于1954年12月基本完成了计划经济体制的建立，为重工业优先发展战略的实施奠定了基础。既然社会主义生产是有计划按比例生产，实施的是计划经济模式，那么还需要市场进行商品生产吗？毛泽东同志指出，“不能孤立地看商品生产，……要看它是同什么经济制度相联系，同资本主义制度相联系就是资本主义商品生产，同社会主义制度相联系就是社会主义商品生产”①。毛泽东同志将社会主义商品生产与资本主义商品生产进行了区别，突破了恩格斯公式②、斯大林对恩格斯公式解释的限制，破解了社会主义是否可以利用商品生产的历史性难题。遗憾的是，理论上的突破并不意味着在实践上我们能做得很好，商品生产在我国几乎没有建立起来，违背经济规律的“大跃进”“一大二公”的人民公社制度安排，以及横扫“牛鬼蛇神”的“文化大革命”，使社会主义商品生产还没有来得及绽放，就已经被扼杀了。③

与生产资料公有制、计划经济体制相联系的生产方式只能是作为政府部门延伸的国营工厂，农业的生产方式也是便于统筹安排支援工业建设的组织形式，这是因为中国作为赶超型国家很难通过自发的市场经济来完成国家工业化建设。从实施效果看，苏联模式社会主义文明在中国生根发芽，中国的工业化水平取得了飞跃式发展，“一五”计划时期，中国在苏联的帮助下，集中力量进行了694个大中型建设

---

① 《毛泽东文集》（第7卷），人民出版社1999年版，第439页。

② 恩格斯在《反杜林论》中指出，一旦建立了社会主义生产资料公有制，商品生产随即消失。

③ 王瑶、郭冠清、黄志刚：《新中国70年党的领导集体对中国经济发展道路的探索》，《上海经济研究》2019年第12期。

项目组成的工业建设，工业总产值比1952年增长128.6%，工业产值所占比重由1949年的30%提高到56.5%，重工业的比重由26.4%提高到48.4%。[①] 虽然与苏联交恶后，中国被迫走上了独立探索社会主义发展道路，但是从总体来看，依然是苏联模式的社会主义文明道路，这一点也并不因为国营工厂的管理模式采取的是党委领导下的厂长负责制与苏联的厂长负责制（又称“一长制”）不同而改变，也没有因为工资形式的差别而改变[②]，通过这种模式，我们国家工业化大幅度提升，1977年中国的工业总产值已达3728亿元[③]，1978年工业产值达到了1952年的12.324倍[④]，在20多年里建立起了独立的比较完整的工业体系和国民经济体系。在工业化取得历史性突破的同时，1964年年底到1965年年初召开的第三届全国人民代表大会第一次会议提出了“四个现代化”的宏伟目标，“今后发展国民经济的主要任务，是要在不太长的历史时期内，把我国建设成为一个具有现代农业、现代工业、现代国防和现代科学技术的社会主义强国”，农业、国防、科学技术现代化水平都有了很大幅度的提高。中国农业现代化水平明显超过了曾经与中国处于同一发展水平的印度和巴西等国家，而且在一些指标上已接近或超过了部分发达国家。[⑤] 国防现代化和科学技术现代化也有了十足的进步，大家熟知的，1956年新中国第一辆汽车下线、第一架喷气式歼击机首飞成功，1964年我国第一颗原子弹爆炸成功，1970年我国第一颗人造卫星升空，1974年中国第一艘核潜艇入列，等等。[⑥]

---

① 陈文福：《从毛泽东到江泽民：中国新型工业化道路的历史探索》，《毛泽东思想研究》2003年第1期。

② 林盼、朱妍：《工人分化与激励异化：20世纪50年代国营工厂的计件工资制度》，《史林》2015年第3期。

③ 王立胜、赵学军主编：《中华人民共和国经济发展70年全景实录》上卷，济南出版社2019年版，第616页。

④ 彭圣钦、周晓虹：《现代性的再启与“工业中国”的想象——以20世纪50年代草明的工业小说为例》，《中央民族大学学报》（哲学社会科学版）2021年第6期。

⑤ 王瑶、郭冠清、黄志刚：《新中国70年党的领导集体对中国经济发展道路的探索》，《上海经济研究》2019年第12期。

⑥ 根据公开报道的资料整理。

当然，国家的工业化或现代化并不只是一串冰冷的数字所组成的发展指标，更寄托了民众对于国家富强、民族独立、物质丰盈、文明进步的愿景，尽管其中不乏类似“大跃进”的乌托邦式的构想。在那个激情岁月，“资本”与劳动对立几乎不存在①，“人的异化”几乎完全被消除，翻身当家做主人的工人的建设热情、社会主义热情洋溢的劳动竞赛以及社会主义工厂呈现出来人与机器融于一体的“沸腾感”②，构成那个时代的真实缩影，这一点只需要看一下草明《乘风破浪》等十七年工业文学就可以体会到，至于缺乏科学的管理可持续性问题、分配制度的“大锅饭”和只有精神激励缺乏物质激励的可持续问题，尤其是人民生活长期得不到提高、产业结构严重失衡、许多社会问题得不到解决、体制机制的僵化等，给这种发展模式蒙上了阴影，它在创造社会主义工业文明的同时，生产关系、上层建筑逐渐不再适应生产力的发展，打破这种体制机制僵化模式已成为必然。

三　西方现代化文明的借鉴和社会主义现代化的跨越发展

1978 年开启了一个新的纪元，党的十一届三中全会在北京举行，全会根据中央工作会议的讨论，作出了把全党工作的着重点和全国人民的注意力转到社会主义现代化建设上来的战略决策，指出实现现代化是一场广泛、深刻的革命，要求大幅度提高生产力，多方面改变同生产力发展不适应的生产关系和上层建筑，改变一切不适应的管理方式、活动方式和思想方式。

对社会主义的重新思考，科学判断中国的历史方位是新的历史时期取得的重大成就。尽管在社会主义革命和建设时期，我国在社会主义工业化上取得突破进展，社会主义文明在人与人之间的关系、人与自然之间的关系等方面克服了资本主义文明的弊端，但是，依然没有摆脱贫穷与落后状态。1978 年我国的经济水平仅相当于发达国家的

① 注意国营工厂中不存在与资本主义文明对应的“资本”概念。

② 彭圣钦、周晓虹：《现代性的再启与“工业中国”的想象——以 20 世纪 50 年代草明的工业小说为例》，《中央民族大学学报》（哲学社会科学版）2021 年第 6 期。

6.8%，世界平均水平的22.1%，工人的人均住房面积仅3.6平方米，比1952年还少0.9平方米，大批返城的知识青年找不到工作，大量群众还吃不饱饭，我们还处于马尔萨斯的“贫困陷阱”之中，[①] 这是我们对“什么是社会主义”这个问题的认识发生了偏差所致，因为马克思主义经典作家设想的人类社会形态是在生产力高度发达的资本主义文明基础上建立起来的，而现实的社会主义是在生产力不发达基础上建立起来的。社会主义初级阶段理论明确了我们的历史方位，我们还处于社会主义“不发达”的初级阶段，解放和发展生产力依然是我们的重要任务。社会主义本质理论突破了离开生产力抽象地谈论社会主义的传统观念，“社会主义本质，就是解放生产力，发展生产力，消灭剥削，消除两极分化，最终达到共同富裕”[②]。社会主义本质论还突破了搞平均主义导致共同贫穷的传统观念。“贫穷不是社会主义，社会主义要消灭贫穷。”[③] 社会主义发展生产的目的就是实现广大人民群众的共同富裕。这就“超越了以资本为主导的逻辑，走出了一条把物的发展和人的发展统一起来的以人民为中心的全面现代化道路”[④]。

理念是行动的先导。改革开放总设计师邓小平同志以“发展才是硬道理”为发展理念，将党的工作重心从“以阶级斗争为纲”转变到“以经济建设为中心”上来[⑤]，解放和发展了生产力，并在1997年成功跨过了“贫困陷阱”，带领全国人民走向富强的道路，迈入“中等低收入阶段”。以江泽民同志为主要代表的中国共产党人，深入贯彻“发展才是硬道理”发展理念，强调“发展是党执政兴国的第一要务”，坚持用发展的办法解决前进中的问题，把“实现什么样的发展、怎样发展”的问题，看作是社会主义现代化建设的根本所在。在“发展才是硬道理”的引领下，中国经济取得了前所未有的成就，

---

① 王瑶、郭冠清、黄志刚：《新中国70年党的领导集体对中国经济发展道路的探索》，《上海经济研究》2019年第12期。

② 《邓小平文选》（第3卷），人民出版社1993年版，第373页。

③ 《邓小平文选》（第3卷），人民出版社1993年版，第116页。

④ 韩庆祥：《中国道路及其本源意义》，《中国特色社会主义研究》2020年第2期。

⑤ 邓小平同志反复强调：“我们坚持社会主义，要建设对资本主义具有优越性的社会主义，首先必须摆脱贫穷。”参见《邓小平文选》（第2卷），人民出版社1994年版，第128页。

在世界经济发展史上，创造了中国增长的奇迹。虽然以“发展才是硬道理”为代表的经济发展观以年均两位数的增长速度使“中国富了起来”[①]，但是总的来说，经济增长还是没有摆脱依靠资源高消耗和生态环境恶化的困境，而且随着经济的发展，人民对经济发展的环境和可持续性提出了更高的要求。以此为背景，2003 年胡锦涛同志在党的十六届三中全会上提出了“坚持以人为本，树立全面、协调、可持续的发展观，促进经济社会和人的全面发展”的科学发展观，并在 2007 年党的十七大报告中对科学发展观的要义、核心、基本要求和根本方法进行了全面的阐述。“科学发展观”从党和国家事业发展全局出发，直视经济发展的环境污染问题和资源耗费问题，对“实现什么样的发展、怎样发展”进行了更进一步的探索。

新的历史时期突破了“社会主义 = 计划经济”的教条，从改革开放初，逐渐在计划经济中注入市场因素，到 1992 年社会主义市场经济体制的建立，到 2001 年加入世贸组织，再到社会主义市场经济体制的基本完善，充分利用资本文明推动社会主义现代化建设，并在实践中实现了对西方现代化文明和苏联模式社会主义文明的超越，在创造人类文明形态上作出了巨大贡献。

中国的改革是从农村开始的。随着国家工业化战略的基本实现，“以农补工”的需求减弱，人民公社这种生产方式的历史使命已经完成，以家庭联产承包责任制为基础、统分结合、双层经营的新的生产方式在新环境下出现[②]，而与家庭联产承包责任制孪生的乡镇企业则异军突起。家庭联产承包责任制这一生产方式在冲破了旧的经营管理体制束缚、解放了生产力的发展之后，在促进生产力发展和理顺生产关系方面出现了历史局限性，遇到了困难，不过，家庭联产承包责任制释放的劳动力在社会主义现代化建设中发挥了重要的作用。农村的

---

① 这里的增长速度指的是 1978 年到 2002 年的增长速度。

② 到 1983 年年底，中国 99.5% 的生产队实行了家庭联产承包责任制，数目高达 586.3 万个，其中实行“大包干”的生产队占生产队总数高达 97.8%。参见王瑶、郭冠清、黄志刚《新中国 70 年党的领导集体对中国经济发展道路的探索》，《上海经济研究》2019 年第 12 期。

改革推动了城市改革的进程。自 1978 年改革开放以来，国有企业改革一直被认为是我国经济体制改革的中心环节。如何从传统计划经济体制下的作为政府附属物的国营企业逐渐转变为适应市场经济体制要求的独立的现代企业，是我国经济体制改革的核心任务。在改革开放和社会主义现代化建设新时期，国有企业改革大致经历了 1978—1992 年“放权让利”时期、1993—2002 年的“制度创新”时期、2003—2012 年的“国资管理”时期三个时期。[①] 从实践效果上看，国有企业作为“全民”所有的企业，因其所有权缺位，又肩负政策使命，其发展前景一直受到质疑，尤其是 20 世纪 90 年代末亏损时更加明显，但是，在改革的推动下，我国的国有企业不断发展壮大，其影响力和控制力不断提高。根据财政部发布的数据，2013 年，全国独立核算的国有法人企业 15.5 万户，同比增长 5.8%；全国国企资产总额 104.1 万亿元，同比增长 16.3%；全国国企营业总收入 47.1 万亿元，同比增长 10.8%。中华人民共和国成立后初步建成的独立的比较完整的工业体系和国民经济体系，为新的历史时期实施的对外经济开放提供了坚实的物质基础和经济安全保障能力。这一时期的对外开放经历了对外经济开放大幕的开启（1978—1984 年）、对外经济开放格局的初步形成（1984—1992 年）、全方位对外经济开放格局的形成（1992—2001 年）、开放型经济的快速发展（2001—2012 年）四个历史阶段。对外开放战略极大地促进了中国的经济发展。

总的来说，在新的历史时期，我国生产力大幅度提高，实现了从生产力相对落后的状况到经济总量跃居世界第二的历史性突破，实现了人民生活从温饱不足到总体小康、奔向全面小康的历史性跨越，为中国式现代化提供了充满新的活力的体制保证和快速发展的物质条件，为创造人类文明新形态奠定了基础。

---

① 黄群慧：《“新国企”是怎样炼成的》，载蔡昉等《中国经济改革与发展（1978—2018）》，社会科学文献出版社 2018 年版，第 205—224 页。

第三节　中国式现代化创造人类文明新形态的实践逻辑

党的十八大以来，以习近平同志为核心的党中央“立志于中华民族千秋伟业，致力于人类和平与发展崇高事业”，遵循人类发展规律和社会主义建设规律，坚持将马克思主义同中国具体实际相结合、同中华优秀传统文化相结合，坚持以人民为中心的发展思想，不断推进马克思主义中国化时代化新境界，走出了一条全新的、与资本主义现代化道路不同的中国特色社会主义现代化道路，创造了与西方现代化文明、苏联模式社会主义文明不同的人类文明新形态。

一　新发展理念引领和人类文明新形态创造

随着人口红利消失、要素价格上涨、环境和资源压力增大等情况的出现，我国经济进入新常态，经济转型面临前所未有的挑战。在新的经济形势下，迫切需要一种新的发展理念来指引我国经济的发展，其原因为：第一，需要新的经济发展驱动力来抵消经济增速持续放缓的压力，这个动力的唯一选项就是创新驱动，这正是将“创新发展”置于新发展理念首位的原因。另外，虽然在经济新常态下，国际贸易占比在持续下降，但依然是经济增长中不可或缺的因素，因此“开放发展”不可缺少。第二，要破解我国结构失衡问题，亦即解决经济发展不平衡问题，使区域之间、城乡之间、人与人之间收入差距缩小，需要“协调发展”和“共享发展”。第三，要破解高污染、高能耗不可持续发展问题，需要“绿色发展”。以习近平同志为核心的党中央，在总结国内外发展经验教训、分析国内外发展大势的基础上，提出了“创新、协调、绿色、开放、共享”的新发展理念，并要求完整、准确、全面贯彻新发展理念，加快构建新发展格局，着力推动高质量发展，推进和拓展中国式现代化。

新发展理念是推进中国式现代化创造人类文明新形态的根本遵

循。创新发展理念破解了我国人口规模巨大和新时代人口红利消失的难题，找到了转变生产方式、推进和拓展中国式现代化的动力；共享发展理念是实现全体人民共同富裕的现代化的发展理念。尽管西方现代化走到了前边，但是那是“资本”的现代化，是文明与野蛮并存的现代化，是资本与劳动对立的现代化。中国特色社会主义现代化道路是在夺取全面建设小康社会胜利的基础上奔向全体人民共同富裕的现代化，是满足人民对美好生活向往而奋斗的现代化。习近平总书记强调：“共享理念实质就是坚持以人民为中心的发展思想，体现的是逐步实现共同富裕的要求”①；协调发展理念是推动物质文明和精神文明的协调发展的理念，是摆脱“物的依赖性”转向“人的全面发展”的理念。习近平总书记指出：“从当前我国发展中不平衡、不协调、不可持续的突出问题出发，我们要着力推动区域协调发展、城乡协调发展、物质文明和精神文明协调发展，推动经济建设和国防建设融合发展。”② 绿色发展理念促进了人与自然和谐共生。绿色是生产力发展到一定阶段人民对美好生活需要的必然诉求，而满足人民对美好生活的需要，不仅是一个生产目的问题，而且也是一个满足消费需求，增加市场容量推动经济发展问题。我们坚持绿水青山就是金山银山的理念，坚持可持续发展，坚持节约优先、保护优先、自然恢复为主的方针，像保护眼睛一样保护自然和生态环境，到 2035 年人与自然的生命共同体特征将更加显现，绿色生活方式将广泛形成；开放发展理念是“和平、发展、合作、共赢”倡议下的发展理念，是解决高质量发展内外联动问题的发展理念。中国式现代化不走西方现代化国家通过战争、殖民、掠夺等方式实现现代化的道路，坚定地站在历史正确的一边、站在人类文明进步的一边，在构建人类命运共同体的理念下，在坚定维护世界和平与发展中谋求自身发展，又以自身发展更好维护世界和平与发展。

---

① 习近平：《深入理解新发展理念》，《社会主义论坛》2019 年第 6 期。
② 习近平：《深入理解新发展理念》，《社会主义论坛》2019 年第 6 期。

二　供给侧结构性改革和生产方式调整

中国特色社会主义进入新时代以后，不仅经济增长出现了结构性减速，而且还存在以下几个问题，第一，需求侧管理政策作用已明显减弱，凯恩斯政策的副作用开始大量涌现。财政政策的刺激不仅难以发挥“乘数效应”，而且由于投资机会减少，还有可能对私人投资产生部分甚至全部的“挤占效应”。第二，生产方式发生了变化，农村剩余劳动力逐渐被现代工业部门所吸收，人口红利消失，劳动力市场由过剩转向短缺，即所谓刘易斯拐点出现，工资的快速上升也必然意味着收入分配状况开始出现好转，即出现库兹涅茨曲线的拐点，生产方式基本完成从劳动密集向资本密集的转移，此时，进一步的增长将使工资快速上升。这个阶段，我国资源禀赋的比较优势将消失，“雁行理论”将失效，迫切要求以技术进步为特征的新要素供给来提高经济增长。第三，消费方式发生了变化。消费已经连续成为拉动中国经济增长第一动力，服务消费在消费中的比重不断上升，生产消费趋向升级。第四，“供需错位”严重，一方面，过剩产能已成为制约中国经济转型的一大包袱。另一方面，中国的供给体系总体上是中低端产品过剩，高端产品供给不足。第五，经济结构严重失衡。在1991—2000年，中国的经济结构从次级不平衡状态转向次级平衡状态，而在2000—2011年，中国的经济结构从次级平衡状态转向次级不平衡状态，经济结构问题比较严重。①

中国经济面临一系列新的突出矛盾，表面上是速度问题，根子则是结构问题。需要对包括产业结构、区域结构、要素投入结构、排放结构、经济增长动力结构和收入分配结构等在内的结构性问题进行改革。通过供给侧结构性改革，从提高供给质量出发，推进结构调整，矫正要素配置扭曲，扩大有效供给，提高供给结构对需求变化的适应

① 根据笔者的测算，中国经济结构失衡指数从1991年的0.5644下降到2000年的0.4513，之后提高到2011年的0.6173。

性和灵活性，提高全要素生产率，更好地满足广大人民群众的需要，促进经济社会持续健康发展。

通过供给侧结构性改革，我国的生产方式尤其是国有企业的生产方式已基本适应生产力状况，与生产方式相适应的生产关系已基本理顺，供给侧结构性改革在推进和拓展中国式现代化、创造人类文明新形态方面发挥了重要作用。在贯彻新发展理念构建新发展格局推进和拓展中国式现代化的新发展阶段，必须深化供给侧结构性改革，破除制约高质量发展、高品质生活的体制机制障碍，调动全社会的积极性，持续增强发展动力和活力。

三　坚持党的领导和正确处理政府与市场的关系

党的领导是中国特色社会主义的最大优势和最本质特征，加强党对经济工作的集中统一领导是新时代最明显的特色。习近平总书记强调："能不能驾驭好世界第二大经济体，能不能保持经济社会持续健康发展，从根本上讲取决于党在经济社会发展中的领导核心作用。"① 中华人民共和国成立70多年以来，创造了世所罕见的两大奇迹，一是经济快速发展奇迹，二是社会长期稳定奇迹，这两大奇迹正是党领导人民所创造的。

正确处理政府与市场的关系是一个世界性难题。无论是发展中国家还是发达国家都面临着如何根据所处的生产力阶段和文化传统，选择合适的制度安排以促进生产力发展这一至关重要的课题。改革开放40多年中国经济的奇迹表明，虽然市场经济存在种种缺陷，但是迄今为止尚未找到比市场配置资源更有效率的制度安排，不过，也应该看到，如果没有政府的积极作用，由于市场经济的自发性、盲目性和滞后性等缺陷，中国经济发展也很难创造奇迹。中国特色社会主义进入新时代，经济体制改革仍然是全面深化改革的重点，其核心问题仍

---

① 中共中央文献研究室编：《十八大以来重要文献选编》（中），中央文献出版社2016年版，第834页。

然是正确处理好政府和市场关系。党的十八届三中全会通过的《中共中央关于全面深化改革若干重大问题的决定》，明确提出经济体制改革要“使市场在资源配置中起决定性作用和更好发挥政府作用”。在政府与市场关系中，新时代还有一个重要的变化，那就是“加强党对经济工作的集中统一领导”，将党的领导置于政府与市场关系更高层次上。正如习近平总书记在党的十九大报告中所强调的，“党政军民学，东西南北中，党是领导一切的”。

从历史唯物主义方法论看，我国进入新时代时，经济总量已经位居世界第二，生产力水平已经有相当的发展，我国社会主要矛盾已经转化为“人民日益增长的美好生活需要和不平衡不充分的发展之间的矛盾”，但是，我国人均经济总量并不高，同时面临着进入“中等收入陷阱”的挑战，在这样的历史方位，选择“使市场在资源配置中起决定性作用”“更好地发挥政府作用”“坚持党对经济工作的集中统一领导”具有重要的意义。如果不发挥党的领导优势、政府的积极作用，就无法保证“社会主义性质”，无法完成脱贫攻坚全面建成小康社会这样的大业，同样，如果不发挥市场经济的作用，在目前的经济发展阶段，我们就会陷入“理性设计”的计划经济的泥潭中，因此，既要发挥市场在资源配置中的决定性作用，又要更好地发挥政府的作用，还要发挥党统领一切的政治优势。

需要强调的是，让市场在资源配置中起决定性作用是党的十八届三中全会的一大突破，意味着市场在所有社会生产领域的资源配置中处于主体地位，对于经济循环各个环节的商品价格都拥有直接决定权，也意味着政府要平等对待各类市场主体，要营造良好的市场环境，这是我国提出建设社会主义市场经济体制 20 年后对市场作用的一次全新表述，也是我国从对市场经过“摸着石头过河”探索之后，对市场经济运行规律的把握。将社会主义市场经济体制列入社会主义基本经济制度是落实让市场在资源配置中起决定性作用的一个突破。通过健全反垄断和防范资本无序扩张、推行负面清单制度、工商登记便利化、完善市场定价制度等，我国正在建设高水平的社会主义市场经济体制，这也是党的二十大报告中推进和拓展中国式现代化的一个重要举措。让市场在资源配置中起决定作用，激发了市场主体的活力，国有经济和民营经济蓬勃发展，截至 2021 年年底，全国市场主体总量达到 1.54 亿户，个体工商户已达 1.03 亿户[①]，为中国特色社会主义事业健康持续发展奠定了基础。

四 经济治理现代化和更加完善更加定型的制度安排

坚持和发展中国特色社会主义，离不开制度，也离不开治理。只有把制度与治理有机统一起来，才能把我国的制度优势更好地转化为国家治理效能。党的十八届三中全会提出“推进国家治理体系和治理能力现代化”，并把“完善和发展中国特色社会主义制度”与“推进国家治理体系和治理能力现代化”有机统一起来，作为全面深化改革的总目标[②]。党的十八届五中全会进一步强调，“十三五”时期要实现“各方面制度更加成熟更加定型，国家治理体系和治理能力现代化取得重大进展，各领域基础性制度体系基本形成”[③]。党的十九届四中全会更是提出了坚持和完善中国特色社会主义制度、推进国家治理体系和治理能力现代化的总体目标，即“到我们党成立一百年时，在各方面制度更加成熟更加定型上取得明显成效；到二〇三五年，各方面制度更加完善，基本实现国家治理体系和治理能力现代化；到新中国成立一百年时，全面实现国家治理体系和治理能力现代化，使中国特色社会主义制度更加巩固、优越性充分展现”[④]。

注意以更加成熟更加定型的制度推进国家治理体系和治理能力现代化是新时代推进高质量发展的重要特色，例如，经过近 30 年的实

---

① 本书编写组：《中国经济这十年（2012—2022）》，经济科学出版社 2022 年版，第 55 页。

② 《中共中央关于全面深化改革若干重大问题的决定》，《人民日报》2013 年 11 月 16 日第 1 版。

③ 《中共中央关于制定国民经济和社会发展第十三个五年规划的建议》，《人民日报》2015 年 11 月 4 日第 1 版。

④ 《中共中央关于坚持和完善中国特色社会主义制度 推进国家治理体系和治理能力现代化若干重大问题的决定》，《人民日报》2019 年 11 月 16 日第 1 版。

践和理论探索，中国特色的社会主义市场经济体制作为一种经济运行体制已经更加成熟更加定型，以此为基础，党的十九届四中全会将社会主义市场经济体制上升为社会主义基本经济制度。以坚持和完善中国特色社会主义制度为治理基础，在经济领域，我国逐渐形成了坚持党的领导与依法治国有机结合的治理保障体系、坚持“有效市场”和“有为政府”有机统一的经济治理体系、健全充分发挥中央和地方两个积极性体制机制的央地经济治理体系、加强供给侧结构性改革和需求侧管理协同的宏观经济治理体系，正在加强统筹发展与安全关系的安全治理体系的建设，并以建设更高水平开放型经济新体制积极参与全球经济治理之中。国家治理效能的大幅度提高，为全面建设社会主义现代化国家，实现中华民族的伟大复兴奠定了坚实的基础。

第四节 中国式现代化的文明贡献

中国式现代化创造的人类文明新形态超越了“西方中心论”“文明冲突论”“历史终结论”，摆脱了“人与自然关系”“人与人关系”“人与自身关系”的对立，作出了超越性的文明贡献。第一，中国式现代化创造的人类文明新形态，打破了“西强东弱”的格局，瓦解了“西方中心论”的夜郎自大，西方不得不跳出“西方”，站在“西方”之外看世界，不得不感受到马克思的“人们自己创造自己的历史，但是他们并不是随心所欲地创造”的威力。第二，中国式现代化创造的人类文明新形态，以“世界大同”的中华优秀传统文化元素为底色，以构建“人类命运共同体”为理念，寻求最大同心圆，在和平、发展、合作、共赢的道路上寻求自身的发展，是对狭隘的“文明冲突论”的超越。第三，中国式现代化开创的人类文明新形态标志着不同于西方的更新更高的现代文明的出现，宣告了福山在《历史的终结》中提出的“历史终结论”的破产。第四，中国式现代化虽然利用资本文明发展生产力，但是坚持以人民为中心的发展思想和全体人民共同富裕的生产目的，使之能很好地驾驭资本为中国特色社会主义建设服务，从根本上摆脱了资本对劳动的奴役、资本追求剩余价值的贪婪和野蛮，使人与自然的关系、人与人的关系、人与自身的关系发生了根本的变化。人的全面发展将是人类文明新形态对西方传统文明形态的最具震撼力的超越。

中国式现代化创造的人类文明新形态是中华文明的当代形态，为中华民族的伟大复兴作出历史性贡献。中华文明历经五千年始终传承不衰、历久弥新，在人类文明史上有其不可磨灭的贡献，是其他文明无法比拟的，但是近代以来，中华文明面临巨大的危机，在世界工业化的进程中落伍了。在百年征程中，中国共产党将马克思主义同中国实际相结合、同中华优秀传统文化相结合，团结带领全国人民，实现了从“站起来”到“富起来”再到“强起来”的飞跃，以中国式现代化创造人类文明新形态，为中华文明作出了历史性贡献。对此，习近平总书记在2023年6月2日文化传承发展座谈会上讲述了中华文明的连续性、创新性、统一性、包容性、和平性等突出特性，强调，在新的起点上继续推动文化繁荣、建设文化强国、建设中华民族现代文明，是我们在新时代新的文化使命。习近平总书记明确指出：“中国文化源远流长，中华文明博大精深。只有全面深入了解中华文明的历史，才能更有效地推动中华优秀传统文化创造性转化、创新性发展，更有力地推进中国特色社会主义文化建设，建设中华民族现代文明。”

中国式现代化创造的人类文明新形态是社会主义文明的新形态，对社会主义文明作出历史性贡献。人类文明新形态本质上是社会主义文明形态。苏联跨越“卡夫丁峡谷”建立的社会主义制度，为人类社会发展开辟了崭新的空间。苏联在1937年实现了工业化，成为世界上第二大工业强国，创造了传统社会主义现代化的文明形态。我国在新中国成立短短的30年内建立了比较完整的工业体系和国民经济体系，显示了传统社会主义现代化文明形态的力量。但是由于苏联后期体制机制的僵化，加上快速的工业化也没有带来人民生活水平的同步提高，苏联的解体和东欧剧变，使传统社会主义文明跌入低谷，也由此才有了福山的“历史终结论”。如何在经济上跨越“卡夫丁峡谷”成为一个社会主义发展的世界性难题。中国特色社会主义市场经济的建立和发展，中国式现代化道路开辟了社会主义文明的新形态，社会主义制度的优越性再次为人类所共识，社会主义文明事业将更加绚丽多彩。

中国式现代化创造的人类文明新形态为人类文明发展提供崭新的人类文明道路。人类文明新形态的形成为更多国家特别是发展中国家向现代化迈进、形成崭新的文明成果提供了路径选择，使更多人类智慧的结晶以多元化的载体和形式呈现给世界，这对推动人类社会持续进步、文明的融合、文明的多样性，创造了条件。习近平总书记指出："中国共产党将继续同一切爱好和平的国家和人民一道，弘扬和平、发展、公平、正义、民主、自由的全人类共同价值。"人类文明新形态的提出，得益于中华文明的延续发展和世界文明的整体进步，同时在一定程度上反映了中国式现代化发展为世界文明发展进步作出的积极贡献，为人类对更好社会文明与制度探索提供中国方案和中国智慧。

（本章执笔：郭冠清）

第四章
中国式现代化的理论创新

自党的二十大报告初步构筑“中国式现代化”的新理论话语以来，各界纷纷从历史、理论、实践等维度出发，对“中国式现代化”的历史渊源、出场逻辑、基本内涵、本质特征、探索历程、实践路径、经验总结、价值意义等问题，进行全面深入的探讨和阐释，形成丰硕成果，使得初步构建的中国式现代化理论体系“更加清晰、更加科学、更加可感可行”①。

中国式现代化议题之所以引起社会各界的广泛关注，不仅在于它凝练着中华民族走向伟大复兴的宏伟蓝图和光明前景，还在于它对已有现代化理论叙事的突破与超越。正如习近平总书记在二十届中央政治局第一次集体学习讲话中所指出的，作为科学社会主义的最新重大成果，中国式现代化理论是基于中国国情和中国现实的重大理论创新，不仅体现了我国现代化的发展方向，还展现出对于全球现代化理论的重大创新。② 一般而言，理论创新在相当意义上就是“发现问题、筛选问题、研究问题、解决问题的过程”③，一套新的理论体系的问世，往往意味着对特定议题的深化认知或拓展理解，由此实现对已有理论、思想和方法的反思与超越。具体到中国式现代化理论，作为基于中国国情和实践而提出的新的重要理论命题，它传达着中国共产党对现代化议题的历史性把握，在目标、路径、模式、动力等关键

---

① 《习近平在学习贯彻党的二十大精神研讨班开班式上发表重要讲话强调　正确理解和大力推进中国式现代化》，《人民日报》2023 年 2 月 8 日第 1 版。

② 习近平：《在二十届中央政治局第一次集体学习时的讲话》，《求是》2023 年第 2 期。

③ 习近平：《习近平谈治国理政》（第二卷），外文出版社 2017 年版，第 342 页。

议题上，呈现出不同于西方现代化模式的新图景，可谓是对既有现代化思想理论的新拓展，实属人类社会探索现代化转型议题进程中不可被忽视的重要一环。

因此，关注中国式现代化的理论创新问题，绝不应只是从“中国特色”这一叙事主体的视角出发，还需将中国式现代化理论放置于全球现代化理论发展史的视野中，以比较分析的方式，厘清中国式现代化探索智慧的本土特色和普遍意义。唯有如此，方能更准确地把握中国式现代化在人类现代化普遍规律探索中的理论贡献和创新贡献，并为新征程上中国式现代化的理论构建和实践探索提供新的趋势研判和学理启示。

第一节　中国式现代化的基本理论内涵

“中国式现代化”这一概念，最早是由习近平总书记在党的十九届五中全会第二次全体会议上正式提出的。[①] 此后，“中国式现代化”的内涵不断扩展，逐渐由“推进中华民族伟大复兴”[②] 的重要路径，进一步上升为发展中国家走向现代化、创造人类文明新形态的“新道路”[③]。党的二十大报告进一步就中国式现代化的中国特色、本质要求、重大原则等议题进行阐述，并据此描绘第二个百年奋斗目标的宏伟蓝图，标志着“中国式现代化”已发展为“初步成型与相对稳定的理论形态”[④]，初步系统回答了新时代新征程上要建设什么样的社会主义现代化强国、怎样建设社会主义现代化强国的重大时代新命题。

这一重大时代新命题，是在一代代中华儿女接续推进的现代化历程中不断酝酿而成，应时代而生的。诚如习近平总书记所指出的，“一个国家走向现代化，既要遵循现代化一般规律，更要符合本国实

---

① 关于这一提法的雏形，最早可追溯至1979年邓小平同志所提出的“中国式的四个现代化”。

② 习近平：《习近平谈治国理政》（第四卷），外文出版社2022年版，第124页。

③ 习近平：《习近平谈治国理政》（第四卷），外文出版社2022年版，第10页。

④ 项久雨：《中国式现代化的理论体系》，《马克思主义研究》2023年第3期。

际，具有本国特色"[①]。正是在长期探索和实践的基础上，中国共产党开拓出一条既具备当代各国现代化的共同特征，更具有基于自己国情的中国特色的现代化之路，而"中国特色"的诸多鲜明特征在艰巨努力中不断转变为成功的实践，由此赋予这条现代化之路以"中国式"的意蕴，使之与其他既有的现代化路径区分开来。

具体而言，中国共产党基于人民本位理念，根据中国国情和禀赋条件，指出了这条中国式现代化道路所具有的五个基本特征。其中，"人口规模巨大"是中国式现代化的显著特征；"全体人民共同富裕"是中国式现代化的本质特征，也是区别于西方现代化的"显著标志"；"物质文明和精神文明相协调"是中国式现代化的"崇高追求"；"人与自然和谐共生"是中国式现代化的鲜明特点；"走和平发展道路"是中国式现代化的突出特征。[②] 上述五大特征中，除第一个特征侧重于强调中国现代化进程所面临的初始禀赋条件外，其余四大特征都充分彰显了中国式现代化在人与自我、人与社会、人与自然、人与世界等诸多重要关系问题上的价值立场与目标取向。五大基本特征凸显出中国式现代化理论所具有的以人民为中心的价值内核，以及社会主义现代化的本质属性，表明中国式现代化就是以人民为中心、实现全体人民共同富裕、追求人的全面发展的社会主义现代化。

根据中国式现代化的五个基本特征，中国共产党进一步提出，中国式现代化的本质要求在于："坚持中国共产党领导，坚持中国特色社会主义，实现高质量发展，发展全过程人民民主，丰富人民精神世界，实现全体人民共同富裕，促进人与自然和谐共生，推动构建人类命运共同体，创造人类文明新形态。"[③] 这一本质要求揭示了，中国式现代化的核心领导力量是中国共产党，所依循的指导思想与发展道

---

① 《习近平在学习贯彻党的二十大精神研讨班开班式上发表重要讲话强调　正确理解和大力推进中国式现代化》，《人民日报》2023 年 2 月 8 日第 1 版。

② 习近平：《中国式现代化是强国建设、民族复兴的康庄大道》，《求是》2023 年第 16 期。

③ 习近平：《高举中国特色社会主义伟大旗帜　为全面建设社会主义现代化国家而团结奋斗——在中国共产党第二十次全国代表大会上的报告》，人民出版社 2022 年版，第 23—24 页。

路底色是中国特色社会主义。中国式现代化并非某一特定领域或单个面向维度的现代化，而是一项重大的系统治理工程，擘画着政治、经济、文化、社会、生态文明“五位一体”的全面现代化蓝图，即经济建设上的高质量发展是中国式现代化建设蓝图的中心和根本，政治建设上发展全过程人民民主是中国式现代化建设蓝图的保障，文化建设上丰富人民精神世界是中国式现代化建设蓝图的灵魂所在，社会建设上实现全体人民共同富裕是中国式现代化建设蓝图实现的必要条件，生态文明建设上促进人与自然和谐共生则为中国式现代化建设蓝图的实现提供关键基础。结合和平发展道路的前进方向，中国式现代化所导向的终极远景不单单是社会主义现代化强国目标的实现，还是人类命运共同体的构建和人类文明新形态的创造，拓展了中国式现代化横向空间扩展与纵向时间演绎的发展场域。这一愿景超越了与西方现代化进程相伴而行的民族主义精神，不仅与共产主义的远大理想相呼应，还是对中华优秀传统文化所秉承的“大道不孤，天下一家”的天下观的传承与发扬，充分彰显着中国共产党人所具有的大国担当和天下情怀，提升了中国式现代化的视野格局与思想境界。

面对中国式现代化这项庞杂的系统建设工程，中国共产党发扬以往将宏伟战略蓝图进行合理分解、细化分案、循序渐进的探索经验，提出新时代的“两步走”战略安排：第一步是力争到2035年，基本实现社会主义现代化；第二步是致力于在本世纪中叶，将我国建设成为富强民主文明和谐美丽的社会主义现代化强国。这一战略安排充分凸显中国共产党在新时代新征程中深刻把握中国式现代化实践的战略思维，使得中国式现代化的宏伟蓝图变得更加清晰、更加科学、更加可感可行。有道是“行百里路者半九十”，面对前进道路上可能面临的“风高浪急”甚至是“惊涛骇浪”，中国共产党明确提出了推进中国式现代化所需牢牢把握的五个重大原则：坚持和加强党的全面领导；坚持中国特色社会主义道路；坚持以人民为中心的发展思想；坚持深化改革开放；坚持发扬斗争精神。这五大原则，是分别基于党的领导作用与人民群众的主体力量、科学社会主义的理论指引与当代中国实践的经验启示、经济社会的发展与民生福祉的改善、改革开放的深化与治理效能的稳定、客观世界的改造与主观世界的认知五组基本关系的辩证互动展开和提炼的，对应和阐发中国式现代化的本质特征、路径选择、价值立场、动力源泉和精神力量，深度规约着中国式现代化本质属性与内在特性，表明了中国共产党从实践到认知再到实践的认识论底色。

由此可见，中国式现代化理论已初步显现出理论和实践辩证统一的科学理论体系的潜质，高屋建瓴式地对中国式现代化的意蕴内涵、领导核心、指导思想、基本特征、本质要求、目标取向、价值立场、路径选择、战略安排、重大原则、长期愿景等系列重大议题，作了崭新而清晰的阐述。在一系列关于中国式现代化科学内涵的理论概括的背后，实则还蕴含着深刻的内在学理逻辑。毕竟，作为兼具中国特色社会主义话语体系和经典现代化话语体系的叙述载体的新概念，“中国式现代化”理论命题的提出，本身还可被视作现代化概念生成与内涵演绎过程的一个环节，[①] 是彰显现代化形态变迁与现代化理论发展之间互动与调适的最新案例。因此，要深度把握中国式现代化的理论内涵，明晰中国式现代化理论所具有的一般性意义和创新价值，还需将之置于现代化理论发展的学术史中作进一步考察。

第二节　经典现代化理论发展史视野下的中国式现代化

“现代化”（modernization）一说，是用于概括和探讨近几个世纪以来人类社会在器物、制度、观念等方面出现的一系列综合性巨变过程的专有名词。从大历史观的视野看，在进入工业革命前，人类社会经历过两次“革命性转变”：一是人类在历经原始生命的漫长进化后出现；二是人类从原始社会阶段进入文明社会。[②] 随着近代资本主义

① 罗荣渠提到，由于现代化的基础和核心议题是经济发展，因此现在通行的现代化历史概念，“既适用于社会主义国家，也适用于非社会主义国家”。参见罗荣渠《现代化新论：世界与中国的现代化进程》（增订本），商务印书馆 2009 年版，第 8 页。

② 布莱克：《现代化的动力》，段小光译，四川人民出版社 1988 年版，第 4—7 页。

在欧美世界的快速崛起以及在全球范围内的迅速扩张，政治、经济、文化、社会、技术等客观环境的一系列新变化，要求人类亟须走向适应一系列新功能要求的现代性体制。欧美世界在这一过程中的开拓性探索和显著成果，使得“欧化”（Europeanization）、“西化”（Westernization）、“工业化”（Industrialization）等一度成为这一变革过程的狭义代名词。正因如此，面对近代西方社会的全方位冲击，中国知识分子们在20世纪20年代对现代化议题的初步探索，多存在将“现代化”与“西化”“欧化”等概念互通的认知倾向，并于30年代中后期开始，把“现代化”概念融入经济、政治、文化等具体领域的议题中，确立了工业化、机械化、民主化、科学化等基础内涵范畴，由此逐步将“现代化”发展为社会政治动员的重要话语。[①] 然而，近现代中国不同于西方的经济结构和社会结构，逐渐引导着中国社会走上了不同于西方的现代化道路，由此诱发了中西现代化思想理论汇流与分流的持续张力，积淀着“中国式”的理论创新底蕴，铺筑着中国式现代化的学术史坐标。

一　西方经典现代化理论的发展谱系

尽管现代化进程始于西欧资本主义的兴起，但“现代化”一词的确立，还需到20世纪的第一个十年。[②] 在“现代化”概念流行前，学人们已开始思考与时代同步的现代化议题。对于工业社会前景的乐

---

① 关于当时中国“现代化”概念的形成与认知，可参见黄兴涛、陈鹏《民国时期“现代化”概念的流播、认知与运用》，《历史研究》2018年第6期；潘光哲《想象“现代化”——一九三〇年代中国思想界的一个解剖》，《新史学》2005年第1期；阎书钦：《20世纪30年代中国知识界“现代化”理念的形成及内涵流变》，《河北学刊》2005年第1期；等等。

② 马泰·卡林内斯库：《现代性的五个面孔：现代主义、先锋派、颓废、媚俗艺术、后现代主义》，顾爱彬、李华瑞译，译林出版社2015年版，第362页。威廉斯（1983）在考察“modern”的内涵时指出，“modernization”在18世纪时被用于“有关建筑物与拼词法方面”，并在20世纪“变得日益普遍”，用于表达“完全令人喜欢或满意的事物”。参见雷蒙德·威廉斯《关键词：文化与社会的词汇》，刘建基译，生活·读书·新知三联书店2016年版，第355页。

观论调和悲观论调同时弥漫于身处其间的不同人群。但整体而言，资本主义工业和资产阶级革命在西方世界的迅速扩散，及其在殖民扩张中展现出的超群竞争力，让推崇进步的乐观主义成为社会思潮主导。斯宾塞（Herbert Spencer）等人所提出的社会达尔文主义，灵活化用竞争、适者生存等进化论理念，阐述人类文明形态的线性演进历程，将资本主义的胜利描述为科学、民主、世俗主义和理性主义的胜利，并把西欧工业文明标榜为人类文明演化的最高形态。涂尔干（Émile Durkheim）、韦伯（Max Weber）、桑巴特（Werner Sombart）等将西欧视为现代化的研究对象，聚焦于西欧资本主义发展的特定历史文化背景，主张“资本主义是由欧洲精神的深处发生出来的”[①]，“资本主义精神”蕴含着“西方文化所固有的、特殊形态的‘理性主义’”[②]。随着西欧在全球影响力的增强，特定时段的局部现代化现象被逐渐泛化为全球现代化的“蓝本”。早期现代化思想的西欧中心论底色已然成型。

阐扬社会进步的乐观主义在两次世界大战之中出现动摇：“战争突然毁灭了我们原以为一切事物已走上稳定进步的安坦之途的幻想。”[③] 斯宾格勒（Oswald Spengler）、汤因比（Arnold J. Toynbee）等人根据他们对于世界各文明总要像生命体一样经历起源、生长、衰落、解体等过程的规律认知，思索西方文化前景问题。当然，悲观与乐观的起伏转换并未动摇西欧中心论的理念。斯宾格勒一方面批判将西欧视为“全部世界事件的假定中心”的“历史的托勒密体系”，另一方面却也认定，“一旦西方文明顺次消灭以后，说不定就不会再有一种文化和人类，能让‘世界历史’成为醒觉意识的如此有力的形式

---

① 伟·桑巴特：《现代资本主义》（第一卷），李季译，商务印书馆1958年版，第212页。

② 马克斯·韦伯：《新教伦理与资本主义精神》，康乐、简惠美译，广西师范大学出版社2010年版，第12页。

③ 鲁道夫·卡尔纳普：《卡尔纳普思想自述》，陈晓山、涂敏译，上海译文出版社1985年版，第12页。

了”[①]。汤因比在认同斯宾格勒的文化形态史观时，也强调“理解其他国家的历史不得不参考英国史”[②]，希望用英国经验论来填补德国先验主义方法的不足。[③] 第二次世界大战后，新一轮技术革命和资本主义世界的繁荣，让强调进步理念的乐观主义再度赢回主导：“未来基本上是根据西方工业发展模型拟想的；西方工业文明乃是它的终点。”[④] 此前社会学家们对于现代社会理想类型的设想（工业化、城市化、民主化、官僚化和理性化），到 20 世纪 50 年代时就被自然地视为西方工业社会的典型特征。只不过，这一回的主角转换为此时占据资本主义中心地位的美国。

20 世纪五六十年代真正迎来现代化理论的构建和兴起。这与美苏争霸的冷战背景密切相关。面对社会主义发展模式的竞争，美国亟须争取中间地带的支持。应时而生的现代化理论，将西方社会内部的现状和非西方社会发生的变化“合理化”[⑤]，为强化美国模式在全球的吸引力提供理论依据。由帕森斯（Talcott Parsons）等人倡导的结构功能主义分析方法为早期美国现代化理论提供了方法论根基：社会转型的实质在于结构分化和功能专门化，通常具象为从一极（传统性）向另一极（现代性）的转变。他们普遍认为，现代西方属于人类社会进化图式中“等级最高的进化形式”[⑥]，其模式的某些组成部分和发展次序是“全球性的”[⑦]，无论社会变化前的原有基础差异多大，“现代

① 奥斯瓦尔德·斯宾格勒：《西方的衰落》（上册），齐世荣等译，群言出版社 2016 年版，第 15、17 页。

② 阿诺德·汤因比、D. C. 萨摩维尔编：《历史研究》（上卷），郭小凌等译，上海人民出版社 2010 年版，第 3 页。

③ 阿诺德·汤因比：《文明经受着考验》，沈辉等译，浙江人民出版社 1988 年版，第 11 页。

④ 库马：《社会的剧变：从工业社会迈向后工业社会》，蔡伸章译，（台北）志文出版社 1984 年版，第 216 页。

⑤ Samuel P. Huntington, “The Change to Change: Modernization, Development, and Politics”, *Comparative Politics*, Vol. 3, No. 3, 1971, p. 292.

⑥ 安东尼·吉登斯：《社会的构成：结构化理论纲要》，李康、李猛译，中国人民大学出版社 2016 年版，第 252 页。

⑦ Danial Lerner, The Passing of Traditional Society: Modernizing the Middle East, the Paperback edition, New York: The Free Press, 1964, p. 46.

化社会之间的结构一致性”在随着现代化程度的加深而增加。[①] 而当时美国社会在许多方面都是现代体系主要单元中“最个人主义的、最有‘合议性’的、最具普遍性导向的”[②]，“处于现代化最新阶段的领先地位”[③]，因此，转变目标方向的特性设定，通常就抽象自美国现代社会。在这一语境中，以美国为首的西方社会确立了优势主导地位：横向空间上存在列维（Marion J. Levy）所提出的“内源性现代化社会”和“后发者社会”的差异，纵向时间上存在现代社会在专业化程度、功能分化、伦理性质、权利属性、交换媒介和市场、科层制、家庭系统等层面所具有的、对立于传统社会的优势属性。基于对现代化终极模式的结果预设，他们主张非西方社会需要在价值观念、制度安排、组织结构、个人动机等方面向西方靠拢，为工业化乃至现代化的推进生成必要属性。[④]

现代化理论的普世特性不仅体现于强调现代化模式共性的“扩展论”，还彰显于“先行者优势”在现代化过程指导上泛化的“追赶论”。在这些学者看来，现代化潮流的引导力量是由英法所在的西北欧地区，向普鲁士所在的东北欧地区，再向美国转移的；现代经济增长及相应的现代化进程，很大程度上可被视作“发达国家内部结构集聚改变的后果带出了国境之外，引起了后来一系列的扩张”[⑤]。因而，基于对欧美现代化路径的考察，他们认为，非西方社会推进现代化进程时，政治上面临现代性的挑战、现代化领导的强固、经济和社会的转变、社会的整合四个阶段，经济上则存在罗斯托（Walt W. Rostow）提到的“传统社会→为起飞创造前提条件阶段→起飞→成熟阶段→大

---

① Marion J. Levy, *Modernization and the Structure of Societies: A Setting for International Affair*, Vol. 2, Princeton: Princeton University Press, 1966, p. 709.

② Talcott Parsons, *Social Systems and the Evolution of Action Theory*, New York: Free Press, 1977, pp. 289-320.

③ Talcott Parsons, *The System of Modern Societies*, New-Jersey: Prentice-Hall, Inc., 1971, p. 114.

④ Wilbert E. Moore, *Social Change*, 2nd ed., Englewood Cliffs: Prentice-Hall, Inc., 1974, pp. 94-102.

⑤ 西蒙·库兹涅茨编：《现代经济增长：速度、结构与扩展》，戴睿、易诚译，北京经济学院出版社1989年版，第441页。

众高消费时代”的连续增长阶段。总之，无论是结构功能主义分析，还是过程分析，抑或是麦克勒兰德（David C. McClelland）、英格尔斯（Alex Inkeles）对现代化进程中个人心理和行为转变的分析，无论从政治、经济、历史等视角切入，还是强调社会、文化、心理等因素，美国早期现代化理论实则沿袭此前欧洲思想家将本民族视为最高人类文明代表的传统，让方兴未艾的“现代化”成为“一个美国式的概念”（an American idea）。[①]

然而，在把视野投向西方世界之外的现代化进程时，学者们意识到，这些非西方社会与欧美现代化进程启动前的“传统”形态并不同等，此前鼓吹的“现代化等于西方化”存在武断之嫌。比较现代化方法主张，“对于各个社会在现代化进程中表现出来的共性和差异等比较广泛的问题，只能用比较的方法加以考查”[②]。在对日、俄现代化的比较研究中，布莱克等强调，现代化启动前的传统包含“现代化过程的重要变数”，并就现实发展差异事实指出，“现代化并不是一个固定的或者一元的进程”，它们对西方模式的借鉴“具有高度的选择性”[③]。这牵涉现代化模式是否能够由以美国为代表的西方世界定于一尊的问题。相较对人的意识观念、价值取向、世界观的探讨，关注现实现象的实证研究更容易引致观点的歧化。格申克龙在考察后进国家的工业化进程时就已提醒：“恰恰因为其落后”，落后国家的发展可能在发展速度、生产结构、组织结构、制度性手段、文化氛围等方面“显现出与先进国家根本不同的倾向”[④]。尤其是注意到第三世界依循先行者的历史踪迹走资本主义现代化道路的挣扎处境后，部分学者发

① Dean C. Tipps, “Modernization Theory and the Comparative Study of Societies: A Critical Perspective”, *Comparative Studies in Society and History*, Vol. 15, No. 2, 1973, p. 208.

② 西里尔·E. 布莱克：《比较现代化》，杨豫、陈祖洲译，上海译文出版社 1996 年版，第 8 页。

③ 西里尔·E. 布莱克等：《日本和俄国的现代化——一份进行比较的研究报告》，周师铭等译，商务印书馆 1983 年版，第 23、436—441 页。

④ 亚历山大·格申克龙：《经济落后的历史透视》，张凤林译，商务印书馆 2017 年版，第 11 页。

出感慨："简单复制西方经济发展模式的不可能性几乎不再受到质疑。"[①] 正如缪尔达尔（Gunnar Myrdal）所言，西方经济理论往往被认为"比它们所论证的内容更具有普遍适用性"，但被用于并不适用的欠发达国家时，"犯致命错误的风险就非常大了"[②]。而在多斯桑托斯（Theotônio Dos Santos）、弗兰克（Andre G. Frank）等人看来，非西方社会的不发达并非因为它们处在"先于资本主义的一个落后阶段"，而是"依附状态导致依附国处于落后和受统治国剥削这样一种局面"[③]。沃勒斯坦（Immanual Wallerstein）则在"世界体系"（World System）的新概念旗帜下呼吁，应将各国置于彼此的关系中加以考察，"才能理解为什么一些国家在生产效率和财富积累方面成为领先者"[④]。这些主张都直观地彰显了后发国家在走向现代化时所遇到的问题和诉求已然不同于西方国家当初遇到的情形。

随着后现代主义于20世纪70年代的兴起，西方现代化理论的发展不断显现出文化多元主义倾向。其讨论议题由后发国家的现代化问题，再度延展到对现代社会前景的省思。一方面，能源危机、生态约束、南北差距等引发部分人群对于现代经济增长限度乃至"人类困境"（the Predicament of Mankind）[⑤] 的悲观情绪，促使学界反思"增长""进步""发展"等概念的关系问题："破绽百出、引人误解的会计制度记录下来的财富增长，越来越难以使人相信。它可能是人的发展和实际资源或潜在资源发展的结果，也可能不是"[⑥]，由此将话语

---

① W. F. Wertheim, *East - West Parallels: Sociological Approaches to Modern Asia*, Hague: W. Van Hoeve Ltd., 1964, p. 262.

② 冈纳·缪尔达尔著，塞思·金缩写：《亚洲的戏剧：南亚国家贫困问题研究》，方福前译，商务印书馆2017年版，第13页。

③ 特奥托尼奥·多斯桑托斯：《帝国主义与依附》（修订版），杨衍永等译，社会科学文献出版社2016年版，第257—258页。

④ 伊曼纽尔·沃勒斯坦：《现代世界体系（第一卷）：16世纪的资本主义农业和欧洲世界经济的起源》，郭方等译，社会科学文献出版社2013年版，"2011年英文版第一卷序言"第2—3页。

⑤ Donella H. Meadows, et al., *The Limits to Growth: A Report for the Club of Rome's Project on the Predicament of Mankind*, New York: New American Library, Inc., 1972, pp. x-xi.

⑥ 弗朗索瓦·佩鲁：《新发展观》，张宁、丰子义译，华夏出版社1987年版，第4页。

导向“以人为中心”的新发展观。另一方面，对于后发国家现代化进程的全方位剖析，使得现代化理论进一步被肢解为发展社会学、发展经济学、各类政治发展理论等多个分支领域的争鸣。尽管苏联解体和东欧剧变让宣扬自由资本主义胜利的“华盛顿共识”和“历史终结论”一度甚嚣尘上，提振了鼓吹非西方社会向西方模式“趋同”的乐观主义情绪，但亨廷顿的“文明冲突论”指向了西方社会与非西方社会关系的核心症结：“西方，特别是美国，在全球范围内推广西方文化的努力与其推广能力的下降这两者之间的不协调。”[①] 总之，西方现代化理论各流派争论所隐含的趋同与多元的内在张力表明，至少时至今日，现代化理论的探讨仍旧是一个开放的话题。

二　中国式现代化理论的坐标与价值

就近数十年现代化理论的发展史而言，中国式现代化堪属当前对现代化话题的最新探索成果，丰富了非西方后发国家的社会发展理论，为现代化模式是否定于一尊的问题提供了最新的实证案例，进一步强化了全球各区域现代化进程深化对以西方中心论为底色的经典现代化理论的冲击和挑战。诚然，作为近百余年来一个肉眼可见的、客观发生的宏大社会现象，现代化进程在全球不同区域以快慢不一的进度蔓延，所影响范围早已超出“西方”的地理范畴。但正如富永健一（Tominaga Kenichi）指出的，经典现代化理论发展的内在困难在于通过现代化理论的一般化，将非西方后发国家在推进现代化进程中遇到的各类问题，与西方发达国家在现代化进程中所遇到的问题相提并论。[②] 支持和瓦解西方中心论的内在张力，一直与现代化理论的发展相伴而行，并决定了理论发展的一大前进方向是寻找那些突破“西

① 塞缪尔·亨廷顿：《文明的冲突与世界秩序的重建》（修订版），周琪等译，新华出版社2010年版，第161页。

② 富永健一：《“现代化理论”今日之课题——关于非西方后发展社会发展理论的探讨》，塞缪尔·亨廷顿等《现代化：理论与历史经验的再探讨》，罗荣渠编，上海译文出版社1993年版，第116—117页。

方—非西方”界限的现代化条件。而对这一问题的解决，还暗含一个重要的前提问题：现代化进程是否只在西方自发产生？从历史过程看，不同于数千年前全球各大主要区域独立出现并完成农业革命的过程，西方现代化进程伴随着西方和全球其他社会交流互动进程的深入开展，二者的交织让这个前提问题的解答变得复杂。在长期惯有的话语体系中，对“内生因”和“外生因”的强调和区分，一方面反映了西方现代化进程在近代全球化中向非西方社会扩散的现实，强调非西方社会对于西方现代化这一既定事实的回应，另一方面也隐含表达了现代化只能在西方社会自发产生的判断倾向。这也就引出另一关键议题：假如说非西方社会缺乏自发催动现代化进程的“内在因”，那在现代化进程中就必然面临外来异质文化和制度因素与本土固有传统之间的“二重结构”破解难题。

正是在这一理论背景下，东亚地区长期被视为与西方样板相对的“变体”①，充当审视和反思现代化问题的一面重要“镜子”，而中国式现代化理论的最新提炼，则能为东亚现代性理论话语的探讨，注入新的活力与话语。由于战后日本和东亚“四小龙”的快速崛起，东亚的现代化模式被视为与欧美工业资本主义和苏东工业社会主义相对的又一种新模式。毕竟，发挥后发优势、通过快速工业化实现追赶的德国、俄国，在某种程度上讲尚处于传统西方文化的影响范围。曾长期被欧洲殖民的拉美地区虽已处于中等收入水平，却始终跳不出“中等收入陷阱”。这就使得东亚地区的现代化进程颇为特殊，甚至具备充当理解全球其他非西方社会现代化转型的窗口的潜在角色：“我们必须努力理解东亚，以便更好地理解西方，进而理解并预测方兴未艾的工业资本主义在其他非西方社会的发展情形。”② 不过，以往对东亚的探讨虽在强调东亚社会迥异于西方的特殊性，但这种对特殊性的强调仍在于反向凸显西方世界所代表的工业资本主义的强大能力。就如日本现代化研究成果所呈现的，无论是贝拉（Robert N. Bellah）在20

---

① 何祎金：《重思东亚现代性的理论话语与内在张力》，《人文杂志》2023年第7期。

② Peter Berger, *The Capitalist Revolution: Fifty Propositions about Prosperity, Equality, and Liberty*, New York: Basic Books, Inc., 1986, p. 141.

世纪50年代尝试从日本传统宗教文化中发掘支撑现代化的伦理因素，[①] 还是艾森斯塔德（Shmuel N. Eisenstadt）在90年代强调日本现代化模式的“独特性”在于与西方在制度上的相似性和自身具有的特殊乃至近乎神秘的文化传统的结合，[②] 抑或是池上英子（Eiko Ikegami）尝试从儒家之外的日本传统文化中找寻个人主义的“对应物”[③]，在努力展示本土传统与西方现代资本主义兼容性一面，强调东西方殊途同归之时，不自觉地将自身置于现代化事业的后来追随者角色，使得西方现代化转型的叙述话语得以在非西方社会再现，再度以事实证明了工业资本主义的强大生产力。

由于中国身处社会主义阵营，起步相对较晚，加之西方世界习惯将东亚统一视作深受儒家文化影响的同质化整体，中国在早期相当一段时间内并未被视为东亚现代化理论话语阐释的主要对象，以致在现代化话语中失声。然而，数十年来的改革开放和社会经济的快速发展，使中国的现代化进程呈现出不同于以往任一模式的新特征。从现代化转型过程看，中国在改革开放后的巨变过程同步涵盖了经济体制转轨和社会结构转型的“双重重大转变”[④]；从现代化阶段特征看，中国走向现代化的过程不同于以往工业化、民主化、世俗化、城市化的整体现代化过程中，或者从前工业社会、工业社会到后工业社会的串联式发展脉络，而是在短时间内实现跨越式发展，进入新型工业化、信息化、城镇化和农业现代化同步发展的高质量工业化阶段，同时在时间（自身发展阶段叠加）和空间（全球各区域多重现代化进程的冲击）上面临多重问题叠加的挑战，呈现出发展阶段叠加与并联发展的鲜明特点；从现代化目标愿景看，中国走向现代化的过程已不再是简单的生产力提升问题，还包括社会经济的持续稳定发展和人民

---

① Robert N. Bellah, *Tokugawa Religion: The Value of Pre-Industrial Japan*, Boston: Beacon Press, 1970, pp. 194-197.

② Shmuel N. Eisenstadt, *Japanese Civilization: A Comparative View*, Chicago: The University of Chicago Press, 1996, p. 3.

③ Eiko Ikegami, *The Taming of the Samurai: Honorific Individualism and the Making of Modern Japan*, Cambridge: Harvard University Press, 1997, p. 11.

④ 李培林：《中国式现代化和新发展社会学》，《中国社会科学》2021年第12期。

的自由全面发展，最终实现富国强民和走向中华民族伟大复兴的憧憬。若依据帕森斯此前提出的现代化“三阶段图式”的说法，民主革命和产业革命的紧密结合是以美国模式为样板的第三阶段现代化浪潮的主要衡量指标，那么中国的现代化进程所蕴含和指向的现代化图景内涵，已然超出西方经典现代化理论所探讨的特征对象。其间，中国的现代化既面临着从传统社会结构向现代社会结构的经典转型，也希望同步应对现代化进程中出现的贫富分化、生态破坏、物质文明和精神文明的失衡等现实难题，更面临着信息化、数字化等新时代发展趋向带来的新挑战。这意味着，中国在走向现代化过程中所面临的问题，已与百余年前西方所走过的历史踪迹有明显不同。将现代化等同于西方化或欧美化的简单思路，显然就不足以完全帮助中国解决在新历史阶段面临的现代化新难题。

当然，作为人类社会正在广泛经历的重大变革过程，中国走向现代化的过程并非全然脱离于西方现代化的经验范式，中国式现代化理论也并未完全否认现代化的共性。但中国式现代化理论的一大重要使命，在于突破西方中心论的限制，彰显非西方社会在现代化进程中应有的话语权，即通过综合和容纳各类现代化的异质性要素，扩大现代性的解释与实践范畴。在以往话语体系中，基于西方样板的先验假定，非西方社会走向现代化的过程，在很大程度上被视同于西方社会从传统走向现代的过程。由此，西方与非西方、传统与现代的二元对立话语，在经典现代化理论中形成强烈勾连。即使是注意到非西方社会特殊的一面，学者们也更多地侧重于探讨本土传统具有西方现代性所需具有的相似对应物，实际仍处于西方样板的有效话语范围。而新时代的中国并非西方发达社会的一个同质性自我映射。这使得中国式现代化理论可以不再拘泥于以往东亚现代性话语所深陷的相对主义困境，也让中国式现代化理论拥有更广阔的视域，不必拘泥于阐述本土传统同样具有的支撑现代性、具备相似功能的对应元素问题，还包括更多关注和发掘有助于解决现代性问题的传统资源，从而真正跳出传统性与现代性二重对立结构的窠臼。

第三节　现代化批判理论发展史视域下的中国式现代化

尽管现代化给人类社会形态带来翻天覆地的变化，但人们很快就意识到，现代社会同样存在诸多弊病和不足。尤其是吹响人类启蒙号角的理性主义、个人主义等精神内核，在缔造现代社会的同时，也萌生了现代社会相互牵连的诸多问题和危机。由此，与现代化理论的思索相伴而行的，还有对于现代化问题的一系列批判。传承并发展自马克思主义的中国式现代化理论，在某种程度上讲，亦存在着现代性批判的思想基因。

一　西方左翼现代化批判理论的发展谱系

现代化进程起源于西欧，对这一进程的反省和批判也肇始于西方思想界。其中尤以马克思和恩格斯的批判最为典型、深刻，甚至是催生了社会主义的现代化思想，影响后续西方左翼学者对资本主义现代化进程的持续批判。马克思主义的一系列现代化思想理论及对于资本主义的社会批判理论研究，构成我们认知和把握现代化理论的另一个重要视角。

（一）马克思社会发展理论的传承与发展

启蒙运动奏响了现代社会的序曲，却也揭开了现代性危机的序幕：人类社会在挣脱神话和迷信支配的同时，却也日益身陷“工具理性”的泥淖。马克思受德国早期浪漫派影响，从对人的本质的美学审视中开启现代性批判，将资本视为理性主义权威的具象，由此批判资本引致的人的异化。不过，这并不意味着马克思否定资本主义生产方式对人类社会的巨大贡献。尽管他未曾使用“现代化”一词，但却在《资本论》第一卷序言中暗示了工业化社会的发展前景：“工业较发达的国家向工业较不发达的国家所显示的，只是后者未来的景象。”[①] 不同于涂尔干、韦伯等人从文化精神、意识观念等视角剖析资本主义起源，马克思从社会经济的视角强调生产力发展引发现代社会变革：“……这些发明推动了产业革命，产业革命同时又引起了市民社会中的全面变革。”[②]

事实上，马克思也是依据生产方式转变来探讨人类社会经济形态的序列演化：“大体说来，亚细亚的、古希腊罗马的、封建的和现代资产阶级的生产方式可以看做是经济的社会形态演进的几个时代。”[③] 仅从文字表述看，马克思构想的人类社会历史路径似乎是一元单线式发展图景，即“一切民族，不管它们所处的历史环境如何，都注定要走这条道路”。不过，他在阐述古罗马平民的情况时，也强调“极为相似的时变发生在不同的历史环境中就引起了完全不同的结果”[④]。这意味着，马克思应该是倾向于认可多线发展模式。毕竟，相继更替的五种社会经济形态，主要是根据西欧的历史进程总结得到的。他自己也谈到，这些从人类历史考察中抽象出的最一般结果，并不能“提供可以适用于各个历史时代的药方或公式”[⑤]。

单线论和多线论的纠葛，亦可从马克思对资本主义生产方式在全球扩散的论断中窥见端倪。马克思基于对生产力变革重要性的认知指出，西方殖民主义兼具“破坏性”和“建设性”的双重历史使命。其中，“破坏性使命”即“消灭旧的亚洲式的社会”，这暗示着前现代社会形态在全球范围具有的多样性；“建设性使命”指向后发国家走向现代社会的“西方化”或“欧洲化”道路，多少隐含着非西方社会“沿着一条预定的道路，经过预定的阶段，到达一个注定的结局（a single predestined conclusion）”的单线发展图景。[⑥] 需指出的是，

---

① 《马克思恩格斯文集》（第5卷），人民出版社2009年版，第8页。

② 《马克思恩格斯全集》（第2卷），人民出版社1957年版，第281页。

③ 《马克思恩格斯选集》（第2卷），人民出版社2012年版，第3页。

④ 《马克思恩格斯全集》（第25卷），人民出版社2001年版，第145页。

⑤ 《马克思恩格斯选集》（第1卷），人民出版社2012年版，第153页。

⑥ Arthur M. Schlesinger, “The Inscrutability of History”, in Stephen Vaughn ed., *The Vital Past: Writings on the Uses of History*, Athens: The University of Georgia Press, 1985, p. 314.

这一论断与经典现代化理论的核心差异在于，马克思对“西方化”或“欧洲化”道路的预判，源自他对西方资本主义所代表的先进生产方式的肯定，以及对资产阶级意图“按照自己的面貌为自己创造出一个世界”[①] 的深刻认知，而非对西方文明优越性的强调。纵然是马克思、恩格斯后来开始思索不同于西欧现代化、跨越资本主义“卡夫丁峡谷”的新路径，认为“那些刚刚进入资本主义生产而仍然保全了氏族制度或氏族制度残余的国家，可以利用公有制的残余和与之相适应的人民风尚作为强大的手段”，“缩短自己向社会主义发展的过程，并避免我们在西欧开辟道路时所不得不经历的大部分苦难和斗争”，他们也知道，“资本主义的西方作出榜样和积极支持”仍是必不可少的条件。[②] 总而言之，现代化终将是一个世界历史的进程。

当然，资本主义并非现代化进程的终点。马克思、恩格斯基于对资本的批判，结合资本主义的内在矛盾，预判社会主义和共产主义是资本主义现代社会的终极去向。马克思认为，“只有伟大的社会革命支配了资产阶级时代的成果，支配了世界市场和现代生产力，并且使这一切都服从于最先进的民族的共同监督的时候”[③]，社会主义现代化进程方得以在社会生产力极大发展的条件下启动，人类才可能实现真正的进步，从而彻底解决资本主义现代化进程中出现的“机器排挤工人”问题，以及私有制与社会大生产的矛盾。[④]

而后，随着资本主义生产方式的世界性扩张和国际格局的转变，马克思的社会发展理论获得新发展，马克思主义视角下的现代化新主张呼之欲出。特别是在俄国十月革命胜利后，如何凭借先进生产关系促进生产力的快速发展，赶超西方发达资本主义国家，成为马克思主义者们面临的新议题。在革命胜利之初，列宁就憧憬苏俄共产主义的愿景是社会主义政权和工业化的双重结合：“共产主义就是苏维埃政

---

① 《马克思恩格斯选集》（第 1 卷），人民出版社 2012 年版，第 404 页。

② 《马克思恩格斯选集》（第 4 卷）人民出版社 1995 年版，第 443 页。

③ 《马克思恩格斯选集》（第 1 卷），人民出版社 2012 年版，第 862 页。

④ 董志勇、沈博：《百年中国共产党经济现代化思想的形成渊源与演进逻辑》，《经济科学》2021 年第 4 期。

权加全国电气化。”在他看来，如果“没有建筑在现代科学最新成就基础上的大资本主义技术”，“没有一个使千百万人在产品的生产和分配中严格遵守统一标准的有计划的国家组织”，那么社会主义将“无从设想”①。由于当时苏俄尚不具备直接过渡到社会主义社会的条件，列宁主张应“利用资本主义（特别是要把它纳入国家资本主义的轨道）作为小生产和社会主义之间的中间环节”，使之成为“提高生产力的手段、途径、方法和方式”②。在苏联迅速完成社会主义工业化后，以全民所有制为基础、实行高度集中的计划经济体制、强调优先发展重工业的斯大林模式，在第二次世界大战前后成为后发国家跨越资本主义“卡夫丁峡谷”、走向社会主义现代化的另一可选模式。然而，由于斯大林模式在形成后很快就定于一尊，加之冷战背景下资本主义和社会主义阵营的剧烈对立，当时的马克思主义发展理论未能延续对资本主义现代发展问题的密切关注，反而转向强调资本主义的崩溃和社会主义革命的开展，以致在批判西方现代资本主义的同时，因过于偏向简单化的单线式发展途径，反倒强化“苏联中心论”倾向而不断走向僵化，最终使共产主义运动在20世纪80年代末90年代初遭遇巨大挫折。

（二）第二次世界大战后西方左翼现代化批判的多元化

除社会主义阵营更多地在政治和意识形态层面批判西方世界的现代化理论外，西方社会的左翼思想家们也不断就异化现象、革命主体、解放道路等问题，③ 拓宽对西方经典现代化理论的批判，内容覆盖经济、文化、生态、心理、性别、民族乃至全球化等现实生活的议题，试图对西方现代社会进行全方位的诊疗，由马克思对“资本”的批判转向为对资本主义现代社会的全面批判，进而形成异彩纷呈的多元化学说争鸣局面。

马克思对资本主义的一大批判在于资本主义生产方式下的异化劳

① 《列宁选集》（第4卷），人民出版社2012年版，第493页。

② 《列宁选集》（第4卷），人民出版社2012年版，第510页。

③ 韩秋红：《当代西方左翼学者资本主义现代性批判的三重维度》，《马克思主义研究》2022年第3期。

动问题，这为后来西方左翼思想家批判资本主义现代化提供了重要的切入点。其中，最典型的是法兰克福学派从文化和意识形态方面批判西方的现代性。在他们看来，作为理性化的资本主义工业社会，却使启蒙和知识沦为技术理性，以致身陷工具理性和价值理性冲突的牢笼，让理性的解放潜力逐渐变质为控制潜力。也就是说，在现代工业社会中，“个人被贬低为习惯反映和实际所需的行为方式的聚集物”。而技术理性的控制，不仅存在于已有社会制度，还渗透于与科学技术联动的思想观念，使得现代社会的文化呈现出“普遍的东西与特殊的东西的虚假的一致性”模式，[①] 进而让公众的自我意识渐趋钝化。如此带来的一个重要后果是，技术的参与让“统治”披上“管理”的合理外衣。劳动者与企业家、社会之间的关系在同化氛围下，不再凸显其对立的一面，而是形成一种异化关系：被管理者是经济机器中的“零部件”。总之，法兰克福学派集中于现代社会中表现更为突出的异化现象，强调其与启蒙理性本意的背离。

有关资本主义社会中人与人的深层关系问题，马克思主义女性主义流派还特别从女性主义视角进行剖析。依据历史唯物主义理论，西蒙娜·波伏瓦（Simone de Beauvoir）强调，女性对自身的意识“反映了一种取决于社会经济结构的处境，这个结构表现了人类达到的技术发展程度”[②]。尤其是随着技术的进步，当操作机器所需的体力不再超过女性的能力限度时，性别平等将成为可能。不过，她并不赞同恩格斯纯粹将劳动的性别对立和社会阶级的对立联系到一起的观点，因为她认为女性并不只是从事劳动的个体。然而，在现代工业社会和全球化发展的背景下，劳动市场的女性化是资本主义社会劳动力重组的关键变化之一，反而使得资本主义能充分利用工人阶级的差异性，为其生产和再生产提供流动且廉价的“后备军”。因此，从资本主义的经济制度和家庭结构看，女性并未在现代资本主义社会中真正摆脱不

---

① 马克斯·霍克海默、西奥多·阿道尔诺：《启蒙辩证法》，渠敬东、曹卫东译，上海人民出版社 2006 年版，第 22、113 页。

② 西蒙娜·德·波伏瓦：《第二性》（合卷本），郑克鲁译，上海译文出版社 2015 年版，第 77 页。

平等的困境。巴雷特（Michele Barrett）从意识形态的角度进一步强调，尽管资本的逻辑和技术上是“不分性别的”（sex-blind），对妇女的压迫也并非资本主义发展逻辑预设的本质意义上的压迫，但却是现代资本主义生产方式持续再生产的“必要条件”，并在资本主义生产和再生产关系中获得物质基础，以致形式上呈现为一种意识形态根深蒂固的劳动分工模式。[①]

西方左翼思想家对理性的批判，还延伸到现实层面。除了面向第三世界发展议题的帝国主义话语和依附理论外，资本主义私有制和自由市场存在的不足，亦是西方左翼思想家时常批判的焦点。传统马克思主义通常将资本主义的剥削、失业、周期性经济危机、生产和竞争的无序状态等弊端，归咎于以生产资料私有制和自由市场机制为基础的资本主义制度，并强调奉行生产资料公有制和计划经济体制的计划经济制度，在公平乃至效率方面相对于资本主义的优越性。不过，西方部分左翼思想家受米塞斯（Ludwig von Mises）挑战的启发，加之第二次世界大战后苏联模式社会主义在实践中出现的问题，转而和当时东欧国家一样，致力于探索将市场和社会主义相结合的“市场社会主义”的可行性。其中的代表性设想之一是约翰·罗默（John E. Roemer）提出的“证券社会主义”模式，即一方面希望通过竞争市场机制定价，保障资源配置的效率，另一方面试图凭借特定的“证券”制度（coupon system），保障公众在间接占有产权和分享企业利润上的机会公平，属于典型的“经营企业类型”（the managerial-firm proposal）的市场社会主义。[②] 相较一般的社会主义经济发展方案而言，市场社会主义一方面同样批判市场资本主义存在的弊端，推崇生产资料的社会化，但另一方面也认为，过度仰赖计划实则存在夸大“理性”作用之嫌。

此外，外部生态危机的日益凸显也为西方社会主义思潮提供了新

① Michele Barrett, *Women's Oppression Today: Problems in Marxist Feminist Analysis*, London: Veso, 1986, pp. 248, 252.

② John E. Roemer, *A Future of Socialism*, Cambridge: Harvard University Press, 1994, pp. 49-51.

的批判话语。自罗马俱乐部首度揭示新技术革命带来的生态负效应后，全球性生态危机愈加惹人关注，并催生了生态社会主义的兴起。在频繁被论及的贫富分化、南北分化外，生态危机意味着人类还面临自身与所处生态环境关系失衡的困境。至于生态危机的根源，生态社会主义者普遍将之归结于资本主义制度的弊病，即强调追逐利润的扩张动机和生产竞争的无政府状态，以及由垄断资本主义发展所带来的过度生产和过度消费问题，都在不断加大社会生产对自然资源的索取和对生态环境的破坏，彰显资本主义内在具有的经济合理性与现实要求的生态合理性之间的矛盾张力。在他们看来，未来人类社会摆脱生态危机的前景之路，应是经济合理性与生态合理性兼容、经济理性服务于人类社会的走生态社会主义现代化道路，而非寄希望于资本主义制度在资本逻辑引导下的"生态重建"。

整体而言，西方左翼从不同层面对西方现代化的批判，实则彰显与后现代主义颇为相似的对同质化、系统化的现代性问题的解构、批判乃至否定的共性，以及对多元性和相对主义的肯定和推崇。尤其是伴随21世纪信息技术的突飞猛进，这些批判家愈加强调，技术进步让人类进入数字时代，但也在强化技术理性对人类的潜在控制："它（指堆栈）是一台真正环绕地球的机器，不仅穿透并扭曲威斯特伐利亚体系下的国家领土模式，还按照自己的形象创造新的空间：云、网络区域、社会图谱、生态、特大城市、正式和非正式的暴力、怪异的神学，所有这些都被叠加到一起。这种巨大的复合型机器，正根据空间秩序的特性和局限性，成为一种系统化的技术"①，由此衍生出数字监控下的新异化危机："即将到来的技术革命，则可能建立起大数据算法的权威，同时完全推翻关于个人自由的信念"②，加剧本就隐蔽但普遍存在的异化现象。近年来，在新冠疫情的放大镜作用下，齐泽克（Slavoj Žižek）、大卫·哈维（David Harvey）、巴迪欧（Alain

---

① Benjamin H. Bratton, *The Stack: On Software and Sovereignty*, Cambridge: The MIT Press, 2015, p. 52.

② 尤瓦尔·赫拉利：《今日简史：人类命运大议题》，林俊宏译，中信出版社2018年版，第43页。

Badiou）等一些西方知识分子重新审视疫情冲击下现代资本主义的危机问题，指出西方资本主义社会在应对疫情时存在经济价值高于生命价值的价值扭曲，强调新自由主义经济结构在应对重大公共危机时的缺陷，批判疫情背后折射出的种族裂痕和社会经济不平等，揭示疫情全球大流行所折射出的经济危机、生态危机与公共卫生危机交织的现实困境，呼吁走“新共产主义”道路。

二 中国式现代化理论的回应与超越

作为马克思主义在新时代中国特色社会主义道路上的最新理论成果，中国式现代化理论本身具有对于现代化问题批判的一面，是现代化批判理论在新时代的最新呈现形态。而对于现代性危机表征的一系列观察和阐释，是现代化批判的重要逻辑起点，也充分彰显马克思主义在批判现代资本主义的议题上所具有的科学性。因此，针对现代性一系列危机表征及其叙事逻辑的反思与回应，同样是中国式现代化理论发展与创新的重要逻辑起点。

诚然，批判话语的存在说明现代社会仍存在需批判之处。现代化并非全然给人类社会发展带来正面成果，其构成要素同样蕴含负面效应的一面。这意味着，避免“重蹈覆辙”就成为新历史阶段现代化探索任务的题中应有之义。战后西方左翼思想家沿着马克思和恩格斯思想的指引，继续就理性的泛滥、新异化现象、社会结构功能层面的系统性危机等问题，从人与自我、人与人、人与社会、人与世界、人与自然等关系视角切入，进行深刻性的批判。这些多元批判话语的提出，丰富乃至深化学界对于西方资本主义现代性基本逻辑的思想认知。既然原有西方率先走出的资本主义现代化道路存在诸多困境，那后来者自然就需要对现代化的成果和代价问题作出全面回应，以探索一条尽可能限制现代化代价、充分享受现代化成果的新道路。这也正是中国式现代化理论应有的出场逻辑和目标定位。正因如此，中国式现代化在强调充分重视现代生产力发展对社会变革带来的积极影响，大力推动发展现代生产方式的同时，尤为注意发挥后发优势，实现了多元批判话语的一体化：针对经济理性持续扩张所带来的负面影响，确立以人民为中心的根本价值取向，将推动人的自由全面发展置于现代化建设的首要位置；针对资本主义自由市场的固有弊端，强调坚持走中国特色社会主义道路；针对社会贫富分化问题，主张“共同富裕”；针对现代性给人类带来的新异化问题，主张追求物质文明和精神文明相协调的境界；针对日益严峻的生态危机困境，提出“生命共同体”和可持续发展理念，主张“人与自然和谐共生”；在地方性生产冲击全球现代性的议题上，提出“人类命运共同体”，主张“走和平发展道路”。

中国式现代化理论的多元一体特性，还充分彰显中国式现代化相对于西方左翼多元批判话语的理论超越的一面。西方左翼多元批判话语争鸣的表象背后，实则在更深层次隐含着他们的共识困境和政治迷失。自 20 世纪 70 年代初开始，西方左翼思想家以传统马克思主义理论落伍时代[①]或后现代历史来临的话语，认为“当那个时代进入一个不同的问题框架之后，马克思主义就顶多是对已经不在议事日程上的一套问题所做的有效回应”[②]，这使得“从革命思想和行动那里继承下来的政治从此失业”[③]。其一大典型表征是，诸多现代化批判话语多围绕人本主义价值判断标准开展，在从意识形态层面阐扬对于政治、经济、文化、社会等各领域的批判性观点的同时，却在现实政治层面对资本主义社会现存制度的态度趋于调和，甚至放弃对马克思主义科学与革命实践的主张和坚持，越发倾向于在西方已有民主框架内以激进化方式趋向社会主义目标。[④] 尤其在后现代化主义话语的介入后，多元化的价值取向在逐渐模糊“左”与“右”的修辞界限，消

---

① 譬如，哈贝马斯强调，传统马克思主义的危机理论在诊断当代资本主义问题时，“导致了许多疑难”。参见尤尔根·哈贝马斯《合法化危机》，刘北成、曹卫东译，上海人民出版社 2009 年版，“前言”第 1 页。

② 特里·伊格尔顿：《历史中的政治、哲学、爱欲》，马海良译，中国社会科学出版社 1999 年版，第 103—104 页。

③ 让-弗朗索瓦·利奥塔：《非人——时间漫谈》，罗国祥译，商务印书馆 2001 年版，第 7 页。

④ Ernesto Laclau & Chantal Mouffe, *Hegemony & Socialist Strategy*: *Towards a Radical Democratic Politics*, London: Verso, 1985, p. 176.

解传统政治共识，弱化这些现代性批判思想的政治承诺前提，以致呈现“政治滑坡反而高度集中了理论才思”① 的奇特现象。正因如此，一些西方左翼思想家又开始省思重新政治化的议题。

不同于西方左翼偏向于规范性的批判话语内容，中国式现代化理论却是中国共产党在坚持马克思主义指引下形成的兼具批判和创造的思想体系。党的二十大报告指出，中国共产党是中国式现代化的领导力量，中国式现代化道路就是中国特色社会主义道路，中国式现代化的核心主题就是要实现中华民族的伟大复兴。这是中国式现代化理论所明确提出的政治共识和政治承诺。此外，新时代的“两步走”战略则充分呈现了中国式现代化的实践议程路线图，使得中国式现代化在政治、经济、文化、社会、生态等方面的一系列反思和批判话语，还具备了实践乃至实现的行动纲领，进而避免沦为纯粹空洞的规范性知识，为创造新的社会经济形态和历史阶段奠定可能性和可行性。相较后来西方左翼各思想流派偏向于思想观念层面的现代性批判，忽视与之相应的社会历史存在问题，中国式现代化理论的批判底色仍是马克思主义基于生产力和生产关系矛盾运动的资本批判，社会主义和共产主义的目标依旧是中国式现代化理论所追求的美好愿景。

第四节　中国式现代化的重大突破

党的二十大报告明确提出，从现在起，中国共产党的中心任务就是团结带领全国各族人民全面建成社会主义现代化强国、实现第二个百年奋斗目标，以中国式现代化全面推进中华民族伟大复兴。自鸦片战争开始，古老的中华民族就已逐渐融入世界现代化大潮之中，却总在各种外来思想、主义导演出的一场场运动和变革中，陷入希望与失望反复上演的历史迷途。直到中国共产党成立并成为新民主主义革命的崭新领导力量后，中华民族才真正绝处逢生，逐渐走出一条不同于

① 特里·伊格尔顿：《历史中的政治、哲学、爱欲》，马海良译，中国社会科学出版社1999年版，第116页。

西方模式的中国式现代化道路。尤其是在改革开放以来的长期探索的基础上，经过党的十八大以来在理论和实践层面的创新突破，中国共产党成功推进中国式现代化建设事业，拓展了发展中国家走向现代化的路径选择，形成了中国式现代化理论的最新重大成果。作为一个兼具中国特色社会主义理论话语和经典现代化理论话语的新概念词语，“中国式现代化”在全球现代化理论和现代化批判理论的发展史中具有不可忽视的学理意义和创新价值。总的来说，中国式现代化理论至少在以下三方面议题实现对现有理论的重大突破：

一是对理论思维的突破，即破除西方中心主义和单线论发展图式的价值取向迷思，为广大发展中国家的现代化道路选择提供了新参照和新图景。一直以来，经典现代化理论所关注和抽象的对象是率先走上现代化道路的西方社会，并在科学理论一般化的思路指导下，逐渐发展成为一个适用于一切社会、指导非西方社会走向现代化的普遍性概念。受此思维的主导，以西方样板为参照，沿着西方的历史足迹走向预设的现代社会图景，已然被奉为颠扑不破的真理。中国式现代化理论则在把握共性和个性、普遍和特殊的辩证对立统一关系的基础上，既强调对人类社会现代化普遍规律的遵循，又强调对国家具体实际和民族传统文化的结合，基于以人民为中心的核心价值取向，向世人呈现一幅不同于以往西方经典现代化模式的样式图景，进而跳出因后来追随者的心态而将自身现代化事业视为西方现代社会同质性自我映射的镜像的思维困境，打破西方社会对于现代化定义和阐释的垄断权。

二是对两分法框架的突破，即超越科学与价值、人与自然、精神与物质、效率与公平、传统与现代二元对立的思维模式。在经典现代化理论和现代性批判理论的共识中，理性是资本主义社会现代性的根本特征，逐渐引导着社会的科学化、民主化、法制化，形成现代资本主义工业文明的文化价值根基。受经济理性不断扩张的影响，经典现代化模式隐含着对效率、物质和竞争的偏倚，并在强调新旧社会的转型中，塑造着科学与价值、人与自然、精神与物质、效率与公平、传统与现代二元对立话语的思维困境。中国式现代化理论则在政治、经济、文化、社会、生态五位一体的总体布局下，强调以人为本的价值导向，充分关注国内社会系统与国际社会系统、人类社会系统与自然生态系统、物质世界与精神世界的嵌套与联动关系，以结构性思维部署和规划中国式现代化的发展蓝图。

三是对批判话语的超越，即实现对马克思主义现代性批判的传承与发展，以系统观弥合现代性批判多元化话语的纷立，保持社会主义与共产主义的旨趣共识。虽然西方社会不乏对于现代性问题的批判话语，但多数批判仅仅停留于规范性的话语要求，缺乏具有实质内容的建设纲领和实践议程，而趋于将改变的希望寄托于西方现有制度框架的改良，以致在多元化价值取向中出现了政治迷失和共识困境，弱化了批判话语应有的社会效应，以致让资本主义现代社会在危机的泥淖中有心无力。相比之下，中国式现代化理论不仅包含着中国共产党人对于现代化美好愿景的描摹和憧憬，还充分坚持根据马克思主义指导改变世界的初衷，在精确把握社会矛盾运动的基础上，凝练社会全体的政治共识和共同追求，辩证看待现代性的积极作用和负面影响，提出一系列颇具指导意义的行动纲领和实践蓝图，为创造新的现代历史阶段和社会经济形态提供了新的希望。

（本章执笔：沈博　熊昌锟）

第五章
中国式现代化的重大意义

党的二十大报告指出："从现在起，中国共产党的中心任务就是团结带领全国各族人民全面建成社会主义现代化强国、实现第二个百年奋斗目标，以中国式现代化全面推进中华民族伟大复兴。"进一步，报告阐明了中国式现代化的特征，"中国式现代化，是中国共产党领导的社会主义现代化，既有各国现代化的共同特征，更有基于自己国情的中国特色"。这些特色包括，"中国式现代化是人口规模巨大的现代化"，"中国式现代化是全体人民共同富裕的现代化"，"中国式现代化是物质文明和精神文明相协调的现代化"，"中国式现代化是人与自然和谐共生的现代化"，"中国式现代化是走和平发展道路的现代化"。[①] 中国式现代化的这些特征，是中国共产党领导中国人民经历长期实践摸索而总结得出，突出体现了中国式现代化道路既独树一帜，具有浓郁的中国风格、中国气派，又在更高一层意义以自身特色揭示了现代化应具有的共同特征，为其他同样探索现代化进程的发展中国家提供了具有普遍意义的借鉴，"党领导人民成功走出中国式现代化道路，创造了人类文明新形态，拓展了发展中国家走向现代化的途径，给世界上那些既希望加快发展又希望保持自身独立性的国家和民族提供了全新选择"[②]。

① 习近平：《高举中国特色社会主义伟大旗帜　为全面建设社会主义现代化国家而团结奋斗——在中国共产党第二十次全国代表大会上的报告》，人民出版社 2022 年版，第 21—23 页。

② 《中共中央关于党的百年奋斗重大成就和历史经验的决议》，人民出版社 2021 年版，第 64 页。

第一节　中国式现代化为中华民族伟大复兴提供支撑

党的二十大报告指出，“以中国式现代化全面推进中华民族伟大复兴”①，近代以来，中国面对西方列强的侵略掠夺陷入了半殖民地半封建社会的境地，实现中华民族伟大复兴也是近代以来中国人民最伟大的梦想和最强烈的追求。中华民族曾经创造了世界上最古老最绚丽的文明之一，物质生产水平、文化发展水平曾长期居于世界前列，但在西方资本主义兴起之后，中国封建制度由于封闭僵化而导致经济、政治、文化等多方面综合性地被西方所超越，实现中华民族伟大复兴的意义在于，中国的综合国力、国家治理、社会文化等各方面的水平能够赶上甚至超越西方，从而使中华民族重新屹立于世界民族之林。实现中华民族伟大复兴是总目标，实现这一总目标需要总抓手，这就是推进中国式现代化。西方的兴起，归根到底可以总结为西方在世界范围内率先实现了现代化。西方现代化首先是率先实现了经济的工业化和城市化，以及农业的现代化，使西方的综合国力领先于世界，人民总体的物质生活水平领先于世界，也使得西方在侵略世界其他国家时具备了显著优势。在工业化的基础上，西方也率先推动了政治制度的现代化，实行了资产阶级民主和法治，推动了人的政治解放，相随而行的，西方还推动了科学技术教育的现代化，以及价值观和生活方式的现代化。由此，实现中华民族伟大复兴，也必然需要在中国推进现代化进程，实现经济发展的现代化，以及实现政治制度、法律、社会生活方式、文化价值观等的综合的现代化，从而使中华民族伟大复兴有着扎扎实实的物质基础和精神基础，有着方方面面的综合性的制度体现和文化体现。

中国的现代化与西方的现代化都是社会、经济、政治、文化等各

---

① 习近平：《高举中国特色社会主义伟大旗帜　为全面建设社会主义现代化国家而团结奋斗——在中国共产党第二十次全国代表大会上的报告》，人民出版社 2022 年版，第 21 页。

方面的整体变迁的过程，现代化进程的开启与工业革命的发生紧密相连，工业革命创造了人类物质生产力发展的伟大成就，人类物质生活水平真正摆脱了之前农业时代常见的匮乏与不幸，并由此带动现代政治、社会、科学、文化等各方面制度形态的现代化。实现现代化，摆脱农业社会的落后状态，进入工业社会乃至信息社会无疑是那些尚未实现现代化的国家的共同追求，由此，中国的现代化首先就是要在中国推动工业革命，这是实现中华民族伟大复兴的最基本的前提条件，没有工业化，中国就仍然处于农业社会的生产力水平，中华民族伟大复兴也就成为空谈。但中国的现代化又与西方不同，中华民族的伟大复兴是在西方已经实现现代化的背景下推进的，中国要赶上和超越西方国家的现代化水平，必然要走中国式现代化的道路，否则中华民族伟大复兴最多只是跟在西方后面亦步亦趋，未必能学到多少西方现代化的精髓，却不可避免沾染西方现代化的弊端，中国的历史和国情都决定了中国式现代化有别于西方的现代化。

西方的工业革命走的是以资本为中心的发展道路，资本推动了西方工业化的转型和现代化的进程，这是“资本的伟大的文明作用”①，但是，在工业化的阶段中，资本主导的工业化却日益创造出资本家和工人相互对立的社会两大阶级，广大工人阶级缺乏对工业化的物质成果的充分共享。资本唯利是图，在西方工业化过程中先是造成对自然环境的严重破坏，再进行治理，与西方工业化进程相伴随的是贫富分化和环境污染。西方以资本为主导的现代化片面注重物质利益的追求而忽视精神生活的充实，这是资本的本性所决定的。资本的逐利使资本奔走于世界各地，这促成了世界市场，但同时也伴随着资本开拓殖民地和对非西方世界人民的奴役。与西方工业化进程相伴随的是发展失衡和野蛮掠夺。西方国家的工业化进程已有二百多年，到今天呈现在世人面前的是比较完善的形态，但在光鲜亮丽表面的背后，不能忘记其历史的黑暗面。

西方的现代化既不能也无法为中国所采用，在于西方的现代化存

① 《马克思恩格斯全集》（第30卷），人民出版社1995年版，第390页。

在的上述弊端，无法成为非西方国家的现代化能够借鉴的模板，这些弊端的核心在于资本主导的现代化造成的失衡和片面。从世界范围来看，西方现代化解决这些失衡和片面，是以非西方世界的被殖民和被掠夺为代价的。列宁在指出西方资本主义国家为什么没有发生无产阶级革命时说过，帝国主义瓜分掠夺非西方世界产生的垄断利润，资产阶级可以拿出一部分，甚至是不小的一部分来收买本国工人[①]，这使得西方的现代化进程中的贫富悬殊现象被缓和了。可见，非西方世界要走上现代化道路，可以学习借鉴西方国家现代化的具体的有益经验，但整体上走西方现代化道路必然不可行，这是由于西方现代化进程中的殖民掠夺是以非西方世界为代价的。从非西方发展中国家的历史来看，也从来没有一个国家依靠全盘西化而实现了现代化，发展中国家的现代化始终要受到本国国情的引导和制约。中国的现代化更是如此，中国式现代化所具有的五大特色，是针对西方现代化的弊端而提出的，中国式现代化克服了西方现代化的弊端，同时，中国式现代化又保留了本国的文明特色，中国不像西方那样依靠殖民掠夺来发展自己，中国追求“仓廪实而知礼节，衣食足则知荣辱”的物质文明和精神文明的协调，中国注重人和自然和谐的文化，以及中国具有“大同”“小康”社会设想的对共同富裕的美好向往，这些既是中华文明的优秀传统，也是中国式现代化的特色。中华民族伟大复兴，既包括国力的复兴，也包括文明的复兴，这些与中国式现代化不仅要实现经济、政治、社会等的现代化，也要创造文明的现代化，是完全一致的。“我们坚持和发展中国特色社会主义，推动物质文明、政治文明、精神文明、社会文明、生态文明协调发展，创造了中国式现代化新道路，创造了人类文明新形态。”[②] 中国式现代化依据本国国情和传统走出了一条可行的发展道路和现代化途径，从而使得中华民族伟大复兴的中国梦有着切实的实现路径。

---

① 《列宁全集》（第 28 卷），人民出版社 2017 年版，第 79 页。

② 习近平：《在庆祝中国共产党成立 100 周年大会上的讲话》，人民出版社 2021 年版，第 13—14 页。

第二节　中国式现代化拓展了世界各国现代化的道路

“世界上既不存在定于一尊的现代化模式，也不存在放之四海而皆准的现代化标准。”① 现代化起源于西方，西欧是工业革命的发源地，西欧各国在世界范围内率先走上了现代化的道路，随后以工业化为主要标志和基础的现代化扩散到北美，形成了西方的现代化。在很长一段时期内，西方既是现代化的先行者，也是唯一全面实现现代化的文明区域。从以物质生产力水平以及与此对应的主要产业为划分标志的社会形态来看，人类社会先后经历了捕猎社会、农业社会、工业社会等阶段。从捕猎社会转变到农业社会，发生的是农业革命，在世界范围内，不同区域随着农业生产技术和方式的不同，以及当时生产力条件下世界各大区域之间交通不便的原因，进入农业社会的不同区域发展出各有自身特点的政治、社会、经济形态，在农业提供剩余的基础上，文化知识生产活动也活跃起来，形成自身的文明形态，成为自身的民族标签，并将此映入到其政治、社会、经济形态上，形成其民族固有的文明基因。在农业社会时期，西欧的农业文明只是世界文明百花园中的一支，甚至相对其他地区灿烂的农业文明，西欧是一个后来者，在中世纪后期，随着欧洲经济重心开始向西欧转移，西欧诸国的农业生产和经济发展水平才开始接近世界先进水平，而与其他文明中心并驾齐驱。从农业革命发生以来的世界史来看，历史上的领先者和落后者都是相对的，随着农业社会相关技术的扩散，以及各国因地制宜的生产技术的创新，落后者赶上先进者并非不可能的事。

大航海时代开启之后，“各民族的原始封闭状态由于日益完善的生产方式、交往以及因交往而自然形成的不同民族之间的分工消灭得越彻底，历史也就越是成为世界历史”②，各区域各民族国家开启了

---

① 习近平：《新发展阶段贯彻新发展理念必然要求构建新发展格局》，《求是》2022年第17期。

② 《马克思恩格斯选集》（第1卷），人民出版社2012年版，第168页。

普遍交往的历史进程。大航海是西欧国家主导的，资本主义也是首先在西欧国家出现的，资本主义的生产和消费既是一个促使世界交往扩大和深化的过程，也是西欧国家对世界各国从事殖民掠夺，进行资本原始积累的过程，尤其是西欧国家的工业革命发生后，“不断扩大产品销路的需要，驱使资产阶级奔走于全球各地。它必须到处落户，到处开发，到处建立联系。资产阶级，由于开拓了世界市场，使一切国家的生产和消费都成为世界性的了。使反动派大为惋惜的是，资产阶级挖掉了工业脚下的民族基础。古老的民族工业被消灭了，并且每天都还在被消灭。它们被新的工业排挤掉了，新的工业的建立已经成为一切文明民族的生命攸关的问题；这些工业所加工的，已经不是本地的原料，而是来自极其遥远的地区的原料；它们的产品不仅供本国消费，而且同时供世界各地消费。旧的、靠本国产品来满足的需要，被新的、要靠极其遥远的国家和地带的产品来满足的需要所代替了。过去那种地方的和民族的自给自足和闭关自守状态，被各民族的各方面的互相往来和各方面的互相依赖所代替了。物质的生产是如此，精神的生产也是如此。各民族的精神产品成了公共的财产。民族的片面性和局限性日益成为不可能，于是由许多种民族的和地方的文学形成了一种世界的文学”①。此处文学从广义来讲即是文明，相对于其他处于农业时代的文明，西欧资本主义文明成为有世界影响的文明。

世界历史的形成使得西欧的资本主义生产方式及工业文明成为一种世界级的现象。正如前引文所指出的，民族的和地方的文学形成了一种世界的文学，扩大到文明角度，西欧的资本主义生产方式及工业文明成为世界其他国家自愿或非自愿的效仿对象，这助长了一种常见的观点，认为现代化等同于西方化，西方以外的国家想要实现现代化，就要全面向西方学习，这种观点无疑是西方中心论的产物，认为西方种族、制度、文明都居于优越地位，是引领世界发展的先锋和模板，其制度和文化具有世界性的普遍意义，其他国家想要踏上现代化这条路，除了全盘引进西方的制度和意识形态无其他路可走。其实从

① 《马克思恩格斯选集》（第1卷），人民出版社2012年版，第404页。

农业社会几大文明各领风骚的历史来看，如果说非西方文明在农业社会时期能够创造独具特色的文明形态，那么在最低层次上也说明非西方文明未必不能在工业社会时代也拥有具有自身特色的发展道路和工业文明。当然，由于世界历史的形成，西欧国家率先走上现代化道路后，加上北美地区的现代化，西方现代化模式也呈现出一种向世界范围扩张的过程，原先的文明隔阂被打破，不管是主动的，还是被动的，非西方国家都开始了与西方文明交流互鉴的过程，对非西方国家特别是那些拥有本国灿烂文明历史的国家来说，现代化是历史的必由之路，如何在接受西方现代化的影响中，挖掘现代化的共性之处，同时又保留好本国的文明基因，成为这些国家在选择现代化道路上所面临的共同课题。

现代化首先是一个经济发展的问题，经济发展就是摆脱原先农业为主导产业的状态，实现工业化，以及工业化之后的信息化。中国在农业社会时期是世界上农业生产力最高的国家之一，也是世界上文明最悠久的国家之一，形成了璀璨的中华文明。中华文明的璀璨与农业社会时代中国就已经形成的广土众民是分不开的，中国作为农业社会时期的文明发达国家之一，一直拥有世界上最大规模的人口，这与西欧国家形成了鲜明的对比。西欧国家中，在最先进行工业革命的英国，18 世纪中叶工业革命前夜其人口不到 1000 万人，法国在西欧算人口大国，19 世纪初开始工业革命时人口约 3000 万人的规模，美国南北战争后开始进入工业革命也大约是此数。而中国的工业化从中华人民共和国成立开始起步，其人口规模达到 5.5 亿人。中国的现代化有许多特色，首先一条就是中国式现代化是人口规模巨大的现代化，在中国之前，还不存在一个类似人口规模的国家成功实现现代化的先例。“中国幅员辽阔、人口众多，要想发展振兴，最重要的就是立足国情、走自己的路。实践表明，中国式现代化新道路越走越宽广，将更好发展自身、造福世界。”① 在今天，中国有 14 亿多人口，其人口规模超过世界上所有发达国家人口总数。“我国 14 亿人口要整体迈入

① 习近平：《习近平书信选集》（第一卷），中央文献出版社 2022 年版，第 342 页。

现代化社会，其规模超过现有发达国家的总和，将彻底改写现代化的世界版图，在人类历史上是一件有深远影响的大事。”① 人口规模巨大的现代化，必然意味着中国的现代化道路的出发点是完全不一样的国情，不可能完全走西方的现代化道路。“一些老牌资本主义国家走的是暴力掠夺殖民地的道路，是以其他国家落后为代价的现代化。我国现代化强调同世界各国互利共赢，推动构建人类命运共同体，努力为人类和平与发展作出贡献。”② 从世界历史角度看，西方现代化伴随着西方对世界其他地区的殖民和掠夺，这既带来了先进文明的影响，也使这些地区饱受摧残。中国以其巨大的人口规模，客观上也注定了不可能走西方的殖民掠夺老路，殖民掠夺意味着少数人掠夺多数人，这才有带来财富的人均收益显著提高的足够诱惑，所以中国式现代化必然是走和平发展道路的现代化。同样，基于巨大的人口规模，中国的工业现代化也要格外注意避免走先污染后治理的老路，巨大的人口规模的工业化其工业规模是空前的，不加防范各种工业污染也是规模空前的，所以中国式现代化必然要高度强调人与自然和谐共生。由于巨大的人口规模，中国式现代化也必然是注重全体人民共同富裕的现代化。经济发展导致人均收入水平的提高，如果是贫富悬殊的现代化，这不仅影响现代化的可持续性，以中国巨大的人口规模，如果少数人实现现代化，多数人陷于贫困，这不仅与现代化的目的相违背，而且由于多数人的巨大规模，少数人可以轻易从前者收获租金积累财富，这些“少数人”绝对规模仍旧很大，其需求足以支撑围绕其展开的工业和服务业，结果是也能出现一定规模的工业化和现代化，但这样的现代化只有现代化的表皮而无现代化的实质。中国式现代化是全体人民共同富裕的现代化，因此，人口规模巨大的现代化也必然要重视防止两极分化，注重实现全体人民的共同富裕。人口规模巨大还表明中国式现代化是物质文明和精神文明相协调的现代化，精神文

---

① 习近平：《新发展阶段贯彻新发展理念必然要求构建新发展格局》，《求是》2022年第17期。

② 习近平：《新发展阶段贯彻新发展理念必然要求构建新发展格局》，《求是》2022年第17期。

明有多种含义，民族文化是其中的筋骨，“独特的文化传统，独特的历史命运，独特的国情，注定了中国必然走适合自己特点的发展道路”[①]，中华文明是人口众多的中华民族在漫长历史中创造的灿烂文明，正因为中华文明的灿烂，中华优秀传统文化是中国式现代化道路的文化基石，中国式现代化也要基于中华文明走出具有本国文明特色的道路，同时再造中华文明在工业社会的璀璨。人口规模巨大的现代化是中国式现代化的首要特征，这是中国式现代化的具体国情所决定的，人口规模巨大构成了中国式现代化的其他四个特色的前置要素，进一步也使中国式现代化的五个特色形成一个相互联系、相互促进的整体特色。

从世界历史的角度来看，现代化以西方为策源地并向全世界产生强势影响，西方的现代化必然对非西方国家的现代化产生影响，非西方国家的现代化如何正确学习西方的现代化模式中的先进之处，抵御西方现代化给其他国家和民族带来的剥削掠夺及其他恶劣影响，可归结为如何使本国的现代化既具有现代化的若干共性，又保持本国的独立性及文明特色。中国式现代化既有各国现代化的共同特征，更有基于自己国情的中国特色，这是中国式现代化为其他发展中国家的现代化所交出的一份可供借鉴的答卷。中国式现代化不仅使世界上五分之一的人口步入现代化，使现有的世界现代化人口数再翻一番，而且，中国在现代化过程中所坚持的和平发展道路为世界的和平与发展作出了特殊贡献；所坚持的人与自然和谐共生为全球环境治理作出了应有贡献；所坚持的全体人民共同富裕为推动全球减贫进程，解决全球不平等问题作出了重大贡献；所坚持的物质文明和精神文明相协调为维护全球文明的多样性，促进全球文明包容互鉴作出了独特贡献。世界历史始于大航海时代，西方现代化的率先实现使其在世界历史进程中居于优势地位，这使西方现代化的若干弊端也放大影响到全世界，而中国式现代化打破了“现代化=西方化”的迷思，拓展了发展中国家走向现代化的路径选择，中国式现代化道路“破解了人类社会发展的

---

① 《习近平谈治国理政》，外文出版社2014年版，第156页。

诸多难题，摒弃了西方以资本为中心的现代化、两极分化的现代化、物质主义膨胀的现代化、对外扩张掠夺的现代化老路，拓展了发展中国家走向现代化的途径，为人类对更好社会制度的探索提供了中国方案”①。中国式现代化拓展了发展中国家的现代化路径，深远意义在于中国式现代化克服了西方现代化的弊端，并开始开启世界历史的新进程，在新进程中扭转西方现代化弊端的不合理影响，真正恢复农业社会时期各大文明相对而言平等互鉴的文明交流，使现代化更具有世界范围的包容性和普惠性。

第三节 中国式现代化体现了社会主义的制度优势

“中国式现代化是人口规模巨大的现代化。我国十四亿多人口整体迈进现代化社会，规模超过现有发达国家人口的总和，艰巨性和复杂性前所未有，发展途径和推进方式也必然具有自己的特点。”② 人口规模巨大是中国式现代化的首要特征，中国既不可能走对外扩张掠夺的邪路，“和平发展是中国特色社会主义的必然选择”③，也不可能走两极分化的斜路，“社会主义最大的优越性就是共同富裕，这是体现社会主义本质的一个东西”④，更不可能走物质主义膨胀的歪路，“物质富足、精神富有是社会主义现代化的根本要求。物质贫困不是社会主义，精神贫乏也不是社会主义”⑤，以及不可能走破坏环境的老路，“走欧美‘先污染后治理’的老路行不通”⑥，中国式现代化无法也不必再重复西方资本主义国家现代化的道路。邓小平指出，“中

---

① 习近平：《以史为鉴、开创未来，埋头苦干、勇毅前行》，《求是》2022 年第 1 期。

② 习近平：《高举中国特色社会主义伟大旗帜 为全面建设社会主义现代化国家而团结奋斗——在中国共产党第二十次全国代表大会上的报告》，人民出版社 2022 年版，第 22 页。

③ 习近平：《习近平谈治国理政》，外文出版社 2014 年版，第 13 页。

④ 《邓小平文选》（第三卷），人民出版社 1993 年版，第 364 页。

⑤ 习近平：《高举中国特色社会主义伟大旗帜 为全面建设社会主义现代化国家而团结奋斗——在中国共产党第二十次全国代表大会上的报告》，人民出版社 2022 年版，第 22—23 页。

⑥ 《习近平总书记系列重要讲话读本（2016 年版）》，学习出版社、人民出版社 2016 年版，第 235 页。

国搞现代化，只能靠社会主义，不能靠资本主义”[①]，中国式现代化走的必然是社会主义的现代化道路。党的二十大报告中所概括的中国式现代化的五个特征，综合表征了有中国特色的社会主义现代化的基本特征。

一　党在中国式现代化进程中的核心领导作用

中国式现代化要走社会主义道路，这是中国历史的选择，社会主义与中国历史相结合，在改革开放后形成了中国特色社会主义，在中国特色社会主义的所有特征中，“中国特色社会主义最本质的特征是中国共产党的领导，中国特色社会主义制度的最大优势是中国共产党领导”[②]，由此，在推动中国式现代化的征程中，中国式现代化是中国共产党领导的社会主义现代化，“中国式现代化的本质要求是：坚持中国共产党领导，坚持中国特色社会主义”[③]，这与中华民族伟大复兴在中国共产党领导下实现是一致的，习近平总书记深刻指出，“建立中国共产党、成立中华人民共和国、推进改革开放和中国特色社会主义事业，是五四运动以来我国发生的三大历史性事件，是近代以来实现中华民族伟大复兴的三大里程碑”[④]。其中，成立中华人民共和国，进行改革开放，都是在党的领导下实现的，这就是党在中国式现代化进程中的核心领导作用。

中国共产党领导中国式现代化，其基本的理论依据在于社会主义制度条件下的经济与政治关系。历史唯物主义指出世界历史发展的客观规律体现为生产力决定生产关系，生产关系对生产力有反作用；经济基础决定上层建筑，上层建筑对经济基础有反作用，马克思主义基

① 《邓小平文选》（第三卷），人民出版社 1993 年版，第 229 页。

② 习近平：《决胜全面建成小康社会　夺取新时代中国特色社会主义伟大胜利——在中国共产党第十九次全国代表大会上的报告》，人民出版社 2017 年版，第 20 页。

③ 习近平：《高举中国特色社会主义伟大旗帜　为全面建设社会主义现代化国家而团结奋斗——在中国共产党第二十次全国代表大会上的报告》，人民出版社 2022 年版，第 23 页。

④ 习近平：《论坚持全面深化改革》，中央文献出版社 2018 年版，第 503 页。

本原理强调生产力和生产关系、经济基础和上层建筑这两对矛盾的辩证运动过程，生产力对生产关系起决定作用，更多的是指生产力对人类生产活动的事前制约作用，即生产力是一个既定的基础，而生产关系对生产力的反作用是在遵循生产力的这种决定作用前提下（即生产关系不能随心所欲地建立，而必须受到生产力制约）的反作用，在承认其前提下生产关系能够主动推动生产力的发展，同样，经济基础和上层建筑之间也是类似关系。上层建筑可以分为政治上层建筑和思想上层建筑，前者在整个上层建筑中居于主导地位，在生产力起决定作用的前提下（生产力是基础），通过上层建筑—经济基础—生产力的传导作用，实现经济与政治的关系，即体现为经济是基础，政治又高于经济，经济发展以政治引导为条件，政治对经济具有推动作用的辩证关系。社会主义的建立，是无产阶级先取得政权，通过政治革命才得以实现的。而社会主义的建立，又必然面临着发展生产力的历史使命，在如何发展生产力的问题上，经济与政治的关系再次出现。“一个国家的政治制度决定于这个国家的经济社会基础，同时又反作用于这个国家的经济社会基础，乃至于起到决定性作用。在一个国家的各种制度中，政治制度处于关键环节。”[①] 这都生动地说明了在社会主义的历史实践中，先建立无产阶级政权，建立社会主义国家政治制度，即改造和建立新的上层建筑，再通过政治对经济的推动作用，进而推动生产力的发展，是社会主义建设事业的一般经验。在社会主义制度中，上层建筑与经济基础、生产力与生产关系中的辩证关系也就必然反映为经济与政治的辩证关系。

习近平总书记强调：“在国家治理体系的大棋局中，党中央是坐镇中军帐的‘帅’，车马炮各展其长，一盘棋大局分明”[②]，中国共产党处于国家治理的核心地位，党的领导制度是国家的根本领导制度，党作为最高政治领导力量，能够发挥政治引领经济的优势，利用社会主义的制度优势统筹布局，协调推进中国式现代化的各项建设事业，

---

① 《习近平关于社会主义政治建设论述摘编》，中央文献出版社 2017 年版，第 15 页。
② 《习近平关于社会主义政治建设论述摘编》，中央文献出版社 2017 年版，第 31 页。

形成总体推进中国式现代化的磅礴力量，同时在推进过程中又能够坚持社会主义的特色，使中国式现代化的五大特征完整统一地展现出来。

“在改革中坚持社会主义方向，这是一个很重要的问题。我们要实现工业、农业、国防和科技现代化，但在四个现代化前面有‘社会主义’四个字，叫‘社会主义四个现代化’”[①]，中国式现代化是社会主义的现代化，这必然要在党的领导下进行。习近平总书记强调，“我们党要领导一个十几亿人口的东方大国实现社会主义现代化，必须坚持实事求是、稳中求进、协同推进，加强前瞻性思考、全局性谋划、战略性布局、整体性推进，实现发展质量、结构、规模、速度、效益、安全相统一”[②]。这段讲话点明了党的领导在中国式现代化建设过程中所起的重要作用。从党的领导在推进中国式现代化中的作用可以再次理解中国式现代化中所蕴含的经济与政治关系。中国式现代化首先是一个经济发展的问题，现代化的主要标志是工业化以及新的信息化，这是对反映物质生产力发展水平的经济发展程度的描绘，没有实现工业化，没有实现经济发展，现代化的方方面面都成为空中楼阁。但现代化的内涵又不限于经济发展，而是包含政治、文化、社会等各方面，并在此基础上形成中国式现代化的综合性的文明新形态，这一新形态既然是综合性的，党发挥领导力量进行合理规划、统筹部署，实质就是中国式现代化的政治优势。关于这一点，只要明确意识到现实中的社会主义国家都出现在落后生产力国家，推动生产力和经济发展，以及在此基础上的社会文化等各领域的发展，是党的政治选择，就可以认识到党的领导在社会主义现代化中的重要意义。

二　从纵向的维度看社会主义制度的优越性

中国的现代化起源于落后生产力下中国作为人口规模巨大的国家

---

① 《邓小平文选》（第三卷），人民出版社 1993 年版，第 138 页。

② 习近平：《把握新发展阶段，贯彻新发展理念，构建新发展格局》，《求是》2021 年第 9 期。

力图赶上西方现代化水平的内在要求，这必然要求中国式现代化的速度要快，才能实现赶超，同时避免西方现代化进程中的弊端。因此中国的现代化进程必然是一个主动为之的过程，存在一个主导力量来制定战略，进行政策部署，引导现代化的行进和方向，这是党发挥政治引领经济的主动性的客观基础。“全党要坚定道路自信、理论自信、制度自信、文化自信。当今世界，要说哪个政党、哪个国家、哪个民族能够自信的话，那中国共产党、中华人民共和国、中华民族是最有理由自信的”①，对中国现代化道路的探索，所有的核心都在于如何以恰当的方式又快又好地推进中国式现代化，中国特色社会主义制度为又快又好地推进中国式现代化提供了制度前提。

现代化首先是工业化。中华人民共和国成立以来，党始终把推动经济发展和实现工业化作为治国理政的一个核心目标，从 20 世纪 50 年代开始，进行了国民经济的社会主义改造，并从苏联等社会主义阵营国家引进工业化技术，正式开启了中国工业化的进程。1954 年全国人大一届一次会议，提出要建设强大的现代化的工业、现代化的农业、现代化的交通运输业和现代化的国防，首次提出了“四个现代化”的概念，1956 年党的八大提出国内的主要矛盾已经不再是工人阶级和资产阶级的矛盾，而是人民对于经济文化迅速发展的需要同当前经济文化不能满足人民需要的状况之间的矛盾，党和全国人民当前的主要任务，就是要集中力量解决这个矛盾，把我国尽快地从落后的农业国变为先进的工业国。党的八大正确提出了集中力量发展生产力的历史任务，随后 1964 年全国人大三届一次会议上，提出把我国建设成为一个具有现代农业、现代工业、现代国防和现代科学技术的社会主义现代化强国，为此，提出了两步走的规划，第一步，建立一个独立的比较完整的工业体系和国民经济体系；第二步，全面实现农业、工业、国防和科学技术的现代化，使中国经济走在世界的前列。尽管遭遇“文化大革命”等干扰，到改革开放前一个独立的比较完整的工业体系和国民经济体系得以建立，取得了社会主义工业化的历史

---

① 《习近平谈治国理政》（第二卷），外文出版社 2017 年版，第 36 页。

性成就。

党的十一届三中全会吹响了改革开放的号角，社会主义现代化建设在党的领导下也进入了新的历史阶段。1979 年邓小平同志提出，“我们定的目标是在本世纪末实现四个现代化。我们的概念与西方不同，我姑且用个新说法，叫做中国式的四个现代化”①，1981 年《关于建国以来党的若干历史问题的决议》首次提出了我国的社会主义制度还是处于初级的阶段这一科学论断，这为改革开放是社会主义的自我完善树立了理论前提。改革开放释放了农村工业化的潜力，以乡镇企业为代表的乡村经济发展迅速起步，成为社会主义现代化建设的新的重要力量。在城市，国有企业和集体企业经过历次改革，形成了新的发展。1987 年党的十三大提出了中国社会主义现代化“三步走”的战略，第一步，实现国民生产总值比 1980 年翻一番，解决人民的温饱问题。第二步，到 20 世纪末，使国民生产总值再增长一倍，人民生活达到小康水平。第三步，到 21 世纪中叶，人均国民生产总值达到中等发达国家水平，人民生活比较富裕，基本实现现代化。然后，在这个基础上继续前进。党的十四大正式确立了社会主义市场经济体制改革方向，社会主义现代化也具有了新的发展路径，公有制和非公有制企业一道以平等市场主体地位为社会主义现代化作出各自应有的贡献。党的十五大报告在我国“三步走”战略的第二步目标即将实现之际，提出了新的“三步走”战略，即下世纪第一个十年实现国民生产总值比 2000 年翻一番，使人民的小康生活更加宽裕，形成比较完善的社会主义市场经济体制；再经过十年的努力，到中国共产党成立一百年时，使国民经济更加发展，各项制度更加完善；到 21 世纪中叶中华人民共和国成立一百年时，基本实现现代化，建成富强、民主、文明的社会主义国家。新“三步走”战略是对之前“三步走”战略在进入 21 世纪后的细化，党的十六大提出从 2000 年到 2020 年，用 20 年的时间，全面建设惠及十几亿人口的更高水平的小康社会，党的十八大报告首次正式提出全面建成小康社会的战略目标，党的十

① 《邓小平思想年编：1975—1997》，中央文献出版社 2011 年版，第 225 页。

九大对决胜全面建成小康社会作出了战略部署，并对之后的现代化建设做了远景规划，提出了全面建成社会主义现代化强国总的战略安排，即“两步走”的战略安排：从2020年到2035年基本实现社会主义现代化；从2035年到本世纪中叶把中国建成富强民主文明和谐美丽的社会主义现代化强国。2020年，全面建成小康社会的战略目标胜利实现，这是中国式现代化建设的一个重要里程碑，在此基础上，党的二十大发出号召，提出了全面建成社会主义现代化强国的宏伟目标。

“我们党领导人民不仅创造了世所罕见的经济快速发展和社会长期稳定两大奇迹，而且成功走出了中国式现代化道路，创造了人类文明新形态。”① 中国式现代化是一步一个脚印走出来的，回首每一步，中国式现代化建设之所以能够取得如此辉煌的成就，与中国式现代化是社会主义现代化是分不开的，正是利用了社会主义制度的优越性，党为中国式现代化制定了既高瞻远瞩又脚踏实地的战略规划，在现代化建设的每个重要关口，制定适宜的发展规划，这些发展规划承前启后、相互衔接，既一脉相承又与时俱进，推动形成了连续稳定又适时而变的战略规划和政策方针，保障了中国式现代化的行稳致远。更重要的，“我们党扭住这个奋斗目标，一茬接着一茬干，一棒接着一棒跑”②，习近平总书记在论述全面建设小康社会目标时所着重强调的长期一致和连续奋斗，在制定和贯彻这些现代化的战略规划上也同样是如此。正是这种咬定青山不放松的精神，党领导中国人民在推进中国式现代化建设上锲而不舍、矢志不渝，持续不断创造现代化的世间奇迹。

三 从横向的维度看社会主义制度的优越性

现代化肇始于西方，迄今已有二百余年，中国的现代化从中华人

---

① 习近平：《以史为鉴、开创未来，埋头苦干、勇毅前行》，《求是》2022年第1期。
② 《习近平关于全面建成小康社会论述摘编》，中央文献出版社2016年版，第10页。

民共和国成立开始算，而其中的工业化，“新中国成立特别是改革开放以来，我们用几十年时间走完西方发达国家几百年走过的工业化历程，创造了经济快速发展和社会长期稳定的奇迹，为中华民族伟大复兴开辟了广阔前景”①，这是中国式现代化发挥社会主义制度优势的又一大特色。中国式现代化具有社会主义制度优势，从而能够加快工业化前进步伐，甚至在新的一轮以新能源为代表之一的产业革命中占领先机，是中国式现代化在较短时间实现工业化和发展奇迹的决定因素。

改革开放之前中国初步建立了完整的工业基础和国民经济体系，改革开放之后中国真正实现了从一个落后的农业国转变为世界第一工业大国，拥有了世界门类最齐全的工业部门，这与中国采取既发挥了市场经济长处，又发挥了社会主义优越性的社会主义市场经济体制是分不开的，两者结合发挥了各类投资主体的积极性，加上各级政府以经济建设为中心的工作导向，这些都促成了中国工业化的高歌猛进。进入 21 世纪，中国抓住新一轮经济全球化的机会，工业化进入了新的一轮迅猛发展的时期，同时，世界以信息技术产业为代表的新的一轮科技革命方兴未艾，如何抓住信息技术产业带来的新的工业革命的机会，借此实现工业化的加速，需要及时和正确的政策引导，党的十六大制定了新型工业化的战略，强调坚持以信息化带动工业化，以工业化促进信息化，走出一条科技含量高、经济效益好、资源消耗低、环境污染少、人力资源优势得到充分发挥的新型工业化路子。这使得中国的工业化在 21 世纪能够迅速抓住信息技术产业革命带来的机会，很大程度避免了传统工业化报酬递减规律的制约和环境污染带来的压力，使中国工业化走出一条与西方传统工业化全然不同的新型工业化道路，达成了更快速度、更具成果的工业化。

现代化不仅是工业化，还包括农业现代化、城市化，以及在信息时代的信息化，和社会人文发展的各方面同步的现代化，实现国家富

---

① 习近平：《中国式现代化是强国建设、民族复兴的康庄大道》，《求是》2023 年第 16 期。

强和人民生活水平及社会文明程度的充分提高。党的十八大提出，坚持走中国特色新型工业化、信息化、城镇化、农业现代化道路，推动信息化和工业化深度融合、工业化和城镇化良性互动、城镇化和农业现代化相互协调，促进工业化、信息化、城镇化、农业现代化同步发展。信息化是人类社会从工业社会进入到信息社会的主要标志，中国在工业社会时代一度落后于西方，在信息社会时代，中国要实现对西方现代化的赶超，在工业化战略上要推动工业化和信息化的深度融合，从而加快进入信息社会时代，实现中国式现代化的新跨越。工业化和信息化深度融合，反映了在社会主义制度下党和政府的发展战略主动引领的作用，使中国式现代化的跨越进程迅速加快，按邓小平同志原初设想的“三步走”战略，“要证明社会主义真正优越于资本主义，要看第三步”①，在推动工业化和信息化深度融合的新型工业化之下，在“三步走”战略中的第三步正是党的十八大以来以新时代为标志的新型工业化大力发展的时期，也是新型工业化在信息社会呈现的社会主义现代化的赶超优势彰显的时期。

“新四化”不仅强调工业化与信息化深度融合，也强调工业化、信息化、城镇化、农业现代化的同步协调发展，“我国现代化同西方发达国家有很大不同。西方发达国家是一个‘串联式’的发展过程，工业化、城镇化、农业现代化、信息化顺序发展，发展到目前水平用了二百多年时间。我们要后来居上，把失去的‘二百年’找回来，决定了我国发展必然是一个‘并联式’的过程，工业化、信息化、城镇化、农业现代化是叠加发展的。”② 之前其他国家现代化经历的时间上先后继起的这几个现代化阶段，在中国实现了并驾齐驱的发展，这大大加快了中国的现代化进程，也是中国式现代化在世界现代化史上的首创。而要实现同步并起的发展，在党的领导下，利用好政府和市场的协调，充分发挥政策的引领作用，使“新四化”自觉同步协调进行，同步加快中国式现代化的步伐，同步拓展中国式现代化的内涵，

---

① 《邓小平文选》（第三卷），人民出版社 1993 年版，第 227 页。

② 《习近平关于社会主义经济建设论述摘编》，中央文献出版社 2017 年版，第 159 页。

这是社会主义制度优势的一个重要体现。

现代化不仅是经济发展，也包含政治、社会、文化、生态等方面的同步发展，好的现代化同样需要这几大方面的协调发展，而不是畸重畸轻，只有这种协调发展的现代化，才能实现中国式现代化的真正目标，即人的全面发展，以实现人的现代化。党的十八大以来，党中央统筹推进“五位一体”总体布局、协调推进“四个全面”战略布局，“四个全面”包括全面建成小康社会、全面深化改革、全面依法治国、全面从严治党，其重点在于“全面”，形成对中国特色社会主义建设事业的协同力量，其中全面建成小康社会不仅是人均收入水平的提高，更强调发展的平衡性、协调性、可持续性，这与中国式现代化建设的要求直接相关。“五位一体”总体布局包括经济建设、政治建设、文化建设、社会建设和生态文明建设的五位一体，要求经济建设、政治建设、文化建设、社会建设、生态文明建设的同步协调发展。“‘五位一体’和‘四个全面’相互促进、统筹联动，要协调贯彻好，在推动经济发展的基础上，建设社会主义市场经济、民主政治、先进文化、生态文明、和谐社会，协同推进人民富裕、国家强盛、中国美丽。”① “五位一体”和“四个全面”要统筹协调，反映了中国式现代化不是片面的经济总量的发展，而是经济、政治、文化、社会、生态发展的协调联动发展，最终实现人的全面发展。中国式现代化是以人民为中心的现代化，为人的全面发展服务，超越了西方现代化，彰显了社会主义的发展目的，展现了社会主义现代化的制度优越性。

（本章执笔：陈健）

① 习近平：《习近平谈治国理政》（第二卷），外文出版社2017年版，第38页。

第六章
人口规模巨大的现代化

党的二十大报告指出，在中华人民共和国成立特别是改革开放以来长期探索和实践的基础上，经过党的十八大以来在理论和实践上的创新突破，中国共产党成功推进和拓展了中国式现代化。纵观历史，中国式现代化是数百年来人类现代化进程中的伟大创举，其所依凭的发展理念、遵循的发展路径、形成的文明形态，可以说前所未有，所形成的新模式，是对世界发展的新贡献。党的二十大报告同时指出，中国式现代化是“人口规模巨大的现代化”，在中国式现代化这样一种全新视域下探讨人口发展问题和“人的现代化”问题，面临着与以往时期全然不同的挑战和机遇。中国式现代化既有各国现代化进程所呈现出的一般的、共性的特征，更有中国的独特性、艰巨性和复杂性，尤其是人口规模方面呈现出的独特性、艰巨性和复杂性。

第一节　中国式现代化进程中“人的现代化”

中国是人口大国，截至 2022 年年末，全国总人口数已达 141175 万。不仅人口规模巨大，人口发展也已呈现出与以往各个历史时期截然不同的规律。未来一个较长的时期，人口规模与结构的变化对“人的现代化”，对公共支出结构的调整，对公共支出政策的转型，无疑都将产生一系列重大而深远的影响，从而对中国式现代化的历史进程也将产生深刻的影响。因此，深入认识和把握人口规模变化所引起的人口“总量—结构”变化规律及其未来变动趋势，具有重大现实意义。

《中共中央关于认真学习宣传贯彻党的二十大精神的决定》（2022年10月29日）指出，深刻领会新时代新征程中国共产党的使命任务。从现在起，中国共产党的中心任务就是团结带领全国各族人民全面建成社会主义现代化强国、实现第二个百年奋斗目标，以中国式现代化全面推进中华民族伟大复兴。党的二十大对全面建成社会主义现代化强国“两步走”战略安排进行了宏观展望，重点部署了未来五年的战略任务和重大举措。党的二十大报告也强调，全面建成社会主义现代化强国，总的战略安排是分“两步走”：从二〇二〇年到二〇三五年基本实现社会主义现代化；从二〇三五年到本世纪中叶把我国建成富强民主文明和谐美丽的社会主义现代化强国。在基本实现现代化的基础上，我们要继续奋斗，到本世纪中叶，把我国建设成为综合国力和国际影响力领先的社会主义现代化强国。未来五年是全面建设社会主义现代化国家开局起步的关键时期。全面建成社会主义现代化强国，人口因素至为关键，“人的现代化”也至为关键。

中国式现代化既包括全体14亿多人口整体迈进现代化社会，无疑也包括每个个体自身的现代化。马克思主义认为，人与社会是辩证的统一体。一方面，人的存在和活动构成并推动着社会的发展；另一方面，社会作为人的存在和活动的共同体，又影响和制约着人的活动和发展。在这个意义上，社会现代化与人的现代化必然是相互作用和相互促进的辩证过程。因此，运用马克思主义的基本观点，分析中国式现代化进程中人与社会的辩证关系，尤其是揭示“人的现代化”作为社会进步的主体因素，无疑具有十分重要的理论价值和现实意义。①

长期以来，学界关于人的现代性的研究也表明，个人的心理态度、价值观向现代化改变的同时，会伴随着行为方面向现代化转变。这些行为的改变，能给导致国家现代化的政治、经济制度赋予真正的意义和生命，并持久地支撑国家向现代化方向的转变。“离开了执行那些能促使国家现代化的经济、政治、法律制度的人本身的现代化，

① 李萍、钟明华等：《人的现代化：开放地区人的现代化系列研究报告》，人民出版社2007年版，第2页。

这些制度将会背离它原先所预期达到的目的。”① 由此观之，以中国式现代化全面推进中华民族伟大复兴，全面建成社会主义现代化强国、实现第二个百年奋斗目标，人的因素至关重要。发展社会学的理论倾向于认为，在任何社会与任何时代，人都是现代化进程中最基本的因素。只有国民在心理与行为上都发生了转变，现代的政治、经济与文化机构中的人都获得了人格的现代性，这个社会才能被称为真正的现代社会。只有通过多种途径，努力实现人的现代化，只有具备了一定现代性质的人，现代化制度或政府所制定的导向现代化的制度，才能真正有效地发生实际效果。而在有些国家向现代化转型的历史进程中，“他们把现代化的本来面目，用传统的各种颜色，涂抹成奇形怪状的讽刺画”，造成这种悲剧的秘密就在于还没有从心理和态度上获得个人的现代性，“在他们徒有其表的现代化外衣里面，包裹着一颗与传统思想血液一脉相通的心”②。在推进中国式现代化的进程中，这种现象是值得我们高度警惕的。

第二节　人口结构变动对中国式现代化的影响

与传统社会经济的发展历程类似，在我国现代经济发展的进程中，土地与人口这两种要素的重要性不容忽视。在实现“人的现代化”，从而顺利推进中国式现代化建设的进程中，中国人口规模巨大这一因素同样不容忽视。

一　人口老龄化与区域流动

从理论上看，产生人口数量结构或地域结构的内在原因，是不同地区人口自然增长的不平衡性。而外在原因则是人口居住位置在空间上的移动，也就是人口区域流动（人口迁移）。它具有很强的时间性

① 殷陆君：《人的现代化》，四川人民出版社 1985 年版，第 273—274 页。
② 殷陆君：《人的现代化》，四川人民出版社 1985 年版，第 275—276 页。

和地域性。在一个时期内对某地产生迅速、巨大的影响，从而使人口的地域结构发生明显的变化。

进入新时代以来，中国人口发展已呈现与以往时期大不相同的逆转之势，并且，由于东部沿海地区经济发展与中西部地区差距也逐步显现，人口向东南沿海发达地区集聚的趋势进一步凸显，人口的区域发展不平衡格局加快形成。新发展格局下，由于人口集聚所产生的基本公共服务供给和需求之间的矛盾也将日益凸显。这一矛盾，是人民对美好生活的向往与发展不平衡不充分之间的矛盾的具体体现。如果我们将其放在东部沿海地区新时期人口结构中来考察，将有更深的认识。

这主要体现在两方面的变动：一是人口老龄化导致的人口年龄结构变动，二是人口区域流动导致的人口地域结构变动。

从人口年龄结构变动来看，截至 2022 年年末，全国总人口为 141175 万人，其中 60 周岁及以上老年人口 28004 万人，占总人口的 19.8%；65 周岁及以上老年人口 20978 万人，占总人口的 14.9%。[①] 参照国际指标来看，中国老龄化程度日渐加深，甚至已达到深度老龄化阶段。

七次全国人口普查基本数据也显示（见表 6-1），从 1953 年我国实施第一次人口普查迄今，0—14 岁年龄组人口所占比重趋于下降，同时，65 岁及以上年龄组的人口比重快速上升。尤其是进入 21 世纪以来，这一趋势更为显著。

表 6-1　　　　七次全国人口普查人口基本情况

指标	1953 年	1964 年	1982 年	1990 年	2000 年	2010 年	2020 年
总人口（万人）	58260	69458	100818	113368	126583	133972	141178
各年龄组人口比重（%）							
0—14 岁	36.28	40.69	33.59	27.69	22.89	16.60	17.95

① 国家统计局：《中华人民共和国 2022 年国民经济和社会发展统计公报》，2023 年 2 月 28 日发布。

续表

指标	1953 年	1964 年	1982 年	1990 年	2000 年	2010 年	2020 年
15—64 岁	59. 31	55. 75	61. 50	66. 74	70. 15	74. 53	68. 55
65 岁及以上	4. 41	3. 56	4. 91	5. 57	6. 96	8. 87	13. 50

资料来源：《中国统计年鉴 2021》，http：//www. stats. gov. cn/tjsj/ndsj/2021/。

从七次人口普查的数据所显现出的长期趋势来分析，预计中国未来 10 多年间（也就是到 2035 年这一战略窗口期）的人口结构很难有根本性的扭转。主要是生育率如果持续走低，未来人口老龄化程度仍可能维持在较高水平。由表 6-1 可以看出，即使未来 0—14 岁年龄组的人口比重有所提升，也基本上很难对“15—64 岁”及“65 岁及以上”年龄组的人口占比产生实质性的冲击，从而很难根本性扭转人口结构的基本格局。以往 40 年来，0—14 岁年龄组的人口占比自 2010 年人口普查跌至 20%以下之后，就从未再回升至 1990 年之前的水平（2010 年为 16. 60%，2020 年略回升至 17. 95%）。

从人口地域结构变动来看，2020 年分地区、户口登记状况的主要省份与城市人口数据显示（见表 6-2），在主要发达地区或沿海省份，除个别省份（如山东），均有超过一半以上的人口户籍并非在当地。这一最新趋势基本上也可以印证前文所提及的人口分布中新出现的决定因素，也就是经济文化功能进一步与城市的行政功能分离，城市人口的聚集受行政因素的影响不断减弱，而受经济文化因素的影响则大为增强。

表 6-2　　分地区、户口登记状况的人口

（主要城市与省份）（2020 年）

单位：人

地区	人口数	住本乡、镇、街道，户口在本乡、镇、街道	住本乡、镇、街道，户口在外乡、镇、街道，离开户口登记地半年以上
北京	17751681	6275250	11286299
上海	19873080	7600736	12075336
江苏	40269267	20763164	19322446
浙江	33083792	13391204	19454456

续表

地区	人口数	住本乡、镇、街道，户口在本乡、镇、街道	住本乡、镇、街道，户口在外乡、镇、街道，离开户口登记地半年以上
福建	17105023	6666795	10206105
广东	76387659	26193433	49618272
山东	39456975	20662857	18632571

资料来源：《中国统计年鉴 2021》，http：//www. stats. gov. cn/tjsj/ndsj/2021/。

事实上，这种趋势从我国近代历史的发展进程中也可以得到印证。1929—1933 年，当时的“中国土地利用调查项目”曾对全国 8 区 101 处 38256 个乡村家庭的迁出原因展开调查。调查发现，乡村人口迁移，首要的迁出原因是缺少工作，也即离乡寻找工作，这一原因占总迁出原因的 48. 8%，几近一半；其次是婚姻，因婚姻而迁出的人口绝大多数是女性。中国乡村人口的迁移多局限于县内，迁移比例达 49. 8%，省内的迁移比例达 29. 6%，省际为 11. 1%，国际迁移仅为 0. 5%。学者分析，如果这一现象在全国范围内是普遍的，那么这很可能意味着乡村人口向城市人口的迁移。个人迁移的主要原因是寻找工作或婚姻（尤其是年轻人）。①

20 世纪上半叶，随着现代公共卫生与医疗技术、现代交通工具由西方引入中国，并逐渐从城市向乡村、由沿海向内陆普及和传播，中国已开始了流行病转变和人口转变，即死亡率开始下降，主要是流行病造成的死亡率下降。建立了现代公共卫生和医疗制度的地区人口平均预期寿命比其他地区为高。这种状况表明，至少从 20 世纪 20 年代开始，中国已经开始了人口转变，进入生育率上升且死亡率下降的阶段，人口增长开始加速。② 人口向城市的迁移进程也随即开启。

19 世纪中期以后的 100 年间，新型的近代工商业城市发展形成了。它是现代大工业的聚焦之地，又是商业、金融中心，而且还是科

---

① 侯杨方：《中国人口史（第六卷，1910—1953 年）》，复旦大学出版社 2001 年版，第 493 页—496 页。

② 侯杨方：《中国人口史（第六卷，1910—1953 年）》，复旦大学出版社 2001 年版，第 610 页。

学技术教育文化事业荟萃之所，它具有强烈的社会经济文化功能，对政治力量的依附性比以前大大削弱了。不管政局如何动荡，它总是屹然而立，人口数扶摇直上，城市人口比重随工业发展而不断升高。由于人口分布有了这种新的因素出现，20 世纪以后的人口地理分布中总有些“异样”。例如江浙地区、冀鲁豫地区、武汉与重庆等大城市所在的长江中上游地区、广州所在的华南地区，人口增长都具有这种较稳定的上升因素。[①] 如果我们把人口增长中由于迁移所产生的增长因素也考虑在内的话，这种趋势在改革开放以来的 40 多年中则表现得更为明显，而近 10 年来尤为显著。它对经济发展和政府公共服务供给模式的影响是深远的。

党的二十大报告中指出，未来五年是全面建设社会主义现代化国家开局起步的关键时期。在增进民生福祉、提高人民生活品质方面，要实现好、维护好、发展好最广大人民根本利益，紧紧抓住人民最关心最直接最现实的利益问题，着力解决好人民群众急难愁盼问题，健全基本公共服务体系，提高公共服务水平，增强均衡性和可及性，扎实推动共同富裕。基本公共服务均等化水平明显提升，多层次社会保障体系更加健全。在全面推进乡村振兴方面，要统筹乡村基础设施和公共服务布局，建设宜居宜业和美乡村。在实施就业优先战略方面，要强化就业优先政策，健全就业促进机制，健全就业公共服务体系，促进高质量充分就业。在健全社会保障体系方面，完善基本养老保险全国统筹制度。加快完善全国统一的社会保险公共服务平台。可以看到，助力中国式现代化建设进程，协调推进以上各方面制度的统筹与实施，在相当大程度上都需要充分考虑人口老龄化和人口区域聚集这些重大因素。

二　人口老龄化与公共支出格局转变

（一）公共支出格局变化趋势：规模不断增大并发生实质性转向

---

① 赵文林、谢淑君：《中国人口史》，人民出版社 1988 年版，第 515—516 页。

统计数据显示，第二次世界大战以后，各国公共支出无论是绝对量还是相对量（公共支出占 GDP 的比重）都呈上升趋势。在公共支出增长的趋势中，还伴随着人口老龄化加剧的趋势。中国也呈现出这种特征。

中华人民共和国成立初期，民生领域的社会文教支出占全部财政支出的比重仅为 11%—15%，一直到改革开放初期，其比重上升至 13%—16%，20 世纪 80 年代，这一比重为 20%左右。[①] 20 世纪 90 年代初，中国确立社会主义市场经济体制改革目标以来，民生事业成为重要建设目标之一，公共支出格局发生了进一步重要变化。这一变化与中国实行分税制改革之后，财政收入快速稳定增长有关。数据显示，2011 年，中国财政总支出为 109247 亿元，其中教育、医疗卫生、社会保障和就业这三个与民生关系最为密切的领域的政府支出占比已达 31.16%。近 10 年来，这一比重缓慢上升，至 2020 年已达 35.88%，同时，2020 年财政总支出规模与 2011 年相比也已增长一倍多，达 245588 亿元。[②] 不论是财政支出总规模，还是民生领域相关支出占财政总支出的比例，都较以往各个时期有了较大提升。

（二）对养老扶助领域支出缺口的潜在影响

中国人口总量庞大，近年来人口老龄化程度加深。人口老龄化对社会的影响是全方位的，首先受到冲击和影响的是养老扶助体系。《国家基本公共服务标准（2021 年版）》对“老有所养”问题做出了两方面的界定，具体涉及老年人口的指标，一是养老助老服务，二是养老保险服务。后者基本服务对象为符合条件的参保退休人员和城乡居民，因此与财政扶持并无直接关系，但前者涉及老年人健康管理和福利补贴，均涉及 65 岁以上老年人的健康状况评估和福利补贴。显然，这一部分支出必须由政府财政支出也即公共支出来承担。

基于老龄化而导致的公共支出在养老扶助体系中的分配格局的变化，势必随着中国人口老龄化程度的加深而产生越来越深刻的影响。

---

① 详细数据参见财政部综合计划司编《中国财政统计（1950—1991）》，科学出版社 1992 年版，第 108—111 页。

② 参见国家统计局网站相关财政支出数据，https：//data.stats.gov.cn/。

从21世纪以来的人口年龄结构和抚养比20年变化趋势中可以看出，这一比例已发生了重大变化。2003—2012年的10年间，这一比例仅从10.7%增至12.7%。而近10年来的老年抚养比则迅速从12.7%不断攀升至20.8%（见表6-3）。相较而言，前后两个10年间的差距进一步迅速拉大。

表6-3　中国人口年龄结构和抚养比

年份	年年末总人口（万人）	65岁及以上人口（万人）	老年抚养比（%）
2002	128453	9377	10.4
2003	129227	9692	10.7
2004	129988	9879	10.7
2005	130756	10068	10.7
2006	131448	10384	11.0
2007	132129	10702	11.1
2008	132802	11023	11.3
2009	133450	11343	11.6
2010	134091	11934	11.9
2011	134916	12277	12.3
2012	135922	12777	12.7
2013	136726	13262	13.1
2014	137646	13902	13.7
2015	138326	14524	14.3
2016	139232	15037	15.0
2017	140011	15961	15.9
2018	140541	16724	16.8
2019	141008	17767	17.8
2020	141212	19064	19.7
2021	141260	20056	20.8

资料来源：国家统计局网站“国家数据”栏，https://data.stats.gov.cn/。

人口老龄化除了在医疗、社会保障领域可能改变政府公共支出的投向与格局，在养老产业等领域，对公共支出总量和缺口的潜在影响也不容忽视。这与当前中国养老产业领域的发展相对薄弱有关。由于城乡二元结构的客观存在，城乡养老保障水平仍有较大差别。我国目前在全国范围内的老年人口服务机构远远不足。而现行养老服务体系存在明显的城乡差异，也使得农村养老服务机构布局数量更少。农村老龄人口获得同等养老服务的成本比城镇老龄人口要高。其高出部分所形成的基本公共服务支出缺口，需要政府公共支出“兜底”，而这些问题可能对地方政府债务风险产生一定的影响，厘清人口老龄化作用于地方政府债务风险的机制，对防范债务风险、维护财政安全具有重要意义。①

党的二十大报告提出“推进健康中国建设”的目标构想，把保障人民健康放在优先发展的战略位置。实施积极应对人口老龄化国家战略，发展养老事业和养老产业，优化孤寡老人服务，推动实现全体老年人享有基本养老服务。

三　人口地域结构变化与公共支出转变

从社会资源配置的角度看，政府支出结构直接关系到政府动员社会资源的程度，因而，政府支出结构对市场经济运行的影响可能比政府支出规模的影响更加显著。

人口地域结构发生变化对政府公共支出结构的影响表现在公共支出的投向地区和投向行业可能因此发生较大转变，由此导致政府公共支出的地区结构和行业结构发生重大变化。如果政策施行不当，也可能发生某种支出“扭曲”现象。

依据财政支出的功能角度，满足民众生存、发展和娱乐需求的政府公共支出，可以划为民生支出，具体包括教育、医疗、社会保障、住房保障、社会救济等支出。从这类支出的地区分布来看，未来就中国东中西部这三大区域而言，东部地区因经济发展程度高而导致人口

① 竹志奇等：《人口老龄化与地方政府债务风险——基于财政“四本账”的机制梳理与综述》，《财政研究》2022 年第 8 期。

持续流入，从而引起人口结构变化，在民生领域的支出无疑将面临迅速上升趋势。在这一背景下，可以预见，东部地区的公共支出规模无疑将远远超过中西部地区，那么，东部地区公共支出所形成的公共服务供给的集中效应和规模效应如何才能更好地体现？此外，不同地区间的政府财政转移支付政策如何实现与当地经济发展格局更好地匹配？这些都值得深入分析。

前文已指出，从人口地域结构变动的视角来看，中国 2020 年分地区、户口登记状况的主要省份与城市人口数据（见表 6-2）已显示出，在主要发达地区或沿海省份，除个别省份（如山东），均有超过一半以上的人口户籍并非在当地。这一最新趋势基本上已可印证中国人口分布中新出现的决定因素，如何在新的因素影响下重新考虑公共支出的基本原则，并适时作出调整，也值得进一步关注。

伴随着东中西部地区不同省份人口老龄化发展进程不一，上述支出结构中存在的问题在不同省份不同行业间也将不同程度地存在，体现为公共支出的行业结构问题。也就是说，公共支出政策所指向的不同年龄人口群体的相对比重发生变动，由此对社会各行业所产生的具体影响，同样值得关注。

在市场经济体制中，政府公共支出中并非基于“事”项，而主要转向基于“人”项的公共服务供给机制及相应的支出保障机制，将改变传统的基于“事”项的支出方式和分配法则。就中国而言，尤其是在平衡东中西部地区之间的财政转移支付规模方面，需要以全新的思维方式来应对未来可能出现的新情况。党的二十大报告在指出加快构建新发展格局、着力推动高质量发展的同时，也着重强调要构建高水平社会主义市场经济体制。要健全现代预算制度，优化税制结构，进一步完善财政转移支付体系。

四 老龄化背景下政府公共支出转型

随着人口老龄化程度加深，有学者判断中国将有可能于 2030 年超过日本，成为全球老龄化程度最高的国家。根据发达国家的历史经验，为解决人口老龄化带来的社会经济问题，政府往往会加大财政支出规模，调整财政支出结构，将更多公共资金投入健康保障领域。近年来，中国也已出现类似现象：一方面，财政支出总额涨幅大大高于同时期 GDP 增长速度；另一方面，中国医疗卫生支出不断攀升。数据显示，2011 年中国财政医疗卫生支出总额为 6429.5 亿元，此后逐年上升，2014 年突破万亿大关，达 10176 亿元，2018 年则超过 15000 亿元，2021 年达 19204 亿元。从年度增长比率来看，2011—2020 年间，每年同比增长比率均超过 10%，最高达 22.91%。[①]表 6-4 全面显示近 10 年来中国财政支出在教育、社会保障和就业、医疗卫生等领域的支出格局和具体支出占比数据。可以看到，中国政府的公共支出格局与支出重心已发生实质性变化。三类支出占国家财政支出的比重近 10 年来稳定居于三成以上，且近年亦呈稳定上升趋势，这种支出格局已逐步向许多经济发达国家（地区）靠拢，逐步接近许多以民生支出为重心的福利国家的支出水平。

表 6-4　　2012—2021 年中国财政支出结构变化

指标	2021 年	2020 年	2019 年	2018 年	2017 年	2016 年	2015 年	2014 年	2013 年	2012 年
国家财政支出（亿元）	245673	245679	238858.4	220904.1	203085.5	187755.2	175877.8	151785.6	140212.1	125953
占比	100%	100%	100%	100%	100%	100%	100%	100%	100%	100%
三类支出占比合计	36.92%	35.88%	33.84%	33.86%	34.08%	33.46%	32.55%	32.41%	31.93%	32.61%
国家财政教育支出（亿元）	37621.27	36359.94	34796.94	32169.47	30153.18	28072.8	26271.88	23041.7	22001.76	21242.1
占比	15.31%	14.80%	14.57%	14.56%	14.85%	14.95%	14.94%	15.18%	15.69%	16.87%
国家财政社会保障和就业支出（亿元）	33866.5	32568.51	29379.08	27012.09	24611.68	21591.5	19018.69	15968.9	14490.54	12585.52
占比	13.79%	13.26%	12.30%	12.23%	12.12%	11.50%	10.81%	10.52%	10.33%	9.99%
国家财政医疗卫生支出（亿元）	19204.81	19216.19	16665.34	15623.55	14450.63	13158.8	11953.18	10176.8	8279.9	7245.11
占比	7.82%	7.82%	6.98%	7.07%	7.12%	7.01%	6.80%	6.70%	5.91%	5.75%

注：表中的数据经过四舍五入处理。

资料来源：《中国统计年鉴 2021》，http：//www.stats.gov.cn/tjsj/ndsj/2021/。

① 数据来源：国家统计局网站，https：//data.stats.gov.cn/。此处比例数为笔者根据相关数据计算所得。

从当前中国总体情况看，公共保障的总体水平仍有继续提升的空间；但更主要的问题是支出重点发生转变的过程中所凸显的结构性矛盾：一是地域性差距，一些东部沿海发达地区和大城市由于资源充足，总体保障水平较高，优质公共资源集中。比如高端、优质医疗资源和教育资源主要集中在北京、上海等大城市；中西部地区则保障水平较低。二是群体性差距，公共部门、事业单位、国有企业等职工的保障水平远高于一般企业职工、非就业居民和农村居民。这就导致不同群体之间的福利待遇和体保障水平有较大差距，这种状况导致总体的保障效率偏低。因此，改革的方向应是逐步削高补低，削减过度福利保障，防止泛福利主义倾向，同时补足低收入群体的保障。

以上是针对总体情形和总体原则而言的，如果进一步分析，则将涉及财政管理体制和公共支出原则的调整与变革。

从公共资源的角度看，由于人员的地域性流动与集中，针对个人的公共服务的供给机制势必要相应变动，以往基于户籍人口的管理模式势必逐步调整为以常住地人口为准的管理和服务供给模式。从财政管理体制改革的角度看，公共财政支出中用于人的方面的支出，其测算依据、测算标准，也应该随着人口地域分布趋势的转变而相应做出变革。在这方面，应关注中国历史上的人口迁移规律，充分借鉴相应的经验性做法，这可以为今后的政策制定提供有益的参考。从理论上说，人口年龄结构变化与地域结构变化这两层因素叠加之后，如果公共支出总量维持一个相对稳定的水平，那么，支出结构问题将会凸显。党的二十大报告已明确提出，要积极应对人口老龄化问题，并强调要在发展中补齐民生短板。人口老龄化的加剧，财政支出方向、支出规模的变动，都将是影响经济增长和中国式现代化进程的重要因素。毋庸置疑，政府将在其中扮演越来越重要的角色。

不同类型的公共服务在成本分摊和收益分享方面存在明显差异，不同年龄阶层对公共支出的项目选择也具有不同偏好。一些西方学者认为，人口老龄化所带来的老年人比重上升和政治影响提高、人口增长率降低以及预期寿命延长等社会变化，会对政府公共支出决策过程产生重大影响，从而在公共预算资源配置领域引发“代际冲突”，并最终改变政府行为和公共支出结构。中国是社会主义国家，在全面推进中国式现代化建设的进程中，在努力推进“人的现代化”的前进道路上，要进一步提升全体人民的素质，增进全体人民的福祉，或许上述西方公共预算和公共选择理论的一些观点和看法并不完全适合中国的国情，但深入了解上述观点的利弊之处，对中国式现代化的建设无疑仍具有重要借鉴意义。

第三节　以中国式现代化建设推动人的全面发展

一　有效化解潜在的公共支出风险

近 20 年来，我国公共财政预算支出占 GDP 的比重，基本维持在 18%—25%，但是，如果测算政府总支出占 GDP 的比重，则上述比例上升至 27%—38%，说明近 20 年来我国政府部门对经济活动的影响程度有所强化。尽管如此，从理论上看，公共支出的增长总是有一定限度的。其受限因素，一是经济增长速度的约束，也就是 GDP 增速的约束；二是支出投向的约束，也就是公共支出不论投向哪一个行业，均不可能实现 100%的支出比例。由上述逻辑分析，以下两个层面的问题应引起我们的足够重视。

其一，由于政府维持行政部门运转必须支出必要的行政经费，因此，政府总支出中用于公共支出的比例有其上限。也就是说，政府公共支出并不能完全等同于政府总支出，而是具有一定比例关系。在这一前提约束下，在经济发展过程中，为促进社会民生事业的发展，相对而言，关注公共支出的总量增长就更具有现实意义。

其二，如果民生事业不同领域的公共支出比例结构未能随人口结构变动而有较大调整，例如，随着人口老龄化程度加深，如果养老领域的公共支出所占比重未能实现较大幅度提升，那么，旧有支出比例所对应的公共支出总量的增长，能否覆盖老龄化背景下的养老行业基本公共服务？假如无法保障老龄人口基本公共服务的供给，公共支出政策又应遵行何种原则来加以调整、优化？这也是中国未来公共支出政策制定过程中应予以关注的方面。

总体来看，在“十四五”时期乃至2035年远景规划时期，努力做好中国公共支出规模与公共支出结构二者间的平衡，以有效化解潜在的公共支出风险，应引起高度重视。这将有利于在新发展阶段更好地发挥中国经济的制度优势，为宏观经济的良性循环与健康发展奠定坚实基础。

二 人口结构变动所潜藏的机遇

中国历史上曾经出现过多次经济重心南移的现象，与之相伴随的是，我国东南区域人口集聚，经济呈现繁荣景象。不可否认，当前中国也已出现了类似局面。最新的经济统计和人口统计数据都已显示出这一趋势：中国东南区域仍是中国经济的增长“引擎”和“动力区”。人口向东南区域的集聚趋势，在新发展阶段，在数字经济、高质量发展、中国式现代化、老龄化等多重背景下，既彰显了“人”的因素的重要性，也潜藏着一系列新的机遇。其中，有两个方面值得格外关注，一是数字化经济这一趋势所带来的种种变化，二是高质量公共服务如何在人口集聚的经济发达区域更好地实现有效供给，也就是其供给机制如何改造、升级的问题。

中国在推进数字经济的进程中，遭遇人口老龄化这一问题同时出现。因而，如何破解类似日本曾经出现的“少子化+数字化”瓶颈问题，寻求相应解决之策，是未来一个较长时期内经济发展和公共政策变革都必须予以客观面对的。这将是一个综合性的问题，或许单靠某一层面的政策推动已无能为力。改进的思路也许要借鉴日本的经验，将其上升为“战略”层面，加以推动。

公共服务的供给具有规模效应，高质量公共服务的供给，尤其如此。区域人口的集中，契合了这一效应。医疗、教育、养老等服务，地域的集中性使优质服务的供给更具有先天的便利条件，使供给可能性、可及性和便利性都大大增加。但供给可能性增大和公共支出总量的潜在约束又形成了新的矛盾。具体来看，总量约束下的结构性矛盾（例如针对低龄人口和老龄人口的不同支出规模）需要进一步解决，但同时，在中国式现代化的历史进程中，全体人民基本公共服务、基本社会保障水平的提升，对公共支出总量的内在增长又提出了新的要求。解决好支出总量增长过程中的支出结构调整、优化，在变局中开新局，或将引发更高的关注度。

三　中国式现代化与人口高质量发展

人口发展是关系中华民族伟大复兴的大事，人口高质量发展既是目标，也是动力。2023 年 5 月 5 日召开的二十届中央财经委员会第一次会议明确提出，必须全面认识、正确看待中国人口发展新形势，必须着力提高人口整体素质，以人口高质量发展支撑中国式现代化。在推进中国式现代化的进程中，必须着眼强国建设、民族复兴的战略安排，以系统观念统筹谋划人口问题，以改革创新推动人口高质量发展。促进人口高质量发展，可以从三个方面来理解，一是完善支持人口高质量发展的财政政策，加大政策支持力度。二是应加快从人口大国向人力资源强国的转变。三是共同富裕目标的内在要求。

（一）完善支持人口高质量发展的财政政策

当前，我国人口发展已呈现少子化、老龄化、区域人口增减分化的趋势性特征，对支持人口高质量发展的财政政策加以完善，应合理把握财政政策支持人口高质量发展的方向、节奏、力度，充分发挥财政政策支持人口高质量发展的重要作用，实现可持续的人口发展，以人口高质量发展支撑中国式现代化。从教育方面看，应通过优化教育财政支出结构和教育资源配置，不断提升基本公共教育服务均等化水平，着力解决教育区域不均衡、城乡不均衡问题。此外，支持人口高质量发展，也应通过完善税费优惠和补贴政策，加强支持普惠托育服务体系建设，引导生育水平提升并稳定在适度区间，促进人口均衡发展。通过科学筹划养老支持政策，完善健康服务和保障政策，有效提升人民健康发展水平。通过充分利用地方财力，推进区域人口协调发展和合理布局。[①]

（二）加快从人口大国向人力资源强国转变

人口的变化是一个国家基本国情的变化。人口变化趋势一旦形成，就很难在短期内改变。因此，在推进中国式现代化的新征程上，必须坚持把人口问题作为基础性、全局性和战略性问题加以统筹谋划，加快从人口大国转向人力资源强国，以人口高质量发展支撑中国式现代化。

现代化的本质是“人的现代化”，应始终围绕“人的现代化”来进行系统谋划，加大对人力资本的投资力度。以人口高质量发展支撑中国式现代化，要从促进生育、教育、就业等方面着重施策，加快推动我国从人口大国向人力资源强国转变。一是积极落实好国家优化生育的政策，稳定适度生育水平。二是坚持教育优先发展战略，着力提高人口整体素质。把教育强国建设作为人口高质量发展的战略工程，加快建设高质量教育体系，发展素质教育，积极推进教育领域的基本公共服务均等化，缩小地区与城乡差别，促进教育公平。三是深入实施人才强国战略，培养造就大批德才兼备的高素质人才。四是加快推进健康中国建设，提高国民健康水平。健康是促进人的全面发展的必然要求，必须坚持“人民至上、生命至上”的理念，全面推进全民健身行动。五是树立以人力资源开发为中心的理念，大力实施就业优先战略，扩大就业总量，提高就业质量。[②]

（三）共同富裕目标的内在要求

现代化建设不仅要解决人与自己、人与自然的关系问题，还要解决人与人的关系问题。中国式现代化要“实现全体人民共同富裕，促进人与自然和谐共生，推动构建人类命运共同体，创造人类文明新形态”，既有中国人民共同富裕的使命，也有人类命运共同体构建的担

---

① 吕炜、刘欣琦：《完善支持人口高质量发展的财政政策》，《光明日报》2023 年 6 月 6 日。

② 成德宁：《加快从人口大国转向人力资源强国》，《光明日报》2023 年 6 月 6 日。

当，显示出其独特性和超越性。[①] 中国式现代化是社会主义现代化，社会主义现代化的本质是人的现代化，必须解决好人与人的关系问题，实现全体人民共同富裕。党的十九届五中全会将“人的全面发展、全体人民共同富裕取得更为明显的实质性进展”“促进人的全面发展和社会全面进步”纳入“十四五”时期社会发展目标。党的二十大报告再次强调“两步走”战略，从 2020 年到 2035 年基本实现社会主义现代化；从 2035 年到本世纪中叶把我国建成富强民主文明和谐美丽的社会主义现代化强国，确保中国式现代化成果由全体人民共享，实现共同富裕，避免两极分化。以上论述表明，与西方的现代化模式不同，中国式现代化具有突出的独特性、创新性和超越性，标志着马克思主义现代化理论的重大发展，是马克思主义中国化时代化的伟大成果，为人类文明和现代化建设贡献了中国智慧和中国方案。

四　百年大变局下人的全面发展

当今世界，不论从何种角度观察，都可谓面临“百年未有之大变局”，尤其新冠疫情更是深刻改变了各国经济发展策略和轨迹。人类的发展，在相当程度上可以看成是对人类福祉的认识不断深化的最新经济学成果。[②] 中国的发展，是和平式的发展，而不是掠夺式的发展，也已经庄严地写入了党的二十大报告之中。党的二十大报告标举“中国式现代化”，这是人类的背景、全球格局互相影响的背景和中国致力于实现共同富裕的背景这三重背景互相交织而成的光辉图景。

中国式现代化当然是“中国式”的，具有中国特色的，但它同时也应该是契合人类向更高阶段文明发展的一种现代化方式。因此，有关人类文明发展的最新动向的种种积极因素，也应该充分吸纳进来，

---

① 陈茂林：《中国式现代化的独特性与创新性》，《中国社会科学报》2023 年 7 月 26 日。

② 蔡昉：《谦虚使人类进步——从〈人类发展报告〉看发展理念的变化》，《读书》2022 年第 11 期。

为我所用，为全体中国人民的全面发展所用，也即是为构建人类命运共同体所用。只有这种融通中西、融汇古今的新现代化方式，才更有可能为新时代的中国发展模式所拥抱、所吸收。

（本章执笔：范建鏋）

第七章
全体人民共同富裕的现代化

在党的二十大报告中，习近平总书记深刻阐述了中国式现代化五个方面的中国特色，其中一个方面就是“全体人民共同富裕的现代化”。共同富裕从古至今都是广大人民的深切期望。百年来，中国共产党人艰苦奋斗，不懈追求这一目标。当前，中国正处在“两个一百年”的历史交汇点上，“全面建成小康社会”的第一个百年奋斗目标已经成功实现，正乘胜前进，踏上开启全面建设社会主义现代化国家新征程。党的十九大报告共计六次提到了“共同富裕”这个概念。党的十九届四中全会也强调“坚持以人民为中心的发展思想，不断保障和改善民生、增进人民福祉，走共同富裕道路”；党的十九届五中全会提出“全体人民共同富裕取得更为明显的实质性进展”，“扎实推动共同富裕”，并提出了一系列改善人民生活品质的相关举措和具体要求。

中国共产党人关于共同富裕的思想不是孤立的无源之水。首先，中国共产党人的共同富裕思想是以马克思主义的共同富裕理论为指导的；同时，也继承和发展了中华民族优秀的传统文化，包括“大道之行，天下为公”的大同理想、“民贵君轻、政在养民”的民本思想以及“等贵贱均贫富”和“损有余补不足”的平等观念等。另外，对西方分配平等学说和社会公平理论的批判的借鉴也被纳入新时代的共同富裕思想体系之中。

习近平总书记在中国共产党成立100周年大会上指出：“以史为鉴，可以知兴替。我们要用历史映照现实、远观未来，从中国共产党的百年奋斗中看清楚过去我们为什么能够成功、弄明白未来我们怎样才能继续成功”[①]，因此，研究中国共产党人百年来关于共同富裕的思想和实践十分重要，有助于我们实现“十四五”规划纲要中提出的未来30年基本实现共同富裕的远大目标。

第一节　共同富裕的思想渊源和理论对照

一　共同富裕理想源自科学社会主义的理论思考

共同富裕理想源自科学社会主义的理论思考。马克思、恩格斯对历史上共同富裕的思想成果进行了探索和扬弃，建立了科学的共同富裕理论。在马克思主义未来社会的蓝图中，共同富裕是不可缺少的要素，所有人的富裕是社会生产的最终目标。他设想共产主义社会是一个“物质财富极大涌流”“各尽所能、按需分配”的社会，这就必然决定了共同富裕的目标只能通过在社会主义制度下发展生产来实现。“要消灭人民的贫穷，唯一的方法就是建立社会主义制度。”[②] 马克思、恩格斯指出，资本获取剩余价值并自我增殖的本质，必然使贫富分化不断加剧，因此资本既不想，也无法实现共同富裕。正如列宁所指出的，在科学原则指导下进行产品的社会生产和分配，与资本主义的本质是矛盾的，社会全体成员的共同富裕只能在社会主义条件下实现。[③]

同时，共同富裕不仅意味着贫富差距的消失、物质生活的丰富，也意味着人的全面发展。在《社会主义从空想到科学的发展》中，恩格斯曾勾勒了共同富裕的蓝图，包括富足的、充裕的物质生活和充分的、自由的发展两方面。社会化生产既带来了物质上的共同富裕，又保证了个人的充分发展。[④] 与各种分配平等的理论不同，只有马克思

---

① 习近平：《习近平著作选读》（第2卷），人民出版社2023年版，第481页。
② 《列宁全集》（第7卷），人民出版社1986年版，第122页。
③ 《列宁全集》（第7卷），人民出版社1986年版，第546页。
④ 《马克思恩格斯选集》（第3卷），人民出版社2012年版，第814页。

主义才真正揭示了共同富裕理想的科学内涵。

二　共同富裕与西方的“分配平等”有本质区别

（一）自由主义左翼学者的分配平等不是共同富裕

在关于社会公平和分配正义的讨论中，左翼学者普遍把平等作为社会正义的核心内涵之一。从罗尔斯提出标志性的正义理论以来，应当实现什么样的分配平等，这一论争已经延续了数十年。传统形式的机会平等理念（formal equality of opportunity）会带来结果的不平等，罗尔斯反对这种看似平等的不平等，认为人不应该受制于权利、机会、财富分配中的不利地位。如果不平等在所难免，那么它应该有利于那些最不利者，这就是“差别原则”——倘若制度允许那些处境较好的个体在社会经济的不平等中获益的话，应该有利于最不利者群体的最大利益。罗尔斯认为，不平等产生于社会和自然的偶然性，包括人们出生和成长的环境以及人们在体力和智力上的自然天赋的差异。人们的地位和收入都受到这些起点和禀赋上的差异的巨大影响，造成各种不平等。但是，这种优势或劣势是一个人无从选择的，因此所获得的更高起点或更有利竞争优势在罗尔斯看来不是应得的。[①] 但是，罗尔斯所期望的分配平等只是力求去掉如家庭背景、经济条件这样外在的不平等，对内在的才能禀赋的偶然分配带来的不平等并没有充分关注。同时，他的差别原则在倾向于最不利者群体的同时，在分配上没有考虑个人责任。罗尔斯在要求社会尽最大力量帮助最不利者群体改善他们的处境，使他们享有的利益达到最大化的同时，并不追问这些最不利者是否对此负有个人责任。

在罗尔斯的基础上发展起来的运气平等主义（equality of fortune 或 luck egalitarianism）成为当代西方关于分配平等的代表性观点。运气平等主义认为，就分配正义而言，较高的个人禀赋、较好的家庭背景这些好运气并不是“应得”的，同时也是不能选择的，因此，获益

---

① 罗尔斯：《正义论》，何怀宏等译，中国社会科学出版社 1988 年版，第 87 页。

者应当给予那些先天才能不足，或是家庭背景较差的人以补偿。然而，如果不平等来源于自身选择的后果，那么则不应当对此作出补偿。德沃金、托马斯·内格尔（Thomas Nagel）、理查德·阿内逊（Richard Arneson）等虽有着不同的分配正义理论，但都是其中的代表人物。运气平等主义同样深受机会平等观念的影响，认为在起点不平等的情况下，就分配正义而言，在分配利益和负担的过程中，应当将运气因素考虑在内，一个人的生活前景不应该由其生来所处的社会阶级所决定，也不应该由其生来就拥有的自然才能（或缺乏的自然才能）所决定。同时，运气平等主义在考虑补偿的时候引入了责任，个人自愿的选择所带来的资源获取上的不平等不需要补偿和纠正。[①] 这就涉及了这些看似自愿的选择是否真的不受环境影响的问题。

与运气平等主义相对，伊丽莎白·安德森（Elizabeth Anderson）、塞缪尔·舍弗勒（Samuel Scheffler）、戴维·米勒（David Miller）等开辟了关系平等主义路径，强调平等的要义在于“社会平等”，不再聚焦于分配正义，而是致力于消除压迫性的社会关系，“反对的不是运气，而是压迫、可继承的社会地位的等级制、种姓观念、阶级特权和僵死的阶级分层、不民主的权力”[②]。关系平等主义揭示了不平等的来源不仅仅是所谓的偶然性，而是与社会支配关系和权力结构密切相关。然而，关系平等主义忽略了社会不平等的经济基础。金里卡指出，社会平等的捍卫者“正确地强调了人的社会地位或公共处境的重要性”，但是，“太漠视物质资源对人们生活的重要意义了”[③]。

由此可见，自由主义左翼学者所追求的分配平等，不是马克思主义的共同富裕。罗尔斯和运气平等主义者忽略了资本主义经济关系下的社会分化，将不平等的来源归于偶然，认为对环境和禀赋的差距作出矫正或补偿，就能实现分配平等和社会正义，同时又把一些贫穷归

① 德沃金：《至上的美德：平等的理论与实践》，冯克利译，江苏人民出版社 2003 年版，第 94 页。

② 齐艳红：《关系平等主义及其困境——兼析分配平等与社会平等之辨》，《哲学研究》2021 年第 2 期。

③ 金里卡：《当代政治哲学》，刘莘译，上海译文出版社 2011 年版，第 214 页。

因于个人选择，忽略了对他们的补偿；而关系平等主义者虽把标靶指向了压迫性的社会关系，一定程度上关注和反思了自由民主制形式上的平等之下，实质上在权力和收入等方面巨大的累积性的不平等，但是最终难以超越资本主义制度框架，其实践指向多为促进少数群体的权利和利益的平等，呼唤对所有公民平等的尊重和关怀等，脱离了经济基础，自然也无法实现所追求的目标。

（二）西方马克思主义的分配平等也不是共同富裕

近年来，西方著名的马克思主义流派是“分析的马克思主义学派”，其创始人柯亨批判了资本主义的机会平等和自由主义左翼的机会平等，提出了自己的“社会主义机会平等”（socialist equality of oppourtunity），意指个人无法决定的不平等（包括内在和外在的），例如天赋、残疾、家庭环境、经济收入等。平等主义的目标就是从社会和自然两个方面消除“非自愿的劣势”。在这种情况下，结果的不平等或因为个人的偏好，或因为不同的选择。然而，柯亨注意到了市场经济是无可取代的，而市场经济中的竞争行为和成败差别会导致不可避免的贫富差距。因此，柯亨超越了制度正义的层面，试图引入共享原则来调节这种不平等，以促进社会成员之间的团结互惠关系。柯亨把共享原则的实现寄托在社会成员的平等主义精神信念上，希望这种认同平等的社会风尚能使人们愿意在一定富裕程度下实施较平等的分配，愿意资助那些收入较低的人。①

柯亨的共享原则，无疑源自马克思“各尽所能，按需分配”的思想，然而和共同富裕思想也同样是分道而行的。马克思主义设想的“各尽所能，按需分配”的共产主义社会是建立在物质财富极大丰富的基础上的，然而，“分析的马克思主义学派”却大多对物质财富的增加抱有悲观态度，不认同“丰裕假定”。因此，柯亨设想的依靠社会成员精神信念实现的互相帮助的共同体就显得十分不切实际。马克思主义的共同富裕思想是历史性的，在初级阶段因为生产力不够发达

---

① 常春雨：《G. A. 科恩的两个社会主义原则及其内在关系——从分配平等和关系平等的争论谈起》，《马克思主义哲学》2021 年第 2 期。

而采用“应得原则”，直到生产力高度发展时，才被“需要原则”所替代。柯亨一方面主张机会平等的应得原则，同时又拒斥结果的不平等，而且不认同社会财富极大增加的可能，只能诉诸共同体中的平等理念，这种情况下他主张的分配平等注定无法实现。

三 共同富裕是马克思主义的特有命题

资本主义经济关系中的回馈正义原则必然导致社会分化的结果。自由主义左翼学者提出了多种措施来进行矫正，例如通过强制性的税收政策，实现某种程度的社会福利，满足人们的基本需要，并实施社会保险制度，作为个人遭遇某些难以预料的困境的防备手段，从而实现一定程度的社会平等。由于数百年积累起来的经济基础，其满足和保障的力度相比较于受经济发展速度拖累的传统社会主义国家而言是相当大的①，而中国自改革开放以来基尼系数不断上升，一些人由此认为，这些发达资本主义国家实现了共同富裕，而社会主义中国反而出现了较大的贫富差距，这是一种误读。实际上，这些矫正措施无疑推动了社会公平正义的实现，然而，它却无视并忽视了资本主义经济关系下回归正义本身必然走向悖论的现实。

马克思主义理论表明，资本主义生产方式的根本特征在于生产资料的私有制和劳动力成为商品。资本主义生产的本质和最终目的是资本的不断增殖，因此，必然出现社会财富在资本一方的积累以及贫困在劳动一方的积累，资产阶级和工人阶级的贫富两极分化是资本主义生产方式发展的内在趋势。即使在实行全面的社会保障体系的当代发达资本主义国家，仍然存在着严重的贫富两极分化现象，无论采取什么样的社会财富和收入再分配的办法，包括像当代发达资本主义国家那样全面的社会保障体系，都无法解决严重的贫富差距现象，也无法消除资本主义生产方式由内而生的两极分化趋势。因此，“不能因为

---

① 魏小萍：《真理与实践：40 年前后围绕着分配正义原则的思考》，《当代中国马克思主义哲学研究》2017 年刊，总第 6 辑。

西方发达国家的工人阶级和民众平均的物质生活水平比中国人高，就否定发达资本主义国家存在的贫富分化现象和事实，也不能因为部分发达国家例如北欧国家的贫富分化程度较低，就认为这些国家已经实现了共同富裕"①。资本主义以"资本"为中心的财富生产和分配机制，无法将"人作为真正的财富"和"人作为最大的生产力"有效统一起来。一旦财富的生产和分配无法围绕人这一"目的本身"，财富异化现象就无法从根本上加以缓解。资本主义制度因其内在矛盾，无法从"人的全面发展"角度进行财富的生产和分配。福利国家虽然较大程度上体现了民生福利和人性关怀，但其以"资本"为中心的社会运转逻辑没有改变，"作为生产的人"和"作为目的的人"无法实现统一，即使财富创造能力得到了大幅跃升，也无法从根本上解决资本主义深层次的财富生产和分配矛盾，缺乏以社会性公共财富为保障的共同富裕的制度基础，因此也无法实现真正的共同富裕。

马克思、恩格斯认为，生产的目的是所有人达到共同富裕，共同享受劳动成果。共同富裕不会因为生产力发达而自动实现，只有坚持马克思主义的共同富裕思想，强调以公有制为主体的财富生产和分配方式，才能在富裕基础上避免两极分化，完成对资本主义财富伦理的超越，解决财富异化问题，走出有别于西方福利国家的社会主义共同富裕之路。

第二节　共同富裕思想与优秀传统文化的呼应

"中华优秀传统文化已经成为中华民族的基因，植根在中国人内心，潜移默化影响着中国人的思想方式和行为方式。"② 习近平总书记多次阐述了中国传统的共同富裕思想，谈到"大道之行，天下为公"的大同理想以及"等贵贱均贫富""损有余补不足"的平等观念，这些传统的思想观念在新时代被统一在一个思想体系之中，彼此

① 魏小萍：《分配正义的两个抽象原则》，《哲学动态》2015 年第 12 期。

② 习近平：《习近平谈治国理政》（第 1 卷），外文出版社 2018 年版，第 170 页。

联系又互为表里。习近平总书记指出，“共同富裕，是马克思主义的一个基本目标，也是自古以来我国人民的一个基本理想”[①]。

中国古代的共同富裕思想是前后一脉相承的，既有长期基因的遗传，也在特定时期会产生变异。具体来说，中国古代以大同社会和小康作为社会理想目标，以民本思想作为思想基础，以富民和均平思想作为行动指南，对其进行了不同的诠释和解读，进而展开了一定的制度设计和实践。中国共产党对这些传统文化进行了吸收和扬弃，在马克思主义的指引下，建立了中国特色社会主义的共同富裕思想。

一　大同和小康：从儒家理想到党的奋斗目标

“大同”和“小康”是儒家对理想社会的概念化表述。大同是一个远期理想，而小康则是比较现实和近期可实现的目标。《礼记·礼运》对大同和小康的认识便是分阶段实现理想社会目标的设想。大同和小康社会的情景描述以及分阶段实现社会理想的认识，对于后世具有深远的影响。近代，空想社会主义理想也以大同理想为旗帜。作为中国农民战争巅峰的太平天国缔造者洪秀全的社会理想，综合了《礼记·礼运》中的大同理想、西方基督教的平等观念和中国农民起义中的绝对平均主义，“有田同耕，有饭同食，有衣同穿，有钱同使”，然而实践中却必然走向失败。资产阶级维新派的代表康有为把大同理想、众生平等、基督教的博爱主义、资产阶级的天赋人权以及空想社会主义的社会理论等拼凑、捏合在一起，设计了一个“无邦国，无帝王，人人相亲，人人平等，天下为公”[②]的“大同之世”。然而终究，“他没有也不可能找到一条到达大同的路”[③]。孙中山将其民生主义与社会主义以及大同理想合流，试图通过实现民生主义来实现大同理想，实质上则是小资产阶级的空想社会主义。

中国共产党在追求全体人民共同富裕的过程中，继承了大同理

---

① 习近平：《习近平著作选读》（第1卷），人民出版社2023年版，第439页。

② 康有为：《大同书》，古籍出版社1957年版，第240页。

③ 《毛泽东选集》（第4卷），人民出版社1991年版，第1471页。

想，并创造性地与马克思主义对未来社会的科学认识结合在一起，为“大同”和“小康”赋予了新的内涵。毛泽东同志在青年时代就提出“大同者，吾人之鹄也”，在《论人民民主专政》中，也以“大同境域”来描述全人类共同富裕的共产主义社会。邓小平同志从近期可实现的目标出发，提出“小康生活”“小康社会”的理念，党的十六大进一步提出“全面建设小康社会”，直到2020年，在以习近平同志为核心的党中央的带领下，我们才终于实现了这个奋斗目标。

二　富民和均平：从空想到实践

中国古代传统中一直重视富民和均平思想。富民包含两个层面，即增加民众收入的“治生之学”和在分配格局中向民众倾斜。在增加民众收入方面，多以土地经营方略为主，分配中则主张“藏富于民”，认为民众富裕国家才能安宁，因此需要发展经济，减轻税负，使民众富裕，“厚民力、固邦本”。均平思想则重视民众间的贫富差距。最具代表性的是孔子“不患寡而患不均，不患贫而患不安”，即调节贫富而非磨平贫富差别。自孟子提出恒产论和井田方案以来，抑制兼并和进行土地平均分配就成为均平思想的主流，并逐步形成了限田、井田和均田三大方案，由于时代的局限，既没有解决阶级之间的不平等，也无法解决小农经济内部的分化问题，最终都走向了瓦解。这个时代的思想家只能分析和批判贫富差距，无法提出有效的解决方案。也有部分思想家看到了富人在组织和发展农业生产上的作用，认可勤劳致富的意义，但既不可能意识到两极分化的必然性，也无法进行收入和财富的再分配，只能寄希望于富人凭借自身道德在宗族闾里之间进行救济，“使富者安其富，贫者不至于贫”。近代的资产阶级改良派则强调通过兴办实业，发展生产力来强国富民。中国共产党批判地吸收了传统“富民”思想中重视民力民财的观念，与马克思主义理论相结合，从让人民掌握生产资料、消灭剥削的角度，实现了农民占有土地，同时既鼓励勤劳致富，“先富起来”，又通过国家的再分配和“先富带动后富”的举措，真正实现了全面脱贫，开始走向共同富裕。

中国历代农民起义军的口号，均体现了普通民众的平均主义均平观，既不同于士大夫阶层所宣扬的均平观，也不具有实践可能，而是具有强烈的乌托邦风格。东汉末年的黄巾军起义，思想源于号召平均主义的《太平经》。唐末农民起义军首领王仙芝自称“天补平均大将军”，北宋王小波起义提出：“吾疾贫富不均，今为汝均之。”他的继任者李顺则要求除必要生活资料外，“一切调发，大赈贫乏”[①]。南宋农民起义领袖钟相宣称：“法分贵贱贫富，非善法也。我行法，当等贵贱，均贫富。”明末农民起义的口号则为“贵贱均田之制”和“均田免粮”等。到了近代的太平天国起义，这种绝对平均主义倾向发展到了最高潮。虽然在封建时代，这种诉求不可能成为现实，但是消除贫富差距的美好愿望和士大夫阶层所主张的富民和均平思想，一同成为文化传统的不可分割的一部分，深植于人民的思想当中。

无论是大同与小康，还是富民与均平，在数千年传承过程中，始终带有空想的色彩，直到中国共产党将马克思主义社会理想与中华优秀传统文化相结合，才真正成为可行的奋斗目标。这些融入文化血脉的价值观，使党的共同富裕思想有了天然的文化基础。结合发展的因素和现实情况，中国共产党赋予了这些优秀传统文化以新的时代内涵。

第三节　中国共产党的共同富裕思想和实践历程

中国共产党成立百年来，始终把实现人民共同富裕作为奋斗目标。在推进共同富裕的进程中，党探索了一条解放和发展社会主义生产力，允许部分人和地区先富起来并带动后富，避免过大的贫富差距，全体社会成员走共同富裕的道路。共同富裕逐渐被确立为中国特色社会主义的本质特征，成为中国共产党的根本目标，为全面建设社会主义现代化国家的新征程提供了理论支撑。回顾中国共产党共同富裕思想和实践的百年发展历程，对于更好地阐释共同富裕思想的基本

① （宋）沈括：《梦溪笔谈》，光明日报出版社 2014 年版，第 184 页。

内涵、本质特征和核心价值，推动共同富裕进程具有十分重要的价值。

一　新民主主义革命时期的共同富裕：实现“耕者有其田”

早期中国共产党人始终将消灭剥削，实现广大人民的共同富裕作为党的奋斗目标之一。党的早期领导人对建立社会主义制度之后如何实现共同富裕已具有初步认识。1915 年，《青年杂志》在上海创刊（翌年，刊物名称改为《新青年》），陈独秀在创刊号上发表文章，指出贫富差距过大“决非社会之福”。李大钊也提出，社会主义是合理的发展生产，合理分配并消费，社会利益平均供给，人人均可“得最大的幸福”①。这表明，党的早期领导人对社会主义的生产关系和分配关系有了深入的理解，其中“整理生产”“极公平的分配”表明了党的早期领导人对共同富裕的理解。党的前三次代表大会所制定的民主革命和社会主义革命的纲领，也表明党已经认识到要建立无产阶级专政下的经济制度，消灭剥削，推动社会进步，实现人民的共同富裕。

新民主主义革命时期的中国是一个农业国，土地为农民所有，是实现共同富裕的基本前提。为了改变工农阶层的悲惨生活，土地革命时期，中国共产党提出“打土豪，分田地”的口号，目的是废除封建的土地所有制，解决农民缺少土地的问题，使农民富裕起来过上较好的生活，这成为土地革命的核心内容。

1927 年之后，随着革命武装根据地的建立和扩大，分田斗争也逐渐推进。1927 年以来，各根据地根据“八七会议”制定的土地革命方针，进行了把生产生活资料分配给农民的尝试，但因为没有统一的标准和执行方案，各地的做法多有偏颇。1928 年 10 月，在总结既往实践经验的基础上，《井冈山土地法》颁布实施，对土地的所有权进行了规定，政府或把土地平均分配给农民个体或群体耕种，或由政府

① 《李大钊全集》（第 4 卷），人民出版社 2006 年版，第 196 页。

建立农场进行耕种。同时，土地革命完成后，禁止买卖。这就使生产资料或掌握在农民手中，或为公有。但这一土地法还存在少量缺陷。1929 年，毛泽东同志主持制定和颁发的《兴国土地法》总结了赣南土地斗争的经验，用于闽西地区的土地革命，不再统一没收所有土地，改为抽多补少来进行平均，在闽西地区解决了农民的生产资料问题，使之前无地少地的贫雇农分得了土地。与此同时，各革命根据地的土地革命运动也在陆续地展开和进行。土地革命使根据地的农民获得了生产资料，劳动成果不再被剥削，生活水平得到了显著提高，因此，党得到了农民的普遍支持。这一时期，毛泽东同志不仅在行动上加强了根据地的生产关系改造和经济建设，还多次在理论文章中论述了改善人民生活、实现共同富裕的重要性，并强调必须进行根据地经济建设，所有有必要、有可能的经济建设都应该开展。到解放战争之前，根据地人民的生活得到了显著改善，人口数量也大幅增加。

抗日战争胜利后，中国共产党开始以土地革命为核心实施一系列经济民生政策。1947 年，在党的全国土地会议上，通过了《中国土地法大纲》，10 月 10 日开始实施，废除了一切剥削性质的土地制度，将所有的乡村土地统一平均分配给所有农民，使农村土地归农民自己所有。其间，党和解放区政府采取多种措施，组织互助合作社，扶持生产，努力解决群众的贫困问题。从此在政权上和土地制度上为共同富裕奠定了基础。

新民主主义革命时期，虽然“共同富裕”这四个字还没有被明确提出，但中国共产党已经深刻认识到给人民以生产资料和物质福利的重要性，废除了导致人民贫困的旧制度，为未来解决贫困问题，走向共同富裕铺平了道路。

二　社会主义改造和建设时期：为共同富裕提供经济制度基础

“共同富裕”概念的提出起源于农业社会主义改造中农业合作社的发展。中华人民共和国成立以后，农村中小私有制占据绝对的主导地位。在租赁、雇工、借贷和贸易均自由的情况下，各家劳动力和生产资料的拥有情况不一，在家庭经营中不可避免地出现一部分人发家致富、积累资本，而另一部分人经营不善而出卖劳动力的情形。为了避免再一次出现分化，党提出了“组织起来”的办法。首先是以在农村中组织互助组的形式，但仅仅是劳动力和生产工具的交换使用无法根本改变贫富分化的局面。同时，因为互助组范围较小，耕作面积有限，难以对耕作范围较大的农业机械进行投入。由此，党中央开始引导农民合作化。1951—1953 年，全国范围内逐渐开始组织合作社，到 1953 年约组织了 14000 个半社会主义的合作社。1953 年，中共中央下发了《关于发展农业生产合作社的决议》，在全国范围内引导组织合作社，希望借此使农民过上“共同富裕和普遍繁荣的生活”[①]。这也是“共同富裕”四字第一次见诸党的文献。1955 年前后，毛泽东同志相对比较集中地阐述了有关共同富裕的思想，在几次重要的会议上，他提出，要实现共同富裕就必须从多个方面帮助农民提高生产力，增加粮食产量，互助合作，走社会主义道路。在农村出现新的贫富差距的背景下，毛泽东同志认为小农经济必然使农民逐渐出现两极分化，只有实现农业合作化，农民、农村才能走向共同富裕，“一年一年走向更富更强”，得到“大家都有份”的“共同的富”“共同的强”[②]。同时，毛泽东同志认为，合作化是农村经济制度的变革，在私有制存在的条件下，土地、农具等生产资料和家庭劳动力的差异，很容易在生产过程中不断扩大，因此必须进行所有制的变革，杜绝依靠出租农具等生产资料获利，同样也不允许出卖劳动力，将这些原本存在于不同个体或家庭间的交易性补充纳入合作社内部，才能使“全体农村人民共同富裕起来”[③]。虽然在中华人民共和国成立初期，党中央对合作化的认识存在一些偏差，但是对人民共同富裕的追求是一以贯之的。随着社会主义改造的完成以及社会主义工业化建设的逐渐推进，公有制经济建立起来，虽然暂时难以称得上富裕，但为共同富裕的实现提供了基本的经济制度保障。

---

① 《毛泽东文集》（第 6 卷），人民出版社 1999 年版，第 442 页。
② 《毛泽东文集》（第 6 卷），人民出版社 1999 年版，第 495 页。
③ 《毛泽东文集》（第 6 卷），人民出版社 1999 年版，第 437 页。

三 改革开放以来走向共同富裕的探索和实践

改革开放时期的思想转型始于破除平均主义，贯彻按劳分配。因为平均主义带来的弊端，经济改革最初的举措就是用物质利益来调动积极性，发展生产力。1978 年年底，邓小平同志在《解放思想，实事求是，团结一致向前看》的重要讲话中提出，破除平均主义，在劳动收入方面，通过允许一部分人以更高的劳动生产率、更多的劳动量来取得更高收入，更快富裕起来的方式，以经济动力激励人民的积极性，从而带动其他发展比较慢的地区和人民也“比较快地富裕起来”。这可以说是邓小平同志对“共同富裕”的早期阐释。当时，由于此前对社会主义必须保证人民共同富裕的理解，决策层和部分理论学者、经济学家对于贫富程度的差别是非常敏感的，对多劳多得虽然理论上认可，实际上存在对所得物质利益不平等会带来贫富分化问题的深刻担忧。经过几年以解决现实紧迫的问题为导向的改革以及理论界的反复讨论，党中央逐渐在通过物质利益刺激经济动力问题上取得了共识，认为建设社会主义不能始终贫穷，劳动者对个人利益的关心是社会主义生产的潜在动力，应当理直气壮地保护和提高劳动者的个人物质利益，也必须按照最充分地满足劳动者个人利益的原则，去组织和管理整个国民经济。到 1983 年，为了激励效率，可以接受劳动者生活水平之间的一定差别，已经成为共识，意识形态方面对贫富分化和资本主义的过度敏感基本破除，先调动积极性，把经济发展起来，富裕起来再考虑“均”的问题，成为党中央的一致认识。

邓小平同志第一次以“共同富裕”来表述他对于经济社会发展有先后，但最终都要发展起来的认识是在 1984 年，他指出：“在社会主义制度下，可以让一部分地区先富裕起来，然后带动其他地区共同富裕。”① 对于这个过程中必然会出现的贫富差距问题，他认为只要经

---

① 中共中央文献研究室编：《邓小平论十一届三中全会》，中央文献出版社 1998 年版，第 42 页。

济发展起来，国家完全可以采取措施调节分配，首先要解决当下共同贫穷的问题，调动积极性，释放经济活力。自此，他多次强调勤劳致富的正当性和“先富”的带动作用，认为在共同富裕的大原则下，这种物质上的激励可以调动积极性，促进经济发展，是“达到共同富裕的捷径。”[①] 1984 年，《中共中央关于经济体制改革的决定》正式提出，允许“先富”，以起到激励人们上进的作用，带动其他人的脱贫致富、其他地区的经济发展。[②] 这是第一次以中央文件的形式正式提出“一部分人先富起来，最终到达共同富裕”的途径。

同时，邓小平同志也密切关注贫富差距问题。他一直强调，如果我们在发展经济的过程中，国家的政策方针或调节措施不当，造成了过大的贫富差距，就意味着改革的失败。他认为：“社会主义的目的就是要全国人民共同富裕，不是两极分化。”“这是体现社会主义本质的一个东西。”[③] 邓小平同志认为，改革归根到底是为了更好地发展生产力，两极分化不是必然的，“只要我国经济中公有制占主体地位，就可以避免两极分化”。在绝大多数人民的生活水平都不断提高的情况下，即使收入差距比原来在计划经济条件下有明显的增大，也并不是“富的越富，贫的越贫”，不会导致两极分化。同时，邓小平同志指出，共同富裕的实现要依靠社会主义制度和国家机器的力量，国家有能力在群体之间、区域之间调节分配，也必须调节分配。一时的差别可以允许，可以在经济不断发展的过程中，通过国家的调节措施逐渐缩小到可以接受的程度。“经济发展到一定程度，必须搞共同富裕。”他主张国家采取一定措施，从先发展起来的沿海地区获取较多的技术、经济利益和财政收入，以支持贫困地区的发展。同时，对一部分先富起来的个人适当限制，通过税收进行调节和引导。1992 年，邓小平同志提出，社会主义的本质，是消除两极分化，最终达到共同富裕。这一表述，既表明了共同富裕在社会主义社会发展历程中的必

---

① 《邓小平文选》（第 3 卷），人民出版社 1993 年版，第 166 页。

② 中共中央文献研究室编：《十二大以来重要文献选编》（中），中央文献出版社 2011 年版，第 64 页。

③ 《邓小平文选》（第 3 卷），人民出版社 1993 年版，第 364 页。

要性和必然性，也阐明了发展生产力，避免过大贫富差距是实现共同富裕所必需的。从而，中国共产党对共同富裕的理论认识得到了进一步提升。

以江泽民同志为主要代表的中国共产党人和以胡锦涛同志为主要代表的中国共产党人同样重视人民的共同富裕。江泽民同志多次强调共同富裕在党的奋斗目标当中的核心地位。他提出，党的重要历史任务就是“帮助贫困地区群众与全国人民一起逐步走上共同富裕的道路”①。江泽民同志还进一步丰富了共同富裕思想的内涵，指出共同富裕不仅是物质上的，也是精神上的，不仅仅意味着生活水平的提高和物质生活的丰富，还意味着人民精神生活的提高以及人在社会中的全面发展。胡锦涛同志从发展的角度丰富了共同富裕的理论，强调“发展成果由人民共享”。他还提出，为了改善民生，需要在收入分配方面进一步深化改革，对目前的体制进行调整和完善，更加注重公平，不让收入分配差距进一步扩大，以保障公平正义，促进社会和谐，为实现共同富裕提供更完善的、进一步的制度保障。

其间，党中央也在多方面进行了对共同富裕的实践探索。改革开放以来，贫富差距扩大、发展不平衡等问题逐渐出现。面对这一情况，党中央在 1994 年实施了《国家八七扶贫攻坚计划》，努力帮助贫困地区和贫困人口脱贫致富，共同享受发展成果；1999 年开始实施西部大开发战略，旨在促进中西部地区的经济发展，使整体经济布局更加合理，发展更加协调，最终降低地区之间的差异，走向共同富裕；同时，通过一系列措施，解决改革中出现的下岗、失业和缺少生活保障的问题，为国企下岗职工建立基本的生活保障，并进一步建立失业保险制度，于 1999 年颁布了《失业保险条例》；于 1997 年建立了城市居民最低生活保障。对于城乡二元体制、工农业“剪刀差”等历史原因带来的城乡差距问题，党中央发起了新农村建设。为了维护农民利益，使改革发展的成果能为农民所共享，中央加大了对农村公共事业的投入，“三农”问题一直是党中央的工作重点。对于区域经

---

① 《江泽民文集》（第 3 卷），人民出版社 2006 年版，第 249—250 页。

济发展不平衡的问题，党中央扶持振兴当时经济增速相对较慢的地区，如东北老工业基地和中部地区；同时，在社会建设方面，以改善民生为重点，扩大公共服务，增加居民收入，完善社会管理。为了使人民共享改革发展成果，党中央强调统筹兼顾，这些实践都有力地提升了人民的生活水平和共同富裕的程度。

第四节 新时代共同富裕思想的脉络演化和时代特征

新时代以来，中国特色社会主义进入了新的发展阶段，党和国家领导人对于共同富裕的认识和实践也得到了进一步深化。早在十八届中央政治局常委第一次集体亮相时，习近平总书记就强调，带领全国人民走共同富裕道路是党的责任。习近平总书记在党的十九大报告和党的二十大报告中也指出："必须坚持以人民为中心的发展思想，不断促进人的全面发展、全体人民共同富裕"，"扎实推进共同富裕"。中国共产党进一步从战略和全局高度，科学认识共同富裕，在走向共同富裕的道路上迈出了坚实步伐。强调全体人民共同富裕，通过创造更多机会，不断提升人民生活水平，中国共产党提出了全新的现代化模式。

一 新时代共同富裕思想的脉络演化

共同富裕是中国式现代化的重要特征。新时代共同富裕思想与之前党中央的共同富裕理念既一脉相承，又有鲜明的时代特色。改革开放以来，中国经济有了较大增长。但是，中国社会仍存在着人民日益增长的美好生活需要和不平衡不充分的发展之间的矛盾，例如贫富差距依然较大，地区、城乡、行业之间都存在相当的差距，居民财富分配还存在不公平现象。根据国家统计局公布的数据，自 2003 年以来，我国基尼系数一直位于 0.46 上下，人民贫富差距相对较大，对共同富裕的要求更加迫切，而共同富裕的实现仍任重道远。因此，习近平总书记关于新时代共同富裕的重要论述更加强调共同富裕以人民为中心，惠及全体人民，并且有明确细致的实现时间和路径，让人民有动力、有盼头。

（一）更加重视共同富裕以人民为中心

2012 年 11 月，党的十八大胜利召开，标志着我国进入了全面建成小康社会决胜阶段。在邓小平同志提出“社会主义的本质是共同富裕”的基础上，首次明确将共同富裕作为中国特色社会主义的根本原则，将“逐步实现全体人民共同富裕”作为中国特色社会主义道路的显著标志。进一步强调共同富裕，表明党中央力图将经济发展的成果惠及全体人民，力图解决发展不平衡不充分的矛盾。因此，习近平总书记在“以经济建设为中心”的基础上，在党的十八届五中全会上提出，发展要“以人民为中心”。一方面，在经济增长内生动力不足、创新能力仍有待加强、发展质量跟不上发展速度等一系列问题存在的情况下，必须坚持全面深化改革，进一步激发社会的创新能力和发展活力，使新时代的经济完成向高质量发展转型。同时，坚持“以人民为中心”，不断促进全体人民的共同富裕和全面发展，是社会主义经济建设的根本目标和价值所在。不仅要在效率和公平、做大“蛋糕”和分好“蛋糕”这些经济和收入分配领域的问题上取得进展，还要在精神层面上加强建设，注重社会公平正义和人民获得感、幸福感、安全感。党的二十大报告进一步阐述了“深入贯彻以人民为中心的发展思想”，回顾了在党的十九大时期，党在教育、医疗、养老、住房以及救助弱势群体等方面持续用力，人民生活持续改善的历史成绩。在注重经济建设的同时，不忘以人民为中心，这一理念有利于解决目前的社会基本矛盾，具有十分重大的理论意义和实践意义。

（二）更加重视共同富裕的全面性

改革开放初期，党中央鼓励“一部分人先富起来”起到带动作用，激发了经济活力。经历了几十年的高速增长之后，促进社会公平成为必须关注和解决的问题。因此，习近平总书记强调了共同富裕的全面性，全体人民共同走向小康社会，共同达到富裕。“共同富裕是全体人民的富裕，是人民群众物质生活和精神生活都富裕，不是少数人的富裕，也不是整齐划一的平均主义，要分阶段促进共同富裕。”[①] 这明确了“共同富裕”的范围是全体人民，超越了过去所鼓励的“部分先富”，更不是少数人的富裕。同时，也不是回到平均主义的老路上去，不是同步同时富裕，而是在效率和公平并重的情况下，分阶段逐步实现共同富裕。正如在十九届中共中央政治局常委同中外记者见面时，习近平总书记承诺的那样：“全面建成小康社会，一个也不能少；共同富裕路上，一个也不能掉队。”在党的二十大报告中重申了这一点，“着力维护和促进社会公平正义，着力促进全体人民共同富裕，坚决防止两极分化”[②]。意味着党的共同富裕思想既是一以贯之，又是与时俱进的，我们实现了“一部分人先富起来”，现在正向着“最终实现共同富裕”的目标奋斗。

（三）共同富裕目标的实现时间和路线更加明确

习近平总书记指出：“以人民为中心的发展思想，不是一个抽象的、玄奥的概念，不能只停留在口头上、止步于思想环节，而要体现在经济社会发展各个环节。”[③] 为了使共同富裕理念能够更好地落实，党的十九大首次提出了共同富裕的时间表和路线图，以 2035 年作为全体人民在共同富裕的道路上迈出坚实一步的时间节点，定下了人民生活更为富裕、城乡差距和居民生活水平差距显著缩小、基本公共服务均等化等具体目标，实现“全体人民共同富裕迈出坚实步伐”，并提出 2050 年基本实现共同富裕的远大目标。

同时，习近平总书记也指出，实现共同富裕远大目标要立足国情和经济社会发展水平，“既不裹足不前、铢施两较、该花的钱也不花，也不好高骛远、寅吃卯粮、口惠而实不至”[④]；既要尽力而为，又要量力而行，抓住人民最关心最直接最现实的利益问题，逐步改善民生，满足人民需要，促进社会公平正义，使人民更有获得感、幸福感和安全感。

---

① 中央农村工作领导小组办公室编：《习近平关于“三农”工作的重要论述学习读本》，人民出版社 2023 年版，第 81 页。

② 中共中央党史和文献研究院编：《十九大以来重要文献选编》（上），中央文献出版社 2019 年版，第 86 页。

③ 习近平：《习近平著作选读》（第 1 卷），人民出版社 2023 年版，第 438 页。

④ 习近平：《习近平著作选读》（第 1 卷），人民出版社 2023 年版，第 440 页。

中国共产党成立百年之际，党的十九届六中全会审议通过《中共中央关于党的百年奋斗重大成就和历史经验的决议》，再次强调，中国特色社会主义新时代是“逐步实现全体人民共同富裕的时代”，将“推动人的全面发展、全体人民共同富裕取得更为明显的实质性进展”写入决议，并再次阐明了“坚持发展为了人民、发展依靠人民、发展成果由人民共享，坚定不移走全体人民共同富裕道路”的共享发展理念。

二 新时代共同富裕思想的时代特征

（一）把坚持发展、调节分配作为共同富裕的基础

“分配制度是促进共同富裕的基础性制度。”当前，贫富差距是我国面临的现实问题。党中央的方针从“效率优先，兼顾公平”逐渐转变为“公平与效率并重”，习近平总书记认为目前发展仍需坚持，“分好蛋糕比做大蛋糕更重要”的说法是不正确的，解决贫富差距问题，既要从分配入手也要从发展入手，“发展是硬道理的战略思想要坚定不移坚持”。如果不继续坚持把发展作为最重要的事情，就会削弱共同富裕的物质基础和实现可能，只能实现低水平的分配公平，回到平均主义共同贫穷的道路上去。新的社会主要矛盾不仅仅是分配问题，仍然需要依靠发展，在更有质量的发展中解决。

单一的发展经济是无法让全体人民共同富裕的。在坚持发展的同时，也要深化收入分配制度改革，发挥其重要调节作用，保障和改善民生。习近平总书记指出，要进一步注重分配公平问题，在完善初次分配和二次分配的同时，加强三次分配的作用。同时，要完善发展社会保障制度，建立政策支持体系。为此，逐步完善一系列重要的调节机制，包括税收、社会保障、转移支付等。另外，针对目前城乡之间、地区之间和不同群体之间的收入差别，党中央对其进行了合理调节，努力实现更健康的收入结构。具体而言，就是要从中国国情出发，适应新时代下的形势和变化，加大力度改善民生，全面统筹协调教育、住房、医疗等一系列民生保障工作。

根据国家统计局公布的数据，由于政府在再分配调节方面的一系

列举措，加大了在社会保障方面的投入，努力改善民生，党的十八大以来城镇、乡村居民的收入差距、地区差距都在持续缩小。2017 年，城市和乡村居民人均可支配收入的比值较 2007 年和 2012 年分别下降 0.43、0.17。2020 年，城乡居民人均可支配收入较 2019 年又下降了 0.08。东中西部地区之间收入相对差距也均有缩小。与 2013 年相比，2020 年，东部与西部地区、中部与西部地区、东北与西部地区的收入之比为 1.62、1.07、1.11，分别比 2013 年下降了 0.08、0.03、0.18。然而，我国仍有 6 亿左右人口的月收入属于国家统计局所定义的低收入组和中间偏下组，说明全体人民共同富裕仍需长期努力，必须进一步发展生产力，促进社会公平。

党的二十大报告进一步提出了完善分配制度的各个方向。提高劳动报酬在初次分配中的比重，鼓励多劳多得，促进机会公平；同时致力于增加中低收入群体要素收入、城乡居民财产性收入。在税收和社会保障方面进一步完善制度，加大调节力度。党的二十大报告还首次提出了“规范财富积累机制”，对于不合理的财富积累要进行调节，提高财富积累公平性。①

（二）把共享发展作为共同富裕的实现方式

习近平总书记指出，共享发展表明了人民对逐步实现共同富裕的要求。共享发展成果，走向共同富裕，这与历代共产党人的理念一脉相承。全民共享和全面共享确立了全体人民群众共同享有社会发展成果的价值主旨，在不断扩大发展成果、提高发展效率的同时，分配领域的公平正义需要更加得到重视；同时坚持“五位一体”总体布局，共享各方面发展建设的成果，让人民群众能够追求更舒适、更有尊严的美好生活。全民共享的不仅是物质财富的积累，更注重社会的协调发展、公平正义和人民主观上的幸福感。正如马克思的设想，未来社会中的人能够在才能方面“全面发挥”“全面发展”，“共建共享理念”要求共建即共享，人民群众在参与的过程中获得果实和成就感，

---

① 习近平：《高举中国特色社会主义伟大旗帜　为全面建设社会主义现代化国家而团结奋斗——在中国共产党第二十次全国代表大会上的报告》，人民出版社 2022 年版，第 38—39 页。

共享生产劳动的过程，共创富裕果实，在这个过程中实现自身的发展。“渐进共享”则科学地规划了共同富裕的推进脚步，基于当前的生产力水平，既要目标远大，也要脚踏实地。习近平总书记指出，共享方面的政策需要结合国情、以经济社会发展水平为依据，过于保守或冒进都不可取。他指出，共产主义因素可以通过日积月累不断增加，“积小胜为大胜”，因此，在民生、教育、医疗、扶贫等各个方面增进人民福利，就是在不断增加共产主义因素，走向共同富裕目标。①

（三）把消除贫困作为共同富裕的核心工作

习近平总书记指出：“消除贫困、改善民生、实现共同富裕，是社会主义的本质要求。”② 党的十八大之后，党中央领导展开了脱贫攻坚的斗争。习近平总书记总结了过去“救济式扶贫”“开发式扶贫”的经验教训，针对以往“大水漫灌”的低效扶贫模式，坚持因地制宜，具体分析贫困原因和类型，然后有针对性地进行扶助，“对症下药、精准滴灌、靶向治疗”③。

2015年，在党中央扶贫开发工作会议上，中央提出了实现脱贫攻坚目标的总体要求。党中央新提出的“六个精准”“五个一批”理念，有效地解决了扶贫资源浪费的问题。“六个精准”要求从扶贫对象、项目安排到资金使用、工作措施、工作人员和成效等多方面的精准，确保了最为贫困的地区和人口成为扶贫行动的最大受益者，同时节约了扶贫资源。“五个一批”提出了综合的、多方面的扶贫方式，包括在贫困地区发展生产、缺乏发展条件的地区易地搬迁、通过管护生态方式让贫困人口增收、发展教育提高人口素质、社会保障保证最低生活等多种办法；在面对不同的贫困群体时，各地区涌现出许多创新的扶贫模式，例如提供公益岗位解决就业，电商企业帮助农产品销售，通过消费或旅游促进贫困地区发展等。更重要的是，“扶贫先扶志”，各种扶贫措施提高了贫困群体的技术水平，并把贫困农民组织起

① 习近平：《在打好精准脱贫攻坚战座谈会上的讲话》，人民出版社2020年版，第1—14页。

② 习近平：《习近平谈治国理政》（第1卷），外文出版社2018年版，第189页。

③ 习近平：《习近平谈治国理政》（第4卷），外文出版社2022年版，第135页。

来，走乡村振兴的道路。党中央充分发挥了社会主义制度的优越性，扶贫工作取得重大成效，脱贫攻坚目标如期实现。党的二十大报告指出，要发展乡村特色产业，拓宽农民增收致富渠道。巩固拓展脱贫攻坚成果，增强脱贫地区和脱贫群众内生发展动力。[①] 绝对贫困的消除和脱贫成果的巩固，使我们更加接近全体社会成员共同富裕的目标。

共同富裕并不是全人类的普世价值。在近代以前，分配正义并不要求国家在人民中组织合理的物质分配，“穷人的存在被认为是上帝的人类生活计划的组成部分”。亚当·斯密之后，才逐渐有了国家应该帮助人们摆脱贫困的信念，随着马克思主义的创立和社会主义运动的兴起，各发达资本主义国家也逐渐重视和建立了各种社会福利制度；近年来，西方左翼思潮也提出了各种各样的平等思想。但是，高福利的事实并不能阻止贫富分化的出现，这是由资本主义生产关系的本质决定的；而平等思想也没能触及资源分配取决于生产关系这一根本问题，仅仅关注个体“偶然的”差别和补偿，即使现在一部分发达资本主义国家的生活水平确实高于我们，终究不可能达到全体人民的共同富裕。归根到底，共同富裕是马克思主义的特有命题，只有在社会主义制度下，坚持马克思主义和中国共产党的领导，才有可能走向共同富裕。

中国共产党自成立之日起，就致力于领导人民共同富裕。习近平总书记指出，中国特色社会主义新时代是“逐步实现全体人民共同富裕的时代”，党的二十大报告也继续把“着力促进全体人民共同富裕”作为新时代新征程中国共产党的使命任务。中国式现代化则为实现共同富裕提供了方向指引、价值引领和制度保障，二者是同时并进的，通过高质量发展化解经济社会发展的不平衡问题，通过中国特色社会主义分配制度，在现代化的同时推进共同富裕。

（本章执笔：阎瑞雪　魏众，本章部分内容曾以《百年来中国共产党领导下的共同富裕理论与实践》为题发表在《财贸研究》2022 年第 12 期）

---

① 习近平：《高举中国特色社会主义伟大旗帜　为全面建设社会主义现代化国家而团结奋斗——在中国共产党第二十次全国代表大会上的报告》，人民出版社 2022 年版，第 31 页。

第八章
物质文明和精神文明相协调的现代化

习近平总书记明确指出："中国式现代化是物质文明和精神文明相协调的现代化。物质富足、精神富有是社会主义现代化的根本要求。物质贫困不是社会主义，精神贫乏也不是社会主义。我们不断厚植现代化的物质基础，不断夯实人民幸福生活的物质条件，同时大力发展社会主义先进文化，加强理想信念教育，传承中华文明，促进物的全面丰富和人的全面发展。"① 如何理解习近平总书记所概括的"中国式现代化是物质文明和精神文明相协调的现代化"，本章认为需要从物质文明和精神文明协调发展是中国共产党百年奋斗的伟大目标、是中国式现代化的重要特征以及如何推动两者相互促进、协调发展的思路和举措这三点出发来进行阐述，深化对该理论的理解并将其理论应用于实践，以更好地实现中国式现代化是未来我们的目标。

以往现代化道路只有一种，即西方式的现代化道路，所有想要走向现代化的国家只有这一种经验可以参考。而西方式的现代化几乎都沾有殖民主义时期的"原罪"，且怀揣着西方中心主义的傲慢与偏见，更何况后发的发展中国家也不具备当时西方走向现代化的条件，这种道路无疑是走不通的。但是，中国式现代化提供了一条崭新的不同于西方现代化的道路，这是中国共产党和中国人民结合了中国特殊的国情与特定的国际环境所探寻出来的全新的现代化道路。作为世界上最大的发展中国家，中国式现代化道路可以给其他的发展中国家提供一

① 习近平：《高举中国特色社会主义伟大旗帜　为全面建设社会主义现代化国家而团结奋斗——在中国共产党第二十次全国代表大会上的报告》，人民出版社2022年版，第22—23页。

种额外的选择。这并不是表明其他国家都可以原封不动地学习中国式现代化道路，而是说其他国家可以结合本国的国情参考中国式现代化的一些成功经验，从而多快好省地实现本国的现代化。

中国式现代化与西方现代化的一个重要区别就是物质文明与精神文明是否协调发展，这也是中国式现代化更为优越的一个具体表现。物质文明是指人类改造世界的能力，包括以生产力和生产方式为核心所生产出的一切物质和财富。精神文明是指基于物质文明所创造出的一切知识、道德伦理、科学技术、政治、文化思想等。物质文明与精神文明组成了完整的人类文明。物质文明与精神文明虽然有相对独立发展的成分并拥有自身发展前进的逻辑，但并不意味着两者是完全独立发展的、互不干涉的。一方面，生产力的发展和生产关系的重组会推动物质文明的丰富，而物质文明在发展的过程中也会促进精神文明的产生与衍变。另一方面，精神文明具有反作用，表现为精神文明的进步会反过来指引并规范物质文明的发展。所以，必须深刻学习习近平总书记“中国式现代化是物质文明和精神文明相协调的现代化”的理论精神，不断丰富物质文明以满足人民对于美好生活的向往，正确引导精神文明以符合新时代中国特色社会主义的发展需求，推动物质文明与精神文明的协调发展，实现中国式现代化。

第一节　物质文明和精神文明协调发展是中国共产党百年奋斗的伟大目标

一　工业化：我国物质文明的发展方向

没有物质文明基础的精神文明是一座空中楼阁，而没有工业化支撑的物质文明也闳侈不经。若想真正实现人的全面自由的发展，没有物质文明基础和强大的工业化只能沦为乌托邦的设想。没有一个国家的发展可以脱离工业化，未来的共产主义社会也将是建立一个高度工业化的社会。20 世纪 60 年代的日本经济奇迹、80 年代的“亚洲四小龙”的腾飞、90 年代的“亚洲四小虎”的崛起以及中国改革开放后，尤其是加入世界贸易组织后 GDP 以超过 10%的速度迅速增长，都离不开国家的工业化。唯有实现了工业化，我国物质文明才能得到有力的支撑和无限的动力。

工业化一般被定义为第二产业产值占国内生产总值的比重或者工业就业人口占总就业人口的比重不断上升的过程。工业的发展会提供大量就业岗位，吸纳大量农村剩余劳动力进入工业岗位。同时，工业为农业提供了大量机械以替代人力，提高农业的全要素生产率，进一步促进了农业人口向工业的转移。工业化是一个农业国家转型成为工业国家的必经之路，在改革开放的 40 多年，中国以“出口替代”的政策为指引，国内工业迅猛发展，国内产品迅速抢占了原本国外产品的份额。同时大量跨国公司在中国大量优惠政策下被吸引到中国建厂并进行生产与装配，使中国工业配套产业迅猛发展，从而中国成为世界工厂，为全球提供工业产品。20 世纪 90 年代工业产值增加值一度占到了国内生产总值的三分之二，成为拉动中国经济增长的“火车头”，而出口也成为“三驾马车”中至关重要的一驾，中国也迅速完成了工业化的原始积累，为建设我国物质文明打好了坚实的基础。图 8-1 表明 1978—2022 年中国三次产业构成的发展状况，第一产业增加值在 GDP 中的占比不断下降，与此同时，第二、第三产业在 GDP 中的占比不断上升，逐渐接近发达国家的产业结构特征。

后疫情时代党中央提出了以国内大循环为主体、国内国际双循环相互促进的新发展格局，强调了国内循环的主体地位，要建构以我国国内循环为主的经济格局。新冠疫情带来的“危”背后也有“机”的存在，以往我国以出口为导向，过度依赖外国市场，容易出现“卡脖子”的不利局面。而新发展格局强调了我国经济要以国内大循环为主、国内国际双循环相互促进，表明了消费和投资将部分替代原本出口的职责来拉动我国经济增长，将以国内统一大市场为主、国外市场为辅。在新发展格局的指导下，我国工业持续向高水平高标准迈进，向中国消费者提供更丰富更优质的产品，也为中国物质文明发展注入了一针强心剂。

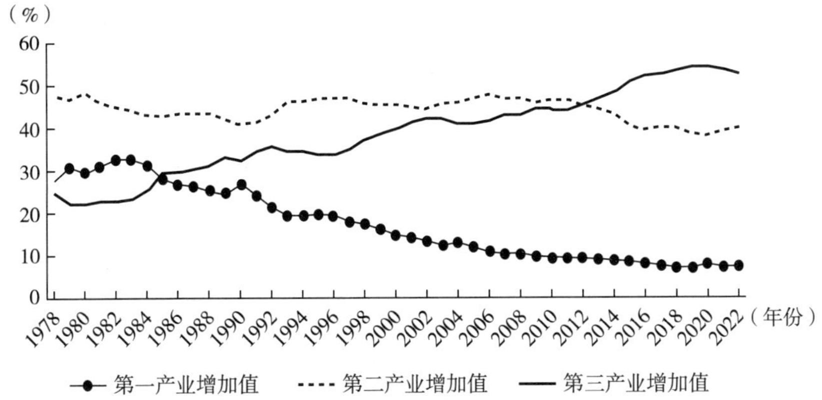

图 8-1　1978—2022 年中国三次产业构成

注：从图 8-1 可以看到，自 1978 年以来我国三次产业构成中第二产业增加值一直为三大产业之首，拉动了我国经济的发展。直到 2012 年，我国第三产业增加值才首次超过第二产业。

资料来源：国家统计局。

二　以人为本：我国精神文明建设的目标和追求

物质文明是精神文明的物质基础，但同时精神文明也引领着物质文明的建设。没有精神文明的物质文明是空洞的和轻浮的，一个大国绝不能没有精神文明，没有精神文明的国家就如人失去了灵魂，失去了精神家园。作为一个社会主义大国，必须要超越资本主义国家以资本为中心的制度体系，形成具有中国特色的社会主义精神文明。我国精神文明建设的目标和追求必须坚持以人为本，打造以人民为中心的社会主义精神文明。以人民为主体的精神文明建设赋予了其崇高的内涵，不同于资本主义社会中的精神文明是被异化的、是服务于部分群体的，社会主义精神文明的本质要求是扬弃资本异化的和服务于全体人民的，这体现了社会主义精神文明相较于资本主义精神文明更为优越。

习近平总书记曾说道："我将无我，不负人民"①，以习近平同志

① 习近平：《习近平著作选读》（第 2 卷），人民出版社 2023 年版，第 250 页。

为核心的党中央始终把人民放在心中。中国共产党始终坚持以人民为中心，坚持把人民的福祉放在首要地位，为人民谋福利。中国共产党以习近平新时代中国特色社会主义思想这一马克思主义中国化的最新理论为指导，坚持以满足人民对美好生活的需求为短期目标，以共同富裕、人的全面和自由发展以及共产主义社会为长期目标，以人为本地进行精神文明建设。党的二十大报告中习近平总书记明确指出："坚持以人民为中心的发展思想。维护人民根本利益，增进民生福祉，不断实现发展为了人民、发展依靠人民、发展成果由人民共享，让现代化建设成果更多更公平惠及全体人民。"① 习近平总书记高瞻远瞩地指出了我国的发展要为了人民，也要依靠人民。人民不仅是我国发展的目标，也是发展力量的源泉。我国精神文明建设也必须回到人民身上，取之于人民用之于人民。

精神文明建设也离不开人民的支持和创作。精神文明不是束之高阁、脱离人民群众生活的，而是遍布于人民生活之中，与人民生活息息相关的。人民作为国家的主人、历史的推动者和文化的创作者，有能力、有动力、有意愿参与精神文明建设，为我国社会主义精神文明建设添砖加瓦。小到人们的行为举止、文化创意，大到整个国家的国民素质、思想道德、学科体系和思想文化的成就，都可以是精神文明建设的一部分。各行各业的人民都可以发挥他们的奇思妙想和聪明才智，为精神文明建设出一份力。只有当人民支持并参与精神文明建设，精神文明建设才能真正融入人民生活中，而不是仅仅是理论的设想，从而迸发出无限的活力和动力，成为我国社会主义精神文明建设的鲜明特征。

三　小康目标的实现为物质文明、精神文明协调发展奠基

小康社会不仅仅是一个经济上的概念，还涵盖政治和文化等方方

① 习近平：《高举中国特色社会主义伟大旗帜　为全面建设社会主义现代化国家而团结奋斗——在中国共产党第二十次全国代表大会上的报告》，人民出版社 2022 年版，第 27 页。

面面。仅仅从物质的角度去理解小康是有失偏颇的，必须考虑到居民除物质生活以外的其他各方面生活。同时，站在全面建成小康社会的新起点上，如何理解小康目标的实现给物质文明和精神文明协调发展带来的作用是至关重要的，也会影响到未来如何实现共同富裕的路径与其成果。

首先，全面建成小康社会是实现物质文明发展的先决条件。尽管我国自改革开放以来经济发展迅猛，保持了 40 多年的高速增长，我国人均 GDP 已经达到中高收入国家水平，距离高收入国家水平仅一步之遥。如图 8-2 所示，2022 年我国人均 GDP 达 8. 57 万元人民币，折合为 1. 27 万美元。根据 2022 年 7 月世界银行制定的新标准，高收入国家需人均 GNI 达到 13205 万美元。我国 2022 年 GNI 略低于 GDP，仍为中等偏高收入国家，距离高收入国家门槛还有一定的差距。

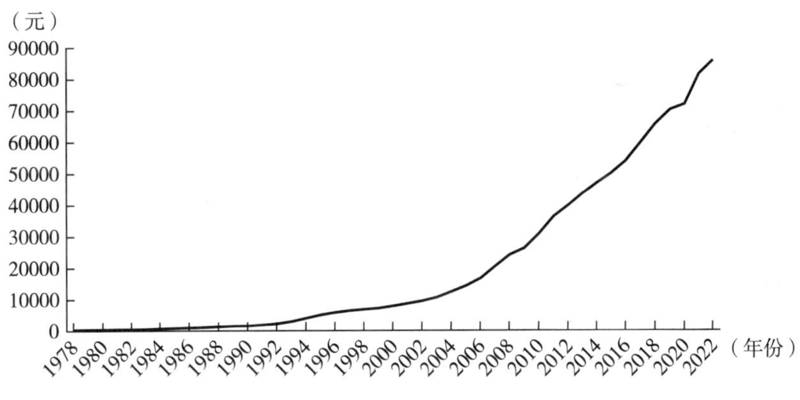

图 8-2　1978—2022 年中国人均国内生产总值

注：通过图 8-2 我们可以看到，我国人均国内生产总值自改革开放以来稳步上升，保持了 40 余年的高速增长。

资料来源：国家统计局。

但是我国贫富差距过大和城乡差距过大一直是我国在发展道路上的一个重要阻碍，解决贫富差距和城乡差距过大的问题不仅涉及提高国内民众消费能力从而带动经济增长，还与民众的幸福感和社会的稳定息息相关。通过图 8-3 和图 8-4 可以看到，自党的十八大提出“全面建成小康社会”以来，贫富差距和城乡差距都有所缩小，这是全面小康的重要成就。中国式现代化的物质文明绝不是少数人的物质文明，而是全体人民的物质文明，每个公民都可以享有现代化所创造的物质文明。尽管 2020 年新冠疫情扰乱了经济生活，使一段时期内经济陷入停摆，但依旧如期实现了党对于人民的庄严承诺，完成了第一个百年奋斗目标，实现了全面小康。在中国这样一个国土广袤、人口众多的国家全面建成小康社会的意义非同寻常。在纵向上对比，这意味着长达五千年的文明史上中国终于历史性地解决了绝对贫困问题，人民安居乐业，国泰民安。在横向上对比，除了中国，至今没有任何一个国家能够消除绝对贫困，即使人均 GDP 远高于中国的一众发达国家也仍有不小的贫困发生率。只有在中国这样一个社会主义国家，才能够历史性地实现全面小康的壮举。这一伟大成就也为其他国家树立了一个负责任的社会主义大国的形象，展现了中国式现代化的优越性。

图 8-3 居民人均可支配收入基尼系数

注：一般认为基尼系数超过 0.4 就被认定为贫富差距过大，而我国基尼系数一度接近 0.5。不过近年来基尼系数呈下降的趋势，贫富差距有所减小。

资料来源：国家统计局。

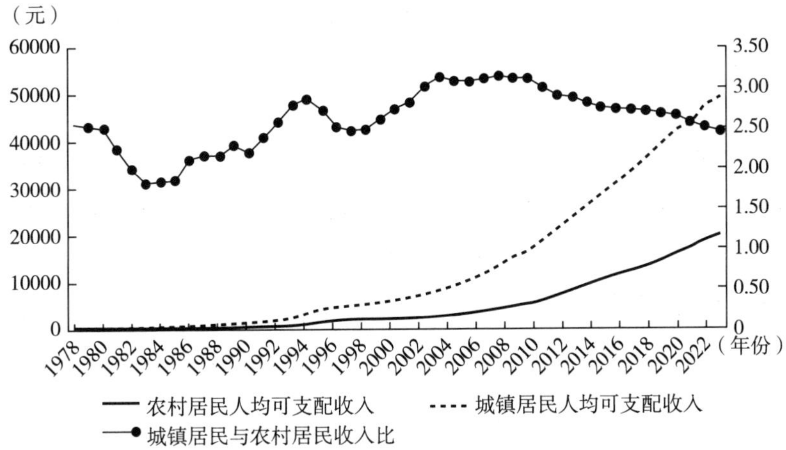

图 8-4 城镇居民与农村居民人均可支配收入及其比值

注：城乡贫富差距过大一直是我国经济发展过程中的重要问题，2002—2009 年城镇居民与农村居民人均可支配收入的比值甚至超过 3.00，但之后就呈不断下降的趋势，2022 年回落至 2.45。

资料来源：国家统计局。

其次，全面小康不仅仅意味着物质文明的阶段性胜利，还意味着精神文明建设的再出发。物质文明的建设与精神文明的建设并不冲突，但只有当全面小康实现后物质文明与精神文明才能够真正地协同发展。正所谓“仓廪实而知礼节，衣食足而知荣辱”，若没有基本的生存保障，就不存在普遍的精神文明的建设。只有在满足基本的衣食住行后，人们才会转向追求精神生活。也正是站在全面建成小康社会的历史性节点上，当绝对贫困被历史性地消灭后，我们才能抽身于仅仅追求物质上的满足，将目光更多地聚焦于精神文明的建设上。

最后，全面小康目标的实现推动了物质文明与精神文明的协调发展。物质文明与精神文明不是独立发展的，而是高度融合、相互推动的。全面小康目标的实现使我国物质文明达到了一定的高度且实现了普遍性，从而才能支撑起人民对于精神文明的追求。更重要的是，这种追求不是属于一部分人的，而是属于全体中国人民的。人民不再仅仅满足于物质的需求，还需要精神上丰富的活动与体验。同时，一方面，精神文明的进步呼唤着物质文明创造出更多带有文化和艺术属性的商品供人们消费，使物质文明不断丰富；另一方面，精神文明也指导着物质文明朝向更符合社会主义价值观的方向发展，扬弃资本主义制度下物质文明畸形的发展。正是全面小康目标的实现确立了精神文明发展的普遍性和优越性，而在这种精神文明的指导下，发展的物质文明也必然是更优于资本主义制度的，也必然是更能满足人民需要的、符合社会主义发展的。在这个意义上，全面小康目标的实现推动了物质文明与精神文明的协同发展，没有全面小康就没有中国式现代化下的物质文明与精神文明。

第二节 物质文明和精神文明协调发展是中国式现代化的重要特征

一 双轮驱动：中国式现代化的发展逻辑

西方的现代化与资本主义制度的确立在历史与逻辑上是同一的，表现为一个国家的现代化过程就是资本主义制度在这个国家逐渐获得主要地位并持续发挥排他性作用的过程，即资本主义制度成为整个国家经济与社会运行最基本且唯一的准则。以资本增值为核心的经济制度必然导致物质的极大丰富与拜物教的产生，商品生产的狂热席卷了整个经济体系，一切物品都可以变为有价格的商品，而商品的生产仅仅成为获得资本增值的手段。资本主义制度创造了一个物质文明极度膨胀且臃肿的经济社会，而精神文明却在物质文明异化的发展下坍塌了，这引起了资本主义制度下物质文明与精神文明的非对称发展。货币几乎无孔不入，成为衡量一切的基本单位，所有事物都被标上了价格，连人也像商品一般拥有了“身价”。讽刺的是生产力的日益发展使物质文明不断膨胀，所产生的拜物教最终吞噬了精神文明，使人被物化。一切对于未来生产力极大发展后的美好想象都在资本不断为自身开辟道路中灰飞烟灭，物质文明的野蛮增长与精神文明的萎缩成为资本主义社会下的显著特征。

区别于西方现代化仅仅产生了被异化的物质文明以及精神文明的失位，中国式现代化是由物质文明与精神文明共同驱动的。究其根本在于中国是以公有制为主的社会主义制度，超越了资本主义制度受资本和拜物教所控制的局限，使物质文明与精神文明在社会主义的土壤上可以协调发展。从理论上看，这是由于中国共产党始终坚持马克思主义的基本原理，即历史唯物主义和辩证唯物主义，来理解与改造世界。物质文明与精神文明就如经济基础与上层建筑的关系一般，物质文明是精神文明发展的基础，没有物质文明就不存在精神文明。同时精神文明的发展具有相对独立性，并不随物质文明的变化而立即产生变化，因为其具有自身的发展逻辑和发展脉络。精神文明也有反作用于物质文明并引导其发展的功能，只有站在马克思主义的理论高度来理解物质文明与精神文明的相互关系，才能使社会主义社会中物质文明与精神文明真正达到协调发展。

中国共产党成立以来，历届领导人都十分重视物质文明和精神文明建设协调发展的问题。早在 1940 年，毛泽东同志就提出："我们不但要把一个政治上受压迫、经济上受剥削的中国，变为一个政治上自由和经济上繁荣的中国，而且要把一个被旧文化统治因而愚昧落后的中国，变为一个被新文化统治因而文明先进的中国。"① 党的十一届三中全会后，邓小平同志指出："我们要在建设高度物质文明的同时，提高全民族的科学文化水平，发展高尚的丰富多彩的文化生活，建设高度的社会主义精神文明"②，强调物质文明和精神文明"两手抓、两手都要硬"。江泽民同志指出建设有中国特色社会主义包括发展物质文明和精神文明两个方面，必须实现经济、社会的协调发展和全面进步，"越是集中力量发展经济，越是加快改革开放的步伐，就越是需要社会主义精神文明提供强大的精神动力和智力支持，以保证物质文明建设的顺利进行"③。胡锦涛同志指出："必须把发展社会生产力

① 《毛泽东选集》（第 2 卷），人民出版社 1991 年版，第 663 页。

② 《邓小平选集》（第 3 卷），人民出版社 1993 年版，第 354 页。

③ 江泽民：《江泽民论有中国特色社会主义》，学习出版社 2002 年版，第 380 页。

同提高全民族文明素质结合起来，推动物质文明和精神文明协调发展，更加自觉、更加主动地推动文化大发展大繁荣。”① 党的十八大以来，习近平总书记高度重视物质文明和精神文明协调发展，强调“以辩证的、全面的、平衡的观点正确处理物质文明和精神文明的关系”，“只有物质文明建设和精神文明建设都搞好，国家物质力量和精神力量都增强，全国各族人民物质生活和精神生活都改善，中国特色社会主义事业才能顺利向前推进”②。中国共产党领导开创的中国式现代化，始终强调物质文明和精神文明共同发展，实现中国式现代化必须要求物质条件和精神条件缺一不可。

从党的十五届五中全会首次提出“文化产业”概念，到党的十七届六中全会推动文化产业成为国民经济支柱型产业的意见，再到新时代精神文明建设“要提高社会文明程度，提升公共文化服务水平，健全现代化产业体系”③，中国共产党领导下的精神文明建设始终兼顾“社会—经济”效益的价值选择，在提供精神产品、传播思想信息、担负文化传承使命的对象性活动中，提高全民族的理论思维水平、社会道德水平和科学文化水平，产出形式多样、内容丰富、思想深刻的文化作品；在历史情感与文化滋润的经验积累和实践反馈中，充分调动文化市场主体的积极性和创造性，促进“精神—物质”要素在全国范围内的合理流动，最大限度地激发精神文明建设蕴藏的社会与经济效能，彰显“优秀的文艺作品，最好是既能在思想上、艺术上取得成功，又能在市场上受到欢迎”④。

二　仓廪实与衣食足：中国式现代化和谐共进的发展脉络

“仓廪实而知礼节，衣食足而知荣辱。”这句话深刻地阐释了物质

---

① 胡锦涛：《胡锦涛文选》（第3卷），人民出版社2016年版，第163页。

② 习近平：《在全国宣传思想工作会议上强调　胸怀大局把握大势着眼大事努力把宣传思想工作做得更好》，《人民日报》2013年8月21日第1版。

③《中国共产党第十九届中央委员会第五次全体会议公报》，《中国人大》2020年第21期。

④ 习近平：《在文艺工作座谈会上的讲话》，《人民日报》2015年10月15日第1版。

生活之于道德观念的基础性作用，只有人满足了最基本的生活需要，才会形成社会性道德观念。马克思指出，“物质生活的生产方式制约着整个社会生活、政治生活和精神生活的过程”[①]，物质生产能力、分配方式等决定着人的精神生活的层次性和丰富性，精神活动始终不能脱离物质发展水平。马斯洛需求层次理论也提出了相似的观点，认为人的生理需求是最基本的，只有满足了生理需求，人们才会开始追求安全、社会归属、尊重和自我实现等更高层次的需求。马克思主义也对经济基础与上层建筑的辩证关系有过精彩的阐述，即经济基础决定上层建筑，上层建筑反作用于经济基础。

只有运用唯物史观，我们才能真正理解仓廪实与衣食足之于精神文明建设、之于中国式现代化和谐共进的深层作用。中国共产党人坚持运用历史唯物主义与唯物辩证法来理解世界并改造世界，始终将人民的社会经济生活作为中国经济发展的衡量标准。在改革开放初期，邓小平同志就提出要建设小康社会并明确地提出了“三步走”战略，对于我国未来经济发展绘制了初步的蓝图。在党的十八大报告中将以往的“全面建设小康社会”修改成“全面建成小康社会”。虽然只是一字之差，却体现了以习近平同志为核心的党中央全面建成小康社会的决心。在党的十九大报告中，以习近平同志为核心的党中央结合了中国经济社会形势的新变化，又提出了“新三步走”战略和“两个一百年”奋斗目标，明确了我国未来 30 余年的长期发展目标。在 2020 年突如其来的新冠疫情的影响下，部分地区陷入了短期的经济停摆，但我国仍如期实现了对人民的承诺，全面建成了小康社会，真正实现了全面的仓廪实且衣食足，为实现中国式现代化迈出了重要的一步。也正是因为中国共产党人时刻站在现实大地上，从人民的实际生活中来提炼理论，再用理论来指导实践，才能形成既具有马克思主义理论高度又有深厚人文关怀的中国式现代化发展脉络。

① 《马克思恩格斯选集》（第 1 卷），人民出版社 2012 年版，第 2 页。

三　人类命运共同体：物质文明与精神文明协调发展的中国方案

空想社会主义在对早期资本主义的批判和对未来社会的构想中，抨击过旧社会人们精神世界的匮乏和思想道德的扭曲，呼唤人民拥有健全的精神世界。从莫尔的《乌托邦》到康普内拉的《太阳城》，从圣西门的“实业制度”、傅立叶的“和谐制度”到欧文的“新和谐村”，无不寄托了空想社会主义者超越资本主义现实的美好理想追求。科学社会主义的实践为丰富人民的精神世界和实现人的全面发展创造了现实前提或实践基础。马克思在揭示资本主义条件下劳动异化，特别是人的本质异化的基础上，呼唤在未来社会中人对自己本质的“全面占有”，实现人的自由的全面的发展。人是物质存在和精神存在的统一，是自然存在和社会存在的统一。“人以其需要的无限性和广泛性区别于其他一切动物。”① 人“作为一个完整的人”，应该以“一种全面的方式”“占有自己的全面的本质”②。社会进步不仅表现在对物质财富增长和丰富人的物质世界上，而且表现在促进精神财富的增长和丰富人的精神世界上。马克思主义创始人期待的未来社会即共产主义社会是“真正的共同体”（社会主义是其低级阶段）。在这种社会条件下，消除了片面的社会分工和由此带来的人的片面发展。“只有在共同体中，个人才能获得全面发展其才能的手段，也就是说，只有在共同体中才可能有个人自由。”③ 马克思主义关于社会全面进步和人的全面发展的基本原理，为中国式现代化的理论与实践提供了科学的指引。

不过，在实现现代化的过程中，西方资本主义和社会主义的目的和诉求有着本质的区别。

首先，目前西方式的现代化存在严重的社会问题。西方现代化正是西方资本主义制度下经济与社会的运转模式，而资本主义社会在创造出前所未有的巨大财富的同时，物质文明的发展却反过来吞噬和规

---

① 《马克思恩格斯全集》（第 38 卷），人民出版社 2019 年版，第 11 页。
② 《马克思恩格斯文集》（第 1 卷），人民出版社 2009 年版，第 189 页。
③ 《马克思恩格斯文集》（第 1 卷），人民出版社 2009 年版，第 571 页。

训了精神文明的发展，使资本主义精神文明的发展滞后且异化，物质文明与精神文明发展的失衡是社会问题产生的重要原因。资本主义社会以资本增值为核心目标，追求个人利益最大化，从而忽视了社会的整体福利，各种社会治安问题、种族歧视问题和社会各群体对抗问题层出不穷。原本资本主义社会引以为傲的纺锤体社会结构中的中坚力量——中产阶级正在迅速萎缩，贫富差距日益扩大，各种宣称要对资本主义进行改良的政党的声量在逐渐增大，越来越受选民的喜爱。同时，资本主义的生产方式生产出了“单向度的人”，使人与自己的劳动相异化、与劳动产品相异化、与他人相异化，在无法占有自己所生产的产品且被强制劳动的情况下，人们越来越厌恶劳动，纷纷避之若浼。这种不对称的发展已难以为继，资本主义社会也正呼唤着新的制度的产生。只有当一个社会的物质文明与精神文明协调发展，这个社会才是健康可持续的、欣欣向荣的。中国式现代化不同于西方式的现代化，物质文明与精神文明协调互助发展，创造了一个自由、平等、公正、法治的社会。物质文明的发展给予了精神文明进步的土壤，而精神文明的高扬指引了物质文明日益丰富与多元化，不断满足人民对美好生活的向往。

其次，只有站在物质文明与精神文明相互促进、协调发展的高度才能理解和践行人类命运共同体。若物质文明和精神文明没有达到一定的高度，人类命运共同体也只能是一个理论上的概念而非实践的准则。只有在党的十八大以后，中国特色社会主义进入新时代后，物质文明和精神文明已经初步成型后，人类命运共同体这一目标才能逐渐从模糊的概念走向确切的现实。从国内经济社会环境来看，站在完成第一个百年奋斗目标的历史交汇点上，全面小康的实现为我国奠定了物质文明与精神文明进一步发展的坚实基础，也为实践人类命运共同体提供了牢靠的保障。从国际经济社会环境来看，在生产力发展到一定的高度后，国与国之间的经济联系和文化思想联系日益紧密，贸易往来频繁，铁路、货轮和飞机班次数不胜数，官方的与非官方的文化交流层见叠出。人类从未像今日一般彼此相连、相互依靠，于是时代呼唤了一个新的任务和目标的产生，即打造人类命运共同体，共建地球村。所以说，人类命运共同体这一方案的提出不仅是中国共产党人的高瞻远瞩，也是历史使命的现实要求。

最后，人类命运共同体也推动了物质文明与精神文明的协调发展，并以整个人类的视角重审了两个文明的发展。人类命运共同体的优越性和普遍性表现在中国式现代化不只涵盖中国一个国家，而是具有国际关怀，涉及所有国家和地区的人民，让世界共同分享中国发展的成果，让世界共同解决人类发展过程中所造成的或者严重影响人民幸福的事宜，如生态破坏、疾病传播、妇女儿童权益等。人类命运共同体把世界看作一个地球村，我为人人，人人为我，各个国家的命运休戚与共，各个国家的内部行为也会对其他国家产生或大或小的负面影响，人类命运共同体正是要将这些议题放在以联合国为核心的框架下来讨论和解决。中国作为一个负责任的大国，有能力有义务向世界提供中国方案，展现中国行动和中国能力。中国始终与广大发展中国家站在一起，坚持多边主义，反对单边霸权行为，积极参与全球治理，发出中国声音，如在调解争端、全球气候变化和抵制恐怖主义等议题上都有中国的身影。在新冠疫情全球肆虐时，中国更是以身作则，向周边国家和其他物资短缺的国家无偿捐献了大量的医疗物资，支持当地抗击新冠疫情，为全球渡过疫情难关提供了中国力量，展现了中国作为一个负责任的社会主义大国的风范，也使世界人民真正理解了何为人类命运共同体。只有站在人类命运共同体的高度来审视以往的物质文明与精神文明的发展，才能够真正扬弃资本主义发展过程中所导致的各类社会问题，从而走向一条新的人类文明新形态的康庄大道。

第三节　推动物质文明和精神文明相互促进、协调发展的思路和举措

一　中国两个文明协调发展的成就

从物质文明的成就来说，我国国内生产总值从 1978 年的仅有

3678.7亿元上升到2022年的1210207.2亿元，平均增长率高达14%。在扣除通货膨胀后按不变价计算，年均增长也高达9%以上。[①] 在中国这片大地上创造了GDP增长保持平均9%以上、持续增长40余年的经济奇迹。中国从一个游离于世界生产体系之外的、经济生产上几乎无足轻重的工业弱国迅速蜕变为一个世界第二大经济体和世界工厂，且在向全世界输出工业制品的同时国内市场也越来越庞大，中国已成为仅次于美国的世界第二大市场。一应俱全的工业体系和旺盛的需求是我国“双循环”战略最坚实的基础。同时，近年来我国涌现出大量创新型科技公司，如华为、大疆、小米，向世界消费者提供了大量优秀的科技产品，“中国制造”不再是低端制造业的代名词，“中国制造”逐渐升级为“中国智造”，人民也享受到了科技进步带来的生活质量的提升。中国高铁已经成为“中国智造”的名片之一，我国高铁里程数远远超过其他国家，名列世界第一。中国的恩格尔系数近年来稳定在30%上下，而根据联合国粮农组织提出的标准，恩格尔系数低于30%则为最富裕国家，我国已向最富裕国家靠拢。此外，我国实现了第一个百年奋斗目标，全面建成了小康社会，消除了绝对贫困，我国贫富差距过大的问题得到了改善。1978年中国的贫困发生率高达97.5%[②]，只有少部分人免于贫困的侵扰，而在仅仅42年后中国就彻底地消灭了绝对贫困，表明中国人已经彻底摆脱了绝对贫困，将向着更高层次的物质和精神需求迈进。

从精神文明的成就来说，一方面，社会主义核心价值观深入人心，社会风气有所好转。人们的文化素养和精神品质在稳步上升，社会中助人为乐的事件大量增加，公民社区治理的积极性也有所增加。另一方面，艺术展览、博物馆、话剧歌剧等文化活动的参与人数稳步上升。仅仅在2023年的“五一”期间，全国共组织文化活动47554场，共1.66亿人次参与，其中包括广场舞、群众歌咏、“村晚”、展

---

① 数据整理自国家统计局。

② 数据来源于国家统计局。

览和阅读活动等。[①] 近年来，大量的文创产品如雨后春笋般冒出，如故宫文创曾在新媒体平台上获得大量关注和好评，如马克杯、书签、冰箱贴、甜点等，不仅吸引了大量游客前往故宫游玩，还激发了民众对于文创产品的热情，增加了对于其他具有特色的文创产品的购买，甚至加入到文创产品的设计和制作当中去，感受悠久的中华文化与现代文化生活的碰撞。此外，中国与国外文化交流更加深入多样，不仅仅通过孔子学院等较为官方的形式，还通过各种非官方的民间组织进行了大量的文化交流，提供了大量平台使民众感受到文化碰撞带来的魅力。

进入新时代以来，我国坚持稳中求进、守正创新，围绕推进文化自信自强、建设社会主义文化强国，以满足人民精神文化需求和增强人民精神力量为着力点，坚持文化铸魂、文化赋能，以社会主义核心价值观为引领，推出一批优秀文艺作品，努力为人民群众提供更加丰富、更高质量的文化和旅游产品。推进实施国家文化数字化战略，推动文化和旅游数字化发展，促进文化和旅游新型业态与消费模式加快发展，国家文化软实力、中华文化影响力不断增强。据统计，2022年年末，纳入统计范围的全国各类文化和旅游单位31.40万个，全国共有艺术表演团体19739个，全国共有艺术表演场馆3199个，全国共有美术馆718个，全国共有公共图书馆3303个，全国公共图书馆实际使用房屋建筑面积2098万平方米，全国平均每万人公共图书馆建筑面积148.61平方米，共有群众文化机构45623个，其中乡镇综合文化站33932个，群众文化机构从业人员195826人；群众文化机构共组织开展各类文化活动270.73万场次，群众文化机构共有馆办文艺团体9322个。2022年年末，全国共有A级景区14917个，直接从业人员147万人，全年接待总人数26.3亿人次。2022年，文化和旅游部印发《关于推动文化产业赋能乡村振兴的意见》，启动文化产业赋能乡村振兴试点工作。实施“文化产业园区

---

① 曹岩：《“五一”假期全国组织群众文化活动47554场1.66亿人次参与》，央视网，https://news.cctv.com/2023/05/04/ARTIPReHpfRuoXceSISO7rB5230504.shtml。

携行计划"，推动区域文化产业协同发展。公布第二批 123 个国家级夜间文化和旅游消费集聚区名单，实施"百城百区"文化和旅游消费助企惠民行动计划。推进数字文化产业快速发展，推动 5G、超高清等技术广泛应用，推动国有文艺院团开发《抗战中的文艺》线上演播、《只此青绿》数字艺术品等项目。联合印发《虚拟现实与行业应用融合发展行动计划》，培育线上演播、沉浸式体验等新型业态。2022 年，全国文化和旅游事业费 1202.89 亿元，全国人均文化和旅游事业费 85.20 元。[①]

从"两个文明"协调发展的成就来说，中国共产党和中国人民所开辟出的中国式现代化是物质文明和精神文明相协调的现代化。中国在走向现代化、创造出丰富的物质文明的同时，精神文明相较于资本主义下的萎缩却越来越生机勃勃了。物质文明的发展不仅没有掩盖并挤压精神文明，反而推动着精神文明的进步。此外，中国的成功经验具有国际效应，这是一条不同于西方现代化的新道路，为其他发展中国家提供了一条全新的道路。这表明了现代化不仅仅只有一种模式，而是百花齐放的，每个国家都可以探索出自身的现代化模式。中国式现代化不一定适用于其他的国家，但是给其他发展中国家提供了一种新的参考经验，为其提供了一种新的可能。中国式现代化也表明只有当物质充裕、精神富足，物质文明和精神文明协调发展时，人才能真正地实现自由全面的发展。

二　中国"两个文明"协调发展面临的挑战

首先，随着我国经济社会持续发展，人民生活水平不断提高，但物质文明建设较发达国家仍有差距。此外，受新冠疫情影响，2020 年中国 GDP 增速仅为 2.2%。虽然中国仍然为世界主要经济体中经济增速最快的国家，但相较之前稳定 6%以上的增长，新冠疫情对中国

---

① 《中华人民共和国文化和旅游部 2022 年文化和旅游发展统计公报》，https://zwgk.mct.gov.cn/zfxxgkml/tjxx/202307/t20230713_945922.html。

经济产生了巨大的冲击。更为严重的是新冠疫情导致了国内与国外产业链的脱钩，原本建立的完整的国际产业链产生断裂，生产陷入停摆。同时，逆全球化潮流盛起，中国进出口贸易面临更大的风险与不确定性。虽然2021年中国经济迅速反弹，GDP增长率创下了近十年的最高值8.4%，但2022年新冠疫情再次重创了中国经济，使刚刚复苏的经济再次受到猛烈冲击，当年经济增长仅为3%。尽管2022年年底中央根据新冠疫情的最新变化及时更改了政策，但后疫情时代的诸多不确定性为未来经济增长蒙上了一层阴影。

其次，我国物质文明建设还存在不平衡的问题。自党的十九大以来，我国社会的主要矛盾是人民日益增长的美好生活需要和不平衡不充分的发展之间的矛盾。相较于1981年党的十一届六中全会通过的“历史决议”对我国社会主要矛盾的规范表述，主要矛盾的主要方面由“落后的社会生产”被修改为“不平衡不充分的发展”。这是因为经过了70余年的中华人民共和国建设和40余年的改革开放，我国的生产力水平大幅上升，不再是落后的了，2022年人均GDP已经达到1.27万美元。通过政府的长远规划和人民的勤奋努力，我国在沿海地区建设出了几个较为发达的城市群，如长三角城市群、珠三角城市群、京津冀城市群，其中长三角城市群的龙头上海市是中国大陆人均GDP最高的省级行政区，2022年人均GDP达到18万元人民币，折合为2.67万美元，超过了发达国家人均GDP 2万美元的门槛。而中西部地区相较于东部地区发展较为迟缓，尤其是部分农村和县城刚刚脱去贫困村和贫困县的帽子，东部地区与中西部地区贫富差距、城市与农村贫富差距仍较大。所以我国社会主要矛盾的主要方面转为了“不平衡不充分的发展”，不再仅仅是“不充分”的问题，还多了“不平衡”的问题。

最后，必须正确引导精神文明建设符合社会主义价值观。虽然物质文明和精神文明的发展不是完全独立的，而是相辅相成、协调发展的，但物质文明的发展不必然会带动精神文明的发展，精神文明的进步有其自身的发展逻辑，同时也需要积极引导精神文明建设来带动物质文明的进步。传统价值观的崩塌和人生意义的虚无等问题成为很多青年人的心理障碍来源，而在资本主义社会中这种精神文明的脱节表现得尤为明显，人无法逃离被资本所编织的物化的网，精神文明被资本主义所创造的物质文明物化了。在建设新时代中国特色社会主义下的中国式现代化必须要超越这种不协调的发展，必须牢牢坚守社会主义核心价值观，正确引导精神文明的发展，使精神文明担当起推动物质文明的任务，打造两个文明协调发展的格局。

三 进一步推进“两个文明”协调发展的战略举措

增强“四个自信”，尤其是文化自信。推动具有中国特色的文化产业的发展，如优秀的文化电影、纪录片和民间的特色文创产品，丰富中华民族的精神家园。要让全体人民都参与到文化创作中来，制作出具有中国传统文化特色、符合中国当代审美的有活力、有创新、有当地特色的文创产品。利用新媒体和新平台加强优秀文创产品的传播与推广，让具有当地特色的文创产品可以进入中国统一大市场供消费者选购。同时在文化创作的过程中，民众也能享受和学习文化创作，在文化交流中提高审美品位和文化素养，丰富精神世界。另外，要增加与外国友人文创产品的交流互鉴，在文化对话中感受中国文化与世界文化相碰撞所产生的绚烂文化，体会中国文明的博大精深与源远流长以及世界文化的丰富多样，以此坚定对于中国文明的文化自信。

打造中国特色哲学社会科学学科体系和理论标准，对于西方主流社会科学要取其精华、去其糟粕。西方社会科学自我标榜为去意识形态的科学，却往往只代表少数集团的利益，广大的西方底层人民与发展中国家的人民往往是失声的。中国作为最大的发展中国家，也始终与广大的发展中国家站在一起，为世界人民谋福利。同时面对日益复杂的国际社会环境，也是为了适应中国经济和政治的现实需要，中国必须加快构建中国特色哲学社会科学，提高解释世界和改造世界的能力，强化中国在世界范围内的话语权。此外，还要持续推进马克思主义的中国化，面对高速发展、千变万化的经济环境，要用中国话语来解释中国社会问题乃至世界社会问题，为世界提供中国理论和中国方案，展现出中国智慧，体现出中国特色哲学社会科学相较于西方哲学社会科学的优越性。

坚持社会主义核心价值观，在经济社会生活中必须以社会主义核心价值观作为价值指南，将社会主义核心价值观融入生活的方方面面，作为公民要坚持爱国、敬业、诚信、友善。社会主义核心价值观是社会主义价值观中最精练、最根本的部分，习近平总书记在党的二十大报告中明确指出："广泛践行社会主义核心价值观。社会主义核心价值观是凝聚人心、汇聚民力的强大力量。"要加强意识形态工作，提高识别和抵制错误观念的能力。要自觉抵制拜金主义、享乐主义、极端个人主义、历史虚无主义等错误思想，追求更有高度、更有境界、更有品位的人生，让清风正气、蓬勃朝气遍布全社会。坚决抵制金钱至上、功利主义、虚无主义和极端个人主义，强化社会主义核心价值观的正向引导作用，树立各个行业的时代楷模，号召民众向他们学习，鼓励助人为乐、互帮互助、团结友爱、尊老爱幼的社会风气。

深入贯彻习近平法治思想，坚持依法治国的基本方略，全面推进社会主义法治国家建设。用法治来代替人治既是经济发展的必然需求，也是保障社会稳定进步的重要基石。面对近年来科技迅速发展所产生出的大量新事物，如新媒体、新平台和新设备，要及时设立相应的法律法规对其加以正确的规范与引导。秉持有法可依、有法必依、执法必严、违法必究的基本原则，保证法律的网络能覆盖到人民的经济社会生活各个方面，从而保护人民的权益不受肆意的侵害。同时必须重视普法的重要性，可以借助官方平台、公众号和社区活动等进行法制宣传和普法教育活动，以传播法律意识，让人民知法懂法，使大众都装备上法律的武器来保护自身，创造一个和谐有序的社会主义法治社会。

青少年是中国的未来，必须重视青少年教育事业，将道德教育和知识型教育相结合，遵循德智体美劳全面发展，树立正确的社会主义价值观，追求人的自由和全面的发展。要弥补我国目前重知识轻"育人"的道德教育的缺失，解决青少年在成长道路上的迷茫和普遍的虚无主义情绪，加强青少年的心理教育和心理疏通。在青少年教育中要弘扬劳动光荣的精神，让学生都参与到学习劳动实践中，锻炼动手能力和组织协调能力，提高学生的综合素质。“如果青少年的精神世界没有童话、歌谣和大自然的云彩、花朵、鸟叫虫鸣，如果青少年的心灵世界没有动人的音符和丰富的颜色，如果青少年没有艺术爱好和艺术修养，不可能全面发展……坚持以美育人、以文化人，提高学生审美和人文素养。”① 还要深化爱国主义和集体主义教育，将共产主义的伟大梦想传递给青少年，使青少年不仅有知识，还有理想、有担当，树立有责任、有思想、有能力、有理想的社会主义新青年形象，成为能肩负起新时代中国特色社会主义发展的时代新人。

（本章执笔：彤新春　高歌阳　袁亦峥）

---

① 中共中央党史和文献研究院编：《十九大以来重要文献选编》（上），中央文献出版社 2019 年版，第 652—653 页。

第九章
人与自然和谐共生的现代化

习近平总书记曾深刻指出，“生态文明建设是关系中华民族永续发展的根本大计”。[①] 党的十八大以来，党中央高度重视以人与自然和谐共生为目标的生态文明建设，将其与社会主义现代化建设的目标相结合，纳入中国特色社会主义事业统筹推进的“五位一体”总体布局和协调推进的“四个全面”战略布局之中。特别是习近平总书记从战略和全局的高度，对生态文明建设提出了一系列新思想、新要求、新论断，形成了系统完备的习近平生态文明思想。在习近平生态文明思想指导下，党的二十大报告明确将“人与自然和谐共生的现代化”作为中国式现代化的五个基本特征之一，进一步确立了生态文明建设在中国全面建成社会主义现代化强国和全面推进中华民族伟大复兴中的地位，从而为全世界发展中国家迈向现代化开辟出了一条具有鲜明中国特色的人与生态同步发展的有效路径。

第一节　保障人与自然同步发展

中国式现代化，是中国共产党领导的社会主义现代化，既有各国现代化的共同特征，更有基于自己国情的中国特色。中国式现代化中所富含的生态意蕴，既是近现代以来人类对自身与自然关系认识和实践不断深化演进过程中的一个重要阶段，是对马克思恩格斯生态文明

① 中共中央宣传部编：《习近平新时代中国特色社会主义思想学习纲要》，学习出版社、人民出版社 2019 年版，第 169 页。

思想的坚定继承与创新发展，也蕴含着对“天人合一”“道法自然”等中国古代生态智慧的文化底蕴。而习近平生态文明思想是中国共产党不断探索生态文明建设的理论升华和实践结晶，为现代化过程中实现生态文明的同步发展提供了中国智慧和中国方案。

一　对西方现代化的反思和超越

在人类历史发展进程中，一些西方资本主义国家率先实现了现代化，但是是以沉重的生态污染为代价并最终导致了全球性的生态危机。而西方的环境保护主义运动，实际上是20世纪六七十年代才开始勃兴。其时，西方发达国家所造成的环境污染早已相当严重。因此，西方现代化模式在实践上对生态环境采取的是“先污染，后保护”的方式。其整体实践方式对于发展中国家而言难以复制。而中国式现代化在发展模式上强调生产生活方式的全面绿色变革，不仅将生态环境的改善作为现代化的根本目标之一，还要将生产力的绿色转型作为现代化实现的重要驱动力。在生态就是生产力的意识格局下，实现经济发展与环境改善的同步互动。

二　实现全民生态公平

尽管目前一些西方国家的生态环境得到了较大改善，但由于资本主义特征所导致的贫富差异、阶级差异仍然存在。在“选票政治”的作用下，上述差异就导致了环境保护工作在实践与成果分享方面因阶级、城乡、地域、种族之间的利益不均衡而呈现出效率低下的特征。根据一些学者对以迎合民众环境保护意愿为政治纲领的欧洲绿党的研究，即使在推进生态环境保护与治理工作方面，其执行力也难称高效。特别是近些年来，西方环保主义在很多方面已越来越呈现出形式化、空洞化、极端化的趋势。而中国式现代化是以增加全体人民的共同生态福祉为最终目标的，能够充分发挥人民群众的主体参与力量。正如习近平总书记指出：“良好生态环境是最公平的公共产品，是最普惠的民生福祉”①；“每个人都是生态环境的保护者、建设者、受益者”②。另外，正如很多学者指出，中国式现代化是以国家、集体和个人利益对立统一的集体主义为逻辑的。在推进生态环境保护与治理工作的实践中容易达成个人利益与集体利益、短期利益和长期利益的协调统一。

三　倡导构建人类命运共同体

目前西方发达国家虽也在尝试通过国际合作进行全球范围的生态环境治理，但以美国为代表的一些国家抱着零和博弈的狭隘思想，并不愿意切实担当起全球生态环境治理的大国责任。更有甚者，一些发达国家仍然在奉行将发展中国家作为生态资源榨取地和环境污染消纳地的“生态帝国主义”。一些研究显示，很多发达国家将大量生活垃圾、电子垃圾甚至有害垃圾运往发展中国家。2002 年美国大约有 50%—80%的电子垃圾被运往亚洲发展中国家，仅 2013 年英国就向亚洲发展中国家运出了 1200 万吨生活垃圾。因此，西方发达国家在资本利益的驱动下，在很多方面是将转移全球生态问题作为首要选择，而非解决这些问题。而中国一贯坚持世界各国合作共赢的发展理念，恪守共同但有区别的责任原则，将本国的生态文明建设和经济发展纳入全球视野下节能降碳的战略考量，助力绿色发展的全球生态体系构筑，树立起了中国在全球生态保护领域负责任大国的形象。

第二节　充分释放和发展生态生产力

习近平总书记关于生态生产力的重要论述是习近平生态文明思想的重要组成部分，打破了简单地把生态保护和经济发展硬性对立起来的思想桎梏，指明了实现生态保护和经济发展协同共进的新路径。蕴

① 中共中央文献研究室：《十八大以来重要文献选编》（中），中央文献出版社 2016 年版，第 493 页。

② 习近平：《习近平著作选读》（第 2 卷），人民出版社 2023 年版，第 173 页。

含着中国生态文明智慧的“绿水青山就是金山银山”理念越来越成为中国统筹社会经济发展和环境保护的重大理论指导和实践范式。

产业结构的优化升级是提高我国经济综合竞争力的关键举措，特别是“双碳”目标的制定，对我国的产业结构和生产方式提出了更高的要求。以高端化、低碳化、循环化、生态化为代表的绿色产业发展是衔接产业结构优化升级与生态文明建设的重要路径。目前，中国的绿色产业着力运用先进科学技术推动传统产业向低碳循环的方向改良升级，以工业的绿色化发展为坚实支点，以农业的绿色化为保障基石，以服务业的绿色化为推进引擎，注重发展高新技术产业、战略性新兴产业，不断优化产业结构，进一步实现了国内产业结构向生态效益与经济效益同步并进的更高层次全面迈进。

一　高端制造业在工业产业中的重要性显著增强

在“双碳”目标背景下，由数字经济驱动的高端制造业发展呈现出绿色创新驱动的趋势，有效实现了经济效益和生态效益的同步并进。2022 年，我国高技术、装备制造业增加值较上年增长 7.4%，对规上工业增长的贡献率为 32.4%，较上年提高 3.8 个百分点。其中，电子及通信设备制造业、航空航天器及设备制造业、医疗仪器设备及仪器仪表制造业分别增长 12.7%、9.9%、7.6%。装备制造业保持较快增长彰显工业经济韧性，增加值较上年增长 5.6%，高于全部规上工业平均水平 2.0 个百分点。其中，电气机械和器材制造业、计算机通信和其他电子设备制造业、汽车制造业分别增长 11.9%、7.6%、6.3%。太阳能工业用超白玻璃、多晶硅、单晶硅等新材料产品产量分别增长 78.0%、64.4%、51.8%；高技术产品产量也增长迅速，移动通信基站设备、工业控制计算机及系统、民用飞机等产量分别增长 16.3%、15.0%、10.5%。2022 年，中国已在新一代信息技术、高端装备、新材料、新能源及智能网联汽车等多领域建成 45 个国家先进制造业集群，主导产业总产值达到 20 万亿元，成为引领带动制造业高质量发展、提升产业竞争力的重要力量。中国高端制造业实现绿色发展的过程中有两个趋势特别值得关注。其一，构建了工业领域从基础原材料到终端消费品全链条的绿色产品供给体系，并与消费和生活方式绿色化转型构成了良性互动的关系。这其中突出的代表就是中国电动汽车的发展，截至2022年年底，全国新能源汽车保有量达1310万辆，产销实现705.8万辆和688.7万辆，同比分别增长96.9%和93.4%，连续8年居全球第一位，同时推动了全社会交通工具的绿色化转型。以比亚迪为代表的电动车企已经完成了从电池到整车的全产业链研发生产一体化打通。其二，以绿色金融为代表的融资渠道对中国绿色工业的支持。截至2022年年底，中国本外币绿色贷款余额达22.03万亿元，绿色债券存量规模达1.5万亿元。

二 建立面向“双碳”目标的绿色能源体系

自2020年9月习近平主席代表中国政府明确提出2030年“碳达峰”与2060年“碳中和”目标以来，中国企业积极响应，向低碳转型迈出了坚实步伐。有学者关注到，很多企业通过加快自身的能源结构调整向绿色经济转型，推动了自身经济效益的提升。在降低资源及原材料消耗的过程中，在降低企业有形资产的经营成本的同时，调动企业人员参与节能减排的过程，也倒逼其人力资源管控方式的提升。另外，节能企业的声誉和形象也为其带来了难以估量的无形资产效益。2022年，中国在扩大清洁能源比率的同时，能源的产出效率显著提升。全国煤炭和原油等传统能源消费量显著下降。同时，成本更低、生态效益更高的天然气、水电、核电、风电、太阳能发电等清洁能源消费量占能源消费总量的比重已达25.9%，对比2021年，上升0.4个百分点。充电桩、光伏电池、风力发电机组等新能源产品产量分别增长80.3%、47.8%、45.5%。全国万元国内生产总值二氧化碳排放下降0.8%，能耗比下降0.1%。重点耗能工业企业单位电石综合能耗下降1.6%，单位合成氨综合能耗下降0.8%，单位电解铝综合能耗下降0.4%，每千瓦时火力发电标准煤耗下降0.2%。

三 农业生产方式绿色转型和生态环境保护的耦合发展

党的十八大以来，中国的农业绿色化转型进入了高速、高质量发展的新时期，呈现出多功能性增强、生态农业格局创新、经济—生态—社会价值一体化的发展趋势。全国2012—2021年农业绿色发展指数从73.46提升至77.53。科技对农业发展所起到的作用增加，对农业绿色化转型起到了关键作用。2022年，农业生产中科技进步的贡献率已达62.4%，比2021年增长1.4%。其中，具有开放、持续、高效、标准等特征的农产品绿色化生产对农民收入增加成效显著。多项研究表明，农产品绿色化生产不但能够显著提升产量和品质，还通过标准化全程控制等途径提升了农产品的形象和价格，实现了“优质优价”，使农民从中获得了更多的经济效益。2022年，全国绿色优质农产品供给不断增强，绿色食品、有机农产品和地理标志农产品数量超过63000个，产量占全国农产品的11%。2020年，获得认证的有机作物种植面积达到243.5万公顷，有机产品国内销售额约804亿元人民币。中国的农地生态改善工作以推进建设以土壤肥沃、生态良好、抗灾能力强为重要衡量指标的高标准农田建设为主要抓手。2022年，中国已累计建成高产稳产、高效节水灌溉的高标准农田超10亿亩，实施东北黑土地保护性耕作面积8300万亩。很多学者指出，以高标准农田建设为代表的农地生态改善工作不但能给农民带来亩均纯收入、新增粮食产量、新增土地租金收入、项目区总产值增加率、投入产出比、农业生产成本、农业技术推广率等经济效益提升，还能带来新增耕地面积、田间道路通达率、机械化率、公众满意度、农田水利交通条件等社会效益提升以及抗灾害能力、农田防护林种植率、植被覆盖率等生态效益的提升。

四 发展互联网服务业打造绿色产业融合新引擎

很多学者已经关注到，互联网服务业与工农业的产业融合发展对于提高绿色全要素生产率存在显著的正向影响。特别是运用新一代信息技术赋能绿色制造、推动生产方式数字化加速转型，已经成为绿色低碳发展的重要技术路径之一。“十三五”时期（2016—2020 年），中国信息传输、软件和信息技术服务业增加值年均增速高达 21%。互联网、大数据、人工智能、5G 等新兴技术的现代生产服务业与先进制造业融合发展步伐加快。目前，全国聚焦能源管理、节能降碳等典型应用场景，共培育推广了 40 余个“工业互联网+绿色低碳”解决方案。“5G+工业互联网”率先在钢铁、采矿等 10 个重点行业领域形成 20 个典型应用场景，涌现出远程设备操控、机器视觉质检、无人智能巡检等一批应用实践，显著促进了传统企业提质降本增效。另外，各地“互联网+农业”绿色高标准示范基地的建设与农村电商的发展成为服务业与农业面向绿色化创新融合转型的重要抓手，并以分级标准促进农产品优质优价，推进品牌化农产品和地理标志发展全面提速。2021 年全国农村网络营销收入为 205000 亿元，其中农产品网络营销收入为 4200 亿元。盘锦大米、五常大米、婺源绿茶、湘村黑猪等一大批绿色有机农产品因互联网而大放异彩，显著地提高了农民对于发展生态农业的参与度和获得感。另外，很多互联网电商企业还通过发展“农业+”多业态，通过强化农产品生态化养殖种植和绿色有机农产品质量管控“公司+基地+农户”产业组织模式，实现绿色农业和农民增收同步并进。截至 2022 年 9 月，盒马在全国共建 190 个农产品“产供销”数字链一体化的盒马村，遍布 20 个省份。截至 2022 年 9 月，京东也已经在全国对接超过 1000 个农特产地及产业带，直连超过 500 个大型优质蔬菜基地，共建 70 多个现代化、标准化、智能化农场。

第三节　实现生态文明的共建共治共享

习近平总书记指出：“良好生态环境是最公平的公共产品，是最普惠的民生福祉。”① 中国的生态文明建设是一项全民共建共治共享

---

① 中共中央文献研究室：《十八大以来重要文献选编》（中），中央文献出版社 2016 年版，第 493 页。

的公共事业，所倡导的是在权利和义务上“在自然面前人人平等”的理念。一方面，生态文明建设具有公平无偿的民生导向，其最终成果必然被全体人民所共享。另一方面，在党和政府主导推进方向的前提下，生态环境需要全体人民共同维护，生态文明建设需要全体人民共同参与。

一　推进生态系统一体化保护修复

“山水林田湖草是生命共同体”，人类是自然的一部分，人民群众物质和精神需求只有在良好的生态环境中才能实现真正的双向满足和内在统一。除了可持续利用的自然资源、风景名胜带来的旅游收益等物质层面的满足，良好的生态环境同样是无穷的精神财富，能充分带给人民群众身心愉悦和精神享受。中国政府目前将污染防治和生态系统一体化保护修复作为改善生态环境治理的重点突破口。就污染防治工作而言，中国政府自党的十八大以来在污染防治顶层设计、治理责任落实、协调防控、加强科技支撑、突出污染全过程精准治理、完善经济支撑保障等方面均取得了宝贵经验，推动了蓝天保卫战、碧水保卫战、净土保卫战等一系列污染防治攻坚战标志行动，取得了显著成就。2022 年，中国的污染防治工作成果继续巩固扩大。全国 339 个地级及以上城市 PM2.5 平均浓度为 29 微克/立方米，比上年下降 3.3%；PM10 平均浓度为 51 微克/立方米，比上年下降 5.6%；有害气体二氧化氮平均浓度比上年下降 8.7%。2022 年，全国评级优质（Ⅰ—Ⅲ级）的地表水占比为 87.9%，比上年上升了 3%；污染较严重的劣Ⅳ级地表水占 0.7%，比上年下降了 0.5%；全国土壤环境风险得到基本管控，土壤污染加重趋势得到初步遏制。在生态系统一体化保护和修复方面，中国政府在构建和严守“三线一单”（生态保护红线、环境质量底线、资源利用上线和环境准入负面清单）的基础上，推进实施了一系列重要生态保护和修复重大工程。2021 年，中国政府分别在辽宁辽河流域、山东沂蒙山山区、贵州武陵山区、安徽巢湖流域、新疆塔里木河流域、广东南岭山区韩江中上游、九龙江流域、浙江瓯江源头区域等地开展了10个第一批“山水林田湖草沙”一体化保护和修复工程项目，这些实施期不超过3年，投资额分别在50亿—150亿元，突出对国家重大战略的生态支撑，着力提升生态系统质量和稳定性。

二　探索多元化的生态公平路径

生态产品是“维系生态安全，保障生态调节功能，提供良好人居环境的自然要素”，生态产品的价值化就是将生态环境转化为可交换消费的经济产品。目前，城乡间、地区间、群体间经济利益和生态权益的不平衡已经变成了中国社会经济发展过程中的突出问题。探索生态产品价值化，能够在政策和市场机制的双重调节下实现经济发展和生态保护间人民群众利益的公平分配。使人民群众在保护环境时获得经济收益，调动其保护生态环境的积极性。目前，中国的生态产品价值化实现机制主要体现在生态补偿制度和资源交易机制两个方面。其中，中国现有的生态补偿政策主要针对区域性生态保护和环境污染治理领域，包括生态环境补偿费政策、水资源费政策、退耕还林还草政策、矿产资源税、矿产资源补偿费等政策。其主要实现路径包括：中央与地方间和上下级地方政府间的纵向补偿、同级地方政府间的横向补偿、生态建设工程、个人补贴补助、公共性生态产品区域间流动等。其中，三江源纵向生态补偿、新安江横向生态补偿、金磐异地协同开发等生态补偿项目都已初见成效。而中国的资源有偿使用制度建设成就主要集中在碳排放权交易制度、用能权交易制度、排污权交易制度、水权交易制度等方面。以碳排放权交易制度为例，早在2011年10月，国家发改委就在部分地区试点开展碳排放权交易。2021年7月16日，全国碳排放权交易市场正式上线交易，第一个履约周期以发电行业为重点，碳排量限额累计交易量为1.79亿吨，交易额为76.61亿元。另外，以碳市场为基础的碳金融体系也初步构建，用以支持碳市场的有效与平稳运作，使碳市场能够充分发挥其价格发现的作用。碳远期、碳掉期、碳期权、碳租赁、碳债券、碳资产证券化和碳基金等碳金融产品和衍生工具也开始有序发展。

三 引导企业建立绿色供应链体系

打造全生命周期绿色供应链是深入推动产业结构绿色低碳升级的重要措施，积极打造绿色产业链供应链将为我国实现绿色发展战略目标提供强有力支持。目前，在国家和地方一系列相关政策和法规的支持下，企业环保意识和绿色转型动力显著增强，特别是中国政府着力于加大绿色低碳产品供给、大力发展绿色环保装备、创新绿色服务供给模式等方面引导产品供给绿色化转型，极大地增加了企业打造绿色供应链的动力。很多企业也开始因势而动，明确减碳目标，定位减碳抓手，制定最适合自身的减碳路线与创新性举措。根据安永智库的调查，绝大多数受访企业认为接下来五年70%的转型升级工作会与建立可持续性有关。中国的绿色供应链发展趋势日益明晰，如政策扶持、企业责任感、消费者需求以及技术创新的诸多要素正在共同推动绿色供应链管理的深化与拓展，从而促进环保产业的健康发展。目前，中国的绿色供应链生产体系已经初步建立，截至2021年年底建成绿色工厂2783个、绿色工业园区223个、绿色供应链管理企业296个。

生活消费的绿色化是以低碳环保为目标、践行环保道德自律和绿色消费的一种生活方式转化。目前，中国政府主要通过以下措施推动生活消费的绿色化转型：首先，引导衣食住行消费、文旅和公共机构领域消费、电力消费等重点领域的消费绿色转型；其次，推动先进绿色低碳技术应用，畅通产供销全链条衔接，加快发展绿色物流配送，拓宽闲置资源共享利用和二手交易渠道，构建废旧物资循环利用体系；再次，加快健全以《招标投标法》和《政府采购法》为代表的法律制度，优化完善标准认证体系，探索建立统计监测评价体系，推动建立绿色消费信息平台；最后，完善财政支持、金融支持、价格机制、市场化激励、对违规违法的处罚约束等绿色消费激励约束政策。目前，绿色消费理念开始深入人心，绿色消费方式得到普遍推行，绿色低碳循环发展的消费体系正在逐步形成。根据2021年的一项调查，超七成受访者对气候变暖存在危机感；超六成的受访者知晓“绿色消费”，其中“00后”年轻人对于“绿色消费”概念的知晓度接近80%；消费者自带购物袋、步行或乘坐公共交通前往商场、进行垃圾分类，在受访者中所占比率分别为69%、67%、64%；98.7%的受访者至少在商场消费时参与过一项绿色消费实践（包括领取电子发票小票或会员卡、参与商场化妆品空瓶回收等）。

第四节　为全球生态文明建设贡献中国力量

习近平总书记指出：“地球是我们的共同家园。我们要秉持人类命运共同体理念，携手应对气候环境领域挑战，守护好这颗蓝色星球。”① 面对全球性的生态危机，任何国家都难以独善其身，人类环境治理水平的整体提升有赖于各国共同的努力。中国的生态文明建设是人类命运共同体的重要组成部分，为全人类解决共同面对的生态环境问题提供了中国理念、中国方案和中国贡献，彰显了中国作为负责任大国在全球生态环境保护和修复方面的使命担当。

一　携手世界各国，共同应对全球气候变化

中国对于全球气候治理发挥着非常积极的作用。2017年习近平主席在世界经济年会开幕式上的讲话中从全球发展大方向上倡议各国响应《巴黎协定》在应对全球气候变化的积极作用，为推动《巴黎协定》的达成作出了历史性贡献。2020年，习近平主席在第73届联合国大会上提出了中国力争2030年实现碳达峰，2060年实现碳中和的承诺后，欧盟也扩大了减排的幅度，日本、韩国、英国等国家相继提出了本国2050年实现碳中和的目标，中国在这个方面起到了应有的示范和引领作用。

目前，中国政府履行《联合国气候变化框架公约》及《巴黎协

① 习近平：《论坚持人与自然和谐共生》，中央文献出版社2022年版，第267—268页。

定》，发布中国长期温室气体低排放发展战略，积极参与国际规则和标准制定，推动建立公平合理、合作共赢的全球气候治理体系。中国的碳中和产业链的构建工作正在稳步推进中，力争在产业链上游实现电力、工业、建筑、交通等领域碳排放全面降低，在产业链中游实现清洁能源替代、节能减排、推广碳吸收工艺技术应用（包括生物碳汇、CCUS 碳捕捉、利用与储存、BECCS 生物能源与碳捕捉、储存）、碳交易同步并举，在产业链下游积极推广新能源发电、新能源汽车、绿色储能、绿色建筑等绿色产品。目前，中国低碳发展政策体系也正在逐步构建。2021 年，中国宣布不再兴建境外煤电项目。中国政府在积极承担推动全球绿色低碳发展的大国责任的同时，致力于构建更加公平合理的国际合作机制。特别是在近期和中期减排目标上，促使发达国家兑现承诺，向发展中国家持续提供应对气候变化的资金与技术支持。另外，中国还提出国家间绿色低碳科技合作倡议，加快区域间共性技术研发合作，开展绿色技术的双边合作，完善气候变化信息全球共享平台建设，强化国际气候技术中心（UNEP IETC）和联合国工业发展组织（UNIDO）等多边组织在绿色技术扩散中的积极作用，增大科技成果共享力度。

二　加强区域合作，共商共建绿色“一带一路”

中国是“一带一路”沿线国家最大的贸易伙伴，能源是中国参与“一带一路”沿线国家投资建设的最主要领域。近年来，中国参与“一带一路”沿线国家能源部门的投资建设逐渐侧重于可再生能源投资。2021 年，中国在“一带一路”沿线国家的可再生能源投资建设总额约为 100 亿美元，主要集中在太阳能和风能（31%）以及水电（17%）等领域。中国还在生态环境治理、生态多样性保护和应对气候变化等多个方面与“一带一路”沿线国家展开广泛合作。目前，“走出去”的中国企业也积极推动基础设施绿色低碳化建设和运营，生态环保和绿色产业合作项目不断落地，赢得了各国广泛赞誉。其中具有代表性的项目包括：生态多样性和生态系统领域（肯尼亚内马铁路一期、加纳特玛新集装箱码头工程）、清洁能源领域（巴基斯坦卡特洛水电站、黑山莫祖拉风电项目）、清洁水领域（安卡拉卡宾达供水工程、孟加拉帕德玛水厂）、可持续交通领域（黑山南北高速公路、克罗地亚佩列沙茨跨海大桥）、固废处置领域（越南芹苴垃圾焚烧发电厂）、可持续消费和生产领域（纤生代TM纤维项目、沙特延布炼油厂）、绿色建筑领域（卡塔尔卢赛尔体育场）、企业社会责任领域（乌干达伊辛巴水电站）等。这些项目不但加强了生态环保国际合作，防范了生态环境风险，增进了各国政府、企业和公众的绿色共识及相互理解与支持，还为国际可持续发展合作提供了源自“中国智慧”的经验借鉴，包括借鉴国际先进环评制度，确保项目绿色落地实施；完善绿色环保管理体系，切实履行环保责任；推广绿色环保技术应用，助力东道国节能减排迈上新台阶；注重技术创新，为绿色发展增添动力；因地制宜制定施工方案，最大限度保护生态环境；使用可持续性融资，确保项目长期发挥效益；开展绿色教育和扶贫，为东道国培养绿色人才队伍；属地化经营带动就业和产业发展，提升东道国绿色发展“底气”。

三　探索国际合作新机制，建设全球生态命运共同体

目前，国际生态治理合作主要是在气候条约等国际条约发挥基础性作用的前提下开展，然而在生态治理领导力缺失和单边主义、保护主义盛行的情况下，以“示范引领、效果激励”为途径的“自下而上”国际合作模式被认为难以满足力度要求。习近平主席指出，面对生态问题各国应展开“各尽所能，合作共赢”“奉行法治，公平正义”“包容借鉴，共同发展”的全球生态治理理念，同时倡导“和而不同”的适合本国国情的发展应对策略。目前，作为世界上最重要的贸易进出口国家，中国正在尝试构建国际互动的新绿色贸易体系，以此为抓手推进国际生态治理合作，包括优化贸易结构，大力发展高质量、高技术、高附加值绿色产品贸易；加强绿色标准国际合作，推动落实合格评定合作和互认机制，做好绿色贸易规则与进出口政策的衔

接；完善出口政策，严格管理高耗能高排放产品出口；积极扩大绿色低碳产品、节能环保服务、环境服务等进口。另外，其他诸多国际生态治理合作的新机制也在探索中，如与“一带一路”沿线国家能源投资建设的合作新机制，具体包括借助“一带一路”能源部长会议、能源合作伙伴关系等对话机制和平台，凝聚能源领域的发展、合作和治理共识；以项目投资、工程建设等方式作为切入点，积极推动“一带一路”沿线国家能源基础设施实现低碳转型；建立以“城市外交”为代表的新型合作机制，鼓励中国地方政府积极与“一带一路”沿线重要能源城市进行能源合作和对话；推进多项资金融通工程为中国与“一带一路”沿线国家的能源合作建立稳固的融资平台。

（本章执笔：王大任）

第十章 走和平发展道路的现代化

第一节 和平发展是中国式现代化的鲜明特征

走和平发展道路是中国式现代化的鲜明特征之一，爱好和平是中国优秀传统文化的重要组成部分，中华人民共和国致力于维护世界和平发展。和平发展也是推进中国式现代化的根本要求，中国式现代化快速发展得益于世界的和平发展，又为世界的和平发展作出了重要贡献。要以和平发展来促进中国式现代化的实现。

一 爱好和平是中国优秀传统文化的重要组成部分

习近平总书记指出："和平、和睦、和谐是中华民族5000多年来一直追求和传承的理念，中华民族的血液中没有侵略他人、称王称霸的基因。"① 中华民族的和平基因存在于思想文化和历史实践传统之中。

（一）中国文化历史中的和平基因

中华文明经历了5000多年的历史变迁，是世界上唯一一个文明没有中断的大国，也是同其他文明不断交流互鉴而形成的文明。中华文明根植于中华大地，为中华民族生生不息、发展壮大提供了源源不

① 习近平：《习近平谈治国理政》（第4卷），外文出版社2022年版，第11页。

断的文明滋养。

中华优秀传统文化推崇以和为贵、亲仁善邻、崇信修睦、天下为公、协和万邦等理念，它们蕴含在中华优秀传统“和”文化之中，形成中华民族热爱和平的民族底色。中国文化从来就认为天下一家、四海之内皆兄弟，中华民族的思想和行为受这个观念影响很大，成为中国人处理人与人、人与自然乃至国与国关系的重要价值观。走和平发展道路是对中华传统“和”文化的传承。中国人很早就提出了“国虽大，好战必亡”的关于国家和平与战争的著名格言。关于战争与和平，中国文化的传统是崇尚和平。

中国人很早就提出“和而不同”的思想。春秋战国时期是中国历史上思想繁荣的时期，这个时期的哲学家留下了丰富的思想财富，其中“和”的思想尤为重要。孔子的孙子子思指出，“和也者，天下之达道也”。“和而不同”“天人合一”“以和为贵”等理念是中国人民从古至今所推崇和追求的。和谐与和平文化传统培育了中华民族热爱和平的民族禀性。左丘明在《左传》中记录了齐国上大夫晏子关于“和”的一段话：“和如羹焉，水、火、醯、醢、盐、梅，以烹鱼肉。”“声亦如味，一气，二体，三类，四物，五声，六律，七音，八风，九歌，以相成也。”我们的古人很早就明白世上万事万物相互依存，和谐共生，相辅相成。

（二）中国历史上推动和平发展的重大轨迹

中华文化中的重要传统是讲信修睦、和平共处。走和平发展道路，是中国基于历史文化传统的合乎逻辑的发展道路。

对外交往中中国人民在历史上强调亲仁善邻、和而不同。中国自汉朝起开辟通往西域的丝绸之路。2000 多年前，连接东西方的丝绸之路开通，促进了东西方平等开展互利合作和文明交流。公元前 138 年和公元前 119 年张骞两次出使西域，增进了同西域的经贸和文化交流。中国向西域出口瓷器和丝绸等中国优良产品的同时，也大量引进了西域的物种和优秀商品。唐朝是中国历史上对外交流比较活跃的时期。据历史记载，唐代首都长安有大量来自世界各国的使臣、商人、留学生等。来自日本的遣唐使比较著名，日本先后向唐朝派出十几次遣唐使团。其次数之多、规模之大、时间之久、内容之丰富，可谓中日文化交流史上的空前盛举。遣唐使对推动日本社会的发展和促进中日友好交流作出了巨大贡献。中国明代著名航海家郑和七下西洋，航行轨迹远涉亚非 30 多个国家和地区，郑和航行的目的是结交友邦、宣示和平，而不是征服邻国、掠夺财富，他们留下了大量同沿途国家人民友好合作的佳话。明末清初，中国人积极学习现代科技知识，欧洲近代的科技如天文学、医学、数学、几何学、地理学知识传入中国，中国人的知识视野得以开阔。中外文明交流互鉴更是频繁展开。当今世界，人类生活在不同文化、种族、肤色、宗教和不同社会制度所组成的世界里，各国人民形成了你中有我、我中有你的命运共同体。

2000 多年来，中国和世界各国文化交流频繁，佛教、伊斯兰教、基督教等知名宗教先后传入中国，中国传统文化等也不断吸纳外来文化的精华。中国传统画法同西方油画融合创新，形成了独具魅力的中国写意油画。中国的四大发明造纸术、火药、印刷术、指南针等推动了世界科技变革，对欧洲文艺复兴运动也有一定的推动作用。

和平性是中华文明的突出性特征，中国坚持走和平发展道路，这和中国优秀传统文化的和平基因密切相关。走和平发展道路，是中华民族优秀文化传统在中国现代社会的发扬光大。从中国独特的文化传统和历史命运来看，中华民族历来崇尚和平，讲信修睦，亲仁善邻。“以和为贵”“己所不欲，勿施于人”“化干戈为玉帛”“协和万邦”以及“四海之内皆兄弟”等都是蕴含在中国优秀传统文化中的理念，是中国人民悠久的历史发展中爱好和平发展的有力证据。这些中国优秀传统文化对走和平发展道路的中国式现代化发挥着潜移默化的重要作用。

和平发展的理念是中华民族优秀文化的重要基因和特色。2023 年 6 月 2 日，习近平总书记在文化传承发展座谈会上鲜明指出：“中华文明具有突出的和平性，从根本上决定了中国始终是世界和平的建设者、全球发展的贡献者、国际秩序的维护者，决定了中国不断追求文明交流互鉴而不搞文化霸权，决定了中国不会把自己的价值观念与政治体制强加于人，决定了中国坚持合作、不搞对抗，决不搞‘党同伐异’的小圈子。”[①] 这是中国领导人对中国在国际社会发展中所发挥重要作用的坚定宣誓。

二 中华人民共和国致力于维护世界和平发展

（一）中华人民共和国成立前中国饱受战争和侵略的危害

在近代历史上，中国屡遭外来势力入侵和奴役，山河破碎，主权丧失，人民流离失所。1840 年鸦片战争以来，以英国为代表的资本主义国家用坚船利炮打败了腐败的清政府。由于封建王朝的闭关自守、腐败无能等因素，中国发展大大落后于世界发展潮流。在西方列强侵略形势下，中国主权不断遭到侵蚀，逐步沦为半殖民地半封建社会。中国人民饱受列强侵略和掠夺之害，饱受战祸和动乱之苦。

1921 年中国共产党的成立，改变了中国发展的历史轨迹。中国共产党带领中国人民经历了 28 年艰苦卓绝的奋斗和前仆后继的牺牲，终于带领中国人民推翻了帝国主义、封建主义和官僚资本主义三座大山的压迫，建立了人民当家作主的中华人民共和国。中华人民共和国的成立，开辟了中国历史新纪元。中国彻底结束了 100 多年来被侵略被奴役的屈辱历史，真正成为独立自主的主权国家，中国人民成为国家的主人。中华人民共和国的成立改变了世界力量的对比，增强了社会主义阵营和和平发展的国际力量，鼓舞了世界被压迫民族和被压迫人民争取解放的斗争。中国人民从近代以后遭受战乱和贫穷的惨痛经历中，深感和平发展来之不易，必须倍加珍惜。中国人民深信只有和平才能实现安居乐业，只有发展才能实现人民共同富裕。中华人民共和国对外工作的中心任务之一就是为国家发展营造和平稳定的国际环境。

---

① 习近平：《在文化传承发展座谈会上的讲话》，《求是》2023 年第 17 期。

（二）中华人民共和国实行独立自主的和平外交政策

近代的中国长期遭受西方列强侵略的屈辱历史，使中国对和平分外珍惜、对鼓噪战争的言行十分警惕。中华人民共和国选择走和平发展道路的态度非常坚决。中华人民共和国成立70多年来，坚持独立自主的和平外交政策，实施积极防御的国防政策，在和平共处五项原则基础上同世界各国发展平等互利的合作交流。中国一直是维护世界和平、促进共同发展的中坚力量。70多年来，中国从未主动挑起一场国际冲突，从未对别国的领土进行侵略，更没有殖民和侵略其他国家的记录。而是主张以谈判对话解决国家间矛盾和冲突。中国在社会主义革命和建设时期就向世界郑重宣告，中国永远不称霸、永远不做超级大国。

和平共处五项原则是中国对外政策的基础原则。1953年12月31日周恩来同志在和印度政府代表团会谈时，首次完整地提出了和平共处五项原则，即：互相尊重领土主权（在亚非会议上改为互相尊重主权和领土完整）、互不侵犯、互不干涉内政、平等互惠（在中印、中缅联合声明中改为平等互利）和和平共处，这些原则得到了印方的赞同，1954年4月29日签订的《关于中国西藏地方和印度之间的通商和交通协定》写入了这些原则。1955年举行的万隆会议，中国就积极倡导将和平共处五项基本原则写入万隆会议。和平共处五项原则为维护世界和平作出了巨大贡献。和平共处五项原则鲜明体现了中国的和平发展理念。习近平总书记在党的二十大报告中指出："中国坚持在和平共处五项原则基础上同各国发展友好合作，推动构建新型国际关系，深化拓展平等、开放、合作的全球伙伴关系，致力于扩大同各国利益的汇合点。"①

毛泽东同志曾指出："人不犯我，我不犯人；人若犯我，我必犯人。"自中华人民共和国成立以来，以毛泽东同志为主要代表的中国共产党人坚持独立自主的和平外交政策，支持世界进步力量的发展。

邓小平同志正确判断国际形势，做出了中国实施改革开放的重大

① 习近平：《习近平著作选读》（第1卷），人民出版社2023年版，第50页。

决策。1985 年 6 月 4 日邓小平同志在军委扩大会议上的讲话中指出："我们奉行独立自主的正确的外交路线和对外政策，高举反对霸权主义、维护世界和平的旗帜，坚定地站在和平力量一边，谁搞霸权就反对谁，谁搞战争就反对谁。所以，中国的发展是和平力量的发展，是制约战争力量的发展。"①

2002 年 10 月 24 日江泽民同志指出："中华民族自古就有以诚为本、以和为贵、以信为先的优良传统。中国在处理国际关系时始终遵循这一价值观。中国对外政策的宗旨是维护世界和平、促进共同发展。两千多年前，中国先秦思想家孔子就提出了'君子和而不同'的思想。和谐而又不千篇一律，不同而又不相互冲突。和谐以共生共长，不同以相辅相成。和而不同，是社会事物和社会关系发展的一条重要规律，也是人们处世行事应该遵循的准则，是人类各种文明协调发展的真谛。"②

2003 年 7 月 21 日江泽民同志在会见英国首相布莱尔时指出："无论是打击恐怖主义、促进全球经济稳定增长，还是消除贫困、保护环境，都需要各国人民在互相尊重、平等互利的基础上，通过对话、协商、合作来解决有关问题。"③

2005 年 11 月 9 日胡锦涛同志指出："中国选择和坚持的是和平发展道路，中国的发展是和平的发展、开放的发展、合作的发展。中国人民深刻认识到，只有通过和平方式实现的发展才是持久牢靠的发展，也才是既有利于中国也有利于世界各国人民的发展。……永远做维护世界和平、促进共同发展的坚定力量。"④

习近平总书记面对加速演变的百年变局，提出要以对话和谈判作为解决分歧和争端的重要方式。他在第七十五届联合国大会一般性辩论上指出，"坚持以对话弥合分歧，以谈判化解争端"，只有坚持通过协商解决分歧，国际和平发展的力量才能不断增强，国际社会才能在

① 《邓小平文选》（第 3 卷），人民出版社 1993 年版，第 128 页。
② 《江泽民文选》（第 3 卷），人民出版社 2006 年版，第 522 页。
③ 《江泽民文选》（第 3 卷），人民出版社 2006 年版，第 523 页。
④ 《胡锦涛文选》（第 2 卷），人民出版社 2016 年版，第 381 页。

求同存异中找到和平共处发展的新路子。

中国政府向国际社会传递了中国坚持走和平发展道路的决心和意志。国务院新闻办公室 2005 年 12 月发表的《中国的和平发展道路》白皮书，2011 年发表的《中国的和平发展》白皮书，对中国和平发展道路进行了系统论述。

第二节　在坚定维护世界和平与发展中谋求自身发展

对马克思主义的坚定信仰是中国共产党走和平发展道路的理论基础和依据。坚持和平发展，在国际和平环境中加快发展，同时以自身的和平发展推动国际社会的和平发展，这是中国共产党和中国社会主义制度先进性的具体体现。中国目前仍然是世界上最大的发展中国家。中国国内生产总值从总量上说，2010 年超越日本成为世界第二大经济体，排在世界前列，但人均国内生产总值的世界排名并不高，中国人民已经摆脱了绝对贫困，但生活要达到富裕的程度还有许多工作要做。要达到中等发达国家经济发展水平，中国还需要国家经济持续健康地发展。中国要跨越“中等收入陷阱”，需要有利的国际环境，而走和平发展道路能为国家经济发展创造良好的外部环境，因而是中国实现国家发展目标的必由之路。

一　对世界主题的判断是中国改革开放的必要条件

走和平发展道路是中国对实现自身发展目标条件的科学认知。自改革开放以来，中国在相对和平稳定的国际环境下，致力于社会主义现代化建设，取得了举世瞩目的成就。党的二十大确定中国第二个百年奋斗目标是全面建成社会主义现代化强国，这离不开和平稳定的国际环境。

党的十一届三中全会以来，中国把握和平与发展这一时代主题，开创了中国特色社会主义发展道路。坚持以经济建设为中心，坚持改革开放，不断解放和发展生产力，不断增强社会主义的综合国力和提升人民生活水平。中国积极参与并推动经济全球化，坚定维护国际关系基本准则。中国在实现自身发展的同时，为国际社会共同发展做出了巨大贡献。

中国式现代化道路重要特色之一是和平发展，14亿多人口规模的国家走出和平发展这一现代化发展道路，将对世界现代化发展进程影响深远。包括14亿多中国人在内的中国式现代化是人类现代化发展历史上的奇迹，同时也是非常艰巨的任务。这需要我们立足基本国情，坚定中国既定的发展目标，保持战略定力，推动国际环境和平稳定，为中国式现代化创造和平稳定的外部环境。中国式现代化需要和平，只有和平才能实现中国式现代化。我们走和平发展道路的现代化，对中国有利、对世界有利。中国在现代化过程中倡导加强国际合作，携手应对全球性挑战，共同商议解决国际事务，为破解当今世界难题、缓和国际局势、调节国际争端等作出了积极贡献。

二　改革开放使中国式现代化得以快速发展

中国式现代化取得巨大成就的一个重要原因就是牢牢把握和平与发展的时代主题，坚持走和平发展道路。在中国共产党领导下，坚持改革开放的政策，中国工业化历程大大加速，中国经济发展和世界发达国家的水平不断缩小。党的十八大以来，中国以前所未有的广度、深度、力度参与全球治理，展现大国担当，为充满不确定性的世界注入和平稳定的强大力量。习近平总书记多次强调“和平与发展的时代主题没有改变”这一重要论断。

中国仍然是世界上最大的发展中国家，推进中国式现代化的首要任务是发展生产力。始终不渝走和平发展道路，是在开创中国特色社会主义道路的伟大实践中，统筹国内国际两个大局的基础上提出来的；把中国和平发展道路与世界的和平发展联系起来，也是在统筹国内国际两个大局的基础上提出来的。和平发展道路既强调要始终坚持独立自主的原则，又强调要顺应世界和时代发展潮流，这是在对中国近代以来发展道路和发展经验深刻反思的基础上作出的科学选择，因而也是有利于中国式现代化发展的唯一正确道路。

党的十七大以来历次党代会报告都把坚持和平发展道路写入报告，《中国共产党章程》和《中华人民共和国宪法》也都把坚持和平发展道路写入了有关章节。2018 年 3 月，《中华人民共和国宪法修正案》将“坚持和平发展道路”正式写入宪法。中国将坚持和平发展道路写入党代会报告、党章和宪法，充分彰显了中国走和平发展道路的坚定决心和坚强意志。

当今世界发展尽管面临着这样那样的问题，但总的潮流仍然是和平发展，中国坚持走和平发展道路是基于对世界发展潮流大势的判断。

三　中国式现代化促进了世界和平发展

（一）中国式现代化对世界和平作出了重大贡献

中华人民共和国的成立，改变了世界力量的对比，使社会主义和资本主义两大阵营的力量出现均衡，这为维护世界和平、促进共同发展开辟了光明前景，对世界历史进程产生了深远影响。

中华人民共和国成立以来，中国坚持独立自主的和平外交政策，对国际社会作出永远不称霸、永远不搞扩张的庄严承诺，这为维护世界公平正义、促进共同发展作出了历史性贡献。中国在坚定维护世界和平与发展中谋求自身发展，又以自身发展更好地维护世界和平与发展，中国式现代化之路走的是发展自身、造福世界的现代化之路。

1964 年 10 月 16 日中国第一颗原子弹爆炸成功，这是中国国防领域的重大成就。1964 年 10 月 17 日以周恩来总理名义发出的致世界各国政府首脑的电报指出：中国政府一贯主张全面禁止和彻底销毁核武器，中国进行核试验、发展核武器，是被迫而为的。中国掌握核武器，完全是为了防御，为了保卫中国人民免受美国的核威胁。中国政府郑重宣布，在任何时候、任何情况下，中国都不会首先使用核武器。[①] 这是中国对世界和平负责任的承诺。

---

① 《周恩来选集》（下卷），人民出版社 1984 年版，第 431 页。

中国和平发展的政策是一贯的，中华人民共和国成立以来，中国历代领导人在致力于中国发展现代化的同时，还积极致力于推动国际社会的和平发展，为世界和平发展贡献了中国智慧和方案，充分证明了中国人民是爱好和平的，是世界和平发展的坚定维护者。

中国式现代化是人口规模巨大的现代化，中国 14 亿人民进入现代化国家行列，无论规模还是难度都是非常大的。这就需要我们立足基本国情，保持战略定力，全力应对世界百年未有之大变局，坚决办好自己的事，推动建设和平稳定的国际环境，为中国的社会经济发展创造和平稳定的外部环境。

（二）中国式现代化对联合国发展的贡献

联合国秘书长古特雷斯认为，“中国是联合国事业的主要参与者，是国际合作和多边主义的支柱，并发挥着核心作用”。

中国是联合国创始成员国，1971 年恢复中国在联合国的合法席位。中国为联合国等国际机构做了多方面的贡献。中国坚定维护联合国权威和地位，尊重联合国宪章宗旨和原则，坚持在联合国原则框架内解决国际争端。

改革开放后，随着中国国家实力和国际地位的提升，中国积极参与联合国维和行动，迄今为止中国是派出维和人员最多的联合国安理会常任理事国。中国积极参与诸如反恐、应对气候变化等国际社会共同面临的问题，为维护世界和平发展作出了特殊贡献。2016 年 9 月 3 日，习近平主席在二十国集团工商峰会开幕式上的主旨演讲中指出：“和衷共济、和合共生是中华民族的历史基因，也是东方文明的精髓。中国坚定不移走和平发展道路。国强必霸的逻辑不适用，穷兵黩武的道路走不通。中国是联合国安理会常任理事国中派遣维和人员最多的国家，不久前在马里和南苏丹牺牲的联合国维和人员中就有中国人民的优秀儿子。我们将继续履行好国际义务，始终做世界和平的建设者和维护者。”①

2015 年，为支持联合国工作，中国宣布设立总额 10 亿美元为期

① 习近平：《习近平外交演讲集》，中央文献出版社 2022 年版，第 430 页。

10 年的中国—联合国和平与发展基金。中国—联合国和平与发展基金已经正式投入运营，中国将把资金优先用于联合国及日内瓦相关国际机构提出的和平与发展项目。随着中国持续发展，中国支持多边主义的力度也将越来越大。

（三）中国式现代化对国际经济增长的贡献

中国式现代化为国际经济增长作出了重要贡献。2001 年中国加入世界贸易组织，国际贸易大幅增长，年均进口商品价值 7000 多亿美元，为世界其他国家和地区创造了大量的就业岗位。在华外商投资企业在中国赚取了大量利润。中国对外直接投资大量增加，现已经成为国际重要的对外投资国，来自中国的投资促进了有关国家和地区的经济发展。

中国多年来对国际经济增长的贡献率均达到 10% 以上。中国在 1998 年亚洲金融危机期间保持人民币汇率基本稳定，抵御住了金融危机的冲击，对区域经济稳定发展贡献了中国力量。中国在 2008 年国际金融危机发生后，参与二十国集团等全球经济组织，推动国际金融体系改革，参与各国宏观经济政策协调与国际贸易融资计划和金融合作，通过加大进口等措施向陷入困难之中的国家实施援助。中国积极开展对外援助，在力所能及的情况下帮助其他国家和地区发展。中国通过向国际社会特别是欠发达地区提供大量援助，减免债务，培训人员，派出援外医疗队员和援外教师，支持与这些国家的贸易等措施，支持它们的发展和经济增长。

2022 年我国国内生产总值达 121 万亿元，占世界总量的比重超过 18%，中国多年来对世界经济增长贡献率年均达到约 30%，2022 年 10 月 26 日，世界银行报告公布的 2013 年到 2021 年中国对世界经济增长的平均贡献率为 38.6%。这一数字超过 G7 国家贡献率的总和。成为世界经济增长的关键动力。中国是世界上仅次于美国的第二大经济体，是制造业第一大国、货物贸易第一大国、商品消费第二大国、外资流入第二大国，外汇储备连续多年位居世界第一，更大范围、更宽领域、更深层次对外开放格局已经形成。深度参与全球治理体系改革和建设，积极推动经济全球化朝着更加积极健康的方向发展，中国国际影响力、感召力、塑造力显著提升，中国式现代化为世界和平发展贡献了中国智慧和方案。

中国坚持走和平发展道路，中国式现代化所取得的成就是中国走和平发展道路的结果。中国坚持开展对外援助，支持和帮助广大发展中国家消除贫困，是联合国维和行动第二大出资国和派出维和人员最多的联合国常任理事国。中国促进世界互利共赢、共同发展的决心和诚意是一贯的。中国在公平、开放、合作等理念的指引下，坚持把本国利益与各国共同利益结合起来，努力扩大各方利益的汇合点，不断提升发展的内外联动性，在实现自身发展的同时更多惠及其他国家和人民。走和平发展道路，中国式现代化快速发展，这也为世界和平发展注入了强大稳定可靠的力量。

第三节 以自身发展更好维护世界和平与发展

中国从一个积贫积弱的国家发展成为世界第二大经济体，靠的不是对外军事扩张和殖民掠夺，而是中国人民的勤劳和智慧以及爱好和维护世界和平的精神动力。以和平发展促进实现中国式现代化主要是加强以下几个方面的工作。

一 推动和平外交，坚定不移走和平发展道路

中国坚持独立自主的和平外交政策，同世界上所有国家在和平共处五项原则的基础上发展友好关系。中国已经同世界上 90 多个国家和区域组织建立了不同形式的伙伴关系。

（一）管控好大国关系

大国综合国力强大，国际影响力大，对世界和平与经济发展发挥着决定性作用。大国关系如何发展对国际社会发展影响巨大。习近平总书记着眼于世界发展大势，提出要推动构建不冲突不对抗、相互尊重、合作共赢的新型大国关系。中国致力于构建总体稳定、均衡发展的大国关系框架，积极发展同美国、俄罗斯、欧盟等对国际发展有重

大影响的国家和组织的友好关系。发达国家对国际社会发展具有一定的引领作用，中国要重视深化同发达国家的关系，加强同发达国家的经贸交往。

（二）不断巩固发展与周边国家的睦邻友好关系

周边外交工作是中国外交的重点区域，地区间的合作发展是中国和周边国家的共同利益所在。习近平总书记有针对性地提出“亲、诚、惠、容”的重要理念发展与周边国家关系。

所谓亲，就是坚持睦邻友好，守望相助；讲平等，重感情；常见面，多走动；多做得人心、暖人心的事，增强亲和力、感召力、影响力。所谓诚，就是诚心诚意对待周边国家，争取更多朋友和伙伴。所谓惠，就是本着互惠互利的原则同周边国家开展合作，编织更加紧密的共同利益网络，让周边国家得益于中国发展，使中国也从周边国家共同发展中获得裨益和助力。所谓容，就是倡导包容的思想，强调亚太之大容得下大家共同发展，以更加开放的胸襟和更加积极的态度促进地区合作。亲诚惠容理念是处理同周边国家外交关系的正确理念。

（三）加强同发展中国家团结合作

中国是世界上最大的发展中国家。中国加强与广大发展中国家的团结合作始终是中国外交坚定不移的战略选择，这是由中国的国家定位、制度属性和价值取向等所决定的。中国与广大发展中国家有着相同与相似的发展经历，在发展等问题上有着许多共同的利益。中国在联合国等国际机构中坚决维护发展中国家的权益，推动建立更加公正合理的全球治理体系。中国的发展为发展中国家提供了更多的发展机会，也必将增强发展中国家的整体力量，改变广大发展中国家在世界发展格局中的不平等地位。

中国的和平外交促进了世界的和平稳定。中国始终奉行独立自主的和平外交政策，坚定不移地走和平发展道路，通过争取和平的国际环境来发展自己，又通过自身的发展来促进世界和平。中国走出了一条既发展自身、又造福世界的和平发展的中国式现代化道路。2017年10月18日，习近平总书记在中国共产党第十九次全国代表大会上的讲话中指出：“中国将高举和平、发展、合作、共赢的旗帜，恪守维护世界和平、促进共同发展的外交政策宗旨，坚定不移在和平共处五项原则基础上发展同各国的友好合作，推动建设相互尊重、公平正义、合作共赢的新型国际关系。”①

二　推动构建人类命运共同体

随着现代科技和通信技术的快速发展，人类社会的交流沟通更加方便频繁。人类社会发展面临着日益增多的严峻挑战。中国认为和平与发展是世界主题的论断没有根本改变，各国人民对美好生活的向往更为迫切。国家间发展相互依存程度不断增强，风险关联程度也不断加深，对世界发展进程中出现的种种问题，单凭一个或几个国家和地区很难完满解决。当今世界正经历百年未有之大变局，世界发展面临许多重大而深刻的矛盾，和平发展遇到许多重大困难和挑战。国际社会发展面临着日益增多的共同问题和挑战。世界经济发展失速，逆全球化趋势有所显现，国际局势错综复杂，世界面临的风险和不稳定性明显增强。

党的十八大后，面对“建设一个什么样的世界、如何建设这个世界”等关乎人类前途命运的重大问题，习近平总书记提出推动构建人类命运共同体，并提出构建新型国际关系、共建“一带一路”等重大政策主张。2013 年 3 月，习近平主席首次提出构建人类命运共同体重大理念。同年 9 月，习近平主席提出共建“一带一路”倡议，寻求更广泛的国际经贸交流合作。习近平主席指出，我们要努力推动构建人类命运共同体，为世界和平发展增加更多稳定性和正能量。构建人类命运共同体理念的壮阔实践不断深入推进。从共建“一带一路”到推动全球发展倡议，中国与各国在人类命运共同体的理念下携手应对挑战，促进共同发展繁荣。

中国在处理国际关系方面积极倡导构建人类命运共同体，宣布走

---

① 习近平：《决胜全面建成小康社会　夺取新时代中国特色社会主义伟大胜利——在中国共产党第十九次全国代表大会上的报告》，人民出版社 2017 年版，第 58 页。

和平发展的现代化道路是中国式现代化的重要特征。中国坚持和平发展的中国式现代化道路，就要积极推动构建新型国际关系。

世界和平与发展是推动构建人类命运共同体的根基。习近平总书记指出："为了和平，我们要牢固树立人类命运共同体意识。偏见和歧视、仇恨和战争，只会带来灾难和痛苦。相互尊重、平等相处、和平发展、共同繁荣，才是人间正道。""共同推进世界和平与发展的崇高事业。"[①] 合作共赢，和平发展，人类命运休戚与共，需要世界各国人民携手共进，为人类社会的持续和平与发展而不懈努力。中国式现代化是走和平发展道路的现代化，推动构建人类命运共同体是中国式现代化的本质要求之一。

习近平总书记在党的二十大报告中指出："中国始终坚持维护世界和平、促进共同发展的外交政策宗旨，致力于推动构建人类命运共同体。"[②] 习近平总书记的讲话，是对中国外交政策和理念的坚定宣誓。

习近平总书记在 2021 年提出"全球发展倡议"，2022 年提出"全球安全倡议"，2023 年提出"全球文明倡议"，这是习近平总书记围绕构建人类命运共同体理念提出的具有全球影响的三大倡议，三大倡议聚焦国际发展、安全、文明重大课题，提出维护世界和平、促进共同发展、坚持文明交流互鉴宏伟目标及实现路径，同国际社会共同努力，推动构建和平、安全、繁荣、美丽的世界。"全球发展倡议包含了中国全面建成小康社会的宝贵经验，是对世界各国人民追求美好生活愿望的重要呼应。中国在实现自身发展的同时，通过全球发展倡议积极将这些经验分享给其他国家。"全球发展倡议是一个能有效促进全球发展事业的系统性倡议。全球安全倡议深刻总结了世界安全与发展的历史教训，"中国式现代化是走和平发展道路的现代化"这一论断是对中国式现代化发展道路的深刻总结。人类文明进步和世界和

---

① 习近平：《习近平谈治国理政》（第 2 卷），外文出版社 2017 年版，第 446 页。

② 习近平：《高举中国特色社会主义伟大旗帜　为全面建设社会主义现代化国家而团结奋斗——在中国共产党第二十次全国代表大会上的报告》，人民出版社 2022 年版，第 60 页。

平发展的重要动力之一就是各种文明的交流互鉴。文明交流互鉴，需要建立在正确的基础之上。文明是平等的，人类文明因平等才有交流互鉴的前提。各种人类文明在价值上是平等的，都各有千秋，也各有不足。世界上不同文明有各自的特点和生命力。“中国在实现自身快速发展的同时，力所能及地帮助其他国家发展，通过合作与各国实现互利共赢，推动构建人类命运共同体。”

三　推动建立最广泛的国际和平发展统一战线

统一战线是凝聚人心、汇聚力量的强大法宝。1939 年 10 月毛泽东同志在《〈共产党人〉发刊词》一文中提出：“统一战线，武装斗争，党的建设，是中国共产党在中国革命中战胜敌人的三个法宝，三个主要的法宝。”“统一战线和武装斗争，是战胜敌人的两个基本武器。”① 中国式现代化不但造福中国人民，而且为世界和平发展提供巨大机遇，我们要不断巩固和发展最广泛的爱国统一战线，同时团结世界上一切可以团结的力量，建立最广泛的国际和平发展统一战线，在推进实现中国式现代化过程中，为世界和平发展奠定更加坚实的基础。

我们建立国际和平发展统一战线的重要基础是广大发展中国家和周边国家。中国所参与的国际组织是建立国际和平发展统一战线的重点机构，如上合组织成员国、金砖国家等。中国周边国家和中国有着共同的区域利益和发展纽带，是中国建立国际和平发展统一战线的重点地区。广大的亚非拉国家由于和中国有着共同的发展利益，也是中国建立国际和平发展统一战线的关键力量。

世界上也存在一些国家为追求所谓的霸权而反对国际和平发展。对这些国家也要具体分析，把这些国家的人民和推行霸权的少数统治集团和利益集团区分开来。我们要把鼓噪霸权和战争的少数统治集团和利益集团与大多数热爱和平发展的人民区分开来，同这些国家中的

---

① 《毛泽东选集》（第 2 卷），人民出版社 1991 年版，第 606、613 页。

和平发展力量开展交流合作，增进友谊与信任。

我们要努力推动国际社会形成促进和平发展的最大公约数，坚定维护世界和平、稳定与发展，坚定维护世界最广大人民的根本利益。在国际上多交志同道合的朋友是我们建立国际和平发展统一战线的重要内容。

中国是国际社会舞台上一支活跃的重要力量，参加了大量政府间国际组织，签署上百个国际公约，对国际体系的建立与发展有着重要影响力。2018 年 12 月 10 日习近平总书记致信纪念《世界人权宣言》发表 70 周年座谈会强调：中国人民愿同各国人民一道，秉持和平、发展、公平、正义、民主、自由的人类共同价值，维护人的尊严和权利，推动形成更加公正、合理、包容的全球人权治理，共同构建人类命运共同体，开创世界美好未来。

四 推进高质量发展中统筹和平发展和国家安全

和平发展与国家安全是推进中国式现代化进程必须面对和解决的问题。2014 年 4 月 15 日，习近平总书记在主持召开中央国家安全委员会第一次全体会议时强调，“既重视发展问题，又重视安全问题，发展是安全的基础，安全是发展的条件”；2017 年 2 月 17 日，在国家安全工作座谈会上明确指出要“坚持统筹发展和安全”；2020 年 12 月 11 日，习近平总书记在主持中央政治局第二十六次集体学习时就贯彻总体国家安全观进一步强调，“坚持统筹发展和安全，坚持发展和安全并重，实现高质量发展和高水平安全的良性互动”①。

能否统筹好发展和安全，关系国家兴衰、历史走向。和平发展与国家安全相互依存，国家安全是和平发展的前提，和平发展是国家安全的保障。世界大变局加速演进，各种不确定性不稳定因素增加，和平发展面临的形势更加复杂严峻，国家安全面临着一些新的挑战，无论是传统安全还是非传统安全领域，都呈现出比以往更加复杂的特

① 习近平：《习近平谈治国理政》（第 4 卷），外文出版社 2022 年版，第 390 页。

点。坚持总体国家安全观，对影响中国现代化发展的各类风险加以识别和防范化解，为国家和平发展创造良好的国内外环境。

中国发展强大是世界和平力量的发展强大。中国坚定不移走和平发展道路，对危及中国安全和利益的行为必须进行有针对性的斗争，对霸权主义和强权政治必须坚决予以反击。中国共产党在长期的发展历程中深刻明白“以斗争求团结则团结存，以退让求团结则团结亡”的道理。中国只有确保自身发展安全，和平发展道路才能行稳致远。现阶段实现和平发展最重要的首先是集中发展中国的先进生产力，增强国家的综合国力，中国强大起来了，也即意味着世界和平力量增长了，也才能为世界和平发展提供更可靠的保障。统筹发展和安全，兼顾好国家安全和发展要务，中国高质量发展就一定会实现，中国式现代化之路就会越走越宽。

习近平总书记在党的二十大报告中指出，中国式现代化是“走和平发展道路的现代化”。走和平发展道路，是中国式现代化的鲜明特征和必然选择。“中国式现代化是走和平发展道路的现代化。我国不走一些国家通过战争、殖民、掠夺等方式实现现代化的老路，那种损人利己、充满血腥罪恶的老路给广大发展中国家人民带来深重苦难。我们坚定站在历史正确的一边、站在人类文明进步的一边，高举和平、发展、合作、共赢旗帜，在坚定维护世界和平与发展中谋求自身发展，又以自身发展更好维护世界和平与发展。”①

（本章执笔：姜长青）

① 习近平：《习近平著作选读》（第1卷），人民出版社2023年版，第19页。

发展战略

第十一章
中国式现代化的“分步走”战略

党的二十大报告指出：“从现在起，中国共产党的中心任务就是团结带领全国各族人民全面建成社会主义现代化强国、实现第二个百年奋斗目标，以中国式现代化全面推进中华民族伟大复兴。”[①] 在阐述完中国式现代化的本质要求和五个方面的特征后，党的二十大报告接着明确了全面建成社会主义现代化强国分两步走的战略安排：从二〇二〇年到二〇三五年基本实现社会主义现代化；从二〇三五年到本世纪中叶把我国建成富强民主文明和谐美丽的社会主义现代化强国。新“两步走”战略清晰，具体地规划出未来中国社会主义现代化建设蓝图，明确了实现中国式现代化的时间表和路线图，明确了全党和全国人民的奋斗目标和主要任务。新“两步走”战略对新时代中国特色社会主义发展作出了时间上的战略安排，彰显了中国共产党的战略谋划和使命担当。实际上，“分步走”战略与中国式现代化是相伴相随的，“分步走”战略一直是中国式现代化的时间表和路线图。党中央高度重视每一时期国家发展和现代化目标的制定和实施步骤，是我们党治国理政的一条重要经验，也是社会主义的制度优势。鉴于此，本章从历史视角分析中国式现代化与“分步走”战略的历史关系，分析了新“两步走”战略的内涵、可能性以及经济前景等，以期准确、理性地把握中国式现代化进程中的时间表和路线图，进而对擘画中华民族伟大复兴战略全局有所支撑。

---

① 习近平：《高举中国特色社会主义伟大旗帜　为全面建设社会主义现代化国家而团结奋斗——在中国共产党第二十次全国代表大会上的报告》，人民出版社2022年版，第21页。

第一节　中国式现代化进程中的“分步走”战略

中国共产党成立以来的历史，可以说就是一部中国现代化目标的追求史、现代化事业的建设史、现代化道路的探索史。[①] 中国共产党努力探索符合中国实际的现代化道路，从工业、农业、科技等各方面开展现代化建设。不同时期现代化的表述和内容都有所不同，“每个时期的现代化，内容不同，现在是六十年代，到七十年代有七十年代的现代化，八十年代有八十年代的现代化”[②]。与此同时，根据不同时期中国发展和现代化目标需要，制定和实施了相应的“分步走”战略安排并获得了成功实践。经过党中央历届领导集体的不断探索，我国对分步进行社会主义现代化建设规律的认识越来越完备，先后形成了“两步走”发展战略、“三步走”发展战略和新“两步走”发展战略。具体来说，中国式现代化可分为四个历史时期，每一个历史时期几乎都有相应的“分步走”发展战略。

一　新民主主义革命时期的探索和“分步走”战略的萌芽

1921 年中国共产党的诞生，深刻改变了中华民族发展的前途和命运。中国共产党带领全国各族人民推翻了帝国主义、封建主义、官僚资本主义“三座大山”，于 1949 年成立了中华人民共和国，实现了民族独立、国家自主，这为中国走向现代化创造了政治前提和先决条件。1944 年 5 月，毛泽东同志指出：“中国落后的原因，主要是没有新式工业”，“要打倒日本帝国主义，必需有工业；要中国的民族独立有巩固的保障，就必需工业化。我们共产党是要努力于中国的工业化的”[③]。

---

① 罗平汉：《中国共产党与中国现代化》，《历史研究》2021 年第 2 期。

② 《邓小平文集（一九四九——一九七四年）》下卷，人民出版社 2014 年版，第 174 页。

③ 《毛泽东文集》（第 3 卷），人民出版社 1996 年版，第 146—147 页；中共中央党史和文献研究院编：《马克思主义中国化一百年大事记（1921—2021 年）》，中央文献出版社 2022 年版，第 92 页。

党的七大指出：“在新民主主义的政治条件获得之后，中国人民及其政府必需采取切实的步骤，在若干年内逐步地建立重工业和轻工业，使中国由农业国变为工业国。”[①] 1949 年 3 月召开的党的七届二中全会提出全党工作重心必须从乡村转移到城市；指出了中华人民共和国要建立独立、完整的工业体系，把农业国逐步转变为工业国。这里已经体现了“分步走”建设现代化的初步思路。

二　社会主义革命和建设时期工业化“两步走”战略

1949 年中华人民共和国成立，中国在民族独立、国家自主的基础上具备了建设国家现代化的基础条件。1952 年年底，中国共产党提出要逐步实现国家的社会主义工业化并逐步实现国家对农业、手工业和资本主义工商业的社会主义改造，简称“一化三改”。1955 年，毛泽东同志在中国共产党全国代表会议上的讲话中谈到，建立社会主义社会需要 15 年左右的时间，但建成强大的社会主义国家需要几十年的时间。毛泽东同志所指的“社会主义社会”和“强大的社会主义国家”是两个不同的社会发展目标，这表明毛泽东同志意识到了建设社会主义国家任务的艰巨性、长期性、复杂性，同时也蕴含着“分步走”建设社会主义强国的思想。1956 年 9 月，党的八大指出要“一步一步地把我国建设成为一个伟大的社会主义工业化的国家”。关于工业发展“两步走”战略的表述较早见于 1963 年经毛泽东同志修改的关于工业发展问题的初稿。其中提到，在三年过渡阶段后，我们的工业发展可以按“两步走”来考虑：第一步，搞 15 年，建立一个独立的完整的工业体系，使我国工业大体赶上世界先进水平；第二步，再用 15 年，使我国工业接近世界的先进水平。后来，1964 年周恩来总理在《政府工作报告》中对“两步走”战略作了进一步的表述：从第三个五年计划开始，我国国民经济的发展，可以按两步来设想：第一步，用 15 年时间，即在 1980 年以前，建成一个独立的比较

---

① 《毛泽东选集》（第 3 卷），人民出版社 1991 年版，第 1080 页。

完整的工业体系和国民经济体系；第二步，在20世纪内，全面实现农业、工业、国防和科学技术的现代化，使我国国民经济走在世界的前列。这是“两步走”发展战略的第一次完整表述，也标志着我们党“分步走”发展战略的形成。实际上，到20世纪80年代中后期，中国工业发展的“两步走”战略目标基本实现了。此外，1975年1月，第四届全国人民代表大会又提出我国国民经济的发展可分两步：第一步，用15年时间，即在1980年以前，建成一个独立的比较完整的工业体系和国民经济体系；第二步，在20世纪内，全面实现农业、工业、国防和科学技术的现代化，使我国国民经济走在世界的前列。①

三　改革开放和社会主义现代化建设新时期的“三步走”战略

1978年，中国作出改革开放的战略抉择，开启了社会主义制度优势与市场经济体制优势相结合的实践创新，中国创造了经济快速发展和社会长期稳定的两大罕见的奇迹。改革开放以来，中国经历了从农村改革到城市改革、从经济体制改革到各方面体制改革、从对内搞活到对外开放的波澜壮阔的历史进程，各方面尤其是经济建设、现代化方面取得了巨大成就。2010年，我国的经济总量首次超过日本，成为世界第二大经济体。

1979年，邓小平同志提出，中国的“四个现代化”战略目标是中国式的，与西方发达国家不同。为实现中国现代化这一目标，以邓小平同志为主要代表的中国共产党人进行了逐步探索并提出社会主义现代化建设分“三步走”（1981—2049年）的战略目标：第一步，从1981年到1990年，实现国民生产总值比1980年翻一番，解决人民的温饱问题；第二步，从1991年到20世纪末，使国民生产总值再增长一倍，人民生活达到小康水平；第三步，到21世纪中叶，人均国民生产总值达到中等发达国家水平，人民生活比较富裕，基本实现现代化。1980年，我国国民生产总值（GDP）是4588亿元，到1986

① 周恩来：《向四个现代化的宏伟目标前进》，《人民日报》1975年1月21日第1版。

年党的十三大召开前，国民生产总值已经达到 10376 亿元，是 1980 年的 2.26 倍，翻了一番还多，所以第一步目标已经提前超额实现。

党的十三大重申了“三步走”战略，对第三步仅有一个初步的构想。1997 年 9 月，党的十五大将第三步战略目标进一步细分为三步，并提出了具体的时间表，形成了“新三步”（2000—2049 年）战略目标，完整表述是：第一个十年实现国民生产总值比 2000 年翻一番，使人民的小康生活更加宽裕，形成比较完善的社会主义市场经济体制；再经过十年的努力，到建党一百年时，使国民经济更加发展，各项制度更加完善；到 21 世纪中叶中华人民共和国成立一百年时，基本实现现代化，建成富强民主文明的社会主义国家。其中第二步和第三步，就是著名的“两个一百年”奋斗目标。党的十六大提出 21 世纪头二十年全面建设小康社会的奋斗目标，即把“新三步”发展战略的第一步和第二步也合为一个大目标——全面建设小康社会。“三步走”发展战略遵循实事求是、与时俱进的理论品格，丰富和发展了我国的现代化发展战略理论。

四　中国特色社会主义新时代的新“两步走”战略

2012 年 11 月党的十八大召开，中国特色社会主义进入新时代，党的十八大提出了 2020 年实现全面建成小康社会的目标，即对具体的“三步走”中的第二步目标作了更为精确的规定：2020 年全面建成小康社会。党的十九大报告指出：“中国特色社会主义进入新时代，我国社会主要矛盾已经转化为人民日益增长的美好生活需要和不平衡不充分的发展之间的矛盾。”以习近平同志为核心的党中央团结带领全党全国各族人民，统筹推进“五位一体”（社会主义经济建设、政治建设、文化建设、社会建设、生态文明建设）总体布局，协调推进“四个全面”（全面建设社会主义现代化国家、全面深化改革、全面依法治国、全面从严治党）战略布局。[①] 习近平总书记在党的二十大报告中指出，从现在起，中国共产党的中心任务是团结带领全国各族

---

① 《中华人民共和国简史》，人民出版社、当代中国出版社 2021 年版，第 335 页。

人民全面建成社会主义现代化强国、实现第二个百年奋斗目标，以中国式现代化全面推进中华民族伟大复兴。

与此对应，党的十八大对第一个百年目标做了第三次设计，提出要确保到2020年实现全面建成小康社会宏伟目标，使全面建设小康社会标准更高、更均衡、更可持续。并在“两个一百年”奋斗目标基础上提出了“中国梦”的伟大构想。“两个一百年”和“中国梦”，构成了党的十九大独特的“新三步走”战略。2017年11月，党的十九大提出了新的“两步走”（2020—2049年）战略。从党的十九大到党的二十大是“两个一百年”奋斗目标的历史交汇期，第一个百年目标已经实现，对于第二个百年目标，还有30年的时间来奋斗。党的十九大将第二个百年目标细分为两个阶段来实现并提出了具体时间表。在新“两步走”战略中，前后两个阶段紧密衔接，不可分割。前一个阶段是后一个阶段的基础，后一个阶段是前一个阶段的奋斗目标，这明确了新时代中国特色社会主义的战略安排，展现了清晰的科学谋划和具体的实践逻辑，体现着中国共产党为人民执政的情怀。新“两步走”发展战略作为中国特色社会主义道路上的一盏明灯，指引党带领着我们在正确的时间沿着正确的路线不断前进，这一举措必将谱写中国特色社会主义现代化新征程的壮丽篇章，其重要意义是不言而喻的。

第二节　新“两步走”战略的逻辑依据

以习近平同志为核心的党中央明确提出新“两步走”战略，具有深刻的理论逻辑和实践逻辑。

一　新“两步走”战略的理论逻辑

新“两步走”战略是历史和唯物辩证法、矛盾论等马列主义的具体运用，是习近平新时代中国特色社会主义思想体系的重要组成部分。唯物辩证法认为，任何事物都是复杂的矛盾统一体，抓住了主要矛盾就抓住了决定全局的核心、关键问题，其他矛盾和问题便能迎刃而解。新时代中国特色社会主义思想内容博大精深，涵盖我国经济、政治、文化、社会、外交和党建的各个方面，但最主要的精华是党的十九大报告凝练的“八个明确”。而“八个明确”的第一个“明确”就是明确新时代的总任务——实现社会主义现代化和中华民族伟大复兴，在全面建成小康社会的基础上，分两步走在本世纪中叶建成富强民主文明和谐美丽的社会主义现代化强国。这表明新“两步走”战略在习近平新时代中国特色社会主义思想体系中居于重要地位，意味着其他各方面的具体战略，如党的十九大提出的乡村振兴、交通强国、教育强国等战略及其实施都要围绕这一总体目标任务来展开。把战略任务排在“八个明确”的第一位，牵住了新时代国家战略体系的“牛鼻子”。运用战略思维进行战略规划，在错综复杂的矛盾中抓住主要矛盾，聚焦主要目标，纲举目张、擘画有道，这既表明以习近平同志为核心的党中央对马克思主义立场、观点和方法的娴熟运用，也彰显了中国共产党治国理政能力的日趋成熟。

新“两步走”战略是相互衔接、渐进提升的系统构想。唯物辩证法指出，任何事物都是对立面的统一。事物或系统内部各要素的相互区别、相互对立决定了它们各司其职，遵守各自的顺序和规则，而事物或系统内部各要素的相互联系、相互作用又使它们共处于一个统一体中，存在由此达彼的桥梁。新“两步走”战略也是如此。新“两步走”战略的“两个 15 年”，其前后顺序绝不能颠倒、逆转，只能是先基本实现社会主义现代化，而后再在此基础上建成社会主义现代化强国。第一步是第二步的前提和基础，如果第一步的社会主义现代化目标无法如期实现，势必会影响第二步的社会主义现代化强国的建成，进而会影响到我们的民族复兴大业；第二步是第一步的跃进和提升，只要我们能顺利实现社会主义现代化，而后持之以恒地接续奋斗，就能建成社会主义现代化强国，并最终实现民族复兴的夙愿。

二　新“两步走”战略的实践逻辑

新“两步走”战略承接了“四化”目标，拓展、深化了“三步走”战略。习近平总书记提出的新“两步走”战略在继承以往战略目标基础上又有新发展，指出第二个百年目标要提前15年实现，大大压缩了现代化建设的奋斗时空；拓展现代化建设的目标内涵，在党的十七大“八字目标”基础上新增“美丽”二字，表明我们党今后不仅要突出绿色发展，使“美丽”成为未来中国的自然底色，而且会兼顾经济高质量发展与生态环境高水平保护，拓宽我们对全面现代化的立体认识；勾勒新时代强国富民的美好愿景。新“两步走”战略是对历届领导集体现代化战略的传承创新：不但在目标内涵上不断丰富拓展，发展成经济、政治、文化、社会、生态五位一体的全面现代化目标，而且在目标要求上不断深入、渐进提升。

首先，提出新阶段“两步走”战略是完善“三步走”战略的现实客观需要。从20世纪80年代到21世纪中叶，我国社会主义现代化建设都处于“三步走”战略的时间跨度之中。推进我国社会主义现代化，必须长期坚持“三步走”战略。但因为“三步走”战略的第三步时间跨度为50年，必须在“三步走”战略的总体框架下对其加以细化，提出更具体的现代化步骤和阶段性目标。党的十五大将“三步走”战略第三步细化为三个阶段并提出全面建设小康社会，成功解决了21世纪头20年现代化建设的步骤和阶段性目标问题。但随着我国现代化建设的推进，还需要对2020年到21世纪中叶这30年的战略安排再加以细化。

其次，提出新阶段“两步走”战略是“两个一百年”奋斗目标历史交汇期面临的迫切任务。1997年党的十五大顺应世纪之交历史交汇期我国的发展实际，将“三步走”战略第三步细化为三个阶段，成功解决了在总体小康即将实现的历史条件下如何进一步推进我国社会主义现代化的问题。党的十九大报告指出：“从党的十九大到二十大，是‘两个一百年’奋斗目标的历史交汇期。我们既要全面建成小康社会、实现第一个百年奋斗目标，又要乘势而上开启全面建设社会主义现代化国家新征程，向第二个百年奋斗目标进军。”① 在全面建成小康社会后，

① 习近平：《习近平著作选读》（第2卷），人民出版社2023年版，第109页。

要进一步推进我国现代化建设，开启全面建设社会主义现代化国家新征程，就必须根据历史交汇期我国新的发展实际制定新的现代化时间安排战略。党的十九大提出新时代“两步走”战略，正是适应“两个一百年”奋斗目标历史交汇期我国的发展实际作出的重大战略安排。

最后，提出新“两步走”战略，是满足人民日益增长的美好生活需要的必然要求，适应了我国社会主要矛盾的变化。党的十九大报告指出：“中国特色社会主义进入新时代，我国社会主要矛盾已经转化为人民日益增长的美好生活需要和不平衡不充分的发展之间的矛盾。”这就要求我们党适应新时代我国社会主要矛盾的变化，制定新的现代化战略，通过提高我国现代化水平来更好满足人民日益增长的美好生活需要。

总之，新“两步走”战略蕴藏着深厚的实践逻辑，既有国情世情作基础，又有国内外教训作参照；既有发展基础作保证，又有发展动力去支撑；既直面现实问题，又回应人民关切；既为中国实现民族复兴提供了方向和路径，也为其他国家走向现代化提供了经验和借鉴。

第三节 新“两步走”战略的科学内涵

全面建成小康社会基础上的新“两步走”战略安排推进了中国式现代化建设，既是一个鼓舞人心的宏伟蓝图，又是一个不懈奋斗的历史进程。新“两步走”战略包含丰富的科学内涵。

一 新“两步走”战略安排是对实现第二个百年奋斗目标进行的“顶层设计”

党的十九大报告提出的新“两步走”战略安排，是我们党立足我国发展新的历史方位，围绕实现中华民族伟大复兴的历史使命，对实现第二个百年奋斗目标和推进社会主义现代化建设进行的新的“顶层设计”。

（一）新“两步走”战略安排对“四个全面”战略布局作出了“新规划”

“四个全面”战略布局发生了新的重要变化，即在2020年全面建成小康社会之后，“四个全面”战略布局中的“全面建成小康社会”已从美好的目标变为灿烂的现实；在此情况下，“全面建设社会主义现代化国家”成为一个新的“全面”，历史地进入“四个全面”战略布局。当然，这种战略布局上的新的规划和部署，不但不会从整体上改变我们党和国家事业的大布局、大方向，而且还将进一步提升“四个全面”战略布局的新高度、新境界。

（二）对基本实现社会主义现代化的时间进行了“新调整”

第二个百年奋斗目标——基本实现社会主义现代化的时间被提前了15年。从我国发展实践来看，我们党提出的社会主义现代化建设“三步走”战略部署及其奋斗目标，前两步都提前完成了。中国社会科学院经济研究所研究团队的测算结果表明，在基准情景下，我国人均GDP将在2025年达到14648美元，在“十四五”时期我国将跨越“中等收入陷阱”；在2032年之前我国GDP增速保持在5%以上，人均GDP超过2万美元；在2040年之前我国GDP增速保持在4%以上，人均GDP超过3万美元。邓小平同志的“三步走”战略的终极设计是到21世纪中叶，人均GNP达到中等发达国家水平，基本实现现代化。只要到那时能在2000年人均GNP 1000美元的基础上再翻两番，达到人均4000美元，中国就能进入中等发达国家行列，人民就能过上比较富裕的生活。相对于国际和历史标准，在正常发展情况下，2035年将达到世界中等发达国家水平，基本实现社会主义现代化。

（三）对实现社会主义现代化的目标内涵进行了“新提升”

第二步奋斗目标是：到21世纪中叶，把我国建成社会主义现代化强国。到那时，我国成为综合国力和国际影响力领先的国家，全体人民共同富裕基本实现。同时，党的十九大报告还把“富强民主文明和谐的社会主义现代化国家”扩展为“富强民主文明和谐美丽的社会主义现代化强国”，与中国特色社会主义“五位一体”总体布局吻合一致，体现了伟大事业与伟大梦想的有机统一。这一战略安排更加注重发展质量，不仅有数量指标，而且更注重质的提升，让广大人民群众对美好生活有更多更实在的获得感、幸福感、安全感。

（四）对实现社会主义现代化提出了“新要求”

按照党的十九大报告提出的“两步走”战略安排，在全面建设社会主义现代化国家的第一步目标中，突出强调到2035年要使我国各方面制度更加完善、国家治理体系和治理能力现代化基本实现；在第二步目标中强调，到21世纪中叶要实现国家治理体系和治理能力现代化。所有这些，不仅拓展和深化了我国社会主义现代化建设的内涵和外延，充分体现了我们党对共产党执政规律的深刻认识；同时，也对新时代我们党实现社会主义现代化、坚持和发展中国特色社会主义提出了更高要求。

二　新阶段“两步走”战略与党的历代中央领导集体现代化战略是辩证统一的

从以毛泽东同志为核心的党的第一代中央领导集体提出“两步走”战略，到以习近平同志为核心的党中央提出新阶段“两步走”战略，这体现了我们党在现代化战略上的一脉相承和与时俱进，体现了我们党不断深化对社会主义现代化建设规律的认识。党的历代中央领导集体的现代化战略为新时代“两步走”战略的提出奠定了重要基础。以毛泽东同志为核心的党的第一代中央领导集体提出的工业“两步走”战略，是新阶段“两步走”战略的基础。推进中国式现代化必须始终坚持社会主义方向，把我国建设成为富强的社会主义现代化国家；必须坚持战略思维，作出战略安排；必须分步骤来推进现代化建设，不可能一蹴而就。党的十五大将“三步走”战略第三步细化为三个阶段，新阶段“两步走”战略就是对“三步走”战略第三步战略目标进行再一次细化的结果。2020年实现全面建成小康社会是新“两步走”战略的成果基础和战略起点。新“两步走”战略是对党的历代中央领导集体现代化战略的完善和发展。新“两步走”战略把建设现代化强国作为根本目标，这与以毛泽东同志为核心的党的第一代中央领导集体的现代化战略根本目标是一致的，但党的第一代中央领导集体的现代化战略是在我国社会主义建设初期提出的，侧重于“四个现代化”。新“两步走”战略则对现代化强国目标进行了新的概括，提出“把我国建成富强民主文明和谐美丽的社会主义现代化强国”。新“两步走”战略对“三步走”战略第三步进行细化，将第三步的最后30年分成两个阶段来推进我国现代化建设，使“三步走”战略第三步走得更加坚实有效。

三　经济现代化是实现新“两步走”战略的物质基础

社会主义现代化强国是一个内涵丰富的概念，党的十九大报告把它界定为“富强、民主、文明、和谐、美丽”。富强（物质文明）是其他现代化强国的物质基础。富强就是民富国强，就是经济发达，人均收入和人民生活达到一定的高水平，国家繁荣昌盛，国防实力和国际竞争力强大。实际上，邓小平同志论述“三步走”战略、“中等发达国家水平”时也主要是从国民收入的经济现代化视角阐述。在邓小平看来，只要到那时能在2000年人均GNP 1000美元的基础上再翻两番，达到人均4000美元，中国就能进入中等发达国家行列，人民就能过上比较富裕的生活。诚然，现代化强国不应和高收入国家画等号，现代化强国应当包括经济强国、教育强国、科技强国、政治强国、军事强国、文化强国、外交强国、环境生态强国等。但是，现代化强国一定是经济强国，一定是高收入国家，经济弱国和低收入国家进不了现代化国家的行列，但是高收入国家不一定就是经济强国和现代化强国。例如一些海湾国家是高收入国家，其中有些国家的人均收入还高于美国，但它们并不能算作经济强国和现代化强国。它们没有独立完整的工业体系和国民经济体系，科技实力、军事实力和创新能力也不强，除了石油和天然气等资源丰富，产品也没有国际竞争力，这样的国家不能算作经济强国，更谈不上是现代化强国。

第四节　新“两步走”战略的经济前景

党的十九大报告没有就新“两步走”战略目标提出具体的数量指标，例如经济增长率、GDP、翻几番等，党的十九大报告强调的是经济增长和发展的质量、效率、协调和美丽，强调促进中国经济由高速度增长向高质量发展转变。不再强调数量指标，特别是经济增速高低的重要性，而是把经济增长和发展的质量放在优先和突出位置，这既是基于中国经济进入新常态所作出的判断，也是对过去过分强调数量而产生的经济发展过程中结构不协调、经济发展付出的高代价的经验总结。但是，不强调数量指标不等于不要数量指标。经济增长和发展的质量总是以一定数量为基础的，没有一定的数量，质量就无从谈起。没有一定的经济增长率，就谈不上经济发展，更谈不上由全面小康迈向现代化。

从国际经验来看，新“两步走”战略中以 15 年为一步具有一定合理性。《中华人民共和国国民经济和社会发展第十四个五年规划和 2035 年远景目标纲要》中提到在 2035 年“我国将基本实现社会主义现代化”，其中的关键指标之一便是“人均国内生产总值达到中等发达国家水平”。这意味着人均 GDP 的发展水平是现代化的关键内容之一。表 11-1 反映了日本、韩国等典型的后发国家和以美国、德国为代表的欧美发达国家人均 GDP 每跨越 1 万美元所经历的时间。这些典型国家人均 GDP 每跨越 1 万美元所经历的平均时间约为 15 年。从人均 GDP 来看，2021 年我国人均国内生产总值为 80976 元，按当年平均汇率折算，达 12551 美元。国际经验表明，中国将用 15 年左右的时间达到 2 万美元，再经过 15 年的发展达到 3 万美元，这正好与我国到 2035 年的远景目标和 2035—2050 年的规划目标时间 15 年吻合，中国全面建设社会主义现代化强国的前景光明。

表 11-1　世界主要发达国家人均 GDP 跨越 1 万美元经历时间

国家	1 万—2 万美元经历的时间	2 万—3 万美元经历的时间	3 万—4 万美元经历的时间	4 万—5 万美元经历的时间
美国		16 年（1962—1978 年）	15 年（1978—1993 年）	20 年（1993—2003 年）
加拿大			10 年（1997—2007 年）	

续表

国家	1万—2万美元经历的时间	2万—3万美元经历的时间	3万—4万美元经历的时间	4万—5万美元经历的时间
德国		17年（1974—1991年）	21年（1991—2012年）	
英国		17年（1971—1988年）	14年（1988—2002年）	
法国	13年（1960—1973年）	13年（1973—1986年）	19年（1986—2005年）	
意大利	18年（1961—1979年）	18年（1979—1997年）		
日本	15年（1966—1981年）	14年（1981—1995年）		
韩国	13年（1991—2004年）	13年（2004—2017年）		

注：按2015年不变价计算的人均GDP。

资料来源：世界银行发展指标数据库。

关于中国经济增长前景的预测分析，虽然数据和方法上有所差异，但是对中国未来经济潜在增长率的预测大体接近。大部分文献预测的2025年的中国经济潜在经济增长率均为5.0%—6.5%；2035年的预测结果多为4%—5%，2050年的测算结果大致为2.5%—4%，考虑到新冠疫情、国际贸易情势恶化、经济发展环境的复杂性和不确定性上升的影响，我国未来潜在经济增速可能会进一步降低。表11-2是中国社会科学院经济研究所课题组利用收敛法的预测结果。从经济规模看，到“十四五”时期末的2025年，GDP总量达到146.74万亿元（按2020年价格计算），约21.26万亿美元；到2035年将达到250.45万亿元，约36.29万亿美元的规模；到2050年将达到432.39万亿元，约62.65万亿美元规模。在不考虑汇率的因素下，我国GDP总量到2025年将达到21.16万亿美元，将超过美国2018年的GDP总量20.61万美元。考虑到美国经济的增长，在2030年前后，我国GDP总量可能超过美国经济总量，成为全球第一大经济体。

按照世界银行的定义，一国人均收入在1万—1.2万美元时，被称为中等收入国家，如果一国这一数值长期在 1 万美元左右徘徊，经济增长陷入瓶颈，如马来西亚等，则判断该国进入“中等收入陷阱”。从人均 GDP 水平看，我国人均 GDP 将在 2025 年达到 14648 美元。“十四五”时期，我国将跨越“中等收入陷阱”，人均 GDP 水平进入高收入国家行列。2035 年人均 GDP 约为 25508 美元；2050 年人均 GDP 达到 48705 美元。以 2020 年为基准，新“两步走”战略中实现社会主义现代化强国目标，正好实现翻两番。但须注意到，总体而言，我国人均 GDP 水平相对于美国和日本是低水平的。不考虑汇率因素，我国到 2025 年的人均 GDP 水平不到美国的 1/4（2020 年美国人均 GDP 水平约为 63593 美元）。即使到 2050 年，也没有达到美国 2020 年的人均 GDP 水平。

表 11-2　未来中国现代化进程中的国内生产总值变化（2022—2050 年）

年份	GDP 增长率（%）	GDP（万亿美元）	GDP（万亿元）	人均 GDP（美元）	年份	GDP 增长率（%）	GDP（万亿美元）	GDP（万亿元）	人均 GDP（美元）
2022	6.50	17.517	120.8812	12089.30	2037	4.25	39.661	273.695	28119.76
2023	6.31	18.723	129.2038	12907.45	2038	4.13	41.378	285.5416	29480.62
2024	6.13	19.972	137.8247	13760.43	2039	4.02	43.115	297.5267	30878.47
2025	5.96	21.264	146.7433	14648.55	2040	3.90	44.867	309.6178	32313.33
2026	5.80	22.599	155.9556	15572.07	2041	3.78	46.632	321.799	33785.26
2027	5.64	23.976	165.4541	16531.23	2042	3.67	48.407	334.0462	35294.27
2028	5.49	25.393	175.2368	17526.26	2043	3.56	50.188	346.3367	36840.40
2029	5.35	26.851	185.2925	18557.34	2044	3.45	51.974	358.6654	38423.68
2030	5.20	28.344	195.6015	19624.64	2045	3.34	53.763	371.0085	40044.14
2031	5.05	29.874	206.1558	20728.30	2046	3.24	55.551	383.3451	41701.82
2032	4.91	31.435	216.9295	21868.44	2047	3.14	57.336	395.6626	43396.76
2033	4.77	33.026	227.91	23045.18	2048	3.04	59.116	407.9506	45128.99
2034	4.63	34.646	239.0889	24258.61	2049	2.94	60.891	420.1966	46898.58
2035	4.50	36.293	250.4519	25508.81	2050	2.85	62.658	432.3902	48705.56
2036	4.38	37.965	261.993	26795.84					

在正常发展情景下，我国的经济水平达到发达国家水平问题不大，但是中国式现代化进程必然会出现很多发展中的问题和成长中的烦恼，其中一些是发展中一般规律问题，如中等收入陷阱、人口老龄化、经济社会发展的不平衡、不协调问题；另一些则与中国的特殊世情、国情和国际环境变化有着密切相关的重大外部环境风险，如在百年未有之大变局下，经济全球化受阻带来的创新乏力风险、重大突发性公共事件带来经济衰退风险、重大国际政治军事冲突和经济危机带来的极端环境风险。总之，从经济方面来看，新“两步走”战略目标的前景是光明的，但是也面临着现实挑战。在未来 30 多年里，我们既要提高经济发展质量，又要保持中高速增长，如何在实现高质量发展中保持中高速增长是我们必须要做好的大文章。进一步来看，需要转变经济发展方式，优化经济结构，建设现代化经济体系，提高劳动生产率、全要素生产率和资源配置效率，为高质量发展和中高速增长提供可靠支撑。

（本章执笔：倪红福，本章主要内容曾以《中国式现代化的时间表：“分布走”战略》为题发表在《中国发展观察》2023 年第 3 期）

第十二章
高质量发展推动中国式现代化

党的二十大报告强调，从现在起，中国共产党的中心任务就是团结带领全国各族人民全面建成社会主义现代化强国、实现第二个百年奋斗目标，以中国式现代化全面推进中华民族伟大复兴。中国式现代化，是中国共产党领导的社会主义现代化，既有各国现代化的共同特征，更有基于自己国情的中国特色。

中国式现代化摒弃了西方现代化所遵循的生产力发展单纯服从于资本的逻辑，摒弃了西方以资本为中心的现代化、两极分化的现代化、物质主义膨胀的现代化、对外扩张掠夺的现代化老路。中国式现代化既实现了对西方现代化理论的超越，又丰富和发展了马克思主义发展理论。中国式现代化坚持以人民为中心的发展思想，把增进人民福祉、促进人的全面发展、朝着共同富裕方向稳步前进作为经济发展的出发点和落脚点，扎实推动共同富裕，不断增强人民群众的获得感、幸福感、安全感。围绕满足人民美好生活需要，针对发展不平衡、不协调、不可持续问题，中国式现代化推动经济发展质量变革、效率变革、动力变革，努力实现创新成为第一动力、协调成为内生特点、绿色成为普遍形态、开放成为必由之路、共享成为根本目的的高质量发展。这些是基于我国国情的中国特色现代化。

高质量发展推动中国式现代化，大力实施技术创新。以创新为主的现代化建设，解决目前我国经济发展中遇到的困境，从而开创中国式现代化建设的新局面。党的二十大报告指出，高质量发展是全面建设社会主义现代化国家的首要任务。

第一节　高质量发展是建设中国式现代化的本质要求

中国式现代化是在中国共产党的全面领导下，走技术创新的高质量发展道路，实现中国式现代化五大特征，解决目前我国经济发展中出现的问题等。党的二十大后首个中央经济工作会议再次强调，做好2023年经济工作，要以习近平新时代中国特色社会主义思想为指导，全面贯彻落实党的二十大精神，扎实推进中国式现代化，坚持稳中求进工作总基调，完整、准确、全面贯彻新发展理念，加快构建新发展格局，着力推动高质量发展。站在新的历史起点，深刻认识高质量发展的重大意义，以高质量发展不断推进中国式现代化向前进，为全面建设社会主义现代化国家开好局起好步。高质量发展是建设中国式现代化的本质要求。

从现实看，在世界经济脆弱性更加突出的背景下，我国经济延续恢复态势，发展韧性继续彰显。同时，我国经济高质量发展还存在许多卡点瓶颈，如科技创新能力不强、供需体系质量不高、资源要素投入消耗较大、绿色生产生活方式还未完全形成等。解决好我国发展不平衡不充分问题，全面贯彻新发展理念，尽快形成创新驱动、节约集约、绿色低碳的高质量发展方式，确保经济发展和人民生活不断迈上新台阶。

从历史看，走向高质量发展是经济建设不断迈进高级形态的必然阶段。中华人民共和国成立尤其是改革开放以来，党领导人民创造了“世所罕见的经济快速发展和社会长期稳定两大奇迹”。与此同时，劳动力成本不断上升，资源环境约束持续增大，粗放的发展方式越来越难以为继。党的十八大以来，中国特色社会主义进入新时代，我国社会主要矛盾已经转化为人民日益增长的美好生活需要和不平衡不充分的发展之间的矛盾，党中央提出要坚定不移贯彻新发展理念，这必然要求通过高质量发展转变发展方式、优化经济结构、转换增长动力。

从理论看，高质量发展是我们党的经济发展理论的重大创新。改革开放以来，我们党始终将发展作为解决所有问题的关键，不断推动经济发展理论创新。从“发展是硬道理”到“发展是党执政兴国的第一要务”，从“科学发展观”到“新发展理念”，党的发展理念不断与时俱进。党的二十大把高质量发展确定为全面建设社会主义现代化国家的首要任务、中国式现代化的本质要求，这一新的重要论断再次为党的经济发展理论作出了原创性贡献。

高质量发展推进中国式现代化，坚持和加强党对经济工作的全面领导，体现了中国式现代化建设的本质属性，是中国共产党领导的现代化建设。坚持和加强党的全面领导，是以高质量发展推进中国式现代化的根本保障。党的二十大报告深刻指出，“中国式现代化，是中国共产党领导的社会主义现代化”，并将坚持中国共产党领导列为中国式现代化的本质要求之首。中国共产党是领导我们事业的核心力量，以高质量发展推进中国式现代化，必须坚持和加强党对经济工作的统一领导和战略谋划，以党的创新理论武装头脑、统一思想，推动实现高质量发展各项目标任务。

高质量发展推进中国式现代化，关键是聚焦高质量发展短板弱项，着力解决不平衡不充分的发展问题，这充分体现了中国式现代化的均衡发展属性。党的十八大以来，党中央提出并贯彻新发展理念，着力推进高质量发展，推动构建新发展格局，深入实施乡村振兴和创新驱动发展等重大战略，我国经济实力实现历史性跃升，国际影响力显著增强。2012—2022 年，我国国内生产总值从 54 万亿元增长到 121 万亿元，连续 11 年稳居世界第二位；人均国内生产总值从 3.98 万元增长到 8.6 万元，超过世界平均水平，非常接近高收入国家的门槛值。这为实现中国式现代化奠定了更为坚实的物质基础。

中国式现代化建设中，我国发展不平衡不充分问题仍然突出。党的二十大报告指出：“发展不平衡不充分问题仍然突出，推进高质量发展还有许多卡点瓶颈。”当前，乡村振兴、科技自立自强依然是实现高质量发展最大的短板和弱项。站在新的历史起点，要在全面推进乡村振兴、加快实现高水平科技自立自强方面下更大功夫，推动中国式现代化不断迈上新台阶。

一方面，全面推进乡村振兴。解决好发展不平衡不充分问题，重点难点在“三农”。党的十八大以来，我国深入实施乡村振兴战略，农业农村发展取得历史性成就、发生历史性变革。中国式现代化建设新的征程上，要强化现代农业科技和物质装备支撑，大力提高种子等农业关键技术自主创新能力，加快推进农业现代化，持续增强脱贫地区和脱贫群众内生发展动力，不断推进全体人民共同富裕。

另一方面，加快实现高水平科技自立自强，实现高质量发展。党的十八大以来，我国加快推进科技自立自强，科技事业发生历史性、整体性、格局性重大变化。按照高质量发展要求，我国原始创新能力和关键核心技术亟待突破，自主创新体系整体效能还需持续提高，科技创新资源整合还不够。中国式现代化建设新的征程上，要进一步加强原创性、引领性科技攻关，突破一批关键共性技术、前沿引领技术、颠覆性技术，坚决打赢关键核心技术攻坚战，形成推进科技创新的强大合力。

高质量发展是全面建设社会主义现代化国家的首要任务，解决发展问题，必须先解决发展观或者明确发展的本质属性。2015 年 10 月，习近平总书记在党的十八届五中全会上提出了创新、协调、绿色、开放、共享的发展理念，强调坚持新发展理念是关系我国发展全局的一场深刻变革。其中，创新发展理念要求崇尚创新，明确创新是引领发展的第一动力，注重解决发展动力问题。高质量发展就是体现新发展理念要求、解决发展不平衡不充分问题、满足人民日益增长的美好生活需要的发展。发展质量高低要用是否符合新发展理念来界定和衡量。高质量发展表现为发展驱动力主要来自创新，表现为区域、产业、社会等各方面发展具有内在协调性，表现为绿色增长、人与自然和谐是发展的普遍形态，表现为全面开放、内外联动是发展的必由路径，表现为发展成果由全体人民共享。

从中国式现代化角度看，新发展理念从理念层面回答了现代化的动力、路径、目标等重大问题，是我国现代化建设的指导原则。创新发展理念指明了推进中国式现代化进程的重要动力是创新，现代化的动力是遵循经济发展规律、科技发展规律的创新活动，现代化要通过不断创新和提供新资源以满足不断增长的人类需要的路径来实现。贯彻新发展理念是实现高质量发展的必然要求，而实现高质量发展又是中国式现代化的一个本质要求。以高质量发展推进中国式现代化，一定要完整、准确、全面地贯彻新发展理念。

第二节　高质量发展是我国经济现实及其发展阶段的必然选择

我国经济发展进入了新时代，这是我国经济发展新阶段性特征的必然反映，经济现实要求我国经济着重于高质量发展。原有的以经济要素投入为主的经济发展模式并不可持续，以创新为主的新的增长模式，实现我国经济发展的新格局，尤其实现技术创新，能够破解西方发达国家对我国的技术创新的打压和“卡脖子”等。在经济增长过程中从我国产业发展及其增长要素的变动等方面分析研究高质量发展是我国经济现实及其发展的必然选择。

经济增长理论就是不断探索发展的根本动力，经济发展根本动力在于创新。分析研究我国产业结构及产业发展的动力演变，我国第一产业、第二产业和第三产业分别充当主导动力产业，在不同产业发展阶段，其增长的动力是不一样的，它们都是由物质资本、劳动力等投入要素向创新演变的。进入新时代，我国第一产业、第二产业和第三产业发展的主要动力已转换到创新上，创新是新时代我国高质量发展的动力，这样，高质量发展是我国经济现实及其发展阶段的必然选择。

一　三大产业增加值比重变动

我国第一产业增加值比重由 1952 年的 50.49%下降到 2022 年的 7.30%，70 年下降了 43.19 个百分点，我国第一产业增加值比重随着时间的推移呈现出整体下降的趋势；第二产业增加值比重由 1952 年的 20.78%上升到 1980 年的最大值 48.06%，其后，第二产业增加值比重减小到2022年的39.92%，第二产业增加值比重随着时间的推移呈现出倒“U”形变化；我国第三产业增加值比重由1952年的28.73%上升到2022年的52.78%，第三产业增加值比重随着时间的推移呈现出整体上升的趋势，70年上升了24.05个百分点。

我国三大产业增加值占总的增加值比重变化经过三次超越。经济发展初期，发展的动力及要素主要是劳动力。1952年我国的第一产业增加值比重较大，其后，我国第一产业增加值比重经过两次被超越，也就是1970年前后我国第二产业增加值比重第一次超过第一产业增加值比重，这表明我国经济增长主要依靠第一产业发展的时期已经结束，第二产业的发展决定我国经济增长的开始；我国第三产业增加值比重大约在1985年超过第一产业增加值比重，这表明我国第一产业在经济增长方面的作用已经让位于第二产业和第三产业，我国经济增长将由第二产业和第三产业承担。第三次超越在2012年前后，我国第三产业增加值比重超过第二产业增加值比重，表明我国经济增长主要由第二产业和第三产业带动转型为主要由第三产业起主要作用，此后我国经济增长主要是由第三产业增长决定的（见图12-1）。

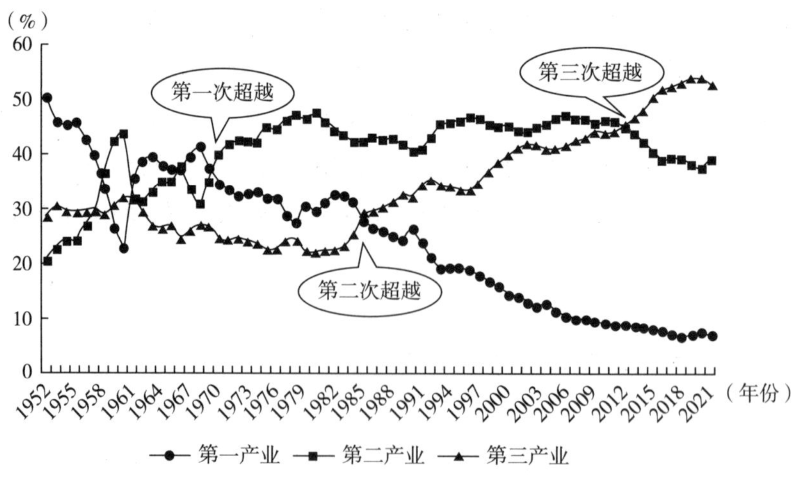

图12-1　三大产业增加值比重及变化

资料来源：WIND数据库数据或由该数据库计算得到。

二　劳动力要素在产业间的配置

我国第一产业就业人员占总就业人员比重由1952年的83.50%下降到2022年的24.10%，70年下降了59.40个百分点，我国第一产业就业比重随着时间的推移呈现出整体下降的趋势；第二产业就业比重由1952年的7.40%上升到2012年的30.40%，其后，第二产业就业比重下降到2022年的28.80%，第二产业就业比重随着时间的推移呈现出倒"U"形变化；我国第三产业就业比重由1952年的9.10%不断上升到2022年的47.10%，第三产业就业比重随着时间的推移呈现出整体上升的趋势。

由于第一产业、第二产业和第三产业的劳动生产率差异,[①] 三大产业就业结构的变化与增加值占比变化不一致，但它们总的变化趋势是一致的，我国三大产业就业人员比重也经过三次超越。

经济发展初始阶段的增长动力为劳动力，且主要集中于第一产业，由劳动力要素最优化配置可知，随着资本存量和人力资本增加，第二产业、第三产业劳动力工资水平不断增加，从而出现第二产业、第三产业就业人员将会超过第一产业就业人员。由第二产业和第三产业特征以及第二产业和第三产业发展可知，第三产业就业人员将会超过第二产业就业人员。

我国第三产业就业人员比重经过两次超越，也就是1995年前后我国第三产业就业人员比重第一次超过第二产业，表明我国第三产业劳动力资源第一次超过了第二产业；2011年前后我国第三产业就业人员比重第二次超过了第一产业就业人员比重，表明第三产业成为劳动力资源配置的主要产业，第三产业是我国经济发展的主要动力。我国就业人员比重第三次超越是在2015年前后，我国第二产业就业人员比重超过第一产业，也就是第三次超越，表明我国经济增长第一产业劳动力就业在整个中国经济中的作用越来越小（见

① 劳动生产率仅指人均GDP。

图 12-2）。

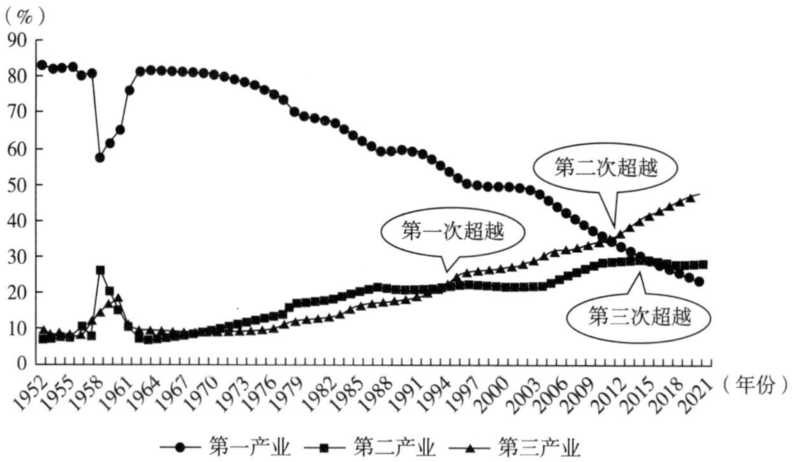

图 12-2　三大产业就业人员比重及变化

从产业增加值份额看，我国已经跨过工业化发展高峰期，进入由制造业向服务业转型阶段。第二产业增加值占总增加值的比重在 1980 年达到过去的最高点 48.06%，此后开始持续下降；2012 年前后我国第三产业比重超过第二产业，这表明我国经济增长主要由第二产业和第三产业带动发展转型为第三产业起着主要发展作用，新时代我国经济发展主要是由第三产业决定的。

从就业份额看，我国同样跨过工业化高峰期，进入由制造业向服务业转型的阶段。我国第二产业就业人员比重由 2012 年最高值 30.40%下降到 2022 年的 28.80%，我国第三产业就业人员比重由 1952 年的 9.10%上升到 2022 年的 47.10%，我国劳动力就业实现了两次超越，这表明了我国第三产业劳动力就业在整个经济中的作用越来越大，在经济发展中越来越发挥着主导性的作用。

由上述我国三大产业增加值和就业结构变化分析可知，推动我国经济发展的主要作用产业是在不断变化的，由于三大产业发展的动力不同，决定了我国经济增长的动力也在不断演变。

三　资本要素在产业间的配置

随着第一产业的发展和资本积累的不断增加，此阶段经济增长的动力在于资本，即资本投入及资本不断积累，而且主要集中于资本密度比较大的产业。资本投入将由第二产业向第一产业和第三产业转移。这就出现第二产业资本投资不断下降、第一产业和第三产业资本占比不断上升，第三产业资本投资比重超过第二产业资本投资，而第一产业资本投资虽然有所提高，但基本上趋于平稳（见图 12-3）。

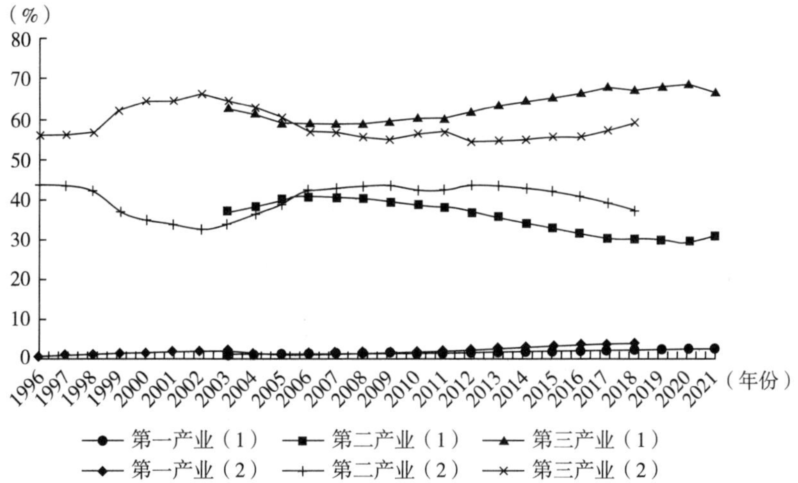

图 12-3　1996—2021 年我国三大产业投资比重及变化

注：图中的三大产业投资比重是由城镇固定资产投资完成额和固定资产投资完成额计算得到的，这两组数据均来自 WIND 数据库。其中，第一产业（1）、第二产业（1）和第三产业（1）为三大产业的城镇固定资产投资完成额占比；第一产业（2）、第二产业（2）和第三产业（2）为三大产业的固定资产投资完成额占比。

受到有关产业资本投资和资本积累数据的时间限制，仅获得 1996—2021 年城镇固定资产投资完成额和固定资产投资完成额计算得到的我国三大产业投资比重及其变化。由图 12-3 可知，第三产业资本投资比重在1996—2021年呈现出不断上升的趋势，第二产业资本投资比重在1996—2021年呈现出不断下降的趋势，而第一产业资本投资比重在1996—2021年呈现出非常平缓的上升趋势。

劳动力作为增长的主要动力让位于资本是在第二产业增加值比重超过第一产业增加值比重的1970年前后。此后资本在整个经济增长中发挥着主要动力作用，此阶段的资本发挥作用可分为两个阶段：第一阶段为资本在第二产业发挥主要动力；第二阶段为资本在第三产业不断发挥作用，此阶段，第三产业资本投资比重超过第二产业资本投资比重。

四 人力资本在三大产业间的配置

由图12-1可知，1984年以后我国第三产业增加值比重快速增长，由1984年的25.55%不断增长到2020年的54.46%，36年增加了28.91个百分点，同时，第三产业增加值比重实现了两次超越：第三产业增加值比重分别超过了第一产业增加值比重和第二产业增加值比重。产生这样的经济现实的因素较多，最主要的因素为人力资本的积累在其中发挥了重要作用。

国家统计局及现有的文献很少涉及三大产业人力资本的数据，采用WIOD_SEA_Feb12中的36个行业高技能劳动力补偿（占劳动补偿总额）整理得到1995—2009年我国三大产业高技能劳动力补偿比重（见表12-1）。总的产业高技能劳动力补偿比重由1995年的3.8%增长到2009年的13.7%，14年增加了9.9个百分点。第一产业高技能劳动力补偿比重由1995年的约1.21%增长到2009年的约3.07%，14年增加了1.86个百分点；第二产业高技能劳动力补偿比重由1995年的约2.61%增长到2009年的约6.96%，14年增加了4.35个百分点；第三产业高技能劳动力补偿比重由1995年的约10.17%增长到2009年的约24.97%，14年增加了14.80个百分点。

表 12-1　1995—2009 年我国三大产业高技能劳动力补偿比重　单位：%

年份	总的产业	第一产业	第二产业	第三产业
1995	3.8	1.2131	2.6065	10.1735
1996	4.1	1.3002	2.7897	10.8820
1997	4.7	1.3930	2.9840	11.6167
1998	5.3	1.4917	3.1898	12.3773
1999	6.0	1.5967	3.4078	13.1634
2000	6.6	1.7081	3.6383	13.9743
2001	7.4	1.8264	3.8818	14.8095
2002	8.1	1.9518	4.1389	15.6683
2003	9.3	2.1326	4.6685	17.4197
2004	9.7	2.4368	5.1374	18.1562
2005	11.2	2.7455	6.1232	20.8689
2006	12.7	3.1101	7.0926	23.4577
2007	12.5	2.7790	6.5006	23.4476
2008	13.4	3.0666	6.9603	24.9746
2009	13.7	3.0666	6.9603	24.9746

注：数据来自 WIOD_SEA_Feb12，总的产业高技能劳动力补偿比重直接来自 WIOD_SEA_Feb12，其他三大产业高技能劳动力补偿比重由 WIOD_SEA_Feb12 计算得到。

由表 12-1 可知，1995—2009 年，第一产业高技能劳动力补偿比重较小且此阶段增长较慢，而第三产业高技能劳动力补偿比重较大且此阶段增长较为迅速。

与之相对应的是三大产业中技能劳动力补偿比重和三大产业低技能劳动力补偿比重的变化，具体的情形见表 12-2 和表 12-3。由表 12-2 可知，总的产业中技能劳动力补偿比重由 1995 年的 34.1%增长到 2009 年的 38.3%，在这 14 年间增加了 4.2 个百分点。第一产业中技能劳动力补偿比重由 1995 年的约 22.37%不断增长到 2009 年的约 27.34%，在这 14 年间增加了 4.97 个百分点；第二产业中技能劳动力补偿比重由 1995 年的约 39.09%不断增长到 2009 年的约 42.95%，在这 14 年间增加了 3.86 个百分点；第三产业中技能劳动力补偿比重由 1995 年的约 58.87%不断下降到 2009 年的约 52.28%，在这 14 年间下降了 6.59 个百分点。

表 12-2　1995—2009 年我国三大产业中技能劳动力补偿比重　单位：%

年份	总的产业	第一产业	第二产业	第三产业
1995	34.1	22.3734	39.0895	58.8726
1996	34.9	22.9638	40.1007	59.6625
1997	36.7	23.5611	41.1179	60.3923
1998	38.2	24.1648	42.1393	61.0603
1999	39.8	24.7740	43.1633	61.6649
2000	41.5	25.3880	44.1882	62.2052
2001	42.8	26.0060	45.2121	62.6801
2002	44.0	26.6270	46.2330	63.0890
2003	43.0	25.1710	44.6419	62.2471
2004	40.7	21.5921	44.1947	60.1496
2005	40.1	24.7356	43.3717	57.5248
2006	39.2	27.6051	42.5226	54.8843
2007	38.4	27.1156	42.5487	53.6754
2008	38.0	27.3359	42.9455	52.2822
2009	38.3	27.3359	42.9455	52.2822

注：数据来自 WIOD_SEA_Feb12，总的产业中技能劳动力补偿比重直接来自 WIOD_SEA_Feb12，其他三大产业中技能劳动力补偿比重由 WIOD_SEA_Feb12 计算得到。

由表 12-3 可知，总的产业低技能劳动力补偿比重由 1995 年的 62.1%下降到 2009 年的 47.9%，14 年下降了 14.2 个百分点。第一产业低技能劳动力补偿比重由 1995 年的约 76.84%不断下降到 2009 年的约 69.87%，14 年下降了 6.97 个百分点；第二产业低技能劳动力补偿比重由 1995 年的约 58.25%不断下降到 2009 年的约 50.06%，14 年下降了 8.19 个百分点；第三产业低技能劳动力补偿比重由 1995 年的约 30.95%不断下降到 2009 年的约 22.74%，14 年下降了 8.21 个百分点。

表 12-3　1995—2019 年我国三大产业低技能劳动力补偿比重　单位：%

年份	总的产业	第一产业	第二产业	第三产业
1995	62.1	76.8434	58.2502	30.9540
1996	61.0	76.1972	57.0519	29.4555
1997	58.6	75.5405	55.8363	27.9909
1998	56.5	74.8736	54.6046	26.5624
1999	54.2	74.1970	53.3579	25.1717
2000	51.8	73.5115	52.0975	23.8206
2001	49.8	72.8176	50.8248	22.5105
2002	47.9	72.1161	49.5413	21.2428
2003	47.7	72.5453	50.7085	20.3332
2004	49.6	76.1813	50.6416	21.6942
2005	48.7	72.6225	50.4922	21.6063
2006	48.1	69.3166	50.3809	21.6580
2007	49.1	69.9428	50.9711	22.8770
2008	48.6	69.8679	50.0604	22.7233
2009	47.9	69.8679	50.0604	22.7433

注：数据来自 WIOD_SEA_Feb12，总的产业低技能劳动力补偿比重直接来自 WIOD_SEA_Feb12，其他三大产业低技能劳动力补偿比重由 WIOD_SEA_Feb12 计算得到。

由上述我国增长现实可知，我国经济增长越过了劳动力、资本等作为经济增长主要动力的阶段。进入新时代以来，我国的经济增长动力已经转向技术创新。至此，由人力资本推动的技术创新进入了人力资本和技术创新相互发展的高质量发展新阶段。

高质量发展是全面建设社会主义现代化国家的首要任务、基本路径。当前，全球科技、产业变革正面临新一轮发展，为我国发展带来了战略新机遇。在此背景下，实现更高质量、更有效率、更加公平、更可持续、更为安全的发展，为全面建成社会主义现代化强国提供了坚实的物质技术基础。

第三节　以高质量发展推动中国式现代化建设

坚持高质量发展，关键在于办好我国自己的事。实施扩大内需战略要同深化供给侧结构性改革有机结合；建设现代化产业体系，有效提升产业链供应链韧性和安全水平；推进城乡融合和区域协调发展，助力构建优势互补、高质量发展的区域经济布局和国土空间体系。推动高质量发展需确保重要产业、基础设施、战略资源、重大科技等关键领域安全可控，为有效防范化解各种重大风险挑战、推动现代化建设行稳致远提供坚实保障。

一　以高质量国民经济循环推进中国式现代化

党的二十大报告指出，建成现代化经济体系，形成新发展格局，基本实现新型工业化、信息化、城镇化、农业现代化。加快构建新发展格局，是以习近平同志为核心的党中央统筹中华民族伟大复兴战略全局和世界百年未有之大变局，审时度势作出的既立足当前又着眼长远的重大战略部署，对于坚持以高质量发展推进中国式现代化具有重大意义。

构建新发展格局的关键在于经济循环的畅通无阻，最本质的特征是实现高水平的自立自强。经济发展正是通过无数个、无数次的经济循环过程实现的，经济高质量发展需要有高质量的国民经济循环。当前我国经济循环质量不高主要表现在内需体系不完善、经济循环不畅问题突出、高水平自主创新能力亟待提高等方面。从畅通经济循环重要内涵、实现高水平自立自强本质特征来看，以国内大循环为主体、国内国际双循环相互促进的新发展格局，不仅仅体现在国内循环流量在整体经济循环量中占比较高，还体现在以国内高水平自主创新驱动经济循环畅通无阻、以持续扩大国内需求不断做大经济循环流量、以发挥国内大循环主导作用促进国内国际双循环畅通。

加快构建新发展格局的关键要求是提高国民经济循环的“质”，

而高质量国民经济循环表现为以高水平自主创新为主、以扩大内需为主、以发挥国内大循环作用为主的经济循环。因此，通过加快构建新发展格局，可以提高国民经济循环质量，更好地推进高质量发展，进而推进中国式现代化进程。在新发展阶段，过去基于劳动力等要素低成本的比较优势的现代化赶超战略已经不适应发展形势，加上关键核心技术领域存在瓶颈等，极大地制约国内国际经济循环质量，需要通过扩大内需、加快突破关键核心技术提升经济循环质量，从而形成基于新的比较优势的经济现代化战略路径。

我国具有超大规模市场优势，利用好大国经济纵深广阔的比较优势，使规模经济和集聚经济作用充分发挥，尤其是用好市场这个当今世界最稀缺的资源，不断提高自主创新能力，实现高水平自立自强，将比较优势转化为竞争优势，从而实现向创新驱动的质量提升型经济循环模式转变，推进中国式现代化进程。世界百年未有之大变局正在加速演进，我国发展面临新的战略机遇，也面临新的风险和挑战，必须通过加快构建新发展格局，确保国内大循环畅通无阻、实现高水平自立自强，增强国内大循环内生动力和可靠性，以国内大循环吸引全球资源要素，提升国际循环质量和水平，从而实现更高质量、更有效率、更加公平、更可持续、更为安全的发展，为推进中国式现代化提供重要保障。

二　以高质量经济体系支撑中国式现代化

我国现代化建设，必须有现代化经济体系作支撑。习近平总书记指出，“现代化经济体系，是由社会经济活动各个环节、各个层面、各个领域的相互关系和内在联系构成的一个有机整体”[①]，要求产业体系、市场体系、收入分配体系、城乡区域发展体系、绿色发展体系、全面开放体系和经济体制一体建设、一体推进。建设现代化经济

① 中共中央宣传部、国家发展和改革委员会编：《习近平经济思想学习纲要》，人民出版社、学习出版社2022年版，第69—70页。

体系，既是实现高质量发展的必由之路，也是现代化建设的战略目标任务。只有形成现代化经济体系，才能更好地顺应现代化发展潮流，赢得国际竞争主动，也才能为其他领域现代化提供有力支撑。

高质量发展经济的着力点放在实体经济上，建设现代化产业体系。实体经济是一国经济的立身之本、财富之源，是我国在国际经济竞争中赢得主动的根基。党的二十大报告专门提出建设现代化产业体系的要求，明确了产业发展的重点战略和基本方向，坚持把发展经济的着力点放在实体经济上。建设现代化经济体系，首先要推进实体经济特别是制造业高质量发展，依靠创新推动实体经济供给质量提升，促进实体经济、科技创新、现代金融、人力资源协同发展，建设现代化产业体系。推进实体经济特别是制造业高质量发展，要求推进新型工业化和工业现代化进程，加快发展先进制造业和战略性新兴产业，推进产业基础高级化、产业链现代化，提高产业链供应链韧性，推进数字经济和实体经济深度融合发展，构建现代化基础设施体系，不断夯实实体经济根基。

构建与高质量发展相适应的高水平社会主义市场经济体制，高标准建设统一开放、竞争有序的市场体系。市场体系是社会主义市场经济体制的重要组成部分和有效运转基础，是我国高质量发展推动现代化建设的必要条件。现代化经济体系要求市场体系容量巨大、结构合理、运行高效、统一开放、主体活跃、竞争有序。改革开放以来，特别是党的十八大以来，我国市场体系建设取得长足进展，市场在资源配置中的决定性作用日益增强，市场发展环境持续改善。为了高质量发展推动现代化建设，需要进一步深化要素市场化配置改革，坚决清除妨碍各种生产要素市场化配置的体制机制障碍，依法依规引导各类资本健康发展，进一步全面对接国际高标准市场规则体系，有效利用全球要素和市场资源，使国内市场与国际市场更好联通等。

健全完善分配制度，建设体现效率、促进公平的高质量发展推进现代化建设的收入分配体系。从我国生产力和生产关系的实际出发，我国确立了按劳分配为主体、多种分配方式并存的分配制度，形成了我国的基本分配制度。与高质量发展推进现代化建设的要求相比，目前我国收入分配中还存在一些突出问题。在未来的现代化建设中，要以新发展理念为指导，围绕实现共同富裕的目标要求，坚持按劳分配为主体、多种分配方式并存，构建初次分配、再分配、第三次分配协调配套的制度体系，积极实施就业优先战略，努力提高居民收入在国民收入分配中的比重，不断健全体制机制和具体政策，持续增加城乡居民收入，改善收入和财富分配格局，不断缩小收入差距，规范财富积累机制，使分配体系体现出收入分配合理、社会公平正义、全体人民共同富裕的要求。

全面推进乡村振兴和促进区域协调发展，建设有助于高质量发展推进现代化建设的彰显优势、协调联动的城乡区域发展体系。进入新发展阶段，高质量发展对城乡区域发展提出了新要求，要求建立充分发挥各区域比较优势、各区域在合理分工基础上良性互动、城乡融合的城乡区域发展体系。从城乡发展体系建设看，全面推进乡村振兴，坚持农业农村优先发展，巩固拓展脱贫攻坚成果，加快建设农业强国；要加快推进以人为核心的新型城镇化，推进农业转移人口市民化，促进城乡融合发展。从区域发展体系建设看，总体思路是发挥各区域比较优势，进行合理分工定位，通过要素合理流动实现各区域良性互动，最终形成优势互补、高质量发展的区域经济布局。协调联动的城乡区域发展体系，本质上是推动新型工业化、信息化、城镇化、农业现代化“四化”同步发展的重要体现，是实现中国式现代化的必然要求。

高质量发展推进现代化建设，推进碳达峰碳中和，建设资源节约、环境友好的绿色发展体系。人与自然和谐共生是中国式现代化的重要特征，而要实现人与自然和谐共生需要绿色低碳的现代化经济体系支撑。在这一过程中，要推进美丽中国建设，加快发展方式绿色转型，提高生态系统多样性、稳定性、持续性，协同推进降碳、减污、扩绿、增长，推进生态优先、节约集约、绿色低碳发展。实现碳达峰碳中和目标是推动高质量发展、实现中国式现代化的内在要求，既要坚定不移推进，又要坚持统筹协调推进。这要求狠抓绿色低碳技术攻关，以能源革命和绿色制造为突破口，深化供给侧结构性改革，加快推进能源结构优化和产业绿色升级，全面推进绿色生产和消费转型。

高质量发展推进现代化建设，积极推进高水平对外开放，建设多元平衡、安全高效的全面开放体系。高质量发展推进中国式现代化必然也要求建设互利共赢、多元平衡、安全高效的开放型经济体系。在构建开放型经济体系中不断增强我国国际经济合作和竞争新优势，增强国内国际两个市场、两种资源的联动效应，依托强大的国内经济循环体系和稳固的基本盘，更好地形成对全球要素资源的强大吸引力、在激烈国际竞争中的强大竞争力、在全球资源配置中的强大推动力。在高质量发展现代化建设中，聚焦建设全面开放体系，要更加注重制度型开放，强化规则等方面的开放，积极推进贸易强国建设等。

高质量发展推进现代化建设，推动有效市场和有为政府更好地结合，构建市场机制有效、微观主体有活力、宏观调控有度的经济体制。我国社会主义市场经济体制，既能充分发挥市场经济提高资源配置效率的长处，又能有效发挥社会主义制度集中力量办大事的优越性；既使市场在资源配置中起决定性作用，又更好地发挥政府作用；既充分利用资本在促进生产力发展方面的积极作用，又有效防止资本野蛮生长，实现了有效市场和有为政府的更好结合，让一切劳动、知识、技术、管理、资本的活力竞相迸发，让一切创造社会财富的源泉充分涌流，极大地解放和发展了社会生产力。为了更好地构建高质量发展推进中国式现代化的重要动力机制，在新征程上建设现代化经济体系，构建高水平社会主义市场经济体制，加快形成国内循环与国际循环相互促进、市场机制与政府作用有效结合的经济运行机制，为以高质量发展推进中国式现代化提供重要支撑。

（本章执笔：陈昌兵）

第十三章
建设现代化产业体系与中国式现代化

当前外部环境错综复杂，社会及科技变革加速演进，我国产业既面临着威胁产业链供应链安全的外部风险，又面临着产业结构失衡、脱实向虚等内部问题。加快现代化产业体系建设，是保障我国产业健康长远发展的重要路径，也是开拓中国式现代化的重要实践。目前，我国为完善现代化产业体系，已进行了核心产业布局，还需在要素支撑和配套机制上进行优化和升级，以保障现代化产业体系在未来发展和国际竞争中占据优势。

第一节　现代化产业体系建设的产业导向

从产业布局来看，我国现代化产业体系的产业以高端化、智能化、绿色化为导向，在技术攻关、智能制造、绿色发展上发力并致力于构建覆盖全产业链、全生命周期的服务体系，服务于实体经济。

一　立足战略性新兴产业发展，推进高水平科技自立自强

发展战略性新兴产业是统筹发展与安全的重要抓手，高水平科技自立自强是抵御产业链供应链外部风险的重要保障。从增强产业链话语权来看，面对贸易保护主义抬头、逆全球化趋势出现，唯有提升技术实力才能在全球产业链中具有不可替代性，我国大力发展战略性新兴产业，致力于成为技术策源地和创新要素集聚地，进而吸纳全球优质的要素资源，深度参与全球分工合作，推进全球规则制定，实现高

水平对外开放。从产业链供应链安全来看，核心技术、重点领域、关键环节受制于人，会面临供应链、产业链断裂的不可控风险，面对世界和平与发展威胁上升，国际力量对比深刻调整，我国致力于在关键产业中实现高水平科技的自立自强，具有防范和化解产业链供应链重大风险的底气。

值得注意的是，高水平科技自立自强并非一蹴而就，战略性新兴产业发展需要在探索中前行。颠覆性和前沿技术突破的周期较长、前期投入往往风险较大，不仅需要集聚基础研发实力，还需要持续的技术和设备投入。为此，我国近年来致力于建立系统性、长期性的产业机制，面向重大战略需求，探索新型举国体制，攻克“卡脖子”技术难题，为我国产业链基础能力提升和供应链安全能力建设提供强有力的支撑；着眼于抢占未来先机，组织实施未来产业孵化与加速计划，推进创新联合体建设，以“链长制”发挥领军企业的探索者和引路人作用，推进大中小企业融通发展，以产业链垂直整合、横向集聚和跨界融合实现延链、补链、强链，构建具有核心竞争力的产业创新生态。

二　加快制造业智能转型升级，推动数字技术与实体经济融合

我国的产业体系面临着“大而不强、全而不优”的局面，尽管我国拥有全球产业门类最齐全和产业体系最完善的制造业，但在国际分工合作中多处于产业链中游环节，从事附加值低的贴牌生产等加工制造，较少涉及研发设计等上游环节并较少拥有自主品牌，无法掌握下游市场，在物流、销售等环节获取高附加值，处于“微笑曲线”底部。我国长期处于国际分工体系中低端的局面与历史因素相关，在过往的三次工业革命中，我国未能抢占技术发展的先机、把握技术驱动产业崛起的机遇，而当下，大数据、人工智能、云计算、物联网等数字技术引领的新一轮工业革命加速演进，为我国重塑产业体系提供了新的机遇。我国以数字技术为支撑，加快制造业智能转型升级，既可以保障现代化产业体系建设始终以实体经济为支撑，又可以使产业定

位向“微笑曲线”两端延展，使“微笑曲线”底部向上提升，从而提升整体产业附加值。

以数字技术助力制造业智能转型升级，我国在数字产业化和产业数字化上均深耕布局。一方面是夯实数字产业化根基，致力于探索全球领先的数字经济前沿产业。充分利用在网络基础设施建设方面的优势，主导5G网络、千兆光纤网络等新一代通信基础设施建设，推进云服务平台、数据中心、算力设施体系的搭建，探索大数据、云计算、区块链等前沿产业，积累更广阔的国内外市场，迎接新业态、新模式的涌现。另一方面是促进数字技术与实体经济融合发展，推进传统产业的数字化与智能化升级。尽管传统产业具有较强的产业实力积累和市场基础，数字技术可为传统产业发展提供乘数效应，但当下传统产业数字化基础较为薄弱的事实不容忽视，数字化转型存在挑战。我国正致力于解决数字工业设备集成互联的难题，搭建工业互联网等转型平台并探索建设国内外标准统一的工业互联网标准体系。

三　建设绿色制造体系，深化绿色低碳技术应用

在加入WTO初期，我国把握住外贸出口机遇，大力发展外向型制造业，因在国际竞争中缺乏核心竞争力，主要发展粗放式的资源密集型产业和劳动密集型产业，在获得经济增长的同时，也出现了大气污染、水污染、植被破坏、能源枯竭等隐患，“竭泽而渔”的发展模式已经难以为继。而伴随着全球气候危机日趋严重，资源环境约束突出，加快绿色低碳科技革命成为重要趋势。我国已由追求高速增长的单一目标向追求可持续发展的高质量发展目标转变，以提升产业资源利用与配置效率、发展绿色产业为手段，谋求以最少的环境与资源为代价获取最大的经济收益，低碳、节能的绿色生产成为我国产业布局的重要导向。

我国在传统产业绿色转型升级和绿色产业推广上均有布局。一方面，我国致力于在传统产业加快绿色升级和产业转型，在钢铁、化工、冶金、能源等能耗高、污染大的重工业领域强化环保审核标准，

倒逼改革与推进低碳化工艺、流程、技术改造并探索以节能、降碳为导向的绿色产业园建设以及绿色共享等生产生活新型模式，发挥领头羊作用和示范作用。另一方面，我国产业门类较为齐全，绿色转型的需求为新型绿色产业发展提供了市场基础。在产业布局上，借助现有的产业基础和现有的企业绿色转型数据资源，加快推进低碳技术的研发和清洁能源、新材料、节能环保等绿色低碳生产端产业的发展，并将绿色生产与绿色生活相融合，推动能效标识普及，为绿色产业提供更广阔的消费市场，为发展绿色家电、新能源汽车等消费端产业提供助力。

四　发展现代化服务业，助力产业协同和产业融合

我国产业致力于从低附加值的“世界工厂”向高附加值、高技术密集型“世界工厂+世界市场”转变。加快服务业与制造业协同发展、融合促进，是提升产业附加值的重要方向，有助于促进价值链向高端延伸，生产性服务业也可以为现代产业体系搭建服务平台，生活性服务业也可以增强制造业所在地的宜居性和居住吸引力，为制造业吸纳资金和人才，并可以服务于制造业的品牌包装及品牌宣传，增强国有自主品牌的影响力。因此，现代化产业体系建设离不开优质高效的现代化服务产业支撑。以产业协同发展为目标，建设全产业链、全生命周期服务体系，促进现代化制造业与现代化服务业的相辅相成，成为我国产业布局的重要着力点。

现代化服务体系搭建致力于服务全产业链和全生命周期的企业发展。在研发上，依托服务体系主导产学研用的协同攻关，进行共性技术研发平台建设，为创新与技术资源整合搭建平台。在协同布局上，以提升交通、能源、网络等基础设施服务，助力带动高效资源整合，增强产业链上下游互通。促进跨地区、跨产业链的产业合作和协同集聚，培育具有规模优势的、世界一流的产业集群。在融合发展上，推动制造服务化和服务制造化，发展服务型制造和服务衍生制造，增强工业产品的客户交互应用场景，把握全球价值链重构的机遇，将面向

厂家的加工环节向面向客户的消费环节延伸。在标准制定上，利用国内市场规模优势，发挥大型企业的领头羊优势，实现大型企业与中小企业的融通。在标准制定的国际会议中，增强凝聚力和国际话语权。在市场培育上，依托搭建产业系统服务平台，推进工业互联网和物联网应用普及，汇集生产性服务业和生活性服务业所集聚的数据要素和客户资源等，利用大数据分析消费者个性化需求，推广柔性化定制，为消费者提供个性化、高附加值的智能制造产品。同时做好数字化营销与品牌建设，发展工业文化旅游，实现制造业与服务业的相辅相成、融通发展。

第二节　现代化产业体系建设的关键要素支撑

现代化产业体系建设离不开生产要素的支撑，技术、数据、人才等关键生产要素的高效配置和顺畅流通对于产业创新和升级至关重要。因此，现代化产业体系建设需依托于体系化、系统性的要素布局配套统一开放、竞争有序的高标准的要素市场体系，将全国统一大市场建设与现代化产业体系建设目标相协调，以高质量的关键要素支撑服务于现代化产业体系完善。

一　以技术创新引领现代化产业体系发展

科学技术是第一生产力，现代化产业体系的优化升级离不开技术要素的支撑，技术要素为创新驱动的发展战略保驾护航。保障技术生产要素的优化配置、互通合作、落地转换，不仅可以保障现代化制造业的高质量发展，也是现代化服务体系建设的重要方向。

技术要素已经成为现代化产业升级的重要驱动，为现代化产业提供畅通的技术要素流通渠道至关重要。一方面，要提升基础研究的研发环境，创造有利于协同创新的环境。抢占科技竞争制高点具有重大意义，而基础性研究距离落地较远，在较长时间内无法看到可观收益，研发成本和收益回报难以匹配，需要技术团队间的知识交流与共享，才可以降低研发成本和缩短研发周期，占领原创基础研究成果的战略高地。搭建具有公益性、社会性的基础技术与战略技术研发服务平台、工业能力共享平台、前沿领域标准验证与创新应用平台等，为科技资源集成共享以及产学研用协同提供渠道；推广技术创新公共服务模式，在重大科研基础设施和仪器设备上进行共享并提供科技政务、科技中介、分析测试相关服务。另一方面，要助力应用型研究加快落地，推动技术交易市场互联互通。产业培育体系的搭建可以采用“创业苗圃—孵化器—中试基地—加速器—产业园”的接力式孵化模式，将技术研发与实践落地紧密结合。依托产业园，为创业团队、初创企业、高成长企业等不同发展阶段的团队和项目提供研发、中试放大、产业化生产、产品销售、仓储物流等环节的空间和基础设施，应用共享机制为企业提供政策咨询、知识产权、注册申报、投融资、人才招聘与培训等配套服务。为科技资源共享制定全国统一的评估标准和价格机制，以规范化、可信化畅通科技资源共享市场异地交易，实现科技资源在共享过程中的倍增效应。

技术要素亦成为现代化服务体系优化的催化剂，依托技术要素可以完善现代化服务体系，从而服务于现代化产业体系建设。不仅产业发展要以技术进步为导向，产业服务也与技术创新密切相关。伴随着前沿技术在现代化服务平台中的应用，产业信息共享平台、物联感知平台、物流可视化系统、城市治理平台等可逐步在全国范围内推广，极大地降低产业内和产业间交流的搜索成本、追踪成本、运输成本和验证成本，同时服务于产业转型升级的政务服务体系也应向数字化、网络化、智能化转型升级，便企利民自助服务模式、“终端共享”模式、跨省通办模式、“单一窗口”服务模式等探索在生产、经营、贸易等多个环节实践，综合运用数字技术与运营管理实现现代化服务体系的革新。

二 以人才流通搭建现代化产业体系根基

利用劳动力充足的传统人口红利大力发展劳动密集型产业，是我国受制于技术水平限制而依托劳动力生产要素的比较优势作出的选择，尽管劳动密集型产业附加值较低，使我国处于价值链低端，但依然为我国拓展了海外市场和获取了海外投资。然而，这一经济模式伴随着我国人口老龄化加剧和传统的人口红利消失，已经不具有可持续性。通过大规模使用廉价劳动力降低生产要素成本、保持绝对市场规模优势的路径已经难以为继。而与此同时，伴随着我国技术要素的积累和教育水平的提升，人才红利成为新型人口红利。

新一轮科技革命不仅重塑了全球创新版图和经济结构，也对科技人才和职业技能有了新的要求，人才成为现代化产业体系建设的关键新型生产要素。要释放人才生产要素价值，就要使人才技能与现代化产业相匹配，我国不仅缺少科研人才，技术工人亦存在较大缺口，吸纳高素质技能人才与吸纳高水平研究人才同样重要。一方面，依托互联网、大数据、云计算建设的人才服务与认证平台成为趋势。便捷、高效、智能化的高水平人才在线认证，配套子女入学、配偶安置、落户、住房、医疗保健、养老保险、税收等多项政策优惠，为吸纳产业领军人才提供了保障。同时，技能人才的认证体系正逐步建立，全国通用型的技能资质认证逐步建立有助于技能人才跨地区流通，高素质技能人才的待遇不断提升，尊重技能人才的风气逐步形成，与研究型人才一样可以享受各地住房、教育、医疗等方面的保障。

另一方面，完善现代化产业体系配套的人才培训体系的重要性逐步凸显。职业教育可以为现代化产业体系建设保驾护航，职业教育可以提升劳动者技能与职业素质，从而增强产业发展的国际竞争力，特别是伴随着我国产业从劳动密集型低端产业向技术密集型高端产业转型，将产业工人和服务人员培养成技术工人能促进我国更好地参与到国际产业链协同中。同时，普通教育资源储备亦关系到现代化产业体系的可持续发展，高等教育是探索建设产教融合创新平台的主力军，是推动产、学、研合作互通的主要参与者，高校牵头建设产教融合创新基地，搭建集成产业人才培养、科学研究、学科建设于一体的平台，探索多方协同的资源共享模式，在实习实践环节、师资培训、非学历教育、科研设备共享等方面进行资源共享及合作。而基础教育的均等化有助于为现代化产业体系的远期发展提供人才储备，义务教育学校管理标准化评估、随迁子女积分入学等探索不仅在子女入学上为现阶段劳动力流通扫除障碍，也为长远的人才培育提供创新手段。

三 以数据要素赋能现代化产业体系变革

数据要素作为数字经济时代新型的生产要素，成为各国抢占发展机遇的重要抓手。我国是数字经济大国，具有世界第一的网民数量，生活与生产中所产生的海量数据促使我国在数据要素积累上获得优势，进而壮大数据产业和实现数据赋能传统产业。

然而，数据要素价值释放中机遇与挑战并存。有别于传统的生产要素，数据要素具有非排他性和较强的外部性，这也使制定数据要素市场规则时存在诸多挑战，以数据要素赋能产业发展存在不确定性。数据产权难以确定，个人数据、企业数据、公共数据在所有权认定时存在交叉，为分级分类授权使用增加了难点。同时，数据交易市场仍处于发展初期，数据资产定价仍存在争议。鉴于数据作为一种新兴资产缺少可参照价值，未来收益存在多样性和不确定性，复制成本远低于生产成本资产价格，传统资产估值通用的市场法、收益法、成本法等如不加以改进，难以客观对数据资产进行定价。数据的流通推进仍面临阻碍，数据的价值仍难以较大限度发挥。此外，尽管依托政府统一数据架构采集、加工的公共数据可信性较高，有助于积累高质量的数据资源服务于产业发展，也可为进一步推进个人、企业等私有数据共享提供经验。但兼顾安全与发展仍相对困难，境外网络攻击事件时有发生，公共数据管理面临威胁。特别地，为方便公共数据开发利用，打破信息孤岛、建立公共数据管理统一平台的做法更为普遍，但这也为数据安全管理制造了挑战，一旦业务系统遭到攻击，不仅会造成数据共享与治理平台的停运，更可能造成政法、医疗、金融、民政等多领域数据泄露，对于国家的生产发展安全造成隐患。

我国在平衡数据市场培育和数据安全保护上进行了探索，出台了数据要素市场培育、数据安全保护等细则，对数据进行了分级分类管理，但仍需进一步探索确定关系到国家安全、国民经济命脉、重要民生和重大公共利益的核心数据、重要数据的标准，明确“可共享数据”“有条件共享数据”和“不予共享数据”的数据分类标准。为扩大数据流通与交易规模，全国各地已建设较多数据交易所、数据交易中心和数据超市，全国通用的、高效的、标准化的数据交易方案和规范标准仍需要在实践中总结。从国际形势来看，当前较多国家和地区对于数据跨境进行立法限制，以保障本土利益与安全。贸易组织、各国及地区尚未对数据跨境流通达成通识，跨境数据流通规则不一也为数字贸易制造了困难。为此，可强化跨境数据制度上的探索，参与国际数据规则的设计与制定，加强跨境数据枢纽港、离岸数据中心的建设，在数据安全与数据跨境流通之间寻找平衡，实现海外合作的互利共赢，助力我国在数字贸易中掌握话语权和增强影响力。

第三节　现代化产业体系建设的配套机制

我国现代化产业体系建设既要适应全球经济发展的进程和融入世界产业发展的格局，保障我国产业的自主可控和安全可靠，提升产业的国际竞争力和产业链话语权；又要从本土实际发展出发，结合我国的产业优势和市场需求，摆脱当前产业体系的困境。为兼顾上述目标，仍需完善配套机制和强化政策引导，进而推进现代化产业体系在建设中巩固核心优势与弥补现有短板，兼顾发展与安全，为中国式现代化提供根本支撑。

一　强化完整性和安全性为导向的产业链管理机制，加快推动现代产业转型升级

一是完善产业链管理机制，以确保供应链产业链的完整与安全。一方面，以发挥供应链产业链价值协同、增强重点产业链韧性为目标，建立多部门协同合作的产业链供应链工作组，推进权责清晰的产业链管理机制，以自主可控和安全可靠为原则，针对国家层面现有产

业体系完备优势，有针对性地开展中短期和长期产业布局，增强产业链协同、开放、创新。另一方面，定期分析国际形势，掌握产业链供应环节存在的弱点，预计突发事件概率，建立系统梳理产业链安全领域的短板和命门的机制，建立产业链安全的事前预警、事中控制、事后应急流程。对可补齐短板的环节设置安全合作伙伴名单，为关键装备、零部件、材料等确定应急产业链体系和应急采购渠道。

二是将提升现代产业的先进性作为产业链增强完整性的重要保障。应巩固现有产业集群的优势，壮大和提升产业集群的规模及实力，以规模优势和集聚效应确保产业先进性和产业链完整性。进一步完善产业集群配套，以智能化转型提高园区竞争力和吸引力，在园区内建设智能中心，实现智能生产、智能质检、智能物流、智能服务等，推动产业向绿色化、融合化、智能化转型。强化产业空间布局的全局性设计，区域联动实现优势互补。按照差异化布局，产业发展避免了同质化竞争。通过飞地合作等模式，打破园区建设的空间障碍，推进企业数字化转型，打破园区的时间限制，利用大数据、物联网、人工智能等为生产线和产品升级提供支撑，提升产品附加值，为国际市场拓展打下基础。

三是重点推进安全领域产业链向先进性迈进。将维护网络安全作为坚守产业安全的重要保障，从国产底层硬件、软件到产品功能等层面出发，解决网络安全技术与国产化环境的融合，全维度提升网络安全能力。网络安全关系到国家安全与社会稳定，伴随着车联网、物联网的发展，网络安全不仅与居民生活密切相关，还深刻影响着生产领域，发展网络安全产业既是市场需求，也是国家战略导向。网络安全存在“木桶效应”，从威胁发现、监测预警、应急处置到信息共享的一体化安全防护能力不仅需要软硬件协调配合，还需要网络安全运维、网络安全专家等参与“实战”，深耕网络安全领域产业链建设，构建网络安全体系的良好生态。

二　建设现代化服务体系评价机制，打造现代化服务业与制造业融合生态

一是建设现代化服务考核和评价体系，助力现代化服务业服务于实体经济。现代化服务的考核与评价指标不仅需要通过学习发达国家及地区的经验，对标国际评价指标，还要走向群众，切实了解自身发展的痛点，找到适用于本土化考核的指标。应建立政府主导监管、行业协会协调、企业创新自律、公众参与监督的营商环境考核与评价体系，通过企业座谈、行业会议等方式，充分了解企业在实际经营中面临的难点、痛点，定期对现代化服务体系进行考核和优化，同时在考核体系的基础上，建立意见反馈和宣传产业服务及公共服务的建议和投诉渠道，实行线上和线下相结合的反馈机制，避免企业发现服务平台存在问题时想不到或找不到向监管机构投诉和寻求保护的途径。

二是形成生活性服务业与制造业融合生态。文娱产业发展代表着国家软实力，也可以服务于产品包装、产品营销和市场拓展，实现产业链价值增值。加强对文化创意等自有品牌宣传，通过博览会等国内国际知名平台以及开展国有品牌展销会等线下方式，让自主品牌消费也可以满足消费者的社交需求、尊重需求等；通过直播带货、社交圈推广等线上方式，拓展海内外的潜在市场。将文化贸易与数字贸易相结合，创新数字内容服务形式，将5G、人工智能、大数据、移动支付等技术运用到文娱、旅游等产业中，增强文化的国际传播力和文化软实力。

三是形成生产性服务业与制造业协同生态。推动生产性服务业围绕制造业发展需求进行创新和改革。例如，在历次工业革命和科技变革中，金融改革都起到了至关重要的作用，不仅为实体经济的资本聚集和资源配置提供了支撑，也受到了国际前沿产业的影响。注重金融科技发展，可以实现资本市场完善和产业现代化建设的双赢，不仅可以达到金融业转型升级服务于创新驱动导向的产业发展，还可以通过高技术产业反哺和赋能金融业转型升级。应积极探索金融支持科技创

新的新路径与新机制，助力金融产业与大数据、人工智能、区块链等技术融合并向科技化趋势演变。

三 完善技术要素市场管理机制，形成科技成果转化的良好生态

一方面，应进一步优化科研管理与技术服务机制，建立健全技术交易市场。为前沿技术研发和落地提供针对性强的金融与财税方案，简化资金管理程序，完善科研项目绩效管理方式，形成完善的研发激励机制。搭建区域协同创新机制和建立产业优势互补机制，整合供应链上下游企业，联合高校、科研院所，探索创新联合体模式，建立利益共享、风险共担的科研团队，推进高质量科研成果的供给与转化。搭建科技成果转化的供需平台、运营服务平台等，逐步建立全国统一的技术交易规范与规则，引入多元化的科技成果定价机制和评估办法，提供市场调研分析、前沿技术研判、投资机构接洽、交易风险预警等服务，加快推动技术交易市场向高标准转型，促进技术要素与其他传统生产要素以及新型生产要素融合，服务于现代化产业体系建设。

另一方面，应强化知识产权保护，推进高标准知识产权保护体系建设。推广知识产权运营公共服务平台、社会信用评价和分级分类管理方案等，探索企业研发成果的使用、处置、收益保护办法。支持信用服务机构对信用信息数据的市场开发和运用，逐步完善包含知识产权合规考核的信用体系建设，定制“守信红名单”和“失信黑名单”，建立激励守信、惩戒失信工作机制，探索知识产权转质押担保方式的授信机制，从而将知识产权失信行为与金融机构融资授信相关联。搭建智慧法务云平台，探索“跑零次”的线上调解相关办法，为企业特别是中小微企业提供法律咨询，为中小微企业提供法律援助和案例科普，将线上线下一体化的知识产权保护法律服务模式向全国推广。

四　畅通人才流通机制，完善多层次人才培训体系

一是做好人才培育体系的顶层设计，为现代化产业体系建设储备高水平人才。制定现代化产业体系建设的急需岗位清单和薪资中位数估值，定期发布并及时更新现代化产业体系的人才图谱，整理重点领域、关键行业的产业专家、技术工人等各类人才所需的职业素养，制定紧缺职业清单和职业技能量表，为企业招聘和培训以及高等院校、职业院校人才培养提供参考。完善前沿技术相关学科体系，打破学科边界、基础学科与产业应用边界，建设以解决关键技术难题为导向的科研中心，以产业需求为导向培养更多研发、应用型人才，发展应用型大学和职业院校，以现代学徒制培养现代产业体系急需的技术工人。

二是进一步健全人力资源吸引、评价与激励的机制，为现代化产业体系建设吸纳人才资本。逐步建立技能人才旗舰培训基地，推广资格考核办法，以通用性技能证书推广等方式促进技能人才资源在全国统一大市场中高效流动与配置。同时，鉴于当前技术工人的社会认可度仍相对较低，部分劳动者宁可挤占"白领"就业的红海，也不愿选择成为市场潜力巨大的前沿产业"蓝领"，应为技术工人建立常态化人才评价和退出机制，使技术工人可以评选为高端人才享受高端人才就业的优惠待遇，提升技术工人社会地位和生活服务保障。另外，总结职称评审的流程与规范，组织技能评审的专家团队，建立全国示范型产业职称评审与技能考核基地，为全国的先进制造业及先进服务业提供技能培训及考核服务，将产教融合的技能培训与考核作为生产性服务业的发展方向之一。

三是搭建多层次技能培育的产教融合平台，以应对产业变革引发的技能变革。产业升级离不开劳动力技能升级，因此，加强在职培训与推广终身学习对于防止人才"折旧"和释放人才价值至关重要。应推广产教融合创新发展联盟，推动高校、企业、科研院所、行业协会等单位合作，探索产教融合育人新模式。在重点行业和关键领域的产

业集群配套“官、产、学、研”协作的在职教育平台，形成集成产业人才培养、科学研究、学科建设于一体的科技创新共享型平台，落实职业教育体系完善和终身学习制度推广，为前沿产业输送技能匹配的技术工人。

五　完善数据流通机制，兼顾数据共享与数据安全

一方面，以公共数据流通为突破口，搭建安全可信、开放共享的公共数据开放平台。面向公众的数据开放平台要以为公众和企业提供高质量公共数据为主要建设目标，提供各地公共数据平台的统一展现接口，优化便捷化、模块化索引模式，方便公众和企业按类索引所需数据；结合人工智能、大数据等技术，提供个性化、针对性强的数据展现方式。同时，应出台国家层面的公共数据管理条例，发布公共数据平台建设指南和标准化模板，为各地提供统一的数据分类标准、处理办法和展现方式，提升各地共享和开放的公共数据质量。汇总各级行政部门面临的数据管理风险报告，制定评判关系国家安全、国民经济命脉、重要民生和重大公共利益的核心数据、重要数据的标准，制定重点数据保护清单。另外，建立动态调整数据安全应急处置机制和相关预案，成立国家层面的数据安全应急处置小组，针对不同场景下的数据窃取、泄露、毁损和非法利用制定不同数据风险等级的应急处置预案。

另一方面，要完善数据交易的市场机制，探索数据流通办法与规范。增强全国层面的数据交易所建设的统筹布局并发布数据交易规范指南，为各数据交易所建设交易规范体系提供框架参考，依托行业协会的力量形成场外数据交易的自律监管。创新数据要素市场管理机制，细化地区和行业层面的数据要素市场监管清单和考核量表，搭建数据要素市场反馈与投诉平台，形成定期走访和问卷调查制度，根据行业协会、企业、研究机构、社会公众反馈，动态调整和优化协同治理体系。建设线上数据侵权仲裁平台，受理企业和消费者面临的数据侵权案件并提供法律援助。综合梳理和分析各产业链的数据价值创造

潜力，建设针对性强的数据全周期服务体系，依托产业互联网汇聚采购、生产、销售、物流等环节数据。鼓励国有企业和大型平台企业成为数据链链主，承担数据要素市场培育的社会责任，在数据流通与价值释放中起到示范和引领作用。另外，由政府牵头，联合企业协会、科研机构等，对数据商和第三方数据专业服务机构进行考核和打分，定期发布推荐手册，在数据集成、加工、托管、运营、合规等环节提供推荐数据商和第三方数据专业服务机构名单，为企业提供可信的数据中介，亦为跨境数据流通储备能力。

（本章执笔：续继）

第十四章 建设全国统一大市场与中国式现代化

"当今世界，最稀缺的资源是市场。"① 一国现代经济能够完成循环是一国经济能够运行和发展起来的前提，经济循环包括生产、分配、交换和消费，循环顺利实现后才能通过资本积累顺利扩大下一期的再生产，即实现经济增长。通常来讲，"生产表现为起点，消费表现为终点，分配和交换表现为中间环节"②，从生产关系形成的角度看，生产是首要的，起到决定性作用，但从经济循环能够周转起来的角度看，在市场经济条件下，产品能够顺利实现交换，是经济循环能够实现的关键，正如马克思在《资本论》中所指出的，商品到货币"是商品的惊险的跳跃。这个跳跃如果不成功，摔坏的不是商品，但一定是商品占有者"③。商品生产者如果没有办法顺利实现交换，商品就无法转化为货币，下一阶段的生产就无法进行下去。"在交换中，生产和消费由个人的偶然的规定性来中介"④，市场交换具有偶然性，这种偶然性受到消费者偏好的影响，生产者要使产品交换顺利实现，就要努力经营，参与市场竞争，在竞争的偶然性中提高生产效率。交换的总体构成了市场，市场规模越大，意味着消费者越多，参与竞争的生产者也越多，市场促进竞争和促使生产者提高效率和技术进步的能量也就越大，这是市场规模的积极意义。此外，如同斯密在《国富论》中所揭示的，市场分工和市场规模是同步发展的关系，市场规模

---

① 习近平：《习近平谈治国理政》（第4卷），外文出版社2022年版，第177页。

② 《马克思恩格斯文集》（第8卷），人民出版社2009年版，第13页。

③ 《马克思恩格斯文集》（第5卷），人民出版社2009年版，第127页。

④ 《马克思恩格斯文集》（第8卷），人民出版社2009年版，第13页。

的不断扩大会不断促进分工的深化，从而促进分工和专业化的不断发展，进而促进技术进步的不断涌现，使经济实现增长。这些都是对市场规模的重要意义的经典描述。

需要指出的是，按照《资本论》的分析，资本通过市场实现资本的周转后，资本追求利润不断扩大再生产，这导致了生产过剩的现象，产品供大于求增加了经济循环的难度，这时一个有消费力的市场需求就变得弥足珍贵。当今世界范围内，资本主义生产方式仍然占主导地位，为此寻找商品的市场是资本的重要任务。在经济全球化的今天，市场在国家间也具有政治经济的意义，成为国与国之间交往的筹码。从国家间关系角度看，这也说明为什么在当今世界，最稀缺的资源是市场，当生产过剩成为资本主义世界的普遍现象，一国具有一个规模巨大的市场自然成为稀缺资源，成为可以加以精心利用的战略资源。中国已经成为经济全球化的重要参与者，拥有世界第二大规模的经济总量，与西方资本主义国家的经贸往来对双方都是重要的，但当前逆全球化的势力抬头，中国要积极维护经济全球化，防止一些国家的所谓“脱钩行为”，拉紧国外产业链供应链与中国的联系。中国具有超大规模的国内市场，充分发挥这一超大规模市场的战略作用，对中国的经济发展，化解外部逆全球化的冲击、引领经济全球化的正确方向以及推进中国式现代化都具有十分重要的战略意义。

第一节　中国式现代化与高水平社会主义市场经济体制

党的二十大报告提出了实现中国式现代化的宏伟目标，现代化首先是一个经济发展的问题，改革开放以来，中国逐步确立了社会主义市场经济体制，创造了举世瞩目的经济发展奇迹。推动中国式现代化，与社会主义市场经济体制的进一步完善密切相关。

一　现代化经济体系是中国式现代化的经济内容

中国式现代化在经济上表现为经济发展的持续和优化过程，经济发展的产业结构不断改善，全要素生产率不断提高，单位能耗不断下降和资源配置效率不断提高，也就是说，中国式现代化要实现的经济发展是高质量发展，与中国式现代化和高质量发展相适应相配套的经济制度和体系则是现代化经济体系。党的十九大报告指出："我国经济已由高速增长阶段转向高质量发展阶段，正处在转变发展方式、优化经济结构、转换增长动力的攻关期，建设现代化经济体系是跨越关口的迫切要求和我国发展的战略目标。"① 报告正式指出了现代化经济体系在高质量发展中的重要作用，现代化经济体系成为与推进中国式现代化相适应的经济制度和体系，成为实现高质量发展的战略支撑。2018 年习近平总书记在十九届中共中央政治局第三次集体学习时的讲话中对现代化经济体系的内涵做了权威表述："现代化经济体系，是由社会经济活动各个环节、各个层面、各个领域的相互关系和内在联系构成的一个有机整体。要建设创新引领、协同发展的产业体系，实现实体经济、科技创新、现代金融、人力资源协同发展，使科技创新在实体经济发展中的贡献份额不断提高，现代金融服务实体经济的能力不断增强，人力资源支撑实体经济发展的作用不断优化。要建设统一开放、竞争有序的市场体系，实现市场准入畅通、市场开放有序、市场竞争充分、市场秩序规范，加快形成企业自主经营公平竞争、消费者自由选择自主消费、商品和要素自由流动平等交换的现代市场体系。要建设体现效率、促进公平的收入分配体系，实现收入分配合理、社会公平正义、全体人民共同富裕，推进基本公共服务均等化，逐步缩小收入分配差距。要建设彰显优势、协调联动的城乡区域发展体系，实现区域良性互动、城乡融合发展、陆海统筹整体优化，

---

① 习近平：《决胜全面建成小康社会　夺取新时代中国特色社会主义伟大胜利——在中国共产党第十九次全国代表大会上的报告》，人民出版社 2017 年版，第 30 页。

培育和发挥区域比较优势，加强区域优势互补，塑造区域协调发展新格局。要建设资源节约、环境友好的绿色发展体系，实现绿色循环低碳发展、人与自然和谐共生，牢固树立和践行绿水青山就是金山银山理念，形成人与自然和谐发展现代化建设新格局。要建设多元平衡、安全高效的全面开放体系，发展更高层次开放型经济，推动开放朝着优化结构、拓展深度、提高效益方向转变。要建设充分发挥市场作用、更好发挥政府作用的经济体制，实现市场机制有效、微观主体有活力、宏观调控有度。以上几个体系是统一整体，要一体建设、一体推进。"① 现代化经济体系包括七个部分，在内容上，与中国式现代化的特征有机对接，成为中国式现代化的经济特征。中国的现代化是全体人民共同富裕的现代化，在现代化经济体系的建设要求中，要建设体现效率、促进公平的收入分配体系，现代化经济体系是追求公平正义的经济体系，是促进共同富裕的经济体系，而且，现代化经济体系是彰显优势、协调联动的城乡区域发展体系，要实现城乡融合、推动城乡公共服务均等化，这是在城乡关系上推动共同富裕的表现。中国的现代化是人与自然和谐共生的现代化，现代化经济体系要建立资源节约、环境友好的绿色发展体系。人和自然和谐发展的经济体系，着力于构建资源节约型、环境友好型社会，实现经济的可持续发展。中国的现代化是走和平发展道路的现代化，在经济上，意味着中国不断扩大对外开放，与世界各国发展经贸关系，现代化经济体系则要建设多元平衡、安全高效的全面开放体系，与世界各国共同发展普惠包容、互利共赢的合作关系，在和平中推动发展，在发展中实现和平。事实上，中国式现代化所包含的五个特征中，不仅以上三个特征与现代化经济体系的内涵完全一致，中国的现代化是人口规模巨大的现代化这一特征，也与中国拥有超大规模国内市场相一致，后者与现代化经济体系的建设特点相匹配。此外，中国的现代化是物质文明和精神文明相协调的现代化，现代化经济体系本身能够推动物质生产力的发展，为物质文明的进步打下坚实基础，为物质文明和精神文明协调发

---

① 习近平：《习近平谈治国理政》（第 3 卷），外文出版社 2020 年版，第 240—241 页。

展创造条件。可见，要推进中国式现代化，经济上与之对应的就是要建设现代化经济体系，现代化经济体系就是中国式现代化的经济内容。

二　高水平社会主义市场经济体制是构建现代化经济体系的支撑

现代化经济体系是中国式现代化的经济内容，而社会主义市场经济体制是中国改革开放以来经济体制改革所取得的最主要的成就，现代化经济体系作为一个系统，涉及经济发展的目的、体制、动力、路径等七个方面，其中，统一开放、竞争有序的市场体系是现代化经济体系的运行基础，这说明现代化经济体系必然以市场作为配置资源的决定性方式。多元平衡、安全高效的全面开放体系尽管是从对外开放的角度来论述的，但实际上对外开放的经济体系必然对接国内外市场，实质上也必然是市场体系的对外维度，要按照市场的通行规则进行建设。充分发挥市场作用、更好发挥政府作用的经济体制，是从政府和市场关系的角度来论述的，更好发挥政府作用与充分发挥市场作用并不矛盾，这是政府和市场之间的辩证关系决定的，而运用好政府和市场的两点论，中国特色社会主义制度的性质为此提供了前提，从而政府和市场共同为现代化经济体系的建立完善发挥应有作用。在现代化经济体系中，以上几个方面实际上与建立高水平社会主义市场经济体制形成了一致的要求。党的二十大报告提出了“构建高水平社会主义市场经济体制”的战略要求，高水平社会主义市场经济体制在内涵上要反映市场的有效运行，即党的十九大报告所要求的“产权有效激励、要素自由流动、价格反应灵活、竞争公平有序、企业优胜劣汰”[①]，从而使市场能够充分发挥有效配置资源和鼓励创新的作用。对此，2020 年 5 月《中共中央　国务院关于新时代加快完善社会主义市场经济体制的意见》明确指出，要“夯实市场经济基础性制度，

① 习近平：《决胜全面建成小康社会　夺取新时代中国特色社会主义伟大胜利——在中国共产党第十九次全国代表大会上的报告》，人民出版社 2017 年版，第 33 页。

保障市场公平竞争”，这就要求“建设高标准市场体系，全面完善产权、市场准入、公平竞争等制度，筑牢社会主义市场经济有效运行的体制基础”[①]，其核心在于建设统一开放、竞争有序的市场体系，这恰恰就是现代化经济体系所包含的市场体系的内涵，以实现党的十九大报告所提出的“构建市场机制有效、微观主体有活力、宏观调控有度的经济体制”[②] 的新要求。因此，构建高水平社会主义市场经济体制，必然包括党的二十大报告所提出的“构建全国统一大市场，深化要素市场改革，建设高标准市场体系”[③]，全国统一大市场要实现全国范围内的产权有效激励、要素自由流动、价格反应灵活、竞争公平有序、企业优胜劣汰，这样市场促进资源有效配置、促进公平竞争、促进分工深化、促进创新的功能才能充分得到发挥，现代化经济所包含的创新引领、协同发展的产业体系才能有效搭建起来。因此，构建高水平社会主义市场经济，构建高标准的全国公平规范、有序竞争的统一大市场成为其中的一项重要内容，这样才能充分发挥我国具有的超大规模国内市场的优势。[④] 此外，高水平社会主义市场经济体制也是充分开放的全国统一大市场，市场从形式上有国内国际两个市场，充分利用“两个市场、两种资源”始终是我国对外开放的重要内容，国内国际市场尽管形式上分开，但实际上是相互联系、相互影响的，国内国际市场要对接，实现国际通行的市场规则的一致，即产权保护、市场准入、公平竞争等方面的通行国际规则，这些国际规则对于国内构建全国统一大市场也能够起到促进作用，这也是以开放促改革的含义所在。因此，建设全国统一大市场必然意味着建设一个更高水平的对外开放的市场，这也是现代化经济体系中建设多元平衡、安全高效的全面开放体系所包含的。另外，高水平社会主义市场经济体制

---

① 《中共中央国务院关于新时代加快完善社会主义市场经济体制的意见》，https://www.gov.cn/zhengce/2020-05/18/content_5512696.htm。

② 习近平：《决胜全面建成小康社会　夺取新时代中国特色社会主义伟大胜利——在中国共产党第十九次全国代表大会上的报告》，人民出版社 2017 年版，第 30 页。

③ 习近平：《高举中国特色社会主义伟大旗帜　为全面建设社会主义现代化国家而团结奋斗——在中国共产党第二十次全国代表大会上的报告》，人民出版社 2022 年版，第 26 页。

④ 穆虹：《构建高水平社会主义市场经济体制》，《求是》2022 年第 22 期。

既要发挥市场在资源配置中的决定性作用，也要充分发挥政府作用，政府和市场相互配合，一道搭建高水平社会主义市场经济体制的“四梁八柱”，这是建设高水平社会主义市场经济的重要内容，也是建设现代化经济体系所包含的充分发挥市场作用、更好发挥政府作用的经济体制的主要着力点。可见，构建高水平社会主义市场经济体制既是建设现代化经济体系的战略支撑，也是推进中国式现代化的战略支撑。

第二节 高水平社会主义市场经济体制与构建全国统一大市场

中国式现代化建立在高水平社会主义市场经济体制的基础上，而构建全国统一大市场是建设高水平社会主义市场经济体制的重要支撑，2022 年 4 月，《中共中央 国务院关于加快建设全国统一大市场的意见》指出：“加快建立全国统一的市场制度规则，打破地方保护和市场分割，打通制约经济循环的关键堵点，促进商品要素资源在更大范围内畅通流动，加快建设高效规范、公平竞争、充分开放的全国统一大市场，全面推动我国市场由大到强转变，为建设高标准市场体系、构建高水平社会主义市场经济体制提供坚强支撑。”[①] 全国统一大市场，顾名思义就是全国范围内实现商品和要素的充分自由流动，从而真正发挥出市场的资源配置功能，在全国范围促进市场竞争，发挥大市场充分鼓励创新和改进经营效率的作用。为此，要在全国范围内有效保护产权，放宽市场准入，统一监管标准，确保公平竞争，也就是在全国范围内建立高标准市场体系。建设全国统一大市场，首先是市场完整度的行为，即要有起作用的完整意义的市场，不仅包括商品市场，也包括要素市场，这样市场的功能才能完整地发挥出来，如果市场残缺不全，特别是要素市场不健全，要素流动和定价机制受到阻碍，建设全国统一大市场的这个市场本身首先就难以满足要求；其

① 《中共中央国务院关于加快建设全国统一大市场的意见》，https：//www.gov.cn/zhengce/2022-04/10/content_5684385.htm。

次，形成完整市场后，这个市场的规则在全国范围内是高度统一的，不存在地区市场壁垒、市场分割和对市场主体的歧视，从而使市场的功能尽可能完整地在全国范围内体现出来。当然在实际中，建设全国统一大市场的两个方面往往是交织在一起的，完整的市场功能的建设也必定伴随着市场范围全国化的进展。一般来说，影响全国统一大市场形成的因素主要有自然的和人为的两个方面，前者随着我国基础设施建设的完善和信息化网络化技术的进步，地理阻隔、信息闭塞等自然原因已不能成为阻碍统一大市场建设的重点。① 目前，影响全国统一大市场建设的因素主要是人为的，即政府行为及其影响下的市场体制建设过程中造成的市场分割、市场壁垒和市场歧视问题，也就是说，影响全国统一大市场建设的核心是地方政府和市场关系的定位问题。

一 从中国市场化改革进程看统一市场的进展

建设全国统一大市场，包含市场完整度的完善和与市场完整度相伴随的市场范围的全国化。市场一般被认为有其自发性，一种观点是只要放任市场发展，市场自己就会建立和发展起来，这种观点有一定的正确性，但并不完整，市场的发展要伴随着市场功能的正确发挥，这需要市场的支持性制度的建立和完善，包括产权保护、商品和要素流动自由和维护市场交易及市场竞争的公平交易和公平竞争的司法制度，以及对市场外部性的监管的行政措施等，这些支持性制度的建设需要有为政府积极发挥作用。显然，市场完整度的提高是一个需要时间积淀的过程，尤其是中国的社会主义市场经济从之前的计划经济转型而来，政府从之前基本包办一切到推动市场的发展，政府主导的地位在中国市场化进程和统一大市场的发展中的影响都必须考虑进来。

在讨论中国特色的政府和市场关系中，一个重要的背景是两者如

① 范欣、宋冬林、赵新宇：《基础设施建设打破了国内市场分割吗?》，《经济研究》2017 年第 2 期。

何共同推动经济发展。在西方的政府和市场关系中，政府尽管也负有稳定经济和补贴科技教育投资的职能，但政府并不直接对中长期经济发展承担职责，经济的发展职能是由市场来承担的，是市场主体依据市场预期进行投资的结果。与此不同，在中国社会主义市场经济中，政府，包括地方政府，还承担着一项非常重要的职能，即发展经济的职能，无论是强调发展是硬道理，还是强调发展是党执政兴国的第一要务，都说明了这点。事实上，在计划经济时期，政府同样承担着发展经济的职能，从计划经济到社会主义市场经济，政府发展经济的职能没有多大差别，差别在于政府推动经济发展的手段和方式，这也表明，讨论全国统一大市场的意义，出发点是为了如何更好地推动经济发展，市场化是实现这一目标的手段，因为实践已经表明，市场在配置资源上是一种比较有效的方式。政府在经济发展上的职能，是构成中国与西方在政府和市场关系所具有的本质性差别的最重要的部分。讨论中国的政府和市场关系，也必须以政府的经济发展职能为重点，才能准确理解政府和市场关系的中国特色。进行宏观调控、加强市场监管、提供公共服务等政府职能行使的目标和方法当然也会具备鲜明的中国特色，但政府承担的经济发展职能始终是中国的政府与市场互动的最重要的关注点，构建全国统一大市场也要从这个角度来理解。

构建全国统一大市场不是一蹴而就的，市场的发育也需要一个过程。在政府推动市场形成和质量提升上，这条线脉络是较为清晰的，政府在20世纪80年代推动价格改革和企业改革，在20世纪90年代提出社会主义市场经济体制改革目标后，政府放开对企业的微观管理和大部分的产品价格，政府转为加强宏观调控，建设基础设施并推动国有企业改革；在21世纪头十年政府加强市场监管和公共服务，强化了人力资本的积累；在21世纪第二个十年则进一步推动了营商环境建设。通过这些改革，政府推动市场环境的不断改善，利用提升市场质量推动激发不同所有制，特别是非国有企业的投资热情，以及提高劳动力质量，政府通过市场间接推动了经济发展。另外，中国的经济发展中保留了政府直接推动经济发展的特征，政府控制一些涉及经济发展所需的关键资源，如金融和土地资源，仍然干预了这些要素市场价格，以此补贴企业，加快产业升级和经济发展。在这个过程中，市场化进程得以推动，全国统一大市场开始提上日程，在这个过程中，全国统一大市场和地方政府为了直接推动经济发展而采取的对本地市场和要素资源的干预之间的关系，成为理解建设全国统一大市场这一过程的重心。

建设全国统一大市场的提法早已有之，20 世纪 80 年代改革开放初期，由于改革从给地方放权开始，当时出现了被一些学者称为“诸侯经济”的现象[①]，其一表现为各地区对能带来产值和利税的工业抱有极大热情，地方利用手中从计划经济时代留存的要素和资源控制力，大力投资这类工业，并为之提供地方保护，造成相互之间的进入壁垒，这种市场分割现象起因在于地方政府发展本地经济的做法，因此，中国的市场化进程是市场从无到有发展的，对于市场的支持性制度是个逐步完善的过程。在改革开放初期，这些支持性制度阙如，地方政府之手起了主导作用，并依托计划经济留存的资源控制力，地方政府更主要地直接推动了经济发展，代价则是市场壁垒和市场分割。1992 年党的十四大提出了社会主义市场经济体制的改革目标，并提出要“尽快形成全国统一的开放的市场体系。加强市场制度和法规建设，坚决打破条条块块的分割、封锁和垄断，促进和保护公平竞争”[②]。毫无疑问，建立统一的市场规则，提供统一的市场支持性制度，是社会主义市场经济体制应有的内容，对统一的全国市场体系的强调在此后的中央文件中屡次提及，在此形势下，全国统一大市场的建设取得了一定的进展，这主要体现在 2000 年以来全国统一的商品市场基本形成，以“一价定律”来测算的商品市场已经较为完整，[③] 相比之下，劳动和资本要素市场的整合程度要低些。[④] 这其中

① 沈立人、戴园晨：《我国“诸侯经济”的形成及其弊端和根源》，《经济研究》1990 年第 3 期。

② 《中国共产党第十四次全国代表大会文件汇编》，人民出版社 1992 年版，第 25 页。

③ 寇宗来、赵文天：《分工视角下的全国统一大市场建设》，《云南社会科学》2022 年第 5 期。

④ 吴华强、才国伟、何婧：《新发展格局下的全国统一大市场建设》，《南方经济》2022 年第 7 期。

的原因既与商品市场的建立较为容易，维护市场的规则也相对容易确立，而要素市场更为复杂，市场支持性制度建设也更需要时间，也与地方政府推动经济发展的行为密切相关。在社会主义市场经济体制改革方向确立后，地方政府减少了对要素资源的控制，但仍具有较大影响力。改革开放后，中国走上了外向型经济发展之路，特别是沿海地区，利用国际市场规模的效应，从而对于国内商品市场的统一性需求没那么紧迫，在经济发展的初期阶段，此时市场分割对这些地方的经济增长没有造成损害，[①] 地方政府所采取的树立市场壁垒和垄断的做法对经济增长也没有明显的负面影响。[②] 这在一定程度上也解释了为什么在存在市场分割的情况下，中国的经济增长并未因此而受到影响，其中外向型经济的发展起到重要作用，这是经济发展的一个阶段性现象，随着经济发展程度的提高，包含要素市场在内的完整的统一大市场建设也要向前推进。

二　新发展格局与全国统一大市场建设

建设全国统一大市场始终是社会主义市场经济体制的改革目标之一，这一改革目标首先在商品市场基本得以实现，如果考虑到国际市场为沿海地区的外向型经济提供了统一的商品市场价格，而不仅仅计算国内商品价格差异，可以认为商品市场的完整度最先达到，程度也最高，为中国经济发展和社会主义市场经济的改革提供了有利条件。并且，进一步的经济开放能够促进国内市场一体化。[③] 事实上，统一的商品市场先建设完成，是市场化改革先易后难的正常顺序，也是发展中国家实现经济发展的一般规律。对于市场缺陷严重的发展中国家，以及之前不存在市场的计划经济体制国家，要发展经济实现产业

---

① 陆铭、陈钊：《分割市场的经济增长——为什么经济开放可能加剧地方保护?》，《经济研究》2009 年第 3 期。

② 张卫国、任燕燕、花小安：《地方政府投资行为、地区性行政垄断与经济增长——基于转型期中国省级面板数据的分析》，《经济研究》2011 年第 8 期。

③ 陈敏、桂琦寒、陆铭、陈钊：《中国经济增长如何持续发挥规模效应？——经济开放与国内商品市场分割的实证研究》，《经济学》（季刊）2008 年第 1 期。

升级，需要有强而有为的政府和适当的发展和改革路径。一般来说有为政府和有效市场的并立关系在政府间接推动经济发展上容易理解，也讨论得较多，而在政府利用对经济资源影响力直接推动经济发展上，这种关系也是成立的。在经济发展的路径选择上，由于国际市场是现成的，在发达国家推动下也是成熟的，出口产品参与国际市场就获得了真实的产品市场价格，此时即使国内要素市场不存在或者质量低下，发展中国家也可以改善资源配置效率，这里重要的是配置效率的改善，而用类似一价定律方法计算得出的资源配置效率缺陷说的是理想状态。发展中国家市场制度质量低下，选择出口导向型的经济发展道路，可以把政府直接推动经济发展作用和市场作用恰当地结合起来。在出口导向型发展的基础上，先推动商品市场的形成，再推动国内要素市场的发展和深化，这是一条正确的发展中国家经济发展的道路，也是市场完整度提高的正确路径，在这个基础上市场逐步实现全国范围的互联互通和标准统一。

政府间接推动经济发展主要体现在政府增进产权保护等市场制度质量和提高市场中活动的要素禀赋的质量，而政府直接推动经济发展同样需要市场化进程的不断深入以及要素市场的不断形成和发展，可见政府间接和直接推动经济发展，两者是相辅相成的，都体现在政府推动市场形成和发展的过程当中。政府推动的市场制度质量越高，要素市场化进程越高，政府干预要素的范围就可以越小，而与此同时，政府对要素资源，主要是资本和土地要素保留的干预由于外生的产品和要素价格越多，就会越有效，也就是说市场化程度越高，政府的干预越有效，要素市场扭曲程度越小，政府支持的效果越好，也就是说，政府支持的效果其实有赖于市场完整度的提高。发展后的市场和提高后的市场质量又更有利于政府干预的范围缩小和更加精准有效，这样就形成了良性循环。政府干预范围缩小，最终往往聚焦在只干预资金价格上，当商品和其他要素都市场化后，政府对资金价格的干预仍可以是有经济效率的，当存在不受政府干预的资金市场价格，政府可以在这个市场价格基础上进行补贴，比如对此进行贴息等，而这样的资金市场价格的形成毫无疑问需要一个全国统一的资本市场。存在资金市场价格的好处是政府干预可以更精细化到少数具有战略意义的关键产业上，在要素市场全面形成有效运行的基础上，可以而且也能够聚焦在对所需要支持的少数战略性新兴产业上，这样的政府干预更加精准有效。也就是说，随着市场化程度的提高和全国统一大市场的形成，地方政府在对本地经济发展的推动上的职能仍可以与全国统一大市场的功能相配合，而并不是因为过去地方政府采取市场分割和壁垒的做法推动本地经济发展，就认为地方政府直接推动经济发展的做法与建设全国统一大市场直接对立。现阶段地方政府推动经济发展的职能还需要充分利用，仍然需要地区间竞争来推进中国式现代化，可以在这一前提下改进地方政府的行为机制。[①] 需要改进的是地方政府直接推动经济发展的做法，而不是推动经济发展本身。

建设全国统一大市场是一个过程，先从商品市场的形成和完善入手，前者较简单，容易先行形成全国统一大市场，然后逐步形成要素市场并完善，这是一个正确的过程。外向型经济的发展也使中国避免陷入要发展经济，就要完善包括要素市场在内的市场，而这个市场一时半会儿又难以形成，从而又影响经济发展，而经济不发展，市场完善更加遭遇阻碍这样的循环陷阱。正是在这个市场完整度的发展视角下，市场分割和市场壁垒要放在这个大的历史背景下来了解，一方面，市场分割是个历史现象，解决它需要时间和市场化进程的深入，在外向型经济下，市场分割的劣势在一定程度上得以消解。另一方面，随着市场化进程的深入，要素市场不断发展，市场分割、市场壁垒、市场歧视等问题终究要随着这一过程的深入进行消解，这也是经济发展进入更高阶段的必然要求，政府直接推动经济发展的方式也要与此相适应。党的十八大以来，中国经济发展走向了高质量发展阶段，建设全国统一大市场成为与此相适应的高水平的社会主义市场经济体制的重要组成部分。

在国际局势上，传统的外向型经济，即两头在外、大进大出的发

① 刘志彪、孔令池：《从分割走向整合：推进国内统一大市场建设的阻力与对策》，《中国工业经济》2021 年第 8 期。

展模式，在新的国内外形势变化下，面临着新的变化，由于国际局势的变化，传统外向型经济发展面临变局，这是新发展格局提出的背景，在2018年中美贸易摩擦爆发之后，当年中央经济工作会议就有针对性地提出畅通国民经济循环，加快建设统一开放、竞争有序的现代市场体系，新发展格局强调要以国内大循环为主体、国内国际双循环相互促进，这就对全国统一大市场的建设提出了新的迫切要求。党的十九届五中全会正式提出要构建新发展格局，而建设全国统一大市场是重要前提，“形成强大国内市场，构建新发展格局”①。2021年3月，围绕构建新发展格局，《中华人民共和国国民经济和社会发展第十四个五年规划和2035年远景目标纲要》出台，提出坚持扩大内需这个战略基点，加快培育完整内需体系。在新形势下，构建新发展格局，培育强大国内市场是其主要途径，为了使我国超大规模市场优势得以发挥，超大规模市场不仅使以国内大循环为主体的要求得以实现，国内国际双循环也能够依托国内超大规模市场成为对全球资源要素的引力场，从而使国内国际双循环能够实现以我为主的相互促进。正是在这个背景下，“当今世界，市场是最稀缺的资源”指明了新发展格局下发挥国内超大规模市场在国际竞争中的重要意义，由此，建设全国统一大市场，使国内超大规模市场的优势充分发挥，具有了新的紧迫意义。

第三节　建设全国统一大市场的政策建议

建设全国统一大市场，目前商品市场完整度较高，也基本形成全国统一市场。建设全国统一大市场的着重点在于完善要素市场，《中共中央国务院关于加快建设全国统一大市场的意见》着重提出打造统一的要素和资源市场，包括健全城乡统一的土地和劳动力市场；加快发展统一的资本市场；加快培育统一的技术和数据市场；建设全国统

① 《中国共产党第十九届中央委员会第五次全体会议公报》，人民出版社2020年版，第13页。

一的能源市场；培育发展全国统一的生态环境市场等方面。要素市场完善度的提高需要以上几个方面的要素市场能够形成全国统一透明的公平、公开、公正的交易规则，要素市场完整度提高的过程也是一个市场分割、市场歧视和市场壁垒破解的过程，这需要从市场主体建设、政府行为规范两方面入手，通过政府和市场的良性互动巩固提高要素市场的高标准建设。

一　坚持“两个毫不动摇”，大力促进民营经济发展

建设全国统一大市场，从提高要素市场完整度的角度，需要促进市场经营主体的发展和壮大，市场经营主体从事市场行为时，将会有利于促进对要素需求的市场化行为的普及和规整，这些市场经营主体自然包括民营企业。由于历史形成的原因，民营企业一开始就是中国经济市场化进程的相伴而随的产物，民营企业从一开始在商品销售、要素需求上都要通过市场来实现。相对来讲，民营企业对统一大市场的市场环境有着更直接的需要，也会对市场分割、市场壁垒和市场歧视更加敏感，这与民营企业所受到的所有制歧视是相关联的。大力发展民营经济，就是要在纠正所有制歧视方面取得实质性进展，早在2002年党的十六大报告就指出，必须毫不动摇地巩固和发展公有制经济；必须毫不动摇地鼓励、支持和引导非公有制经济发展，即“两个毫不动摇”，党的二十大报告再次指出：“坚持和完善社会主义基本经济制度，毫不动摇巩固和发展公有制经济，毫不动摇鼓励、支持、引导非公有制经济发展”①，这些提法都体现了保证各种所有制经济依法平等使用生产要素、公平参与市场竞争、同等受到法律保护是发展社会主义市场经济的基本宗旨，体现了对非公有制经济的关爱、引导、支持是我国的长期国策。

坚持“两个毫不动摇”，促进公有制和非公有制经济共同发展，

① 习近平：《高举中国特色社会主义伟大旗帜　为全面建设社会主义现代化国家而团结奋斗——在中国共产党第二十次全国代表大会上的报告》，人民出版社2022年版，第26页。

是建设全国统一大市场的出发点，并且，由于非公有制经济在历史上因种种原因受到一些歧视，大力发展民营经济，对建设全国统一大市场具有特殊的现实意义。党的二十大报告指出，“优化民营企业发展环境，依法保护民营企业产权和企业家权益，促进民营经济发展壮大”①，从建设高水平社会主义市场经济体制的角度，要完善统一的产权保护制度，依法平等保护各种所有制经济产权的制度体系，对于建设全国统一大市场也是十分重要的，非公有制经济发展之后，自然会推动对商品和要素的高标准的市场化需求。2023 年 7 月颁布的《中共中央　国务院关于促进民营经济发展壮大的意见》，提出促进民营经济做大做优做强，再次反映了中央对民营经济发展的高度重视，《意见》的核心是坚持对各类所有制企业一视同仁、平等对待，这恰恰是建设全国统一大市场所需要的破除市场准入壁垒、全面落实公平准入和公平竞争的政策制度，保障民营经济具有公平的市场准入、能够公平参与市场竞争、接受公平市场监管、享受公平政策待遇是建设全国统一大市场的当前的一项重点。

“两个毫不动摇”也包括对公有制经济的巩固和支持，国有企业分央企和地方国企，央企经营范围遍布全国，理应成为率先建设全国统一大市场的重要促进力量。地方国企由于与地方经济总量、财税、就业等因素挂钩，在地方国企比重较高的地区，地方政府有更多动机保护本地国企②，这会造成市场准入壁垒。建设全国统一大市场，要坚持在地方推行以管资本为主的国企改革，通过资本化运营，能够以市场指标考核企业经营，使地方国企能够有序进出，以此带动市场壁垒的消除。

二　建设全国统一、自由流动的要素市场

建设全国统一大市场，要素市场的建设是重点，其中对于劳动力

① 习近平：《高举中国特色社会主义伟大旗帜　为全面建设社会主义现代化国家而团结奋斗——在中国共产党第二十次全国代表大会上的报告》，人民出版社 2022 年版，第 26 页。

② 曹春方、张婷婷、刘秀梅：《市场分割提升了国企产品市场竞争地位?》，《金融研究》2018 年第 3 期。

市场，存在着城乡二元结构导致的市场分割问题，过去城乡二元结构把人口分为城镇居民户籍和农村居民户籍，劳动力的流动也受到户籍制度的制约，农村劳动力的流动受到身份歧视。党的二十大报告指出，“消除影响平等就业的不合理限制和就业歧视，使人人都有通过勤奋劳动实现自身发展的机会”①，建立城乡统一、全国统一的劳动力市场，实现农业和非农劳动者之间的公平就业和自由流动，是建设全国统一大市场的重要一环，也是体现人是生产发展的目的的重要体现。为此，要推动户籍制度改革、消除城乡二元结构，推进城乡公共服务的均等化②，从而使城乡劳动力市场实现统一；要进行社保、医保、教育制度改革，使劳动力跨区域流动不再有后顾之忧，除极个别需要人口减负的特大城市外，能在全国范围落户和充分自由流动。土地市场也与城乡二元分割的结构有关，之前，国有土地可以入市，集体土地入市则有诸多限制，导致了土地资源的闲置浪费，也加剧了城乡收入差距，2020 年 3 月《中共中央　国务院关于构建更加完善的要素市场化配置体制机制的意见》对推进土地要素市场化配置提出了指导意见，其中包括建立健全城乡统一的建设用地市场，要求积极稳妥有序推进农村集体经营性建设用地入市，使土地要素实现市场化流动。

对于资本市场而言，资本市场的核心在于形成灵敏的资本价格信号，促进资本流动和配置效率，为此，股权市场要实行全面的注册制，和不断完善退市制度，证交所要实施统一的准入管理和监管标准，保证公平交易。债券市场也要对公司信用类债券实行发行注册制，统一信息披露和监管标准。此外，对于新兴的技术、数据要素市场，要加快构建统一的数据基础制度体系，加快培育统一的技术和数据市场，加强知识产权保护，完善科技成果转化平台，完善技术和数据交易所的监管制度，以形成全国统一、互联互通的技术和数据交易

---

① 习近平：《高举中国特色社会主义伟大旗帜　为全面建设社会主义现代化国家而团结奋斗——在中国共产党第二十次全国代表大会上的报告》，人民出版社 2022 年版，第 43 页。

② 蔡昉：《刺激居民消费，户籍制度改革立竿见影》，https：//baijiahao. baidu. com/s?id=1770861144971586749&wfr=spider&for=pc。

网络。对于绿色发展所需的碳排放交易市场，尽管碳排放不属于生产要素，但具有与要素市场类似的性质，削减碳排放成为企业生产的必要组成，碳排放交易市场需要建立全国性的交易机构，对碳排放配额的交易及其衍生品交易制定全国统一的交易管理规则和监管措施。

三　进一步推动社会主义市场经济法治化

市场经济需要法治的保障，市场范围越大和市场完整度越高，法治规范市场秩序的作用越大。党的十八届四中全会通过的《中共中央关于全面推进依法治国若干重大问题的决定》指出，“社会主义市场经济本质上是法治经济。使市场在资源配置中起决定性作用和更好发挥政府作用，必须以保护产权、维护契约、统一市场、平等交换、公平竞争、有效监管为基本导向，完善社会主义市场经济法律制度。”① 法治构成了建设全国统一大市场的基石，也是建设高水平社会主义市场经济体制的基石。法治是约束经济人行为，实现可信承诺。法律制度对市场经济的根本作用体现在法律制度是正式规则制度，具有统一性和透明性，从而给市场经济参与者带来稳定的预期，更好地保护商品经济生产者进行投资生产，保障其平等交换地位的权利以及自由参与竞争的权利。法治具有统一性和透明性，这是全国统一大市场的统一性和透明性的根本保障，能够给市场参与者和社会公众带来更平等的权利和更自由的选择，从而实现市场要素的有效配置，让一切财富的源泉充分涌流。

第一，法治保护产权。随着市场经济的发展，产权的权利约束也会随之不断扩展，特别是从有形产权扩展到无形产权，像知识和数据等无形资产的产权，正式的法律确认和保护就越来越重要。同时，以非实物商品交易为主的现代服务业所占的比例也会越来越高，契约的复杂程度和执行难度随之不断提高，只有以法律制度为主的正式制度

① 《中共中央关于全面推进依法治国若干重大问题的决定》，人民出版社 2014 年版，第 12 页。

才能适应并推动市场经济向高级和成熟形态发展。[①] 建设全国统一大市场，自然也包含市场的完整度和复杂性不断提高以及这些复杂的市场交易能在全国范围高标准地履行，这些都要靠法治进行保障。

第二，法治确保各类市场主体的平等地位。“保证各种所有制经济依法平等使用生产要素、公开公平公正参与市场竞争、同等受到法律保护”[②]，各类市场主体“权利平等、机会平等、规则平等”[③]，由于历史原因，非公有制经济，特别是民营经济还没有上升到与公有制经济平等的法律和经济地位，在执法裁决、司法判决、市场监管和政策待遇等方面，往往遭受歧视，处于被动、被挤压和排挤的地位，这对建设全国统一大市场是不利的，大力发展民营经济靠的是法治保障，以此稳固企业家的预期。此外，还要通过法治保障大企业与中小企业的平等地位。大企业由于市场上的优势而获得法律、监管和政策上的优势，中小微企业的法律和政策诉求往往得不到公平的回应，处于事实上的不平等地位，这会造成事实上的市场歧视和可能情况下大企业的区域垄断，不利于市场竞争的充分展开，也不利于建设全国统一大市场。

第三，法治维持市场竞争秩序。维护市场竞争，法治须臾不可缺少，“建设统一开放、竞争有序的市场体系，是使市场在资源配置中起决定性作用的基础”，“清理和废除妨碍全国统一市场和公平竞争的各种规定和做法，严禁和惩处各类违法实行优惠政策行为，反对地方保护，反对垄断和不正当竞争”[④]。反垄断是一个重大问题，“反对垄断，促进合理竞争，维护公平竞争的市场秩序”[⑤]。通过法治维护市场公平竞争秩序有两个着力点：一是完善和强化实施《反垄断法》和《反不正当竞争法》。《反垄断法》在法律层次上确立了竞争政策的基

---

① 钱颖一：《市场与法治》，《经济社会体制比较》2000 年第 3 期。

② 《中共中央关于全面深化改革若干重大问题的决定》，人民出版社 2013 年版，第 8 页。

③ 《中共中央关于全面深化改革若干重大问题的决定》，人民出版社 2013 年版，第 11 页。

④ 《中共中央关于全面深化改革若干重大问题的决定》，人民出版社 2013 年版，第 5、11 页。

⑤ 《中共中央关于全面推进依法治国若干重大问题的决定》，人民出版社 2014 年版，第 12 页。

础地位，涉及维护和促进市场竞争的许多关键要素，标志着我国竞争政策正式得以法律化。《反不正当竞争法》对维护市场竞争秩序、营造良好的营商环境、打破市场壁垒和市场歧视起到了重要作用。二是有效落实公平竞争审查制度。2020 年《中共中央　国务院关于新时代加快完善社会主义市场经济体制的意见》提出要全面落实公平竞争审查制度，2021 年《公平竞争审查制度实施细则》颁布，公平竞争审查主要是对政府行将出台的有关市场准入、产业发展、招商引资、招标投标、政府采购、经营行为规范、资质标准等影响市场主体竞争地位的政策、法规进行审查，以判断它是否违背公平竞争原则。对于违背公平竞争原则的政策、法规，则需要根据竞争优先原则进行修改完善才能颁布实施。借助公平竞争审查制度，就可以逐步建立起以竞争为基础的市场体系。

第四，法治规范政府行为。发展社会主义市场经济和建设全国统一大市场需要更好发挥政府的作用。因为，市场机制的运转需要一系列相关制度的支持，包括产权保护和契约执行、解决外部性问题和维持市场秩序等，这些都需要一个有效的政府，政府不能缺位，建设全国统一大市场需要政府在这些方面发挥决定性作用。而要政府正确发挥这些作用，就要建设法治政府，“各级政府必须依法全面履行职能，坚持法定职责必须为、法无授权不可为，健全依法决策机制，完善执法程序，严格执法责任，做到严格规范公正文明执法”[①]。新时代建设法治政府的一个重要着力点是营造法治化的营商环境。“法治是最好的营商环境”[②]，只有通过法治，才能真正厘清政府与市场的边界，确保市场主体的经营自主权。打造法治化营商环境也是新时代社会主义市场经济体制改革的一项关键内容，更是建设全国统一大市场的关键内容，以此激发各类市场主体活力，对于政府而言，法治化营商环境需要推行行政审批制度的法治化，以透明、可预期的法治来规定政

---

① 《习近平关于全面依法治国论述摘编》，中央文献出版社 2015 年版，第 61—62 页。

② 《习近平主持召开中央全面依法治国委员会第二次会议强调　完善法治建设规划提高立法工作质量效率　为推进改革发展稳定工作营造良好法治环境》，《人民日报》2019 年 2 月 26 日第 1 版。

府审批事项的范围和程序，建立负面清单审批模式，这些负面审批清单是全国统一的，以真正消除各类显性和隐性的市场壁垒和市场歧视。

法治构建“亲”“清”新型政商关系。政府在发展本地经济上起着重要作用，包括运用资源支持本地企业发展壮大，这有利于经济发展，但也可能涉及政商勾结利益输送的问题。企业在相应获得地方政府保护后容易形成地区垄断和形成市场准入壁垒，这不利于全国统一大市场的建设。要构建“亲”“清”新型政商关系，政商交往要“亲”，政府为企业，包括国有企业和民营企业积极提供服务，促进企业成长；同时，政商交往要“清”，政府官员不能搞权钱交易，为企业的违法行为提供保护伞。法治是构建“亲”“清”新型政商关系的基础，以法律为准绳，使地方政府在与企业打交道时既保护企业合法利益，又防止政商非法串谋，政府塑造公平的营商环境，而不是与串谋企业一道做出损害市场竞争、制造市场垄断和市场准入壁垒的行为。维护市场的开放和统一，是法治构建“亲”“清”新型政商关系的重要目标。

（本章执笔：郭冠清　陈健）

第十五章
扩大高水平对外开放与中国式现代化

历史经验表明，开放是国家乃至人类发展的必然选择。改革开放后，中国对外贸易与投资蓬勃发展，迅速跃升至全球前列，党的十八大以来，中国坚持在更大范围、更宽领域、更深层次上推动形成全面开放新格局，对外开放成就达到历史新高度，贸易大国地位不断巩固，贸易格局与结构逐步优化，对外投资的国际影响力持续增强，制度型开放稳步扩大。对外开放通过集聚全球优质要素、加剧同业竞争等提高生产率，成为中国经济增长的重要驱动力。当前，中国正处于建设中国式现代化开局起步的关键时期，只有扩大高水平对外开放，才能提升国际大循环质量，强化国际循环对国内循环的促进作用，加快构建新发展格局，推动经济高质量发展，也即实现中国式现代化建设的首要目标。由于近年来百年未有之大变局加速演进，世纪疫情冲击全球化分工，地缘政治冲突激化国家竞争，逆全球化思潮愈演愈烈，中国对外开放面临的外部环境不容乐观，因此亟待在建设中国式现代化的背景下，探索对外开放的可行且有效路径，本章将分析扩大高水平对外开放与中国式现代化的逻辑关系，总结进入新时代以来中国对外开放的成就与短板，以实现中国式现代化为目标，提出扩大高水平对外开放的政策建议。

第一节　扩大高水平对外开放推动中国式现代化的理论逻辑

一　高水平对外开放的内涵

中国自1978年开始实行对外开放政策，1984年党的十二届三中全会正式将对外开放确立为基本国策，2001年加入世界贸易组织标志着中国对外开放进入新阶段，此后二十年，中国对外开放范围不断扩大、领域逐步拓宽、层次持续深化，对外贸易与投资迅猛增长，成为拉动中国经济增长的重要引擎，同时，中国成为全球产业链、供应链与价值链上不可缺失的一环，对全球化进程起到重要推动作用。2008年国际金融危机后，面对国内外新形势，党的十八大报告指出，"全面提高开放型经济水平"，以习近平同志为核心的党中央与时俱进，不断完善对外开放战略部署，秉持合作共赢的开放理念，提出共建"一带一路"合作倡议等，致力于建设互利共赢、多元平衡、安全高效的开放性经济体系，推动中国跃升成为全球贸易第一大国，双向对外投资额均居全球前列；党的十九大报告指出，"推动形成全面开放新格局"，着力优化区域开放格局，培育国际竞争新优势。

为应对国内经济压力与全球政治经济环境变化带来的新挑战，党的十九届五中全会提出"实行高水平对外开放"，强调基于互利共赢原则扩大开放范围、拓宽开放领域和深化开放层次；2021年中央经济工作会议提出要"扩大高水平对外开放"，以高水平开放推动高质量发展；党的二十大报告再次指出"推进高水平对外开放"，进一步明确了高水平对外开放的发展方向。高水平对外开放有以下几个特征：一是对外开放的主要目标为形成国内国际循环的良性互动；二是对外贸易与投资的重点方向由增量转为提质，优化升级货物贸易，创新发展服务贸易与数字贸易，提升"一带一路"发展质量，改善外资营商环境；三是着重拓展新的开放领域——稳步扩大制度型开放；四是创新开放新模式，扩大开放范围，加快自由贸易港、自由贸易区建设，扩大高标准自由贸易区网络；五是优化开放格局，巩固东部开放成就，提高东西部及东北地区开放水平；六是深化开放程度，深度参与全球分工与合作，积极参与全球治理规则的制定。

二　扩大高水平对外开放是中国式现代化的必然要求

基于当前的国内外环境，扩大高水平对外开放是实现中国式现代化的必然要求。第一，人口规模巨大的现代化需以充裕的国内外资源为支撑，对外开放是集聚国外资源的必要渠道。中国人口约占世界人口的1/5，生产生活所需的资源要素禀赋相对有限，因此必须通过进口等方式从外部进行补充，扩大高水平对外开放利于促进优质要素流入。第二，全体人民共同富裕的现代化需以稳定且高质量的经济增长为根基，对外开放能为经济高质量增长注入活力。当前中国经济增长动力亟待增强，自主创新水平有待提升，需通过扩大高水平对外开放集聚创新要素，展开创新合作，攻克经济增长的堵点，增加国民收入，实现共同富裕；此外，扩大高水平对外开放利于提升国际大循环的质量，进而牵引国内大循环，保证经济发展的效率与安全，推动实现共同富裕。第三，物质文明与精神文明相协调的现代化需以国内外丰富的物质与精神产出为保障。各国基于不同要素禀赋生产的产品具有差异性，人民物质条件的满足不仅局限于本国产品带来的效用，扩大高水平对外开放能为人民日益增长的物质需求提供充分供给；同时，扩大高水平对外开放能为文化交流打开通道，利于中国在精神文明建设中取他之精华，建设具有包容性的精神文明。第四，人与自然和谐共生的现代化需以国际协作为助力。环境保护是全球化问题，各国的环境状况不可分割，只有与其他国家协商制定具有普遍约束力的环境政策，才能保证中国环境保护的有效性；此外，在环境保护实施过程中遇到的技术难题，需通过国际合作与援助进行攻克，因此必须扩大高水平对外开放。第五，走和平道路的现代化需以多维、多元的国际合作为主要途径。在现代化建设过程中，国际贸易与投资是获取国外资源和市场的和平方式，积极参与全球治理规则的制定是改善外部环境、拓展发展空间的和平方式，在多个领域求同存异、建立合作关系是纾解发展难题的和平方式。因此，扩大高水平对外开放是实现人口规模巨大、全体人民共同富裕、物质文明和精神文明相协调、人与自然和谐共生、走和平发展道路的现代化的应有之义与必然要求。

三 扩大高水平对外开放是中国式现代化的关键动力

高质量发展是建设中国式现代化的首要任务，从总体来看，为实现高质量发展，应加快构建以国内大循环为主体、国内国际双循环相互促进的新发展格局；从关键问题来看，坚持高质量发展，要抓住三个着力点，即着力提高全要素生产率，着力提升产业链供应链韧性和安全水平，着力推进城乡融合和区域协调发展。

扩大高水平对外开放有利于提升国际大循环和国内循环的质量和水平，推动构建以国内大循环为主体、国内国际双循环相互促进的新发展格局，促进经济高质量发展，加快实现中国式现代化。第一，扩大高水平对外开放要求扩大面向全球的自由贸易区网络，与更多的国家建立相对稳定的贸易关系，一方面利于扩大外部需求，增加产品出口数量与收入，提高企业生产积极性，拉动国内生产；另一方面会吸引更多的进口，扩张进口产品种类，增强消费者市场的竞争效应，同时利于生产者丰富中间品投入种类，提高技术水平，实现产品升级。第二，扩大高水平对外开放要求货物贸易优化升级，出口产品质量提高能够增加国内附加值，进而增加国民收入，进口产品质量提高能够促进消费升级，较高质量的进口中间品利于生产要素升级，提高国内循环中的产品供给数量和质量。第三，扩大高水平对外开放要求推动服务贸易与数字贸易的发展。创新服务贸易与数字贸易的发展机制，利于推动服务产品输出与流入，促进外需扩大、国内竞争加剧，引致服务产业、数字产业蓬勃发展，有助于推动国内循环中的产业升级与结构优化。第四，扩大高水平对外开放要求进一步放宽外资准入，改善外资营商环境，利于提高流入外资的质量，产生相对更大的溢出效应，带动中国相关行业提质升级，提升国内循环质量。第五，扩大高水平对外开放要求优化区域开放布局，打通区域地理通道，这对于平衡地区开放水平、促进地区间的协调发展具有重要作用，利于缩小地区间差距，促进地区间要素与商品流通，对畅通国内循环具有推动作用。第六，扩大高水平对外开放要求深度参与全球产业分工和合作，利于实现国内国外市场的联动，提高中国在全球价值链的嵌入程度，充分吸收全球价值链的溢出效应，促进国内大循环。第七，扩大高水平对外开放要求扩大制度型开放，首先，通过规则、规制、标准、管理等开放，能与全球规则接轨，削弱各种贸易投资壁垒的限制，促进国外要素流入；其次，利于倒逼国内制度改革，为国内循环建立良好的制度基础；最后，通过制度型开放，与其他国家或地区就制度领域展开合作，有助于提升中国在全球经贸规则制定中的话语权，为国内大循环争取良好的外部环境。

扩大高水平对外开放利于提高全要素生产率、提升产业链供应链韧性和安全水平、推进城乡融合和区域协调发展，推动经济实现量质齐升，加快建设中国式现代化。第一，扩大高水平对外开放，助力扩大企业出口范围，增加的出口沉没成本以及海外市场的竞争者均会倒逼企业提高生产率，同时企业能从更多的出口目的地通过学习效应实现生产率提升。扩大高水平对外开放，利于企业丰富进口来源地，提升进口中间品数量、种类和质量，进口中间品种类增加利于企业技术升级，进口中间品质量提高倒逼企业提高其他生产要素质量，促使生产率提升。扩大高水平对外开放，进一步优化对外投资环境，引入优质投资，利于增强外资的技术、管理经验等的溢出效应，并提高同行业竞争水平，利于提升行业整体生产效率。扩大高水平对外开放，创新数字贸易发展机制，利于拉动数字产业发展，推动企业数字化转型进程，提高生产效率。第二，扩大高水平对外开放，稳步扩大制度型开放，与全球高水平规则、规制、标准、管理等衔接，避免因制度分歧造成的链条中断，通过制度合作稳固经贸关系，利于增固现有的外部供应链。扩大高水平对外开放，扩大自由贸易区网络和外资准入，利于提高企业进口来源地及进口产品种类的多元性，分散产业链供应链风险，利于保障产业链供应链安全。扩大高水平对外开放，通过外贸与外资吸引全球优质要素，利于提升中国创新水平，助力攻克关键性与基础性的“卡脖子”问题，提高产业链供应链的自主程度及抵御外部风险的能力，增强产业链供应链韧性。第三，扩大高水平对外开放，优化区域开放格局，提高中西部和东北地区的开放水平，利于拉动该地区的产业升级，带来更大程度的经济增长，促进区域间协调发展。扩大高水平对外开放，放宽外资准入门槛，扩大外资流入，利于吸纳农民就业，提高农村居民收入，并且农民劳动技能提升利于进一步加快农村的新型城镇化建设，促进城乡融合。

第二节 扩大高水平对外开放的现实基础与背景

一 新时代中国对外开放的成就与短板

党的十八大以来，以习近平同志为核心的党中央不断推进对外开放理论与实践创新，进入新时代以来，中国对外开放取得巨大成就和重要突破。对外贸易方面，中国贸易规模不断扩大，但增速放缓、占比下降。进入新时代以来，中国进出口总额屡创历史新高，2012 年中国货物贸易额约为 24 万亿元，2022 年该指标已突破 42 万亿元（见图 15-1），出口额增速略高于进口额增速，进出口差额由约 1 万亿元增长至约 6 万亿元，2017—2022 年中国已连续 6 年保持全球货物贸易第一大国的地位，2012—2022 年出口国际市场份额一直居全球首位，但 2022 年中国的货物贸易进出口总额及其占全球货物贸易额的比重均有下降之势。中国贸易范围不断扩大，贸易格局逐步优化，但对欧美的贸易集中度仍较高。中国于 2013 年提出“一带一路”倡议，积极引领签订区域自由贸易协定，截至 2022 年年底，中国已与 150 个国家、32 个国际组织签署共建“一带一路”合作文件，2022 年中国与“一带一路”沿线国家的贸易总额约为 14 万亿元，约占中国贸易总额的 33%，且增速高于贸易总额增速，中国与 RCEP 其他成

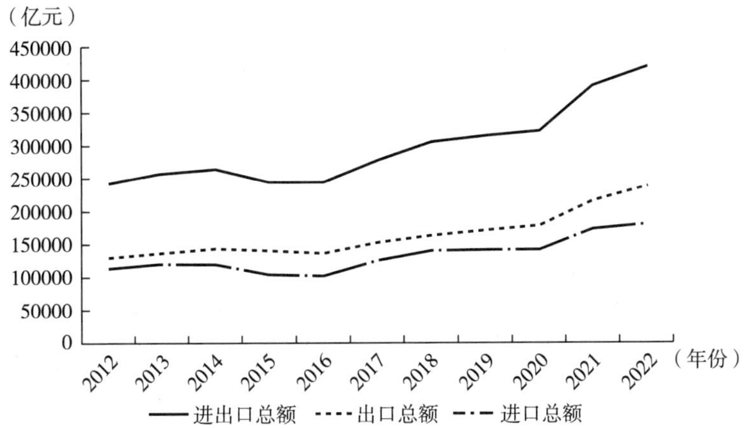

图 15-1 2012—2022 年中国货物进出口总额、出口总额、进口总额变化趋势

资料来源：中国国家统计局网站。

员方的进出口总额约为 13 万亿元，中非贸易快速发展，2022 年中非贸易额同比增长 11.1%，东盟已超越美国和欧盟成为中国第一大贸易伙伴，中国的外贸市场布局逐步转向均衡发展，利于维护外贸和经济安全与稳定。中国贸易产品质量亟待提高。提升贸易产品质量是建设贸易强国、质量强国的重要环节，产品质量提升利于增强产品的国际竞争力，提高产品附加值，增加外贸收益，进入新时代以来，中国部分企业的产品质量在国际市场已具备较强竞争力，但总体来看，出口产品质量与品牌声誉与欧美发达国家尚存在差距，其根本在于产品技术含量与性能相对较低；受逆全球化思潮的影响，以美国为首的发达国家限制对华进口，对中国进口产品质量造成冲击。中国外贸开放的区域协调程度不断提升，但仍存在较大差异。自改革开放以来，得益于政策倾斜及地理优势，东部地区一直是对外开放的先行者，外贸总额高于中西部地区，但近年来中西部地区外贸增速高于东部地区，特别是中西部地区民营企业贸易总额增速超过 20%，区域间对外开放水平差距逐步缩小。中国对外贸易结构不断优化，但出口竞争力仍待提升。改革开放以来，依托人口红利及资源优势，劳动密集型产业在中国出口中占比最高，但近年来由于要素比较优势转变，劳动密集型产品的国际竞争优势减弱，以政策支持、创新支撑的高技术产品出口比重不断提升，且高新技术产品出口中的一般贸易出口比重持续提高，根据海关总署发布的数据，2022 年高技术产品占总出口额比重为 15%，其中一般贸易出口占高技术产品出口总额的比重约为 35%。此外，高技术产品出口中的外资产品比重占比较高，反映出中国高技术产业的自主能力仍较弱，亟须提升国际竞争新优势。

进入新时代以来，服务贸易迅猛发展，但国际竞争力仍相对较低。2012—2022 年，中国服务贸易规模不断扩大，进出口额除 2020 年因外部环境陡降外，其余阶段基本呈现上升趋势（见图 15-2），2014—2022 年中国服务贸易总额已连续 9 年稳居全球第二，2012 年服务贸易总额约为 29712 亿元，贸易逆差为 5657 亿元，主要集中在运输、旅游、保险服务及知识产权使用费方面，2022 年中国服务进出口总额约为 6 万亿元，逆差约为 2757 亿元，相对 2012 年下降约 51%，但逆差来源未发生较大变化，仅建筑、电信、计算机和信息服务、维护和维修服务、加工服务、其他商业服务存在顺差。服务贸易结构持续改善，2012 年旅游业与运输业贸易额占比分居前两位，知识密集型产业的服务贸易总额仅占约 34%，2022 年知识密集型产业占比提升至 42%，且其出口额及其增速均高于服务贸易总体出口额，大大提高了中国服务贸易的国内附加值。数字贸易蓬勃发展，新一轮科技革命推动数字技术迅猛发展，数字贸易成为全球贸易增长的新引擎，数字贸易包括以跨境电商为中介的贸易以及以数字服务为对象的贸易。通过发展“丝路电商”等扩大数字贸易开放的政策，中国数字贸易规模不断扩张，2022 年中国可数字化交付的服务贸易额约 2.5 万亿元，占服务贸易总额的比重提高，跨境电商进出口额约 2.1 万亿元；数字服务贸易的结构持续优化，高附加值服务贸易额快速增长，占比不断提升，利于服务贸易优化升级。

外商投资方面，外商直接投资迅速扩张，但投资结构尚待优化。2012—2022 年，中国实际利用外商直接投资额稳步上升，2022 年中国实际利用外商直接投资金额为 1891 亿美元（见图 15-3），相较 2012 年提升约 56%，中国香港的直接投资金额占比高达约 73%，反

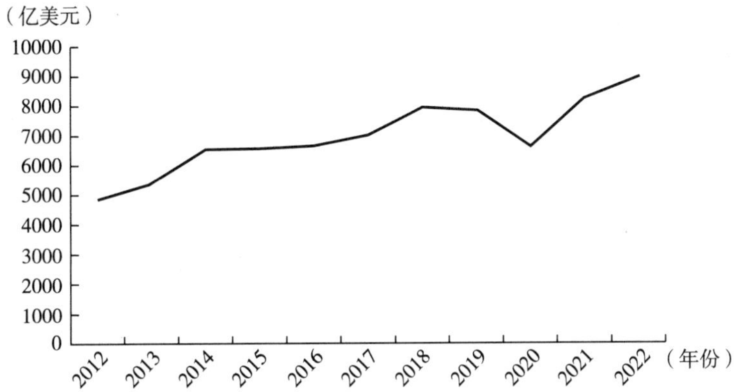

图 15-2　2012—2022 年中国服务进出口额变化趋势

资料来源：中国国家统计局网站。

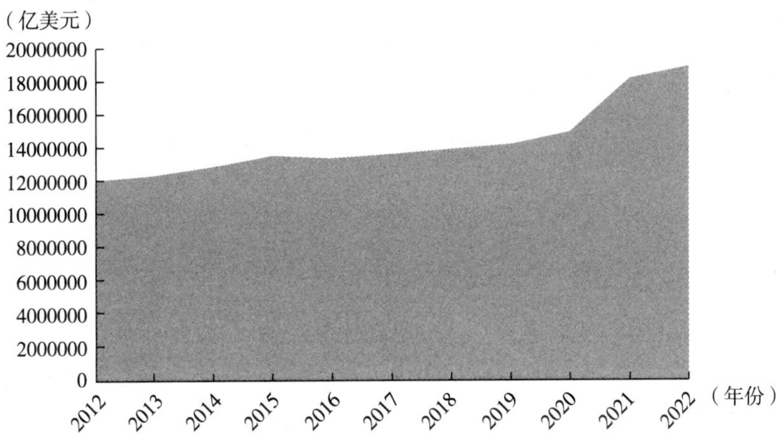

图 15-3　2012—2022 年中国实际利用外商直接投资金额变化趋势

资料来源：中国国家统计局网站。

映出中国外商直接投资来源较为集中；外商直接投资项目共有 38497 个，主要集中在批发和零售业，租赁和商务服务业，电力、燃气及水的生产和供应业，制造业签订外商直接投资项目 3570 个，仅占比约 9%。对外投资方面，2012—2022 年，中国对外投资流量稳居全球前列，但由于受逆全球化及新冠疫情的影响，中国对外直接投资流量呈上下波动的趋势，2012—2016 年，中国对外直接投资流量由 878 亿美元上升至1961亿美元，2016年后该指标数额先下降后回升，截至2022年仍未恢复至2016年的顶峰水平；此外，中国对外直接投资布局发生变化，对欧美等地的直接投资开始向其他地区转移，对拉丁美洲、非洲、“一带一路”沿线国家的直接投资增长相对较快，中国香港仍是吸收中国对外直接投资最多的地区；对外直接投资的产业结构逐步优化，当前主要集中在租赁和商务服务业、批发和零售业、制造业、金融业，利于中国企业在海外投资中获得高附加值，向全球价值链中高端攀升，但在科学研究、技术服务和地质勘查业、信息传输、计算机服务和软件业等高技术产业的对外直接投资仍然较低。

中国不断深化制度型开放。2018年12月中央经济工作会议提出，推动由商品和要素开放向规则等制度型开放转变，制度型开放推动中国规则、规制、标准、管理与国际对接，利于改善国内营商环境，同时推动中国参与国际治理规则的制定。制度型开放主要体现为：在部分省市建立自由贸易试验区和自由贸易港，创新、试验、推广开放制度，推动建立与国际规则衔接的贸易、投资、金融、税收等监管制度；实施外资管理制度改革，对不涉及特别管理措施的外企由“逐案审批”改为备案管理，实施外商投资负面清单，减少外资准入的限制性措施，放宽外资准入领域；通过审议新的《中华人民共和国外商投资法》，加强对外商知识产权等合法权益的保护；实施跨境服务贸易负面清单，放宽服务领域准入范围，利于进一步推动服务贸易发展；实施市场准入负面清单制度，破除市场准入壁垒，利于民营企业进入市场，营造公平的市场环境；推动人民币国际化；参与全球治理规则制定，积极推动世界贸易组织改革，践行并深化多边经贸规则，推动区域全面经济伙伴关系协定（RCEP）生效。

二 扩大高水平对外开放的基础与环境

扩大高水平对外开放是基于中国经济、制度基础的可行路径。中国具有较大的市场规模优势，人口规模巨大，且随着人均收入增长，居民消费水平不断提高，对产品的需求扩张升级，能够吸引更高质量的产品，带动进口升级与结构优化；巨大的市场规模利于提高投资与创新回报率，能够吸引优质外资。随着教育水平的提高，劳动力素质逐步提升，利于吸引技能偏向型外资进入，提高外商投资质量；坚持可持续发展，环境保护大幅改善，生态资源合理有效利用，能够吸引绿色投资进入，优化外资结构；数字技术迅猛发展，大数据、云计算、物联网等技术广泛应用，人工智能、5G 技术处于全球领先水平，企业通过利用数字化管理、智能制造提升生产效率与质量，有助于提高出口产品规模与质量，推动贸易高质量发展；数据要素作为新型生产要素，是发展数字经济的关键，中国在“十四五”规划中将数据要素确认为五大要素之一，持续推进数据要素市场改革，促进数据要素流通，利于吸引数字产业相关外资流入，改善外资的行业布局。中国拥有较强的产业基础，新冠疫情凸显了产业链供应链稳定对企业经营的关键作用，中国工业体系健全，具备全产业链优势，且部分产业供给在全球具有较强竞争力，有利于集聚全球要素与资源。中国具有特色的制度优势，实行中国特色社会主义市场经济体制，既充分发挥市场的资源配置作用，又使用宏观调控政策提高市场运行效率；不断改善营商环境，发布并实施《优化营商环境条例》，为营商环境优化提供法律支撑，强化政府服务职能，降低制度性交易成本，通过简政放权等保证市场对资源的直接配置，促进各类企业的公平竞争；不断深化知识产权制度改革，对知识产权制度进行了系统设计、规划和部署，积极参与构建知识产权全球治理规则的国际合作，知识产权成果稳步提升，世界知识产权组织发布的《2022 年全球创新指数报告》显示，中国 2022 年的创新指数排名为第 11 位，这利于吸引外商投资，同时推动中国企业“走出去”。

世界正处于百年未有之大变局，中国扩大高水平对外开放的外部环境严峻而复杂。全球经济持续低迷，部分国家为削弱外来企业或产品对本土市场的占据，设置贸易壁垒限制进口和外国投资，为维护本国竞争优势，限制高技术产品出口或高技术企业对外投资，抵触全球自由贸易框架，加剧逆全球化趋势。部分西方国家为转移国内矛盾，利用政治手段煽动民族保护主义，对中国进行技术封锁，并且阻碍中国技术输出；同时部分西方国家为增加就业推动制造业回流，发展中国家面临外资迁出的境况，近年来中国是全球制造业外资流出最多的国家，特别是中高端制造业的流出对中国的产业转型升级产生负面影响。新冠疫情叠加地缘政治冲突，给全球经济带来巨大冲击，产业链供应链断裂，对全球分工造成挑战，加剧某些国家推行“脱钩断链”政策，同时，新一代技术革命催生新技术、新产业，并推动传统产业转型升级，全球产业链供应链加速重构，全球生产网络格局变化，中国同时面临挑战与机遇。在逆全球化背景下，区域经济一体化成为国家间谋求合作共赢的新方向，《区域全面经济伙伴关系协定》（RE-CP）生效便是亚太经济体促进区域经贸合作的成功探索，为中国扩大高水平对外开放创造了平台；此外中国不断增加双边自贸协定，秉持求同存异的原则，争取最大的开放空间；中国积极参与全球治理规则的制定，这为提升国际话语权、创造良好开放环境奠定了基础。

第三节　扩大高水平对外开放的政策建议

一　培育出口竞争新优势，优化进口结构与质量，充分发挥国际大循环的作用

当前全球经济低迷，国际需求疲弱，出口增速放缓，出口质量有待提升，为此中国应从产品、市场两个维度多措并举，提高出口产品竞争力，改善出口产品结构，优化出口市场布局，提升出口对国内经济增长的拉动作用。中国应制定各类产业的顶层设计规划，明确产业转型升级方向及出口增长点，对作为中国传统出口比较优势的劳动密集型产业，应鼓励企业数字化转型，利用智能制造提高生产率，同时鼓励企业发展服务型制造，基于现有优势向生产环节两端延伸，参与产品设计或提供产品附加服务，增加产品出口附加值，提升企业效益和劳动力收入；对于技术密集型产业，应通过搭建更广泛的自由贸易网络助力企业拓展海外市场，突破部分西方国家对中国高技术产品的

打压，扩大企业出口范围及规模，提高企业投资回报率，为高技术产业的良性发展注入动力。进口是国际大循环影响国内循环的直接环节，在逆全球化背景下，中国进口升级面临阻碍，高科技产品、中间品进口遭受部分国家的封锁，因此中国应秉持求同存异、互惠互利的原则就关键领域与多个国家或地区达成国家层面的合作关系，保障产业链供应链稳定，打破某些进口来源地的垄断；提升高质量产品和服务的进口比重，带动消费升级与生产升级，同时，为充分发挥进口溢出效应与倒逼效应，应加强完善公平有序的市场竞争机制，保障高质量进口产品的市场竞争优势；始终坚持效率与安全相统一的原则，既要为满足生产生活需求扩大进口规模，又要提高各类产品的自给程度，增强抵御外部风险的能力，保障中国经济安全。

二 强化数字技术与基础设施建设，推动数字贸易提质增量

中国数字贸易发展处于全球领先地位，具有较大的发展潜力，针对不同的数字贸易类型，应在国家层面出台顶层设计规划，指导数字贸易发展。对于数字服务贸易，根本上要加快数字技术发展，通过加强数字知识产权保护，建立市场配置、政府监管的数字要素市场，鼓励各类企业公平参与交易平台建设，完善数据、数字技术交易机制，探索灵活多样的交易方式，提高数字技术市场化的效率和收益，增强数字技术创新动力，提高数字技术创新产出，推动数字产品种类增加，同时，推进企业数字化、产业数字化，提高数字技术的应用程度，在实践中推动技术迭代，促进数字服务质量提升，增强数字服务的国际竞争力。对于电子商务，加快数字贸易平台建设，着重优化数字平台运转机制，规范电商平台交易规则，提高跨国数字支付效率，加快建设或衔接高效的国际物流体系。总体上应扩大数字贸易开放范围与程度，在双边或多边经贸合作框架中引入数字贸易便利化协定，为中国企业拓宽数字服务出口市场，扩大跨境电商平台的客户群范围与数量，如“丝路电商”推动了中国与“一带一路”沿线国家的电子商务合作。充分利用国外要素资源促进数字产业发展，通过进口降

税政策、特殊人才政策等集聚国外先进数字服务和优质数字人才，引导外资流向数字基础设施建设和云计算、人工智能、区块链等先进技术领域。扩大数字贸易参与主体的规模，引导制造业企业向服务型制造转型，并依托高质量制造品创新数字服务，同时提升制造业产品及数字服务的国内增加值，促进中国货物贸易与数字贸易同时向全球价值链中高端攀升。

三　扩大外商投资增量，优化外商投资结构

地缘政治冲突叠加新冠疫情加剧了逆全球化思潮，部分发达国家为增加本国就业实行制造业回迁计划，造成中国外资大量流出，对中国产业升级与就业吸纳造成压力，因此要积极促进外资回流。当前中国具备较为坚实的要素条件、产业基础和市场规模，但营商环境与部分发达国家仍存在差距，打造一流的营商环境是目前吸引外商投资的最有效途径。进一步扩大外资开放领域，保证外资高效进入现行负面清单外的领域，在自贸试验区等地探索以中外合作的方式试点开放负面清单内的项目；鼓励各地区根据本地经济发展优势与需求，创新外资优惠政策与引资机制，提高对外资的吸引力，适当使用产业基金助力外资落地；创造公平竞争的市场环境，保障外资企业应享的国民待遇，消除市场监管、招标投标、生产要素分配及获取等方面的所有制差异，确保外资企业平等享有政府颁布的产业支持政策，健全外资企业投诉处理机制，切实消除阻碍外资发展的市场障碍；降低制度性成本，提高外资引入效率，完善外资审批落地机制，必要时对重大外资项目设立追踪小组、开通绿色通道，对稀缺性、关键性外资适当实施金融优惠政策，建立政府与外企的常态化沟通机制，确保外企发展诉求得到快速响应，减少政府对外资经营的干预，严厉打击政府与外企间的双向寻租行为。在扩大外资规模的基础上，优化外资的产业结构与区域布局，提高外资质量。适当利用财政补贴或减免税收等倾斜政策扩大高技术制造业、新兴产业、服务业的外资流入，支持外资参与绿色科技创新、绿色供应链建设，鼓励对地理优势需求较弱的外资向

中西部与东北地区转移。

四　深化制度型开放，提高国际话语权

当前中国的产品与要素开放进程放缓，部分原因可归为全球经贸规则的局限性，一方面传统经贸规则已不适用于数字产品等新兴对象的跨国交易，另一方面部分国家在逆全球化思潮主导下拒绝受现有规则的约束，制度型开放为对外开放打开新的突破口，深化制度型开放是应对外部严峻环境的要求，也是扩大高水平对外开放的途径。制度型开放要求规则、规制、管理、标准等制度与国际规则、规制、标准等衔接，推动中国深度融入全球化。深化制度型开放，首先要明晰与国际存在较大差距的制度类型，进而按照国际先进水平提升制度质量，以对外贸易为例，知识产权问题多次成为中美贸易摩擦的导火索，因此应借鉴科技水平先进国家的知识产权制度体系，完善中国的知识产权制度，以避免在开放中遭受由制度差异导致的差别待遇。制度型开放以推动国内大循环、促进中国式现代化建设为根本目的，因此应结合当前国内经济发展需要，确定亟待深度融入全球产业链供应链的重点领域，达到与全球或区域相衔接的制度标准，比如在数字贸易领域，应尽快加入《数字经济伙伴关系协定》等或制定同等标准的经贸规则，以消除由制度差异产生的贸易或投资壁垒。深化制度型开放，要以提高中国在全球治理规则重构中的话语权为主要目标，应抓住全球治理规则重构的机遇，发挥大国引领作用，积极推动世贸组织改革，维护发展中国家的合理利益，建立并拓展高标准自由贸易网络，提出互惠互利的主张和方案，探索与发达国家就程序性制度展开国际合作，在互利基础上实现制度共建，为要素和产品开放提供良好的外部环境。

五　扩大开放创新，充分激发外来人才、企业的创新能力

自主创新是构建新发展格局、实现中国式现代化的根本动力，但

由于中国的创新基础及高技术人才储备相对发达国家较为薄弱，且部分关键技术和零部件不能自给，因此必须充分利用国外资源进行创新国际合作。当前中国虽然积极就公共政治卫生安全问题与G20国家展开创新合作，与其他发展中国家建立技术创新与转移合作机制，资助国外科学家来华开展科研工作等，但重点领域的关键技术仍受制于人，经济发展的堵点和难点尚未攻克，因此应探索对外科技合作的新模式。技术依附于人才，扩大高技术人才开放是提升创新能力的重要途径，当前中国对人才吸引力排名远落后于欧美国家，因此应对关键领域的“卡脖子”问题进行战略部署，设立全球人才专项计划，吸引优质人才及其团队，并通过升级科研配置、优化科研考核、提升科研回报、加强科研共享与协作等方式留住人才。企业是创新的核心主体，具备相对更大的创新动力，但中国本土企业的创新基础与能力有限，因此要通过加强产权保护、给予资源倾斜等方式鼓励外资企业独立或联合中国企业参与关键技术创新，以充分发挥外资的技术外溢效应，弥补自主创新的短板。

（本章执笔：段凡　刘学良）

第十六章
城市规模、基础设施与二氧化碳排放研究

改革开放以来，中国经济增长居于世界前列，截至 2022 年，中国人均 GDP 水平与世行高收入国家标准仅一步之遥。中国的经济增长多是靠投资拉动，即新基建投资，由此，经济增长和基础设施投资带来的“碳”属性处于较高水平。实现碳达峰碳中和将是未来中国经济实现绿色转型的底色所在和最鲜明标签。多部委统筹提出了科技支撑 2030 年前实现碳达峰目标的创新行动和保障举措，并要求为 2060 年前实现碳中和目标做好技术研发储备。不断扩大的城市规模和基础设施对社会经济发展起着支撑和保障作用，但也是碳排放的重要来源。在经济的绿色转型时期，分析城市规模、基础设施与二氧化碳排放的关系，寻求城市发展与碳排放之间的平衡点，是有重要意义的。

第一节　理论分析

20 世纪 70 年代以来，关于温室气体排放并可能导致气候变化的研究逐渐增多，但主要集中于自然科学或环境科学领域。[①] Kaya 提出了 Kaya 恒等式，将碳排放的影响因子分解为能源消费结构、能源消耗强度、经济发展水平、社会规模，确立了人类经济和社会活动对碳

① Shardul Agrawala, “Context and Early Origins of the Intergovernmental Panel on Climate Change”, *Climatic Change*, Vol. 39, No. 4, 1998, pp. 605-620.

排放影响的路径。①

现有研究大多围绕 Kaya 提出的有关变量而展开。例如，在能源消费结构和能源消耗强度方面，林伯强等认为，能源消费结构的调整是碳减排的重要战略，碳达峰进程受能源电力需求影响，但也取决于绿色能源发展，而碳中和目标的实现需要经济增长与化石能源、电力需求相脱钩，关键是实现绿色清洁能源的安全、稳定和长效供应；② 史丹和李鹏通过构建区域动态可计算一般均衡模型分析发现，在“双碳”目标约束下多数制造行业会受到较大冲击，在大力推动能源效率提高和绿色技术创新的基础上，最重要的还是通过建立区域和不同层次的碳排放交易市场不断提高碳税来促进“双碳”目标实现。③ 在城市规模或者人口规模对二氧化碳排放的影响方面，Bargaoui 等把 1980—2010 年 214 个国家收入水平的时间序列横截面数据进行分组，利用 STIRPAT 模型分析了经济和人口增长、城镇化水平、能源强度和京都议定书协议对二氧化碳排放的影响，结果发现经济增长、人口增长、城镇化水平和京都议定书协议对二氧化碳排放的影响取决于收入水平；④ Wang 等运用 STIRPAT 模型，分析中国 1997—2012 年人口规模、人均消费、能源强度、城镇化和老龄化对二氧化碳排放的影响后认为，人口规模、人均消费量和能源强度对东部、中部和西部地区二氧化碳排放产生重要影响，城镇化水平对西部地区二氧化碳排放有促进作用，但对中部地区有抑制作用。⑤ 在基础设施与二氧化碳

---

① Y. Kaya, “Impact of Carbon Dioxide Emission Control on GNP Growth: Interpretation of Proposed Scenarios”, Paper Presented to the IPCC Energy and Industry Subgroup, 1990.

② 林伯强、姚昕、刘希颖：《节能和碳排放约束下的中国能源结构战略调整》，《中国社会科学》2010 年第 1 期；林伯强：《碳中和进程中的中国经济高质量增长》，《经济研究》2022 年第 1 期。

③ 史丹、李鹏：《“双碳”目标下工业碳排放结构模拟与政策冲击》，《改革》2021 年第 12 期。

④ Saoussen Bargaoui, Naoufel Liouane, Fethi Zouheir Nouri, “Environmental Impact Determinants: An Empirical Analysis based on the STIRPAT Model”, *Procedia-Social and Behavioral Sciences*, Vol. 109, 2014, pp. 449-458.

⑤ Yanan Wang, Yanqing Kang, Juan Wang, Linan Xu, “Panel Estimation for the Impacts of Population-related Factors on CO_2 Emissions: A Regional Analysis in China”, *Ecological Indicators*, Vol. 78, No. 6, 2017, pp. 322-330.

排放的研究方面，Xie 等利用 2003—2013 年 283 个城市的面板数据，使用改进的 STIRPAT 模型，证实了交通基础设施的建设增加了城市二氧化碳排放。具体来说，交通基础设施的人口规模效应有利于减少二氧化碳排放，但交通基础设施的经济增长和技术创新效应增加了二氧化碳排放，在大中城市后者大于前者。①

可见，现有研究关注能源消费结构、能源消耗强度与城市规模、人口规模、基础设施对二氧化碳排放的影响，且聚焦于影响程度的大小上，在某些领域的结论也不完全一致。少有研究基于中国地级市层面数据，分析城市规模、基础设施和二氧化碳排放的关系。能源消耗是二氧化碳排放的直接表征，基础设施在设计、建设和运营中直接使用和消耗能源，同时排放二氧化碳。本章聚焦于基础设施对二氧化碳排放的影响机制，在中国 284 个地级及地级以上城市空间面板数据的基础上探讨城市规模、基础设施和二氧化碳排放的关系。

二氧化碳排放是城市规模的二次函数，二者的关系表现为倒“U”形曲线。人口规模可能是仅次于经济增长的影响二氧化碳排放的重要变量，随着城市人口规模的扩大，各种要素在城市聚集，形成空间聚集效应，促进了经济增长，与经济活动同时存在的“碳”的伴随物的排放逐渐增加。随着城市规模的进一步扩大，经济增长尤其人均 GDP 达到某个阈值后，产业结构、技术水平尤其绿色技术水平升级，二氧化碳排放达到峰值且不再随着人均 GDP 以及城市人口规模的增加而增加，反而开始下降，即碳达峰提出的原始理论根据。二氧化碳排放随着城市规模的扩大呈现先上升后下降的趋势，即倒“U”形曲线。

空间聚集对邻近城市产生外溢效应。地理经济学第一定律认为，相距较近的事物之间的关联性更强。这里我们引入空间计量来对中国 284 个地级及地级以上城市的城市规模、基础设施与二氧化碳排放进行研究。引入空间计量的前提是相关变量的 Moran's I 大于零，这一点将在后文得到验证。

---

① Rui Xie, Jiayu Fang, Cenjie Liu, "The Effects of Transportation Infrastructure on Urban Carbon Emissions", *Applied Energy*, Vol. 196, 2017, pp. 199-207.

随着基础设施建设的推进，二氧化碳排放逐渐增加，当基础设施进入运营期时，二氧化碳排放进一步增加，到中后期逐渐进入稳定排放阶段，这是基础设施给本地区带来的直接效应。同时基础设施对其他城市存在空间外溢，即本地区的基础设施建设和运营能减少邻近城市的二氧化碳排放，即基础设施的间接效应。基础设施对本地区和邻近地区的影响加总即是基础设施产生的二氧化碳排放的全部效应。

第二节　模型构建及检验

1. 空间计量模型的构建

本章选用空间杜宾模型（SDM），表达式为：

$$y_{i,t}=\alpha_i+\lambda_t+\rho\sum_{j-1}^{N}\omega_{i,j}y_{i,t}+x_{i,t}\beta+\sum_{j-1}^{N}\omega_{i,j}x_{i,j,t}\theta+\varepsilon_{it} \quad (16-1)$$

SDM 向量模型：

$$y_t=\rho Wy_t+x_t\beta+Wx_t\theta+\alpha+\lambda_t t_n+\varepsilon_t \quad (16-2)$$

其中，W 为空间权重矩阵，$\varepsilon_t\sim N(0,\ \sigma_\tau^2 I_n)$；$\alpha=[\alpha_1,\ \alpha_2,\ \cdots,\ \alpha_n]$；$I_n$ 是$(n\times1)$的列向量，每个元素均为 1。

$$y_t=\begin{bmatrix} y_{1t} \\ y_{2t} \\ \cdots \\ y_{nt} \end{bmatrix},\quad x_t=\begin{bmatrix} 1 & x_{21t} & \cdots & x_{k1t} \\ 1 & x_{22t} & \cdots & x_{k2t} \\ \cdots & \cdots & \cdots & \cdots \\ 1 & x_{2nt} & \cdots & x_{knt} \end{bmatrix}$$

其中，$\beta=[\beta_1,\ \beta_2,\ \cdots,\ \beta_n]'$，$\theta=[\theta_1,\ \theta_2,\ \cdots,\ \theta_n]'$。

ρ 是空间回归系数，表示相邻城市观测值对本城市观测值的影响程度，λ 是空间误差系数，是相邻城市由于因变量的误差对本城市观测值的影响程度。ε_{it} 是随机误差项，并服从正态分布，$y_{i,t}$ 表示 $\log(CO_2\ Emss)$，为城市 i 在 t 时期的二氧化碳排放量；$x_{i,t}$ 是城市 i 在 t 时期的解释变量的值，j 是第 j 个解释变量，分别为城市规模、城市规模的平方、基础设施指数、全要素生产率增长指数、科学技术支出、政府效率、人力资本、外国直接投资、财政收入。

2. 描述性统计分析

本章采用全国 284 个地级市 1990—2022 年的数据来分析城市规模、基础设施与二氧化碳排放的关系。数据均来自历年《中国城市统计年鉴》、各省区市统计年鉴、各城市国民经济和社会发展统计公报、中国统计年鉴等。描述性统计分析结果见表 16-1。由于邻近空间权重矩阵只能反映邻近地级市之间的影响，而忽略了不同距离的地级市之间的相互作用，而反距离空间权重矩阵更能体现不同距离地级市之间的空间依赖和相互影响，本章选择反距离空间权重矩阵来进行空间计量分析。

3. 模型适用性相关检验

（1）全局空间自相关分析：Moran's I 检验。空间计量分析的前提是二氧化碳排放存在全局空间自相关，通过 Moran's I 指数可以检验全局空间自相关性。图 16-1 显示，1990—2022 年二氧化碳排放的 Moran's I 指数全部大于零，且均在 1%的条件下显著，说明中国地级及地级以上城市的二氧化碳排放存在显著的空间依赖性，空间自相关系数为正。二氧化碳排放量较大的城市，其周边城市的二氧化碳排放量也较大。由于空间相关性的存在，传统分析的面板数据得出的计量结果是有偏差的，不能真实反映二氧化碳排放现状，也不能反映城市各变量对二氧化碳排放的影响，因此本章采用地级市层面的空间计量来进行分析。

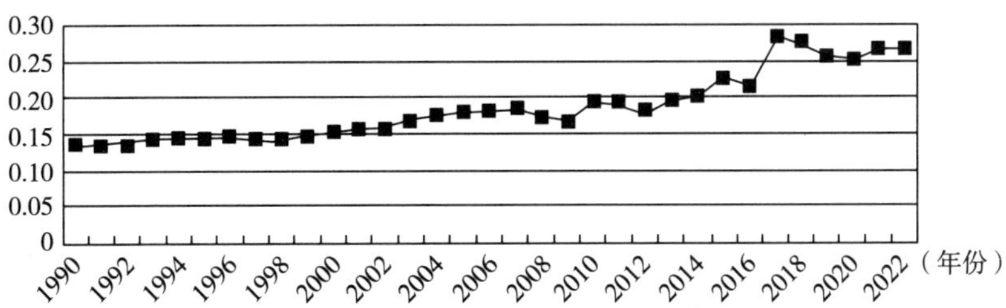

图 16-1　二氧化碳排放的 Moran's I 指数检验

表 16-1　　变量描述性统计分析

变量	变量名称	变量解释	平均值	标准差	最小值	最大值
log（CO_2 *Emss*）	二氧化碳排放	煤气、天然气、液化石油气、总用电量、原煤的总热量产生的 CO_2，单位万吨，为二氧化碳排放量取对数	5.366	1.618	-0.721	9.888
log（*P*）	城市规模	全市常住人口总数	5.802	0.699	2.383	8.075
log（*P*）^{2}	城市规模平方	城市规模对数的平方，用 log（*P*）^{2} 表示	34.152	7.944	5.679	65.202
infra	基础设施指数	教育基础设施指数、交通基础设施指数、公共基础设施指数、电信基础设施指数的几何平均值①	4.864	2.402	0.196	14.155
TFP	全要素生产率增长指数	由 DEA Malmquist 指数法得到的 TFP 指数	1.043	0.065	0.742	1.36
sciFin	科学技术支出	地方财政支出中科学技术支出的比重	0.001	0.002	0	0.028
govEff	政府效率	又称为政府管理模式，为评价中国城市可持续发展的一级指标	0.066	0.539	-0.83	2.207
log（*HC*）	人力资本	用小学、中学和大学的受教育支出成本比来表示，具体指标为人力资本的对数	0.954	0.503	0.001	2.63
FDI	外国直接投资	外国直接投资占 GDP 现价的比重，外国直接投资以美元为单位，用当年人民币对美元汇率换算成人民币，并除以当年各城市 GDP 现价	0.017	0.029	0	0.593
revGDP	财政收入	地方财政收入占 GDP 的比重	0.064	0.033	0.002	0.268

注：样本量为 9372 个。其中 log（*prod*）为劳动生产率，单位为每万人/亿元，故其对数存在为负的情况。

（2）模型适用性检验。本章采用 Wald 检验和 LR 检验来选择合适的空间计量模型，Wald SAR 和 SEM 检验说明 SDM 不会退化为 SAR 或 SEM（见表 16-2 和表 16-3）。LR 检验拒绝了原假设（见表 16-

① 参见《1990—2022 年中国城市可持续发展评价》。

4)，结果表明不应该用 SAR 模型和 SEM 模型进行估计，应该选择空间杜宾模型（SDM）。通过豪斯曼检验得到卡方值为 136.07，大于 0。本章的空间面板数据仍然可以采用固定效应进行分析。通过 Levin-Lin-Chu test 和 Im-Pesaran-Shin test 两种方式进行检验，所有解释变量和被解释变量的一阶差分均平稳。

表 16-2　　Wald SAR 检验结果

赤池信息量准则（AIC）和贝叶斯信息准则（BIC）N	ll（null）	ll（model）	df	AIC	BIC
9372		-4403.254	26	8858.509	9044.291

注：N 为样本个数。chi2（12）＝22.63，Prob>chi2＝0.0311。

表 16-3　　Wald SEM 检验结果

赤池信息量准则（AIC）和贝叶斯信息准则（BIC）N	ll（null）	ll（model）	df	AIC	BIC
9.37E+03		-4517.46	15.00	9064.91	9172.10

注：N 为样本个数。chi2（12）＝25.07，Prob>chi2＝0.0145。

表 16-4　　LRtag 和 error 检验结果

LR 检验	值
Likelihood-ratio test LR　chi2（13）	341.85
（Assumption：sar_ varDev nested in sdm_ varDev）　Prob>chi2	0.0000
Likelihood-ratio test　LR chi2（13）	395.71
（Assumption：sem_ varDev nested in sdm_ varDev）　Prob>chi2	0.0000

4. 模型稳健性检验

本章采用了改变样本范围和改变固定效应和随机效应分析方法来检验模型的稳健性。

本章将样本范围从 1990—2022 年调整为 2000—2022 年，并保持模型的变量不变来检验稳健性。样本范围调整前后的对比显示，变量系数的正负性和显著性基本保持不变。考虑空间权重前 *govEff* 的系数发生变化，*sciFin* 的直接效应系数发生变化，log（*P*）的总效应系数发生变化；考虑空间权重后变量系数和间接效应变量系数正负性未发生变化，其他变量的正负性和显著性基本保持不变，这说明模型具有较强的稳健性。

本章将样本范围从 1990—2022 年调整为 2010—2022 年，并保持模型的变量不变来检验稳健性。样本范围调整前后对比显示，变量系数的正负性和显著性基本保持不变。考虑空间权重前 *sciFin*、log（*HC*）、*FDI* 的系数发生变化；考虑空间权重后 log（*P*）、*sciFin*、*revGDP* 的系数发生变化；log（*HC*）、*FDI* 的直接效应系数发生变化；log（*P*）、log $(P)^2$、*sciFin* 的间接效应系数和总效应系数发生变化。其他变量的正负性和显著性基本保持不变，这说明模型仍具有一定的稳健性。

采用随机效应进行分析。模型不变，用随机效应分析 1990—2022 年的 SDM 模型，*sciFin* 的直接效应系数发生变化，考虑空间权重前后及间接效应系数的正负性均未发生变化。采用随机效应的分析结果说明，SDM 模型具有足够的稳健性，采用固定效应或随机效应对结果没有根本性的影响。

第三节　实证分析结果

1. 考虑空间权重前后结果的变化

表 16-5 中四个模型都基于空间杜宾模型（SDM）。模型 1 的 log（*P*）、log $(P)^2$、*infra*、*TFP*、*sciFin*、*govEff*、log（*HC*）为基本变量。模型 1—模型 4 的空间滞后项系数均显著。模型 2 在基本变量的基础上增加 *FDI* 变量；模型 3 在基本变量的基础上增加 *FDI*、*revGDP* 变量。模型 4 在模型 3 的基础上去掉解释变量基础设施指数（*infra*）。

从空间滞后项来看，城市规模与二氧化碳排放的关系由倒“U”形曲线转为“U”形曲线且系数都显著。

考虑空间权重后，全要素生产率增长指数、政府效率、人力资本、外国直接投资的系数为正且显著；基础设施指数、科学技术支出、财政收入的系数为负且显著。模型 4 比模型 3 少一个解释变量基础设施指数（*infra*），可以发现，减少解释变量基础设施指数（*infra*）及考虑空间权重后，*FDI* 变量变得不显著，其他变量的正负和显著性基本不变，经济含义基本一致。由此可知，模型 3 是最合适的。

表 16-5　　固定效应的实证结果（1990—2022 年）

	模型 1	模型 2	模型 3	模型 4
log（*P*）	0.764***	0.814***	0.784***	0.809***
log（*P*）^{2}	-0.095***	-0.098***	-0.095***	-0.1***
infra	0.021***	0.021***	0.022***	
TFP	0.22**	0.224**	0.217**	0.216**
sciFin	6.027	6.594*	6.995*	8.297**
govEff	0.062**	0.068**	0.064**	0.07***
log（*HC*）	-0.31***	-0.304***	-0.304***	-0.297***
FDI	—	0.334	0.351	0.387*
revGDP	—	—	-0.439**	-0.345*
Wx	模型 1	模型 2	模型 3	模型 4
w×log（*P*）	-1.128***	-1.231***	-1.121***	-1.259***
w×log（*P*）^{2}	0.261***	0.279***	0.263***	0.264***
w×*infra*	-0.053***	-0.055***	-0.057***	
w×*TFP*	0.405**	0.415**	0.347**	0.475***
w×*sciFin*	-55.355***	-55.653***	-42.429***	-41.838***
w×*govEff*	0.355***	0.374***	0.422***	0.409***
w×log（*HC*）	0.778***	0.725***	0.753***	0.603***
w×*FDI*	—	1.248**	0.914*	0.732
w×*revGDP*	-0.892**	—	-1.474***	-1.55***
Spatial	—	—	—	—
ρ	0.72***	0.715***	0.694***	0.696***
Variance	—	—	—	—
θ	—	—	—	—
σ	0.16***	0.16***	0.16***	0.16***

注：*** 表示 1%的显著性，** 表示 5%的显著性，* 表示 10%的显著性。下同。

2. 三大空间效应（直接效应、间接效应和总的效应）的情况

表16-6显示了三大空间效应的实证结果。从模型1—模型4可以看出：城市规模与二氧化碳排放的直接效应表现为倒“U”形曲线，间接效应和总的效应都为“U”形曲线，间接效应不显著，但直接效应和总效应显著。

基础设施指数和科学技术支出的直接效应为正、间接效应和总的效应都为负且显著。这一结果验证了理论机制分析中的基础设施的作用机理，即随着基础设施指数的提升，二氧化碳排放也逐步增加，给本地区带来直接效应，同时基础设施建设存在空间外溢，对邻近城市的二氧化碳排放存在间接效应，在本地区基础设施建设和运营的影响下，邻近城市能适当减少二氧化碳排放。科学技术支出中涉及绿色转型的技术研发成果外溢到邻近地区，有助于邻近地区降低二氧化碳排放量，即间接效应显著。总体看，基础设施和科学技术支出有利于二氧化碳排放量的降低。

人力资本的直接效应为负、间接效应和总的效应都为正，三大效应的系数都达到显著性标准。人力资本是促进经济增长的核心要素，人力资本投入的增加能够促进技术进步进而减少二氧化碳排放，即直接效应为负。本地区人力资本水平的提升对邻近地区的二氧化碳排放存在外溢机制，可能的原因在于产业结构的调整，但这一机制仍需进一步验证和探讨。

全要素生产率增长指数、政府效率和外国直接投资的直接效应、间接效应和总的效应都为正且显著。财政收入的直接效应、间接效应和总的效应都为负且显著。由此可见，生产力发展、投资增加的同时伴随着二氧化碳排放的增加，而财政收入占GDP比重的提高，势必打压各方面生产的积极性，进而减少二氧化碳排放。财政收入占GDP的比重的提高如何降低邻近地区的二氧化碳排放量及其机理，值得今后进一步探讨。

表 16-6 固定效应的直接效应、间接效应和总的效应（1990—2022 年）

LR_ Direct	模型 1	模型 2	模型 3	模型 4
log（*P*）	0.716***	0.764***	0.743***	0.758***
log（*P*）^{2}	-0.077***	-0.079***	-0.078***	-0.083***
infra	0.017***	0.018***	0.019***	—
TFP	0.275***	0.279***	0.26***	0.281***
sciFin	1.087	1.707	3.725	5.106
govEff	0.102***	0.111***	0.107***	0.111***
log（*HC*）	-0.256***	-0.255***	-0.255***	-0.26***
FDI	—	0.472**	0.45**	0.477**
revGDP	—	—	-0.584***	-0.513***
LR_ Indirect	模型 1	模型 2	模型 3	模型 4
log（*P*）	-2.024	-2.066	-1.764	-2.101
log（*P*）^{2}	0.67***	0.701***	0.619***	0.612***
infra	-0.132***	-0.139***	-0.132***	—
TFP	1.947***	1.995***	1.565***	1.982***
sciFin	-176.795***	-174.882***	-118.447***	-114.048***
govEff	1.38***	1.454***	1.475***	1.458***
log（*HC*）	1.922***	1.733***	1.716***	1.271***
FDI	—	5.155***	3.828**	3.128**
revGDP	—	—	-5.682***	-5.726***
LR_ Total	模型 1	模型 2	模型 3	模型 4
log（*P*）	-1.308	-1.302	-1.021	-1.343
log（*P*）^{2}	0.593***	0.622***	0.541***	0.529***
infra	-0.115***	-0.121***	-0.113***	—
TFP	2.222***	2.275***	1.825***	2.263***
sciFin	-175.707***	-173.175***	-114.722***	-108.941***
govEff	1.482***	1.565***	1.582***	1.57***
log（*HC*）	1.666***	1.478***	1.461***	1.011***
FDI	—	5.628***	4.278***	3.604**
revGDP	—	—	-6.266***	-6.238***

注：LR_ Direct 表示直接效应，LR_ Indirect 表示间接效应，LR_ Total 表示总的效应。

3. 变量空间效应的进一步讨论

本章将 1990 年、2000 年、2010 年设定为起点，分别探讨 1990 年后、2000 年后和 2010 年后的模型数据。[①] 根据三个时间段的结果且考虑空间权重后可以得到如下结果。

基础设施指数的直接效应为正，间接效应和总的效应为负，三大效应均显著。随着时间的推移基础设施的直接效应系数逐年增大，间接效应系数越来越小，总的效应系数由大转小再变大。

科学技术支出的直接效应由正转负再转正但始终不显著，间接效应和总的效应的变化趋势一致，在 1990 年后和 2000 年后均显著为负且变大，2010 年后转正。

全要素生产率增长指数、政府效率和外国直接投资的系数都为正。其中，全要素生产率增长指数的三大效应系数逐年增大，均显著；政府效率直接效应的系数呈现由大变小再变大的趋势，在 2000 年后和 2010 年后并不显著，而间接效应和总的效应系数均逐年增大且显著；外国直接投资的直接效应在 2000 年后和 2010 年后不显著，且在 2010 年后由正转负，其他年份的效应系数均显著为正且逐年增大。

人力资本的直接效应系数在 1990 年后、2000 年后显著为负，其他年份的效应均显著为正，间接效应由小变大再转小，总的效应逐年增大。

财政收入的三大效应均为负，除 2000 年后、2010 年后间接效应不显著外其他均显著。

第四节　结语

本章基于中国 284 个地级及地级以上城市的空间面板数据，引入基础设施指数作为解释变量，在考虑空间权重后，分析城市规模等变

① 没有选择 1990—1999 年、2000—2009 年、2010 年三个时段进行分析，是由于年份周期短的模型计量效果有限，而且以现有年份为基础的长周期模型不影响最后结果及方向。

量对二氧化碳排放的影响，得到如下结论和启示。

城市规模与二氧化碳排放的直接效应表现为倒“U”形曲线、间接效应和总的效应都为“U”形曲线，二者叠加变化，此消彼长，经历了城市规模扩大促使二氧化碳排放达到峰值后逐渐平稳下降的过程。因此，应该继续扩大城市规模，提高城市规模对地区经济的带动作用以及对邻近地区的辐射作用。

基础设施指数的直接效应为正，间接效应和总的效应为负，说明基础设施的建设和运营增加了本地区的二氧化碳排放，但是总体来看有助于经济增长和减排。因此，在“双碳”目标约束范围内应继续扩大基础设施建设，明确核算基础设施的投向对本地经济增长和二氧化碳排放的作用以及对邻近地区的经济增长和减排的贡献，把经济和社会外溢性作为衡量基础设施投资的一个重要方面，但也不能忽视基础设施的布局问题。

应当继续加大科学技术支出占财政支出的比重，提高科技支出中绿色转型的研发比重。从 1990 年之后的数据看，科技支出对邻近地区减排发挥了巨大的正向外溢作用，但从 2010 年的结果来看，科技支出的正向作用受限。这提示我们要关注科技支出投向结构问题，使其在提升科技水平的同时发挥减排作用。

坚持改革开放，扩大引进外商直接投资。近些年来出现一些外资转移至东南亚的情况，对中国供应链的完整性造成了一定的损害。应当关注外商直接投资的绿色转型和绿电使用，以促进本地的减碳和绿色转型发展。

限于篇幅，本章主要探讨了城市规模、基础设施与二氧化碳排放的关系，其中基础设施指数由教育基础设施指数、交通基础设施指数、公共基础设施指数、电信基础设施指数得到，下一步可以分析教育基础设施、交通基础设施、公共基础设施和电信基础设施与二氧化碳排放的关系，进一步明晰基础设施的具体细项对二氧化碳排放的作用，从而更好地促进减排。

（本章执笔：张自然，原载《社会科学战线》2023 年第 12 期）

第十七章
新发展格局下的经济增长

在已经完成全面建成小康社会的历史任务之后，我国全面开启建设社会主义现代国家的新征程。当前，我国经济在迈向高质量发展阶段的过程中正面临发展条件的深刻变化。而构建以国内大循环为主体、国内国际双循环相互促进的新发展格局，是根据我国发展阶段、环境、条件变化而提出的，有利于更好地发挥我国超大市场规模优势，提升我国经济发展水平。打通生产、分配、流通、消费等环节中的堵点，是事关全局的深层次变革。①

为此，新发展阶段需要在供给侧结构性改革的基础上重视需求侧管理，实现需求侧管理与供给侧结构性改革的动态平衡。2023 年政府工作报告强调，坚定不移推进供给侧结构性改革。基于此，应重视以下几个方面：一是重视增长质量与增长效率提升；二是重视产业结构优化与产业数字化转型；三是重视内需主导与消费结构升级。

第一节　重视增长质量与增长效率提升

新发展格局下，要从注重增长规模向注重增长质量和增长效率转型。大规模工业化阶段，依赖生产规模扩张的增长模式带来了经济的高速增长，但很难实现增长效率的持续改进，具体表现在：一是依赖低成本劳动力的人口红利优势不可持续，未来应重视劳动力质量提升

① 黄群慧：《推动需求侧管理与供给侧改革有效协同》，《经济日报》2021 年 5 月 12 日第 6 版。

和人力资本积累。随着人口老龄化进程加快以及用工成本的提升，劳动力比较优势逐渐弱化，2008—2021 年劳动投入增长率已呈现负增长，年均下降 0.063%，劳动年龄人口增长率也由 1985—2007 年的年均 1.58%下降至 2008—2021 年的年均 0.068%，劳动对增长的贡献份额进一步降低。预计未来 5 年劳动年龄人口会变为负增长，年均下降 0.64%。老龄化和生育观念的转变使得整个社会老年人口逐渐增多而生育率却逐年走低，虽然目前国家放开了三孩政策，新生人口成长为劳动年龄人口也需要 20 年左右的时间，短期内很难扭转人口数量红利消失的趋势。未来应重视劳动力质量提升和整个社会的人力资本积累过程，积极诱发产生人口质量红利，实现整体增长效率提升。[①] 二是工业化阶段依赖高储蓄和引进外资的粗放资本积累模式不可持续，未来应重视资本使用效率和配置效率提升。近 20 年来资本对增长的贡献份额始终处于较高水平，1985—2007 年资本贡献份额为 68.72%，2008—2021 年已达到 78.66%。资本投入增长率年均水平保持在 10%以上，但资本使用效率却并未表现出改善的特征，资本效率由 1985—2007 年的 0.52 下降至 2008—2021 年的 0.235。三是全要素生产率（TFP）水平还有进一步提升的空间。通过全要素生产率提升实现的“集约式增长”，能更好地实现效率提升与价值创造，推动新经济循环体系形成和高质量发展。2008—2021 年全要素生产率年均增长 1.67%，对增长的贡献度达到 21.77%，预计未来 5 年 TFP 贡献能达到 30%左右。值得注意的是，在经济数字化快速发展过程中，传统生产要素，如劳动力、土地等对增长的影响逐渐下降，数据、技术和人力资本成为增长效率重塑和核心竞争力形成的关键因素。

2023 年政府工作报告强调，实现经济质的有效提升和量的合理增长。2023 年我国 GDP 增长预期目标是 5%左右。这释放出我国经济整体好转、回归潜在增长率的积极信号。未来要坚持以质取胜，通过高质量发展来实现新征程的良好开局。

---

① 楠玉、袁富华、张平：《中国经济增长跨越与迈向中高端》，《经济学家》2018 年第 3 期。

第二节　重视产业结构优化与产业数字化转型

中国产业结构服务化趋势不断增强，服务业增长效率还有待提升。自2012年服务业增加值占比超过工业增加值占比之后，服务业比重不断提升。2022年三次产业增加值占比分别为7.3%、39.9%、52.8%，服务业比重已经超过了农业和工业占比之和，第一产业增长率为4.1%，第二产业增长率为3.8%，第三产业增长率为2.3%。2020年以来，受新冠疫情影响，较长时间停工停产以及减少人员聚集等要求使得工业和传统服务业受冲击较大。2021年工业和建筑业对经济增长的拉动仅为2.96%和0.15%，服务业中对经济增长拉动作用较大的是批发和零售业，其他服务业，信息传输、软件和信息技术服务业，交通运输、仓储和邮政业，对经济增长的拉动分别为1.07%、1.04%、0.65%、0.48%。虽然服务业占比远超工业，但从产业实际增加值的表现来看，第二产业在实际GDP中占据份额较大，工业对增长的拉动仍然占据主导地位。2011年以来第二产业实际增加值占比为65%，而第三产业实际增加值仅为31%。服务业劳动生产率也较工业劳动生产率而言增长更慢，2011—2021年服务业劳动生产率增长4.70%，工业劳动生产率增长为6.73%。但从产业就业份额变动来看，则表现出劳动者不断从农业和工业部门向服务业部门转移的态势。农业部门就业已呈现出长期流出状态，近10年年均下降4.20%，工业部门就业增长也急剧减缓，近10年年均增长仅为0.14%，而服务业就业占比年均增长3.05%。未来应重视服务业高端化发展和服务业增长效率提升。

对比发现，成功实现增长跨越迈入高收入阶段并实现稳定增长的经济体，多表现出知识和技术密集型服务业占比较高的服务业高端化现象，而进入中等收入阶段却很难迈过中等收入门槛的经济体，虽然服务业占比较高，但通常表现出“鲍莫尔成本病”以及服务业的低效率。图17-1选取了部分发达经济体、追赶成功经济体以及长期处于中等收入阶段经济体为样本，利用世界银行WIOD数据库，对这些国家 2000—2014 年高端服务业占比变动情况进行对比分析。如图 17-1 所示，样本期内欧美等发达经济体不仅高端服务业占比较高，而且仍保持着持续稳定增长的趋势。而处于中等收入阶段的发展中经济体，如中国、印度尼西亚、墨西哥等，其高端服务业占比则不仅与欧美发达经济体差距较大，与日本、韩国等东亚经济体以及巴西等拉美部分国家也存在一定的差距。其中较为典型的是拉美经济体，虽然较早进入中等收入阶段，同时服务业份额占比较大，但由于受初始条件限制和路径依赖的影响，其始终无法建立起高效率的生产模式，经济长期陷于震荡波动中，无法顺利跨过高收入门槛，成为高收入国家。

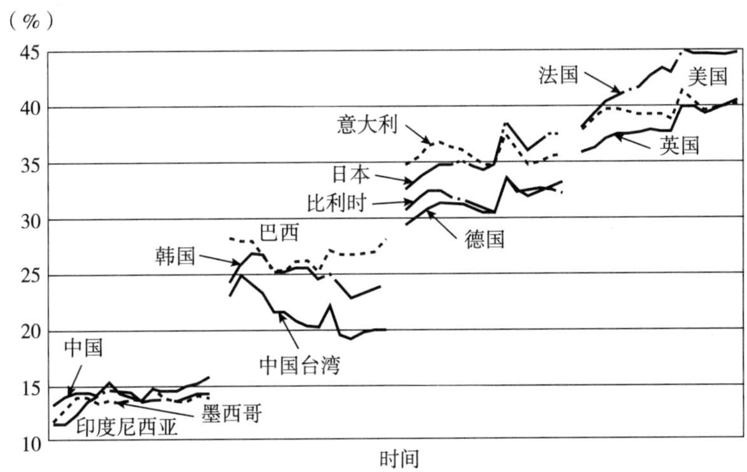

图 17-1　跨国高端服务业的演进情况

注：高端服务业界定为具有较高附加值的服务业的增长与扩张，这些服务行业具备知识密集型、专业密集型、智力密集型的属性特征，能进行知识互动、扩散和创新，对高技术产业和先进制造业发展具有支撑和服务功能，同时也是与人力资本积累密切相关的服务业行业。图中指标为高端服务业产值占比，时间跨度为 2000—2014 年。

资料来源：WIOD 数据库。

在注重改善当前产业效率的基础上，还应重视产业数字化转型对生产效率提升和边际效率的改善。产业高质量发展对实现整体高质量发展至关重要，而产业数字化转型和数字经济发展是推动产业高质量发展的关键。党的十八大以来，我国将发展数字经济提升至国家战略层面，随着《“十四五”数字经济发展规划》《关于构建数据基础制度更好发挥数据要素作用的意见》等一系列纲领性和政策性文件的出台，全社会对数字经济发展的认识不断加深，为数字经济发展形成了强大的推动力。党的二十大报告在“建设现代化产业体系”部分强调，要“推动战略性新兴产业融合集群发展，构建新一代信息技术、人工智能、生物技术、新能源、新材料、高端装备、绿色环保等一批新的增长引擎”[①]。2023 年全国两会期间，产业数字化转型也成为各方关注的热点。以人工智能、大数据、物联网等为核心的新一轮科技革命，正在从导入期转向拓展期。新科技革命的核心是数字化、网络化和智能化，通过互联网络的移动化、信息处理的高速化和智能化来推动产业链和创新链的转型升级。与传统产业发展模式不同，数字经济模式驱动的产业数字化转型，将意味着产业价值创造的巨大突破。数字化基于数字经济和信息技术，在新的信息化发展过程中，以数字科技为依托，引领和释放数据价值，使数据赋能产业发展，并对产业链上下游全要素进行数字化改造、升级和转型，从而为整个产业体系创造新的价值。目前，教育、金融、医疗等行业借助产业数字化转型已经展现出良好的新的价值创造过程。2020 年以来受疫情等外部冲击影响，“互联网+”教育、医疗、零售、电子政务和远程办公等服务行业都表现较好，也为未来产业的数字化转型提供了很好的印证。同时，一些新兴技术的融合，如人工智能、大数据以及区块链等，在助推产业实现数字化转型的同时，也实现了产业效率提升和降低生产成本及风险等超预期的目标。

第三节　重视内需主导与消费结构升级

《中共中央关于制定国民经济和社会发展第十四个五年规划和二

① 习近平：《高举中国特色社会主义伟大旗帜　为全面建设社会主义现代化国家而团结奋斗——在中国共产党第二十次全国代表大会上的报告》，人民出版社 2022 年版，第 30 页。

〇三五年远景目标的建议》强调，“要坚持扩大内需这个战略基点，加快培育完整内需体系，把实施扩大内需战略同深化供给侧结构性改革有机结合起来，以创新驱动、高质量供给引领和创造新需求”。党的二十大报告也明确提出，“要坚持以推动高质量发展为主题，把实施扩大内需战略同深化供给侧结构性改革有机结合起来”，“增强消费对经济发展的基础性作用”①。

我国自改革开放以来，依靠外需拉动型的增长模式参与全球价值链体系中的低附加值和低技术含量的生产组装环节，借助迅速融入全球化的契机，实现了经济持续几十年的高速增长，并较快迈入了中等收入阶段。但外需拉动型增长模式对外部环境的依赖性较大，外部环境的疲软和走弱将对经济造成较大冲击。中国各需求端对增长的拉动和贡献情况如图 17-2 所示，在 1985—2008 年高速增长阶段，我国净出口对增长的贡献较为显著，但进入 21 世纪以来，货物和服务净出口对增长的拉动作用较弱，很多年份甚至呈现为负值。消费和资本对增长的贡献较高，2011 年以来，消费对增长的贡献基本高于资本贡献，2015 年消费贡献份额一度达到 69%。但 2020 年以来受疫情冲击影响，消费尤其是居民消费受到重创，呈现出线下消费低迷、消费升级放缓的状况。2020 年最终消费对增长的拉动和贡献分别为-0.5%和-22%，消费对增长的拉动进入 21 世纪以来首次表现为负值，资本对增长的贡献甚至达到 94.1%。2021 年消费对增长的拉动和贡献有所恢复，2022 年消费对增长的拉动和贡献分别为 1%和 32.8%。未来随着经济逐步走向平稳，需求结构还有待进一步平衡。

消费体系对扩大内需、畅通国内经济大循环具有重要的牵引作用，未来应重视消费需求扩大和消费结构升级过程。纵观 20 世纪 70 年代以来发达经济体面临结构性减速的增长转型调整过程发现，这些国家普遍经历了消费结构、产业结构和人力资本结构协同升级的过程。城市化阶段要实现高质量发展的核心就是要推动以要素高端化为

---

① 习近平：《高举中国特色社会主义伟大旗帜　为全面建设社会主义现代化国家而团结奋斗——在中国共产党第二十次全国代表大会上的报告》，人民出版社 2022 年版，第 28、29 页。

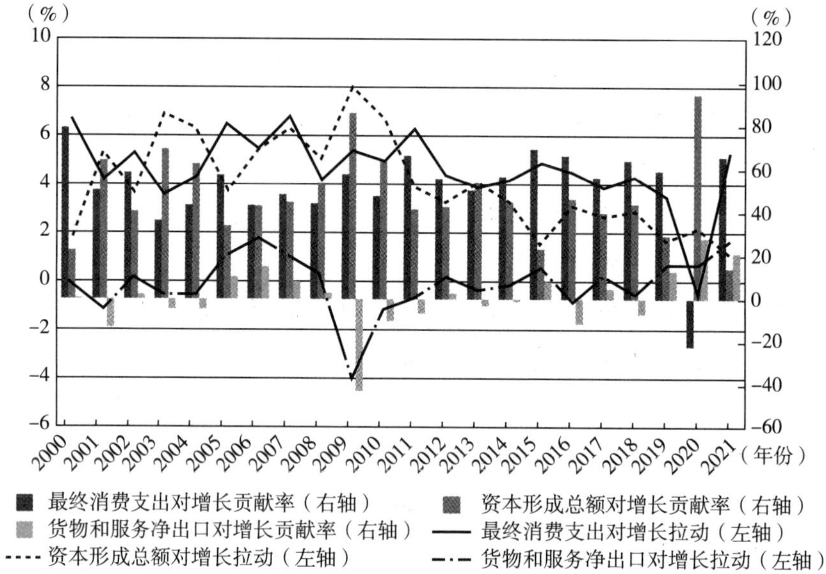

图 17-2 2000—2021 年中国各需求端对增长的拉动和贡献情况

支撑的发展模式，充分发挥城市的消费带动功能，从而实现增长效率的持续改进。消费结构升级，一方面可以促进产业高端化发展，通过提高产品质量和服务来满足消费者的需求；另一方面，对于医疗、教育、健康等高品质服务的消费需求的满足，可以提高劳动者健康和教育水平，促进劳动者人力资本积累水平提升，进而通过收入增长进一步带来消费需求增加和消费层次提升，从而实现消费与人力资本的动态效率补偿。

当前中国消费整体水平较低，且消费结构升级缓慢。受限于工业化阶段资本驱动模式形成的路径依赖，消费对增长的贡献较低，我国消费率长期维持在 60% 以下，低于发达国家普遍 70%—80% 的水平。而通过对有益于广义人力资本积累的教育、文化和医疗等知识消费占比的对比发现，我国知识消费水平与发达经济体存在较大差距。我国知识消费水平自改革开放以来呈现出稳步提升的特征，从 20 世纪 80 年代的 16.6% 稳步提升至 2000—2010 年的平均 24.3%，但进入 21 世纪之后，逐渐呈现出下降趋势，2010 年至今下降至 21.9%。当前美国科教文卫等知识消费支出占比已接近50%，韩国知识消费占比也持续上升，2001年突破30%，目前已接近40%。2021年我国居民人均知识消费占比为21.9%，不及美国和日本20世纪70年代以及韩国20世纪80年代的平均水平（分别为29.5%、31.8%和24.5%）。未来，应通过深化收入分配制度改革、完善社会保障体系、增加政府公共服务供给并推进公共服务均等化等方式，进一步增强消费信心和激发消费潜力，推动消费需求扩大和消费升级，从而更好地释放内需增长潜力。

（本章执笔：楠玉，原载《中国发展观察》2023年第3期）

第十八章
国际比较看有为政府和有效市场有效结合

关于市场和政府之间关系的理念，有以下两大体系：一个体系是以私有制和自由市场经济为理念的新古典自由主义经济学；另一个体系是以“资本主义生产的无政府状态”和“阶级矛盾”为理论基础的马克思主义经济学，这种理念经过中国改革开放的伟大实践以及理论完善，形成了中国特色社会主义政治经济学。资本主义市场经济与政党政治造成了西方社会的市场失灵与政府失灵。实践证明，只有社会主义市场经济与中国特色的新型政党制度才能实现有效市场和有为政府的有机结合。

第一节　市场与政府关系的理论边界

一　新古典自由主义经济学的观点

新古典自由主义经济学源自以亚当·斯密和约翰·斯图亚特·穆勒为代表的英国古典经济学传统，经过边际革命形成于以马歇尔为代表的经济学体系，还包括20世纪80年代以来形成的以理性预期学派和真实经济周期理论为代表的新古典宏观经济学。新古典自由主义经济学认为，市场经济的本质是经济行为主体在自利动机驱动下通过自由选择和自愿交易而增进双方利益的自动自发行为。市场机制由市场价格配置资源和协调分散的决策而使整个经济趋于均衡。具体地，在市场经济中，价格由供求决定又调节着供求，因此，只要价格有足够的弹性，能够充分反映供求的变化，那么，总供给与总需求就可以自动实现平衡，而总供给与总需求的失衡则只是暂时的现象。市场机制运行的动力源自行为主体改善自身状况的愿望。市场既是增加个人财产的必要手段，也能塑造人们勤劳、节俭的品质。市场机制具有四种功能：一是传递信息和利用知识，特别是市场机制能够保证充分利用每个社会成员所掌握的“默会知识”①；二是提供激励；三是分配收入；四是自动清除（优胜劣汰过程）。

基于上述分析，在市场与政府关系问题上，新古典自由主义经济学的观点认为，市场是有效的，政府是无效的，因此，发挥市场机制的作用就必须削弱甚至取消政府的作用，政府管得越少越好，主张大市场、小政府、私有化。需要指出的是，新古典自由主义经济学的这种立场是建立在市场主体是相互独立的个体与政府是利益集团的代表这二者之间具有内在冲突的基础之上的。对此，弗里德曼总结道：“不存在任何真正令人满意的、对自由市场的全面利用的替代物。然而，这并不等于说背离完全的自由市场是不可取的。首先，生产效率并不是人们追求的唯一目标。我们大家都愿意为了别的目标而牺牲一些效率。其次，在某些事情上市场是无能为力的。市场不能提供国防。出于这一目的有必要背离市场，而且，通过为筹集资金供给国防而采用的那些方法的影响，对市场的这种背离还会带来对市场的进一步妨碍。最后，众所周知，在下述情况中，市场的运行是不完全的：在这些情况中，任何交易影响的某一重要方面——收益或成本——侵害着没有直接卷入该项交易的其他方面，而且这些方面又是难以鉴定的。被称为‘邻里效应’或‘外部事物’的这第三个因素尤为棘手，这是因为政府旨在解决这类外部事物的种种努力，结果却一成不变地是坏处多于好处。尽管如此，但原则上我们不能否认：在

---

① 默会知识属于一种特定的、分散的个体知识，包括技巧、领悟能力、偏好、预期、判断等。

某种情况下，存在着进行那种干预的必要。”[①] 由此可见，新古典自由主义经济学即使认为政府可以弥补市场的不足，也对政府干预持有怀疑态度。换言之，其“小政府”或“有限政府”思想是亚当·斯密的政府“守夜人”原理的回归，该原理整体上将政府的职能锁定在“保护人身自由和财产安全”这一最低限度层面。就像诺奇克所指出的：“能够得到证明的是一种最低限度的国家，其功能仅限于保护人们免于暴力、偷窃、欺诈以及强行履行契约等等；任何更多功能的国家都会侵犯人们的权利，都会强迫人们去做某些事情，从而也都无法得到证明；这种最低限度的国家既是令人鼓舞的，也是正当的。”[②]

关于市场与政府之间作用边界的新古典自由主义经济学观点适用于以私有制为基础的资本主义市场经济。它强调私营部门能带来优质而高效的社会服务并促进经济增长和技术进步，因此需要限制政府在使用社会资源、生产产品和提供服务中的职责。受新古典自由主义影响并在美国里根政府和英国撒切尔政府的鼓动和领导下，20 世纪 80 年代后的整个西方社会都掀起了一股规模巨大的私有化浪潮，进而还扩散到了一些发展中国家和经济转型国家。私有化改革的具体操作表现为两个方面：一是将财产所有权由公共所有转化为私人所有，还通过用许可证、特许权、租赁等形式将公共资产的使用权、融资权、服务提供权等移交给私营企业；二是通过出售国有企业、削减政府部门以及放松经济管制以达到削减公共开支的目的。

二　中国特色社会主义政治经济学的观点

中国特色社会主义政治经济学认为，以私有制为基础的资本主义市场经济的弊端是社会生产的无政府状态所引发的市场经济的自发性和盲目性。马克思指出：“资产阶级社会的症结正是在于，对生产自

① 米尔顿·弗里德曼：《市场机制与中央经济计划》，载《弗里德曼文萃》，高榕等译，北京经济学院出版社 1991 年版，第 38 页。

② 罗伯特·诺奇克：《无政府、国家和乌托邦》，姚大志译，中国社会科学出版社 2008 年版，“前言”第 1 页。

始就不存在有意识的社会调节。合理的东西和自然必需的东西都只是作为盲目起作用的平均数而实现。”[①] 因此，国家调控对稳定经济便起到重要作用。正如恩格斯所言，“当人们按照今天的生产力终于被认识了的本性来对待这种生产力的时候，社会的生产无政府状态就让位于按照全社会和每个成员的需要对生产进行的社会的有计划的调节”[②]。此外，国家本身就是人们通过合作达成基本认同的共同目标的一种组织形式，而政府则是组织力量实现这一共同目标的事务性机构，它能够完成家庭、企业、部落以及其他社会组织不能完成的任务。尤其是，国家在保护幼稚工业和赶超经济方面发挥了重要作用。正如赫尔曼所指出的，“没有一个国家，过去或现在，在没有政府对弱小工业的大规模的保护和津贴以及采取避免外部强大力量支配的方法的情况下，能实现经济持续腾飞和从经济落后向现代化转变”[③]。

资本主义社会生产的无政府状态实际上源自私人劳动与社会劳动之间的市场经济基本矛盾。众所周知，市场经济是以私有制和分工为基础产生的。私有制和分工既导致了不同生产者之间的相互分离又造成了他们相互依赖，结果便产生了以私人劳动和社会劳动的矛盾为特征的市场经济基本矛盾。这一矛盾一方面内生出了否定市场经济的各种因素，另一方面也为市场经济的发展提供了内在动力。例如，自由竞争通过弱肉强食的丛林法则必然造成优胜劣汰的两极分化格局，导致无产阶级贫困化，从而加剧社会的冲突与对抗并破坏社会的和谐与稳定。此外，自由竞争还必然导致生产的集中和垄断，其发展到一定程度就会妨碍甚至消除竞争以致瓦解市场经济。资产阶级和无产阶级的阶级对立以及生产具有无限扩大的趋势，会引发生产过剩与消费不足的结构性经济危机。资本家阶级内部的竞争以及有组织的个别企业与无政府状态的社会生产之间的矛盾，会导致生产和消费的脱节以及各部门之间的比例失衡。由此可见，西方国家市场经济的弊端本质上源于生产的社会化与资本主义私有制之间的基本矛盾，这是其自身所

---

① 《马克思恩格斯选集》（第4卷），人民出版社1995年版，第581页。

② 《马克思恩格斯选集》（第3卷），人民出版社2012年版，第667页。

③ 赫尔曼：《全球化的威胁》，《马克思主义与现实》1999年第5期。

无法克服的，必须依靠政府和社会的调节。虽然政府的作用有其局限，并不能包治百病，但是毫无疑问的是，政府的作用是克服市场经济弊端不可缺少的重要手段。①

市场和政府之间的关系和边界总是处于变化之中，这种关系和关系的变化本质上是由生产的社会化与生产资料所有制之间的关系所驱动的。② 例如，自由竞争资本主义对应的是斯密所主张的政府“守夜人”角色，垄断资本主义一般对应的是凯恩斯主义经济政策。在社会主义市场经济下，分析政府和市场关系有三个维度：一是市场经济的一般规律，二是国情和发展阶段，三是社会主义基本制度。③ 对于第二个维度，有限政府适应的是西方资本主义强国所采用的三权分立的权力制衡宪法政治体系，它因严重制约政府的职能承担和运行效率而无法实现经济转型和发展中国家的经济发展任务。因此，以发展中大国以及二元经济结构为特征的特殊国情和发展阶段无疑会使“有为政府”成为中国的合理选择。就第三个维度而言，社会主义市场经济体制的性质决定了在中国市场经济中政府和市场的关系不同于西方主流经济学所说的“大市场、小政府”的关系，政府不会也不能退缩到“守夜人”或“最低限度的政府”的地位，并且政府和市场的边界是动态的、可调整的，不是固定的、一成不变的。④ 表 18-1 是中华人民共和国成立后，我国市场和政府关系转变的历史进程。

表 18-1　　中国政府与市场关系转变的重大历史事件

时间	重大会议或事件	主要内容
1949 年	中华人民共和国成立	高度集中的计划经济
1978 年	改革开放	对内改革，对外开放
1982 年	党的十二大	计划经济为主，市场调节为辅

① 张宇：《中国特色社会主义政治经济学》，中国人民大学出版社 2016 年版，第 172 页。

② 赵峰、周慧珍：《有效市场、有为政府与党对经济工作的集中统一领导》，《学习与探索》2021 年第 6 期。

③ 张宇：《中国特色社会主义政治经济学》，中国人民大学出版社 2016 年版，第 221 页。

④ 方福前：《重构政府和市场关系：新时代的经济体制双向改革》，《贵州省党校学报》2018 年第 3 期。

续表

时间	重大会议或事件	主要内容
1987 年	党的十三大	国家调节市场，市场引导企业
1989 年	党的十三届三中全会	计划经济与市场调节相结合
1992 年	邓小平南方谈话	计划经济不等于社会主义，资本主义也有计划；市场经济不等于资本主义，社会主义也有市场
1992 年	党的十四大	确立建立社会主义市场经济体制的目标
1993 年	党的十四届三中全会	确立市场对资源配置的基础性作用
2013 年	党的十八届三中全会	市场在资源配置中起决定性作用和更好发挥政府作用
2020 年	党的十九届五中全会	推动有效市场和有为政府更好结合

资料来源：沈坤荣等：《中国的“有效市场+有为政府”与经济增长质量》，《宏观质量研究》2021 年第 5 期。

从中国市场导向的改革过程来看，如果没有一个强势的有为政府来进行组织和推动，单靠市场的自发作用，那么市场经济的形成必将是一个漫长而艰难的过程。中国政府在整个市场导向的经济改革中发挥了主导作用。

第二节　西方社会的市场失灵与政府失灵

一　市场失灵的类型

市场失灵包括微观市场失灵、中观市场失灵以及宏观市场失灵。微观市场失灵是指“私人市场体系不能够按照最合意的或最优的水平提供某种商品”①，换言之，资本主义市场机制的自动调节在很多场合不能实现资源的有效配置。中观市场失灵是指“市场并不必然能够带来公平的收入分配。市场经济可能会产生令人难以接受的收入水平

① David W. Pearce, *The Macmillan Dictionary of Modern Economics*, London: The Macmillan Press LTD, 1981, p. 271.

和消费水平的巨大差异”[1]。宏观市场失灵是指市场由于自身具有的内在不稳定性而难以达到充分就业与实现经济稳定增长。

微观市场失灵包括垄断、外部性、公共物品以及信息不对称，它们由于破坏了帕累托最优的前提条件而导致了市场对资源配置的无效率。垄断造成效率损失的原因有二：一是垄断者为了获得和维持垄断利润可能会从事一种非生产性的寻租活动，例如，大厂商向政府官员行贿，或者雇用律师向政府官员游说等。二是垄断势力的存在会导致经济主体之间的博弈产生“囚徒困境”的非效率结果。外部性被定义为“一个人或一个厂商的活动对其他人或其他厂商的外部影响，或称溢出效应。这种效应是在有关各方不发生交换的意义上，价格体系受到影响是外来的”[2]。例如，一个吸烟者的行为危害了被动吸烟者的身体健康，但他并未为此而支付任何东西。在存在负外部性的情况下，私人活动的水平通常要高于社会所要求的最优水平。公共物品因不具备消费的竞争性与占有的排他性而无法避免其他人的“搭便车”问题。公共物品也可以被视为一种正外部性，出于道德风险的考虑，私人活动的水平通常要低于社会所要求的最优水平。信息不对称是指市场机制本身不能够生产足够的信息并有效配置它们，结果往往导致市场出现“逆向选择”问题。

中观市场失灵主要是指市场经济会造成分配不公和加剧两极分化趋势。福利经济学第二定理表明，市场所达到的帕累托最佳状态，无论有无国家调节，都不一定与个人满意的“最佳”最终分配相一致。拥有大量资源的少数人可以享受很高的福利，而其他人都接近于维持最低生活的水平。这种社会极端不公平的原因在于市场体系中的收入分配往往由运气和出身等偶然性因素所造成。这样，一个“好”政府很可能想以“社会公平”的名义改变这种状况。对此，萨缪尔森指出市场经济的实质是“将以各种的概率，倾向于日益增加的不平等”。

---

① 保罗·萨缪尔森、威廉·诺德豪斯：《经济学》（第19版），萧琛等译，商务印书馆2010年版，第62页。

② 胡代光、周安军：《当代国外学者论市场经济》，商务印书馆1996年版，第16页。

"一些人努力工作，一些人走运，而另一些人则不那么走运，还有一些人比其他人受到更高的教育，等等。库兹涅茨曾经总结过，当经济发展的时候，收入不平等程度（例如以洛伦兹曲线或基尼系数描述的）会增加，然后，当经济发达起来以后，不平等开始降低。但是，大多数不平等程度缩小的情况是与'福利国家'联系起来的。"[①] 也就是说，市场是无心的，没有头脑的，它从不会思考，不顾及什么，因此，需要通过政府的政策来纠正某些由市场带来的经济缺陷。

宏观市场失灵主要归因于金融系统的内在不稳定性。金融系统的内在不稳定性源于银行业的固有风险以及风险的人为放大机制。银行业的本质特征是部分存款准备金制度以及靠短期借款（低风险与低利率）和长期贷款（高风险与高利率）来实现利差盈利的。也就是说，银行向存钱的人承诺他们可以随时取款，但同时银行又将大部分存款投资在无法立即变现的资产上。准备金通过减少银行资本存量的波动来降低破产的可能性，但却无法消除基于现实或者想象的对银行破产的担忧而出现挤兑风潮的可能性。美国的金融体系在"大萧条"之前已然遭遇过几次"恐慌"的袭扰，如 1873 年大恐慌和 1907 年大恐慌等。在大多数情况下，这些恐慌事件由一系列银行挤兑的传染所致：每家银行的崩溃都会打击人们对其他银行的信心，而金融机构就像"多米诺骨牌"那样逐个倒下。也就是说，虚假谣言的传播造成的银行挤兑浪潮也会击垮业绩良好的银行。因此，银行挤兑变成了一种"自我实现的预言"。需要指出的是，银行业的显著特征是信息的高度不对称。投资银行、对冲基金、抵押贷款发行人及其他金融企业隐匿了可能有助于竞争对手的商业战略信息，而且尽量避免披露有关自身境况的不利信息。再加上金融监管机构缺乏监管新型金融衍生品的法律职权，因此显示金融体系风险程度的信息就不可能被完全披露出来。例如，像保险公司一样，2008 年美国的信用评级机构对住房抵押贷款证券的风险评估主要凭借以往的有限经验（主要来自房价上涨

---

① 高小勇、汪丁丁：《高小勇、汪丁丁专访诺贝尔经济学奖得主》，朝华出版社 2005 年版，第 139 页。

的时期）。银行则更没有动力去仔细评估为住房抵押贷款证券提供担保的抵押之风险，因为将其出售之后，违约风险就转移到了证券买受人那里。更何况，由于有政府做后盾的中央银行能充当“最后贷款人”的角色，这种信念误导了银行，使其更加有恃无恐地对不知情的企业进行贷款，从而人为地放大了金融体系中固有的风险。所以，美国金融体系与整个经济遭遇危机的风险越来越大，当风险积累到一定程度，必然会爆发国际性的金融危机。

二　政府失灵的缘由

微观政府失灵主要基于俘获理论。传统观点认为，管制主要是由善意的政治权威为保护公众利益而制定的。施蒂格勒于 1971 年在《经济管制理论》一文中又得到了一个新颖的答案：“管制通常是产业自己争取来的，管制的设计和实施主要是为受管制产业的利益服务的。”[①] 也就是说，企业需要管制，是因为管制可以使企业在动态竞争的风险中得到保护。事实上，它们为了规则的制定而游说议员。这就是“俘获理论”，即服从规则的人俘获了规则的制定者。为什么受管制的产业能够成功地俘获公共利益的保护人？奥尔森集体行动的逻辑理论能对此作出很好的说明。奥尔森的利益集团思想可以概括为：小规模的组织往往比大规模的团体具有更强的政治活动力。有两个原因对此能作出解释。首先，小团体往往更具凝聚力：相对来说，组织活动、募集基金、散布各种信息在小团体中都更容易进行。比如在美国，只有约 7 万名养蜂人，聚集在西部几个州，他们的确获得了联邦的补助项目。相比之下，蜂蜜的消费者就有千百万人之多了。其次，小团体中的每个成员进行政治投资是非常合算的，因为成功后获得的收益特别大。例如，与每个纳税人的损失相比，每个养蜂者从联邦补助项目中获得的收益要多出几百倍。俘获理论演绎出的一个推论

① 乔治·施蒂格勒：《产业组织和政府管制》，潘振民译，上海三联书店 1989 年版，第 210 页。

是：管制有利于生产者群体（因其是偏好明显的小利益集团），却牺牲了消费者群体（因其是偏好不甚明朗的大利益集团）。此外，规则的制定者常常与规则的服从者保持着千丝万缕的联系。正如巴克霍尔兹所言，“国会委员来自于私人部门，而在任期结束后又返回到私人部门。交朋友是赚钱的一条路线。例如，‘不履行法律责任的美国州际贸易委员会’是一个保持货车运输产业舒适安逸的联邦机构”①。

宏观政府失灵主要在于相机抉择的时滞效应。首先，在一个不确定的世界中，政府不具有要求用来引导相机政策的调整形式的知识和信息，因此行动主义的需求管理政策更可能使得非中央集权化的市场经济变得不稳定，而非稳定。② 对于货币政策，中央银行缺乏成功实施权变政策所需的必要信息和知识。经济的未来走向很难预测，更不用说去把握对货币政策作出反应的时间和程度，因为货币政策只有在经历了一个易变的、长期的时间滞后才能作用于经济。③ 对于财政政策，财政扩张（即货币供给没有任何适应性变化的扩张）在长期会挤出或取代私人支出，因而对总需求、收入以及就业水平的作用较小。特别是，实践证明，财政政策作为一件宏观经济工具，并不如货币政策来得灵活，因为，超越反周期考虑的其他社会目标以及立法部门的迟延，使得政府不能应总体经济发展的要求在支出计划或税法上作出及时调整。概言之，时滞效应会导致宏观政策失灵。正如弗里德曼所指出的，“到认识到错误再采取纠正行为时，损失可能已经造成，纠正行为本身变成了进一步的错误”④。

---

① 托德·巴克霍尔兹：《已故西方经济学家思想的新解读》，杜丽群等译，中国社会科学出版社 2004 年版，第 243 页。

② 布莱恩·斯诺登、霍华德·R. 文：《现代宏观经济学：起源、发展和现状》，佘江涛等译，江苏人民出版社 2009 年版，第 167—168 页。

③ 《经济学家》主编：《21 世纪的经济学》，徐诺金译，中国金融出版社 1992 年版，第 109—110 页。

④ 转引自威廉·布雷特、罗杰·L. 兰塞姆《经济学家的学术思想》（第三版），孙琳等译，中国人民大学出版社、北京大学出版社 2004 年版，第 262 页。

三 西方制度的失灵根源

西方制度失灵首先源自资本主义私有制的缺陷。在 20 世纪 90 年代早期，受到华盛顿共识强力支持的私有化曾被广泛认为是全面经济转轨的核心原则之一。然而，私有化容易导致不公平，市场化运作本身以及民主政治进程也都存在着不确定性。因此，即使能够证明私有制比公有制更有效率，也并不能说私有化就是可取的。西方经济学家对中东欧（CEE）和独联体（CIS）的私有化经济效应的实证研究表明，“在 CEE 和 CIS 国家发生的国有企业向国内所有者的私有化转轨——历史上最大的财富转移之一——并不像预期那样对经济绩效产生了明显的积极影响”①。其实，激进市场化改革使得这些国家陷入了长期而严重的通货膨胀和经济衰退，至今都没有走出衰退的旋涡。例如，东欧诸国的人均收入直到 2000 年才恢复到 1990 年的水平，原苏联地区的人均收入甚至仍未恢复到转型前的水平。② 事实可能正如斯蒂格利茨所言，“政府失灵问题由来已久，这是私有化浪潮迭起的缘由。可私有化又引发了市场失灵问题，在那些市场与社会目标迥然不同的行业，市场失灵问题可能更为严重”③。

西方制度失灵还源自政党政治的弊端。西方社会的政党政治是一种缺乏中心的党争政治，它由于无法克服各种既得利益集团的阻挠致使西方国家无法形成一个现代化导向的强势政府。④ 具体地说，政党政治的特征是有民主而无集中并且党争激烈。这使得西方国家软弱的有限政府无力整合这些不同的利益诉求，从而导致目标失范与国家一

① 热拉尔·罗兰主编：《私有化：成功与失败》，张宏胜等译，中国人民大学出版社 2013 年版，第 90 页。

② 林毅夫：《经济发展与转型：思潮、战略与自生能力》，北京大学出版社 2008 年版，第 55 页。

③ 热拉尔·罗兰主编：《私有化：成功与失败》，张宏胜等译，中国人民大学出版社 2013 年版，“序” 第 9 页。

④ 张维为：《中国震撼：一个“文明型国家”的崛起》，上海人民出版社 2010 年版，第 185、219 页。

盘散沙的局面。此外，西方民主实际是一种被简化了的程序民主。这使得一个政党制定一个方针政策，另一个政党就会找出各种理由反对和否定。这种党争政治不仅浪费了大量资源，还会使选民的整体利益严重受损。

总之，资本主义私有制和政党政治是造成西方制度失灵的根源。就像张维为等国内学者所总结的那样，“私人部门把持着与国家命脉相关的工业产业，资本高度集中在少数资本家和上流社会精英手上。而西方国家的政党政治又给予私人资本家通过操纵竞选来直接摄政的机会”，结果便是，“微观激励逐渐失效，中观结构先天失衡，宏观方向完全丧失，这就是新自由主义在面对范式级别巨变的冲击时面临的严重困境”[①]。

第三节　中国特色的有效市场和有为政府

一　有效市场的形成前提

有效市场形成的前提是社会主义市场经济体制的建设和完善。[②] 习近平总书记于2015年在十八届中央政治局第二十八次集体学习时深刻地指出：“我国经济发展获得巨大成功的一个关键因素，就是我们既发挥了市场经济的长处，又发挥了社会主义制度的优越性。我们是在中国共产党领导和社会主义制度的大前提下发展市场经济，什么时候都不能忘了‘社会主义’这个定语。之所以说是社会主义市场经济，就是要坚持我们的制度优越性，有效防范资本主义市场经济的弊端。我们要坚持辩证法、两点论，继续在社会主义基本制度与市场经济的结合上下功夫，把两方面优势都发挥好，既要‘有效的市场’，也要‘有为的政府’，努力在实践中破解这道经济学上的世界

① 张维为编：《中国特色社会主义》，上海人民出版社2019年版，第274页。

② 沈坤荣、施宇：《中国的“有效市场+有为政府”与经济增长质量》，《宏观质量研究》2021年第5期。

性难题。”[1] 社会主义市场经济是以公有制为主体的市场经济，它显著区别于以私有制为主体的资本主义市场经济。对于生产资料公有制的作用，马克思认为，一方面它能够实现经济增长和分配正义的有机结合，“社会的每一个成员不仅有可能参加社会财富的生产，而且有可能参加社会财富的分配和管理，并通过有计划地经营全部生产，使社会生产力及其成果不断增长，足以保证每个人的一切合理的需要在越来越大的程度上得到满足”[2]。另一方面它还是迈向共同富裕和促进个人自由发展的保障，“通过社会化生产，不仅可能保证一切社会成员有富足的和一天比一天充裕的物质生活，而且还可能保证他们的体力和智力获得充分的自由的发展和运用”[3]。

马克思在《〈政治经济学批判〉导言》中提出了著名的“普照之光”论断：“在一切社会形式中都有一种一定的生产支配着其他一切生产的地位和影响，因而它的关系也支配着其他一切关系的地位和影响。这是一种普照的光，它掩盖了一切其他色彩，改变着它们的特点。这是一种特殊的以太，它决定着它里面显露出来的一切存在的比重。”[4] 在资本主义市场经济中，私有资本成为支配社会经济、政治、文化等各个领域的“普照之光”。在这方面，资本的决定性作用表现为市场的决定性作用。具体地说，市场的决定性作用既体现在商品生产和商品交换中，也体现在劳动力、资本和土地等生产要素的配置中；既体现在微观层面（市场对生产者和消费者经济活动的调节），也体现在宏观层面（对整个社会各部门和各种经济关系的调节）；既体现在经济领域，也体现在社会生活的各个层面。随着资本主义的发展，资本主义的基本矛盾及其表现形式如阶级对立、贫富分化、经济危机等日益加剧。与此不同的是，以公有制为基础的社会主义市场经济从宏观全局的角度要求政府或国家在社会主义经济的发展中具有主

---

① 习近平：《习近平关于社会主义经济建设论述摘编》，中央文献出版社 2017 年版，第 64 页。

② 《马克思恩格斯选集》（第 3 卷），人民出版社 2012 年版，第 724 页。

③ 《马克思恩格斯选集》（第 3 卷），人民出版社 2012 年版，第 814 页。

④ 《马克思恩格斯选集》（第 2 卷），人民出版社 1995 年版，第 24 页。

导作用。社会主义国家政府对经济的调节不仅源自外在的行政干预，而且源自生产关系的内在要求，公有制的生产关系要求国家必须按照社会的共同利益在全社会范围内有计划地合理配置资源，保证国民经济的总体效率。[①]

二　有为政府的运作特征

以生产资料私有制为基础的资本主义市场经济决定了西方国家对经济进行有限干预的“弱政府”特征，而中国政府对经济发展起主导作用的“强政府”特征是从生产资料公有制为基础的社会主义市场经济中派生出来的。基于中西方不同的历史文化传统，英国和美国等西方社会把政府视为“必不可少的恶”，而中国文化传统一直将政府视为“必不可少的善”。[②] 此外，就国家观而言，英美的国家观属于“个人主义国家观”，而中华文明的国家观属于“整体主义国家观”。[③]

中国特色的有为政府与西方国家的有限政府主要有以下几点区别：一是西方国家的有限政府代表的是资产阶级利益；而中国特色的有为政府是以人民为中心以至最大限度地满足人民群众的物质文化需要从而实现人的全面发展和社会的共同富裕。二是西方国家的有限政府侧重于短期的总量平衡，缺乏长远的目标和规划；中国特色的有为政府强调经济发展的长期性和连续性，而不局限于短期经济目标。因此，在资本主义市场经济中，宏观调控的主要手段是需求管理，但在社会主义市场经济中，供给管理则具有特别重要的意义。三是社会主义市场经济下的有为政府还体现在党的领导和顶层设计相结合的显著特征，这是资本主义市场经济下的有限政府所不具备的。事实上，改革开放以后，中国经济增长的波动率保持在较低水平而经济增长速度普遍高于世界平均水平，就是因为中央政府进行合理的顶层设计，以

① 张宇：《中国特色社会主义政治经济学》，中国人民大学出版社 2016 年版，第 173 页。

② 杨春学：《中国模式的独特性——基于政府竞争与企业之间关系的一种考察》，《财经问题研究》2012 年第 10 期。

③ 杨春学：《政府与市场关系的中国视野》，《经济纵横》2018 年第 1 期。

国家发展规划为战略导向，以货币政策和财政政策为主要手段，做好跨周期的政策设计，进行科学的预期宏观管理，及时进行宏观调控，合理地引导市场，防止短期冲击变成趋势化冲击。[①] 表 18-2 给出了政府范畴的中西方差异。

表 18-2　　政府范畴的中西方差异

	国家观	政府行为	阶级立场
西方国家	个人主义、必不可少的“恶”	“守夜人”型的小政府或有限政府	代表资产阶级利益
中国	整体主义、必不可少的“善”	权威型的强政府	以人民为中心

对中国特色的新型政党制度而言，中国共产党对经济工作的全面领导使得中国具有较强的国家经济调控能力。一方面，中国共产党由于能够摆脱利益集团的影响而使国家能够自主制定有利于经济目标实现的方针政策，并能够把握住既定的发展方向；另一方面，中国政府拥有较强的政策执行能力（可以集中力量办大事）是与党和政府对国有企业的控制力有很大关系的。正如习近平总书记在关于党领导国有企业的论述中所指出的，“中国特色现代国有企业制度，‘特’就特在把党的领导融入公司治理的各环节，把企业党组织内嵌到公司治理结构之中”；“国有企业党组织发挥领导核心和政治核心作用，归结到一点，就是把方向、管大局、保落实”。[②]

（本章执笔：王瑶）

---

① 沈坤荣、施宇：《中国的“有效市场+有为政府”与经济增长质量》，《宏观质量研究》2021 年第 5 期。

② 习近平：《论坚持党对一切工作的领导》，中央文献出版社 2019 年版，第 148—149 页。

第十九章 促进国有企业和民营企业协同发展

党的二十大报告指出，要“以中国式现代化全面推进中华民族伟大复兴”，“高质量发展是全面建设社会主义现代化国家的首要任务”。[①] 公有制经济和非公有制经济都是促进高质量发展，构建新发展格局，推进中国式现代化发展的重要力量。党的二十大报告强调，应“坚持和完善社会主义基本经济制度，毫不动摇巩固和发展公有制经济，毫不动摇鼓励、支持、引导非公有制经济发展，充分发挥市场在资源配置中的决定性作用，更好发挥政府作用”[②]。可见，推进国有企业和民营企业高质量发展是适应新时代新阶段的使命任务，也是构建高水平社会主义市场经济体制的必由之路。因此，推进国有企业与民营企业协同发展，是做强做优做大国有企业的内在需要，是坚持和完善社会主义基本经济制度的根本要求，是适应和引领全球经济大变局的战略选择。推动国有企业和民营企业协同发展对于加快构建新发展格局，完善现代化经济体系，推动中国式现代化都具有重大意义。

---

① 习近平：《高举中国特色社会主义伟大旗帜　为全面建设社会主义现代化国家而团结奋斗——在中国共产党第二十次全国代表大会上的报告》，人民出版社 2022 年版，第 21、28 页。

② 习近平：《高举中国特色社会主义伟大旗帜　为全面建设社会主义现代化国家而团结奋斗——在中国共产党第二十次全国代表大会上的报告》，人民出版社 2022 年版，第 29 页。

第一节 国有企业与民营企业协同发展的时代背景和重大意义

一 国有企业与民营企业协同发展的时代背景

首先，国有企业与民营企业协同发展，是做强做优做大国有企业的内在需要。2015 年，《中共中央 国务院关于深化国有企业改革的指导意见》首次提出“把国有企业做强做优做大，不断增强国有经济活力、控制力、影响力、抗风险能力”的目标。党的二十大报告再次强调，要“推动国有资本和国有企业做强做优做大”。保障国有企业在我国社会主义市场经济中的地位，具备重要的战略意义。一方面，国有企业是我国经济中的基本力量。在工业企业中，国有控股企业虽然数量占比仅 5%，但资产总额占比高达 40%。另一方面，国有企业为推动经济社会发展、保障和改善民生、开拓国际市场、增强我国综合实力作出了重大贡献。2011—2019 年，在国家最高级别的技术发明奖励中，中央企业每年获奖数都超过 70 项。党的十八大以来，中央企业在载人航天、探月工程、深海探测、高速铁路等领域取得了一批具有世界先进水平的标志性的重大科技创新成果。我国取得的重大技术突破中，都有国有企业的身影。

做强做优做大国有企业，需要从产业链的视角认识国有企业和民营企业的关系。国有企业多处于产业链上游，集中在基础产业和重型制造业等领域。民营企业更多的是提供制造业产品特别是最终消费品。两者是高度互补、互相合作和互相支持的关系。位于产业链上游的国有企业为下游民营企业提供生产资料，下游民营企业为上游企业提供引致需求，形成了产业链中垂直分布的所有制结构。[①] 这也意味着，要做强做优做大国有企业，必须坚持国有企业和民营企业协同发展。

其次，国有企业与民营企业协同发展，是坚持和完善社会主义基本经济制度的根本要求。公有制为主体、多种所有制经济共同发展是中国的基本经济制度。党的十五大把“公有制为主体、多种所有制经济共同发展”确立为中国的基本经济制度，明确提出“非公有制经济是我国社会主义市场经济的重要组成部分”。党的十八届三中全会提出，“必须毫不动摇巩固和发展公有制经济，坚持公有制主体地位，发挥国有经济主导作用，不断增强国有经济活力、控制力、影响力。必须毫不动摇鼓励、支持、引导非公有制经济发展，激发非公有制经济活力和创造力”。党的二十大报告重申，要坚持“两个毫不动摇”，“推动国有资本和国有企业做强做优做大”，“促进民营经济发展壮大”。

坚持和完善社会主义基本经济制度，必须推动国有企业和民营企业协同发展。“公有制为主体、多种所有制经济共同发展”要求在发挥国有经济主导作用的前提下，推动国有企业和民营企业协同发展；“社会主义市场经济体制”强调要在市场机制的作用下推动国有企业和民营企业协同发展。此外，中国仍处于社会主义初级阶段的基本国情，生产的社会化程度还较低，要服从生产关系必须适应生产力发展的一般规律。因此，要在坚持公有制经济占主体地位的前提下，充分调动各种非公有制经济的积极性来不断提高生产力，[②] 发挥市场在资源配置中的决定性作用。

最后，国有企业与民营企业协同发展，是适应和引领全球经济大变局的战略选择。自 2008 年国际金融危机以来，世界经济正在经历深刻的变革和调整。在新冠疫情冲击下，全球经济形势更呈现出前所

---

① 谢富胜、王松：《在协同竞争中推动公有制经济与非公有制经济共同发展》，《教学与研究》2020 年第 12 期。

② 江剑平、葛晨晓、朱雪纯：《国有经济与民营经济协同发展的理论依据与实践路径》，《西部论坛》2020 年第 2 期。

未有的复杂格局。后疫情时期的全球经济格局具有新的特征：[①] 在实体经济领域，上一轮全球化形成的全球产业链面临着断裂和重构风险；在金融经济领域，存在储蓄过剩与超低（或负）利率、杠杆率攀升的问题；在技术创新领域，数字化、智能化技术创新不断深化并正成为推进经济增长的主导力量；在收入分配领域，贫富差距扩大趋势不仅没有得到逆转反而继续恶化。

适应和引领后疫情时期的经济大变局，必须保证产业链的安全性。保证产业链的安全性，要求坚持国有企业和民营企业协同发展。中国的国有企业资金、技术和规模优势明显，行业资源整合和集成创新能力强，对配套产业拉动作用明显，一般多处于产业链的高端。新冠疫情时期，国有企业在原材料供应、技术获取、市场开拓等重要方面和环节加强了产业链管理，确保上下游供应链安全通畅，避免由于产业链核心环节被恶意控制而发生的灾难性风险。

二　国有企业与民营企业协同发展的重大意义

首先，国有企业与民营企业协同发展，有利于完善现代化经济体系。党的十九大报告首次提出，“建设现代化经济体系是我国发展的战略目标”，而“创新是引领发展的第一动力，是建设现代化经济体系的战略支撑”。国有企业与民营企业的协同创新，可以提高整体创新力。国有企业与民营企业在自主创新方面各有优势。国有企业具有资金雄厚、人才丰富等优势，民营企业具有体制灵活、敢于自担风险等优势。二者可以通过以下三种方式合作，取长补短，推动中国经济高质量发展：一是纵向合作，即同一产业链上的上下游国企和民企共同改进本产业链上的技术薄弱环节；二是横向合作，即同一行业中，代表性的民企和国企共同解决本行业的技术瓶颈问题；三是子公司合作，即双方共同提供资金和人才，成立子公司，专门从事研发等

① 黄群慧：《“双循环”新发展格局：深刻内涵、时代背景与形成建议》，《北京工业大学学报》（社会科学版）2021 年第 1 期。

工作。

其次，国有企业与民营企业协同发展，有利于加快构建新发展格局。党的二十大报告提出，要“增强国内大循环内生动力和可靠性，提升国际循环质量和水平”。国有企业发挥引领作用，与产业链的上下游民营企业开展产业协作，打造良好的产业生态和经济生态，可以为加快构建新发展格局提供有力支撑。国有企业与民营企业协同发展可以提升国际循环的质量和水平。面对外需萎缩、预期减弱等外部经济环境，国有企业能够发挥在相关领域的引领支撑作用，加强与产业链上下游具有创新优势的民营企业合作，提高产品的核心竞争力。当前正值两个百年交汇之际，面对纷繁复杂的国际形势，只有加强微观主体的协同合作才是智慧选择。

第二节　国有企业与民营企业协同发展的理论分析

一　国有企业与民营企业协同发展的内涵

（一）协同发展的一般内涵

学界对各种各样的协同发展进行了大量的研究，目前对协同发展仍有不同的认识视角，主要包括协同学、合作共赢、空间差异和功能联系等。[①]

协同学理论最早由赫尔曼·哈肯提出，主要研究开放系统中内部子系统间的协同作用而形成有序结构机理和规律的学科。[②] 其核心论点是内部子系统间存在差异，但是可以通过“协同作用”实现从无序

① 王丰龙：《何谓经济带？何谓协同？——经济带协同发展的概念与衡量体系构建》，载《中国城市研究》（第十辑），科学出版社 2018 年版。

② 哈肯：《协同学：理论与应用》，邹珊刚等译，上海人民出版社 1987 年版；王维国：《协调发展的理论与方法研究》，中国财政经济出版社 2001 年版，第 71—72 页。

到有序的转变，得到超越子系统层次的整体效应。[①] 协同学有三条基本原理：一是协同效应，即系统内部各要素或各子系统相互作用和有机整合实现整体效应；二是伺服原理，即系统变化主要受慢变量主导，而快变量服从于慢变量；三是自组织原理，即子系统之间能够按照某种规则自动形成一定的结构或功能，从无序转为有序。不少学者将协同学理论应用于理解产业协同发展、区域协同发展等。[②]

协同发展的合作共赢视角认为，协同发展是指协同两个或两个以上的不同资源或个体，相互协作完成某一个目标，达到共同发展的共赢效果。协同与竞争相对，是相互合作、相互促进，是系统整体性和相关性的内在表现。[③] 另外，着眼于区域协同发展，空间差异和功能联系的视角则从空间结构和功能联系及网络的视角理解和分析协同发展，认为促进区域之间的空间结构合理、功能互补，可以实现区域间协同发展。[④]

然而，从以上三个视角理解协同发展各有利弊。[⑤] 协同学视角着眼于协同的自然演化，产业、区域协同发展往往受外部环境尤其是政府政策的干预，不满足自组织条件。合作共赢视角下的协同发展侧重于分工协作的推动机制和制度保障，导致协同发展水平难以度量，实施效果存在争议。空间差异和功能联系视角下的协同发展则过于强调协同发展的空间结构和功能联系上，难以契合产业或区域发展的规律性，无法形成协同发展的全面认识。

---

① 孟昭华：《关于协同学理论和方法的哲学依据与社会应用的探讨》，《系统辩证学学报》1997 年第 2 期。

② 黎鹏：《区域经济协同发展及其理论依据与实施途径》，《地理与地理信息科学》2005 年第 4 期；李琳、刘莹：《中国区域经济协同发展的驱动因素——基于哈肯模型的分阶段实证研究》，《地理研究》2014 年第 9 期；刘英基：《高技术产业技术创新、制度创新与产业高端化协同发展研究——基于复合系统协同度模型的实证分析》，《科技进步与对策》2015 年第 2 期。

③ 杨亮洁、杨永春、王录仓：《城市系统中的竞争与协同机制研究》，《人文地理》2014 年第 6 期。

④ 孙博文、李雪松、张雨迪：《武汉城市圈多中心协同发展研究》，《区域经济评论》2016 年第 6 期。

⑤ 王丰龙：《何谓经济带？何谓协同？——经济带协同发展的概念与衡量体系构建》，载《中国城市研究》（第十辑），科学出版社 2018 年版。

（二）国有企业与民营企业协同发展的内涵

国有企业与民营企业之间的协同发展需要综合考虑协同学理论、合作共赢、空间差异等多重视角、多个维度。从协同学理论的视角，国有经济与民营经济、国有企业与民营企业都是整个经济体系中的子系统，而两者之间的协同就是要发挥“协同效应”，实现整体经济的高质量发展，建设高水平社会主义市场经济。“公有制为主体、多种所有制经济共同发展”的基本经济制度是坚持走中国特色社会主义道路的核心，更是发展社会主义市场经济的必然选择。①

从合作共赢的视角，融合发展既是国有企业与民营企业克服自身发展困境、转变运营模式的有效措施，也是我国所有制结构调整、市场经济发展的现实要求。② 随着大企业时代的到来，不同所有制企业相互竞争、相互融合、携手共进是突破发展瓶颈的必由之路。③ 进一步，在市场规模、优势互补等因素的驱动下，中国的国有经济与民营经济在产业上形成了垂直分布的所有制结构，在社会分工上具有较强的互补性。④

从空间差异或功能联系的视角，理解国有企业与民营企业之间的协同，国有企业与民营企业也需要在不同产业、不同区域发挥各自的比较优势，做到协同发展，进而促进产业、区域的更高质量、更加安全发展。

综合这些视角，国有企业与民营企业协同发展的基本内涵就是相互促进，发挥协同作用，解放和发展生产力，促进构建新发展格局、经济高质量发展、建设社会主义现代化强国。从基本内涵出发，国有企业与民营企业协同发展具有以下特征。

首先，国有企业与民营企业协同发展具有协同性。协同性是国有企业与民营企业协同发展的基本特征。协同发展的关键就在于“协同”，

---

① 刘朝、袁阡佑：《我国国企与民企共同发展的途径探索》，《社会科学辑刊》2008年第6期。

② 毛萍：《国有企业与民营企业融合发展的探索与思考》，《中国市场》2021年第20期。

③ 项冶、张静：《大企业时代国企与民企需融合发展》，《红旗文稿》2012年第19期。

④ 洪功翔、顾青青、董梅生：《国有经济与民营经济共生发展的理论与实证研究——基于中国2000—2015年省级面板数据》，《政治经济学评论》2018年第5期。

国有企业与民营企业协同发展蕴含了共同发展，而超越了共同发展，且超越了“国进民退”或“民进国退”的对立性。无论是国有经济或国有企业多一点，还是民营经济或民营企业多一点，相对比重的调整都是为了更好地发挥协同效应，促进实现协同发展的既定目标。

其次，国有企业与民营企业协同发展具有动态性。协同发展需要服务于既定的发展目标，而对应不同的发展阶段，协同发展的目标也会有适应性的调整，进而决定了协同必须是动态的。而且，国家对国有经济和国有企业的功能定位和战略布局也在不断地进行优化调整，决定了国有企业与民营企业之间的协同也需要相应地调整，与发展阶段、发展目标相匹配，才能最大限度释放协同效应。

再次，国有企业与民营企业协同发展具有多维性。国有企业与民营企业协同发展包括宏观、产业、区域、微观等多维协同。从宏观层面，国有经济与民营经济协同发展，促进整体经济的发展；从产业和区域而言，国有企业和民营企业布局结构和比较优势各不相同，在产业链供应链创新链和区域上协同发展，促进整个产业或区域的发展；从微观层面，协同发展可以实现两家企业的高质量发展，促进建设世界一流企业。

最后，国有企业与民营企业协同发展具有灵活性。国有企业与民营企业协同发展的模式没有统一的标准。适应不同行业特征、发展阶段等因素，国有企业与民营企业协同发展可以采用参股、控股、合资新建等各种方式，也可以采用间接投资等形式进行协同，充分发挥国有经济和民营经济各自的比较优势。

二 国有企业与民营企业协同发展的目标

解放生产力、发展生产力，是社会主义的本质。2013 年 12 月，习近平总书记在主持十八届中央政治局第十一次集体学习时提出，“我国改革开放以来的实践充分证明，紧紧扭住解放和发展社会生产力，就能为其他各方面改革提供强大推动，影响其他各个方面改革相应推进”[1]。国有企业与民营企业协同发展内嵌于中国社会主义市场经济建设，必须服务于社会主义的根本任务，服务于解放和发展生产力，服务于解决现阶段我国社会主要矛盾。进一步，国有企业与民营企业协同发展必须要与我国经济发展阶段、发展需要相适应。党的二十大报告指出，“从现在起，中国共产党的中心任务就是团结带领全国各族人民全面建成社会主义现代化强国、实现第二个百年奋斗目标，以中国式现代化全面推进中华民族伟大复兴”[2]。

因此，适应新时代新阶段的使命任务，现阶段中国国有企业与民营企业协同发展的目标可以分为直接目标、衍生目标和终极目标三个维度：直接目标是推动国有企业和民营企业共同做强做优做大，加快建设世界一流企业；衍生目标是构建新发展格局，推动整个经济的高质量发展；终极目标是助力建成富强民主文明和谐美丽的社会主义现代化强国。

三　国有企业与民营企业协同发展的基本原则

国有企业与民营企业协同发展是一个全新的课题，不仅需要充分认识其丰富内涵，而且其有效推动实施需要遵循一定的基本原则：一是平等自愿原则。国有企业与民营企业协同发展必须尊重国有企业和民营企业的市场主体地位和经营自主权。基于平等自愿原则充分尊重协同发展中各自的利益诉求和合法权益，相互合作、相互协调，进而实现更高质量、更高效率、更加安全的发展。平等自愿原则对应于协同理论中的自主性原则，即系统中的子系统必须具有充分的自主性，只有保持各子系统的独立自主性，才能保证其出于自身利益需要而自发地相互合作与协调，进而实现整体的协同效应。

---

① 加快贯彻习近平新时代中国特色社会主义经济思想　做好“十四五”规划编制和发展改革工作系列丛书编写组编著：《加快完善社会主义市场经济体制》，中国市场出版社、中国计划出版社2020年版，第17页。

② 习近平：《高举中国特色社会主义伟大旗帜　为全面建设社会主义现代化国家而团结奋斗——在中国共产党第二十次全国代表大会上的报告》，人民出版社2022年版，第21页。

二是公平竞争原则。国有企业与民营企业协同发展本质上是更高水平的竞争，竞争与协同并存，既不是“国进民退”，也不是“国退民进”。不是国有企业与民营企业合谋、分地盘，也不能妨碍市场公平竞争，造成市场垄断，阻碍行业健康可持续发展。竞争是推动企业不断创新、谋求发展的动力所在。相互协同的国有企业和民营企业必须与彼此公平竞争，而且必须与非协同的其他企业之间公平竞争。

三是互利共赢原则。无法做到互利共赢，则协同发展也无从谈起。国有企业和民营企业在不同行业、不同产业链位置、不同区域都存在各自的比较优势，具有很强的互补性。这种互补性是国有企业与民营企业协同发展的基础，有利于国有企业通过在不同行业、产业链、区域分工与合作，融合发展，成果共享，发挥协同效应，做大发展的蛋糕。

四是包容开放原则。国有企业与民营企业在发展目标、经营理念、体制机制方面存在重要差异，可能会造成两者协同发展中产生一些不可避免的摩擦或矛盾。这就要求国有企业和民营企业抱着包容性态度，认识并认同两者之间的差异，求同存异。[①] 而且，根据协同理论，系统开放性是从无序走向有序的重要途径。国有企业与民营企业协同发展不是封闭的、排他的，任何合法合规、有协同意愿的企业都可以加入协同，进一步促进协同发展。

第三节　国有企业与民营企业协同发展的现状与效果[②]

一　国企—民企协同发展的区位现状

随着“十四五”拉开帷幕，中国经济社会发展迈上新台阶，社会大局稳定，继续发展具有多方面优势和条件。但与此同时，发展不平

---

① 卢金钟、雅玲：《社会主义市场经济条件下国企与民企共同发展的实现路径》，《理论探讨》2016 年第 3 期。

② 本节感谢中国社会科学院大学刘一然同学在数据处理上的支持。

衡、不充分的问题仍然突出，其中最重要的不平衡、不充分问题之一就是区域发展的不均衡。党的二十大报告中也明确指出，“城乡区域发展和收入分配差距仍然较大”是目前面临的重要困难和问题。

不难想象，在这一空间格局下，每个地区国有企业与民营企业的特色、优势和功能定位都会存在很大差异。图 19-1 和图 19-2 左轴为 2020 年各地区工业企业中不同类型企业的资产总额/利润总额占比，[①] 右轴均为国有占比减去私营占比之差。结果表明，国有企业的分布具有明显的地域特征：一是西部地区工业企业中的国有比重明显更高。资产占比方面，企业资产占比最高的是青海省，国有企业资产占比达到 72.8%，甘肃、云南两省国有企业资产占比也分别达到 70.9%和 69.1%。利润占比方面，贵州、青海和甘肃三省的国有企业利润占比均达到 70%以上，其他如陕西、广西等地国有企业利润占比也明显偏高。相比之下，中部、东部地区的国有企业占比普遍较低，私营和外资等占比较高。值得注意的是，由于政治功能定位和历史沿革等原因，以北京市为代表的经济高度发达的特大城市仍然保持了较高的国有企业比例。二是在中东部地区，民营企业仍然是市场主力军。湖南、江西、安徽、山西等中部地区省份表现出私营企业占比较高，国有—私营企业资产分配相对平均的特点。这一特点的形成可能源于两方面因素：一方面，北京、上海等特大城市承担了更多社会责任和政治功能，国有企业比例较高；另一方面，部分东部地区海外贸易快速发展，国外资本吸引力强，外资占比高。在这两方面因素的综合影响下，安徽等中部地区同时具备了民营资本吸引能力较强，外资进驻相对较少等特点，私营企业占比和企业协同发展程度都较高。

为了更直接和全面地衡量各地区国有企业—民营企业协同发展的现状，我们利用主成分分析的方法得到各地区国有企业占比的综合指数。图 19-3 展示了各地区国有企业占比排名与私营企业占比排名之差。可以看出，以甘肃、青海等省份为代表的西部地区国有企业领先

---

① 截至 2022 年年末，最新年度数据为 2020 年数据，考虑到 2020 年新冠疫情影响，我们换用 2019 年数据重新进行描述性统计，发现各类型企业占比特征基本相同。

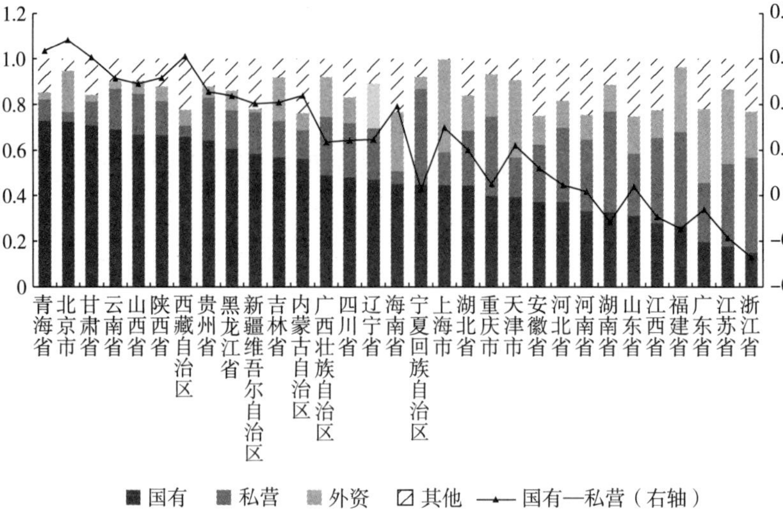

图 19-1　各地区工业企业资产总额占比

资料来源：国家统计局。

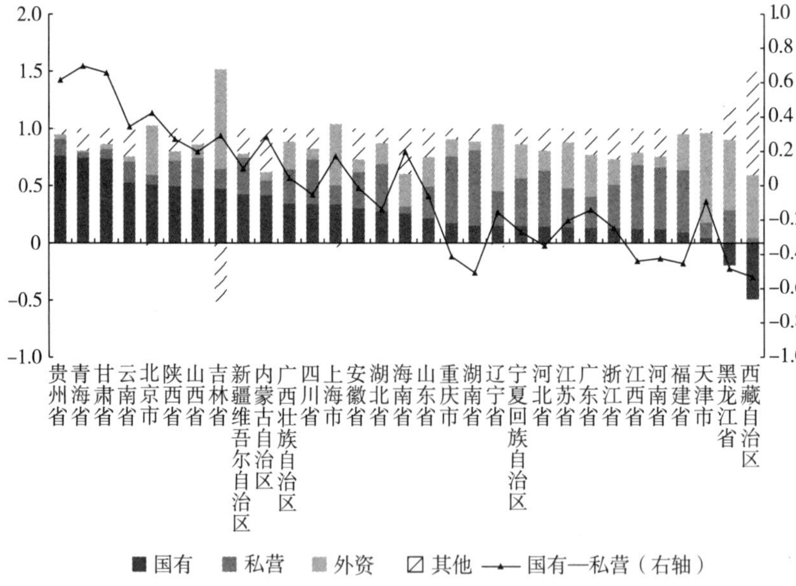

图 19-2　各地区工业企业利润总额占比

资料来源：国家统计局。

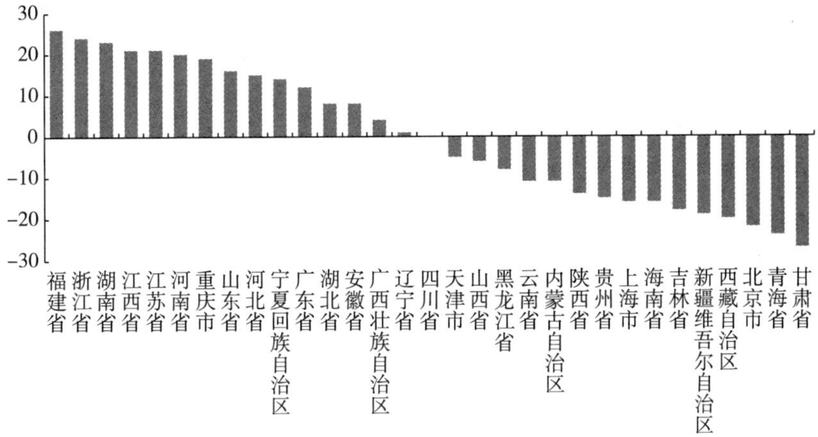

图 19-3　各地区国有企业占比、私营企业占比的综合指数排名之差

资料来源：国家统计局。

度明显高于民营企业，以江苏、浙江为代表的东部发达地区则表现为民营企业领先度高，国有企业发展势头较弱，安徽、四川、天津等地民营企业和国有企业占比领先程度相对差距最小。

二　各行业国企—民企协同发展现状

类似地，中国各行业的实际情况也存在很大差异。因此，我们进一步分析了各行业的国有比例情况。综合行业代表性和数据可得性，首先得到了餐饮业、零售业、住宿业、批发业和工业的国有企业占比。在餐饮业、零售业等典型的服务行业中，国有资本的占比明显较低，私营资本占比则较高。与之形成对比的是工业，工业中包含的传统细分产业显然更多，由于历史沿革的缘故，国有资本的占比也明显更高。从利润总额占比看，餐饮、批发业国有利润总额占比均不超过5%。工业国有利润总额占比则达到22.4%，与典型服务行业明显拉开了差距。

在中华人民共和国成立后的很长一段时间内，以国有企业为主的重工业在经济社会发展和现代化建设中发挥了至关重要的作用。截至目前，工业仍然是我国经济增长的重要支撑力量，因此，我们以工业为代表，更加具体地阐述各工业行业中国有企业—民营企业协同发展的情况。研究表明，以煤炭开采和洗选业、水的生产和供应业为代表的重工业行业国有比例较高。图 19-4 和图 19-5 分别展示了各工业行业的资产总额及占比的分布情况。不难看出，资产总量和国有控股企业资产总量最高的均为电力、热力生产和供应业，表现出明显的国企主导特征。此外，煤炭开采和洗选业、黑色金属冶炼和压延加工业、化学原料和化学制品制造业等资本密集型行业的国有企业资产同样较高。国有控股企业资产总量最低的为皮革、毛皮、羽毛及其制品和制鞋业，仅 80.07 亿元。占比方面，国有企业占据明显优势的是石油和天然气开采业，电力、热力生产和供应业，开采专业及辅助性活动等行业，其国有企业资产占比均超过 80%，此外，越偏向劳动密集型行业，则国有企业资产占比越低，私营企业和外资、港澳台企业占比越高，如皮革、毛皮、羽毛及其制品和制鞋业国有企业资产占比仅 1.13%，私营和外资、港澳台企业资产占比则分别达到 58.26% 和 30.35%。从利润总额及其占比的分布上看，国有控股企业利润总额最高的则是煤炭开采和洗选业。此外，化学原料和化学制品制造业，黑色金属冶炼和压延加工业，石油加工、炼焦和核燃料加工业等重工业的国有控股企业利润也相对较高。与此同时，利润总额偏低的行业仍以劳动密集型行业为主，如皮革、毛皮、羽毛及其制品和制鞋业，木材加工和木、竹、藤、棕、草制品业等。在企业数量方面，以石油和天然气开采业为代表的重工业、社会公益性较强的行业国有企业数量占比明显较高，以皮革、毛皮、羽毛及其制品和制鞋业为代表的轻资产制造业则私营企业数量占比相对较高。

三　企业协同与经济社会发展

目前，国有企业、民营企业在资源配置等各个方面形成了比较优势，为共同促进经济社会发展奠定基础。在这一小节中，我们将主要阐述企业的协同程度和不同维度的宏观经济变量的相关关系，并以此

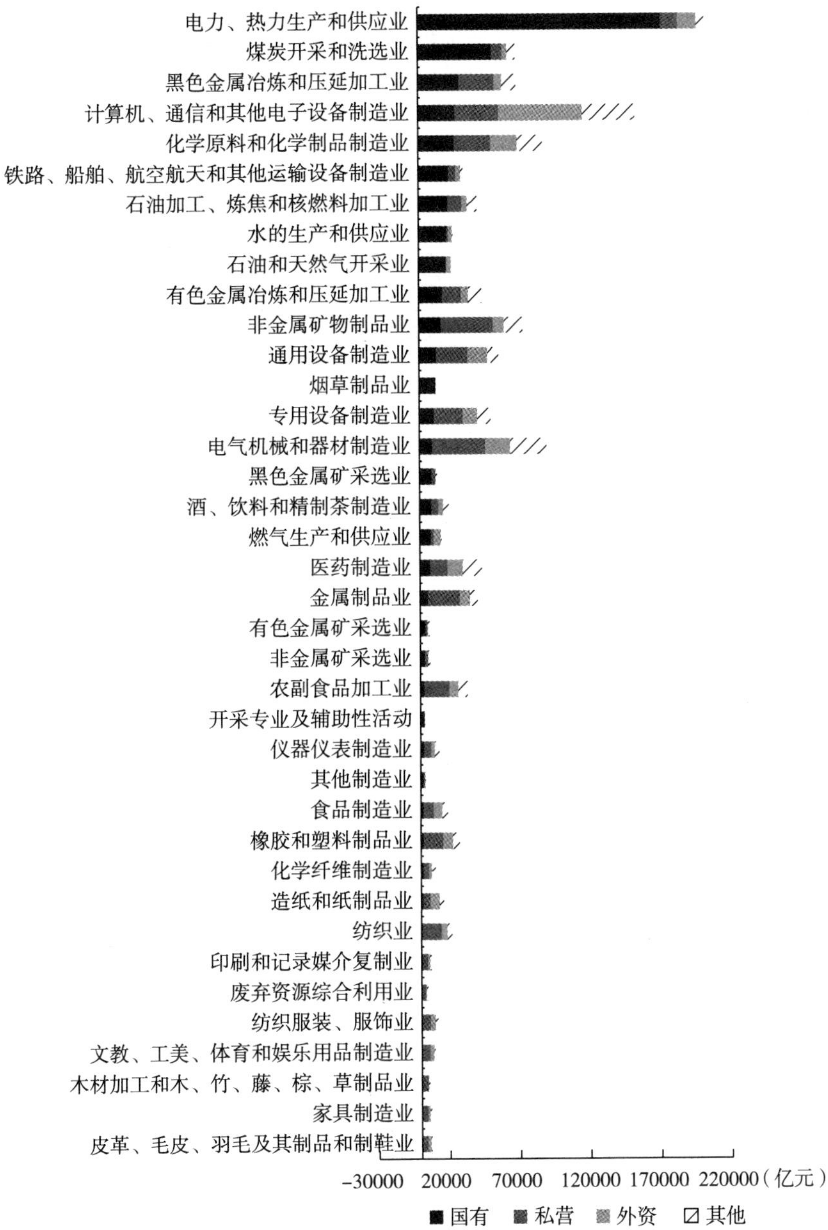

图 19-4　各工业行业资产分布

资料来源：国家统计局。

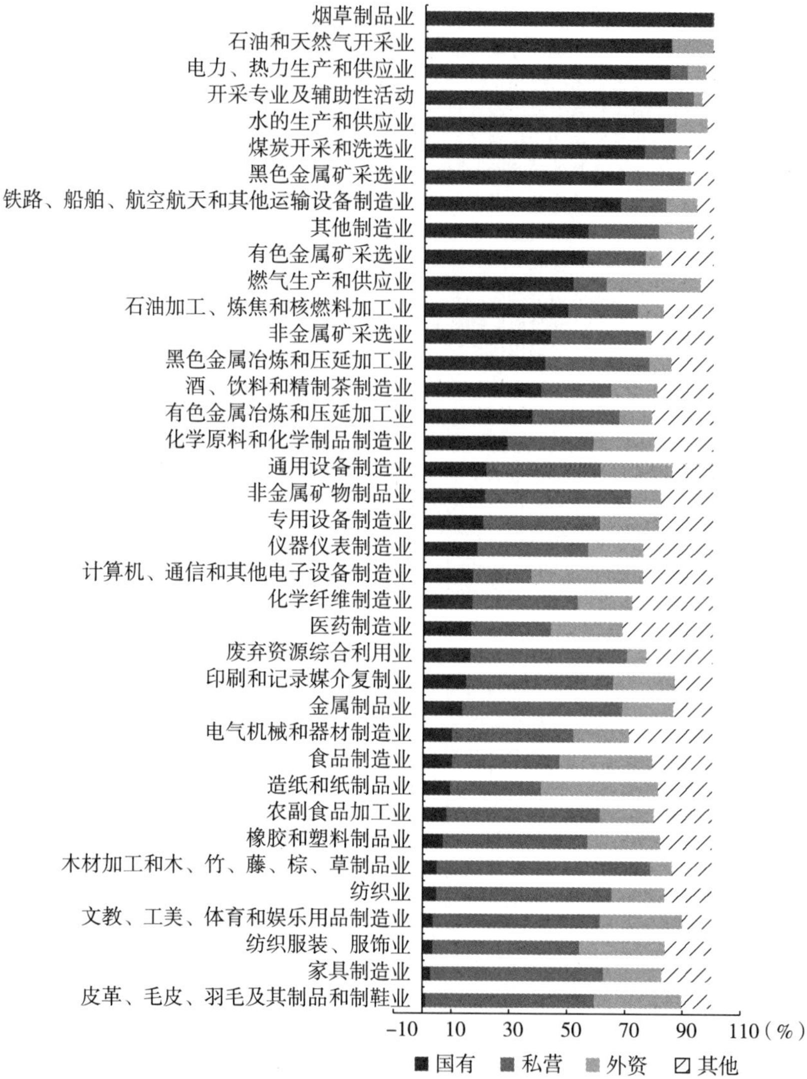

图 19-5　各工业行业资产占比分布

资料来源：国家统计局。

为基础探讨协同发展对经济社会的可能影响。

一是私营企业占比综合指数高与地区经济发展水平、研发创新能力强往往同时存在。图 19-6 展示了国有企业占比综合指数和地区人均 GDP 的相关关系。可以看出，同第一节中所描述的类似，国有企业占比和当地的经济发展程度基本呈负相关关系，[①] 也就是说，国有企业占比低和经济发展程度高往往同时存在，国有企业主导则往往与经济发展程度相对较低并存，只有北京、上海两地同时呈现出国企占比高和经济发展程度高的特点。此外，研发创新是经济长期可持续发展的现实动力，在现代化进程中占据核心地位，也因此受到越来越多的关注。鉴于此，我们以科技支出占比和研发强度为衡量指标，阐述国有企业占比同研发创新的相关关系。如图 19-6 所示，国有企业占比同科技支出占比、研发强度之间的关系均为负相关，尤其是在去掉北京、上海两地样本后，负相关性更为明显。

当然，值得提出的是，规模以上工业企业 R&D 经费等指标只是研发创新的一个衡量维度，一家企业创新能力的高低还体现在重要科研成果及其应用转化等多个方面。近年来，国有企业在载人航天、探月工程、能源电力、北斗导航、集成电路、5G 通信等领域多个大型项目研发中都发挥了关键和重要的作用，是未来创新驱动发展战略实施和中国式现代化建设中不可或缺的组成部分。

二是国有企业占比综合指数高与社会民生事业蓬勃发展往往同时存在。我们以教育领域为例，进一步地讨论国有企业占比与社会民生事业发展的相关关系。图 19-7 中选用教育支出占比和小学生师比作为教育事业，尤其是基础教育事业的衡量指标。可以看出，此时国有企业占比和教育支出占比、小学生师比之间均不是明显的负相关关系，国有企业占比较低的地区教育支出占比普遍较高，但在不少国有企业占比较高的地区，教育事业发展也都出现了高峰，整体呈现出“U”形关系，小学生师比指标则更是如此。这也就反映出，国有企业占比高虽然与经济发展水平较低并存，但并不意味着居民生活质量差，民生保障条件低，反而能够与教育等社会民生事业发展程度较高并存，而可能由于其国有

① 出于稳健性的考虑，我们也使用回归方法验证了二者的相关关系，为了直观起见，这里仅展示散点图，图 19-7 同。

属性对于当地社会保障工作作出重要贡献。①

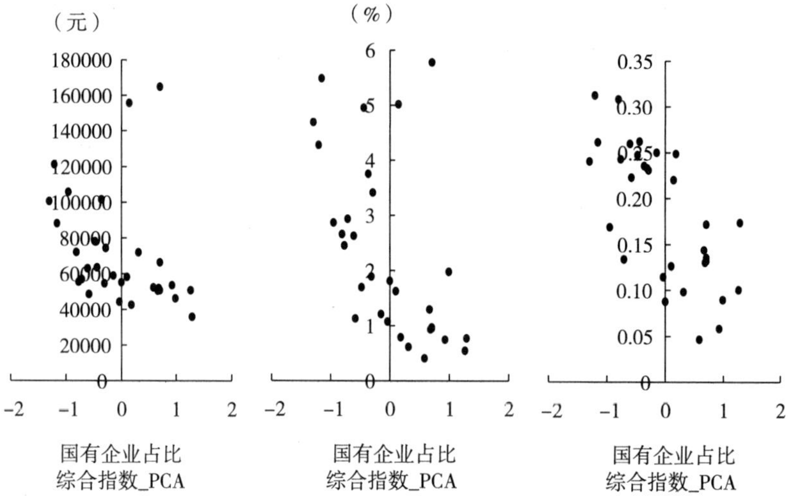

（a）人均GDP　（b）科技支出占比　（c）研发强度

图 19-6　协同发展与地区人均 GDP、科技研发

资料来源：国家统计局。

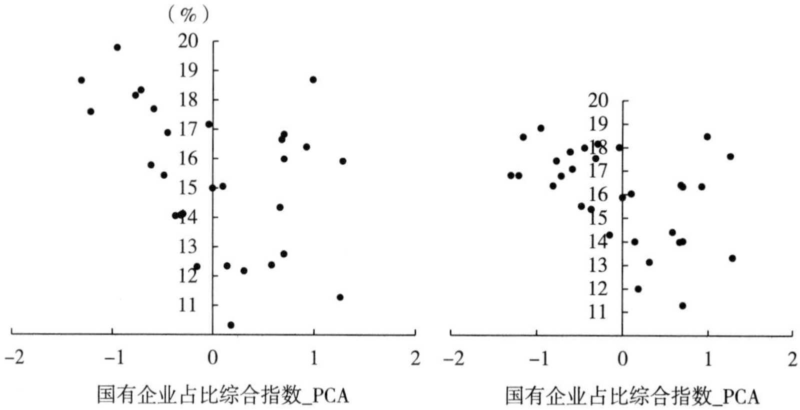

（a）教育支出占比　（b）小学生师比

图 19-7　协同发展与社会民生

资料来源：国家统计局。

---

① 此外，我们还基于微观企业数据进行了实证分析，分析结果也表明，国有资本占比越低，一方面企业研发费用占比越高，另一方面企业对外披露环境保护、劳工保障等信息的意愿也越强烈，企业管理透明度越高。

第四节　国有企业与民营企业协同发展调研案例

为深入分析国有企业与民营企业在协同发展中的典型模式与手段，中国社会科学院经济研究所课题组调研中国联通、招商局集团、国药集团、航天云网公司四家企业的协同发展情况。在这四个案例中，中国联通、招商局集团、国药集团的案例侧重于混合所有制改革，对应于国有企业与民营企业在资本与公司治理层面的协同。航天云网公司打造工业互联网平台的协同发展模式，更侧重于国有企业与民营企业在产业链、创新链层面的协同。此处以中国联通和航天云网公司为例，总结其协同的经验成效，为推动协同发展提供示范与参考。

一　中国联通混合所有制改革成效与重点

2015 年年底以来，中国联通大力推进混合所有制改革，以“混”促“改”，蹚出一条改革新路。为了优化改革工作，中国联通全力引入与主业关联度高、实力雄厚、互补性强、能够产生协同效应和促进作用的战略投资者，涵盖了大型互联网公司如腾讯、百度、京东、阿里巴巴、苏宁等，垂直行业公司如滴滴、用友、网宿科技、宜通世纪等，金融领域与产业集团如中国人寿等，以及产业基金如前海母基金等。

中国联通在实际操作过程中前期累计解除筛选投资者 59 家，本着公平、公正、公开的遴选原则优中选优，引资方式主要为增资扩股和股份转让等。在具体方式上，中国联通以 A 股上市公司为平台进行混改。通过创新采取“国有+民营”两个股权多元化，既保持了国有股东的绝对控股地位（国有占 53.1%，联通占 36.7%），又避免了一股独大，引入了多元积极股东。

（一）在公司治理上坚持“两个一以贯之”

在混改后的公司治理上，中国联通坚持“两个一以贯之”，以习近平新时代中国特色社会主义思想为指导，始终坚持党的领导不动摇，公有制性质不改变，完善治理，转换机制，建设中国特色现代企业制度。对应地，中国联通在国资委党建考核连续3年进入A级行列。

在完善治理机制后，中国联通的国有股东与非国有股东董事的占比为9∶4，处于压倒性优势，既形成了市场化多元化的董事会结构，又确保了国有股东对董事会的控制。在创新工作机制中，中国联通进行了四方面主要工作。一是做实A股公司董事会，让国资委派驻集团董事会的独立董事下沉至混改主体A股公司；二是建立董事会议题党组复议机制和党组成员、外部董事内外联动的战略务虚会议制度；三是让集团办公室、党组办公室、董事会办公室“三办合一、合署办公”，密切联动，有力推进党组与董事会、经理层无缝衔接、协调运转；四是创新民主监督机制，建立职代会、企务发布会、总经理在线“三位一体”的企业民主管理机制。2020年、2021年国资委对中国联通董事会工作考评都为“优秀”。

（二）推动数字化进程，优化创新能力

混改为中国联通植入了创新的基因，突破了创新的桎梏，创造了创新的条件。中国联通抓住混改新旧体制转换之机，推动新旧动能转换之要，建成全球最大最先进的cBSS集约系统，并承载4亿+用户。在数字化层面，中国联通率先推进自身全面数字化转型，从统一底座到智慧中台，再到应用，沉淀核心能力，全方位、体系性、系统性推进数字化。同时，聚焦能力沉淀、数据贯通、流程穿透、场景赋能，全力打造中国联通智慧运营大脑，畅通智慧运营体系。中国联通自研产品品类和收入持续快速增长，带动毛利提升，形成了极优秀的口碑。此外，中国联通还整合政企领域子公司，组建联通数科公司，集中打造“物云数智链安”六大创新基础平台能力，以此实现创新领域“再出发”，构成中国联通另一重要思路。

对应于与民营企业的协同合作，中国联通通过协同合作构建有效的创新生态，深化与战略投资者业务和资本合作，通过产业协同、战略合作等多种方式，将国有资本的规模优势和非公有资本灵活的市场机制优势相结合，跨界整合通信行业与互联网行业的资源能力，进一步提高供给质量，提升国有资本运营效率。

（三）全力提升企业资源效率

在资源效率提升上，中国联通牢记企业创造价值、增加价值的使命，按照市场规律和企业发展规律，高效精准配置资源，优布局、增效能，确保国有资本保值增值，真正放大国有资本功能。从过去倚重资金、成本、人力等传统要素规模扩张的路径依赖，更多通过数据、技术驱动全要素资源的再配置、全流程的再优化，实现要素配置方式向多点、全局、动态方向优化演进，提升全要素生产率。同时，共建共享的发展思路也体现于中国联通提高资源效率的方式中。中国联通与中国电信合作建成全球首个、规模最大的 5G 共建共享网络，实现全国所有地级及以上城市 5G 网络覆盖，有效应对了西方在技术上的围堵与卡脖子，并极大程度地缓解了资金压力。打造独立市场主体成为提高资源效率另一重要路径，中国联通深化运营层面混改提质，放大国有资本功能，引入更多的社会资本参与子企业市场主体打造，做强做优做大国有资本和国有企业，更好服务国家战略。

（四）基于混改激活企业微观活力

2017 年以来，通过开展三轮瘦身健体，中国联通打造“小管理、大操作、强协同”的组织架构和“扁平化、短流程、宽层级”的工作机制，以实现“去机关化、去行政化和去层级化”的微观治理目标，实现了“大市场、网络线、政企 BG、IT 线、科技创新、资本投资”的六条专业线运营组织体系的变革。

在具体工作中，三方面思路突显，即畅通“下”的渠道、健全“出”的途径、做实“降”的机制：首先从管理人员严起、做起，带动市场化的选人用人机制落地。同时，针对核心骨干，中国联通实施限制性股票激励计划，牵引关注企业长期价值，同步推动符合条件的下属子公司实施员工持股和科技型企业岗位分红激励。此外，中国联通还推进全生产场景划小改革，结合一线生产场景建立微组织，实行增量收益分享，奖励即时兑现，鼓励多劳多得，实现企业、团队、员工“诉求趋同、目标一致、协同共进、多方共赢”，近年来持续优化推进。

二　航天云网公司实现与民营企业产业链协同发展

航天云网成立于2015年6月，公司定位是建成世界一流的工业互联网平台。目前，航天云网依托航天复杂大系统的工程优势，打造了世界首批、中国首个以云制造为特色、自主可控的工业互联网平台体系INDICS。这一体系通过它提供优质的工业互联网服务，为广大中小企业在产业链协同中给予数字化支持，以此服务于整个国计民生。在业务布局上，目前航天云网布局了七个区域云制造产业生态，并在中国香港和德国落地，共有境内外18家子公司，能够辐射整个国家，为各地企业提供有效支持。

（一）航天云网平台具备强大的工业互联网服务能力

这一能力是航天云网能在产业链系统发展中起到重要作用的关键。目前，航天云网工业设备连接的总数量达到170.34万台，覆盖了航空航天、电子、机械、汽车、石油化工、电力热力和燃气、纺织、建材、医药、农业、食品、黑色金属等众多行业。航天云网的工业设备连接具有自适应、模块化、可边缘计算等强大兼容适配能力，能覆盖目前相关产业链中85%以上的主流工业设备，为广大中小企业提供了兼容性极强的有效服务。目前共开发了工业APP 18169个，其中云化通用软件类有4772个。这些工业APP有效覆盖了研发设计、生产制造、运维服务、仓储物流等九个主要领域。

航天云网INDICS平台在服务于政府和企业过程中，通过大数据技术对产业链协同形成了有效经验。在政府数字化治理的解决方案中，航天云网平台能够分析产业链堵点断点，通过大数据分析提供有效的解决方案。在企业数字化转型的解决方案中，航天云网优质的供应链管理帮助中小企业解决了诸多传统问题。在解决问题的同时所积累的工作经验为航天云网提供了有效的正反馈，对工业互联网市场的需求与难点形成了更为清晰的认识。

（二）多地区多行业多园区布局，实现与各类企业的产业链协同

在全国各地的大范围布局让航天云网平台能够在解决地区差异性问题中发挥更有效作用。目前，航天云网已打造好区域云、行业云、园区云的三重结合，积极支撑政府与企业基于平台的服务模式创新与数字化转型。同时，提供各类标准化、模块化的解决方案，覆盖了研发设计、生产制造、质量管控等产品的全生命周期管理，在产业链协同上有效赋能中小企业实现数字化转型。与此同时，丰富行业应用成为航天云网在产业链协同发展中加速数字化升级的另一重要思路。目前航天云网已将自身平台服务拓展到纺织服装、医疗、石油化工等10个重点行业，有效赋能行业产业链上下游的协同发展，共建设了34个行业平台。诸多行业的成熟应用成为航天云网平台有效发挥作用的另一重要因素。

此外，航天云网平台以“工业互联网+安全生产、+双链、+双碳、+数字化转型”等为特色，提供园区规划、平台建设、应用服务、运营服务等，建设21个园区云，目前服务了全国203个园区企业数字化转型与产业链现代化的建设工作。

第五节 促进国有企业与民营企业协同发展的政策建议

坚持“毫不动摇地巩固和发展公有制经济”“毫不动摇地鼓励、支持、引导非公有制经济发展”，促进国有企业与民营企业协同发展对我国加快建设现代化经济体系、构建新发展格局、全面建设社会主义现代化强国十分重要。结合中国社会主义市场经济规律、企业发展规律和未来发展形势，本节提出以下政策建议。

一 坚持市场决定资源配置，强化企业主体地位

党的十八届三中全会提出，“要发挥市场在资源配置中的决定性作用，更好发挥政府作用”。促进国有企业与民营企业协同发展必须坚持市场在资源配置中的决定性作用，充分发挥市场价格机制、供求

机制、竞争机制和激励约束机制。国有企业与民营企业协同发展内嵌于中国社会主义市场经济体制，必须要坚持市场在资源配置中的决定性作用。

企业是市场经济活动的直接参与者，具有高度敏感度。国有企业与民营企业是否协同、与谁协同、如何协同是国有企业和民营企业作为两个独立的市场主体，在既定的战略目标下所做的市场行为。在国有企业与民营企业协同发展中，需要进一步强化国有企业市场主体地位，在坚持党的领导的基础上，落实董事会的职权，特别是对于混合所有制企业，需要进一步厘清各利益主体、治理主体之间的权责关系，建立起股东多元、有效制衡、科学决策、运转规范的现代企业法人治理结构。

二 营造公平竞争环境，激发企业家精神

国有企业与民营企业协同发展本质上是更高水平的竞争，是更高水平的社会主义市场经济体制的表现。创新是国有企业与民营企业协同发展的动力，而创新和企业家精神就是市场竞争的结果。因此，营造公平竞争环境对国有企业与民营企业协同发展必不可少。营造公平竞争的市场环境需要确立竞争中性原则和要素配置的公平合理，以及市场准入、财政补贴上的公平、公开、公正。市场的活力来源于人，来源于企业家。国有企业与民营企业协同发展必须依靠创新驱动，依靠企业家。因此，国有企业需要建立更为市场化的内部机制，充分利用竞争机制，激励国有企业企业家精神，调动国有企业家创新创业的积极性和主动性，同时通过混合所有制等方式引入吸收优秀民营企业家，为国有企业与民营企业协同发展注入更多的发展活力。

三 适应行业发展规律，突出增量式发展

在不同行业、不同区域，国有企业和民营企业各自存在比较优势，形成了垂直的产业链分布，由于不同行业、不同领域的发展情况

不一样，国有企业与民营企业协同发展的影响和效果也不一样。国有企业与民营企业协同发展必须适应行业发展规律和特征，如行业的市场结构、发展周期等。而且，不同行业、不同区域国有企业和民营企业彼此协同发展的意愿和动机也不一致。考虑行业、区域的这些特征后，国有企业与民营企业协同发展需要突出增量式发展，更加强调创造新业态、新产品、新领域，而不是现有既定行业、既定区域经济活动的再分配。增量式发展不仅可以很好地解决国有企业和民营企业协同发展的意愿和动机问题，规避既定经济活动对协同发展的阻碍，有利于促进国有企业与民营企业协同发展的可持续性。

四　灵活选用协同路径，建立高效协同机制

国有企业与民营企业协同发展是一种创新，具有灵活性、开放性特征。因此，促进国有企业与民营企业协同发展必须适应不同地域、不同行业的协同需要，通过制度创新，探索多种多样的协同路径，灵活选用合适的协同路径。例如，实现国企与民企共同发展途径有国企牵动型、控股主导型、产品引领型、融为一体型、分工协作型、平行发展型。[①] 而且，国有企业与民营企业在发展目标、发展条件、体制机制方面存在显著差异。促进国有企业与民营企业协同发展必须要建立高效的协同机制，切实推进双向协同发展，解决协同发展中步调不一致、做法不同等方面的摩擦和差异，保证协同发展目标的顺利实现。

（本章执笔：周慧珺　杜创　付明卫　欧阳耀福　王世强）

---

① 刘朝、袁阡佑：《我国国企与民企共同发展的途径探索》，《社会科学辑刊》2008年第6期。

第二十章
统筹发展与安全

习近平总书记指出，“安全是发展的基础，稳定是强盛的前提。要贯彻总体国家安全观，健全国家安全体系，增强维护国家安全能力，提高公共安全治理水平，完善社会治理体系，以新安全格局保障新发展格局”①。当前，我国面临着十分复杂的内外部环境，战略机遇和风险挑战并存，不确定难预料因素增多。在这种情况下，我们既要坚定不移地推动高质量发展，也要积极稳妥地塑造高水平安全。要把安全发展贯穿到现代化建设的全过程，实现高质量发展和高水平安全良性互动，以中国式现代化全面推进中华民族伟大复兴。

第一节　发展与安全的逻辑关系

发展与安全是一体之两翼、驱动之双轮，二者相辅相成，不可偏废。发展是为了改善人民的生活质量，提高他们构建自己的未来的能力，② 而安全是为了维护国家整体利益，保持社会安定有序，为群众安居乐业提供坚强保障。

一　安全是发展的基础

安全对于发展具有基础性作用，能够引领发展，成就发展和衡量

---

① 习近平：《在第十四届全国人民代表大会第一次会议上的讲话》，人民出版社 2023 年版，第 4 页。

② 维诺德·托马斯、王燕：《增长的质量》（第二版），张绘、唐仲、林渊译，中国财政经济出版社 2017 年版，第 2 页。

发展。很多情况下，安全容易被当作是理所当然的事情，没有得到充分重视，一旦安全出现问题，就会给国家利益和经济社会稳定造成巨大冲击，也会给老百姓的生活造成重大影响。首先，安全是发展的题中应有之义。安全是人类的永恒追求，马斯洛的“需求层次论”也将安全作为人类的基础需求，并指出人们需要稳定、安全、受到保护、有秩序、能免除恐惧和焦虑等。中国式现代化是人口规模巨大的现代化，14 多亿人口整体迈进现代化社会，规模超过现有发达国家人口的总和，这必然会带来世界政治、经济格局的重大变化，也意味着我们在发展过程中将面临前所未有的风险和挑战。为了更好地保住经济社会发展成果，切实维护人民生命财产安全和社会大局稳定，必须要统筹好发展与安全，将更好地满足人民的安全需求作为发展的根本要求。其次，安全为发展保驾护航。经济全球化背景下，各国相互依存度越来越高，传统安全与非传统安全相互交织，国际安全与国内安全相互影响。安全问题开始变得越来越复杂，涵盖政治、军事、国土、经济、金融、文化、社会、科技、网络、粮食、生态、资源、核、海外利益、太空、深海、极地、生物、人工智能、数据等诸多领域。不同领域的安全问题彼此联系、相互影响，具有传导效应和联动效应，任何一个领域出现安全问题，都可能会对总体安全造成严重损害。在当今世界竞争中，安全已经成为一种核心竞争力，成为集聚全球优势资源的关键优势，资本、人才等生产要素往往朝向更加安全的国家或地区流动。为了更好地保障国家的发展权力和利益，就必须要营造安全的国际国内环境，从而为发展创造良好条件。最后，安全是衡量发展水平的重要标准。一个国家是不是真正发达，并不仅仅取决于经济总量，而是还取决于保障自身安全的能力。鸦片战争之前，清朝的经济总量并不低，1820 年约占全球经济总量的 32.9%，[①] 经济总量和人口均居世界第一，但是保障自身安全的能力较低，不仅在后来的鸦片战争中一败涂地，而且国内也是危机四伏，瘟疫、叛乱、吸食鸦片等问题层出不穷。由于没有安全作为保障，发展成果也就无法保持。

---

① 安格斯·麦迪森：《世界经济千年史》，伍晓鹰等译，北京大学出版社 2003 年版。

1840 年鸦片战争之后，清朝不得不割地、赔款、商定关税，开始沦为半殖民地半封建社会，经济社会发展陷入倒退，1870 年经济总量下滑到全球经济总量的 17.2%，[①] 在清朝灭亡后的 1913 年，经济总量进一步下滑到全球经济总量的 8.9%。[②] 由此可见，对发展水平的衡量，不仅要看创造财富的能力，而且要看保护财富的能力。

二　发展是安全的保障

国家安全是指国家政权、主权、统一和领土完整、人民福祉、经济社会可持续发展和国家其他重大利益相对处于没有危险和不受内外威胁的状态，以及保障持续安全状态的能力。[③] 安全是一种状态，更是一种能力，而发展是提高保障安全能力的根本途径。首先，发展能够提升维护安全的科技能力。随着科技的不断发展，科技在全球政治和经济中的角色也越来越重要。促进国家安全能力的提高，必须要依赖于科技赋能，运用最前沿的科技来提高国家安全治理能力，而科技能力的提升必须要依赖于发展来实现。例如，数据已成为一个国家的核心资源，而数据安全已经成为国家安全中的基础性安全。数据安全的特殊之处在于没有物理空间边界，在数字社会中所涉及的诸多领域无一不需要数据支撑与表达，[④] 一个国家如果无法保障自身数据安全，也很难保障其他方面安全。为了更好地保障数据安全，必须要不断推动数字经济发展，建设更加安全、更有韧性、更保护隐私、更公平的数字生态系统，提高国家的数据治理能力。其次，发展能够奠定保障安全的综合国力。国家安全是决定生死存亡的头等大事，需要不断地塑造和维护，必须持续投入大量经济社会资源。一个国家必须要通过发展不断提升自身的综合国力，才能有足够的资源和能力投入

---

① 安格斯·麦迪森：《世界经济千年史》，伍晓鹰等译，北京大学出版社 2003 年版。

② 安格斯·麦迪森：《世界经济千年史》，伍晓鹰等译，北京大学出版社 2003 年版。

③ 《中华人民共和国国家安全法》2015 年 7 月 1 日第十二届全国人民代表大会常务委员会第十五次会议通过。

④ 肖冬梅、文禹衡：《在全球数据洪流中捍卫国家数据主权安全》，《红旗文稿》2017 年第 9 期。

到军事、科技、文化等安全相关领域，才能取得更高的国际地位和国际影响力，才能更好地保障自身安全。从全球来看，能够保障自身安全的国家，主要是一些经济发达国家，相比之下一些经济欠发达国家往往面临着贫困、落后、失业、政局动荡、依赖他国等安全问题。国家安全与综合国力之间呈正相关，发展是提高综合国力的根本途径，也是保障安全的根本途径。最后，发展能够化解威胁安全的各类风险。工业化在为人类创造了巨大财富的同时，也为人类带来了巨大的风险，各种各类风险形成并充斥整个世界，在工业社会以后，人类已经进入一个以风险为本质特征的风险社会。[①] 面对当前复杂严峻的国际国内形势，我们既要防范化解小概率高风险的"黑天鹅"事件，也要防范化解大概率高风险的"灰犀牛"事件，而无论是哪种类型的风险，其防范化解都必须依靠发展来实现。例如，我国经济高速发展带来了收入分配差距问题，增加了经济社会脆弱性，造成发生"黑天鹅"事件和"灰犀牛"事件的概率提高，然而收入分配差距的缩小很难依赖调整存量来实现，而是要在动态发展过程中，更好地调整增量来实现。

第二节　中国面临的新形势新挑战

当前中国发展面临前所未有的严峻环境，诸多矛盾叠加、风险挑战显著增多。统筹发展和安全就是要科学把握国家安全形势发展变化新特点新趋势，有效防范化解各类风险挑战，从而为中国式现代化建设提供保障。

一　国际环境向着复杂、多变和脆弱的方向演变

在全球经济形势日益严峻和国家之间利益格局失衡的背景下，世界百年未有之大变局进入加速演变期，地缘政治冲突愈演愈烈，我国

① 乌尔里希·贝克：《风险社会》，何博闻译，译林出版社 2004 年版，第 7 页。

面临的国际环境向着复杂、多变和脆弱的方向演变。

首先，国际环境的复杂性大大增加。国际环境的复杂性主要体现在世界多极化更趋明朗导致国际格局深刻调整演变、国与国相互依赖相互影响持续加深、竞争博弈手段多样化等多个方面。从世界多极化来看，苏联解体之后美国成为世界唯一的超级大国，然而随着新兴市场国家和发展中国家群体性崛起，世界向着“多极化时代”逐渐过渡，国际力量对比正加速朝着趋于均衡的方向发展。世界多极化是不可逆转的大趋势，但这一过程将十分漫长，并且会伴随多次反复甚至冲突对抗。从国与国依存关系来看，全球分工体系进一步深化，从产业间分工到产业内分工，再到产品内分工，各国之间变得“你中有我、我中有你”，风险传导也变得更加迅速，局部问题可能会迅速扩散为全球性问题，对各国安全治理造成挑战。从大国竞争来看，博弈领域已经遍布政治、军事、科技、经济等诸多领域，博弈主体变为政府、企业、社会组织等多主体协同参与，博弈手段包括政治颠覆、军事参与、经济制裁、文化渗透、科技控制等多种方式。

其次，国际环境的多变性大大增加。国际环境的多变性主要体现在西方国家政治格局的不稳定和中美关系的恶化。从西方国家政治格局来看，政治“右转”势头加强，反传统、反建制、反精英思潮上升，民粹主义、身份政治、宗教政治化进一步抬头，对这些国家传统政治格局造成严重冲击，也带来世界政治格局的不稳定性。从中美关系来看，美国调整对华政策，将中国视为最主要竞争对手和最重大地缘政治挑战，在政治、经济、外交等各个领域对中国进行打压遏制，严重危害全球产业链供应链发展，破坏国际经济和世界贸易秩序、规则。

最后，国际环境的脆弱性大大增加。国际环境的脆弱性主要体现在军事冲突频发、经济风险增加、粮食危机加剧。从军事冲突来看，乌克兰危机愈演愈烈，引发大国之间大规模冲突或局部战争的可能性迅速增加。同时，美国通过军事部署、海上巡航等手段，插手台海和南海问题，试图干预地区争端，导致了亚太地区安全局势的紧张。从经济风险来看，受前期量化宽松货币政策影响，美国和欧洲国家出现了严重的通货膨胀，为此 2022 年 3 月开始，美国和欧洲国家进行了持续加息，这也使得原本就十分脆弱的全球金融系统变得更加危险。[①] 从粮食危机来看，受新冠疫情、气候变化、地缘冲突升级等因素影响，粮食生产和运输变得更加困难，未来可能引发全球范围的粮食危机。

二　国内环境处于各类风险易发高发期

全面建成小康社会为我国全面建设社会主义现代化国家创造了良好条件，但是随着我国社会主要矛盾变化和国际力量对比的深刻调整，我国发展面临的各种风险挑战也急剧增加。一般来讲，一个国家在跨越中等收入陷阱的过程中，往往更容易出现收入差距扩大、产业转型升级困难、资源环境条件恶化甚至社会动荡等问题。2022 年我国人均 GDP 为 12720 美元，尚未达到世界银行高收入国家门槛标准 13205 美元。跨越中等收入陷阱实质上是发展中国家从后发追赶向超越领先的转变，往往是发展历程中最为艰难的爬坡阶段，当前我国经济面临一些困难和挑战，很大程度上是跨越中等收入陷阱所必须承担的“阵痛”，必须要通过转型来进入新的发展阶段。[②] 现阶段，我国经济主要面临四个方面重大风险。

首先，宏观经济过快下滑风险。受居民消费大幅下滑、民间投资和房地产投资萎缩、世界经济不景气等因素影响，我国经济增长面临着较大压力，2022 年我国经济增速仅为 3%，处于多年以来的较低水平。随着我国经济规模越来越大，经济增速放缓是必然的，但如果经济增速过快下滑，就会带来很多问题，对国家安全造成不利影响。例如，我国青年失业率上升，年度均值从 2018 年的 10.8%，上升到 2022 年的 17.6%，显示出问题的顽固性、严重性。青年失业可能会引发一系列的社会问题，不仅容易造成青年焦虑等心理问题，而且也

① 原磊：《认识当前宏观经济形势的四重逻辑》，《价格理论与实践》2023 年第 8 期。
② 原磊：《认识当前宏观经济形势的四重逻辑》，《价格理论与实践》2023 年第 8 期。

会对所在家庭造成严重困扰，影响社会的安全稳定。其次，金融风险。防范化解金融风险，特别是防止发生系统性金融风险，是我国必须要坚持的底线。当前，我国要防范外部输入风险，在美欧国家持续加息的作用下，全球金融体系已经十分脆弱，避免国外突发事件对我国金融体系的冲击。同时，也要防范内源性风险，近年来我国地方债规模持续扩大，对地方政府财政造成巨大压力，2023 年 5 月我国地方政府债务余额为 375579 亿元，要避免地方债风险积累到一定程度，引发区域性、全局性、系统性的金融风险。再次，产业链供应链风险。我国已经建立了世界上门类最为齐全的产业体系，但大量企业都是集中在产业链低端环节，而产业链高端环节往往由国外企业把控，很多关键零部件、关键原材料、关键设备往往依赖于从国外进口。一旦国外企业停止提供，我国就面临“卡脖子”问题。核心技术“卡脖子”风险会严重影响我国产业链供应链安全，从而影响到国家经济安全。最后，房地产风险。房地产的风险既体现在房地产企业倒闭对金融系统造成冲击，也体现在购房群体因无法偿还购房贷款，而导致的断供、弃房等问题。[①] 目前，我国很多房地产企业由于销量大幅下滑导致资金难以回笼，因此频繁“爆雷”；同时，因为房价下跌、购房者收入下滑、期房“烂尾”无法按时交房等原因，导致“断供房”数量急剧增加。

三 信息技术快速发展对国家安全带来新挑战

信息技术快速发展带来了生产方式和生活方式的根本性变革，极大地促进了生产力的提高，但也带来了网络安全和数据安全等非传统安全问题。网络安全和数据安全事关党的长期执政，事关国家长治久安，事关经济社会发展和人民群众福祉。首先，信息技术快速发展对人民安全带来挑战。随着信息技术的快速发展，大数据已经成为人们生活中不可或缺的一部分，消费者通过提供部分个人数据，从而获得企业更有针对

① 原磊：《认识当前宏观经济形势的四重逻辑》，《价格理论与实践》2023 年第 8 期。

性和个性化的服务。然而，这一过程中可能会出现个人隐私泄露和数据滥用问题，从而对人们的信息安全造成损害。据 Risk Based Security（RBS）“Data Breach Report：2021 Year End”数据显示，2021 年全球公开披露的数据泄露事件 4145 起，共导致超 220 亿条数据泄露，造成数据泄露的原因主要包括黑客入侵、内部人泄露、工作失误等。除了个人隐私数据，还有一些非常敏感的特殊数据，包括生物信息、基因信息和健康数据等，一旦被滥用，将会直接影响人民生命安全。其次，信息技术快速发展对政治安全带来挑战。目前，全球意识形态斗争形势错综复杂，美国等西方国家借口“网络自由”而窃取其他国家数据，针对重点领域和重点人群进行策反，进行意识形态输出，发动颜色革命，对国家政治安全造成严重损害。随着 Chat GPT 被广泛应用，生成式人工智能开始成为人们获取信息的重要渠道，西方国家通过选择性的数据采集和有偏性的算法，对敏感信息进行过滤和控制，对我国意识形态安全造成严重威胁。最后，信息技术快速发展对维护国家利益带来挑战。当前已经进入数字化、智能化为主导的时代，数据已经成为数字经济时代的基础性资源、重要生产力和关键生产要素。数据资源正成为塑造国家核心竞争力的战略制高点，数据资源的多寡则决定了一国参与国际竞争能力的高低，也直接影响该国在国际社会中的数据影响力乃至政治经济影响力。[①] 我国人口规模巨大，经济活动频繁，且市场需求层次丰富、类型多元，是世界上数据资源最为丰富的国家之一，因此数据资源也成为国外竞争者争相窃取的对象。国外对我国数据的窃取，既包括一些经济社会活动的重要数据，也包括很多个人隐私数据和敏感数据。数据被窃取不仅会造成国外竞争者对我国数字产业发展进行打压，损害国家利益，也会带来严重的安全隐患。

第三节　践行总体国家安全观统筹发展与安全

在错综复杂的安全形势下，必须要坚持系统观念，加强前瞻性思考、

① 保建云：《大数据、人工智能与超级博弈论——新时代国际关系演变趋势分析》，《国家治理》2019 年第 11 期。

全局性谋划、战略性布局、整体性推进，统筹国际国内两个大局，办好发展安全两件大事。习近平总书记准确把握时代特征和中国国情，提出了总体国家安全观，成为我国统筹发展与安全工作的基本遵循。

一 总体国家安全观的内涵体系

总体国家安全观是一种整体性国家安全理念，总体安全要达到的目的是各类安全问题耦合而产生的整体涌现效应，其强调各类国家安全要素之间的相互联系与作用，而不是各类安全的简单相加。[①] 从国家安全要素来看，有“五位一体说”[②]“十一种要素说”[③] 和“十二种要素说”[④] 等不同观点。其中，“五位一体说”认为，国家安全要素主要包括人民安全、政治安全、经济安全、军事科技文化社会安全、国家安全五个方面；“十一种要素说”认为，国家安全要素主要包括政治安全、国土安全、军事安全、经济安全、文化安全、社会安全、科技安全、信息安全、生态安全、资源安全、核安全十一个方面；“十二种要素说”认为，除了“十一种要素说”中提到的安全要素，还应当包括国民安全，因为习近平总书记在讲话中谈道，“既重视国土安全，又重视国民安全”。实际上，无论是“五位一体说”，还是“十一种要素说”“十二种要素说”，都是对习近平总书记重要论述的不同角度阐释。从把握国家安全的原则来看，中央主要有过三种不同表述的“五对重要关系”。一是习近平总书记2014年首次明确提出总体国家安全观时，指出贯彻落实总体国家安全观必须既重视外部安全又重视内部安全，既重视国土安全又重视国民安全，既重视传统安全又重视非传统安全，既重视发展问题又重视安全问题，既重视自身安

① 王宏伟：《总体国家安全观视角下公共危机管理模式的变革》，《行政论坛》2018年第4期。

② 李黎：《贯彻落实总体国家安全观要义分析》，《党政干部论坛》2014年第7期。

③ 鞠丽华：《习近平总体国家安全观探析》，《山东社会科学》2018年第9期。

④ 刘跃进：《非传统的总体国家安全观》，《国际安全研究》2014年第6期。

全又重视共同安全。[①] 二是党的十九届六中全会审议通过的《中共中央关于党的百年奋斗重大成就和历史经验的决议》提出要“统筹发展和安全，统筹开放和安全，统筹传统安全和非传统安全，统筹自身安全和共同安全，统筹维护国家安全和塑造国家安全”[②]。三是习近平总书记在党的二十大报告中提出，要“统筹外部安全和内部安全、国土安全和国民安全、传统安全和非传统安全、自身安全和共同安全，统筹维护和塑造国家安全”[③]。综合来看，这三种表述中，实质上是提出了七对重要关系，需要我们在理解总体国家安全观中把握。

二　总体国家安全观的理论创新

总体国家安全观具有重大理论创新价值。第一，安全主体由单一到多元。过去谈国家安全时，国家往往是单一主体，其他主体，包括个人、组织、社会等往往被忽视，而总体国家安全观突破了传统国家安全的基本框架，强调统筹国土安全与国民安全，实质上是将多元化主体都纳入到国家安全的范畴之内。第二，安全内容由狭窄到广泛。过去谈国家安全时，安全内容往往是限定在政治安全、领土和主权安全、军事安全等传统安全，后来加上了经济安全、科技安全等部分非传统安全内容，而总体国家安全观强调统筹传统安全和非传统安全，提出了十二种国家安全要素，国家安全内容进一步丰富。第三，安全范围由注重外部到内外并重。过去谈国家安全时，往往是注重外部安全，而不注重内部安全，事实上内部安全是影响国家安全的直接因素，维护外部安全的根本目的还是要实现内部安全。当前，我国内部安全面临严峻挑战，社会矛盾凸显，恐怖主义、网络安全、信息安

---

① 习近平：《坚持总体国家安全观，走中国特色国家安全道路》，《人民日报》2014年4月16日第1版。

② 《中共中央关于党的百年奋斗重大成就和历史经验的决议》，《人民日报》2021年11月17日第1版。

③ 习近平：《高举中国特色社会主义伟大旗帜　为全面建设社会主义现代化国家而团结奋斗——在中国共产党第二十次全国代表大会上的报告》，人民出版社2022年版，第52页。

全、社会稳定等问题，这些都是威胁人民生命财产安全的重要因素。总体国家安全观强调统筹外部安全和内部安全，体现了对安全范围的拓展。第四，安全观念由自身安全到共同安全。过去谈国家安全时，往往推崇采用军事手段以威慑或防御外敌胁迫或入侵，将自身的安全建立在他国的不安全基础上，是一种零和博弈，结果导致世界安全环境更加恶化，而总体国家安全观提出统筹开放和安全、统筹自身安全和共同安全，实质上是要在深化对外开放中构建人类命运共同体，形成世界各国互惠互利、相互依存的动态平衡。第五，安全手段由防御到塑造。过去谈国家安全时，往往是强调对不安全因素的防范，是在已有国际规则下更好地维护国家利益，是一种被动防御的逻辑，而总体国家安全观强调统筹发展与安全、统筹维护国家安全和塑造国家安全，实质上是要在发展中提升自身实力，更多地参与国际规则的制定，从而营造更加有利的内部和外部环境，更好地保障国家安全。

三　总体国家安全观与新发展理念的逻辑联系

高质量发展就是能够很好地满足人民日益增长的美好生活需要的发展，是能够贯彻新发展理念的发展，在经济增长上实现质量变革、效率变革、动力变革。在中国式现代化新征程上，必须要在保障国家安全的基础上推进高质量发展。践行总体国家安全观是贯彻新发展理念的基础。第一，要实现创新发展必须践行总体国家安全观。中国经济经过多年发展以后，目前已经成为世界第二大经济体，必然要从粗放式发展向集约式发展转变，必然要由要素扩张驱动转为全要素生产率提升驱动，必然要使创新成为引领发展的第一动力。然而，我国科技创新仍存在原始创新不足、重点产业核心关键技术受制于人、创新体系不完善等短板。这些都对我国的科技安全造成严重挑战。对我国来讲，要想成为世界科技大国，发挥科技对高质量发展的引领作用，就必须要践行总体国家安全观，积极应对科技发展带来的新挑战新问题，将科技发展的主动权牢牢掌握在自己手里。第二，要实现协调发展必须践行总体国家安全观。当前我国经济发展的不协调问题十分突出，既体现在产业之间的不协调，也体现在区域发展的不协调。从产业来看，我国产能过剩和产能不足并存，大量企业集中在低端环节，而在高端环节面临着严重的“卡脖子”问题，对我国的经济安全造成严重威胁；从区域来看，我国区域发展差距依然较大，部分地区面临着生态环境恶化、产业升级困难、地方债等问题，威胁经济社会稳定。为此，必须要践行总体国家安全观，增加产业发展协调性和区域发展协调性，从而更好地维护国家安全。第三，要实现绿色发展必须践行总体国家安全观。生态环境问题已经成为全球面临的共同威胁，我国作出了2030年前实现“碳达峰”、2060年前实现“碳中和”的承诺，为全球应对气候变化注入了强劲动力。为此，我们必须要践行总体国家安全观，保障生态安全，坚持节约能源和保护环境的基本国策，推动低碳发展，实现生态环境质量的持续好转，同时要保障资源安全，维护能源供应链产业链稳定，保障国家经济社会发展。第四，要实现开放发展必须践行总体国家安全观。深度融入国际分工体系，以开放促改革、促发展，是我国经济实现高速发展的重要原因。习近平总书记多次强调，“中国开放的大门不会关闭，只会越开越大”①。然而，在开放过程中，我国面临着西方发达国家的围堵和遏制，不仅加剧了世界的不稳定因素，也会对我国国家利益造成严重损害。为此，我们必须要践行总体国家安全观，在开放发展中既要合作共赢，也要坚持斗争，为我国发展创造更加公平、更加有利的外部环境。第五，要实现包容发展必须践行总体国家安全观。包容发展是中国共产党的根本宗旨决定的，是我们一切工作的根本价值取向。为了实现包容发展，必须要在维持经济社会稳定的基础上，改进居民收入分配和区域收入分配，从而让发展成果惠及更多人民。为此，必须要践行总体国家安全观，处理好发展和稳定的关系，更好地维护群众利益，保障人民群众的生命财产安全。

---

① 习近平：《习近平著作选读》（第2卷），人民出版社2023年版，第143页。

第四节　以新安全格局保障新发展格局

以国内大循环为主体、国内国际双循环相互促进，既是我国应对国际形势变化，防范风险和不确定性的战略性调整，也是我国解决国内深层次问题，实现经济社会转型发展的必然选择。[①] 构建新发展格局必须要通过新安全格局来保障，只有站在统筹发展和安全的高度认识和理解构建新发展格局，才能获得内外循环互为条件、彼此依托、不可割裂的整体视角，并将重心放在构筑起强大的国内经济循环体系和稳固的基本盘上。[②] 以新安全格局保障新发展格局，必须要坚持总体国家安全观，健全国家安全体系，着力增强维护国家安全能力，增强我国在复杂发展环境中的生存力、竞争力、发展力、持续力。

一　以新安全格局保障国内大循环为主体

国内大循环为主体是我国应对国际形势变化，主动调整发展战略的重大举措，其内涵在于更好地挖掘我国经济发展的内部潜力，更好地把握经济发展的主动权。坚持以国内大循环为主体，有利于化解外部冲击和各类风险带来的影响，有利于在极端情况下保障我国经济基本正常运行和社会大局总体稳定。改革开放以来，我国经济在经济全球化背景下快速发展，在全球分工体系中的地位越来越重要，然而随着经济体量逐渐增加，经济运行风险也逐渐积累，安全问题也更加凸显。为此，必须要以新安全格局保障国内大循环为主体。一是坚定维护改革发展稳定大局。改革、发展、稳定是我国社会主义现代化建设的三个重要支点。改革是经济社会发展的强大动力，发展是解决一切

① 原磊：《以畅通国民经济循环为主构建新发展格局》，《中国井冈山干部学院学报》2020 年第 6 期。

② 高培勇：《构建新发展格局：在统筹发展和安全中前行》，《经济研究》2021 年第 3 期。

经济社会问题的关键，稳定是改革发展的前提。我们要推动生产要素市场化改革，着力解决制约经济社会发展的体制机制问题，释放经济发展动力，同时也要注重维护社会公平正义，牢牢把握以人民为中心的发展思想，把改善人民生活作为正确处理改革、发展、稳定关系的结合点，促进经济社会发展大局的安全稳定。二是牢牢守住不发生系统性风险底线。保持宏观经济政策稳定性和针对性，避免宏观经济运行的大起大落，高度重视就业、物价、房地产等指标，避免对民生领域造成冲击。积极主动化解地方债风险、房地产风险，提供足够的流动性，满足合理融资需求，修复融资预期，防止形成区域性、系统性金融风险。畅通经济循环中的各类堵点、断点，加快建设高效规范、公平竞争、充分开放的全国统一大市场，促进商品和生产要素在更大范围内畅通流动和高效配置。及时清理废除各地区含有地方保护、市场分割、指定交易等妨碍统一市场和公平竞争的政策，优化市场竞争秩序，从而更好地激发我国超大市场规模优势，全面释放强大国内市场潜力。三是着力解决人民群众反映强烈的安全问题。更好地保障安全是提高人民群众获得感和幸福感的重要途径。历史一再表明，人民安全问题解决不好，势必会造成社会不稳定，甚至危及国家安全。在畅通国内大循环过程中，要重点抓好安全生产、食品药品安全、防范重特大自然灾害、维护社会稳定等工作，避免一些突发因素对正常生产生活秩序造成冲击。对于一些群众反映强烈的安全问题，要协调各方面资源，集中力量进行解决，及时发现和消除不稳定因素。

二 以新安全格局保障国内国际双循环相互促进

国内国际双循环相互促进是我国提高资源配置效率，促进经济高质量发展的必然选择，其内涵在于更好地实现内外经济循环的联动，在全球范围集聚和利用资源，增强我国产业国际竞争力和经济发展动力。事实上，在全球经济开放发展的今天，国内循环和国际循环很难割裂开来，而是相互融合、相互促进。[①] 从生产要素市场来看，人才、资本、技术、土地等生产要素必须要形成特定组合才能更好地发挥作用，而对我国来讲必然存在相对过剩的生产要素和相对不足的生产要素，生产要素在国际市场上流动，有利于提升国内循环效率水平。从商品市场来看，消费活动本身是一个系统，必然涉及很多具有互补性的产品和服务，消费者对国内产品的需求也会带来对进口产品的需求，因此为更好地满足人民日益增长的美好生活需要，就必须要同时增加本国商品和进口商品的消费。然而，生产要素和商品在全球范围流动的同时，必然会带来一些安全问题，需要积极主动地进行防范和化解。为此，必须要以新安全格局保障国内国际双循环相互促进。一是维护好政权安全、制度安全，坚决打赢意识形态领域斗争主动仗。我们治国理政的根本就是中国共产党的领导和社会主义制度，这也是我们从革命胜利走向中华民族伟大复兴的根本依靠。然而，中西方意识形态存在根本性差异，在制度上也大相径庭。为此，在推动国内国际双循环时，必须要高度重视政治安全，尤其是防止国外对我国政治渗透、文化渗透，防范对我国政权和社会主义制度的颠覆、破坏。二是保障粮食、能源、重要资源的供给安全，确保产业链供应链稳定安全。保障粮食、能源、重要资源供给是关系国计民生的大事，更是实现经济发展、社会稳定、国家安全的基础，同时还要提高产业链供应链的稳定性和安全性，从而实现国民经济的平稳运行。然而，从实际情况来看，中国在部分能源和重要资源上还严重依赖进口，在产业链供应链上也存在“卡脖子”问题，这些都成为制约中国经济健康发展的重要因素。为此，在深化对外经济合作中，必须要坚持总体国家安全观，高度重视粮食安全、能源安全、资源安全和产业安全，以高水平安全保障高质量发展。三是强化科技自立自强，维护生物、网络、人工智能、数据等新兴领域国家安全。科技水平是一个国家的根本实力，也是国家安全的根本保障。中国要想保障自身安全，必须要通过

---

① 原磊：《以畅通国民经济循环为主构建新发展格局》，《中国井冈山干部学院学报》2020 年第 6 期。

持续的科技创新，不断提升自身的技术实力，从而实现科技的自立自强。尤其是在生物、信息等新兴领域，大国之间的竞争已经主要演变为国家行为体综合运用各类政策手段争夺技术权力的过程，在这个过程中技术能力更加充分地体现为国家安全能力。为此，必须要将科技自立自强作为提高安全能力的根本途径，不断提升科技安全、生物安全、信息安全等，强化科技支撑维护国家安全。

（本章执笔：原磊）

政策实践

第二十一章
完善政府激励机制

“做对激励”和政府推动是改革开放以来中国经济持续快速增长的关键，而以要素价格市场化形成机制改革为核心的“做对价格”是全面深化改革和高标准市场体系建设的目标，也是根治长久以来资源配置效率低下、经济增长方式粗放的根本途径。“做对价格”与“做对激励”是否有内在关联？要素价格市场化改革会对中国经济增长，特别是政府激励机制产生哪些影响？这是研究中国经济发展模式和增长前景不能回避的问题。从政府推动增长模式转向市场驱动增长模式之际，要素价格市场化改革中出现的地方政府“积极性不足”是否具有必然性？对这些问题的系统性回答，需要在更深层面上审视改革开放以来的中国经济增长模式。

第一节　激励机制与中国经济增长

一　政府激励是中国经济增长奇迹的重要制度成因

“做对激励”是中国增长奇迹的密码，也符合发展中国家的一般原则。[①] 相对于苏东激进式改革强调的“做对价格”，“做对激励”是更深层的制度因素。[②] 文献主要强调两种机制：以尊重地方利益为核

① 威廉·伊斯特利：《经济增长的迷雾》，姜世明译，中信出版社 2016 年版。

② 王永钦、张晏、章元等：《中国的大国发展道路——论分权式改革的得失》，《经济研究》2007 年第 1 期。

心，通过分税制确立的财政激励机制和干部选拔机制下对地方官员以GDP考核为主的“晋升锦标赛”模式。考虑到发展中国家存在“交易胜过规则”的情况，[①] 在白重恩等的“特惠模式”下，有限政府生产资源必须按照非市场方式配置。[②]

财政制度改革为地方政府提供了做大市场的财政激励，[③] 政治集权是导致中俄转型绩效差别的关键制度因素，[④] 财政激励和官员激励构成了中国特有的增长政治经济学。钱颖一[⑤]把激励问题总结为财税激励、干部激励和地方竞争。政治集权与财政分权结合，构成“中国式分权”。

激励地方政府就是发挥“地方积极性”。新中国对地方积极性重要性的认识，从第一个五年计划延续至今。党的十八届三中全会审议通过的《中共中央关于全面深化改革若干重大问题的决定》（以下简称《决定》）提出“建立现代财政制度，发挥中央和地方两个积极性”，是对政府激励重要性的确认。历史经验表明，发挥地方积极性必须尊重地方利益。从1950年统一财经开始，历经1958年和1966年两轮体制下放，再到改革开放初期的财政包干制和1994年分税制，地方利益以全部和部分剩余财政索取权的形式逐步得到制度化确认。[⑥]

近年来中央屡次发文调动地方积极性。2018年国务院办公厅发布《关于对真抓实干成效明显地方进一步加大激励支持力度的通知》（国办发〔2018〕117号），把2016年提出的24项激励措施调整增加到30项。2019年党的十九届四中全会提出“健全充分发挥中央和地

---

① Hallward-Driemeir, M., and L. Pritchett, 2015, "How Business is Done in the Developing World: Deals versus Rules", *Journal of Economic Perspective*, 29 (3): 121-140.

② Bai, C., Hsieh C., and Song Z., 2019, "Special Deals with Chinese Characteristics", *NBER Macroeconomics Annual 2019*, University of Chicago Press, 34 (1): 341-379.

③ Montinola, G., Qian, Y., and B. R. Weingast, 1995, "Federalism, Chinese Style: The Political Basis for Economic Success in China", *World Politics*, 48 (1): 50-81.

④ Blanchard, O., and A. Shleifer, 2001, "Federalism with and without Political Centralization: China Versus Russia", *IMF Staff Papers*, 48 (4): 171-179.

⑤ 钱颖一：《理解经济学研究》，《经济学报》2017年第1期。

⑥ 财政包干制是给予地方包干额之外全部剩余财力索取权，分税制（实质是基于主体税种的分成制）是中央与地方按比例分享剩余财力索取权。中国当前的分税制基本上是基于主体税种的分成制。

方两个积极性体制机制”[①]。

总结近年来地方政府积极性不足、不作为的事实，是为了提出新问题。不论未来政府激励如何重构，传统地方政府激励制度已经失效。这在理论上可能来自两个层面：一是经济领域的传统激励措施不能适应经济发展新需要，二是全面深化改革涵盖了五位一体，非经济领域大多是原有激励制度不能涵盖的。新激励措施的构建，可能会限制经济领域原有激励措施的有效性。张军等[②]发现，2013 年地方官员考核体系改革后，GDP 增速弱化和环境保护强化显著影响地方政府投资行为。无论如何，相对于经济体制改革阶段“做对激励”而言，地方政府在经济领域的原有激励制度已经失效。

二　渐进式市场化改革路径：从产品市场到要素市场

价格是市场配置资源的基本手段。经济市场化改革必需推进价格改革。20 世纪 90 年代转型经济学对中国渐进式市场化增长绩效的分析，以苏东国家的休克疗法作为比较对象。在林毅夫等[③]比较制度分析的“三位一体”体制中，由低利率、低汇率、低工资和低物价组成的宏观政策环境扭曲与价格改革密切相关。产品价格逐步放开过程中，价格双轨制和财政补贴保证政治阻力最小化，让改革没有输家。[④] 价格扭曲带来产出损失，要素错配衡量了要素配置偏离新古典最优值所产生的生产率损失。把中国资本和劳动错配纠正到美国水平，可以使制造业 TFP 提高 30%—50%。[⑤] 市场化过程中扭曲程度不

---

① 《中共中央关于制定国民经济和社会发展第十四个五年规划和二〇三五年远景目标的建议》的提法是“坚持全国一盘棋，更好发挥中央、地方和各方面积极性”。

② 张军、樊海潮、许志伟等：《GDP 增速的结构性下调：官员考核机制的视角》，《经济研究》2020 年第 5 期。

③ 林毅夫、蔡昉、李周：《中国的奇迹：发展战略与经济改革》，格致出版社 1999 年版。

④ Lau, L. J., Qian Y., and G. Roland, 2000, “Reform without Losers: An Interpretation of China's Dual-Track Approach to Transition”, *Journal of Political Economy*, 108 (1): 120-143.

⑤ Hsieh, C., and P. J. Klenow, 2009, “Misallocation and Manufacturing TFP in China and India”, *Quarterly Journal of Economics*, 124 (4): 1403-1448.

断下降，对提高资源配置效率至关重要。[①] 国企抓大放小改革和民营企业成长，改善了资源配置效率。

要素价格市场化形成机制是价格改革和要素市场改革的交汇点。2020 年《中共中央 国务院关于构建更加完善的要素市场化配置体制机制的意见》（以下简称《意见》）提出要“加快推进要素价格市场化”，让市场供求在生产要素价格形成机制中起决定性作用。[②] 从中国改革的问题导向特征出发，我们可以认为“加快推进要素价格市场化”的政策提法，在问题层面上印证了要素市场定价目标尚未实现。

推进要素价格市场化的提法由来已久。《意见》是党的十八届三中全会《决定》关于要素改革的专门安排。党的十八大以来，经济体制改革的总体思路是通过减少政府直接干预、推动要素价格形成机制市场化，让市场在资源配置中发挥决定性作用。其实，早在 2005 年制订“十一五”规划、提出转变增长方式重大命题时，土地、水、能源、矿产品等要素价格过低，不能反映市场供求的问题就已非常突出。[③] 但在改革开放的前 30 年，要素价格形成机制改革尚未进入实质性阶段。[④]

从转型国家视角看，20 世纪 90 年代苏东国家经济改革更关注“做对价格”。世界银行、IMF 和美国政府主推以自由化、私有化和去管制化为核心的“华盛顿共识”，强调劳动力、利率和汇率“自

---

① Zhang, X., and Tan K., 2007, “Incremental Reform and Distortions in China’s Product and Factor Markets”, *The World Bank Economic Review*, 21 (2): 279-299.

② 2021 年国务院在《意见》基础上出台了《要素市场化配置综合改革试点总体方案》。按照时间逆序，党的十八大以来强调要素价格市场化形成机制改革的文献至少还有：党的十九届四中全会报告提出“推进要素市场制度建设，实现要素价格市场决定、流动自主有序、配置高效公平”；党的十九大报告提出“经济体制改革必须以完善产权制度和要素市场化配置为重点……加快要素价格市场化改革”；2015 年《中共中央 国务院关于推进价格机制改革的若干意见》提出全面深化价格改革，“推进水、石油、天然气、电力、交通运输等领域价格改革”；党的十八届三中全会提出“完善主要由市场决定价格的机制。凡是能由市场形成价格的都交给市场，政府不进行不当干预。推进水、石油、天然气、电力、交通、电信等领域价格改革，放开竞争性环节价格”。

③ 张卓元：《中国经济学 40 年：1978—2018》，中国社会科学出版社 2018 年版。

④ 温桂芳：《价格改革 30 年：回顾与思考》，《财贸经济》2008 年第 11 期。

由定价”。[①] 无论是考虑中国要素领域改革的问题导向，还是按华盛顿共识的经济学框架，拉美和苏东国家的价格改革都可能比中国更彻底，在市场价格形成机制上更“正确”。[②] 但这些“自由定价”改革产生的增长绩效，远逊于中国的渐进式改革。

中国采用了从产品市场到要素市场的渐进式改革次序，从消费品起步，最终扩展到资源价格和要素价格。重大事件是 1979 年提高农产品收购价、1985 年放开消费品价格和 1991 年取消工业生产资料价格双轨制。1992 年国家物价局修订中央管理价格目录时，重工业和交通运输价格由 737 种减少到 89 种，一次放开近 88%。1997 年通过的《中华人民共和国价格法》规定“大多数商品和服务价格实行市场调节价，极少数商品和服务价格实行政府指导价或者政府定价”，极大地压缩了政府定价范围。[③] 中国用 15 年时间完成了产品价格市场化改革。[④] 商品零售、农产品收购和生产资料出厂环节的市场调节价比重，分别从 1978 年的 3.0%、5.6% 和 0，增加到 2000 年的 95.8%、92.5%和 87.4%。[⑤] 2015 年版《中央定价目录》将定价项目从 100 项减少到 20 项，范围限定在重要公用事业、公益性服务和网络型自然垄断类；2020 年版《中央定价目录》再度缩减政府定价项目 30%。[⑥]

2013 年以前的要素市场化改革滞后非常明显。在樊纲等的中国市

---

① 早期“华盛顿共识”包括十个方面：财政纪律、支出方向、税收改革、利率自由化、竞争性汇率、贸易自由化、放松外资管制、私有化、去管制化、保护产权。扩展版本又增加十个方面：公司治理、反腐败、弹性劳动市场、WTO 协定、金融标准化、资本账户审慎开放、非中间汇率制度、央行独立、社会安全网和减贫目标。

② 吴敬琏：《当代中国经济改革教程》，上海远东出版社 2010 年版。

③ 《中华人民共和国价格法》于 1997 年 12 月 29 日通过，1998 年 5 月 1 日起实施。第十八条规定政府指导价或者政府定价的范围为：（一）与国民经济发展和人民生活关系重大的极少数商品价格；（二）资源稀缺的少数商品价格；（三）自然垄断经营的商品价格；（四）重要的公用事业价格；（五）重要的公益性服务价格。

④ 张维迎：《价格改革》，载王梦奎主编《中国改革 30 年》，中国发展出版社 2009 年版。

⑤ 成致平：《价格改革三十年（1977—2006）》，中国市场出版社 2006 年版。

⑥ 2020 年版的《中央定价目录》删除的价格和收费项目包括铁路、民航、港口、邮政、银行，以及食盐、代办签证服务、国家储备糖肉交易服务、增值税税控系统产品及维护服务、学历学位认证服务和公民身份认证服务。剩余的七类是输配电、油气管道运输、基础交通运输、重大水利工程供水、重要邮政服务、重要专业服务、特殊药品及血液。

场化指数系列报告中，要素市场发育在五个分指数中一直得分最低。① 在世界银行营商环境报告的“开办企业”指标中，2013年前中国几乎与伊拉克和刚果并排垫底。② 这些要素市场指标与增长奇迹完全不能匹配。近年来中央大力改善营商环境，但与资本形成直接相关的“信贷获得”指标2019年得分依然最低。③ 正因如此，《意见》才提出“完善主要由市场决定要素价格机制，推动要素配置依据市场规则、市场价格、市场竞争实现效益最大化和效率最优化”。要素改革的目标，就是实现“做对（要素）价格”。

即使2000年后产品市场定价已经相对完善，但如果把产品价格看作要素价格的成本加成，要素价格不正确也很难让产品价格正确，因为非市场定价的要素价格会向产品端和服务端传导。这样看来，如果2013年以来全面深化改革重点是“做对要素价格”，那么也会通过市场体系来实现彻底“做对价格”。

三　市场扭曲与政府激励关联：扭曲激励机制

要素扭曲错配文献与政府激励文献在理论和实证上平行推进，这两类常选择相同的实证指标，例如财税、外资和土地等生产要素。④ 本节用扭曲激励机制将二者结合，深化对中国经济增长机制的

---

① 樊纲、王小鲁、马光荣：《中国市场化进程对经济增长的贡献》，《经济研究》2011年第9期。樊纲等制作的中国市场化指数的5个分指数分别是政府与市场的关系、非国有经济的发展、产品市场发育程度、要素市场发育程度和市场中介组织发育和法制环境。

② Bai, C., Hsieh C., and Song Z., 2019, “Special Deals with Chinese Characteristics”, *NBER Macroeconomics Annual 2019*, University of Chicago Press, 34 (1): 341-379.

③ 在190个国家中，2020年中国全球营商环境总体排名第31位，得分77.9分，比2019年的74分多了3.9分。各个分项中得分最低项“信贷获得”只有60分，与2019年持平，全球排名第80名，在10个分项中排名第二靠后。除了“信贷获得”之外，其余9项得分都较2019年有所增加。参见 https://chinese.doingbusiness.org/zh/data/exploreeconomies/china。

④ 李力行、黄佩媛、马光荣：《土地资源错配与中国工业企业生产率差异》，《管理世界》2016年第8期；Chen, T., and J. K. Kung, 2019, “Busting the ‘Princelings’: The Campaign Against Corruption in China’s Primary Land Market”, *The Quarterly Journal of Economics*, 134 (1): 185-226。

理解。

发展中国家经济增长表现出两阶段特征，常见划分是从古典增长到现代增长[①]、从粗放到集约[②]、从模仿到创新、从知识扩散到新知识、从交易到规则[③]等。张晓晶等发现，发展初期推动增长的“良性扭曲”在高收入阶段可能不复存在。[④]

价格机制也是一种激励机制，“做对价格”不是“做对激励”的充分条件，理论上产生了“正确激励”建立在“错误价格”上的可能性。图 21-1 纵向机制已经表明：经济体制改革阶段市场虽然没有起决定性作用，但有效政府激励带来了快速增长；到全面深化改革阶段可能会出现新情况：扭曲消除、要素错配得到纠正，但传统政府增长激励消失。

价格机制和激励机制，及其对应的市场和政府，在经济增长的任何时点都同时存在并发挥作用。从总量生产函数看，要素投入、政府激励和产出增长同时发生。因此，尽管价格改革和激励改革都可以梳理成两个独立阶段，但市场价格和政府激励时刻关联。从理解增长模式的角度，有必要合并价格轴和激励轴，观察不同阶段市场价格和政府激励共同演化下的潜在产出增长轨迹（见图 21-1）。“经济体制改革”和“全面深化改革”的阶段划分，方便了两轴合并。

图 21-1 揭示了中国增长模式转变中的纵向机制与横向机制。纵向机制中每个时点的价格机制与激励机制同时起效，横向机制是不同阶段价格机制和激励机制的增长效果转变。我们将纵向机制的事实归纳为：经济体制改革阶段的有效激励机制以价格不完全市场化为前提，全面深化改革阶段推进（要素）价格市场化却可能面对政府激励失效。这对应了中国增长政治经济学的两阶段特征：经济体制改革阶段，尽管完全“做对价格”没有实现，但“做对激励”保证了 30 多

---

① 刘霞辉：《从马尔萨斯到索洛：工业革命理论综述》，《经济研究》2006 年第 10 期。

② 吴敬琏：《当代中国经济改革教程》，上海远东出版社 2010 年版。

③ Bai, C., Hsieh C., and Song Z., 2019. "Special Deals with Chinese Characteristics", *NBER Macroeconomics Annual* 2019, University of Chicago Press, 34 (1): 341-379.

④ 张晓晶、李成、李育：《扭曲、赶超与可持续增长——对政府与市场关系的重新审视》，《经济研究》2018 年第 1 期。

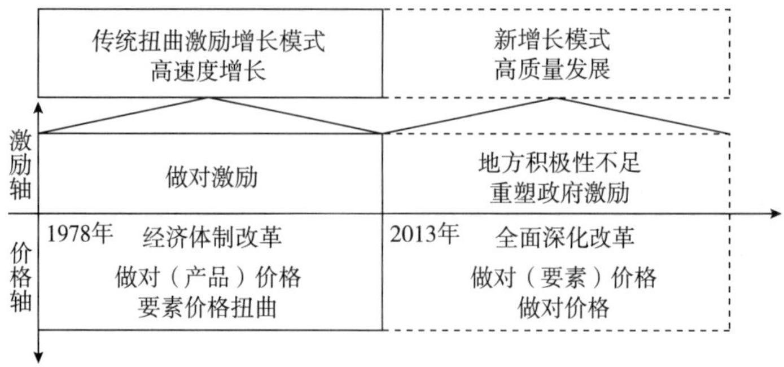

图 21-1　价格与激励：中国增长政治经济学的基本问题

年的高增长；全面深化改革阶段通过要素市场化改革让“做对价格”逐步实现，但“做对激励”效应逐步消失。我们把经济体制改革时期市场扭曲与政府激励共存的模式看作传统增长模式，把全面深化改革后市场决定性作用下的增长模式称为市场增长模式。本章的研究重点是扭曲和激励共存的传统增长机制，并观察其对于未来增长的可能影响。

第二节　政府激励与市场扭曲依存的基准特征

考虑到与政府激励制度和政府行为关联的要素价格扭曲更多具有宏观特征，我们选择连续性较好的省级数据。我们采用了应用广泛的指标，用两种数据衡量要素扭曲：省级层面制造业资本错配数据和樊纲等的分省市场化指数及其变体；用两种指标研究财政激励：初次分配领域的利用外资和再分配领域中的政府生产性偏向。通过多源数据交叉验证稳健性。

一　扭曲激励机制的基本方向

（一）变量与数据

1. 政府激励

（1）初次分配：利用外资。有效政府介入形成政府激励。政府激励变量中，文献对招商引资关注较多，通过招商引资可以直接促进资本形成和经济增长，属于典型的政府生产性服务例子。我们使用了在增长政治经济学中应用广泛的人均外商直接投资实际使用额。用年均汇率转换成人民币，折算成1997年基期。

（2）再分配：支出偏向。地方政府往往有特定财政支出偏向。支出偏向是对政府支出侧重或忽视的描述，例如侧重生产性支出和可视性公共品[①]，忽视非经济性公共物品[②]和社会性公共品[③]。本章选择生产性支出偏向概念，更好地描述计划时期以经济建设为主的“生产建设财政”和中国财政支出市场化转型过程。[④]

2. 主解释变量：要素扭曲

（1）市场化指数。樊纲等的市场化指数广泛用于衡量要素扭曲。需要留意的是，市场化指数是要素市场扭曲程度的反向指标：市场化指数越高，扭曲程度就越低。用市场化指数衡量扭曲有两种方式，第一种是直接用市场化指数或要素市场化指数，[⑤] 第二种是用要素市场化指数的相对差值构建要素扭曲指数。我们采用了两种方式，构造了张杰等[⑥]两个要素市场化指数度量，即要素扭曲指数1［（产品市场化指数-要素市场化指数）/产品市场化指数］和要素扭曲指数2［（总体市场化指数-要素市场化指数）/总体市场化指数］。

（2）资本扭曲。资本扭曲是要素扭曲的主体，特别是制造业资本错配。我们采用了资本扭曲的一般性定义：资本扭曲=（资本产出弹

---

① 吴敏、周黎安：《晋升激励与城市建设：公共品可视性的视角》，《经济研究》2018年第12期。

② 傅勇：《财政分权、政府治理与非经济性公共物品供给》，《经济研究》2010年第8期。

③ 李永友、张子楠：《转移支付提高了政府社会性公共品供给激励吗?》，《经济研究》2017年第1期。

④ 2007年的政府收支分类改革使得生产性偏向概念所涵盖的支出分类不可比，只能用插值法补齐。其中生产性支出包括1997—2006年的“基本建设支出、企业挖潜改造资金、地质勘探费、工业、交通、流通部门事业费、城市维护建设支出、政策性补贴支出”和2007—2019年的“农林水事务、城乡社区事务、交通运输、环境保护、工商业及金融”。

⑤ 张晓晶、李成、李育：《扭曲、赶超与可持续增长——对政府与市场关系的重新审视》，《经济研究》2018年第1期。

⑥ 张杰、周晓艳、李勇：《要素市场扭曲抑制了中国企业R&D?》，《经济研究》2011年第8期。

性×总产出）/（资本价格×资本存量）。资本存量以 1997 年为基期，采用永续盘存法估算［资本存量=（1-固定资本折旧率）×上一年的资本存量+固定资本形成额/固定资产投资价格指数］，1997 年资本存量是当年固定资本形成额/（几何平均增长率+固定资本折旧率），固定资本折旧率参考张军等设定为 9.6%。资本价格是贷款利率和资本所得税率的加总，贷款利率是中长期（1—3 年）人民币贷款基准利率，资本所得税率为［生产税净额×（1-劳动者报酬占 GDP 比重）］/资本存量。资本产出弹性用面板随机前沿分析法对劳均变量对数进行 Cobb-Douglas 生产函数估计得到，资本产出弹性为 0.688，处于可信区间内。总产出是 1997 年价格的 GDP。①

3. 控制变量

引入实际人均 GDP 对数表示发展水平，主要是因为扭曲与产出和产出增长的关系在不同阶段表现不同。② 用进出口总额/GDP 衡量对外开放程度、资本形成总额/GDP 衡量投资率。对人均利用外资对数和财政生产性偏向两个变量与人均 GDP 对数进行相关性分析，发现人均 GDP 对数与两个激励变量正相关。以上数据来自各年度《中国统计年鉴》，都是公开数据。西藏由于数据缺失不包括在内。

（二）实证结果

首先估计扭曲激励效应的符号方向。政府激励变量用财政生产性偏向，市场扭曲变量用樊纲等人的要素市场化指数。直接回归结果表明：市场化进程中市场化总指数、要素市场化指数的提高，倾向于加大地方财政生产性偏向。因为市场化指数是要素扭曲反向指标，表 21-1 数据显示市场扭曲与政府激励是负相关的：扭曲程度越深，政府激励越弱。控制投资率和对外开放结论也没有变。一旦控制人均 GDP，扭曲激励效应就会转向，在 1%水平上显著为正。表 21-1 中要素市场化指数或市场化总指数每提高 1 个百分点，地方财政生产性偏向降低 0.4 个或 0.9 个百分点。正激励效应下政府激励有效，符合政

---

① 中国资本产出弹性的估计值一般为 0.5—0.8。

② 张晓晶、李成、李育：《扭曲、赶超与可持续增长——对政府与市场关系的重新审视》，《经济研究》2018 年第 1 期。

府提供生产性服务的判断。正激励效应的存在，意味着扭曲带来有效政府激励，从而单独测算扭曲会高估产出损失。也意味着在特定发展水平的政府激励（特别是再分配领域以财政生产性支出偏向来度量）需要以市场扭曲为代价。①

表 21-1 扭曲激励效应的直接估计：财政生产性偏向

估计方法	RE	FE	FE	RE	FE	RE
要素市场化指数	0.930*** (0.106)	0.615*** (0.106)	-0.385*** (0.109)	—	—	—
市场化总指数	—	—	—	0.844*** (0.132)	0.599*** (0.130)	-0.872*** (0.132)
人均 GDP 对数	—	—	显著	—	—	显著
对外开放	—	显著	显著	—	显著	显著
投资率	—	显著	显著	—	显著	显著
常数	显著	显著	显著	显著	显著	显著
Hausman Chi (2)	2.37	12.26**	9.88*	2.46	18.36***	7.44

注：(1) 括号内为标准差，***、**、*分别代表在1%、5%和10%水平上显著。(2) 根据 Hausman 检验值及其显著性，表中回归分别采用固定效应 FE 和随机效应 RE 估计。(3) 保留三位小数，或者小数点后第一位有效数字，后面所有表格都是如此。(4) 省份 30 个，观测值 690 个。

二 扭曲激励机制的稳定性

（一）稳健性估计

稳健性分析采用多源数据和多种指标交叉验证，排除结果的偶然性和内生性。本部分用外资激励和两个要素扭曲指数、资本扭曲来估计扭曲激励效应。

表 21-2 结果显示，在控制人均 GDP 之前，要素扭曲指数 1、要素扭曲指数 2 都与利用外资负相关。控制人均 GDP 之后，要素扭曲

① 投资率和对外开放对政府激励的影响显著、方向相反；投资率倾向于加重财政偏向，对外开放与市场化方向相同，表明对内改革与对外开放具有一致性。

指数 2 的净效应显著转为正（1%水平），要素扭曲指数 1 为正但不显著。对利用外资来说，要素市场相对于总体市场的扭曲程度可能更重要。市场扭曲带来正向政府激励，与表 21-1 的财政生产性偏向衡量的正激励效应相同。表 21-2 右侧用笔者测算的资本扭曲替代市场化指数。[①] 理论上采用财政支出偏向比利用外资更精确，因为政府对财政生产性偏向有更强的控制力。在控制人均 GDP 后，资本扭曲对财政生产性偏向的净影响显著从负值（1%水平）转向正值（5%水平），再次验证了市场扭曲可以带来正向政府激励效应。[②]

表 21-2　基于要素扭曲 1、要素扭曲 2 和资本扭曲的扭曲激励效应

	政府激励变量：人均实际利用外资对数				政府激励变量：人均实际利用外资对数		政府激励变量：财政生产性支出偏向	
估计方法	RE	FE	RE	FE	FE	FE	FE	FE
要素扭曲指数 1	-1.270*** (0.139)	0.160 (0.108)	—	—	—	—	—	—
要素扭曲指数 2	—	—	-0.909*** (0.141)	0.421*** (0.102)	—	—	—	—
资本扭曲	—	—	—	—	-0.608*** (0.0292)	-0.049 (0.041)	-2.955*** (0.203)	0.671** (0.292)
人均 GDP 对数	—	显著	—	显著	—	显著	—	显著
Hausman Chi（2）	2.24	47.49***	1.60	47.83***	10.09***	55.15***	5.85*	11.01*

注：（1）括号内为标准差，***、**、*分别代表在 1%、5%和 10%水平上显著。（2）根据 Hausman 检验值及其显著性，表中回归分别采用固定效应 FE 和随机效应 RE 估计。（3）省份 30 个，观测值 690 个。（4）偶数列控制了对外开放和投资率，常数项高度显著。

---

① 我们还通过修改资本不变折旧率假设来重估资本扭曲的折旧规则，1978 年资本折旧率设定为 5%，之后每年增加 0.1%，扭曲激励效应无变化。

② 我们还尝试用实际利用外资增长率替代人均实际利用外资对数，同样发现市场化总指数与外资增长显著负相关，对应正向扭曲激励效应的判断。引入人均 GDP 后扭曲激励效应参数转向，参数显著性水平明显增强（从 10%以外提高到 1%以内）。

（二）内生性问题

市场价格机制和政府激励机制的共生性可能会延伸到扭曲激励机制中。省级面板很难找到对照组进行随机控制实验识别，我们采用了宏观发展理论中常用的基于发展数据时间序列特征的识别策略，用解释变量的滞后 1—3 期数据来控制内生性、避免反向因果。表 21-3 是用滞后 1 期解释变量对扭曲激励机制的重新估计。与表 21-1 和表 21-2 中的当期值回归结果相比，变量符号方向和显著性水平基本不变，正激励效应依然存在。不论政府激励强度采用财政支出偏向还是利用外资来衡量：在控制人均 GDP 后，以财政生产性偏向衡量政府激励，要素扭曲指数 1 和要素扭曲指数 2 的参数值明显变小，资本扭曲的负相关消失。对外资激励而言，要素扭曲指数 2 同样显示出更好的正向扭曲激励效应。[①]

表 21-3　　扭曲激励机制：滞后 1 期估计

政府激励变量：财政生产性偏向				政府激励变量：人均实际利用外资对数			
估计方法	FE	RE	FE	估计方法	FE	FE	FE
要素市场化指数（-1）	-0.256** (0.117)	—	—	要素扭曲指数 1（-1）	0.132 (0.114)	—	—
市场化总指数（-1）	—	-0.583*** (0.168)	—	要素扭曲指数 2（-1）	—	0.291** (0.119)	—
资本扭曲（-1）	—	—	0.306 (0.303)	资本扭曲（-1）	—	—	-0.063 (0.043)
人均 GDP 对数	显著	显著	显著	人均 GDP 对数	显著	显著	显著
Hausman Chi（2）	9.51*	7.17	10.50*	Hausman Chi（2）	45.62***	45.98***	53.35***

注：（1）括号内为标准差，***、**、*分别代表在 1%、5%和 10%水平上显著。（2）根据 Hausman 检验值及其显著性，表中回归分别采用固定效应 FE 和随机效应 RE 估计。（3）省份 30 个，观测值 660 个。（4）控制了对外开放和投资率，但投资率在人均利用外资中不显著；常数全部显著。

目前结论是：第一，验证了存在扭曲激励机制和正激励效应：扭

① 本章还引入解释变量的滞后 2 期和滞后 3 期，财政偏向依然有更好的估计效果。

曲和激励之间正反馈，可以带来扭曲损失之外的产出增加效应，让总产出损失低于单独扭曲测算结果；第二，人均 GDP 是影响正向扭曲激励效应估计的关键控制变量，控制人均 GDP 后的扭曲激励效应显著为正；第三，财政生产性偏向似乎比利用外资更适合作为政府激励度量。

正向扭曲激励效应意味着政府激励机制以市场要素扭曲为基础：强激励必伴随强扭曲，扭曲弱则激励弱。这验证了典型事实提到的，改革深化和市场起决定性作用导致市场扭曲减轻。

第三节　政府激励与市场扭曲的依存特征转变

用分界和分组两种方式，评估全面深化改革对扭曲激励效应的实质性影响。分界基准是 2013 年[①]，分组是用全国人均 GDP 把 30 个省份划分为高收入组和低收入组。[②] 分界分组相互有参照性，有助于澄清改革与发展的不同影响。张晓晶等[③]和张军等[④]的分析都以 2013 年为界，方便了结果比较。

一　改革与依存特征转变：按 2013 年分界

全面深化改革是否给正激励效应带来显著影响？表 21-4 上部两个政府激励变量都按 2013 年分界。结果显示，2013 年前后要素市场化指数对财政生产性偏向的响应方向和显著性没有发生明显变化，但强度有所下降。2013 年后要素市场化指数每提高一个百分点，财政生产性偏向从 2013 年之前的 0.8 下降到 2013 年以后的 0.4 左右。以

---

① 为了数据平衡，两个时间段都包含 2013 年（1997—2013 年和 2013—2019 年）。

② 按照 2013 年全国人均 GDP（43684.39 元）划分的高收入组是北京、福建、广东、江苏、辽宁、内蒙古、上海、天津和浙江，低收入组是安徽、甘肃、广西、贵州、海南、河北、河南、黑龙江、湖北、湖南、吉林、江西、宁夏、青海、山东、山西、陕西、四川、新疆、云南和重庆。

③ 张晓晶、李成、李育：《扭曲、赶超与可持续增长——对政府与市场关系的重新审视》，《经济研究》2018 年第 1 期。

④ 张军、樊海潮、许志伟等：《GDP 增速的结构性下调：官员考核机制的视角》，《经济研究》2020 年第 5 期。

利用外资衡量的政府激励受到要素扭曲指数 2 的影响，控制对外开放、投资率和人均 GDP 对数之后，扭曲激励效应在 2013 年以后变得更加显著（1%水平），正激励效应有变强的迹象。这样看来，2013 年后再分配领域的正向扭曲激励效应强度下降，初次分配领域的参数值和显著性水平明显提升，市场扭曲可以更快地促进外资增长。① 全面深化改革并没有显著扭转正激励效应。

表 21-4　　扭曲激励效应估计：分界和分组

	政府激励变量：财政生产性偏向				政府激励变量：人均实际利用外资对数			
分界	2013 年前		2013 年后		2013 年前		2013 年后	
估计方法	RE	RE	RE	FE	RE	FE	FE	FE
要素市场化指数	-0.795*** (0.166)	-0.871*** (0.164)	-0.311** (0.121)	-0.400*** (0.130)	—	—	—	—
要素扭曲指数 2	—	—	—	—	-0.243* (0.134)	-0.176 (0.139)	0.426*** (0.123)	0.406*** (0.123)
人均 GDP 对数	显著	显著	显著	不显著	显著	显著	不显著	不显著
Hausman Chi (2)	2.67	6.18	4.26	21.73***	5.56	37.28***	16.62***	36.68***
分组	高收入组		低收入组		高收入组		低收入组	
估计方法	RE	FE	RE	RE	RE	RE	RE	FE
要素市场化指数	-0.448*** (0.161)	-0.441*** (0.164)	-0.262* (0.149)	-0.270* (0.149)	—	—	—	—
要素扭曲指数 2	—	—	—	—	0.125 (0.142)	0.188 (0.142)	0.525*** (0.127)	0.514*** (0.129)
人均 GDP 对数	显著	显著	显著	显著	显著	显著	显著	显著
Hausman Chi (2)	7.02	14.12**	4.41	4.73	2.07	7.29	2.35	27.97***

注：（1）2013 年以前（1997—2013 年）和以后（2013—2019 年）对两个政府激励变量——财政生产性偏向和人均实际利用外资水平的估计结果。（2）括号内为标准差，***、**、*分别代表在 1%、5%和 10%水平上显著。（3）根据 Hausman 检验值及其显著性，表中回归分别采用固定效应 FE 和随机效应 RE 估计。（4）偶数列控制了对外开放，部分控制了投资率。分界常数在 2013 年以后不显著，分组常数全部显著。（5）分界回归的省份数 30，2013 年以前观测值 510 个，2013 年后 210 个；分组回归中高收入组 9 个，观测值 207 个；低收入组 21 个，观测值 483 个。

① 全面深化改革已经在要素市场化改革上取得一定进展，例如一级土地市场交易的明显变化和国有企业投资行为的分化。

二　发展水平与依存特征转变：按人均 GDP 分组

2013 年前后的参数变化也可能来自人均 GDP 的提高。表 21-4 下部按照 2013 年全国人均 GDP 重新分组，与分界相对照。结果显示，不论采用财政生产性偏向还是利用外资，都显示出显著的正激励效应。对于财政偏向而言，正激励效应在两个收入组都存在，但高收入组参数值和显著性水平更高，意味着财政激励偏向的变化很大程度上来自发展因素。用利用外资作为政府激励变量，低收入组的扭曲激励效应更加明显，高收入组的外资激励已经明显弱化。按东中西部重新分组，结果也相似。①

第四节　扭曲激励与经济增长

在正激励效应基础上分析扭曲、激励和交互作用对经济增长的影响，尝试验证强激励是否存在。强激励时足够强的正激励效应，可以让扭曲增加产出（扭曲—激励—增长效应）。我们用人均 GDP 代表静态产出，用 TFP 代表长期增长。

一　扭曲、激励与产出：人均 GDP

表 21-5 展示了市场扭曲、政府激励及其交互的影响。与已有发现一样，中国政府激励有效，对产出影响显著为正（1%水平），但扭曲对人均 GDP 显著不利（1%水平）。同时控制扭曲、激励和交互项时，扭曲和激励本身影响方向没有变化，交乘项符号发生了翻转（1%水平）。这意味着在增长政治经济学框架下考虑扭曲对产出的影响时，除了扭曲减少产出、激励增加产出之外，还要考虑扭曲激励效

① 我们也进行了解释变量的滞后项 1—3 期估计，结果与前面类似：部分参数放大，显著性变化不大。

表 21-5　　扭曲机制和激励机制交互：人均 GDP

	被解释变量：实际人均 GDP 对数								
估计方法	RE	RE	RE	FE	估计方法	RE	FE	FE	FE
财政偏向	0.086*** (0.004)	—	—	0.066*** (0.006)	财政偏向	0.086*** (0.004)	—	—	0.040*** (0.008)
要素扭曲指数 2	—	-1.316*** (0.104)	—	-1.787*** (0.439)	资本扭曲	—	-0.613*** (0.019)	—	-0.535*** (0.067)
财政偏向×要素扭曲指数 2	—	—	-0.028*** (0.004)	0.036** (0.014)	财政偏向×资本扭曲	—	—	-0.009*** (0.001)	0.002 (0.002)
Hausman Chi（2）	2.23	2.17	1.41	26.34***	Hausman Chi（2）	2.23	119.94***	11.74***	237.45***
估计方法	FE	RE	RE	FE	估计方法	FE	FE	FE	FE
利用外资	0.622*** (0.049)	—	—	0.546*** (0.042)	利用外资	0.622*** (0.049)	—	—	0.397*** (0.077)
要素扭曲指数 2	—	-1.316*** (0.384)	—	-1.559*** (0.197)	资本扭曲	—	-0.613*** (0.027)	—	-0.345*** (0.117)
利用外资×要素扭曲指数 2	—	—	-0.154** (0.0582)	0.181*** (0.0325)	利用外资×资本扭曲	—	—	-0.074*** (0.022)	-0.010 (0.023)
Hausman Chi（2）	149.28***	2.17	0.02	214.96***	Hausman Chi（2）	149.28***	119.94***	72.71***	43.98***

说明：（1）括号内为标准差，***、**、*分别代表在 1%、5%和 10%水平上显著。（2）根据 Hausman 检验值及其显著性，表中回归分别采用固定效应 FE 和随机效应 RE 估计。（3）省份 30 个，观测值 690 个。（4）常数全部显著。

应增加产出、扭曲激励交互增加产出的效果。正激励效应抵消了要素扭曲对产出的部分不利影响，使单独估计扭曲对产出的不利影响高估；但扭曲下降导致政府有效激励变弱，消除扭曲对经济增长的正向促进也会被高估。交互作用也表明，中国事实是激励主导交互、矫正扭曲，而不是相反。这也是一种因果关系。

用利用外资作激励变量（表 21-5 下）结果也成立。单独来看，外资激励显著增加产出（1%水平），要素扭曲指数 2 和资本扭曲显著减少产出（1%水平），利用外资与要素扭曲指数 2 的交互对产出也有显著不利影响（1%水平）。若同时引入三种机制，用资本扭曲衡量的扭曲激励交互对产出的不利影响趋于消失。这意味着，在用人均 GDP 作为产出变量的静态模型中，正激励效应和扭曲激励交互可以在很大程度上矫正扭曲对产出的不利影响，但难以完全对冲。从而没有证据表明扭曲增加产出的强激励效应存在。

二　扭曲、激励与技术进步：TFP 增速

表 21-6 用 TFP 增速重新回归。可以看到，要素扭曲指数 2 和资本扭曲对于 TFP 增速都有单独正向影响，要素扭曲指数 2 和资本扭曲每增加 1 个单位，TFP 增速分别增加 70%和 55%，符合张晓晶等①的发现。但这并不意味着扭曲会产生强激励效应，从而增加产出，因为正激励效应此时引发了反向政府激励，减弱扭曲对 TFP 增速的促进作用。同时引入激励、扭曲和交互项时，反向政府激励对 TFP 增速的不利影响不再显著，但政府激励与要素扭曲指数 2 和资本扭曲的两个交互项对 TFP 增速依然明显不利（1%水平）。表格下半部分显示，以利用外资作激励变量，激励变量对 TFP 增速的不利作用依然显著（1%水平）。这与单独估计扭曲效果形成鲜明对比，但同时考虑扭曲、激励及其交互时显著性下降。正激励效应及其交互结果，可以补充

---

① 张晓晶、李成、李育：《扭曲、赶超与可持续增长——对政府与市场关系的重新审视》，《经济研究》2018 年第 1 期。

表 21-6　　扭曲机制和激励机制交互：TFP 增速

	被解释变量：TFP 增速								
估计方法	RE	RE	RE	RE	估计方法	RE	FE	FE	FE
财政偏向	-4.226*** (1.393)	—	—	-0.664 (2.167)	财政偏向	-4.226*** (1.393)	—	—	8.906 (5.415)
要素扭曲指数 2	—	70.04** (33.94)	—	375.5** (179.2)	资本扭曲	—	55.56*** (10.04)	—	132.9*** (42.09)
财政偏向× 要素扭曲指数 2	—	—	1.196 (1.137)	-10.84* (5.740)	财政偏向× 资本扭曲	—	—	1.041*** (0.386)	-2.871** (1.435)
Hausman Chi（2）	1.70	0.08	0.41	1.56	Hausman Chi（2）	1.7	13.76***	3.68*	12.82***
估计方法	FE	RE	RE	RE	估计方法	—	FE	FE	FE
利用外资	-27.04** (10.60)	—	—	-6.322 (6.251)	利用外资	-27.04** (10.60)	—	—	58.00** (25.60)
要素扭曲指数 2	—	70.04** (33.94)	—	112.2 (83.93)	资本扭曲		55.56*** (10.04)	—	129.6*** (35.53)
利用外资× 要素扭曲 2	—	—	7.129 (6.823)	-12.00 (16.38)	利用外资× 资本扭曲	—	—	10.39*** (2.660)	-14.11* (7.225)
Hausman Chi（2）	3.06*	0.08	0.02	3.96	Hausman Chi（2）	3.06*	13.76***	14.06***	13.03***

注：（1）括号内为标准差，***、**、*分别代表在 1%、5%和 10%水平上显著。（2）根据 Hausman 检验值及其显著性，表中回归分别采用固定效应 FE 和随机效应 RE 估计。（3）省份 30 个，观测值 690 个。（4）常数全部显著。

张晓晶等[①]发现的扭曲增长机制，也有助于弥补单独测算扭曲错配造成产出损失的不足。扭曲增加产出的强激励效应至多能在小范围内成立，总体不成立。

第五节　重构政府激励机制的政策建议

一　推动政府激励机制现代化

现代化是中国国家发展的基本方向，也是政府激励机制改革的基本方向。经济体制改革让政府激励机制具备了市场基础，但治理现代化要求其必须符合现代政府要求，符合现代政府的制度约束、行为特征和价值取向。中国传统增长制度的典型特征是政府干预深、激励效应强，在造成资源配置扭曲的同时，也形成增长激励。政府激励是中国增长体制的核心，现实对应着不发达市场条件下的政府能力。随着政府现代化水平的不断提高，政府影响经济的方式也必然面临重塑，因此政府激励机制的首要改革目标是适应政府现代化自身的要求，适应政府发展目标的转变，适应政府对公平—效率两大目标折中方式和关键参数的新要求。转变政府配置生产资源会造成不平等、对社会发展重视不够，不能适应以人民为中心的发展和新时代人民对民主、法治、公平、正义、安全、环境等不断增长的公共需要。[②]

二　推动政府激励机制市场化

建设高水平开放型市场经济新体制，不仅是市场改革的目标，更是政府体制、政府激励机制改革的目标。更加完善的市场经济，特别是市场在资源配置中的决定性作用，是中国政府激励机制重构的基本

① 张晓晶、李成、李育：《扭曲、赶超与可持续增长——对政府与市场关系的重新审视》，《经济研究》2018 年第 1 期。

② 付敏杰、张平、袁富华：《工业化和城市化进程中的财税体制演进：事实、逻辑和政策选择》，《经济研究》2017 年第 12 期。

载体。市场决定性作用的核心是要素价格形成机制市场化，让市场获得更强资源配置效率的同时，必然面临政府激励效应弱化。以要素扭曲为代价的政府激励机制，是塑造改革开放 40 多年中国增长奇迹的基础性制度安排。以扭曲激励机制为核心的传统体制是一个增长导向型制度体系，目标单一、激励有效、运行流畅，缺陷是扭曲要素价格后会导致“一哄而上”产能过剩，阻碍了中国经济向创新型体制过渡。必须改变长期以来以市场扭曲为代价的政府激励体制，在市场的决定性作用中重塑政府激励。向市场决定性作用转换的逻辑有两个：一是扭曲成本的显性化。随着要素市场定价机制确立，要素扭曲成本将以可测算的机会成本方式显示出来，价格扭曲只能助长套利行为。二是“五位一体”国家治理协同推进，带动中国经济向着创新型、包容性、可持续性的新发展模式转变。让中国从以出口导向工业化为特征的赶超型发展机制，转向经济及多目标相容激励的资源配置机制。

三　推动政府激励机制多元化

政府激励是中国模式的本质性特征，完全放弃政府激励并不可取，而是必须把要素市场改革和重建政府激励结合起来。随着中国发展目标的多元化，政府激励在特定领域所具有的不同模式必然要深入适应不同领域的新要求，推行更多的分类激励、微激励，让不同的宏观发展目标协同、逻辑一致、激励相容。政府激励在很多领域依然有效，因为经济不断会有新的结构变革或转型。例如中国在可持续发展的绿色转型中，再次通过“做对激励”获得了竞争优势和价格平稳。“做对激励”在国际产业竞争中也有很大的作用空间，但激励会更多具有跨期特征。有效市场和有为政府的共同作用，必须立足于不同于以往的现代方式。例如限制各自起作用的领域，或者引入日落条款，既能获取激励收益，也能防止形成扭曲制度锁定。

（本章执笔：付敏杰，本章部分内容曾以《社会主义市场经济体制改革中的经济增长——一种政治经济学探索》为题发表在《经济研究》2022 年第 7 期）

第二十二章 创新和完善宏观调控

目前，中国经济现代化进程处于关键节点，不仅人均收入面临突破中等收入水平，而且产出总量有望超越美国。很多国家和地区的经济发展经验表明，在经济现代化进程的关键节点上，会碰到各种各样的问题和挑战。就中国当前局面而言，一方面，从高速增长阶段进入高质量发展阶段，经济结构调整和增长速度换挡迫在眉睫；另一方面，随着经济体量的增大和发展水平的提高，中国经济所承受的外部压力越来越大、外部干扰越来越多。在这样一个新的发展阶段，中国宏观调控面临新的挑战，需要探索其现代化路径。同时，宏观调控现代化，也是推进国家治理体系和治理能力现代化的重要内容。

中国货币政策现代化要坚持利率市场化的大方向，同时兼顾中国的经济现实，与相关配套措施协调配合、循序推进。中国财政政策现代化要从以下几个方面全面展开：增强资源统筹能力，拓宽财政政策空间；增强财政政策自动化水平，夯实第一道财政防线；增强财政政策的针对性，提高财政政策效能；提升财政政策的前瞻性，增强财政化解风险能力；加强财政政策的协调性，优化财政政策实施。中国宏观审慎政策现代化，要加强宏观审慎政策和货币政策的协调配合，在选择政策工具、调控力度和节奏时，应兼顾逆周期调节和跨周期设计，还要完善相关市场和监管体系的基础制度建设，降低市场风险的演化发展，有效缓解政策压力，提高政策有效性。

第一节　货币政策现代化

党的十九届五中全会提出"建设现代中央银行制度"。建设现代中央银行制度意味着构建现代化的货币政策治理体系，以此来为高质量的经济发展提供更好的金融支持。

一　中国货币政策的基本框架

货币政策是指由一国央行或货币当局通过各种货币政策工具的运用，以此来影响本国的货币供应量和利率水平等中介目标，从而达到维持稳定物价、促进经济增长等最终目标。从政策工具到最终目标的影响有一个过程，这个过程被称为货币政策的传导。

（一）货币政策最终目标

货币政策的最终目标是指货币政策调控希望最终实现的目标，一般包括物价稳定（或者通货膨胀稳定）和经济增长（或者充分就业）两大目标。《中华人民共和国中国人民银行法》第一章第三条规定："货币政策目标是保持货币币值的稳定，并以此促进经济增长。"这里所指的币值稳定，是指经济中的总体物价水平保持稳定，因为一旦发生通胀，则意味着人民币相对于一般商品产生贬值。因此"稳物价"和"促增长"是法律明确规定的两大货币政策目标，中国人民银行在进行日常的货币政策操作时须以此作为调控的目标和方向。

在每年年初的全国人民代表大会上，政府工作报告都会给出当年的 GDP 增速目标和 CPI 通胀目标。在过去很长一段时期中国都保持着平均两位数的经济增长，因此中国政府给出的 GDP 增速目标更多地被视为政府可接受的经济增长底线。但近年来随着中国经济增速的逐渐放缓，每年的 GDP 实际增速与政府定下的目标逐渐趋同，此时的经济增速目标就变得格外重要。例如，当政府下调当年的经济增长目标时，这可能就意味着政府基于各种考量，对经济增速下滑的容忍度在提高，因此可能出台的经济刺激政策力度将会有所减弱（见图22-1）。对于通胀目标，与西方多数国家选择一个固定数值（如 2%）的做法不同，中国的 CPI 通胀目标是逐年变化的，并且该通胀目标对于中国人民银行日常的货币政策调控并没有明显的约束力（见图 22-2）。

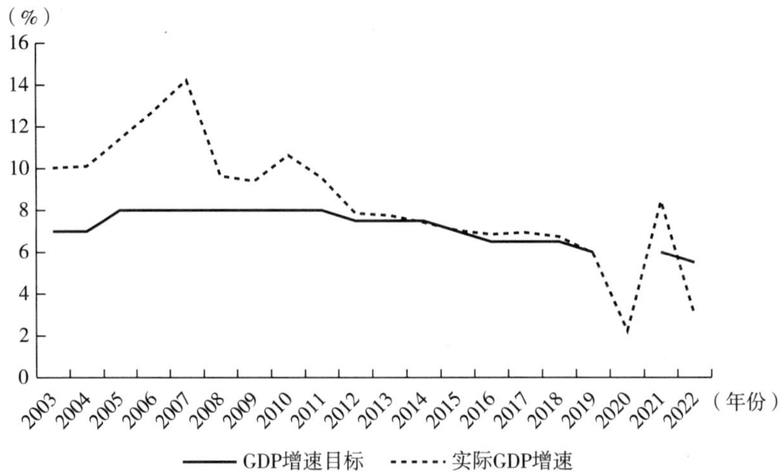

图 22-1 中国 GDP 增长目标和实际 GDP 增速

注：中国政府未公布 2020 年 GDP 增长目标。

资料来源：国家统计局。

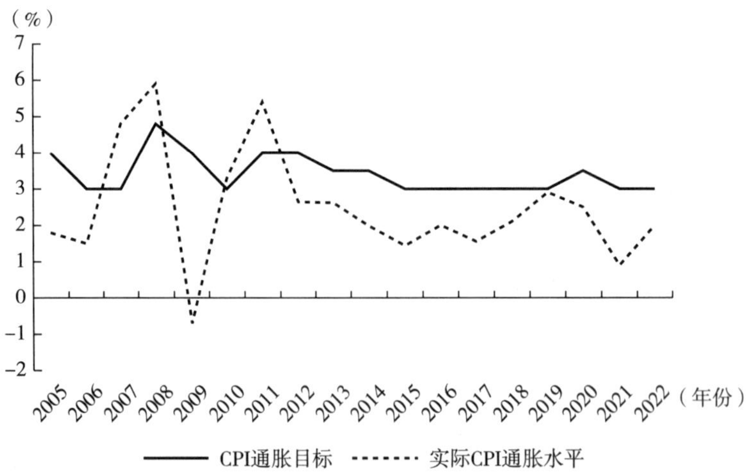

图 22-2 中国 CPI 通胀目标和实际 CPI 通胀水平

资料来源：国家统计局。

（二）货币政策中介目标

包括经济增长、通货膨胀在内的各种货币政策最终目标并不完全取决于货币政策。例如，20 世纪 70 年代的石油危机、2008 年爆发的国际金融危机、2020 年暴发的新冠疫情，都对各项宏观经济指标造成了极大的冲击。换言之，货币政策只能影响而不能决定这些目标，央行也只有通过一些具有较强控制力的指标来间接作用于最终目标。这种与货币政策最终目标密切相关，且在很大程度上由货币政策所决定的经济指标被称为货币政策的中介目标。

中国的货币政策中介目标是要保持广义货币供应量（M2）和社会融资规模增速同名义经济增速基本匹配（见图 22-3）。对于该中介目标的锚定方式有几点需要加以说明：第一，“基本匹配”并不意味着“完全相等”，即中国人民银行的日常操作并没有以最小化二者的差距为目标。随着经济周期的起伏，央行可以根据具体经济形势令 M2 和社会融资规模增速略高或略低于名义经济增速，体现逆周期调控。第二，这里的名义经济增速主要是指潜在经济增速（潜在产出增长率加上通货膨胀），而不是真实的名义经济增速。例如，当经济遭受剧烈的外部冲击导致经济增速大幅下滑，如 2020 年新冠疫情暴发，中国人民银行应根据潜在名义经济增速来调节 M2 和社会融资规模增速，而不能放任二者随着实际经济增速共同下滑，以便能够让总体经济快速地回到正常的潜在增长路径上。第三，基本匹配是中长期概念，不是短期概念。为了保持政策的连贯和稳定性，M2 和社会融资规模增速同名义经济增速主要是在年度频率下，而不要求逐月、逐季进行匹配。

（三）货币政策工具

中央银行虽然对于货币政策中介目标有较强的影响力，但不能精准地控制。中央银行平时必须依靠各种货币政策工具来进行日常操作。这里的货币政策工具是指中央银行进行货币政策调控的手段。在法币体系下，货币创造是由贷款派生的——中央银行创造基础货币、商业银行创造广义货币，因此由央行控制的货币政策工具主要是指对基础货币的调节工具。

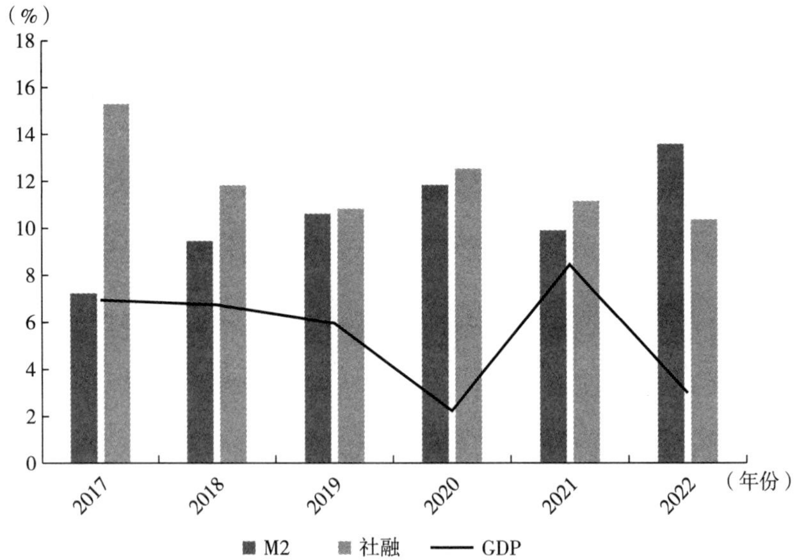

图 22-3　中国 M2、社会融资规模存量和名义 GDP 年增速

资料来源：国家统计局。

具体地讲，通过观察中央银行资产负债表，基础货币对应于储备货币，而储备货币主要是由其他存款性公司存款构成。其他存款性公司存款是指商业银行存放在中央银行的存款准备金。中国实行的是部分存款准备金制度，因此对整个金融系统而言最重要的是超额存款准备金。只有拥有超额存款准备金，商业银行才能对外开展业务。在此背景下，中央银行的主要货币政策工具，或者是调节存款准备金率，或者是改变储备货币相关的科目（见表 22-1）来改变存款准备金（储备货币）的数量。

表 22-1　　2023 年 6 月中国人民银行资产负债表　　单位：亿元

项目	金额	项目	金额
国外资产	231574.38	储备货币	365235.34
对政府债权	15240.68	不计入储备货币的金融性公司存款	6781.46
对其他存款性公司债权	143449.64	发行债券	950
对其他金融性公司债权	1559.25	国外负债	1458.24

续表

项目	金额	项目	金额
对非金融性部门债权	0	政府存款	36873.7
其他资产	26238.89	自有资金	219.75
		其他负债	6544.37
总资产	418062.84	总负债	418062.84

资料来源：中国人民银行。

通过改变中国人民银行资产负债表的资产方或负债方都可以改变央行储备货币的数量。观察表 22-1 可知，中国人民银行除了储备货币以外占比相对较高的项目包括：国外资产、对其他存款性公司债权和政府存款，其中国外资产和政府存款的变动通常无法由央行直接控制，因此中央银行主要通过改变对其他存款性公司债权来调节储备货币的投放。对其他存款性公司债权简单来说就是中国人民银行向商业银行的借款，借款方式包括：再贷款、再贴现、逆回购、短期借贷便利（Short-term Lending Facility，SLF）、中期借贷便利（Medium-term Lending Facility，MLF）、抵押补充贷款（Pledged Supplementary Lending，PSL）等。

除了上述常规的货币政策工具以外，中国人民银行还拥有一些特殊的工具。例如，中国人民银行会为每家商业银行设定信贷额度，并通过窗口指导的方式要求商业银行贯彻中国人民银行的政策意图。此外，中国人民银行还会通过一些结构性的货币政策工具，如定向降准、定向中期借贷便利等方式，精准地对民营、小微企业等重点领域和薄弱环节提供支持。

二　中国货币政策面临的挑战和问题

从中央银行向金融市场投放基础货币，到商业银行利用这些基础货币向实体经济部门创造流动性需要一个过程。理论上讲，在商业银行和私人部门的套利机制作用下，货币将向金融市场和实体经济均匀地流动，各种金融市场利率和实体经济部门的投资回报率将会趋于一致。但在现实中，由于在货币政策的传导过程中存在各种阻塞，这使得单纯依靠市场力量难以实现货币在各个市场上的出清，从而影响了金融资源的有效分配。这也就是为什么中国虽然推进利率市场化改革多年，但仍然无法放弃数量型调控。这一点具体表现在以下几个方面。

第一，虽然中国的货币市场已经高度市场化，但迄今为止，中国并未在短端金融市场设定基准利率。虽然中国人民银行强调以公开市场操作利率作为短期政策利率，[①] 引导 DR007 为代表的市场利率围绕政策利率中枢波动，但政策利率并未将短端利率充分地稳定下来（见图 22-4）。这是因为中国人民银行在进行公开市场操作时并未根据其设定的政策利率，如逆回购利率，投放或回笼足够的基础货币，因此可能导致市场上的同期限利率对政策利率发生长时期的持续性偏离，且波动性较大。而面对一个高波动的短期市场利率，以及在该利率水平下有限的基础货币供给，金融机构的期限套利机制就会受到抑制，从而导致短端利率以及短端利率所包含的政策意图向长端利率的传导受阻。[②]

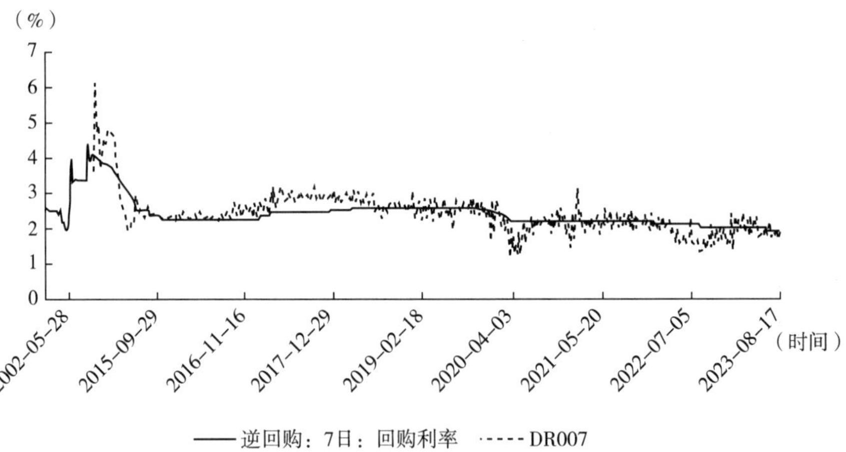

图 22-4　中国 7 天逆回购利率和 DR007

资料来源：中国人民银行。

① 具体可参考《2021 年第一季度中国货币政策执行报告》专栏 1。

② 《2017 年第一季度中国货币政策执行报告》指出："公开市场利率随行就市适度上行，反映了 2016 年以来在内外部因素综合作用下货币市场利率中枢上行的走势，是在保持流动性基本稳定目标下市场供求推动的结果，不宜将公开市场利率上行与'加息'画上等号。"

第二，中国商业银行向家庭和企业部门提供的存贷款利率依然是非市场化的，虽然在理论上商业银行所面临的存贷款利率限制已经完全放开。[①] 由于中国的短端利率无法顺利传递到长端利率，因此中国人民银行除了在日常以 7 天逆回购为主开展公开市场操作外，还逐月通过 MLF 向金融市场提供中期流动性，并要求商业银行的贷款市场报价利率（Loan Prime Rate，LPR）在 MLF 利率的基础上进行过加点。LPR 是主要商业银行对最优质客户执行的贷款利率，并被中国人民银行纳入对商业银行的宏观审慎评估（Macro Prudential Assessment，MPA）考核中。因此通过 MLF 利率和商业银行 LPR 联动的方式，中国人民银行就能够继续对实体经济从金融系统中获得的融资成本施加影响（见图 22-5）。很显然，中国的 LPR 波动幅度极小，这并不符合一般货币政策操作所要求的名义利率波幅应大于通胀波幅的泰勒原则（Taylor Principle）。违背泰勒原则会导致中国的实际利率（名义利率减去通货膨胀）呈现出逆周期的特征，这会放大经济周期波动。

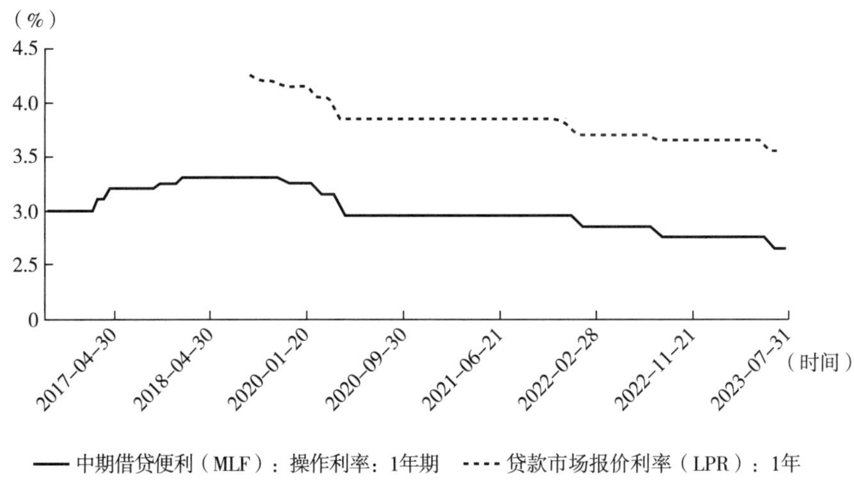

图 22-5　中国 1 年期 MLF 利率和 1 年期 LPR

资料来源：中国人民银行。

---

① 2015 年 10 月 24 日，中国人民银行取消对商业银行和农村合作金融机构等的存款利率浮动上限。

第三，正是由于中国的货币政策传导路径中利率无法被有效地传递，因此中国人民银行不得不保留大量的数量型货币政策调控工具。例如，中国人民银行明确地将 M2 和社会融资规模增速同名义经济增速基本匹配作为货币政策的中介目标。虽然从 1993 年党的十四届三中全会开始，中国就正式提出了利率市场化改革的基本设想，并在之后陆续放开货币市场利率、债券市场利率、贷款利率和存款利率的管制，但由于中国的金融系统缺乏货币政策传导所需的市场推动力量，以及实体经济中存在国有企业这样的非完全市场化行为主体，从而导致仅依靠市场利率无法出清储蓄市场，从而引发诸如需求不足、投资过剩、企业融资难、融资贵等诸多问题。为此，中国人民银行不得不对商业银行采取信贷额度管控、窗口指导，抑或是推出各种各样的结构性货币政策工具对经济加以干预。

三　中国货币政策现代化路径的选择

虽然中国在很长时间都一直在推进利率市场化改革，但中国人民银行仍然保留了大量的数量型货币政策调控工具。但是，我们不能因此而长期持续依赖数量型为主的货币政策调控方式，从而减缓利率市场化改革的继续推进。

数量型调控中的利率指标不能充分反映经济绩效信息，无法实现经济和金融资源的最优配置。其中典型的表现就是一方面中国存在大量的产能过剩，低效投资一直为人所诟病，但与此同时民营企业融资难、融资贵的问题却始终存在。为此，中国人民银行也相继地推出了许多结构性的货币政策工具，希望能够引导金融机构加大对特定领域和行业的支持，降低企业，尤其是中小企业的融资成本。另一方面，通过行政性的非市场化方式来调节货币和社会融资规模，这在调控过程中很可能人为地引发金融市场和宏观经济的波动。例如，从 2011 年开始，商业银行为了规避中国人民银行的信贷监管，创造性地发明了许多金融业务模式，以此来变相地向实体经济放贷。这种游离于银行监管体系之外、可能引发系统性风险和监管套利等问题的信用中介体系被称为影子银行。为了抑制由影子银行业务扩张带来的社会融资规模过快增长的局面，中国人民银行在2013年6月突击性地收紧银根，这直接导致货币市场利率的飙升（见图22-6）。

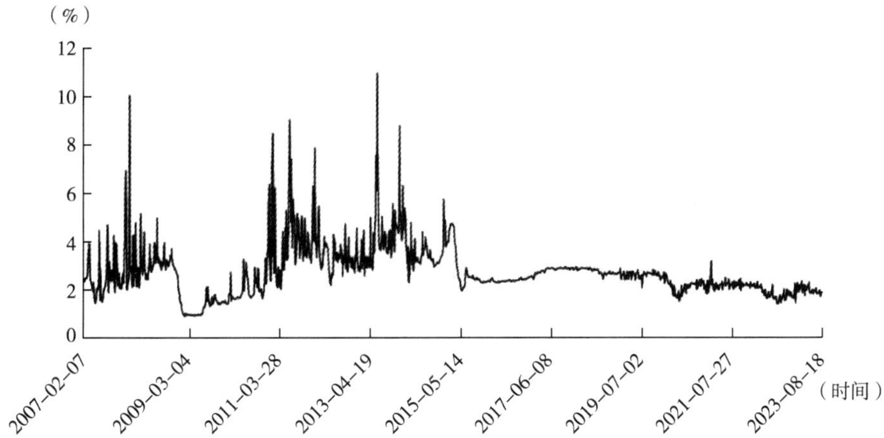

图22-6 中国商业银行间同业拆放利率（7天）

资料来源：中国外汇交易中心。

因此，为了追求金融和经济资源的最优化配置，中国应进一步推动利率市场化改革，疏通货币政策传导过程中存在的各种堵点。但是需要强调的是，现代化的货币政策是在整个现代化的宏观调控治理机制框架下构筑的，不仅是中央银行，其他金融以及实体经济部门的改革也必须是配套的。即必须基于中国现实的国情逐步构建现代化的货币政策，而不能单方面冒进，否则可能适得其反。比如，中国的金融系统以国有商业银行为主，商业银行的稳定直接攸关中国整体金融系统的稳定，以及人们对于中国经济的信心。因此，中国人民银行在赋予商业银行利率定价权的同时，也要通过银行自律机制防止商业银行之间过度竞争，维持银行系统的整体稳定。又比如，中国的国有企业目前仍然占经济的很大份额，其不单纯是一个市场化的行为主体，也肩负着执行国家发展战略、维持就业稳定的责任。因此许多盈利水平不高但有显著外部性的项目，如基础设施建设，就必须由地方政府融资平台等国有企业来完成。为了确保此类项目能够顺利地落地，中央银行就不能放任银行利率随着经济周期自由波动，防止由于融资成本过高而导致此类项目的烂尾。同时为了防止经济过热，中央银行在抑制名义利率的同时，还必须通过货币、社会融资规模等数量型工具来稳定经济。

第二节　财政政策现代化

财政政策是政府宏观调控的重要手段和常用工具。尤其是在传统货币政策调控工具受利率下限约束、非常规金融工具风险不明朗的背景下，财政政策被寄予厚望，成为理论界和实务界关注的焦点。

一　中国财政政策现状

中国长期以来沿用总需求管理宏观调控框架，以公共支出作为稳定经济的重要手段，总体而言注重总量调控而相对忽略结构调控。但是现阶段的中国市场发育仍不健全，尚不能通过充分的市场竞争机制和要素自由流动自发消化经济的结构性不均衡。考虑到中国当前的特定国情和发展阶段，近年的宏观调控实践注重供给管理与需求管理相结合，以实现平衡长期促改革调结构与短期稳增长关系。

（一）融入供给侧结构性改革的财政政策

第一，减税降费降低企业成本，提升企业竞争力，通过保企业主体的方式保就业。长期以来，中国财政收入主要来自企业，形成了宏观税负不高、企业税费负担较高的局面。这种局面不利于激发企业活力和提升企业的国际竞争力。为此，近年来中国政府坚持制度性优化税制与阶段性减税降费相结合，全面推开“营改增”，消除重复征税，提升资源配置效率；大幅度下调增值税税率，留抵退税、提高小规模纳税人和一般纳税人起征点；对个体工商户和小微企业实施企业所得税减免政策；阶段性降低企业社保缴费费率和住房公积金缴存比例等。

第二，进一步加大制造业和科技创新支持力度。将制造业企业研发费用加计扣除比例由75%提高至100%，改革企业所得税清缴核算方式让企业尽早受益。对先进制造业企业按月全额退还增值税增量留抵税额。

第三，加强对中小微企业创业担保贷款的财政贴息力度，缓解市场主体融资难、融资贵问题。对符合条件的创业者个人和吸纳重点群体就业的小微企业给予贴息。阶段性扩大支持范围，放宽小微企业申请条件，提高个人贷款额度上限，推动创业担保贷款增量扩面。

（二）基于总需求管理的财政政策

第一，保持必要的财政支出规模和赤字规模，保障重点领域支出。压降非急需非刚性一般财政支出，保证教育、科学技术、社会保障和就业支出增长均高于总体支出增幅，基本民生支出得到有力保障。

第二，允许地方政府举债，大力推动财力下沉，保障基层财政运行及群众切身利益的基本要求。新增地方政府专项债券带动扩大有效投资，在平衡好稳增长和防风险的关系的基础上，较好保障国家重大战略任务的实施。建立常态化财政资金直达机制并扩大范围，提高县级财力水平和均衡度，全力保障基层“三保”所需经费。

第三，健全完善社会保障体系，困难群众兜底保障不断强化。提高养老保险基金中央调剂比例至4.5%。对脱贫人口中完全丧失劳动能力或部分丧失劳动能力且无法通过产业就业获得稳定收入的人口，按规定纳入农村低保、特困人员救助供养或临时救助覆盖范围，巩固拓展脱贫攻坚兜底保障成果。下达基本公共卫生服务补助资金，支持向居民免费提供健康教育、预防接种、重点人群健康管理等基本公共卫生服务。

第四，就业资金保障不断强化。中央财政下达就业补助资金，支持地方落实各项就业创业扶持政策。适当扩大从失业保险基金中提取的职业技能提升行动专账资金的覆盖范围，支持开展职业技能培训。延续实施并调整优化普惠性稳岗返岗政策、以工代训政策，对中小微企业和受疫情影响较大的行业企业给予培训补贴。对就业困难人员、离校两年内未就业高校毕业生灵活就业后缴纳社会保险费的，继续按规定给予社会保险补贴。对重点群体自主创业或被用人单位吸纳就业的，按规定给予税收减免、创业担保贷款及贴息、社会保险补贴、职业培训补贴、创业补贴等。

二 中国财政政策面临的挑战和问题

实践中财政政策的逆周期调节作用主要通过相机抉择财政政策和财政制度设计中的自动稳定器两种手段来实现。两种政策作用机制在应对经济下行压力时发挥了一定的作用，但其固有缺陷依然存在，使得未能达到预期的政策效果。

（一）自动稳定器薄弱，导致调控乏力

自动稳定器对需求冲击的稳定效果依赖于两个关键因素：一是私人部门的消费偏好，二是税收及社保制度的累进程度。受中国私人部门边际消费倾向较低，具有调控功能的累进性制度覆盖范围较窄的限制，目前中国财政制度设计中的自动稳定器机制较弱。具体表现在：

第一，目前以正规就业为基础，以城镇国有企业为主要覆盖范围的失业保险制度面临政策调整，亟须有效发挥其促进就业和预防失业的调控功能。一是失业人群、参保人群及领取失业保险金的人群处在高度不重合状态。二是失业保险待遇计发、资金支出项目、保险金领取方面对失业的“触发”机制反应不够敏感，不能满足调控需求。三是缴费环节缺乏对用人单位和失业者积极就业的经济激励。

第二，中国税制结构以间接税为主，个人所得税占比较低。高收入者由于具有较多的途径隐藏自身的收入，使得个人所得税主要是工薪所得税。因此，个人所得税对高收入者的调节功能不强，相应的减税难以通过增加居民收入带来消费增长，需求管理效果较弱。

（二）相机抉择政策发挥效果面临多重阻碍

中国包括减税降费、增加公共投资等在内的大部分的逆周期调节财政政策都属于相机抉择财政政策。但这类相机决策政策的出台和执行存在以下问题。

第一，难以确定合意的政府干预速度和力度。由于信息收集整理、认识深入需要花费较多时间，且部门间认知的分歧和博弈会进一步拉长这一过程，因此经济形势变化到政策的出台之间往往存在时滞，政策力度往往也是多方折中的结果。无法在经济衰退的初期、经济受到冲击时及时出台政策发挥作用，也难以确定合适的政策力度。

第二，政策的短期集中大量出台和经济形势改变后政策的退出也对政策执行者提出较高的要求。基础设施建设等项目的前期评估耗时较长，这一方面使得短期集中出台增加公共支出政策时可能面临项目储备不足、项目投入质量低下等问题，另一方面往往又导致了资金支出的滞后，甚至部分大规模支出发生在经济企稳上行阶段，从而助长了过热的势头。

第三，相机抉择政策在设计出台时往往背负太多使命，导致其不能如期完成使命。比如安排新增专项债额度需要同时兼顾防风险和稳增长，因此额度在下达时与地区前期财政收入挂钩，这使得有项目支出需求的地区并不能获得稳增长的资金支持，并未对逆周期调节经济作出有针对性的安排。

（三）各级政府在逆周期调节财政政策中权责定位及法定手段不明确

逆周期调节财政政策的重要目的是通过调节财政收支行为为经济注入确定性和稳定性。但中国财政政策出台和实施过程中存在各级政府权责定位及实施手段不明确的问题。

第一，中央政府在逆周期调节中承担的责任有限。在经济平稳期公共服务由中央地方政府联合提供不仅能够有效地发挥好各级政府的信息优势，也能实现激励相容，避免预算约束或公地悲剧。但在经济下行时期，即使由地方来实际执行逆周期调节政策，如果中央政府不加大对地方的资金支持力度，那么地方受资金约束，也很难保证宏观经济稳定预期目标的实现。

第二，由地方政府承担较大的逆周期调节资金配套责任可能会导致经济风险转移为财政风险甚至是金融风险。中国地方财政受预算约束其财政行为呈现较强的顺周期性。在较强的资金配套压力下，地方政府可能通过不规范的融资方式撬动地方金融资源，在化解经济风险的同时，预埋财政风险甚至是金融风险，反而为经济注入更大的不确定性。

第三，由于缺乏中央层面的全国统筹，社保的全国统筹不高，跨省转移渠道不畅，进一步减弱了社保参保人员的积极性和社保政策的保障托底作用。“碎片化”的社保制度因受地区财力的限制，支出可能存在较严重的滞后性，不能及时发挥托底的作用。未能为应对风险备足弹药，以至于未能达到预期的政策效果。

三 中国财政政策现代化的路径选择

（一）增强资源统筹能力，拓宽财政政策空间

财政政策的出台和实施要依托于财政制度所支持的政策空间。一是加强预算管理，盘活财政存量资金和闲置资产，通过对财政存量资源的统筹使用，改变资金资产使用碎片化的现状，用足用活财政资金。二是健全政府预算体系，统筹一般公共预算、国有资本经营预算、政府性基金预算资金和社保资金，保证重点领域关键环节的支出，保证经济平稳健康发展。三是根据逆周期调节经济的需要，重视中央政府通过国债为国家募集资金来维持国内秩序和应对外生冲击的积极作用，通过制度创新寻求解决财政压力、拓宽财政政策空间的新途径和新办法。

（二）增强财政政策自动化水平，夯实第一道财政防线

优化税制结构，推动征税环节由生产环节的间接税向再分配、消费和财富积累环节的直接税转移，提高税制所暗含的内在稳定宏观经济的功能，实现自发调节。提高个人所得税的税制模式和税务管理能力，将更多的收入纳入累进税制中。在兼顾地方利益的同时，积极推进社保基金滚存结余的全国统筹。可参考税制改革后的过渡性税收返还，找到社会保障实行全国统筹过程中的中央与地方利益平衡点，保证激励相容和社保基金的长期可持续发展。

（三）增强财政政策的针对性，提高财政政策效能

深化改革公共物品提供方式和政府支出。积极财政政策通过财政收支活动发挥作用，目前政府提供的公共物品大多属于混合型公共物品，因此理论上可转由私人部门提供，这样既能激发社会参与公共治理的积极性，实现由政府中心治理向社会共同治理的转变，也能缓解财政支出的上升压力。应对经济下行时期所扩张的政府支出要更多用于对冲市场冲击，稳定社会，维护公共秩序。

（四）提升财政政策的前瞻性，提升财政化解风险能力

当前中国预算实行年度平衡机制，政府部门在决策时无法评估每项政策的中长期影响，因而无法有效预测和控制财政风险。应通过实行中期财政规划管理，采取以5年为期的跨年度预算平衡机制，动态平衡赤字率不超过某一上限，以此增强财政政策的灵活性。这样既可以强化对政府年度预算约束，增强财政政策的前瞻性和财政赤字可持续性。

（五）加强财政政策的协调性，优化财政政策实施

宏观调控体系除财政政策外，还包括货币政策、产业政策、科技政策等。它们各有侧重又相互促进，既立足当前又着眼长远。当前宏观调控面临诸多两难问题，只有通过统揽全局、统筹兼顾、协调配合、协同发力，根据经济运行的具体情况和目标优先程度进行政策工具的组合与权衡，才能有助于以最小的政策成本共同维护经济的稳定运行。同时应加强中央与地方政府在积极财政实施中的角色分工，强化稳定宏观经济中中央政府的担当与地方政府的财政纪律。

第三节　宏观审慎政策现代化

一　中国宏观审慎政策实践

2008年国际金融危机的教训显示，关注单个金融机构是否稳健运营的微观审慎监管很难维护金融体系的整体稳定，而以产出和价格稳定为主要目标的货币政策也很难同时兼顾金融稳定。在此背景下，关

注系统性金融风险的宏观审慎监管政策逐渐被各国纳入经济政策的重要组成。在国际金融危机爆发前，中国实行的传统的关注信贷数量和窗口指导的货币调控模式、差别存款准备金调整机制、动态拨备制度和针对房地产市场的一些调控政策都蕴含着宏观审慎思想。《2016 年第四季度中国货币政策执行报告》首次提出“更好地发挥货币政策+宏观审慎政策双支柱政策框架的作用”，2017 年党的十九大报告正式提出要“健全货币政策和宏观审慎政策双支柱调控框架”，标志着中国双支柱政策框架的确立。中国的宏观审慎政策工具既包括国际通用的政策工具，如逆周期资本缓冲、动态拨备、最低首付比例等，也包括结合中国国情和现实需要自己开发的宏观审慎政策工具，如宏观审慎评估体系（MPA）、银行业金融机构房地产贷款集中度管理、首套住房贷款利率政策动态调整机制和全口径跨境融资宏观审慎管理等。

（一）金融部门宏观审慎政策

2011 年中国人民银行将货币信贷和流动性管理的总量调节和逆周期的宏观审慎理念相结合，建立了差别存款准备金动态调整机制，将存款准备金率与银行的资本充足率、资产质量状况、贷款增速情况等指标挂钩。2016 年中国人民银行将差别准备金动态调整机制升级为“宏观审慎评估体系”（Macro Prudential Assessment，MPA），宏观审慎评估体系继承了差额存款准备金动态调整机制对宏观审慎资本充足率的核心关注，并将更多的金融行为纳入监管，从资本和杠杆、资产负债、流动性、定价行为、资产质量、跨境业务风险、信贷政策执行七个方面引导金融机构的行为。MPA 由原来的盯住狭义贷款拓展为关注广义信贷，广义信贷涉及各项贷款、金融市场业务、同业业务、资管业务、子公司股权投资、应收及预付款、表外理财等业务，兼顾间接融资和直接融资，减少了金融机构腾挪资产规避监管的行为。中国人民银行于每季度末进行考核，根据评分结果将存款类金融机构分为三档，A 档拟上调人民币法定存款准备金利率，B 档不做调整，C 档拟下调人民币法定存款准备金利率。

宏观审慎评估体系对化解中国影子银行风险起到了重要作用，2009—2016 年，影子银行规模不断扩张并达到峰值，2017 年以来，影子银行规模持续缩减，风险得到有效拆解，2017—2019 年，广义影子银行规模较历史峰值缩减近 16 万亿元，狭义高风险影子银行规模较历史峰值缩减 12 万亿元。

（二）房地产宏观审慎政策

房地产与金融业深度关联，历史上的多次金融危机都与房地产相关，针对房地产市场的宏观审慎政策对于维护整体金融安全有重要意义。中国房地产宏观审慎政策在坚持“房住不炒”主基调的前提下，按照“因城施策”原则，根据房地产市场环境变化开发出了丰富的政策调控工具。一是房地产需求侧的调控政策。包括对首付比例、房贷利率、交易税费等进行调节，以及限购、限贷、限价、限售等行政调控手段。如 2023 年 1 月 5 日中国人民银行、银保监会发布通知，决定建立首套住房贷款利率政策动态调整机制。新建商品住宅销售价格环比和同比连续 3 个月均下降的城市，可阶段性维持、下调或取消当地首套住房贷款利率政策下限。对于采取阶段性下调或取消当地首套住房商业性个人住房贷款利率下限的城市，如果后续评估期内新建商品住宅销售价格环比和同比连续 3 个月均上涨，则自下一个季度起恢复执行全国统一的首套住房商业性个人住房贷款利率下限。二是对商业银行对房地产企业放贷行为的监管。如 2020 年 12 月，央行和银保监会建立银行业金融机构房地产贷款集中度管理制度，针对不同类型的银行业金融机构分档设定房地产贷款余额占比、个人住房贷款余额占比两个上限，对于超出上限的银行业金融机构给予一定业务调整过渡期。三是对房地产企业融资行为的监管。如 2020 年 8 月，住房城乡建设部和央行形成了重点房地产企业资金监测和融资管理规则，规定了“三道红线”，即房地产企业剔除预收款后的资产负债率不得高于 70%，净负债率不得高于 100%，“现金短债比”不小于 1 倍，并根据房地产企业的不同情况，规定了不同的负债增速上限；2022 年第四季度，有关部门出台了支持房地产企业信贷、债券、股权融资的“三支箭”政策，帮助房地产企业化解资金流动性危机。

中国房地产宏观审慎调控工具既有根据房地产市场形势变化出台的相机抉择政策工具，也建立了一些房地产市场调节长效机制，如重点房地产企业资金监测和融资管理与银行业金融机构房地产贷款集中度管理等，是对中国房地产宏观审慎监管框架的进一步完善。但从调控效果看，各项房地产调控工具很难将房地产市场控制在一个平稳区间。在 2021 年之前，房地产市场经历了十几年的持续繁荣，出现多次房价快速攀升的过热情况，房地产调控工具始终难以抑制房地产泡沫的膨胀，而 2021 年之后房地产市场出现持续下行趋势，尽管出台了一系列因城施策的稳地产政策，房地产市场下行趋势始终未能有效扭转，房地产销售和投资规模连续数月快速下降。

（三）对外宏观审慎政策

跨境资本流动的大幅波动可能会危害金融稳定，甚至触发系统性金融风险，因此需在必要时采取对跨境资本流动的宏观审慎政策。2015 年中国人民银行建立了对上海自贸区经济主体跨境融资的宏观审慎管理模式，将金融机构和企业跨境融资与其资本金挂钩，并设置杠杆率和宏观审慎调节参数予以调控。2016 年，中国人民银行在上海自贸区试点取得有益经验的基础上，发布了《关于在全国范围内实施全口径跨境融资宏观审慎管理的通知》，面向 27 家银行类金融机构全口径跨境融资进行宏观审慎管理，将市场主体借债空间与其资本实力和偿债能力挂钩，通过调节宏观审慎参数、跨境融资杠杆率、风险转换因子使跨境融资水平与宏观经济热度、整体偿债能力和国际收支状况相适应，以控制杠杆率和货币错配风险。国家外汇管理局对除 27 家银行类金融机构以外的其他金融机构和企业的跨境融资行为进行管理。全口径跨境融资宏观审慎管理同时从总量和结构对跨境融资进行了逆周期调节和风险控制，是调节跨境资本流动和汇率的重要工具。

二 中国宏观审慎政策面临的挑战

中国宏观审慎政策一方面面临着政策效果不明显、难以有效控制风险的挑战，另一方面面临着政策力度容易过度，甚至成为新的市场波动来源的挑战。

由于货币政策、市场基础制度等多重因素影响，市场处于特定金融周期趋势中，宏观审慎政策往往难以有效控制金融风险。如过去十几年在货币政策宽松、国内投资渠道有限、房价上涨预期导致投资投机需求旺盛，以及房地产市场基础制度（土地制度、住房保障制度和住房租赁制度等）多重因素共同作用下，房地产价格持续上涨，而连续出台的各项政策都未能有效抑制泡沫膨胀。此外，从 2017 年之前中国影子银行发展模式的演变可以看出，金融监管政策往往落后于金融创新的节奏，当现有模式已明显提高了系统性金融风险之后，监管当局才出台相关规定予以限制和规范，而这又催生了绕开监管的新的模式。导致监管政策总是不断追赶金融创新，而难以有效控制金融风险。

宏观审慎政策时常成为新的市场波动来源。由于宏观审慎政策工具大多具有逆周期调节特征，但是逆周期调节政策往往容易由于作用力度过强而引发市场向相反方向变化，引发新的风险。此外，由于“合成谬误”现象，单独看都是正确的政策，当它们共同作用于经济，合起来从宏观角度看政策可能导致与期望相反的结果。如房地产政策制定部门涉及了中国人民银行、银保监会、财政部、税务总局、住建部、地方政府等，从需求端的限贷、限售、限购、房贷利率、资金补贴等政策，到供给端对房地产企业的资金监测和融资管理、对银行业金融机构房地产贷款集中度的管理等政策，单独看每一项政策都是符合当时房地产市场形势的逆周期调控政策，但当各部门出台的政策同时发挥作用时，有可能由于作用力度过大而引发房价预期快速转向、房地产市场陷入衰退、房企债务违约风险提高，对房地产市场稳定产生了不利影响。

三　提高宏观审慎政策有效性的建议

第一，应加强政策之间的协调配合。“货币政策+宏观审慎政策”双支柱政策框架中，货币政策主要针对宏观经济和总需求管理，侧重于经济增长和物价稳定，而宏观审慎政策则直接和集中作用于金融体系，侧重于维护金融稳定。但是货币政策直接影响微观主体的风险承担行为，在金融风险的演变中起到了至关重要的作用，宏观审慎政策要更好地发挥作用，必须与货币政策协调配合，降低政策之间的相互削弱和抵消。此外，出台多项宏观审慎政策工具时，应尽量避免“合成谬误”。不同政策制定部门，应共同研究，深入理解微观市场参与者的动机、利益和约束条件，推演所有微观市场参与者在多项政策共同作用下的反应及汇总之后可能产生的宏观结果，分析最优的政策组合。

第二，在选择宏观审慎政策工具、调控力度和节奏时，应兼顾逆周期调节和跨周期设计。2020 年 7 月 30 日召开的中共中央政治局会议首次提出，“完善宏观调控跨周期设计和调节，实现稳增长和防风险长期均衡”。对于调控工具的选择，不仅需要对比不同政策工具逆周期调节能力，还需要考虑其可能带来的未来的潜在风险大小。应把握好调控力度和节奏，避免因调控力度过大使其成为市场波动的来源。如相关实证研究表明，住房需求对首付比例变动最为敏感，其次是住房抵押贷款利率。但这并不表明在房地产市场下行时，就要优先使用住房抵押贷款首付比例政策。由于过低的首付比例在房价下跌时更易引发“断供”，提高未来的系统性风险，因此在房价存在较大下跌压力的城市，应特别注意首付比例的使用力度和频次，避免将其调降得过低。

第三，完善相关市场和监管体系的基础制度，能够降低该市场风险的演化发展，从而有效缓解宏观审慎政策压力，提高政策有效性。如建立和完善穿透式监管制度，能够有效从源头抑制监管套利行为，提高金融审慎监管政策的有效性。又如改革土地管理制度，增加一线城市土地供给，增加保障房和公租房建设，完善住房租赁市场和制度，能够抑制房地产价格泡沫化趋势，避免宏观审慎政策因忌惮房价泡沫再次加剧而受到束缚、难以更有效地应对房地产市场下行。

（本章执笔：汤铎铎　陈汉鹏　贺颖　王佳）

第二十三章
推进农业农村现代化

党的二十大报告指出，以中国式现代化全面推进中华民族伟大复兴。强国必先强农，农强方能国强。没有农业强国，就没有整个现代化强国；没有农业农村现代化，社会主义现代化就是不全面的。加快推进农业农村现代化，是实现农业大国向农业强国跨越的基础和支撑。习近平总书记强调，“农业强国是社会主义现代化强国的根基，推进农业现代化是实现高质量发展的必然要求”[①]。“加快推进农业农村现代化”，与过去单提“农业现代化”不同，这是党和国家文献中首次明确增加了“农村现代化”这一内容，将“农村现代化”与“农业现代化”一并作为新时代“三农”工作的总目标，这一重大战略部署标志着我国“三农”工作进入了新的发展时期。

第一节　农业农村现代化的概念与内涵

在党的十九大以前，一般情况下“农业现代化”和“农村现代化”是单独出现的两个专有名词，代表农业、农村发展的不同领域和不同阶段，具备不同的特征，两者既有区别，又有联系，从国外经验和相关理论来看也是如此。党的十九大报告首次提出了“农业农村现代化”，从“农业现代化”发展到“农业农村现代化”，不仅是对党的“三农”理论的发展与创新，深刻影响着中国农业农村的制度安排，而且从根本上决定了中国农业农村现代化的道路选择。

① 习近平：《论“三农”工作》，中央文献出版社 2022 年版，第 70 页。

一　农业、农村现代化：全球的概念

从全球范围来看，现代化是工业化、城市化升级迭代并不断从原生国家向后发国家扩散的过程。现代农业是随着工业化而进行农业现代化实践的先驱国家的传统，[①] 对后发国家而言，其农业农村现代化既是现代化进程的“最后一步”，又面临着特定发展问题的叠加和约束。[②] 发展农业现代化的意义在于，它使传统农业突破了狭小的地域和产业发展空间，通过生产资料、资金、科技、流通、交换等多方面的投入，使单一农业向上、下游产业链延伸，从而发展为一种与第二、第三产业交融的复合型现代产业，代表着未来农业经济发展的新趋势。农村现代化是一个具有世界性普遍规律的嬗变过程，国家现代化在空间上表现为城市现代化与农村现代化的统一。如果说农业现代化是农村现代化的基础，为农村现代化提供产业基础和物质保障，那么农村现代化则是农业现代化的依托和人口、土地等要素的空间载体。农业农村现代化一体推进是实现国家现代化的关键。

从国外经验来看，农业、农村的现代化发展主要侧重于农业现代化这个方面。一些发达国家和地区在第二次世界大战后不断调整农业产业结构，在 20 世纪 60 年代逐步进入农业现代化行列；一些经济并不发达、基础原本比较薄弱的国家和地区在 70 年代或稍后时期实现了农业现代化。这些国家和地区不仅实现了农业现代化，而且使农业现代化水平不断提高，形成了颇具特色的农业现代化模式和独特的发展道路。[③] 由于各国发展阶段与自然条件的差异性，不同国家的农业农村现代化道路和模式也不尽相同。目前，世界农业农村现代化主要有三种典型模式，即以美国、加拿大等为代表的规模化农业模式，以

---

① 周应恒等：《现代农业发展战略研究》，经济科学出版社 2012 年版，第 37—38 页；俞家海等：《东南亚农业发展与国家现代化》，中山大学出版社 2022 年版，第 67 页。

② 陈明：《农业农村现代化的世界进程与国际比较》，《经济体制改革》2022 年第 4 期。

③ 邓德胜等：《国外农村现代化模式对我国实现农村全面小康的启示》，《经济问题》2007 年第 2 期。

法国、意大利等为代表的欧洲高值特色农业模式，以日本、荷兰等为代表的精细化农业模式。[①]

在不少国家现代化的进程中，都试图首先实现农业现代化，同时通过城乡融合、环境友好的道路来实现农村现代化。但是，不是每个国家都实现了成功转型，有的国家通过农业农村协调发展，实现了全面现代化，跨入了发达国家行列，如德国的“城乡等值化”、日本的“一村一品”、韩国的“新村运动”、新加坡的“都市农业”等；有的国家在盲目追求农业规模化、专业化、机械化的同时忽视农村发展，没有处理好工农关系、城乡关系，乡村和乡村经济走向凋敝，很多小农户被挤出农业农村，成为城市的边缘人群，结果是阻碍了整个国家的现代化进程，甚至造成社会动荡，陷入“中等收入陷阱”，拉美国家就是如此。[②]

二　农业农村现代化：契合中国实际的概念

农业农村现代化是两个既相互独立、又相互衔接的，系统性的现代化进程。发达国家的实践经验表明，大规模的农业现代化一般出现在国家工业化、城市化发展的中后期，在农业现代化基本实现之后会向农村现代化拓展。处理好工农关系、城乡关系，仅有农业现代化是不够的，必须农业现代化和农村现代化统筹推进。仅有农业现代化水平的提升，缺乏农村现代化的支撑，或到一定发展阶段后农村现代化严重滞后于农业现代化，都容易导致大量农民被迫离开农村，无序涌入城市，使得乡村经济走向凋敝，工业化和城镇化走入困境，产生城市贫民窟和两极分化等社会问题，甚至造成社会动荡。[③]

中国是一个典型的农业大国，也是农村大国、农民大国。实施以

---

① 曹大宇、周志宽：《国内外农业农村现代化发展模式及其启示》，《现代化农业》2022 年第 11 期。

② 金文成等：《深刻认识农业农村现代化的科学内涵》，《中国农村科技》2021 年第 1 期；董玮、秦国伟：《农村现代化的深刻内涵与推进路径》，《安徽日报》2020 年 12 月 29 日第 6 版。

③ 蒋永穆：《从“农业现代化”到“农业农村现代化”》，《红旗文稿》2020 年第 5 期。

农村为重心的改革和发展战略，全面推进农村现代化，是立足于中国“大国小农”的基本国情，立足人多地少的资源禀赋、农耕文明的历史底蕴、人与自然和谐共生的时代要求作出的正确选择。从中华人民共和国成立初期提出在农业生产建设的前提下建设社会主义农村，到21世纪在社会主义新农村建设中将“生产发展”摆在开头，再到新时代在乡村振兴战略中将“产业兴旺”置于首位，都凸显了农业现代化发展水平在“三农”工作中的决定作用。当前，正处在城乡关系演进的重要阶段，提出“农业农村现代化”，能有效确保城乡共享发展成果，也能避免城市畸形和乡村衰退。随着生态文明建设的开展，强调“农业农村现代化”能够保证城乡持续繁荣和乡村生态宜居，实现城乡经济、政治、文化、社会、生态全方位的融合。[①] 探索出一条具有中国特色的农业农村现代化道路，不仅是中国现代化发展过程中最具革命性和创造性的一步，而且有利于丰富和发展世界农业农村现代化理论，并将为世界农业农村现代化贡献中国智慧和中国方案，对广大发展中国家具有借鉴意义。

三　农业农村现代化体系的内涵与特征

农业现代化是指在现代科技、现代管理和现代经营理念的基础上，通过农业科技创新、产业结构调整、农村基础设施建设等一系列措施，提高农业生产效率和农民生活水平，实现农业可持续发展的过程。[②] 农村现代化则是指在农业现代化的基础上，通过城乡一体化、农村公共服务设施建设、乡村旅游等措施，实现农村社会经济、文化和生态环境的全面发展。[③]

这两个概念有以下几个方面的意蕴：首先，农业现代化是传统农业向现代农业转化的过程，是现代科学技术、现代工业装备、现

① 蒋永穆：《从“农业现代化”到“农业农村现代化”》，《红旗文稿》2020年第5期。

② 方天坤：《农业经济管理》，中国农业大学出版社2019年版，第294—295页；李秉龙、薛兴利：《农业经济学》，中国农业大学出版社2021年版，第290页。

③ 周文夫、彭建强：《农村现代化问题研究》，河北人民出版社2017年版。

代管理方法广泛应用于农业的过程，是追赶、达到和保持世界农业先进水平的过程。[①] 其次，农村现代化主要包括产业兴旺、生态宜居、乡风文明、治理有效、生活富裕。产业兴旺、生态宜居属于硬件方面的内容，而乡风文明、治理有效属于软件方面的内容，生活富裕则是目标。[②] 再次，农业农村现代化虽然只是在过去农业现代化的基础上加了“农村”二字，但它既不是农业现代化的简单延伸，也不是农业现代化和农村现代化的简单相加，而是农业现代化与农村现代化的有机耦合。[③] 最后，农业农村现代化既包括“物”的现代化，也包括“人”的现代化，还包括乡村治理体系和治理能力的现代化，[④] 可将其看成是城乡融合背景下农业现代化、农村现代化和农民现代化相互交融的整体，[⑤] 是一个包括农村产业现代化、农村生态现代化、农村文化现代化、乡村治理现代化和农民生活现代化的有机整体。[⑥]

农业农村现代化是一个动态的过程，不同发展阶段其特征不尽相同。在中国新发展阶段，新发展理念将得到全面贯彻，新科技革命将广泛渗透，新型工农城乡关系将逐步形成，这些都会对农业农村现代化的内涵产生明显影响。新形势下，农业农村现代化微观层面目标是实现农民农村共同富裕，宏观层面目标是全面建成农业强国；农业农村现代化是共同富裕的基础，是农业强国的前提，乡村振兴是新时代农业农村现代化工作的总目标。[⑦] 中国式的农业农村现代化，是坚持世界第一人口大国自立自强目标的农业农村现代化，是以不断完善农村土地制度为根基的农业农村现代化，是以确保国家粮食安全为根本前提的农业农村现代化，是以千方百计保护农民利益为中心的农业农

---

① 李秉龙、薛兴利主编：《农业经济学》，中国农业大学出版社 2021 年版，第 291 页。

② 郑风田：《农村现代化：乡村振兴的重要一步》，《中国报道》2017 年第 12 期。

③ 杜志雄：《农业农村现代化：内涵辨析、问题挑战与实现路径》，《南京农业大学学报》（社会科学版）2021 年第 5 期。

④ 魏后凯：《农业农村现代化的内涵、目标和驱动机制》，《新型城镇化》2023 年第 3 期。

⑤ 刘长全：《农业农村现代化是建设农业强国的根基》，《红旗文稿》2023 年第 9 期。

⑥ 金文成等：《深刻认识农业农村现代化的科学内涵》，《中国农村科技》2021 年第 1 期。

⑦ 蓝红星等：《中国农业农村现代化：生成逻辑、内涵特征与推进方略》，《改革》2023 年第 7 期。

村现代化，是城乡一体化与共同富裕的农业农村现代化，也是实现人与自然和谐共生可持续发展的农业农村现代化。①②③

第二节　农业农村现代化的问题与挑战

在决胜脱贫攻坚，建成全面小康社会的进程中，中国农业农村的发展水平得到了较大幅度的提高，农民的生活水平得到了显著的改善。不过，当前中国农业农村的发展情况还存在诸多短板，在基础设施建设、生态环境保护、应对生产成本上升和供求关系变化、产业深度融合、缩小收入差距、发展新型农业经营主体等方面面临着一系列问题和挑战。

一　农业农村基础设施方面

基础设施是农业生产和农村生活的必要条件，推进农业农村现代化有赖于交通、通信、水利和能源等方面基础设施的建设和完善。长期以来，地方决策存在“重城市、轻乡村”的思维定式，城乡基础设施建设投入不均衡较为严重，农村基础设施建设的水平和质量不高，且缺少长效的运营管护机制。近年来，国家加大了对农村基础设施建设的投入，大幅改善了农村的道路、供水、电力和网络等基础设施。但由于农村地区地理条件复杂、居民居住分散等原因，农业农村基础

---

① 郑丁豪、朱世欣：《中国式农业农村现代化的主要特征及实现路径》，《农业·农村·农民》（A版）2023年第1期。

② 张明梅等：《农业农村现代化评价指标体系研究》，《中国信息报》2022年12月2日第4版。

③ 姜长云、李俊茹：《2035年中国特色的农业农村现代化指标体系研究》，《全球化》2021年第4期；邓智平：《现代化十讲》，华中科技大学出版社2019年版；李周：《乡村振兴战略下的现代农业发展》，《中国农村经济形势分析与预测（2017—2018）》，社会科学文献出版社2018年版；刘晓越：《农业现代化评价指标体系》，《中国统计》2004年第2期；“农业现代化评价指标体系构建研究”课题组、张淑英、夏心旻：《农业现代化评价指标体系构建研究》，《调研世界》2012年第7期；张小允、许世卫：《我国农业农村现代化评价指标体系研究》，《农业现代化研究》2022年第5期。

设施建设成本较高，导致中国的农业农村面临着基础设施建设总量不足、结构性短缺、东中西部农村和城乡之间公共基础设施差距较大的问题。

就农业生产而言，中国的高标准农田和高效节水灌溉建设需要加强，有喷灌、滴灌和渗灌等水利设施的耕地面积占农田总体灌溉面积的比重较低，农业防灾减灾能力有待提升。2022 年，中国耕地灌溉面积为 7038.95 万公顷，其中节水灌溉面积 3940.60 万公顷，占比为 55.98%。① 就农民生活而言，一方面，与城市相比，农村基本的水电气等基础设施仍不够完善。2021 年，农村的集中供水的行政村比例为 83.64%，供水普及率为 85.33%，城市的供水普及率为 99.38%；农村的燃气普及率为 38.19%，城市为 98.04%；农村的卫生厕所普及率为 70%，城市接近 100%；农村生活污水治理率仅为 28%，而城市污水处理率达 97.89%。② 另一方面，农村在互联网和冷链物流等“新基建”方面的短板十分显著。截至 2022 年年底，农村地区互联网普及率为 61.9%，而城镇地区为 83.1%。③

农业农村基础设施的不完善制约了农作物产量的提高、农村产业的融合发展、社会资本的投入，限制了集体经济收益的增长和农民生活水平的提高。反过来，集体经济收入不足又影响到农村对于基础设施建设的自我完善，导致不同地区农村和城乡之间基础设施水平的差距逐渐加大。因此，尚需加大农业生产和农村生活领域基础设施的投入，补齐农业农村基础设施的各项短板，适当超前布局一些新型基础设施，因地制宜实施城乡基础设施统一管护运行措施，为农业农村现代化提质增效夯实基础。

---

① 中华人民共和国水利部编：《中国水利统计年鉴（2022）》，中国水利水电出版社 2022 年版，第 66、78 页；国家统计局：《2022 年中华人民共和国国民经济和社会发展统计公报》，https://www.gov.cn/xinwen/2023—02/28/content_5743623.htm。

② 中华人民共和国住房和城乡建设部编：《中国城乡建设统计年鉴（2021）》，中国统计出版社 2022 年版，第 4—5、184—185 页。

③ 中国互联网络信息中心：第 51 次《中国互联网络发展状况统计报告》，https://cnnic.cn/NMediaFile/2023/0322/MAIN16794576367190GBA2HA1KQ.pdf。

二 生态与资源环境压力方面

当前，中国的资源环境承载力已接近上限，制约着农业农村现代化的发展。一方面，由于人口众多，中国是人均资源稀缺的国家。第三次全国国土调查的数据显示，中国人均耕地仅有1.36亩，不到世界平均水平的40%。2021年，中国人均水资源量约为2098.5立方米/人，仅为世界人均占有率的1/4，临近国际公认的1700立方米/人的严重缺水警戒线，中国正在由轻度缺水型国家发展为中度缺水型国家。[①] 另一方面，因为过往忽视对生态和资源环境的保护，农村在农业和工矿业开发中存在一定程度的生态环境破坏和资源无序开采问题，种养业绿色生产、低碳加工技术滞后的问题始终存在，农业农村赖以维系的土地资源和水资源等受到污染和破坏，加剧了生态与资源环境的压力。

土地资源方面，由于环境污染，大量土地已经不适合种植粮食作物。中国约有3亿亩耕地受到镉、镍、铜、砷、汞、铅等重金属污染，每年因重金属导致污染的粮食达1200万吨。水资源方面，由于灌溉技术落后，长期采用大水漫灌的方式进行灌溉。华北和西北等地区的水资源过度开发问题比较严重。华北地区地下水超采累计亏空1800亿立方米左右，超采的面积达到了18万平方千米，约占平原区面积的10%。同时，农业生产中化肥、农药和地膜过量使用的问题十分严峻，化肥、农药、农膜等投入要素的冗余率超过了50%。[②] 2021年，中国化肥、农药施用强度依然分别高达307.73公斤/公顷、7.34公斤/公顷[③]，超过国际公认的化肥225公斤/公顷、农药7公斤/公顷

① 蓝红星等：《中国农业农村现代化：生成逻辑、内涵特征与推进方略》，《改革》2023年第7期。

② 李翠霞、许佳彬：《中国农业绿色转型的理论阐释与实践路径》，《中州学刊》2022年第9期。

③ 根据当年化肥、农药使用总量和农作物总播种面积计算得到。原始数据来自国家统计局农村社会经济调查司编《中国农村统计年鉴（2022）》，中国统计出版社2022年版，第50、106页。

的安全上限。这导致地表和地下水体污染严重，土地板结和土地沙化等问题。①

资源环境的破坏限制了我国农业产量的增长和农产品质量的提高，部分农产品还需要通过进口满足国内需求。在生态与资源环境压力的约束下，农业农村建立在大量消耗土地、资源和能源基础之上的传统经济增长模式难以持续。

三　农产品供给和需求方面

农业生产成本居高不下，农产品的供给和需求在数量上不平衡，在结构上不匹配，是影响农业农村现代化进程的问题之一。中国的农业生产投入费用持续攀升。2022 年，全国粮食亩均生产投入费用为 474 元，比上年增加 74 元，增长 18.6%。其中，粮食亩均化肥投入费用为 189 元，比上年增加 40 元，增长 26.4%；种子、农药、外雇机械作业费用分别比上年增长 9.4%、17.2%、11.1%。② 与世界主要农产品出口国相比，中国农产品的单位生产成本较高，导致中国的农业缺少基础竞争力。③ 农业生产的高成本一方面来自劳动力成本，随着城乡、部门间劳动力要素流动加快，农业劳动力成本持续升高，已不具备成本上的比较优势；另一方面来自土地成本，土地资源稀缺使得土地成本始终处于较高水平。2022 年，中国水稻、小麦、玉米三大粮食作物的亩均用工成本分别比美国高出 42.52 元、10.53 元、27.93 元，土地成本分别比美国高出 89.22 元、161.94 元、121.07 元。④

① 彭超、刘合光：《“十四五”时期的农业农村现代化：形势、问题与对策》，《改革》2020 年第 2 期。

② 牛艳嘉：《2022 年农业生产与价格运行状况分析》，魏后凯、王贵荣主编《中国农村经济形势分析与预测（2022—2023）》，社会科学文献出版社 2023 年版，第 51—52 页。

③ 马晓河：《推动农业农村现代化与加快建设农业强国》，《农村金融研究》2023 年第 5 期。

④ 国家发展和改革委员会价格司、价格成本调查中心编：《全国农产品成本收益资料汇编（2022）》，中国统计出版社 2022 年版，第 6、21、24、611—613 页。

除此之外，农业生产成本提高的原因还在于隐性成本的显性化①。以往农业生产者主要依靠自家的劳动力土地进行生产，劳动力和土地成本都是隐性成本。随着土地流转加速、新型农业经营主体增加，越来越多的规模农业经营主体通过雇工和租入土地进行生产，劳动力和土地成本计入财务成本，成为显性成本，导致农业生产成本上升。这种成本抬升难以得到抑制，给农业生产形成了持续的成本上升压力。农业生产成本高企，农产品在市场上缺少竞争力，导致农业收益持续降低，农民种粮积极性下降，阻碍了农业生产的发展。

农产品供过于求和供不应求交替出现是各类农产品市场的常态。农产品的供给受市场需求波动和政策调整的影响，但由于农业生产时间较长，应对市场需求变化的供给调整具有滞后性，调整后的农产品供给与市场需求不匹配的情况经常发生，不利于农产品的销售和农民收入的提高。更重要的是，中国农产品的供给结构和需求结构存在不匹配的问题，粮食产量连增、进口量递增、库存量激增并存的“三量齐增”问题日益凸显；大豆、高粱、大麦、棉花和强筋弱筋小麦等农产品的对外依存度大幅提高，成为典型的进口依赖型农产品；绿色安全、个性化、多样化、品牌化的农产品供给不足。

四　农村产业深度融合方面

当前中国大部分农村地区的产业结构较为单一，以种植业和养殖业等第一产业为主，较少在此基础上进行农产品加工业等第二产业和物流服务业等第三产业的建设，实现第一、第二和第三产业的深度融合，形成完整的产业链。现代农业是农村第一、第二和第三产业的融合发展，现代产业竞争实际上是产业链的竞争，中国农业全产业链把控能力不强，产前研发和物流流通环节尤为薄弱，极大地限制了农产品附加值的提升，从而影响了农村集体经济的发展和农民收入水平的

① 薛岩、彭超：《粮食市场全面放开后的政策调控及其改革方向》，《理论探索》2020年第1期。

提高。

中国农业产业融合化程度不高，体现在农林牧渔服务业及农产品加工业产值与农林牧渔业产值的比值较低。原因在于，第一产业向后端延伸不够，多以供应原材料为主，从产地到餐桌的链条不健全；第二产业向两端拓展不足，一方面农产品缺乏精深加工，难以满足消费者的价值诉求，另一方面部分乡村产业处于简单的筛选、分级、简易包装等低端的加工环节，副产物综合利用程度较低；第三产业向高端开发滞后，受制于产业基础设施薄弱，农村的生产生活服务能力不强，难以支撑现代农业产业链、供应链和价值链的运行。[①]

五　城乡居民收入差距方面

城乡居民收入的差距是城市和农村之间经济发展水平和就业质量差异的体现，也是城乡生活水平和生活方式差异的原因之一。2012—2022 年，中国城镇居民人均可支配收入由 24126.7 元增长为 49283 元，农村居民人均可支配收入由 8389.3 元增长为 20133 元，城乡居民收入比由 2.876 下降为 2.448，但城乡绝对收入差距由 15737.4 元增加至 29150 元，扩大了 1.85 倍。从人均可支配收入的结构上看，2021 年，城镇居民的工资性收入为 28480.8 元，经营净收入为 5381.9 元，财产净收入为 5052.0 元，转移净收入为 8497.3 元；农村居民的工资性收入为 7958.1 元，经营净收入为 6566.2 元，财产净收入为 469.4 元，转移净收入为 3937.2 元。城乡居民的收入差距主要来自工资性收入，为 20522.7 元；城乡居民财产净收入的收入比最高，为 10.763。[②] 城乡居民收入差距逐渐扩大导致大量劳动力人口由农村流向城市，造成了农村地区“空心化”的问题，使得推进农业农

---

① 梁海兵：《乡村产业高质量发展的困境与优化：一个嵌入机制的分析框架》，《学海》2022 年第 5 期；马晓河：《推动农业农村现代化与建设农业强国》，《农村金融研究》2023 年第 5 期。

② 国家统计局：《中国统计年鉴（2023）》，中国统计出版社 2023 年版，第 168—171 页；国家统计局：《中国统计年鉴（2013）》，中国统计出版社 2013 年版，第 165—180 页。

村现代化受制于农村劳动力数量和质量不足的问题。

农村居民内部的收入差距同样值得关注。2015—2021 年，农村收入最高的 20%家庭的人均可支配收入由 26013.9 元提高到 43081.5 元，收入最低的 20%群体的人均可支配收入由 3085.6 元提高到 4855.9 元，两者之比由 8.431 提高至 8.872，同期城市的这一比例由 5.321 提高至 6.127，农村居民内部的收入差距明显高于城市居民的水平。[①] 农村的低收入者群体规模过大是农民收入总体水平偏低，城乡居民收入差距较大，以及农村居民内部收入差距较大的一个重要原因。2020 年，中国农村有 30587 万人是低收入人群，占农村人口的 60%。[②] 农业经营收入和工资性收入是农民收入的两大支柱，一方面，在农业增加值增速趋缓和农业比较优势逐渐下降的背景下，传统种养业特别是粮食种植效益偏低；另一方面，在城市落后产能过剩和企业转型升级的背景下，农民务工就业的制约因素较多。这两方面的原因导致农民收入增长乏力，农村人均可支配收入的年均增长率都由上升转为下降，城乡居民收入的差距仍在进一步拉大。

六　农业经营主体方面

中国的农业经营主体以一家一户的分散小农为主，缺少集约化经营的农业企业组织。体制性的小农土地经营具有“狭小化”和“细碎化”的问题，限制了农业技术和农业机械的推广应用，不利于形成规模效益，融入现代经济体系，制约着中国农业生产水平的提高和农业农村现代化的推进。同时，小农户难以准确掌握市场供求信息，在农产品销售市场中处于不利地位，会限制农民收入和经营的积极性。

近年来，农民专业合作社、家庭农场和农业企业等新型农业经营主体有所发展。截至 2020 年年底，全国依法注册登记的农民合作社

① 国家统计局编：《中国统计年鉴（2022）》，中国统计出版社 2022 年版，第 171—172、174—175、177 页；国家统计局：《2022 年中华人民共和国国民经济和社会发展统计公报》，https：//www.gov.cn/xinwen/2023—02/28/content_5743623.htm。

② 马晓河：《推动农业农村现代化与建设农业强国》，《农村金融研究》2023 年第 5 期。

达到224.9万家，辐射带动近一半的农户，为成员提供统购统销经营服务总值达8828亿元；全国家庭农场达到348万个，经营土地面积达3133.33公顷，平均每个家庭农场经营8.95公顷，年经营总收入8896.3亿元，平均每个家庭农场25.6万元。[①] 截至2022年3月底，全国依法登记的农民合作社达222.2万家，自愿组建联合社1.4万家，纳入全国家庭农场名录系统的家庭农场超过380万个。[②]

不过，新型农业经营主体的发展面临着农业生产要素市场化水平低，新型经营主体内生发展动力和抗风险能力不足，政府支持效能较低等体制机制问题。就农业生产要素市场而言，农村土地市场存在土地承包经营中经营权人的权益难以落地，设施农业用地制度创新不足，农村建设用地制度改革系统性不强等问题；农村金融市场存在产权确权颁证和产权融资发展滞后，缺乏资产抵押处置市场，缺乏风险防范机制等问题。就新型农业主体的内生发展而言，大部分小规模的家庭农场经营水平与小农户相似，大量农民专业合作社尚未形成企业化经营机制，这些新型经营主体实际上缺少应对市场波动和经营风险的能力。就政府支持而言，服务于新型农业经营主体的制度和配套设施的建设较为滞后，政府的农业治理手段不够成熟，对新型经营主体的补贴、税收优惠和信贷保险支持力度有限，协同性较弱。[③] 此外，农业经营主体的两极分化值得警惕。部分规模较大、发展良好的新型农业经营主体在要素市场、农产品销售市场的影响力显著强于小农户，可以利用要素资源禀赋优势获取更多的产业增值收益，非但不能带动小农户发展，反而挤压小农户的利润空间、生存空间和发展空间。[④]

---

① 《中国农业年鉴》编辑委员会编：《中国农业年鉴（2021）》，中国农业出版社2022年版，第119、133页。

② 农业农村部：《对十三届全国人大五次会议第0284号建议的答复》，2022年8月10日，http://www.moa.gov.cn/govpublic/XZQYJ/202208/t20220810_6406688.htm。

③ 孔祥智等：《中国农业农村现代化》，中国人民大学出版社2021年版，第20—31页。

④ 梁海兵：《乡村产业高质量发展的困境与优化：一个嵌入机制的分析框架》，《学海》2022年第5期。

第三节 农业农村现代化的实践路径

当今世界正面临“百年未有之大变局”，国际格局和国际体系正在发生深刻调整，全球治理体系正在发生深刻变革，国际力量对比正在发生近代以来最具革命性的变化，应对国内外各种风险挑战，基础支撑在“三农”，迫切需要稳住农业基本盘。把握新发展阶段，贯彻新发展理念，构建新发展格局，如何提高农业质量效益和竞争力，推进农业农村现代化，是关乎发展全局的重要命题。而实践农业农村现代化的路径，需要理顺农业生产力与生产关系，建设城乡统筹的要素市场，让农业与农村现代化互为支撑，使城乡公共服务均等化发展，还需切实推进基层社会治理体系的发展。

一 理顺农业生产力与生产关系

农业生产力指农业这一行业的整体生产水平，或者说利用、改造土地的能力，包含土地、劳动力和资本三个要素。而随着农业经济学的发展，其也可以理解为农业综合生产能力。它指的是一个国家或地区在一定时间内农业生产各种要素相对稳定的综合产出的经济效益、社会效益和生态效益三大效益的合力。生产关系是指人们在物质资料的生产过程中形成的社会关系，是生产方式的社会形式，包括生产资料所有制的形式；人们在生产中的地位和相互关系；产品分配的形式等。其中，生产资料所有制的形式是最基本的、起决定作用的。

实现农业农村现代化，首要的就是要实现农业生产方式的根本变革。[①] 生产方式作为经济社会发展的决定力量，其不仅包含生产力中物的要素，如劳动资料性质及其变革，还包含生产力中人的要素，如劳动者技能及其提高状况。同时，农业生产方式的转变反映了农村生

① 于金富：《生产方式变革是建设社会主义新农村的基础工程》，《经济学家》2007年第4期。

产关系的变革。生产方式所追求的是生产力与生产关系的动态和谐。社会发展的实质及制度变革的根本即是生产方式的变革，而农业生产方式变革即是农村社会发展的决定力量，故要想顺利推动中国农村生产方式发生因地制宜的变革，深入实施乡村振兴战略，推进农业农村现代化，需要厘清农业生产力和生产关系。[①] 农村生产关系、上层建筑的完善与否，会影响农村生产力的发展和进步。当农村生产关系、上层建筑与生产力的发展要求相适应时，农村现代化就会有力推动农业现代化进程；反之，将会阻碍农业现代化进程。[②]

二 建设城乡统筹的要素市场

农业农村现代化的发展，需要建设城乡统筹的要素市场，农村要素市场化配置改革的关键是要打破阻断、妨碍要素自由流动和优化配置的瓶颈制约，衡量这一问题是否真正得到解决，则要看要素能否自由进入市场进行交易。

从土地要素来看，要推动集体建设用地跨区域流动“扩范围”，搞活农地经营流转，创新农地经营流转模式。想方设法延伸非农业生产土地的价值链，盘活农村宅基地，加快推进宅基地确权登记，有序释放农村宅基地红利。培育和健全城乡建设用地统一市场，加快农村集体建设用地入市及价格弹性增长机制。要逐步引导城乡建设用地增减挂钩跨省域流转，从深度贫困地区与对口帮扶省份之间向全国范围拓展，强化多要素联动改革，实现人地流动挂钩。

从资本要素来看，进一步完善县域银行业金融机构服务“三农”的激励约束机制，充分利用现代技术手段，积极发展农村数字普惠金融，提高金融服务覆盖宽度和深度。一方面要让工商资本下乡“去障碍”。在坚守土地用途管制法律底线的前提下，要尽可能降低工商资本进入的门槛，取消对工商资本租赁土地最高规模的限制。另一方面

---

① 张红杰：《我国农业生产方式现代化转变的历史脉络、内在机理和发展对策》，《山东社会科学》2019 年第 8 期。

② 蒋永穆：《从“农业现代化”到“农业农村现代化”》，《红旗文稿》2020 年第 5 期。

则要让农民敢于、安于、乐于利用贷款等金融业务。农村发展，资金投入是保障。但受现实情况和主观意愿的影响，“金融惠农”融资的规模还远不能满足乡村产业振兴的需要，农民信用意识弱，与金融平台合作的意愿不强。

除此之外，要增强农民消费，切实提高农民收入。要建立起有利于农民增收的制度环境，如提高农村土地附加值，使农民资产增值保值；要形成因地制宜的农户增收长效机制，以市场为导向，积极调整和优化农业结构，加强培育农村合作社、家庭农场等新兴农业经营主体。要进一步推动城乡公共服务、基础设施均等化，让公共服务向农村延伸、社会事业向农村覆盖，健全全民覆盖、普惠共享、城乡一体的基本公共服务体系，推进城乡基本公共服务的标准统一、制度并轨。

三 使农业与农村现代化互为支撑

农业现代化可以视为生产力的现代化，属于经济基础的范畴，是指由传统农业转变为现代农业，把农业建立在现代科学的基础上，用现代科学技术和现代工业来装备农业，用现代经济科学来管理农业，创造一个高产、优质、低耗的农业生产体系和一个合理利用资源、又保护环境的、有较高转化效率的农业生态系统。而农业农村现代化则既包括生产力的现代化，也包括和农村相关的一切生产关系的现代化。其相较于农业现代化加上了“农村”二字，意味着要更加关注农业生存发展的主体——农村，意味着要让农业现代化带来的生产力大发展、物质大丰富更多地回馈乡村，在满足城市基本发展要求的前提下，尽可能地降低其虹吸效应，使农村的社会经济发展水平也达到现代化的标准，实现乡村振兴的阶段性目标。

中华人民共和国成立以来始终保持着城乡二元格局，城乡关系随着历史的发展也迈入不同阶段，但无论如何，两者的长期共生共存是客观规律。在城乡关系演进的重要阶段，着重提“农业现代化”，是为了尽快提高农村生产力水平，摆脱农村贫穷落后状态；随着城镇化进程的推进，提出“农业农村现代化”，是为了确保城乡共享发展成果和防止乡村掉队，避免城市畸形和乡村衰退；随着生态文明建设的开展，强调“农业农村现代化”，是为了保证城乡持续繁荣和乡村生态宜居，实现城乡经济、政治、文化、社会、生态的全方位有机融合。[①] 如此农村这片广大的土地才能有更足的发展后劲，才能反作用于农业发展水平，使农业现代化的深度更深、广度更广。因此要推动农业农村现代化，必须使农业与农村现代化互为支撑。

四　实现城乡公共服务均等化发展

中国城乡二元结构从形成到松动和转型，再到城乡统筹和融合的历史轨迹，虽然随着我国城乡发展战略的改变以及国家一系列惠农政策的实施，二元结构的布局导致的城乡不平衡已经得到很大程度的扭转，但整体上看城乡在医疗、养老、教育、就业、卫生、基础设施等方面仍存在较大差距，成为中国实施乡村振兴战略，推动农业农村现代化亟须解决的问题。因此，在新发展格局下，需要坚持城乡统筹、协调发展，而其中重要的一方面就是要推动城乡公共服务均等化。

公共服务进一步可以分为基本公共服务和普惠性非基本公共服务，前者指保障全体人民生存和发展基本需要、与经济社会发展水平相适应的公共服务，目的是保障其生存和发展的基本需求；后者指为满足公民更高层次需求、保障社会整体福利水平所必需但市场自发供给不足的公共服务。公共服务均等化是指政府要为社会公众提供基本的、在不同阶段具有不同标准的、最终大致均等的公共物品和公共服务，本质上讲其为公共财政的重要组成部分。对于中国大力实施乡村振兴战略，推动农业农村现代化，公共服务均等化中的城乡公共服务均等化具有重要意义。

城乡公共服务均等化有利于促进工农业协调发展。农村公共服务除包括与城市公共服务共同的公共安全、基础教育、基本医疗卫生、

① 蒋永穆：《从“农业现代化”到“农业农村现代化”》，《红旗文稿》2020 年第 5 期。

社会保障之外，还包括农业基础设施、农业科技成果推广、农田防护林、病虫害防治、小流域防洪防涝设施建设、技术培训、农业信息服务、农村中小水利设施等。而城市公共服务则还包括城市规划、城市公共基础设施、科学研究、公共交通系统等。加强农村公共服务体系建设，特别是与农业基础设施相关的一系列公共服务项目的建设，可以为农业经济的长足进步注入强劲的动力。

城乡公共服务均等化有助于实现真正的社会公平。农村公共服务水平的高低是衡量一个国家和地区农村经济社会发展和城乡协调发展水平的重要标志，也是全面推进社会主义新农村建设的关键所在。城乡公共服务均等化有利于城乡资源的合理配置。城市和农村的发展都离不开资源，资源的有限性决定着给予城市的多一些，意味着农村的就会少一些。城市、乡镇和村庄发展规划一盘棋，通过有效整合城乡人才、物质和信息等资源，促进城乡公共服务对接。不仅通过新农村建设加强了农村基础设施建设，而且通过国家财政向农村倾斜，实行新型农村合作医疗、新型农村养老保险等，使农民病有新农合，老有敬老院，务工有去处，维权有保障。扩大农村居民与城市居民享受国家共有的公共资源的份额，让资源在农业、农村进行合理的“流入”，从而让农业也像工业那样在资源的支持下不断地创造更高的生产率，农村经济社会不断发展。

五　提升基层社会治理水平

社会治理是国家治理的重要方面，基层是社会治理的基础和支撑。提升基层社会治理水平，是实现国家治理体系和治理能力现代化的重要环节。推进农业农村现代化，除了需要加强农业生产、建设好相应市场，提供好服务等提高农村生产力的“硬件”，还需要基层社会治理体系发展这一“软件”。

基层作为整个国家、社会的基础，决定着基层治理是国家治理的基石。基层社会治理体系，就是在党的领导下，依据宪法和法律参与基层社会治理，实现政府治理、社会调节、居民自治良性互动，使政府有形之手、市场无形之手、公众勤劳之手同向发力，坚持共建共治共享，建设人人有责、人人尽责、人人享有的基层治理共同体。[①] 因此基层社会治理体系的发展及新格局的构建有利于密切党群干群关系，激发群众的积极性、主动性和创造性，增强社会认同，减少矛盾冲突，为基层尤其是农村经济社会发展，推动农业农村现代化保驾护航。

乡村振兴战略要求乡村经济、生态等领域向高质量发展转变，这就驱使乡村基层社会治理需要创新地方性治理体系模式。首先，始终坚持党的领导，坚持以人民为中心。构建基层社会治理新格局，必须加强党对基层社会治理的顶层设计。同时紧紧依靠人民、一切为了人民，把基层社会治理变成亿万人民参与的生动实践。调动社会各种主体参与积极性，发挥人民群众的主人翁精神，为共建共治共享拓展广阔空间。其次，全面深化基层综合治理体系建设，积极推动共同治理，建立健全基层社会治理运行机制，充分激发社会组织和群团组织的活力，不断提高群众参与基层治理的积极性。最后，坚持实现依法治理，强化依法治理理念，坚持依法治理手段，加快社会领域立法。[②]

第四节　推动中国式农业现代化以加快建设农业强国

经过新时代城乡融合发展和强农兴农建设，乡村产业振兴基础更加坚实。但受农业弱质性影响，农业仍是“四化同步”的短板。全面建成农业强国是实现中华民族伟大复兴的重要内核，而推进中国式农业现代化则是加快建设农业强国的有效手段和强力支撑。作为一个农业人口规模和农产品供需规模超大的国家，我们要建设的农业强国，既具有农业强国的一般性特征，也存在内外部条件产生的特定性。建

---

① 魏礼群：《新时代十年我国推进社会治理现代化的重大创新与成就》，《行政管理改革》2023 年第 4 期。

② 李德：《从“碎片化”到“整体性”：创新我国基层社会治理运行机制研究》，《吉林大学社会科学学报》2016 年第 5 期。

设具有中国特色的农业强国，必须走出一条反映中国国情、体现中国特色、彰显中国智慧的农业强国之路。

一　农业现代化是农业强国的核心命题

农业强国建设与推进农业现代化是互为内涵、互为促进的关系。加快建设农业强国是实现农业强和农业大国向农业强国跨越的根本之策，农业强国建设的质量决定了社会主义现代化强国建设的质量。农业现代化是农业强国建设的基础和前提，在全面建设社会主义现代化国家的新征程中，我们需要的是建设一个现代化的农业强国。没有农业的现代化，就不可能有现代农业强国。但是，农业现代化的实现并不一定意味着农业强国的建成。

农业强国是社会主义现代化强国的重要体现。其重要标志是“四强一高”，即农业供给保障能力强、农业科技创新能力强、农业可持续发展能力强、农业竞争力强和农业发展水平高。农业强国建设的质量决定了社会主义现代化强国建设的质量。加快建设农业强国，必须以农业现代化为基础，正确处理好农业强国与农业现代化的关系。①

农业现代化是变传统农业为现代农业的过程，其实质是农业发展方式的现代化；而农业强国则是以国际比较为参照，能够体现“农业强”的国家，其主要农业发展水平指标应该达到世界先进水平。农业现代化是全覆盖的，而农业强国则是有选择性的。农业现代化是从现代化角度提出来的，而农业强国则是从强国建设角度提出来的。农业现代化是国家现代化的基石，而建设农业强国则是全面建设社会主义现代化强国不可或缺的重要组成部分。

建设农业强国是一个比农业现代化要求更高、更全面的发展行动。从国际经验看，凡是进入发达的高收入国家行列的经济体，其农业农村都实现了现代化，但只有少数国家发展为农业强国。经过40

① 魏后凯：《加快建设农业强国的推进策略与政策建议》，《中国乡村发现》2023年第2期。

多年的快速发展，中国推进农业农村现代化、加快建设农业强国的基本条件已经得到明显改善，但是，在中国迈上中高收入阶段后，特别是 2015 年以来，推进农业农村发展的外生拉力强度开始变弱，农村内生动力系统性支撑也表现不足。[①]

二　农村现代化是农业强国的关键约束

中国农业农村现代化发展道路选择，主要取决于中国共产党对农业、农村、农民问题的认识。“大国小农”是中国的基本国情农情。放眼全球，“小农”模式下能否建成农业强国、如何才能建成农业强国，在实践层面少有先例，依然是一个世界性难题。

从全球范围看，国外农业强国建设是在生产资料私有制基础上完成的。在中国，农村土地集体所有制作为农村的基本经济制度，具有超强的适应性和发展性。从“大国”特征看，必须立足超大规模人口、超大规模农产品需求的现实，牢牢把住粮食安全主动权。从“小农”农情看，必须坚持农民主体地位，促进农民农村共同富裕。小农户家庭经营是我国农业的基本面。世界范围内，西方国家以资本为中心、生产力发展服从于资本逻辑的农业强国建设模式，往往带来贫富分化、小农户破产甚至消亡。

从历史底蕴看，如何充分彰显农耕文化蕴含的时代价值，传承发展农耕文明赋能乡村振兴，关系着农业强国战略的实施效果。农耕文化是中国农业的宝贵财富，蕴含着优秀思想观念、人文精神、道德规范，具有现实意义和应用价值，是乡村全面振兴的持续精神力量，也是加快建设农业强国的文化滋养和力量之源。

从时代要求看，如何坚持人与自然的和谐共生，提升农业的可持续发展能力，也是关系农业强国建设的重要问题。西方一些国家推进的农业现代化，是通过对自然资源的攫取实现的，尽管创造了巨大的

---

① 马晓河：《推进农业农村现代化与加快建设农业强国》，《农村金融研究》2023 年第 5 期。

物质财富，但带来严重的生态环境问题。促进人与自然和谐共生是中国式现代化的本质要求之一，也是有中国特色的农业强国建设的时代要求。[①]

三 农业农村现代化是一项系统工程

从“农业现代化”到“农业农村现代化”的重大转变，从实践上遵循了人类社会发展规律、社会主义建设规律及中国共产党执政规律，表明我国将农业农村现代化发展作为新时代“三农”工作的重要目标，通过统筹规划“农业现代化”和“农村现代化”，实现城乡经济、政治、文化、社会、生态的全方位有机融合。这些转变不仅体现了中国共产党始终重视“三农”工作的基础地位，还表明中国共产党对“三农”工作重心认知的重大转变：将农业现代化问题从产业部门范畴拓展为区域社会性范畴，体现出我们党在推进“三农”领域现代化进程中的重大理论创新。

首先，打破了就“三农”论“三农”的思维局限，体现了中国共产党将系统思维应用于解决我国工农城乡矛盾的重大理论创新。其次，遵循客观规律、科学规划先行、注重政策因地制宜的全方位农业农村现代化推进模式，是中国共产党遵循马克思主义政治经济学基本逻辑的创新性成果。最后，对农业现代化的理论认识突破了粮食生产范畴，逐步拓展到追求综合经营服务体系现代化；农村功能的定位从单纯的粮食供给方转向多元化发展。

加快建设农业强国是实现农业强和农业大国向农业强国跨越的根本之策，它进一步深化和系统化了对农业强国的认识，丰富拓展了全面推进乡村振兴和社会主义现代化强国建设的科学内涵，有利于稳固现代化强国建设的根基，补齐强国建设的突出短板，进一步完善中国的强国战略体系。农业强国具有一定的艰巨性和复杂性。一个国家能够成为农业强国，其前提和底线是该国实现了农业现代化。要坚持以

---

① 涂圣伟：《走体现中国特色的农业强国之路》，《中国果业信息》2023 年第 3 期。

中国式农业农村现代化的理论和政策思维推进加快建设农业强国，需要让加快建设农业强国的战略行动有效融入全面建设社会主义现代化国家、加快建设中国式农业农村现代化的战略布局。

（本章执笔：马国英，部分数据资料整理由首都经济贸易大学工商管理学院吴泓廷完成）

第二十四章
发展县域经济

中国式现代化的本质特征包括实现高质量发展、实现全体人民共同富裕。县域是区域协调发展的枢纽和城乡融合发展的着力点，也是巩固脱贫攻坚成果、全面推进乡村振兴的重要载体，是实现共同富裕和中国式现代化的重要一环。县域现代化建设进度和质量直接决定着全面建设社会主义现代化国家的整体进程。本章将主要总结县域经济发展的现状，分析县域经济发展的重点、难点，并给出政策建议。

第一节　县域经济的内涵和意义

一　县域经济的内涵

中国地方行政区分为省、市、县、乡四级。县级行政区包括市辖区、县级市、县、自治县。县级行政区划下辖乡、镇、街道。可见，县级行政区处于承上启下的重要地位。由于市辖区的城镇化水平较高，其经济考核标准、财政独立权、财政支出责任、社会经济管理权限、职能重点与其他县级行政区划存在显著差异（见表 24-1），因此，本章将县级行政区划中的县级市、县、自治县定义为县域①。

① 虽然存在市辖区包含乡镇的情况，但为了统一起见，本书不做考虑。

表 24-1　　县级行政区划的区别

内容	市辖区	县级市	县
经济考核标准	重点考核第二、第三产业	重点考核第二、第三产业	有农业指标
财政独立权	不独立。规划、经济政策需与地级市相同	独立。有独立的规划、经济政策等权力，包括税收	独立。有独立的规划、经济政策等权力，包括税收
财政支出责任	无独立的财政支出权限	本级政权运转	本级政权运转
社会经济管理权限	不独立	独立，城市建设配套费、规划规模相较于县有倾斜	独立
职能重点	与市统一，注重城市规划和建设	同时考虑城区、乡村管理，注意协调城乡关系	农业农村工作相对重要

资料来源：陈科霖：《中国撤县设区 40 年：回顾与思考》，《地方治理研究》2019 年第 1 期。

1978 年以来，中国县域的数量在总体保持稳定的同时，有逐渐下降的趋势。根据国家统计局发布的数据，1978 年，中国县域数量为 2168 个，其中，县级市 92 个、县 2011 个、自治县 65 个。到 2021 年，中国县域数量为 1812 个，其中，县级市 394 个、县 1301 个、自治县 117 个。改革开放以来，县域数量减少了 356 个。2021 年，在县域的构成中，县约占 72%。可见，县是中国县域的主体（见表 24-2）。

表 24-2　　中国县域的总体数量和变化特点　　单位：个

行政级别	1978 年	1980 年	1990 年	2000 年	2010 年	2021 年
地级区划数	310	318	336	333	333	333
地级市	98	107	185	259	283	293
县级区划数	2653	2775	2833	2861	2856	2843
市辖区	408	511	651	787	853	977
县级市	92	113	279	400	370	394
县	2011	1998	1723	1503	1461	1301
自治县	65	72	121	116	117	117

资料来源：国家统计局网站。

中国县域数量减少的一个主要原因，是过去多年来实施的“撤县设区”[①]，即一些县由于经济发展，在很多指标上达到了市辖区的设置标准，就改设为市辖区。根据不完全统计，1979—1989 年，中国撤县设区数量为 11 个，1990—1999 年为 29 个，2000—2009 年为 66 个，2010—2019 年为 123 个。县域数量的减少与撤县设区情况基本吻合。东部地区撤县设区的数量高于中西部地区。由县到区的跨越，意味着当地经济社会发展到了一个新的阶段，从城乡二元结构中“乡村”这一端跨越到了“城镇”这一端。撤县设区，既是行政区划的变化，也是一个地区发展到一定程度的必然结果。撤县设区体现的是城乡一体化的发展方向，也为直辖市（地级市）城镇化发展提供更大空间。

习近平同志 2003 年就科学地指出了县域经济的含义。“县域是一个相对独立、相对完整的行政区域，其政治、经济、文化功能完备。县域经济是国民经济的区域基础，是宏观经济与微观经济、工业与农业、城市与乡村的结合部。”[②] 这一论断至今仍具有极强的现实意义和指导意义。

城乡二元结构，是长期以来中国经济社会发展的显著特点之一。《统计上划分城乡的规定》（国函〔2008〕60 号）明确指出，“以我国的行政区划为基础，以民政部门确认的居民委员会和村民委员会辖区为划分对象，以实际建设为划分依据，将我国的地域划分为城镇和乡村”。其中，“城镇包括城区和镇区。城区是指在市辖区和不设区的市，区、市政府驻地的实际建设连接到的居民委员会和其他区域。镇区是指在城区以外的县人民政府驻地和其他镇，政府驻地的实际建设连接到的居民委员会和其他区域”；而“乡村是指本规定划定的城镇以外的区域”。县域既包含城镇的一部分特征，又有明显的乡村的特征。如河北省石家庄市正定县，下辖 2 个街道、5 个镇和 3 个乡。

县域处在承上启下的关键环节，是发展经济、保障民生、维护稳

① 此外，还有县域合并等情况，但不多。

② 习近平：《关于社会主义市场经济的理论思考》，福建人民出版社 2003 年版。

定、促进国家长治久安的重要基础。县域经济作为国民经济的基础单元，是推动经济社会发展的重要力量，是实现高质量发展的重要支撑。在县域经济中，县城处于核心地位。

二　发展县域经济的意义

当前，中国经济增长已经从高速发展转向高质量发展，县域发展正处于提速换挡、结构调整的关键阶段。大力发展县域经济，有利于区域协调发展和城乡融合发展。县域现代化建设进度和质量直接决定着全面建设社会主义现代化国家的整体进程。同时，县域经济也是稳定宏观经济的重要发力点。

大力发展县域经济，有助于实现乡村振兴战略。县域是乡村振兴战略的主战场。中国社会主要矛盾已经转化为人民日益增长的美好生活需要和不平衡不充分的发展之间的矛盾。实施乡村振兴战略是解决城乡发展不平衡、农村发展不充分等重大问题的重要抓手，而保护农民利益，增进农民福祉则是其中重要的一环。县域包含了中国大部分乡镇、行政村、自然村。发展县域经济，能够促进产业集聚，促进农业转移劳动力有序有效融入县域城镇和当地就业，有利于优化城镇空间格局，促进城乡融合发展。

发展县域经济，有助于实现共同富裕。在向着共同富裕和第二个百年奋斗目标迈进的伟大事业中，促进农村农民共同富裕的任务仍很艰巨。乡村与城市之间的发展水平还存在差距，存在基础设施和公共服务方面的短板。相对贫困群体是与社会平均生活水平还有较大差距的群体。有学者基于收入分配调查数据发现，2019 年全国约 1 亿人年收入低于 6000 元，属于相对贫困人口。农村地区和相对贫困群体是实现共同富裕过程中的重中之重。县域富则乡村富。如果妥善解决了乡村发展和相对贫困问题，就相当于在实现共同富裕目标中的一项艰巨任务得到解决。因此，需要继续完善落实防止返贫监测帮扶机制，确保不发生规模性返贫，强化国家乡村振兴重点帮扶县帮扶措施，提高脱贫地区自我发展能力。

县域高质量发展对于建设农业强国目标，绘就宜居宜业和美乡村新画卷也具有重要意义。虽然中国的城镇化率已经接近60%，但中国依然是一个农业大国的基本国情没有改变。中国粮食主产区分布在一个个县域，促进县域经济发展，有利于保障中国粮食安全，促进统筹发展和安全的实现。

近年来，中央也将发展县域经济摆在了突出位置，并出台了一系列针对性的文件。2022 年，习近平总书记指出："要把县域作为城乡融合发展的重要切入点，推进空间布局、产业发展、基础设施等县域统筹，把城乡关系摆布好处理好，一体设计、一并推进。要强化基础设施和公共事业县乡村统筹，加快形成县乡村功能衔接互补的建管格局，推动公共资源在县域内实现优化配置。要赋予县级更多资源整合使用的自主权，强化县城综合服务能力，把乡镇建设成为服务农民的区域中心。"[①] 2020 年，党的十九届五中全会提出"推进以县城为主要载体的城镇化建设"。2021 年中央一号文件提出要把县域作为城乡融合发展的重要切入点。2022 年，《关于推进以县城为重要载体的城镇化建设的意见》出台，全面系统地提出了县城建设的指导思想、工作要求、发展目标、建设任务、政策保障和组织实施方式。党的二十大报告进一步强调了"以城市群、都市圈为依托构建大中小城市协调发展格局，推进以县城为重要载体的城镇化建设"的城镇化发展目标。国家层面有关新型城镇化实施、县域创新、教育、商业等方面的政策也相继出台。例如，《"十四五"新型城镇化实施方案》明确了"十四五"时期深入推进以人为核心的新型城镇化战略的目标任务和政策举措；《"十四五"县域创新驱动发展专项规划》聚焦县域发展面临的创新和人才短板；《"十四五"县域普通高中发展提升行动计划》聚焦县域教育高质量发展；《关于加强县域商业体系建设促进农村消费的意见》聚焦建设以县城为中心、乡镇为重点、村为基础的农村商业体系。各地区也相应出台了支持县域和县城发展的政策举措。

---

① 习近平：《坚持把解决好"三农"问题作为全党工作重中之重，举全党全社会之力推动乡村振兴》，《求是》2022 年第 7 期。

第二节　县域经济发展现状和存在的问题

一　县域经济发展现状

从总体和历史看，与城市相比，县域的产业结构中，第一产业占比较大，城镇化水平不高，居民中较多为乡村人口。但伴随着改革开放，这些特征已经发生了明显的改变。

首先，县域经济中非农产业逐渐发展壮大。以农业大省河南省为例，2021 年河南省县域第一产业占比 13.6%，第二产业占比 42.8%，第三产业占比 43.6%。从三大产业结构演变趋势来看，2008 年以来，河南省县域第一产业占比不断下降。①

其次，县域劳动力从事非农就业的规模逐渐提升。20 世纪 80 年代中后期和 90 年代早期，乡镇企业在农村经济中起到了重要的作用，并成为整个国民经济的重要组成部分，就地转移方式也获得了政府的大力提倡和支持。随后，虽然农村家庭经营收入一直是最大构成部分，但来自农业的收入不断下降，2000 年前后，农村居民的收入来源中，来自非农之外的工资性收入、非农家庭经营收入和其他收入的比重开始超过了农业收入。以贡献来看，农村人均纯收入的提高主要来自工资性收入的增长，一方面说明农村家庭从事非农就业的人越来越多，另一方面也有工资水平上涨的因素。同时，农村收入差距在不断扩大，其中工资性收入经历了从扩大收入差距到均衡收入和缩小差距的作用。另外，家庭经营收入也出现了非农化的趋势，目前在农村常见的家庭经营非农产业的形式有小车间、小作坊、店铺、饮食店、跑运输、私人承包小规模建筑工程等。从外出农民工的省内与跨省构成看，2008 年以来，农民工在省内就业的比重明显上升，并在 2011

① http：//hn. ifeng. com/c/8OvXrakVdRO&wd = &eqid = bb73562800422552000000026455035d.

年开始超过50%，选择跨省就业的农民工占比呈现逐年下降趋势。返乡农民工继续从事非农就业，叠加本地农村劳动力的本地非农化，使得县域劳动力从事非农就业的规模逐渐提升。①

2023年7月，赛迪顾问发布了《中国县域经济百强研究（2023）》（见表24－3）。百强县域属于中国县域经济发展的头部，可以称之为县域经济发展的领头羊，其发展格局、特征也充分体现了中国县域经济发展的总体状况。

表24－3　中国县域经济百强的格局

排名	省份	县域	排名	省份	县域
1	江苏	昆山市	21	浙江	桐乡市
2	江苏	江阴市	22	江苏	如皋市
3	江苏	张家港	23	江苏	海安市
4	江苏	常熟市	24	湖南	宁乡市
5	福建	晋江市	25	江苏	启东市
6	江苏	太仓市	26	浙江	瑞安市
7	浙江	慈溪市	27	福建	惠安县
8	山东	龙口市	28	江苏	溧阳县
9	江苏	宜兴市	29	江苏	丹阳市
10	湖南	长沙县	30	江苏	泰兴市
11	浙江	义乌市	31	河北	迁安市
12	浙江	诸暨市	32	陕西	神木市
13	浙江	余姚市	33	福建	石狮市
14	福建	福清市	34	山东	滕州市
15	浙江	乐清市	35	江苏	如东县
16	浙江	海宁市	36	江苏	靖江市
17	山东	胶州市	37	江苏	东台市
18	浙江	温岭市	38	山东	荣成市
19	湖南	浏阳市	39	江西	南昌县
20	福建	南安市	40	浙江	平湖市

① 何伟：《经济发展、劳动力市场转型与农民工分化》，《经济学动态》2021年第3期。

续表

排名	省份	县域	排名	省份	县域
41	贵州	仁怀市	71	山东	莱西市
42	内蒙古	准格尔旗	72	江苏	建湖县
43	江苏	邳州市	73	江苏	射阳县
44	山东	寿光市	74	浙江	永康市
45	浙江	宁海县	75	安徽	肥东县
46	河南	巩义市	76	安徽	长丰县
47	山东	邹城市	77	湖北	潜江市
48	福建	闽侯县	78	河南	中牟县
49	山东	诸城市	79	云南	安宁市
50	内蒙古	伊金霍洛旗	80	湖北	枣阳市
51	山东	招远市	81	福建	安溪县
52	江苏	仪征市	82	河北	黄骅市
53	浙江	嘉善县	83	湖北	枝江市
54	安徽	肥西县	84	山东	邹平市
55	浙江	长兴县	85	四川	西昌市
56	湖北	仙桃市	86	湖北	汉川市
57	湖北	大冶市	87	四川	简阳市
58	河南	新郑市	88	河北	武安市
59	河南	永城市	89	四川	江油市
60	山东	平度市	90	四川	宣汉县
61	辽宁	瓦房店市	91	河北	任丘市
62	江苏	沭阳县	92	四川	彭州市
63	湖北	宜都市	93	山东	广饶县
64	江苏	兴化市	94	四川	射洪市
65	浙江	临海市	95	四川	金堂县
66	江苏	高邮市	96	湖北	天门市
67	江苏	沛县	97	河北	三河市
68	浙江	东阳市	98	山东	青州市
69	广东	博罗县	99	山西	府谷县
70	湖南	醴陵市	100	内蒙古	鄂托克旗

资料来源：赛迪顾问：《中国县域经济百强研究（2023）》。

百强县需要满足的条件是：GDP 超过 600 亿元、一般公共预算收入超过 20 亿元，并依据经济实力、增长潜力、富裕程度、绿色水平等指标进行综合评价。从地区分布来看，百强县主要位于东部地区，共 65 个，中部地区为 20 个，西部地区为 14 个，东北地区只有 1 个。从具体省份分布看，来自江苏省、浙江省和山东省的百强县数量排名前三位，分别是 23 个、16 个和 13 个。黑龙江省、吉林省和山西省等 11 个省份的县域没有进入全国百强县域行列。

在百强县中，有 54 个县域的 GDP 超过千亿。百强县的发展模式可以总结为：以江苏昆山、浙江义乌为代表的长三角城市群创新驱动主导模式，以福建晋江等为代表的粤闽沿海城市群产业集群驱动主导模式，以湖南浏阳为代表的长株潭城市群区域融合驱动模式，以山东龙口为代表的山东半岛城市群传统产业升级驱动主导模式，以陕西神木为代表的呼包鄂榆城市群资源驱动主导模式，以贵州仁怀为代表的核心企业驱动主导模式。

二　县域经济存在的问题

目前，中国县域经济发展小而全，但全而不精且欠缺质量。同时，产业基础较薄弱。

第一，县域经济总量在全国经济总量中所占份额有所下降。2012 年，中国县域 GDP 占全国 GDP 的比重达到 54.9%，而到了 2022 年，这一比重下降到了 40%。这表明，相比于城市经济，中国县域经济发展相对滞后。

第二，县域经济发展存在显著的地区差距。中国东中西部的经济发展差距，突出体现在各地县域的发展差距之上。例如，河北省 115 个县域中，城镇化水平低于 50%的县域有 55 个，非农产业占比低于 80%的有 50 个。而在浙江省，52 个县域中，城镇化水平低于 50%的仅有 5 个，非农产业低于 80%的仅有 1 个（舟山市嵊泗县，属于海岛县）。

第三，县域的消费拉动作用还没有充分体现。从经济增长的支出构成来看，消费、投资、净出口共同形成了国内生产总值的来源，也是促进经济增长的力量源泉，被称为经济增长的“三驾马车”。中华人民共和国成立以来的大部分年份中，拉动经济增长的主要部分依靠投资，改革开放前，是一系列国家重工业建设所进行的投资，改革开放后，则依靠引进外资、大规模基础设施建设等途径，接下来，消费会成为中国经济增长的第一大引擎。但是，未来是否还能提高或者维持，还需要观察，而且中国目前的消费占国内生产总值的构成以及贡献与发达国家相比，还有很大的差距，如美国消费的贡献率相当一段时期都在2/3左右。

第四，县域城镇化水平不高。城镇化是现代经济增长的重要推动力。人口的集聚会产生显著的规模经济效应，有助于降低私人和公共投资的平均成本和边际成本，产生更大的市场和更高的利润。此外，市场需求也会增长并趋于多元化，进而促进专业化分工，提高经济效益。因此，城镇既是高质量发展的经济增长点，又是农村劳动力流动的最主要目的地，同时也是基本公共服务能够实现规模效应的聚集地。

中国在“十五”计划中首次从国家战略的高度提出城镇化战略，并将其置于经济结构调整的内容中。但是，“十五”时期及随后的相当长一段时间内，农村劳动力主要流向大中城市，尤其是发达地区的特大城市、省会城市和区域中心城市，流向小城镇的并不多。此外，不同县采取了相近的发展模式，但结果却大相径庭，特别是一些中西部县城，长期面临人口流失、缺少高竞争力产业、公共服务短板明显的困境，成为中国城镇化发展中的薄弱环节。

改革开放以来，以常住人口占比衡量，中国城镇化水平不断提高，从1978年的17.92%提高至2022年的65.22%，增长了约47个百分点，相当于全国约2/3的人口已在城镇常住。但是，过去相当长一段时期的城镇化发展，实际关注的重点是空间和要素的外延性扩张，资源更多向大城市倾斜，这在一定程度上引发了城市环境治理滞后、基础设施承载能力弱、公共服务供给不足等问题，常住人口城镇化水平收敛与区域经济发展差异较大并存。县城是县域经济的核心，中国县城及县级市城区GDP已占全国GDP的近1/4，但县城人均市政公用设施固定资产投资水平仅为地级及以上城市城区的1/2左右，县城人均消费支出水平仅为地级及以上城市城区的2/3左右。城镇化落后于工业化，造成城乡差距长期存在，不利于扩大内需和经济增长方式的转变。

此外，县域创新资源集聚能力不足、承载新技术新成果应用场景及业态缺乏等问题依然存在。

第三节　发展县域经济的政策建议

县域作为中国经济社会发展的基本单元，是建设世界科技强国、推进乡村全面振兴、加快区域协调发展的重要阵地。习近平同志提出的“发展县域经济，推进农村第一、第二、第三产业融合发展，延长农业产业链条，发展各具特色的现代乡村富民产业”，“以县域为基本单元推进城乡融合发展，强化县城综合服务能力和乡镇服务农民功能”[①]等仍具有鲜明的实践指导意义。立足新发展阶段，贯彻新发展理念，构建新发展格局，发展县域经济，坚持的原则仍然是充分发挥市场在资源配置中的决定性作用，更好发挥政府作用，分层分类，因地制宜，实事求是。在未来一段时期，发展县域经济要推进以县城为重要载体的城镇化建设，进一步推进城乡融合发展。

一　深刻认识到中国县域劳动力流动的转变

2020年，国家发改委发布的《关于推动返乡入乡创业高质量发展的意见》指出，“返乡入乡创业呈现蓬勃发展态势，激发了全社会创新创业创造活力，助推了脱贫攻坚，加快了乡村振兴，促进了城镇化建设和城乡融合发展，稳定扩大就业效果逐步显现”。

随着工业化和城市化进程的加快，农村剩余劳动力大量外出务工，这给中国的经济社会发展带来了深远的影响。从农民工作为一种

---

① 习近平：《关于社会主义市场经济的理论思考》，福建人民出版社2003年版。

经济形态出现以来，他们的流动就呈现出两种不同的特点，分别是“候鸟式”迁移和“兼业式”迁移。“候鸟式”农民工形象地表明了这类群体的就业和城市生活特征是年前大量离开，年后重新返回城市。“兼业式”农民工的特征是不脱离农业生产，农忙时返回家乡，农闲时外出务工，这种类型的农民工所从事的工作以季节性和短期性为主。

农村剩余劳动力的大量存在是二元社会结构的特征，改革开放后中国选择了劳动密集型发展道路，就是要充分利用这一比较优势，事实上取得了巨大的成就。但是，工业化和城市化推进的过程中，伴随着劳动力资源优势释放的同时，出现了增长和就业不一致等现象，内需不足成为中国经济持续发展的阻碍因素。

推进新型城镇化建设，解决“三个 1 亿人”的问题，引导农民就地、就近就业是重要方面。2013 年，中央农村工作会议提出到 2020 年实现“三个 1 亿人”的目标，即促进约 1 亿农业转移人口落户城镇、改造约 1 亿人口居住的城镇棚户区和城中村、引导约 1 亿人口在中西部地区就近城镇化。虽然有关直接证明这一目标是否实现的文献和数据并不全面，但从《中国统计年鉴》《国民经济和社会发展统计公报》公布的数据看，城市放宽落户政策所带来的效果可能还没有达到预期。根据《2018 年农民工监测调查报告》，进城农民工家庭中，购买住房的比例为 19%，这部分人群基本上可以判断为会长期在城市定居。在城市化的潮流中，也包含了农村人口的自主城市化。为了子女接受更好的教育，一些农户主动选择在县城及以上城市购买房屋和在城市生活。但是，定居与落户并不等同。城市定居受到居留年限、教育水平、就业类型等个人特征和家庭特征多种因素的影响。根据 2021 年对湖北省户籍管理部门的访谈，在放宽落户条件的情况下，现实中存在“重待遇轻户籍”的矛盾，一些进城农民工更倾向于要求城市解决子女教育等迫切的公共服务问题，而对落户的热情不高。一些城市放开落户所面向的群体也主要针对有稳定就业或稳定住所的劳动年龄人口。客观事实是，并不是所有非本地城市常住人口都必须在城市落户。

长期以来的县域劳动力外流有了新的改变。农村剩余劳动力向非农和城市地区转移，构成了改革开放以来中国劳动力市场的总体特征，也促成了以常住人口衡量的中国城镇化水平的不断攀升。改革开放早期，在乡镇企业繁荣和外出流动存在一些制度阻碍时，中国本地农民工数量远远超过外出农民工，外出农民工数量在1985年仅为800万人左右。进入2000年以来，外出农民工数量才开始突飞猛进，并在2002年开始超过1亿人。近年来，从规模和流向看，中国农民工的规模和构成发生了与以往不同的改变。

农民工县域本地就业成为重要的趋势。从总量看，2008—2022年中国农民工数量不断增加，2022年更是达到约2.9亿人。2010年增速达到5.42%，而2018年和2019年的增速分别仅为0.64%和0.84%，2022年增速也仅为1.1%。可以看出，中国农村剩余劳动力已经不再是无限供给，正面临枯竭。笔者在实际调研中掌握的情况也能印证这一判断，来自中西部相对欠发达地区的农民工，均普遍表示其家乡农村年轻劳动力大部分已经外出务工，留在农村的多为老人和儿童。进一步区分本地①和外出，中国本地农民工和外出农民工数量近十几年在增速上均呈下降趋势，这进一步印证了中国农村剩余劳动力资源的枯竭。另外，2010年以来，农民工增量中更多的是本地农民工。2022年，中国本地农民工约1.23亿人，比上年增加293万人，增长2.4%，而外出农民工约为1.72亿人，比上年增加18万人，增长0.1%。本地农民工的主要来源，就是县域的农村劳动力群体。他们虽然已经从事非农业生产，但没有远离家乡，而是在本县、本乡镇范围内就业。

2008年以来，农民工在省内就业的比重明显上升，并在2011年开始超过50%，选择跨省就业的农民工占比呈现逐年下降趋势。跨省就业占比下降的原因可能有以下两点：第一，各地工资水平开始均衡。即使存在省内和省外工资的差异，这一差异完全可以用省内农民工和省外农民工的年龄等人力资本差异来解释。第二，中西部地区的

① 指在户籍所在乡镇地域以内从业的农民工。

县域由于工业化、城市化的持续发展，也产生了用工需求。而且，东部地区的产业逐步向中西部地区县域转移，使传统的劳务输出县域也有较多的就业机会。

进一步分年龄和区域来观察农民工的流动范围。由于产业结构的多元化，使得不同年龄阶段的农村劳动力都能够找到适合的工作机会。40岁之前外出农民工的就业范围主要是省外，41岁以后外出农民工的就业范围转变为以乡外县内为主。劳动力市场存在选择性，高年龄组倾向于省内或本地就业的原因可能有两点：第一，农民工一般是劳动力市场中人力资本水平较高的劳动者，年轻组向外迁移的比例最高，而随着年龄增加，留在本地（本县、本省）的劳动力也相应增加。40岁以上劳动力通过劳动力市场向外转移的难度相应就高了。这部分劳动力的技能相对低，但与城市高技能劳动力存在互补关系，且需要较低技能的岗位在就业结构调整中也在增加，高年龄段农村剩余劳动力向非农和城市转移仍然有潜在的空间。第二，跨省和省内、外出和本地的转换。另外，大规模的农民工迁移使传统的家庭养老和照料方式发生了改变，农村地区纯老人住户占比显著提高，外出农民工会在父母需要照料时立即返乡，年轻夫妇中收入较低的一方常会留守家乡，为高龄父母提供照料服务，并转变为本地或省内就业。

由于近年来出现的农民工本地就业和返乡就业的趋势，国家有关部门也制定和推行了相关的政策。2015年，国务院办公厅发布《关于支持农民工等人员返乡创业的意见》（国办发〔2015〕47号），指出“支持农民工、大学生和退役士兵等人员返乡创业，通过大众创业、万众创新使广袤乡镇百业兴旺，可以促就业、增收入，打开新型工业化和农业现代化、城镇化和新农村建设协同发展新局面”。2015年以来，国家发改委同有关部门分三批组织341个县域开展支持农民工等人员返乡创业试点工作，试点开展以来，各试点地区积极探索适合自身的返乡创业发展路径，形成了多层次多样化高质量的返乡创业发展格局。

二 推进以县城为重要载体的城镇化建设

城镇化是农业社会向第二、第三产业为主的城市社会转变的历史过程，在这个过程中，农业人口的比重逐步下降，工业和服务业就业人口比重逐步上升，人口和产业向城市地区集聚，人口的生活方式、生产方式等向规模化、市场化、集约化方向转变。城镇化的内涵包括以下几个方面。第一，人口职业的变化，即以非农人口和非农就业为主。第二，产业结构的变化，工业和服务业成为国民经济的主要构成部分。第三，土地和地域空间的变化。城镇化是发达国家较为普遍的发展规律和发展经验的总结，一方面是伴随着工业化和现代化发展的历史过程，另一方面与政策取向和制度安排紧密相关。

从聚集效应的角度看，既可以通过发展城市群和都市圈来实现城镇化，也可以通过促进县城等小城镇的高质量发展，从内涵上来增强城镇化效应。中国城镇化已经进入稳步发展阶段，县城的城镇化仍具有较大提升空间，以县城为重要载体来实现城镇化建设水平和质量的双重提高，对于乡村振兴和实现共同富裕具有重要现实意义，同时也是中国式现代化的必然要求。

返乡农民工成为县域城镇化的主力，也成了推动县域经济发展的重要力量。要适应乡村振兴、新型城镇化、城乡融合发展等战略要求，顺应县域农民工流动变化趋势，推进以县城为重要载体的城镇化建设，以提升县域农民工市民化质量为重点，进一步落实落细农民工市民化相关政策，着力提高县域农民工就业质量和技能水平，维护劳动保障权益，扩大县域基本公共服务供给，强化基层服务能力，推进县城稳定就业农民工及其随迁家属平等享有基本公共服务和在城镇无障碍落户，增强县域农民工享有基本公共服务的可及性和便利性。

三 推进县域城乡融合发展

党的二十大报告指出，中国式现代化是人口规模巨大的现代化，是全体人民共同富裕的现代化，是物质文明和精神文明相协调的现代化，是人与自然和谐共生的现代化。在向中国式现代化迈进的过程中，我们面临的现实是城乡区域发展和收入分配差距仍然较大。要充分总结先进地区县域城乡融合发展的经验，因地制宜，推动更大范围县域城乡融合发展。

浙江省“千村示范、万村整治”工程，为长三角地区乃至全国县域城乡融合发展提供了生动范例、积累了宝贵经验。正如中央发布的《新发展阶段浙江嘉善县域高质量发展示范点建设方案》所指出的，建设科创产业联动发展先行区，在县域创新发展上作示范；建设城乡融合发展先行区，在县域协调发展上作示范；建设生态优势转化先行区，在县域绿色发展上作示范；建设高水平开放合作先行区，在县域开放发展上作示范；建设社会共治共享先行区，在县域共享发展上作示范。

针对县域经济相对落后地区，也需要通过把脉问诊，立足其自身自然地理、资源等特征，结合东西部协作、上下互动等机制，宜农则农、宜粮则粮、宜工则工、宜商则商、宜游则游、宜山则山、宜水则水，因地制宜推进落后县域振兴发展，不断提升落后县域基本公共服务水平，提高落后县域基础设施通达度，提升落后县域居民收入水平，发展壮大落后县域优势产业，提升落后县域对外开放合作水平，构建有利于落后县域振兴发展体制机制和政策保障，努力实现落后县域生态环境优美、经济发展繁荣、居民生活幸福、社会和谐稳定。

（本章执笔：何伟）

第二十五章
发展数字经济助力现代化产业体系建设

随着数字技术的飞速发展，数字经济已经成为全球经济增长的新引擎，对传统产业和经济发展模式带来了革命性的变革。在这一背景下，数字经济已经成为现代化产业体系建设和社会主义现代化国家建设的重要助推力量。数字经济的发展可为现代化产业体系建设提供更多的数据支持和决策依据，帮助企业和政策制定者更加科学地制定发展战略和政策，也可为现代化产业体系提供新的业务模式、新的技术手段和新的市场机会，促进现代化产业体系的转型升级和创新发展，增强现代化产业体系的竞争力和创新能力。本章在分析中国现代化产业体系建设面临的形势变化与基本特征的基础上，将着重探讨数字经济助力现代化产业体系建设的内在逻辑，识别数字经济在推动现代化产业体系建设进程中所面临的障碍，并提出数字经济助力现代化产业体系建设的实现路径。

第一节　中国现代化产业体系建设面临的形势变化

现代化是欠发达国家在政治、经济、社会、文化等多个领域不断演进，逐步接近世界先进水平的过程，[①] 一个国家处理内外部因素的决策方式和方法直接影响着现代化的发展速度和走向。[②] 中国产业体系的现代化建设既体现出深刻的本土创新与自主发展，又体现出与全

① 韩保江、李志斌：《中国式现代化：特征、挑战与路径》，《管理世界》2022 年第 11 期。

② 刘守英：《中国式现代化的独特路径》，《经济学动态》2021 年第 7 期。

球经济一体化的开放合作。本土创新为产业体系的现代化发展提供了内生动力，而开放合作则为中国产业体系的国际化发展提供了广阔的平台。这种双重特点使得中国的现代化产业体系具备了创新力和竞争力，为实现国家的现代化目标奠定了坚实基础。在中国经济增长方式从规模扩张向质量提升、效率提高转变的背景下，决定产业体系现代化路径的内外部因素也在发生着深刻变化。

从外部因素看，当今世界百年未有之大变局正在深刻影响着全球经济、政治、社会、文化等多个领域的现有秩序和格局。全球经济正经历由传统制造业为主导向数字经济、高科技产业和创新型产业为核心的结构性转变。这种结构性转变不仅涉及产业的变迁，还涉及生产方式、商业模式的全面升级。人工智能、5G 技术、大数据、物联网等高度数字化、自动化和智能化的新兴数字技术正在成为改变全球产业布局和提升国际竞争力的核心推动力量。新兴数字产业的崛起不仅引入了新的产业链环节，带来了产业价值链的延伸，也带动了产业链的升级、优化和转型，形成了新的产业布局和国际贸易格局，重新定义了国家间的合作模式与竞争关系。数字经济作为引领经济发展的新的经济增长点，正在成为推动现代化产业体系建设的新引擎。

从内部因素看，当前中国综合国力的显著增强与国际影响力的不断提升为产业体系的现代化发展创造了有利条件，但也伴随着复杂性、严峻性、不确定性上升的经济发展环境，产业体系发展仍然面临不少亟待解决的深层次矛盾和问题。党的十九大报告指出，“中国正处在转变发展方式、优化经济结构、转换增长动力的攻关期”①，这意味着中国在经济结构和增长模式方面仍存在不足，需要进行深刻的转型和调整。党的二十大报告进一步指出，“中国经济发展不平衡不充分问题仍然突出，推进高质量发展还有许多卡点瓶颈”②，这揭示出中国在产业升级、创新驱动、发展均衡等方面面临的挑战，需要克

---

① 习近平：《决胜全面建成小康社会　夺取新时代中国特色社会主义伟大胜利——在中国共产党第十九次全国代表大会上的报告》，人民出版社 2017 年版。

② 习近平：《高举中国特色社会主义伟大旗帜　为全面建设社会主义现代化国家而团结奋斗》，《人民日报》2022 年 10 月 26 日第 1 版。

服制约发展的各种制度性和结构性问题。破解这些矛盾和问题迫切需要全面塑造发展新优势。

虽然中国数字经济发展起步较晚，但借助数量庞大的消费者规模和长尾市场形成的规模经济与范围经济，在较短时间内就实现了数字经济规模跻身世界第二的跨越式发展。① 与美国、欧盟、日本等典型经济体的渐进式发展相比，中国数字经济发展充分利用了本土市场的独特需求和消费习惯，形成了适应国内市场的创新模式和商业模式，促使传统产业向数字化、智能化、融合化方向转型升级，提升了产业的附加值和竞争力，使得产业体系更具活力、竞争力和可持续性。

第二节　中国现代化产业体系的基本特征

2023 年 5 月，习近平总书记在二十届中央财经委员会第一次会议上强调，要加快建设以实体经济为支撑的现代化产业体系，关系我们在未来发展和国际竞争中赢得战略主动。要把握人工智能等新科技革命浪潮，适应人与自然和谐共生的要求，保持并增强产业体系完备和配套能力强的优势，高效集聚全球创新要素，推进产业智能化、绿色化、融合化，建设具有完整性、先进性、安全性的现代化产业体系。② 这是对现代化产业体系内涵的深刻概括，明确了建设现代化产业体系应当具备智能化、绿色化、融合化三个基本特征和完整性、先进性、安全性的目标要求。

一　智能化

产业体系的智能化是应对新一轮科技革命和产业变革的必然选择。产业体系智能化是指通过应用各种先进信息技术、人工智能技

---

① 钞小静：《数字经济赋能中国式产业现代化》，《人文杂志》2023 年第 1 期。

② 《习近平主持召开二十届中央财经委员会第一次会议强调　加快建设以实体经济为支撑的现代化产业体系　以人口高质量发展支撑中国式现代化》，新华网，2023 年 8 月 1 日，http：//www. news. cn/2023-05/05/c_1129592754. htm。

术、物联网技术等，实现对产业体系各个环节的自动化、智能化，以提高产业体系的生产效率和效益，提升产业体系的创新能力和竞争力。产业体系智能化主要包括生产智能化、供应链智能化、服务智能化、研发智能化与管理智能化五个方面。生产智能化是通过应用自动化技术、人工智能技术等实现生产过程的自动化、数字化和智能化，从而提高生产效率和产品质量，降低生产成本，包括智能化制造、智能化装备、智能化工厂等；供应链智能化则利用数据分析和物联网等技术，降低供应链成本，提高供应链的透明度、效率和响应速度，包括智能化采购、智能化库存、智能化物流等；服务智能化则运用人工智能和数据分析技术自动化服务流程，提高服务质量和个性化，包括智能化客服、智能化推荐、智能化预测等；研发智能化是通过自动化、人工智能和数据分析技术加速研发过程，提高创新性和准确性，包括智能化设计、智能化模拟、智能化验证等；管理智能化是利用数据分析和人工智能技术自动化和优化管理决策，提高管理效率和决策水平，包括智能化决策、智能化监控、智能化预测等。每一细分领域的智能化都是利用相对应的先进智能技术实现各自过程的自动化、数字化和智能化，从而提高相应环节的效率，降低成本，只是它们的应用场景和关注点不同，涉及的技术和工具也有所不同。智能化是产业体系实现高效率、高精度发展的关键，是产业体系发展的重要方向，将成为现代化产业体系的重要特征。

二　绿色化

产业体系的绿色化，不仅是中国实现“双碳”目标、促进人与自然和谐共生的关键路径，也是推动产业高质量发展、塑造国际竞争新优势的内在要求。[①] 产业体系绿色化是指将绿色环保和可持续发展理念融入产业体系的每一个环节，从源头到终端，实现低碳、高效、环

---

① 洪群联：《把握现代化产业体系要素及特征》，《经济日报》2023 年 8 月 14 日第 10 版。

保的产业发展，包括绿色设计、绿色生产、绿色供应链、绿色产品、绿色服务和绿色管理等。这意味着从产品设计到生产、供应链、产品和服务，再到企业管理，都要注重资源节约、能源高效、污染减少和生态保护。实现现代化产业体系绿色化和可持续发展转型，必须牢固树立和践行“绿水青山就是金山银山”的发展理念，积极稳妥推进碳达峰碳中和，积极把握全球绿色经济、绿色技术、绿色产业快速发展所提供的发展机遇，节约资源、保护环境、推动产业体系绿色化，实现经济发展与环境保护的和谐统一，构建人与自然和谐共生的美好家园。

三 融合化

产业体系融合化既是现代产业的普遍形态，也是提升产业体系整体效能的必然要求，其核心在于不同产业之间的紧密融合与协同，主要涉及横向融合、纵向融合和跨区域融合。首先，产业融合突破了传统单一产业的界限，强调跨领域的合作与创新，促进了不同领域的产业在技术、市场、价值链等层面的交叉互动，形成了协同合作关系。例如，智能制造融合了制造业与信息技术，推动了工业互联网的发展。其次，产业融合加速新技术、新业态和新模式的涌现，不同产业之间的交叉创新可以带来全新的商机和市场。例如，物联网技术的应用促成了智能家居、智慧城市等新业态的兴起。再次，产业融合可以提供多元化的产品和服务，满足消费者多样化的需求。例如，健康产业与科技产业的融合，推动了智能健康监测设备的开发，提供了更加个性化的健康管理方案。最后，产业融合还可以优化资源利用效率、提高产品和服务的附加值，增强产业自身竞争力，多元化的产品组合和业务布局有利于企业更好地应对市场变化、技术革命和产业变革等挑战，不易受到单一市场的波动影响。总之，产业体系融合化是一种多元、开放、创新的发展趋势，为不同产业带来了更广阔的发展空间和合作机会，有助于推动产业体系向现代化和高质量发展迈进。实现产业体系的深度融合需要我们打破原有的边界思维，推动各产业门类、各地区、各规模企业以及产业链各环节之间的高度融合和协同，避免彼此之间的割裂和对立，以释放产业网络的最大综合效益。

第三节　数字经济助力现代化产业体系建设的内在逻辑

数字经济与农业经济和工业经济的实质性区别在于数字技术的广泛应用和数字化的特性。数字经济不仅仅是对传统经济的升级和转型，更是带来了全新的经济模式和商业模式，通过数字技术的创新和应用，提高了经济活动的效率和质量，推动了经济高质量发展。具体来看，数字经济可从产业体系智能化、绿色化与融合化三个维度系统推进产业体系的现代化建设。

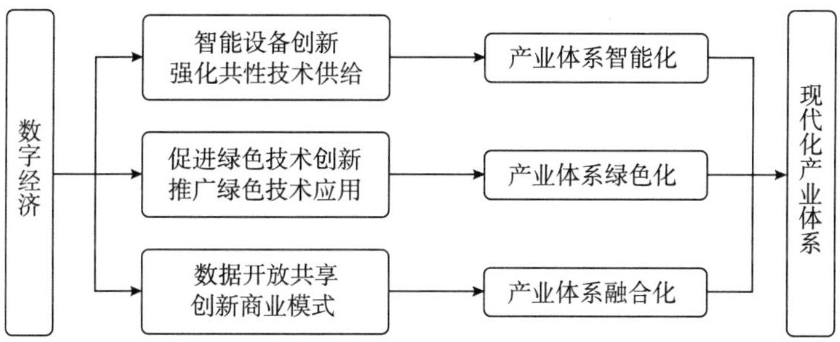

图 25-1　数字经济助力现代化产业体系的分析框架

一　智能设备创新和强化共性技术供给助力产业体系智能化

智能化是现代化产业体系的一个重要特征，在信息技术的支持下，通过智能化技术和方法，实现生产、管理、决策等各个方面的自动化、智能化、高效化。数字经济可以通过智能设备创新和强化共性技术供给两个层面来助力产业体系智能化。其一，智能设备创新依赖于物联网、人工智能、大数据分析等先进的数字技术，这些技术可以使设备实现自动感知、自主决策、自适应调整等功能，在提升生产过程智能化水平的同时也使得生产过程更加高效、精准，降低了生产的时间成本和人力成本。此外，通过智能设备产生的大量实时数据的分析，还可以进一步了解生产过程的状况，优化生产计划和资源配置，实现更精细化的生产管理。其二，共性技术作为跨行业、跨领域的基础性技术，通过统一标准和通用原理，为不同产业提供了共同的技术基础，实现了技术的复用与共享。通过强化共性技术供给，产业体系可以避免重复投入研发，降低技术创新的门槛，可将先进技术快速应用于不同领域，促使产业体系在技术应用、创新合作、资源优化等方面取得协同效应，加速产业的现代化步伐。

二　绿色技术创新与绿色技术应用助力产业体系绿色化

随着环境问题的日益突出，产业体系绿色化迫切需要可持续发展的解决方案。数字经济可以通过绿色技术创新与拓展绿色技术应用两个层面助力产业体系绿色化。其一，绿色技术创新通过引入环保、资源节约和低碳排放的新技术，为产业绿色转型升级提供重要支持。通过不断推动绿色技术创新，产业体系能够降低环境污染，减少资源浪费，优化能源利用，实现生产过程的绿色化改造。这种技术创新在提高产业效率的同时，满足了社会对环境友好产品的需求，增强了企业的社会责任感和市场竞争力，为产业体系绿色化提供了切实可行的路径。[①] 其二，拓展绿色技术应用能够推动产业实现生产方式的革命性转变。通过应用低排放、低污染的技术，产业可以降低大气、水体和土壤的污染物排放，保护生态系统的健康，为人与自然和谐共生创造有利条件。同时，拓展绿色技术应用还可以降低产业对有限资源的依赖，优化生产过程。通过应用节能、清洁生产、循环利用等绿色技术，产业能够减少对能源和原材料的浪费，实现资源的最大化利用，从而降低生产成本。综上，通过促进绿色技术创新和拓展绿色技术应

① J. Q. Su, et al., "Does the Digital Economy Promote Industrial Structural Upgrading? —A Test of Mediating Effects Based on Heterogeneous Technological Innovation", *Sustainability*, 2021, 13 (18): 10105.

用，数字经济加速了绿色技术在产业链条中的传播，从供应链到产品生命周期的各个环节都能够实现绿色化。

三　数据开放共享和创新商业模式助力产业体系融合化

数字经济以其独有的特性和能力，可通过数据开放共享与创新商业模式两个层面推动和促进产业体系融合化。其一，数据是数字经济的核心要素，这种无形资产可以无阻碍地在各个行业之间流动，打破了传统行业之间的边界，促使不同产业可以通过数据开放共享实现互联互通，推进跨行业的合作和协同。例如，零售业的消费数据可以帮助制造业更准确地预测市场需求，优化生产计划；交通数据可以帮助城市规划部门优化公共交通网络，提高城市运行效率。其二，在数字经济的大背景下，新的商业模式如共享经济和平台经济作为数字经济的重要体现，正在迅速改变着我们的生活和工作方式。以共享经济模式为例，人们可将自己的闲置资源，如汽车、房屋、办公空间等，共享给需要的人，实现资源的最大化利用。这种商业模式的出现，打破了传统制造业、服务业、交通业等产业的边界，使得它们可以在一个平台上实现深度融合。再如，出行平台 Uber 将传统的汽车制造业、驾驶服务和网络技术有机地结合在一起，也实现了产业的深度融合。同样，平台经济也正在将传统的零售业、娱乐业、教育业等与互联网技术融合，创造出全新的商业模式和经营业态。

第四节　数字经济助力现代化产业体系建设面临的挑战

数字经济可以通过推动产业体系的智能化、绿色化与融合化来助力现代化产业体系的建设，但从实际情况来看，中国数字经济的发展仍然面临着数据孤岛、关键核心技术创新水平不足、法律法规体系滞后、绿色技术创新与推广受限、数据要素开放共享与安全保护矛盾凸显、数据确权不清晰、数据资产交易不规范等障碍，抑制了数字经济助力中国产业体系智能化、绿色化与融合化的进程，阻碍了产业体系向高阶演进。

一　数字经济助力产业体系智能化面临的挑战

数据是产业体系智能化升级的基石，数字关键核心技术是推动产业体系智能化升级和创新的重要手段，完善的法律法规体系可以为产业体系智能化升级提供保障和指引，然而在产业体系智能化推进过程中，还存在着数据孤岛、数字关键核心技术创新水平不足、法律法规体系滞后等问题。

（一）数据孤岛

数据孤岛是指各个部门、企业或系统间的数据流通和共享不畅，导致数据无法整合，形成相互隔离的数据池的现象。数据孤岛会带来许多挑战和问题，将对企业或组织的智能化运作和决策产生负面影响。一是数据碎片化。数据孤岛使数据被孤立地存储在不同的系统、应用程序或部门中，导致数据碎片化，无法进行有效的整合和利用，这将进一步限制数据深层次的价值挖掘和洞察，阻碍数据在全局范围内的深入分析和应用。二是影响决策效率和准确性。数据流通和共享不畅使得数据分析的样本量有限，无法充分利用大数据技术对大规模数据进行分析，基于局部的、不完整的数据作出的决策可能不够准确、不够全面，容易导致误判和错误，进而可能导致企业失去重要的商机、损害企业的声誉和利益。三是数据冗余和浪费。由于数据被分散存储在不同的系统中，数据孤岛导致了数据的重复存储和管理。不同部门或系统中可能存在相同或类似的数据副本，这浪费了存储资源并增加了管理成本。四是阻碍产业链合作。数据孤岛也会导致产业链上的各个环节无法充分获取到其他环节的数据信息，进而阻碍产业链各环节之间的协同合作，影响产业链的整体效率。打破数据孤岛，实现数据的流通和共享，是产业体系智能化的重要前提。

（二）数字关键核心技术创新水平不足

“工欲善其事，必先利其器。”掌握关键核心技术是数字经济助力现代化产业体系智能化升级的重要手段。现阶段，中国在人工智能、大数据分析、量子通信等数字核心技术领域实现了很大突破，但在高端芯片、工控系统、EDA 软件、精密机床等关键核心技术领域与发达国家仍存在较大差距。[①] 一方面是关键核心技术对国外的依赖程度仍然较高，例如高端芯片、操作系统、数据库管理系统等领域，这些关键技术的缺乏限制了中国数字技术的整体进步和发展。另一方面是中国数字技术产业生态尚不完善。高端技术人才短缺、产业链协同度不足、政策支持不足等因素均制约了中国数字技术自主创新能力的提升。为了进一步增强数字关键核心技术自主创新能力，可以考虑采取推动研发和技术创新，加大对科技创新的投入，吸引和培育高层次人才，强化技术攻关和产学研合作，优化创新环境，扩大开放合作等措施。

（三）法律法规体系滞后

法律法规滞后问题是数字经济助力产业体系智能化过程中的又一关键挑战。一是未适应新技术发展。随着人工智能、区块链、物联网等数字技术的迅速发展，传统的法律法规体系可能未能及时适应这些变革，导致在一些新兴领域存在法律空白或模糊地带。例如，人工智能在决策中的透明度和可解释性、数据隐私保护、自动驾驶汽车的责任归属等问题，都是传统法律体系难以完全解决的新问题。二是制约产业创新与发展。法规滞后可能会制约产业的创新和发展。如果法规未能与时俱进，可能会对新技术和新模式的探索形成障碍，限制企业的创新能力。三是引发风险与冲突。法律法规的滞后可能导致行业标准的不统一和法律责任的不明确，进而可能引发商业冲突、消费者权益受损，甚至可能引发法律诉讼。四是国际合作难度增加。全球化背景下，不同国家和地区的法律法规差异可能会增加国际合作的复杂性和难度。法律法规的滞后可能会使得跨国公司在合规方面面临更大的挑战，甚至可能影响国际贸易和投资。为了充分发挥数字经济在助力产业体系智能化方面的潜力，建议政府和立法机构密切关注新技术发展，及时更新和调整法律法规体系，确保其与技术发展和社会需求相匹配。

---

① 周民：《高水平推进实体经济数字化发展》，《学习时报》2023 年 3 月 20 日第 7 版。

二 数字经济助力产业体系绿色化面临的挑战

产业体系绿色化过程就是通过采用环保技术、资源节约措施以及环境友好的经营方式，实现产业的可持续发展，减少对环境的不良影响。当前中国这一绿色化转型过程正在加速推进，也面临着绿色技术创新与推广受限、资本投融资难、环保产品市场接受度不高等障碍。

（一）绿色技术创新与推广受限

绿色化转型不仅仅是减少资源消耗或减少污染的问题，它涉及整个生产和供应链的优化、能源效率的提高、可持续材料的使用等诸多方面。所有这些都需要精确的监测、数据分析和系统优化。一方面，对于一些地区或行业，特别是在发展中国家的中小企业而言，高昂的成本、复杂的技术需求、缺乏专业人才以及相关基础设施的不足都可能阻碍绿色技术创新与推广。例如，智能供应链管理系统可能需要高速互联网、先进的传感器、云计算和大数据分析能力，这些可能超出许多企业的财力和技能范围。同样，虽然可再生能源和能源效率技术有很大的潜力，但它们可能需要更专门的工程知识和设备。这些问题不仅限制了产业体系绿色化转型的速度和范围，还可能加剧了不同地区和企业之间的绿色发展差距。另一方面，绿色技术与企业现有工艺、技术水平不匹配也阻碍了绿色技术的创新与推广。绿色技术的推广和应用通常需要配套的技术和设施支持，如节能技术需要与智能化管理系统相结合，清洁能源技术需要配套的储能和输送系统。然而，由于一些企业的现有工艺和技术水平较低，可能无法提供这些配套条件，进而限制了绿色技术的推广和应用。

（二）资本投资和融资较难

产业体系绿色化转型通常需要对现有的生产流程、供应链、能源使用等进行显著的调整或替换。这可能包括引入新的清洁技术、升级现有设备以提高能源效率、重新设计产品以降低环境影响等。所有这些措施都可能需要显著的资本投资。对于许多中小型企业，特别是在竞争激烈或利润较低的行业中，筹集所需资金可能非常困难。许多银行和投资者可能对绿色项目的回报和风险持保留态度，特别是当这些项目涉及新技术或新市场时。此外，一些中小型企业可能缺乏进行复杂财务规划和分析的能力，这可能使它们难以制订合适的商业计划并向投资者和银行展示其项目的可行性和吸引力。

（三）环保产品市场接受度不高

虽然越来越多的消费者表示关心环境问题，并对可持续或环保产品和服务表现出兴趣，但实际的购买行为可能并不总是反映这些价值观。许多消费者在购买决策中可能仍然主要考虑价格、方便性、品质和可用性等因素。绿色产品和服务可能比传统选项更昂贵，因为它们可能涉及更贵的材料、更复杂的生产过程或更严格的认证和合规要求。对于许多预算有限的消费者来说，即使他们理解和支持绿色转型的目标，也可能难以承受这些额外成本。此外，消费者对可持续产品和服务的认识和理解可能还不够广泛和深入。绿色标签和认证可能复杂难懂，或者在不同的产品和市场之间缺乏一致性和可比较性。这可能使消费者难以识别和信任这些选项，从而限制了其市场接受度。

三　数字经济助力产业体系融合化面临的挑战

数字经济赋能产业深度融合过程中，产业数字化转型主要面临融合不全、融合不深、不能融合、不便融合与不愿融合等问题。纵观2014—2022年产业数字化与数字产业化规模数据，产业数字化占数字经济的比重逐年上升，且始终高于70%，2022年达到81.7%，占据主导地位。产业数字化是数字产业化的前提和基础，是数字产业化的初级阶段。数字产业化是在产业数字化的基础上，将数字技术与新兴产业相结合，推动产业体系的高端化、智能化、绿色化。相比于产业数字化，数字产业化进程则相对缓慢。因此，此部分重点关注数字产业化赋能产业体系融合过程中面临的数据开放共享与安全保护矛盾、数据确权不清晰、数据资产交易不规范等主要问题。

（一）数据要素开放共享与安全保护矛盾凸显

数字时代，数据已经成为一种基础性战略资源和关键性生产要素。随着国家数据战略的深化，数据要素呈现出加速整合与互联互通的趋势，同时也引发了更为显著的数据安全问题。数据开放共享旨在促进数据更加自由地流动传播、知识的共享、进一步释放数字经济创新活力。通过数据开放共享，政府、企业和社会组织可以更好地利用数据资源，推动科学研究、经济增长和社会进步。然而，目前数据资源治理与监管体系仍不够完善，数据泄露、侵犯隐私、过度收集数据等现象频出，对个人、企业乃至国家安全构成极大威胁。数据开放共享与数据安全可控矛盾关系越发凸显。如何既充分释放数据流动性价值，又确保数据的安全性和隐私保护，对完善数据隐私保护、风险评估、安全审查、数据溯源、监测预警与应急处置等机制提出更高的要求。

（二）数据确权不清晰，数据资产交易不规范

由于数据复制成本相对生产成本来说极低，数据易被复制和传播，造成数据使用者损害数据所有者权益的情况十分普遍。[①] 因此，合理界定数据权属是亟须解决的问题。只有明确了数据的权属，才能对数据进行估值，进而进行交易和流通。目前数据确权方面主要存在以下问题：一是数据确权的标准和认证机制尚未得到广泛的认可和实施。二是数据所有权和使用权的归属不够清晰，容易导致数据被盗用、滥用或滋生纠纷。同时，数据资产交易方面也存在问题：一是数据价值难以准确评估。数据价值的评估往往涉及数据的稀缺性、可替代性、可复制性等多个因素，因此难以给出一个客观的价值评估。此外，由于数据本身具有隐私性、机密性等特点，数据的真实价值也往往不为人所知，增加了数据价值评估的难度。二是数据资产交易不规范。数据交易和使用需要受到法律监管。目前数据资产交易和使用的法律法规仍处于不完善和不成熟的阶段，需要进一步加强法律监管和规范。

---

① Avi Goldfarb, Catherine Tucker, "Digital Economics", *Journal of Economic Literature*, 2019, 57 (1): 3-43.

第五节　新征程加快数字经济助力现代化产业体系建设的实现路径

高质量发展阶段下，建设现代化产业体系不仅是适应时代要求的必然选择，也是实现中国特色社会主义现代化国家的必然要求，数字经济为产业体系的现代化建设提供了可行路径，因此，我们需要着力破除阻碍数字经济助力现代化产业体系建设的制约因素，以加强数字关键核心技术攻关推动产业体系智能化，以完善绿色低碳政策和市场体系推动产业体系绿色化，以打造跨界融合高端数字化人才队伍和充分释放数据活力推动产业体系融合化。

一　以加强数字关键核心技术攻关推动产业体系智能化

确保数字关键核心技术自主可控是实现数字经济高质量发展的基础之一，可以最大限度地发挥数字经济对现代化产业体系的助推作用。一是强化基础研究。基础研究是科技创新的基础，它通常不会立即产生商业价值，但可为后续应用研究和产业创新提供重要的理论和技术支撑。在数字关键核心技术领域，深入的基础研究可以揭示技术的本质、规律和潜在应用，为解决技术难题提供思路和方法。二是继续深化基础研究体制机制改革。改进科研评价体系，降低基础研究人员的评价压力，鼓励他们投入到更具挑战性的问题中去。三是建立多样化基础研究投入机制。除了直接提供科研经费支持，还可以采用多样化的投入机制。例如，政府采购，通过委托机构或团队进行基础研究，以解决一些具有国家战略意义的科技问题。税收优惠则可以激励企业和个人投入基础研究，吸引社会资本参与科技创新。除此之外，还可以考虑风险投资、股权投资、基金支持等方式，以吸引更多的资金投入到基础研究领域。四是加强基础研究人才队伍建设。搭建高水平研究平台或实验室，集聚、培育和储备一批数字经济领域高端人才，为数字经济发展注入新的动力。五是建立健全自主创新托底和容错机制，营造更加包容的自主创新环境。六是构建关键核心技术攻关新型举国体制。以国家重大需求为导向，整合国家科技力量和社会资源，集中优势力量攻关一些周期长、风险大、难度高、前景好的战略性科研项目，形成共同攻克重大科技难题的组织模式和运行机制。通过上述举措，营造一个有利于各类创新主体的创新环境，激发他们的创新热情和潜力。

二　以完善绿色低碳政策和市场体系推动产业体系绿色化

完善绿色低碳政策和市场体系旨在推动经济发展与环境保护的协调发展，实现经济可持续发展。通过引导产业升级、创新技术、减少碳排放等措施，不仅能够增强国际竞争力，提高企业创新能力，还有助于减缓气候变化、改善环境质量、保障资源供给，为社会带来长远、稳定、健康的发展环境。一是大力发展绿色金融。引导金融机构增加对绿色项目的融资支持，可以考虑设立绿色债券、绿色信贷等金融产品，促进绿色产业发展。二是推进排污权、用能权、用水权市场化交易。通过设立污染排放、能源消耗和水资源使用权利买卖交易市场，企业和个人可以根据市场供求关系，灵活购买或出售这些权益，从而激励资源的节约使用，实现环境资源的优化利用。三是加快推进全国碳排放权交易市场建设。在碳排放权交易市场中，企业可以根据自身排放情况和碳减排目标，选择购买或出售碳排放权，形成碳排放价格，促使碳排放成本成为经济决策的重要因素。此举不仅能够助力国家实现碳减排目标，还能创造新的经济增长点，同时可为清洁能源和环保领域吸引投资。四是强化绿色发展的法律和政策保障。建立健全的绿色发展法律框架，明确绿色发展的原则和指导思想，为各级政府、企业和个人提供明确的行动方向。同时，制定有利于绿色低碳发展的财税、价格、金融、土地、政府采购等政策，引导市场行为朝着环保和可持续方向发展。

三　以打造跨界融合高端数字化人才队伍与充分释放数据活力推动产业体系融合化

在数字经济与实体经济融合发展的进程中，新业态和模式的涌现将会对掌握先进的数字技术和行业专业知识的复合型人才产生极大的需求。为此，一是加速建立数字技术研究中心和培训基地。倡导和鼓励企业、高校、科研院所等深度合作，打破界限，加速人才流动和知识共享，实现人才培养与市场需求的紧密对接。二是建立人才高效输送的协同机制。确保高校培养的人才能够顺利满足企业的用人需求。三是打造以企业为主导的产学研深度融合创新联合体。激发企业内外部的创新活力，推动科研成果向市场转化。四是加大引进高层次领军人才和研究人员的力度。以研发机构、科研院所等平台为载体，积极引进能够适应数字经济和实体经济融合发展的高层次领军人才和相关的研究人员。五是加强数字化职业教育，改革高校人才培养机制。积极地开设与智能制造、数据分析、计算科学等相关的学科专业，建立复合型人才培养实验室，加大对大数据、人工智能、云计算等数字技术应用人才的培养规模。尽早将相关专业人才引入实体经济的数字化转型实践中，逐步打造一个既专业又具有国际视野的跨学科人才队伍。六是出台支持数字人才的政策。通过采取奖励计划、税收优惠等措施，吸引更多优秀人才投身于数字化领域。综合而言，加强数字人才的集聚和培养，将为数字化时代的发展提供强大的人才支持和创新动力。

数据可以在不同产业之间建立连接，实现信息共享与交流。通过数据的共享，不同产业可以更好地了解彼此的需求和特点，实现产业体系的融合化和优化。在释放数据活力方面，一是加快解决数据确权难题。解决数据确权是促进数据流动、保护隐私的关键一环。可以探索数据所有权与使用权分离、数据“可用不可见”以及“谁治理谁受益”等方式间接推进数据确权。数据所有权与使用权分离即将数据的拥有者与数据的使用者进行分离，这意味着个人或企业可以拥有数据的所有权，但并不一定掌握全部数据的使用权。通过合理的交易合同、协议等方式，数据的所有权者可以将数据授权给特定的使用者，实现数据的合法流通和利用，同时保护数据的隐私和安全。数据“可用不可见”是指在数据流动过程中，通过加密、匿名化等技术手段，在保证数据可用性的同时不泄露数据的具体内容。这种方式可以有效解决数据隐私泄露的问题，促进数据的自由流动和利用，同时保障个人隐私权。“谁治理谁受益”旨在强化数据治理者对数据的管理和控制，从而保障数据使用的合法性和合规性。可以通过数据共享协议、数据使用准则等方式来实现，确保数据的使用者在遵守规定的同时获得合法权益。二是积极培育数据要素市场。2022 年，上海数据集团有限公司的成立以及上海数据交易所的揭牌标志着中国在积极培育数据要素市场方面取得了重要进展。该公司有望成为数据要素市场的平台，连接数据供应方与需求方，促进数据交易、共享和流通，进而激发数据要素的澎湃动力，推动数据的创新应用和产业发展。交易所作为数据交易的中介机构，可以提供数据定价、交易撮合、合同管理等服务，增加数据交易的透明度和可信度，促进数据市场的规范运作。建议在此基础上，围绕数据国内通、国际通两个方向，发展壮大具有影响力的数据交易平台和市场主体，构建覆盖数据采集、加工、储存、交易等环节和评估、结算、仲裁等领域的全链条功能体系，保障数据的安全流通，提高数据市场的运行效率。同时，加强与其他地区的数据交流与合作，形成更强大的数据生态系统，促进数据的跨地区、跨领域流通。

（本章执笔：王山　原磊）

第二十六章
发展数字经济提高全要素生产率

“实现高质量发展”是中国式现代化的本质要求之一，而全要素生产率是衡量高质量发展的重要指标。提高全要素生产率要求在既有要素投入不变的情况下，扩大经济规模，其蕴含了提高资源利用效率和保持经济规模两大要求，这也契合了高质量发展的要求。由此可见，全要素生产率的不断提升推动了中国经济高质量发展，进而为中国式现代化提供持续的动力源泉。随着数字化时代的到来，数字经济通过对资本和劳动要素赋能催生了新的经济增长形式，成为提高全要素生产率的重要因素，从而成为高质量发展的一大助推器。根据中国信通院发布的《中国数字经济发展研究报告（2023）》显示，2022年，中国数字经济规模达到50.2万亿元，同比名义增长10.3%，已连续11年显著高于同期GDP名义增速，数字经济占GDP的比重达到41.5%，这一比重相当于第二产业占国民经济的比重。与此同时，国家对数字经济建设给予了重点关注，“十四五”规划中，“加快数字化发展，建设数字中国”作为单独篇章内容讲述。如何有效发挥数字经济这一新动能，助力经济高质量发展意义深远。

从经济学理论上讲，数字经济会以提升全要素生产率的方式进入经济增长方程，进而影响到经济增长。Klenow的研究测算出资源配置效率的改善对全要素生产率提升的贡献可高达50%。[1] 而数字化能够

---

① Klenow, H. P. J., “Misallocation and Manufacturing TFP in China and India”, *Quarterly Journal of Economics*, 2009 (4): 1403-1448.

缓解要素的错配问题，优化资源配置。[①] 不仅如此，数字经济与实体经济的深度融合有助于加速重构生产要素体系，通过对劳动和资本赋能使劳动生产率和资本生产率发生改变，从而影响全要素生产率。[②] 然而，数字经济的发展并非必然促进全要素生产率的提升，也可能出现“计算机无处不在，但却从来没有反映在生产率上”的“索洛悖论”现象。由于存在信息技术的时滞性、投入产出测量误差、企业管理不善及资本存量不足等原因，[③] 数字经济带来的生产技术进步不会带来生产率的增长。那么，在数字经济迅速发展且在经济规模中占比不断提升的背景下，一个重要议题是，数字经济发展对全要素生产率产生何种影响？厘清该问题，能从一个更加全面的视角理解如何充分运用数字经济来推动高质量发展。

第一节　发展数字经济以提高全要素生产率的理论基础

全要素生产率是资本、劳动等要素投入不变时的经济增速，因其能更好地反映人力资本质量、企业技术和管理模式等因素对经济增长的影响，一直以来被作为衡量经济增长的指标之一。关于数字经济对全要素生产率影响的研究，可从数字经济的演进历程进行分析。数字经济一词最早出现于 1995 年 Don Tapscott 的“The Digital Economy:

---

① 王宏鸣等：《数字金融如何赋能企业数字化转型？——来自中国上市公司的经验证据》，《财经论丛》2022 年第 10 期。

② 郭凯明：《人工智能发展、产业结构转型升级与劳动收入份额变动》，《管理世界》2019 年第 7 期。

③ David, P. A., “The Dynamo and the Computer: An Historical Perspective on the Modern Productivity Paradox”, *American Economic Review*, 1990, 80 (2): 355-361; Bryniolfsson, E., “The Productivity Paradox of Information Technology”, *Communications of the ACM*, 1992, 36 (12): 66-77; Erik, Brynjolfsson, Lorin, et al., “Paradox Lost? Firm-Level Evidence on the Returns to Information Systems Spending”, *Management Science*, 1996, 42 (4): 541-558; Oliner, S., Sichel, D., “Computers and Output Growth Revisited: How Big Is the Puzzle?”, *Brookings Papers on Economic Activity*, 1994, 25 (2): 273-334.

Promise and Peril in the Age of Networked Intelligence”一文,[①] 对数字经济的研究经历了从信息经济、互联网经济到数字经济的探索阶段。[②] 数字经济的相关研究也就此展开，部分学者考察了信息化、互联网及人工智能等对全要素生产率的影响,[③] 并从生产技术进步和生产效率改进两方面展开探讨，其中涉及数字经济对就业的替代、对基础设施的拉动等问题。

一 数字经济对生产技术进步的影响

21 世纪生产技术进步最为核心的表现之一是大数据在数字经济、人工智能等领域的广泛应用，以人工智能、数字化革命为代表的大数据应用将实现空前的生产技术进步，可为绿色生产、生活等方面提供重要手段和保障,[④] 使能够提升劳动生产率和资本效率的生产技术进步出现空前发展。[⑤] 一方面，数字技术能够促进知识的传播和积累，提升开放式创新实践，激励企业从事更多的创新活动。[⑥] 数字化所产生的网络效应和规模经济等效应及其与人力资源的整合，有助于加快知识在各创新主体之间的传播和共享。[⑦] Abdul-Nasser 等的研究也表

① Tapscott, D., *The Digital Economy: Promise and Peril in the Age of Networked Intelligence*, New York: McGraw-Hill, 1996.

② 许宪春、张美慧:《中国数字经济规模测算研究——基于国际比较的视角》,《中国工业经济》2020 年第 5 期。

③ Roller, L. H., Waverman, L., “Telecommunications Infrastructure and Economic Development: A Simultaneous Approach”, *American Economic Review*, 2001, 91 (4): 909-923; 郑世林等:《电信基础设施与中国经济增长》,《经济研究》2014 年第 5 期; 郭家堂、骆品亮:《互联网对中国全要素生产率有促进作用吗?》,《管理世界》2016 年第 10 期。

④ 许宪春等:《大数据与绿色发展》,《中国工业经济》2019 年第 4 期。

⑤ Dong, X., Mcintyre, S. H., “The Second Machine Age: Work, Progress, and Prosperity in a Time of Brilliant Technologies”, *Quantitative Finance*, 2014, 14 (11): 380-383.

⑥ Mubarak, M. F., et al., “How Industry 4.0 Technologies and Open Innovation can Improve Green Innovation Performance?”, *Management of Environmental Quality An International Journal*, 2021, ahead-of-print.

⑦ 刘善等:《人力资本社会网络与企业创新——基于在线简历数据的实证研究》,《管理世界》2017 年第 7 期; 周升起、胡玉峰:《数字技术应用与服务业全球价值链参与度实证研究——基于“金砖国家”GVCs 长度的比较》,《重庆理工大学学报》(社会科学版) 2022 年第 6 期。

明企业大数据的应用会影响企业的绿色创新活动。[①] 不仅如此，数字经济还能通过促进协同创新，[②] 实现不同技术领域间各类知识的整合与重构，激励企业进行技术创新。[③] 另一方面，数字经济使人工智能服务可以通过更便宜的资本来替代劳动力。[④] 这些被替代的劳动力一般为低技能、低效率的劳动力，取而代之的是更多高技能就业岗位，[⑤] 这会为全要素生产率的提升提供更多的人力资本。与之不同，部分研究从研发投入、技术扩散及互联网等视角验证了数字经济对全要素生产率不但没有提升作用，反而起到了减弱的作用。[⑥]

二 数字经济对生产效率提升的影响

一种观点认为，数字经济有助于缓解资源扭曲，提升资源配置效率，进而提升全要素生产率。数字经济改变了传统的生产模式，打破了传统要素市场的束缚，缓解了资源错配和市场扭曲问题。[⑦] Atrostic 和 Sang 认为企业工作中采用电信通信和网络办公等方式会对劳动生产率带来积极影响。[⑧] Acemoglu 和 Restrepo 认为互联网和数字化技术

① Abdul-Nasser, et al., "Green Innovation and Organizational Performance: The Influence of Big Data and the Moderating Role of Management Commitment and HR Practices-ScienceDirect", *Technological Forecasting and Social Change*, 2019, 144: 483-498.

② 张昕蔚：《数字经济条件下的创新模式演化研究》，《经济学家》2019 年第 7 期。

③ 宋德勇等：《企业数字化能否促进绿色技术创新？——基于重污染行业上市公司的考察》，《财经研究》2022 年第 4 期。

④ Graetz, G., Michaels, G., "Robots at Work", *Review of Economics and Statistics*, 2018, 100 (5): 753-768.

⑤ Acemoglu, D., Restrepo, P., "The Race Between Machine and Man: Implications of Technology for Growth, Factor Shares and Employment", NBER Working Papers, 2016.

⑥ 李静等：《中国研发投入的"索洛悖论"——解释及人力资本匹配含义》，《经济学家》2017 年第 1 期；程文：《人工智能、索洛悖论与高质量发展：通用目的技术扩散的视角》，《经济研究》2021 年第 10 期；郭家堂、骆品亮：《互联网对中国全要素生产率有促进作用吗？》，《管理世界》2016 年第 10 期。

⑦ 余文涛、吴士炜：《互联网平台经济与正在缓解的市场扭曲》，《财贸经济》2020 年第 5 期。

⑧ Atrostic, B. K., Sang, V. N., "It and Productivity in U. S. Manufacturing: Do Computer Networks Matter?", *Economic Inquiry*, 2010, 43 (3): 493-506.

使劳动者突破时空限制，改善了劳动要素的配置效率。① 不仅如此，数字金融等新兴业态的蓬勃发展以及数字基础设施的迅速发展带来互联网接入设施覆盖性的扩展及使用设施的便利化，迅速填平了中国互联网的“接入鸿沟”，催生了基于互联网平台的借贷市场来破解融资约束问题。② 还有一种观点认为，数字经济对生产效率存在负面影响。互联网的爆炸式增长是一种极不平衡的扩张，不仅无法缓解要素扭曲，反而加剧了要素使用过程中的不平等。研究显示，富国和穷国国际互联网用户数量分布的差距比全球富国与穷国人均收入差距的悬殊程度还要严重，伴随着经济的发展，“数字鸿沟”正在迅速扩大。③ 不仅如此，数字经济会产生价格歧视、竞价排名、数据信息限制和掠夺性定价等一系列典型垄断行为，引发资源错配，扰乱市场秩序，降低生产效率。④

第二节　数字经济与全要素生产率的测度

一　数字经济的测度

学术界对数字经济的统计数据和公认的指标体系尚未有统一定论，本章选取宏观和微观视角分别测算。宏观层面，根据徐清源等的研究，目前国内外学界和政府部门对数字经济测度一般分为两类，在界定范围之内，统计或估算出一定区域内数字经济规模体量的直接法，以及基于多个维度指标，对不同地区间数字经济发展情况对比，得到其发展相对情况的对比法。⑤ 且与国际指标相比，国内指标存在时间新、差异性强、数据来源多样的特点。本章通过梳理，认为目前

---

① Acemoglu, D., Restrepo, P., “The Race Between Machine and Man: Implications of Technology for Growth, Factor Shares and Employment”, NBER Working Papers, 2016.

② 邱泽奇等：《从数字鸿沟到红利差异——互联网资本的视角》，《中国社会科学》2016 年第 10 期；滕磊、马德功：《数字金融能够促进高质量发展吗？》，《统计研究》2020 年第 11 期。

③ 胡鞍钢、周绍杰：《新的全球贫富差距：日益扩大的“数字鸿沟”》，《中国社会科学》2002 年第 3 期。

④ 王世强：《数字经济中的反垄断：企业行为与政府监管》，《经济学家》2021 年第 4 期。

⑤ 徐清源等：《国内外数字经济测度指标体系研究综述》，《调研世界》2018 年第 11 期。

数字经济指标的构建存在以下特点，一是由于时间跨度短、数据的获取受限等特点，指标主要集中于省级层面。二是选取的维度不同，指标差别较大。如杨慧梅和江璐从产业数字化和数字产业化两个维度，采用主成分分析法构建，[①] 刘军等从信息化发展、互联网发展和数字交易三个维度构建。[②] 为了弥补上述指标构建方法的不足，从更全面、丰富的视角检验数字经济的影响，本书借鉴赵涛等[③]、刘军等[④]及黄群慧等[⑤]的方法，从互联网发展和数字普惠金融两方面对数字经济综合发展水平进行测度，并将互联网发展作为测度核心，加入数字交易的指标体系。采用互联网普及率、相关从业人员情况、相关产出情况和移动电话普及率四方面指标作为互联网维度，分别采用百人中互联网宽带接入用户数、计算机服务和软件业从业人员占城镇单位从业人员比重、人均电信业务总量和百人中移动电话用户数表征。采用中国数字普惠金融指数表征数字金融发展。[⑥] 在此基础上，通过主成分分析的方法，将以上五个指标的数据标准化后降维处理，得到数字经济主成分指标（*DE*）。微观层面，与多数研究所选指标一样，采用上市公司公布的年度报告中关于数字化的关键词词频衡量（*de*）。[⑦]

二　全要素生产率的测度

（一）测度方法和指标选择

宏观层面，TFP 的测度业已成熟，大致分为代数指数法、增长核

---

① 杨慧梅、江璐：《数字经济、空间效应与全要素生产率》，《统计研究》2021 年第 4 期。

② 刘军等：《中国数字经济测度与驱动因素研究》，《上海经济研究》2020 年第 6 期。

③ 赵涛等：《数字经济、创业活跃度与高质量发展——来自中国城市的经验证据》，《管理世界》2020 年第 10 期。

④ 刘军等：《中国数字经济测度与驱动因素研究》，《上海经济研究》2020 年第 6 期。

⑤ 黄群慧等：《互联网发展与制造业生产率提升：内在机制与中国经验》，《中国工业经济》2019 年第 8 期。

⑥ 郭峰等：《测度中国数字普惠金融发展：指数编制与空间特征》，《经济学（季刊）》2020 年第 4 期。

⑦ 袁淳等：《数字化转型与企业分工：专业化还是纵向一体化》，《中国工业经济》2021 年第 9 期；吴非等：《企业数字化转型与资本市场表现——来自股票流动性的经验证据》，《管理世界》2021 年第 7 期。

算法（索洛余值法）、随机前沿生产函数法（SFA）和数据包络分析（DEA）四类，[①] 但是由于指数法和增长核算法要求市场完全竞争、规模报酬不变、生产技术进步为希克斯中性，且不能将全要素生产率增长分解为生产技术进步和生产效率变化，因此本章不考虑采用这种方法研究城市的全要素生产率。同时，2010—2020 年，中国经济处于转型期，时间跨度大，涉及城市多，各城市之间发展不均衡，很难用统一的生产函数描述，因此也不考虑用随机前沿分析来测度，而是选择非参数 DEA Malmquist 生产率指数法测度。这种方法是基于数学规划的方法，由于对指标构建的限制较少，无须进行生产函数、无效率项分布及市场竞争状况的假设，也没有规模报酬不变、资本和劳动产出弹性的约束，对参数的估计和投入产出价格也无须考虑，即使在价格扭曲的情况下也同样可以使用。不仅如此，Färe 等借鉴了 Caves 等的核算方法，运用基于松弛的方向性距离函数及 Malmquist 生产率指数将生产率分解为生产效率变化和生产技术变化。[②] 其生产率指数的可分解性，为深入挖掘生产率的构成来源提供了便利，而且这种方法允许生产技术非效率的存在，不必考虑随机冲击的影响，在分析结果时比较稳定，数据调整时，除了相关年份会变化，其他部分都保持不变。因此，本书借鉴张自然和陆明涛的方法，采用非参数 DEA Malmquist 生产率指数法测算中国地级市层面的全要素生产率（*tfp*），[③] 其由两部分构成，即生产技术变化（*tc*）和生产效率变化（*ec*）。微观层面的全要素生产率采用 OP 的方法测得。[④]

---

① Coelli, T. J., et al., "An Introduction to Efficiency and Productivity Analysis", Springer US, 2005.

② Färe, R., et al., "Multilateral Productivity Comparisons When Some Outputs are Undesirable: A Nonparametric Approach", *Review of Economics and Statistics*, 1989, 71 (1): 90; Färe, R., et al., "Productivity Growth, Technical Progress, and Efficiency Change in Industrialized Countries", *American Economic Review*, 1994, 84 (1): 66-83; Caves, D. W., et al., "The Economic Theory of Index Numbers and the Measurement of Input and Output and Productivity", *Econometrica*, 1982, 50: 1393-1414.

③ 张自然、陆明涛：《全要素生产率对中国地区经济增长与波动的影响》，《金融评论》2013 年第 1 期。

④ Olley, G. S., Pakes, A., "The Dynamics of Productivity in the Telecommunications Equipment Industry", *Econometrica*, 1996 (6): 1263-1297.

（二）投入产出变量

1. 产出变量

宏观层面，采用既有文献中常用的表征增加值概念的国内生产总值指标（*gdp*），并将各城市的名义地区生产总值以 2006 年为基期除以地区生产总值的平减指数，得出各城市的实际地区生产总值（*sgdp*）。微观层面，分别用营业总收入（*tincome*）、营业收入（*income*）和主营业务收入（*mincome*）表示。

2. 投入变量

宏观层面，包含劳动力（*L*）和资本存量（*K*）两类。劳动力投入（*peop*）采用就业人数表征。资本存量（*fix*）采用永续盘存法计算，即上一期资本存量扣除折旧之后与当期新增固定资产投资之和。城市层面的基期资本存量由当年各省级 2006 年固定资本存量按当年各地级市占各省级全社会固定资产投资的比来确定，各省份 2006 年资本存量运用单豪杰计算的结果。[①] 与大多数文献一样，本章采用 5% 的折旧率。关于地级市新增固定资产投资的计算，按照地级市的全社会固定资产投资总额占省级全社会新增固定资产投资的比重确定各地级市的全社会新增固定资产投资。以 2006 年为基期的地级市固定资产价格指数采用各年各省固定资产价格指数计算得到。通过这些工作，得到了以 2006 年为基期的各地级市资本存量。微观层面，分别用就业人数（*labor*）、资产总额（*cap*）、固定资产净额（*fcap*）表示。

（三）控制变量

1. 宏观层面

选取交通便利度（单位人口数量的市辖区城市道路面积，用 *road* 表示）、人口密度（行政区域土地面积上的年末人口数，用 *den* 表示）、外商直接投资（经过汇率调整后的 FDI 的实际价格，用 *fdi* 表示）、财政自主权（财政收入/财政支出，用 *gov* 表示）、第二产业占 GDP 比重（第二产业/GDP，用 *manu* 表示）5 项指标表示。

① 单豪杰：《中国资本存量 K 的再估算：1952—2006 年》，《数量经济技术经济研究》2008 年第 10 期。

2. 微观层面

选取总负债率（负债合计/总资产，用 *tl* 表示）、现金持有量[（货币资金+交易性金融资产）/总资产，用 *cash* 表示]、公司规模（企业当年资产总额的对数，用 *size* 表示）、企业年龄（当年年份减去成立年份加 1，用 *lnage* 表示）、固定资产增长率（固定资产当年价值占去年价值的比重减 1，用 *fixed asset* 表示）、托宾 Q（公司市场价值/账面价值，用 *Tobin Q* 表示）、企业性质（数值为 1 表示国有企业，反之为非国有企业，用 *own* 表示）7 项指标表示。

（四）数据来源及处理

本章的原始数据分别来源于国家统计局公布的《中国统计年鉴》、《中国环境统计年鉴》、《中国城市统计年鉴》、EPS 等微观数据库，通过将数字经济主成分指标和城市层面的数据指标进行匹配，计算得出 2011—2016 年时间段的数据。① 关于城市层面的数据，本章剔除吐鲁番市、哈密市、三沙市、儋州市等数据缺失较严重的地区（且不包含港澳台地区），选取 2011—2016 年中国 197 个地级及以上城市的面板数据。关于产业结构数据，分行业就业数据采用 2003 年之后经过调整的 19 个行业②的就业人员的数据处理得出。对于个别缺失的数据已进行插值法补缺，同时为了降低异方差的影响，部分控制变量进行对数处理。对于需要调整的数据已进行指数调整。具体地，为了剔除价格波动的影响，本章利用国内生产总值指数，以 2006 年为基期对所有货币量进行平减，调整为可比价格。涉及固定资产的数据，都按照固定资产价格指数进行调整。

---

① 因省级层面全社会固定资产投资、新增固定资产、地级市全社会固定资产投资在 2017 年及其之后有大量缺失值，因而核算生产率和绿色生产率所需要的资本数据只能到 2016 年，本章所需指标的样本也只能到 2016 年，但是，因本章考察的是现象背后的机制，所以其研究结论不受数据时间段的影响，其研究结论也相当具有学术价值。

② 分别为农、林、牧、渔业；采矿业；制造业；电力、燃气及水的生产和供应业；建筑业；批发和零售业；交通运输、仓储和邮政业；住宿和餐饮业；信息传输、计算机服务和软件业；金融业；房地产业；租赁和商务服务业；科学研究、技术服务和地质勘查业；水利、环境和公共设施管理业；居民服务、修理和其他服务业；教育；卫生、社会保障和社会福利业；文化、体育、娱乐业；公共管理和社会组织。

第三节　数字经济、全要素生产率的发展状况

在对数字经济与全要素生产率关系进行检验之前，本部分通过拟合曲线对数字经济和全要素生产率的增长趋势进行简单描绘，以直观展示二者的发展状况，并找到两者之间可能存在的关系。根据图 26-1 拟合线的结果，样本期间数字经济随时间的推移呈现显著的逐年上升趋势，数字经济的发展势头十分迅猛。2013 年之后虽然增长趋势略微放缓，但整体趋势依然呈现稳步提升的状态，数字时代加速到来。

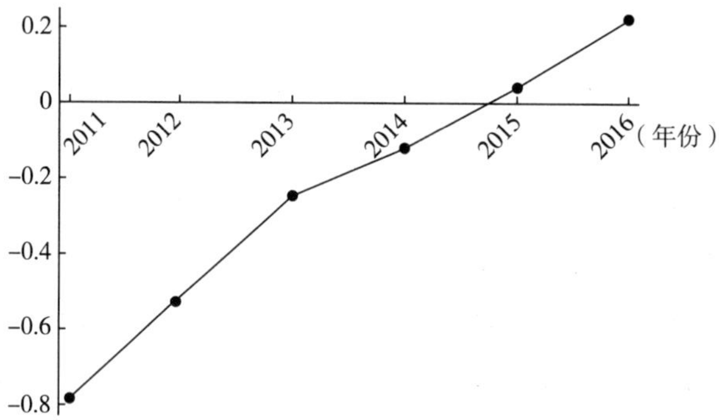

图 26-1　数字经济增长趋势

图 26-2 统计了全要素生产率的增长趋势，结果显示，样本期间，全要素生产率整体随时间的推移呈现逐年上升趋势，但涨幅波动较大甚至出现下滑趋势。这与经济发展现状基本相符，2012 年以来，中国进入经济增长换挡期，经济增速放缓，产业结构性矛盾开始凸显。在生产端，高能耗、高污染的粗放型发展方式已经显露出弊端，环境问题频现。在消费端，经济发展水平的提高产生的消费多样化需求无法满足，产品高级化短缺。经济结构处于不断的动态调整过程中，这必然表现为全要素生产率经历了一个快速涨幅之后增速逐渐放缓并随产业结构的调整逐步回升的过程。直至 2015 年供给侧结构性改革的正式提出，“三去一降一补”的政策开始推行，经济结构调整力度和

速度进一步加快，增速也开始由逐渐增长转为下降趋势。

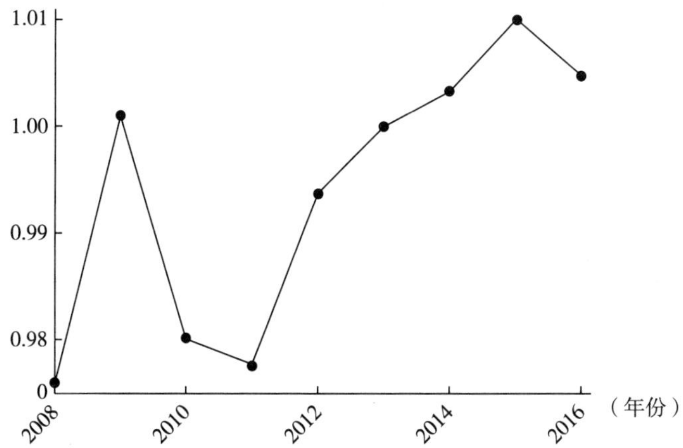

图 26-2　全要素生产率增长趋势

第四节　数字经济对全要素生产率的影响分析

一　数字经济对全要素生产率的影响：宏观层面

表 26-1 显示了数字经济对全要素生产率的影响结果，无论加入控制变量与否，数字经济对全要素生产率的影响均在 1%的水平下显著为负，表明在样本期间，数字经济并未对全要素生产率起到拉动作用，数字经济的积极效应并未得到充分的发挥，验证了样本期间“索洛悖论”的存在性。

表 26-1　　　　数字经济对城市全要素生产率的影响

变量	全要素生产率	
	(1)	(2)
DE	-0.01*** (0.00)	-0.01*** (0.00)

续表

变量	全要素生产率	
	（1）	（2）
控制变量		Y
地区	Y	Y
年份	Y	Y
N	1145	1145

注：表中所有结果均利用 Stata14.0 软件计算而得；括号内为城市层面聚类的标准误；*、**、***分别表示在 10%、5%和 1%的水平下显著。

为检验数字经济未能发挥积极作用的原因，本部分进一步将全要素生产率分解为生产技术变化和生产效率变化两方面进行研究。表 26-2 显示了数字经济对生产技术变化和生产效率变化的影响。根据结果，数字经济对全要素生产率的影响中，对生产技术变化的影响在 1%的水平下显著为负，对生产效率变化的影响在 1%的水平下显著为正。这表明，数字经济不利于生产技术进步，却对生产效率提升起到了积极作用。结合表 26-1 的回归结果说明，数字经济对全要素生产率的降低是由于其对生产技术进步的负面作用，数字经济并未推动生产技术进步，反而阻碍了生产技术进步。可能的原因是，数字经济在改善资源配置效率的同时，也存在“破坏性”的一面，数字经济存在的技术属性使其具有的先行者优势对后发者设置了较高的进入壁垒，[①] 不仅扰乱了市场秩序，还隔断了新技术的产生。更甚者，数字经济的虚拟属性带来的数字泡沫、数字幻觉等一系列不健康表现，[②] 不仅冲击实体经济的发展，还会将技术引向不规范、不健康的发展方向。具体原因将在下文做进一步探讨。

① 王世强：《数字经济中的反垄断：企业行为与政府监管》，《经济学家》2021 年第 4 期。

② 王海兵：《数字经济的“破坏性”：典型现象及政策建议》，《当代经济管理》2022 年第 10 期。

表 26-2　　数字经济对生产技术变化和生产效率变化的影响

变量	全要素生产率	
	tc	*ec*
DE	-0.01 *** (0.00)	0.00 *** (0.00)
控制变量	Y	Y
地区	Y	Y
年份	Y	Y
N	1145	1145

注：表中所有结果均利用 Stata14.0 软件计算而得；括号内为城市层面聚类的标准差；*、**、*** 分别表示在 10%、5%和 1%的水平下显著。

上述分析从全要素生产率分解视角得到了数字经济与全要素生产率之间的关系，本部分将回溯到全要素生产率指标体系本身，基于投入—产出结构视角考察数字经济对全要素生产率的影响，具体结果见表 26-3。

表 26-3　　数字经济对投入—产出结构的影响

变量	投入		产出
	peop	*fix*	*sgdp*
DE	0.06 ** (0.03)	9100000 (2200000)	1100000 (370000)
控制变量	Y	Y	Y
地区	Y	Y	Y
年份	Y	Y	Y
N	1145	1145	1145

注：表中所有结果均利用 Stata14.0 软件计算而得；括号内为城市层面聚类的标准差；*、**、*** 分别表示在 10%、5%和 1%的水平下显著。

根据表 26-3 显示的结果可以看到，数字经济对投入和产出的影响均显著为正，不仅提升了就业人数和资本存量，还提升了产出。数字经济的提升显著增加了劳动力投入和资本投入，然而资本投入增加的幅度大于产出增加的幅度，因而全要素生产率无法得到提升。总体上，该结果符合预期，结合图 26-2 的结论可以认为，样本期间数字经济处于发展初期，增长速度快，需要大量的投资支撑前期的配套建设，因此不可避免会出现投入、产出增加，造成生产技术进步进而全要素生产率无法得到提升的情况。

二　数字经济对全要素生产率的影响：微观层面

相比宏观层面要素投入结构调整的复杂性，微观企业要素投入结构的调整相对容易，因此，本部分基于微观企业视角检验企业数字化对全要素生产率的影响，为宏观层面的结论提供一个微观的印证和解释。

本部分首先从微观视角对企业数字化与全要素生产率之间的关系进行检验。具体结果如表 26-4 所示。表 26-4 第（1）列表示固定时间效应的回归结果，结果显示，企业数字化对全要素生产率的影响在1%的水平上显著为正。为了防止个体的时间趋势干扰到回归结果，第（2）列固定了省份的时间趋势效应，回归结果并未改变，显著性也没有变化。第（3）列又加入固定了行业的回归结果，回归结果和显著性同样没有变化。在固定了时间、行业及省份的时间趋势效应基础上，第（4）列加入控制变量。控制了各项因素的回归结果发现，回归结果依然在 1%的水平下显著为正，说明企业数字化确实显著提升了全要素生产率。

表 26-4　　数字经济对企业全要素生产率的影响

变量	全要素生产率			
	(1)	(2)	(3)	(4)
de	0.40*** (0.07)	0.39*** (0.07)	0.42*** (0.07)	0.12*** (0.05)
控制变量				Y
行业			Y	Y
省份×年份		Y	Y	Y
企业	Y	Y	Y	Y
年份	Y	Y	Y	Y
N	20642	20642	20642	20183

注：表中所有结果均利用 Stata14.0 软件计算而得；括号内为城市层面聚类的标准差；*、**、***分别表示在 10%、5%和 1%的水平下显著。

在对微观企业数字化与全要素生产率之间的关系验证之后，本部分基于要素的投入—产出结构视角做进一步检验。具体结果见表 26-5。其中第（2）列至第（4）列表示投入视角，第（5）列至第（7）列表示产出视角。根据结果，企业数字化改变了要素的投入结构，对就业人数和产出的作用不显著，对资产总额和固定资产净额投入的影响在 1%的水平下显著为负。即在劳动和产出不变的情况下，资本的投入显著下降，从而使全要素生产率得到提升。

表 26-5　　企业数字化对企业全要素生产率的影响：投入—产出结构视角

变量	投入			产出		
	就业人数	资产总额	固定资产净额	营业总收入	营业收入	主营业务收入
	labor	*cap*	*fcap*	*tincome*	*income*	*mincome*
de	-286.43 (578.08)	-9883400000 (2560800000)	-1887800000 (414240000)	-1505200000 (1952600000)	-1513200000 (1944600000)	1012500000 (2897800000)
控制变量	Y	Y	Y	Y	Y	Y
行业	Y	Y	Y	Y	Y	Y
省份×年份	Y	Y	Y	Y	Y	Y

续表

变量	投入			产出		
	就业人数	资产总额	固定资产净额	营业总收入	营业收入	主营业务收入
	labor	*cap*	*fcap*	*tincome*	*income*	*mincome*
年份	Y	Y	Y	Y	Y	Y
企业	Y	Y	Y	Y	Y	Y
N	22997	23009	23009	23009	23009	16250

注：表中所有结果均利用 Stata14.0 软件计算而得；括号内为城市层面聚类的标准差；*、**、***分别表示在 10%、5%和 1%的水平下显著。

对比宏观和微观层面的结果可知，数字经济阻碍生产技术进步从而降低全要素生产率，但是企业数字化提升企业全要素生产率的原因是，企业数字化节约了资本投入，即相比宏观层面的大量固定资产投入，企业数字化成本相对偏低。同时，宏观层面数字经济初期的固定投资又是必不可少的。因此，欲使宏观层面的数字经济对全要素生产率发挥积极的促进作用，从投入端降低固定资产投资的方法不可取，本部分尝试从产出端的产业结构调整视角对该问题做一个回答。

第五节　发挥数字经济在提升全要素生产率中的积极作用

在上述分析基础上，本部分将深入到经济结构内部，通过考察产业结构发挥的调节作用，为宏观层面数字经济促进全要素生产率的提升提供一个解决方案。计量方法的选取上，本部分将产业结构（*indu*）纳入数字经济对全要素生产率的影响中，考察产业结构调整对数字经济影响全要素生产率的调节作用。回归结果如表 26-6 所示。

表 26-6 检验了产业结构调整对数字经济影响全要素生产率的调节作用，结果显示，加入控制变量和不加控制变量的数字经济和产业结构交乘项的结果均表明，数字经济对全要素生产率的结果在 1%的水平上显著为正，表明在产业结构的调节作用下，数字经济对全要素生产率的影响显著提升。产业结构优化意味着与数字经济发展相适应

的产业结构的调整过程，其伴随着新的生产技术进步和资源的配置效率的提高，是更高层阶上的产业结构调整，数字经济效应的发挥需要相应的产业结构与之匹配。

表 26-6　产业结构调整对数字经济影响全要素生产率的调节作用

变量	全要素生产率	
	(1)	(2)
$DE\times indu$	0.04** (0.02)	0.05*** (0.02)
DE	-0.02*** (0.00)	-0.02*** (0.00)
$indu$	0.03 (0.06)	-0.02 (0.07)
控制变量		Y
地区	Y	Y
年份	Y	Y
N	1145	1145
R^2	0.48	0.50

注：表中所有结果均利用 Stata14.0 软件计算而得；括号内为城市层面聚类的标准差；*、**、***分别表示在 10%、5%和 1%的水平下显著。

为了更清晰地看到产业结构发挥作用的路径，在上述基础上，将全要素生产率进一步分解得到表 26-7 的回归结果，根据数字经济与产业结构的交乘项结果可知，产业结构优化对全要素生产率的提升主要反映在生产技术层面。这也与表 26-2 中的数字经济降低了生产技术进步速度这一结论完全相反，由此可见，产业结构优化正好可以弥补数字经济在全要素生产率中生产技术提升方面的不足，打通数字经济影响全要素生产率提升的关键环节，助力生产效率的提升。从而在宏观层面，需要通过调整产业结构弱化数字经济对全要素生产率的负向影响，而在微观层面，企业可以从投入端引入数字技术，发挥企业数字化对全要素生产率的积极作用。

表 26-7 产业结构调整对生产技术变化和生产效率变化的影响

变量	全要素生产率	
	tc	*ec*
DE×indu	0.05*** (0.02)	-0.02 (0.02)
DE	-0.02*** (0.00)	0.01** (0.00)
indu	-0.01 (0.07)	0.08 (0.07)
控制变量	Y	Y
地区	Y	Y
年份	Y	Y
N	1145	1145
R^2	0.50	0.55

注：表中所有结果均利用 Stata14.0 软件计算而得；括号内为城市层面聚类的标准差；*、**、***分别表示在 10%、5%和 1%的水平下显著。

第六节 发展数字经济以提高全要素生产率的建议

第一，样本期间，数字经济对全要素生产率具有显著的负向影响，将全要素生产率分解为生产技术变化和生产效率变化的结果可得，数字经济对全要素生产率降低的主要原因是生产技术进步速度的下降。进一步基于投入—产出结构的结果可知，数字经济之所以降低全要素生产率，是因为劳动力和资本投入增加，且其增加的幅度大于产出增加的幅度。

第二，基于微观视角的结果可知，企业数字化提升了全要素生产率，其原因是投入产出不变的情况下，资本得到节约。

第三，对比宏微观层面的结果得出，宏观层面需要从产出端的产业结构层面弱化数字经济对全要素生产率的消极作用，微观视角需要从投入端的企业数字化视角强化数字经济对全要素生产率的积极作用。

基于上述结论，本章提出如下政策建议：

第一，宏观层面，在数字经济发展过程中逐步优化产业结构，使其与数字经济的发展相适配。数字经济的发展要想实现社会效率的全面提升，必须伴随产业结构的优化调整，使其能够顺应数字经济的发展规律。因此，在推动数字产业化和产业数字化的过程中，既要注重构建与之相配套的数字生态环境，又要对相应的数字应用环境进行规范，防范数字垄断、赢家通吃等扭曲资源配置降低生产效率的产业发展方式。尤其是在数字经济发展前期，这些不规范的发展方式造成的新知识的沟通交流和新技术的产生途径一经切断，会直接影响到全社会生产效率的提升，诱发“索洛悖论”的出现。

第二，微观层面，提升企业数字化程度，加快数字化转型步伐。由于企业的数字化转型不是单一环节的数字化，而是整套系统的改造升级，因此需要首先在战略层面进行数字化战略规划，需要建立严格且相对完善的战略规划，以对转型过程有一个自上而下全面、清晰的认知及指导。同时，要对应引入数字化专业人才，为企业数字化转型组建相应的数字人才团队，进而为支撑企业数字化转型提供智力保障，以持续激发企业数字化的创新效应，带动全要素生产率的提升。

（本章执笔：张彩云　寇冬雪）

第二十七章
发展产业互联网

产业互联网是以大数据、云计算、人工智能等新一代信息技术改造和重塑传统产业，全面提升产业发展，推动传统产业转型升级，创造“互联网+”的产业新形态。产业互联网是数字经济的重要组成部分，是推动数字经济与实体经济深度融合的重要桥梁。随着互联网产业重心逐渐由消费端向生产端转移，加速融合生产、制造、流通、交易各环节，产业互联网已经成为全球未来产业形态新趋势、经济增长新引擎。产业互联网的兴起是促进经济转型，推动供给侧结构性改革的必经之路；产业互联网的发展是互联网企业突破市场天花板，寻求发展新机遇的新赛道。发展产业互联网，推动数字经济与实体经济深度融合，有利于把握新一代科技革命和产业变革的战略机遇，对构建现代产业体系、推动经济高质量发展、助力推进中国式现代化，意义重大。

第一节　产业互联网概述

近年来，互联网技术和数字经济不断发展，以网络购物、在线社交娱乐为主线的消费互联网崭露头角，抓住机遇，成功将“人口红利”转化为“流量红利”，大大提高了中国经济增长的韧性，为经济发展注入了新动能。网信办《数字中国发展报告（2022）》数据显示，2022 年年底，中国数字经济规模达到 50.2 万亿元，占 GDP 的比重为 41.5%，位居世界第二，信息领域相关 PCT 国际专利申请数量接近 3.2 万件，占全球总量的 37%，建成开通 5G 基站 231.1 万个，5G 用户数量突破 5.61 亿，占全球比重超过 60%。以消费互联网为主的数字经济、平台经济俨然成为中国市场上最具活力和创新力，辐射最广泛的经济形态之一。随着数字技术的成熟和“互联网+”模式的逐步深入，数字技术和实体经济的融合深入推进，传统产业开始成为互联网的又一重要用户，产业数字化持续推进，产业互联网的时代逐渐开启。

产业互联网（Industrial Internet）一词最早来自2000年美国硅谷的沙利文（Frost and Sullivan）咨询公司发布的一份咨询报告。2012年，美国通用电气也提出工业互联网的概念，[①] 并认为工业互联网革命将改变全球工业，乃至医疗、能源等各个领域，带来新的机遇和挑战。与消费互联网不同，产业互联网主要服务对象集中于供给侧，通过技术整合和优化，一方面能够通过智能化、数字化赋能企业，提升企业内部资源配置效率和规模化生产效率，降低长期人力成本，实现产业的转型升级；另一方面则可以利用信息化渠道加强供给侧上下游产业联通，解决传统产业链中企业分散、中间环节冗长繁复的问题，实现更有效的供需匹配，拉动产业链整体优化升级。

早在2015年，习近平总书记在中央政治局第三十四次集体学习时明确指出，数字经济不仅是新的经济增长点，而且是改造提升传统产业的支点。[②] 2022年中央经济工作会议上，习近平总书记再次强调，传统制造业是现代化产业体系的基底，要加快数字化转型，推广先进适用技术。[③] 在市场力量的推动和产业政策的支持下，产业互联网迅猛发展，2019年，在全国互联网百强企业中，以服务实体经济客户为主的产业互联网企业达到60家，服务企业数量高达4000万家。清华大学社会科学学院研究报告表明，2021年产业互联网增加值达到2.40万亿元，对GDP增长的贡献为0.30个百分点。[④] 2022

---

① 通用电气公司（GE）：《工业互联网：打破智慧与机器的边界》，机械工业出版社2015年版。

② 《习近平在中央政治局第三十四次集体学习时强调，把握数字经济发展趋势和规律推动中国数字经济健康发展》，2015年10月19日，新华网，http：//www.news.cn/2021-10/19/c_1127973979.htm。

③ 习近平：《当前经济工作的几个重大问题》，《求是》2023年第4期。

④ 数据来自清华大学社会科学学院经济学研究所《中国产业互联网生态发展报告》。

年，产业数字化规模达到41万亿元，同比增速超过10%，占GDP的比重高达33.9%。①

总之，产业互联网加速了企业生产和运营过程的数字化转型，提升了效率和灵活性，优化了资源配置，也促进了创新和技术进步，是推动经济高质量发展，构建现代产业体系，助力推进中国式现代化的重要力量。接下来，本章将详细阐述中国产业互联网发展的现状和特征、面临的主要问题和未来发展的方向。

第二节　中国产业互联网发展现状与特征

一　产业互联网的发展现状

在中国，产业互联网的概念最早受到企业界的关注和广泛流传，后来逐渐兴起为社会各界关注和支持的热点领域。产业互联网的兴起和发展具有两个层面的重要意义。

第一，产业互联网的兴起是促进经济转型，推动供给侧结构性改革的必经之路。2015年之后，随着劳动力成本优势的下降和经济体量的不断上升，中国经济增速开始有下滑之兆。加之外部经济政治形势复杂多变，不确定性不稳定性增加，内部产业亟待转型升级，经济下行压力日益增大。在这一形势下，如何解决企业生产和资源配置效率低下、信息成本高等问题成为促进产业转型优化，打造高质量发展新引擎的关键，产业互联网也因此开始扮演越来越重要的角色，成为当时供给侧结构性改革的重要方向。

第二，产业互联网的发展是互联网企业突破市场天花板，寻求发展新机遇的新赛道。消费互联网已经深入人心，各种各样的线上服务走进千家万户，改变了居民的消费模式，打造了阿里巴巴、京东等多家互联网巨头企业。但随着流量红利的逐渐弱化，企业活跃用户的增

① 数据来自中国信通院、中商产业研究院。

速开始放缓，互联网行业想要进一步打开市场，持续繁荣，就必须寻求新的突破口。加之近年来大数据、云计算等信息技术高度发展，已经为“互联网+”模式的进一步推广打下了坚实的基础，产业互联网也因此成为互联网企业下一步市场布局的优选之策。

正因为产业互联网的双重重要意义，2015 年政府工作报告首次出现“互联网+”的概念，指出“互联网+”行动计划将涉及医疗、教育、金融等领域，并提出要推动云计算、大数据等与现代制造业结合，促进工业互联网的健康发展。① 因此，产业互联网较早渗透到工业和服务业领域，并进一步延伸到农业领域。

在工业领域，产业互联网与传统制造业的紧密融合大大提升了生产效率，推动了制造业智能化改造的进程。数据显示，到 2022 年，中国较大型工业互联网平台数量超过 150 家，服务的工业企业数量超过 160 万家，② 规模以上工业企业中，关键工序的数字化研发普及率达到 77.0%，数字化控制率达到 58.6%。③ 随着互联网渗透程度持续加深，产业互联网的模式不仅涉及工业生产线管理、设备检测，还涉及产业链管理、产品设计等更为复杂的环节。多地区积极开展网络化协同，打造工业互联网产业集群，涌现出一大批工业互联网创新改造基地。例如，深圳市针对模具加工、金属加工等领域开展工业互联网改造，实现了全行业平均劳动生产率和人均利润率的上升、设备综合利用率的提高和产品交付周期的下降；山西省将产业互联网模式应用于采矿业，以云服务平台为中心为矿山装备提供远程运维服务，大大降低了矿区劳动者的安全隐患，提升了装备的利用效率。

在服务业领域，“互联网+”的模式最早应用于消费互联网，通过线上课程、网络购物、在线购票交费等业务，互联网基本覆盖了零售、医疗、教育、金融等多数服务业领域，甚至开启了服务业发展的新模式。相比之下，产业互联网则主要与消费互联网结合，实现全产

---

① 李克强在第十二届全国人民代表大会第三次会议上的政府工作报告，2015 年 3 月 5 日。

② 数据来自中国信息通信研究院《中国数字经济发展白皮书（2022）》。

③ 数据来自国家互联网信息办公室《数字中国发展报告（2022）》。

业链的智能化和数字化。例如，在生活服务领域，酒店应用数字化系统实现智能化入住和酒店管理等，同时也通过线上平台面向消费端，为消费者提供酒店预订、实时价格查询和评论等功能，不仅提高用户满意度和信任度，也提高了酒店的整体运营效率。在医疗健康领域，医疗机构通过数字化平台管理患者档案、监控设备数据、实现患者电子报告单等各项数据在全国各医院之间的互查互认、远程诊断与治疗，不仅提高了医疗服务的效率和质量，增强了患者异地就医的便利性，也降低了医疗机构整体资源浪费率，促进了医疗领域的创新和升级。

在农业领域，产业互联网和农业的融合体系也逐步建立起来，主要体现在两个方面。一是促进农业现代化，打造智能化农业管理系统。例如，劳动者可以将土壤湿度、气温、光照等传感器与互联网连接，实时监测农田环境的变化。通过分析和处理，云平台可以提供精准的农业管理建议，帮助劳动者科学调控农作物的生长环境，提高农业生产效益和可持续性。2020 年，全国农业生产信息化水平达到 22.5%。[①] 二是建立从农田到餐桌的销售模式，提升整体产业链的生产效率。自脱贫攻坚战打响以来，消费互联网的形式在农产品的销售中越来越常见，当地政府和农户积极应用网络直播、平台合作等新业态新模式推广农产品，提高当地农产品销量。截至目前，农业领域的数字化不仅体现在面向消费端的农产品销售上，而且渗透到农产品生产、流通的整个过程中。通过产业互联网手段，可以对农产品的生产、加工、运输等环节进行全程追溯，农民也可以直接将农产品推向市场，减少中间环节，提高销售效率和利润。消费者则可以通过扫描产品上的二维码或输入追溯码，查看产品的种植、养殖、加工等信息，了解产品的安全和质量，增强信任感和购买意愿。

二　产业互联网发展的特征

发展至今，产业互联网已经成为中国数字经济行业发展的重要引

① 数据来自中国信息通信研究院《中国数字经济发展白皮书（2022）》。

擎，为中国经济注入了新的动力，推动了经济的持续健康和高质量发展。产业互联网表现出以下几大特征。

第一，深入发展，大幅提升企业生产和资源配置效率。一方面，产业互联网提升了现有产业链的生产效率。通过互联网技术将产业链上的各个环节连接起来，产业互联网实现了信息的实时共享和高效协同，并通过数字化、智能化的手段优化资源配置和运营管理，减少了人力和物力资源的浪费，降低了生产成本。通过实时监控、追溯和反馈机制，实现了对生产过程的全程管理和控制，提高了产品质量和安全可靠性。另一方面，产业互联网为传统行业带来了新的发展机遇。在产业互联网的发展过程中，其促进了不同领域之间的融合和交流，激发了创新活力，推动了新技术、新产品的研发和应用。它还打破了传统行业的边界，将供应链、销售渠道等进行整合和拓展，帮助企业在上下游产业链中开拓新的市场机会。此外，借助大数据分析和人工智能技术，企业能够更好地了解用户需求，提供个性化、定制化的产品和服务，提升吸引力，打开新的市场。总体而言，产业互联网的发展为传统行业带来了更多的机遇和优势，提升了整体经济效益和社会效益。

第二，逐渐与消费互联网结合，实现全产业链的数字化升级。正如我们在前文中所提到的，消费互联网和产业互联网并不是简单的替代关系，也不纯粹扮演互联网上半场和下半场的角色，而是随着产业互联网的发展共生互赢，不断融合，逐渐渗透到市场经济的方方面面。通过产业互联网技术，企业可以将供应链各个环节实现数字化连接，从原材料采购、生产制造、物流配送到零售销售，实现供应链的全程可视化和协同优化。同时，消费互联网又提供了在线销售渠道和消费者反馈机制，通过大数据分析和人工智能等技术，能够实现对生产、销售和消费数据的分析，为企业提供有关消费者行为的市场洞察，使得供应链更加敏捷和适应市场需求。这种供应链数字化和智能化的融合，实现了从生产到消费的无缝衔接，提高了效率和灵活性。2016 年，以消费互联网著称的巨头企业阿里集团提出将线上服务、线下体验和物流深度融合的零售新模式，腾讯也在 2018 年宣称进军产业互联网，产业互联网和消费互联网的融合使得这些企业能够更好地提供产品和服务的个性化定制，更好地满足消费者需求，提高用户满意度和忠诚度，在网络零售市场上占领更有优势的地位。总体而言，产业互联网和消费互联网的融合形式涵盖了供应链、创新生态系统等多个层面，提升了企业的竞争力和创新能力，为消费者提供了更优质的产品和服务体验，也加速了整体产业链的数字化和智能化转型。

第三，行业间发展模式和发展程度表现出较强的异质性。平台为各行各业提供了数据共享、协作管理、智能决策等功能，促进了产业的数字化和智能化转型，但由于需求差异等问题，各行业的产业互联网发展模式和发展程度都具有较强的异质性。一方面，行业需求的差异导致了产业互联网发展模式的异质性。不同行业的特点和发展需求决定了它们对产业互联网的需求程度和关注点的不同。例如，在制造业领域，企业完成更多订单才能获得更多利润，因此往往更加追求生产效率和质量的提升，趋向于通过工业互联网和智能制造技术实现生产流程的数字化。而在批发零售等服务业，企业关注更多的是消费者的体验和忠诚度，因此，这些企业往往更倾向于通过电子商务和供应链管理系统实现线上线下融合和个性化服务。也就是说，不同行业的需求差异直接影响了产业互联网的发展方向和应用重点。另一方面，各行业产业互联网发展的阶段也有差异。制造业作为传统行业的代表，早期已经开始了对工业互联网的探索和应用，并取得了一定成效。近年来，各地区也越来越重视制造业的智能化改造，产业互联网的渗透程度进一步加深。此外，在批发零售等服务业中，产业互联网能够帮助企业实现库存管理和供应链追踪，提供定制化的服务，因此发展成熟度也相对较高。而其他行业如农业、教育等在产业互联网应用方面仍处于积极探索和快速发展的阶段。例如，在农业领域，智能农业管理、农产品供应链整合、农产品溯源等技术的应用还未得到全面推广；在教育领域，面向消费者的在线教学平台刚刚兴起，学生管理、教师管理等产业互联网应用也还在探索和发展阶段。

第三节　中国产业互联网发展面临的主要问题

虽然中国产业互联网发展势头非常好，但是目前中国产业互联网仍面临一些制约其发展的问题，主要包括企业数字化程度不高、关键技术供给能力偏弱、行业壁垒较高、“孤岛现象”严重。

一　企业数字化程度不高

产业互联网的本质就是利用生产制造端的数字化，提高生产创新效率、创造价值。推动企业数字化转型是发展产业互联网的必要条件。而且，企业数字化转型也是推动数字经济与实体经济融合发展的必要条件。不少经验和实践证据表明，数字化转型可以提高企业生产经营绩效、提升企业效率。[①] 党的十八大以来，党中央、国务院高度重视推动企业数字化转型，特别是中小企业数字化转型，制定并出台了一系列支持引导企业数字化转型的政策，形成了支持中小企业数字化转型的“四纵三横”政策框架。[②] 在国家政策的有力支撑和引导下，中国企业数字化转型深入发展。截至 2021 年年底，制造业重点领域关键工序数控化率、数字化研发设计工具普及率分别为 70.9% 和 74.7%。[③]

---

① 池毛毛等：《中国中小制造企业如何提升新产品开发绩效——基于数字化赋能的视角》，《南开管理评论》2020 年第 3 期；胡青：《企业数字化转型的机制与绩效》，《浙江学刊》2020 年第 2 期；刘淑春等：《企业管理数字化变革能提升投入产出效率吗》，《管理世界》2021 年第 5 期；武常岐等：《数字化转型、竞争战略选择与企业高质量发展——基于机器学习与文本分析的证据》，《经济管理》2022 年第 4 期。

② 朱太辉、张彧通：《中小企业数字化转型：政策框架与优化方向》，《金融时报》2023 年 4 月 3 日。“四纵三横”是指：以《中小企业促进法》《国务院关于进一步促进中小企业发展的若干意见》为基础的“四大支柱”（四纵）：生态、技术、服务和协同支柱；以工信部、国家发改委、中央网信办、人民银行、银保监会等各部委相关规范性文件为具体要求的“三层框架”（三横）：主体层面的融通参与框架、操作层面的解决方案框架和支撑层面的基础服务框架。

③ 徐恒：《释放数字经济动能，推动企业数字化转型》，《中国电子报》2022 年 6 月 9 日。

然而，当前中国企业数字化转型整体水平仍偏低。数据表明，2021年绝大多数中小企业仍处于探索数字化转型的初级阶段，占比高达79%，成功实现数字化深度应用的中小企业只占9%。大型企业数字化转型的推进虽然比中小企业更快，但是整体水平也不高。只有30%的大型企业进入深度应用数字化的阶段，48%的大型企业仍在探索阶段。① 很多企业特别是中小企业的数字化意愿不高，普遍存在"不愿转、不敢转、不会转"的问题。企业数字化转型是一项系统工程，不仅需要投入大量的改造资金和设备，而且涉及整个企业业务流程、管理模式的重大改变。因此，企业特别是中小企业推进数字化转型面临认识不够、资源约束和能力障碍等问题。在认知层面，中小企业对于数字化转型的重要意义并不充分，大多关注数字化转型能否短期内提高利润，而对长期发展趋势研判不足。在资源约束层面，数字化转型需要大量资金投入，而中小企业面临的信贷约束比较强，较难满足资金要求。在能力障碍方面，数字化转型需要企业具有一定的数字化基础，而目前中国大量的中小企业都处在工业2.0到工业3.0的阶段，数字化基础较为薄弱，懂数字化、懂技术、懂生产制造的复合型人才缺口较大。

二　关键技术供给能力偏弱

产业互联网以产业互联网平台链接行业内的各类市场主体，并通过大数据、物联网、人工智能、云计算等新一代信息技术赋能，重构行业和企业治理结构，从而提升生产创新效率、创造价值。因此，工业互联网平台的关键技术能力和功能决定了产业互联网的赋能能力。

当前，中国工业互联网平台核心技术能力仍偏弱，对外依赖性比较高，是制约中国产业互联网发展和安全的突出问题。一方面，中国工业软件发展相对滞后，特别是工业研发设计软件，国产化程度比较

① 中国电子技术标准化研究院：《中小企业数字化转型分析报告（2021）》，http://www.cesi.cn/images/editor/20220505/20220505170438288.pdf。

低，中高端市场占有率更低。数据显示，2020 年工业软件整体国产化率约 46%。[①] 而且，在研发设计类工业软件方面，中国总体国产化率不足 10%。[②] 中国自主供给的工业软件无法支撑产业互联网发展，工业软件断供也成为中美贸易摩擦以来美国制裁中国的重要手段。另一方面，中国产业互联网平台在工业领域的应用积累仍不够，物联网、大数据、人工智能等新一代技术在工业领域的应用仍处于发展初期。各类平台在数据采集、开发工具、数据分析等方面仍存在“短板”，对工业机理和工艺流程的理解和积累不够，难以在行业应用与平台创新之间形成良性互动，制约了中国工业互联网平台核心能力提升。

三　行业壁垒较高

与消费互联网不同，产业互联网是大数据、物联网、人工智能等新一代信息技术在生产制造端的技术扩散过程，不仅需要强大的信息技术能力，而且还涉及每一个细分行业、细分领域、企业流程等所特有的默会知识（tacit knowledge）和诀窍（know-how）。但是，工业和制造业是高度垂直化的，行业壁垒很高，不同行业机理不通用。互联网企业从消费端向生产制造的生产端延伸过程中，往往会面临行业默会知识和诀窍所带来的行业壁垒问题。与此同时，传统生产制造企业虽然掌握了行业默会知识和诀窍，具有深厚的行业经验，但是受制于对新一代信息技术的掌握不够，很难将这些经验转变固化到生产设备上，转化为数据模型。即便少数大型制造企业实现了这种经验到数据的转变，例如海尔的卡奥斯平台，将本行业的模型输出到其他细分行业仍会面临行业壁垒问题。

因此，产业互联网在不同行业的发展面临巨大的行业壁垒问题。正因如此，产业互联网发展相对消费互联网发展更为滞后，也无法重

① https：//www. chyxx. com/industry/1117720. html.

② 周雄伟等：《工业软件国产化替代创新突破路径与激励机制》，《科技导报》2023 年第 6 期。

现消费者互联网发展模式，出现赢者通吃和跨行业颠覆的现象。[①] 对于成千上万的细分行业，目前所有的产业互联网平台都只能“弱水三千，只取一瓢”。

四 “孤岛现象”严重

产业互联网本质上是“互联网+”产业，产业互联网平台之间的互联互通可以放大平台能效，更好地驱动产业平台内企业创新发展。但是，当前中国产业互联网产业发展面临严重的“孤岛现象”，造成创新效能不强，包括“管理孤岛”“资源孤岛”“数据孤岛”“技术孤岛”等。“管理孤岛”使得各政府部门尚未形成足够的合力推动工业互联网关键核心技术创新。“资源孤岛”使得工业互联网产业的“专精特新”创新主体无法有效使用科技基础设施。“数据孤岛”使得工业互联网产业创新主体之间、创新主体与应用主体之间难以形成良性循环。“技术孤岛”使得平台企业内各部门之间、各新兴技术研发主体之间以及产学研之间的协作机制不畅。[②]

特别地，“数据孤岛”问题是制约中国产业互联网创新发展的关键问题，因为数据是产业互联网的基本要素。[③] 横向上看，工业和制造业细分领域众多，各行各业涌现了大小不一的产业互联网平台。但是，不同行业的数字化程度差异较大，底层工业设备的通信协议不统一，数据标准众多，平台间的兼容差。因此，这些平台之间往往相互封闭，无法实现互联互通。纵向上看，同一产业链上下游各类企业的信息化、数字化程度不同。大企业的数字化程度往往更高，数字化能力也更强。产业链上各企业之间的数据往往难以集成。加之出于数据安全因素考虑，产业链上下游的“数据孤岛”现象严重，制约整体产业数字化、互联网化发展。

---

① 司晓、吴绪亮：《产业互联网的演进规律》，《清华管理评论》2019 年第 4 期。

② 李鹏飞：《以协同创新推动工业互联网产业高质量发展》，《中国发展观察》2022 年第 12 期。

③ 李燕：《工业互联网平台发展的制约因素与推进策略》，《改革》2019 年第 10 期。

第四节　促进产业互联网发展的政策建议

随着新一代技术革命和产业变革持续深化发展，互联网发展重心从消费端向上延伸到生产制造端，产业互联网已经成为数字经济新的增长点。进一步促进产业互联网发展，促进产业转型升级，构建现代产业体系，推动经济增长和效率提升，对全面建成社会主义现代化强国，推进中国式现代化，具有重要积极意义。为此，应坚持市场在资源配置中起决定性作用，坚持包容审慎的监管理念，大力支持产业互联网平台创新，积极构建开放的产业互联网生态。

一　坚持市场在资源配置中起决定性作用

党的十八届三中全会提出，“要发挥市场在资源配置中的决定性作用，更好发挥政府作用”。党的二十大再次强调要“充分发挥市场在资源配置中的决定性作用，更好发挥政府作用”。进一步促进产业互联网发展，要坚持市场在资源配置中的决定性作用。产业互联网本质上是互联网技术创新的延伸和扩散，其发展方向、技术迭代路径具有高度的不确定性和复杂性。坚持市场在资源配置中起决定性作用，不仅可以避免各类选择性产业政策的高试错成本，而且可以充分发挥各类企业特别是互联网平台企业的市场活力和创新精神，探索尝试产业互联网的不同发展路径，进而促进产业互联网快速发展。

坚持市场在资源配置中起决定性作用，就是要各级政府转变发展思路和作用方式，更好发挥政府作用。一是减少出台各类选择性产业政策，避免直接对产业互联网相关企业进行直接财政补贴或税收减免，扭曲资源配置，阻碍市场公平和市场发挥作用。二是积极为产业互联网提供良好的制度环境，破除产业互联网发展面临的一系列体制机制障碍。例如，如何打破地方保护和行政垄断，如何构建统一的技术和数据标准，如何实现跨部门协作等，这些都需要制度创新。三是集中各类资源，支持工业软件、控制系统等产业互联网薄弱技术的基础科学和技术研究，重点突破这些“卡脖子”的共性技术，支撑产业互联网安全可持续发展。

二　坚持包容审慎的监管理念

在过去十多年间中国消费互联网产业高速发展中，包容审慎的监管理念和实践发挥了至关重要的作用。虽然在过去消费互联网发展过程中，不可避免地出现了不少市场失序的行为和现象，但是包容审慎的监管为各类新业态、新组织模式、新产品提供了广阔的发展空间，促进各类新产业、新业态、新模式的蓬勃发展，为经济发展提供了新动力。对产业互联网发展，坚持包容审慎的监管理念十分重要。一方面，经历了一段时间的整顿治理，中国互联网行业正在步入规范发展。2020 年年底，中国开始对互联网行业进行集中整顿和监管，纠正了不少阻碍市场公平竞争的行为，维护了互联网行业公平竞争的发展环境，提升了中国对互联网行业发展的监管能力。中国已经具备对产业互联网进行包容审慎监管的条件和能力。另一方面，与消费互联网不一样，产业互联网的规模和交叉网络外部性更弱，其面对的是成千上万的细分行业，不太可能出现赢者通吃的现象。正因如此，产业互联网在格局上更加分散，推进速度也更加缓慢。① 包容审慎监管有利于激发各类市场主体的创新活力，加快产业互联网的推进速度。

坚持包容审慎的监管理念，就是要从鼓励创新和促进发展的角度出发，对产业互联网相关的新技术、新模式、新业态、新行业采取包容审慎的态度，降低监管的不确定性，强化互联网产业监管中的创新考量，避免把过时的监管套用在新业态、新产业上，阻碍产业发展突破。以经营者集中审查为例，产业互联网平台为获取行业的默会知识和诀窍，投资并购的激励很强、频率很高。评估这类经营者集中就需要考虑平台并购对行业创新发展的影响。对促进行业创新有重要作用

---

①　侯宏：《从消费互联网寡头格局迈向产业互联网生态共同体》，《清华管理评论》2019 年第 4 期。

的集中，应予以无条件批准。

三　大力支持产业互联网平台创新

产业互联网平台在产业互联网发展中占据核心地位，是产业互联网发展的主要组织模式。以大数据、物联网、人工智能等新一代信息技术为支撑，产业互联网平台连接不同产业参与者，通过数据整合、资源共享和协同创新，赋能产业的数字化转型与升级，催生一系列新业态新模式。产业互联网平台发展的好坏、能力的强弱直接决定了产业互联网的发展水平和程度。进一步促进产业互联网发展，一定要发挥产业互联网平台的核心作用。平台创新决定了平台的能力，进而决定了其赋能产业发展的能力。发挥产业互联网平台的核心作用，关键就是要大力支持和激励产业互联网平台创新，提高关键核心技术的自主供给能力，进而提升平台对外赋能的能力。目前中国企业数字化转型意愿和程度不高，究其根本还是产业互联网平台创新不足，无法解决企业特别是中小企业面临的高成本问题。中国产业互联网发展中面临的工业软件、控制系统等“卡脖子”技术问题，其根源也是平台创新激励和投入不足，特别是对关键核心共性技术的创新投入不足。因此，必须要大力支持产业互联网平台创新。

当前，中国产业互联网的发展主要有两种模式：一种是互联网企业向上延伸进入生产制造端，打造产业互联网平台，例如腾讯云平台、阿里云工业互联网平台等；另一种是大中型制造业基于自身产业规模建立自己的产业互联网平台，例如海尔的卡奥斯平台，三一重工打造的树根互联平台。这两种模式各有优势。以互联网企业为根基的平台在数字技术方面较强，而以传统制造企业为根基的平台则在行业积累和默会知识方面更强。发挥这两种模式的比较优势，激活这两类平台的创新动力，强化合作创新，突破共性关键技术，十分关键。为此，必须充分尊重市场发展的经济逻辑，考量产业互联网平台创新的创新规律，创新制度安排，解决创新发展过程中面临的“搭便车”、资金和人才短缺、数据安全和隐私等问题，降低创新成本，提高创新收益，诱发产业互联网平台创新与产业应用之间的良性互动，为平台创新提供良好的发展环境和空间。

四 积极构建开放的产业互联网生态

“不同于消费互联网各大生态俨然割据王国，产业互联网是一个生态共同体。与消费互联网的短链不同，产业互联网是长链，从要素到价值，由生态共同体完成。”① 通过大数据、物联网、人工智能等新一代信息技术，产业互联网推动跨主体、跨行业、跨地域甚至跨国界的产业协作和资源优化配置，形成共生共荣的数字创新生态系统。打造数字创新生态系统，开放特别是平台开放是关键。一方面，产业互联网是新一代数字技术向生产制造端的技术扩散过程。面临成千上万的细分行业、上亿的市场主体，产业互联网只有保持开放共享，才能最大范围地吸引各类主体进入生态，实现多主体、跨地域、跨领域的竞合共生。另一方面，互联互通是产业互联网的本质要求。任何阻碍互联互通的“孤岛现象”、行业壁垒、多元标准等问题都极大地阻碍了产业互联网的深化和发展。因此，构建开放的产业互联网生态对进一步促进产业互联网发展具有重要意义。

为此，应积极解决当前产业互联网开放发展面临的主要问题。一是制定产业互联网发展的统一技术标准，在充分考虑平台激励的基础上，促进平台间的互联互通。二是兼顾数据安全和隐私保护，推动数据安全开放。加快数据安全立法，为平台间数据共享提供安全、透明、合法的制度环境。三是创新基础研究的制度安排和模式，以政府资金为引导，鼓励高校、科研机构、平台企业、制造企业协同开展技术攻关，突破共性关键技术。

（本章执笔：欧阳耀福　周慧珺）

① 侯宏：《从消费互联网寡头格局迈向产业互联网生态共同体》，《清华管理评论》2019 年第 4 期。

第二十八章
推动智能产业革命

以 GPT（Generative Pre-trained Transformer）为代表的大语言模型（Large Language Model，LLM）的横空出世为智能产业革命开辟了广阔前景。生成式 AI 能够在很大程度上实现内容生成的自动化，继互联网之后进一步降低信息处理成本，并有望发展成为通用人工智能。然而，现有的以中心化平台企业为核心的互联网（Web2.0）却适应不了生成式 AI 发展数字资产产权保护治理需要。由于无法实现网络效应内生化，这就为中心化平台企业独占网络租金提供了可能，Web2.0 迟早会使生成式 AI 节约的信息处理成本被不断上升的互联网引流和匹配成本所吞噬，抑制第三方基于生成式 AI 的产业应用次级创新。只有对现有互联网进行基于区块链的 Web3.0 改造，合理分配网络租金，才能将生成式 AI 的技术潜力充分发挥出来，引发生成式 AI 和 Web3.0 双轮驱动的智能产业革命。

中国作为离岸生产商参与全球产业分工体系曾经是中国式现代化的重要组成部分。不过，考虑到与发达经济体生产率差距明显缩短，并形成世界第二的经济规模，原有的全球供应链已经不能完全容纳中国作为离岸生产商的模式。发达经济体由此对全球产业分工体系进行调整，并要求中国进一步实现产业升级，以更高层次参与和推动经济全球化发展。生成式 AI 和 Web3.0 双轮驱动的智能产业革命恰好提供了这一重要战略机遇。本章将在展望生成式 AI 和 Web3.0 双轮驱动的智能产业革命前景基础上，探讨中国生成式 AI 和 Web3.0 发展面临的挑战，并提出相应对策。

第一节　智能产业革命前瞻

一　生成式AI提升产业创新潜力

随着以GPT为代表的大语言模型横空出世，生成式AI的重大突破有望引发智能产业革命。生成式AI直接引发人工智能内容生成（AIGC）新浪潮，能够在很大程度上实现内容生成的自动化，继互联网之后进一步降低信息处理成本。更为关键的是生成式AI能够实现认知功能迁移和泛化，初步验证了通用人工智能（Artificial General Intellignce，AGI）的可行性，从而构成智能产业革命的通用目的技术基础。

Geoffrey Hinton等在多层神经网络上实现了反向传播算法，克服了困扰人工神经网络多年的梯度消失问题，打开了深度学习的大门，最终在生成式AI上取得重大突破。① 从表面上看，与人类大脑相比，以GPT为代表的大语言模型似乎显得特别笨拙，大语言模型基于Transformer构架，并在大规模的网络文本数据上进行训练，其核心是使用一个自我监督的目标来预测部分句子中的下一个单词。不过，由于可以包含无限计算单元和计算层级，人工神经网络能够突破人类大脑只有六层大脑皮层和大脑容积量有限的生物学约束，可将平克所概括的语言的两大特点，即符号的任意性（其实质是语言的多样性）和有限域的无限应用（其实质是语言所包含的冗余）发挥到极致。② 这样以GPT为代表的大语言模型就能够在保持足够多样性和冗余基础上，通过试错，实现智能涌现和内容生成。这样的基于大语言模型的人工智能内容生成（AIGC）能在很大程度上实现内容生成的自动化，

① Hinton, Geoffrey E., et al., "A Fast Learning Algorithm for Deep Belief Nets", *Neural Computation*, 2006, 18 (7): 1527-1554.

② 史蒂芬·平克：《语言本能：人类语言进化的奥秘》，欧阳明亮译，浙江人民出版社2015年版，第235—237页。

不仅继续保留了用户生成内容（User Gnnerated Content，UGC）个性化的优势，而且还有效地缩短了同专家生成内容（Professional Gnnerated Content，PGC）或职业生成内容（Occupationally Gnnerated Content，OGC）在质量上的差距。因此，AIGC 继互联网之后又一次降低了信息处理成本。与此同时，大语言模型经过预训练之后，经过微调就可以胜任多种任务，从而使得生成式 AI 成为通用目的技术，并提升相应的产业创新潜力。

正如俗语所言，世上没有免费的午餐，大语言模型所采用的自回归预测方法也同时暴露了生成式 AI 出现幻觉、可解释性不足以及不擅长处理概念性跳跃问题诸多弱点。脑科学最新研究发现人的记忆往往与发生的环境有关，而不完全与事实相关。学习实际上涉及的是基于过去的经验和当前环境中的线索来重构记忆的技能，而不是单纯地对经验副本进行再现。因此，大语言模型运用分布式语义学（distributional semantics）思想进行数据编码，并通过自回归预测方法模拟这样的学习过程，得以绕开困扰循环神经网络（Recurrent Neural Network，RNN）和长短期记忆（Long Short Term Memory，LSTM）时间序列处理的长期依赖性问题。① 当处理一个很长的文本并尝试将彼此相距很远的术语相链接时，需要关注这些术语之间所有不相关的其他术语，并对其编码。这就会导致处理记忆存取、删除功能的循环单元不堪重负，引发长文本带来的长期依赖性。与此形成鲜明对照，无论文本长短，一旦大语言模型在大量的数据上进行了训练，就可以使用自回归预测，包括预测下一个标记，然后将该标记转移到输入端，再预测下一个标记，并将其转移到输入，继续重复这一过程。这就是所谓的自回归大语言模型。由于更合理地模拟了人脑记忆学习过程，长期依赖性问题得以消除，再加上引入（词序）位置编码实现了并行计

---

① 语言学家约翰·费斯（John Firth）在 1957 年将分布式精确地表达为：“你会通过与一个单词一同出现的词来认识它。”这就是说，一个单词的含义可以依据与其经常一同出现的其他单词来定义，这些其他单词又可以依据与它们经常一同出现的单词来定义，以此类推。分布语义的潜在假设是“两个语言表述 A 和 B 之间的语义相似度是 A 和 B 能出现的语言上下文环境的相似度的函数”。语言学家经常使用“语义空间”（semantic space）的概念将其描述得更加具体。

算，Vaswani 等提出的基于 Transformer 构架的大语言模型继 Hinton 等之后又一次在深度学习领域取得重大突破。[①] 这样的大语言模型通过自回归的局部贪婪计算，迅速获取局部最优解，极大地提高了内容生成效率和相应的自动化。

然而，大语言模型所使用的自回归预测方法却也造成对任务或输出缺乏全局或深入的理解，并为此付出不菲的代价。一是大语言模型通过深度学习进行自回归预测，只能输出具有可能性和相应概率的答案，不可避免地有时会产生认知幻觉，甚至导致错误的模式识别。二是大语言模型本质上属于对记忆学习过程进行模拟的算法黑箱，这就会造成模型的可解释不足和缺乏足够的透明度，影响到及时纠错和必要的问责。三是大语言模型追求快速的局部最优解，缺乏整体性解决方案和长期规划，使其特别不擅长于处理概念性跳跃问题。

由自回归预测方法带来的认知幻觉问题可通过将大语言模型作为独立组件，内嵌于互联网搜索引擎和其他 API 形成扩展的大语言模型得到部分缓解。由于能够同时实现信息适时更新和调用外部工具更高效地运用知识存量，扩展的大语言模型无疑会在一定程度上降低认知幻觉，提高人工智能内容生成（AIGC）的鲁棒性和稳健性。

大语言模型继预训练和微调之后，引入人类专家审核进行基于人工反馈的强化学习则有助于将人工智能和人类智力结合起来，进一步提高内容生成质量，并通过实践结果验证和目标调整部分修正算法的黑箱性质。强化学习对算法的修正能够实现面向模型的人工智能向面向智能体（Agent）的人工智能转变，确保生成式 AI 更好地为人的利益服务。

大语言模型在处理概念性跳跃问题，特别是提出新概念上的不足则可以借助基于生成式 AI 的产业应用次级创新加以弥补。同所有的通用目的技术一样，生成式 AI 也并非“即插即用”性质，将其应用于不同经济部门必须依靠次级工艺创新。每次次级创新无疑都是为了

---

① Ashish Vaswani, et al., “Decentralized Attention Is All You Need”, 2017, https://arxiv.org/abs/1706.03762; Hinton, Geoffrey E., et al., “A Fast Learning Algorithm for Deep Belief Nets”, *Neural Computation*, 2006, 18 (7): 1527-1554.

满足通用目的技术适应特定部门的需要，这就不可避免地要求处理与具体产业有关的概念性跳跃问题，并提出相应的新概念。更为重要的是只有实现基于生成式 AI 的产业应用次级创新，才能充分发挥生成式 AI 作为通用目的技术对生产率的有益作用。正如鲍莫尔定律所揭示的那样，由于不同产业对大语言模型预训练、微调和强化学习所要求人工干预程度不一样，那些吸纳生成式 AI 程度和自动化水平较低的产业最终将因生产率提高消化不了高企的劳动成本而拖累经济增长，并通常在服务业上表现得更为突出。由此形成的鲍莫尔病需要不断基于生成式 AI 的产业应用次级创新加以缓解。

由此可见，作为通用目的技术，除了外接互联网搜索引擎和其他 API 进行扩展以及引入强化学习之外，大语言模型还需借助基于生成式 AI 的产业应用次级创新弥补在处理概念性跳跃问题，特别是提出新概念上的不足。只有这样，由生成式 AI 所代表的通用人工智能（AGI）才不仅能够在保持内容生成低成本优势的同时，实现质量的稳定，而且可以通过基于生成式 AI 的产业应用次级创新转化为对生产率的有益影响。

二 生成式 AI 将遭遇数字资产产权保护治理挑战

尽管生成式 AI 极大地提高内容生成效率和自动化程度，但对由此形成的数字资产产权保护仍是个悬而未决的问题。外接互联网搜索引擎和其他 API 进行大语言模型扩展、内容生成的零边际复制成本带来的数字资产重复使用以及传统知识产权保护可能对人机互动激励不足都将使生成式 AI 遭遇数字资产产权保护治理挑战。

由于需要外接互联网搜索引擎和其他 API 进行外部工具调用，作用通用目的技术，生成式 AI 会直接受到以中心化平台企业为核心的互联网（Web2.0）产权保护弱点拖累，并最终抑制产业应用次级创新。

正是为了更方便地获得创新的外溢性，具有网络效应的以中心化平台企业为核心的互联网（Web2.0）得以发展和形成，但也为此付出了产权保护不足的代价。布莱恩约弗森和麦卡菲认为，不同于传统的实物资本，以互联网为代表的数字资本能形成平台创新，并产生赢家通吃的市场特征，获取超额回报。根据赢家通吃理论，互联网增加了“最佳选手”相对于其他竞争者的报酬优势，使任何领域的最优秀竞争者能逐渐在更广阔的市场上出售产品和服务，夺取劣势对手的需求份额。[①] 因此，赢家通吃的市场特征无疑要求企业采用速度优先于效率的闪电式（Blitzscaling）扩张的竞争战略，最为迅速地夺取市场份额。[②] 闪电式扩张战略意味着至少在创新的早期和中期阶段，“酒香也怕巷子深”才是企业面临的最大创新挑战，从而导致实现供求匹配的市场分配和触达渠道远比产品或服务的质量更为重要。产品或服务的质量则在抢先占领市场的前提下，通过“渗透定价”（Penetration Pricing）和后续的平台互补创新逐步得到改进。[③]

这样的闪电式扩张战略只有借助互联网平台的网络效应，才能得到更有效的实施。网络效应又称需求侧的规模经济，通俗地讲，就是使用者越多，产品和服务的价格和使用成本越低，产品和服务的价格和使用成本越低又会吸引更多的使用者，如此循环往复形成良性的正反馈，直至最终发展成具有竞争力的平台。引流在互联网平台形成过程中发挥着至为关键的作用。流量（volume）高于对手的企业（即吸引到更多平台使用者的企业）在每次交易中都提供平均高于竞争对手的价值。这是因为网络越大，供给和需求越匹配，用于需求匹配的数据也越充足。与此同时，为使用者提供更高价值的平台企业又会吸引

---

① 埃里克·布莱恩约弗森、安德鲁·麦卡菲：《第二次机器革命》，蒋永军译，中信出版社 2016 年版，第 403—435 页。

② 里德·霍夫曼：《GPT 时代人类再腾飞》，芦义译，浙江科学技术出版社 2023 年版，第 297—300 页。

③ Katz，L.，Shapiro，C.，“Technology Adoption in the Presence of Network Externalities”，*Journal of Political Economy*，1986，94（4）：822-841；Kata 和 Shapiro 较早地研究了渗透定价策略，即通过开始时的低于成本的定价来改变消费者对未来的网络规模预期，从而从无到有地创造出技术革新市场；卡尔·夏皮罗、哈尔·瓦里安：《信息规则：网络经济的策略指导》，孟昭莉、牛露晴译，中国人民大学出版社 2017 年版，第 112—140 页。

更多的新使用者流量。[①]

正是出于形成上述网络效应的目的，中心化平台企业运用了分层式网络结构，并形成相应的 Web2.0。与此形成鲜明对照，作为国防项目的一部分，互联网最初是 1969 年为美国高级研究计划局（ARPA）的分组交换系统推出的。它可以帮助计划局旗下的网站共享信息，让地理位置不同的电脑互相访问。当时的网络拓扑结构是高度分布式的，其主要目的是遇到核攻击时能快速实现重新路由。[②]

然而，在以中心化平台企业为核心的互联网（Web2.0）中，网络效应完全是外生的，不可避免地会导致产权保护不足的弱点。这就意味着 Web2.0 的中心化平台企业并非总是倾向于推动网络效应的发挥。中心化平台企业遵循的是一种可预测的生命周期规律。在初始阶段，由于与用户和第三方合作者，如创作者、开发人员和企业等存在互补关系，中心化平台企业会竭尽所能推动多边参与者协同创新。只有这样，才能加强平台企业网络效应。不过，随着平台的采用率“S”曲线不断上移，它们对于用户和第三方合作者的掌控力将稳步增长。当达到“S”曲线的顶部时，中心化平台企业与网络参与者的关系就会从互补转变为替代关系。届时，中心化平台企业要继续保持增长，就需要从用户中提取数据并与（前）合作伙伴竞争。具体地讲，中心化平台企业可能以不断上升的引流和匹配成本独占由网络效应形成的租金。很显然，从合作到竞争的转变将会使得对中心化平台产生路径依赖的第三方合作者蒙受重大损失。[③]

以互联网为核心的数字革命就曾因产权保护方面的弱点最终抑制了其对生产率的有益影响。正如戈登所证实的那样，美国全要素生产率在 1920—1970 年工业化期间增长最为迅速，高达 1.89%，并持续

① 马歇尔·范阿尔斯丁等：《平台时代战略新规则》，《哈佛商业评论》2016 年第 4 期。

② 唐·泰普斯科特：《数据时代的经济学：对网络智能时代机遇和风险的再思考》，毕崇毅译，机械工业出版社 2016 年版，第 31 页。

③ Weyl, Eric Glen, et al., “Decentralized Society: Finding Web3's Soul”, 2022, SSRN-ID 4105763.

了半个世纪。[①] 以互联网为核心的数字革命只是在1994—2004年才使得美国全要素生产率增速短暂回升至1.03%，然后，2004—2014年，特别是在2008年国际金融危机冲击下，美国全要素生产率增速更是创出新低，只有0.4%。

生成式AI的引入并不会改变Web2.0产权保护弱点。如果只是将大语言模型作为独立组件内嵌于现有的互联网，生成式AI节约的信息处理成本迟早也会被不断上升的互联网引流和匹配成本所吞噬。随着时间的推移，最好的企业家、开发者和投资者将被迫放弃对中心化平台的积极参与，不可避免地抑制第三方基于生成式AI的产业应用次级创新。由此可见，数字资产产权保护弱点为中心化平台企业提供了独占由网络效应形成的租金可能，同样会抑制生成式AI潜力充分发挥。

与此同时，考虑到内容生成的零边际复制成本极易导致数字资产的重复使用，并加剧相应的产权保护难度，生成式AI的引入还进一步放大了Web2.0产权保护弱点。

生成式AI还会遭遇特殊的知识产权保护问题。具体地讲，知识产权制度的滞后，特别是传统知识产权保护的知识及其表达形式二分法有可能削弱人类专家运用生成式AI进行知识思想（idea）创造的激励，阻碍必不可少的人机互动。正如我们在前面分析所指出的那样，无论是大语言模型基于人工反馈的强化学习，还是基于生成式AI的产业应用次级创新都离不开对实践结果验证、目标调整以及处理产业应用新概念的人工干预。由此可见，尽管生成式AI提高了知识表达的效率和自动化程度，但人工干预和人机互动的必要性却意味着人类专家提出问题至少和AI解决问题一样重要。然而，传统知识产权保护的知识及其表达形式二分法却已适应不了生成式AI发展的要求。传统知识产权保护二分法将知识及其表达形式严格区分开来，并侧重于对知识表达的具体形式进行保护，有可能削弱人类专家运用生成式

① 罗伯特·戈登：《美国增长的起落》，张林山等译，中信出版社2018年版，第550—551页。

AI 进行知识思想（idea）创造的激励，阻碍必不可少的人机互动。

很显然，生成式 AI 承袭甚至进一步放大了以中心化平台企业为核心的互联网（Web2.0）产权保护的弱点，并会遭遇特殊的知识产权保护问题。这些都将构成数字资产产权保护治理挑战。

三　新一代互联网 Web3.0 提供数字资产产权保护的治理技术手段

幸运的是基于区块链的 Web3.0 有望提供改进数字资产产权保护的治理技术手段。基于区块链的 Web3.0 与中本聪的贡献密不可分。2008 年，中本聪运用区块链技术成功解决了困扰加密货币双花的拜占庭将军问题，并率先在数字资产重复使用带来的产权保护上取得重大突破。①

拜占庭将军问题实质是如何在网络参与者之间达成信任。由于当时拜占庭帝国的国土辽阔，为了达到防御目的，每支军队都分隔得很远，将军与将军之间只能靠信使传递消息。在战争时期，拜占庭军队内所有将军和副官必须达成共识，决定在有赢的机会时才去攻打敌人的阵营。但是，在军队内有可能存在叛徒和敌军的间谍，叛徒或间谍会竭尽所能左右将军们的决定，并扰乱军队整体的秩序，导致在进行攻击时，决策结果并不真正代表大多数人的意见。这时候，在已知有成员谋反的情况下，其余忠诚的将军在不受叛徒的影响下如何达成一致的协议，就形成了“拜占庭将军问题”。中本聪提出解决拜占庭将军问题并要求所有参与者一致同意，只要有足够数量的一部分参与者形成共识即可。那么，在区块链上就可用解哈希函数的矿工工作量证明解决加密货币双花问题。

区块链技术最初只是用来缓解数字资产重复使用产生的问题，应对由内容生成的零边际复制成本带来的产权保护挑战。不过，区块链

① 本·麦兹里奇：《从社交网络到区块链：文克莱沃斯兄弟的科技创富之路》，黄菊译，机械工业出版社 2020 年版，第 230—231 页。

技术还可用于将以中心化平台企业为核心的互联网（Web2.0）发展成为基于区块链的新一代互联网，即Web3.0，并同生成式AI相融合，充分激励第三方基于生成式AI的产业应用次级创新。基于区块链的Web3.0很大程度上是对互联网技术进步的回归，再度形成网络分布式拓扑结构。很显然，在Web3.0这样的高度分布式网络结构作用下，中本聪所使用的工作量证明方法也可以Token化方式迁移到对原始数据所有者、大语言模型开发者和用户网络效应贡献的确认上，通过由NFT代表的加密数字资产实现网络效应内生化。因此，将大语言模型内嵌于基于区块链的Web3.0有望实现网络效应内生化，促进网络租金由原来的中心化平台企业独占更多地转向在原始数据所有者、大语言模型开发者和用户之间更为合理地分配。只有对以中心化平台企业为核心的互联网（Web2.0）进行适度的Web3.0改造，才能避免生成式AI节约的信息处理成本被不断上升的互联网引流和匹配成本所吞噬。这样就能够在继续享有大语言模型扩展的好处的同时，充分激励基于生成式AI的产业应用次级创新。

区块链技术在数字资产确权上的功能同样为改革传统知识产权制度，激励人类专家运用生成式AI进行知识思想（idea）创造，促进必要的人机互动提供了契机。由于可以运用区块链技术对知识思想（idea）和相应的表达形式分别确权，这样就可以突破传统知识产权保护的知识及其表达形式二分法，建设适应生成式AI发展要求的知识产权制度。这样的新型知识产权制度能够摆脱传统上偏重于知识表达形式的弱点，同时实现对知识思想（idea）和相应的表达形式的保护，自然有助于激励人类专家运用生成式AI进行知识思想（idea）创造，促进必要的人机互动。

由此可见，将以中心化平台企业为核心的互联网（Web2.0）发展成为基于区块链的新一代互联网，即Web3.0具有重要战略意义。一是基于区块链的Web3.0降低了数字资产保护成本，缓解了内容生成的零边际复制成本带来的数字资产重复使用问题。二是将大语言模型内嵌于基于区块链的Web3.0有望实现网络效应内生化，促进网络租金更为合理地分配。这样就能够避免生成式AI节约的信息处理成本被不断上升的互联网引流和匹配成本所吞噬，充分激励基于生成式AI的产业应用次级创新。三是基于区块链的Web3.0能够用于改革传统知识产权制度，同时实现对知识思想（idea）和相应的表达形式的保护，激励人类专家运用生成式AI进行知识思想（idea）创造，促进必要的人机互动。

四　生成式AI和Web3.0相融合引发新一轮产业创新

根据前面的分析，生成式AI和Web3.0相融合的益处显而易见。一方面，Web3.0能够更合理地分配生成式AI带来的网络租金，避免生成式AI节约的信息处理成本被不断上升的互联网引流和匹配成本所吞噬，充分激励第三方基于生成式AI的产业应用次级创新。另一方面，生成式AI也反过来引发内容生成和相应（加密）数字资产的大爆炸，有可能丰富由NFT代表的加密数字资产应用场景，有效提高加密数字资产的流动性和合理估值，推动Web3.0发展。生成式AI能够在很大程度上实现内容生成的自动化，继互联网之后进一步降低信息处理成本，并有望发展成为通用人工智能。这样的通用目的技术势必会引发内容生成及其数字资产的大爆炸，并提供广泛的应用场景。内容生成及其数字资产日益涌现将极大地缓解数字资产的流动性不足带来的估值难题。Web3.0久被诟病的投资泡沫问题也有望迎刃而解。

相反，如果不能实现对现有互联网的Web3.0改造，基于生成式AI的产业应用次级创新将因激励不足而受到抑制，生成式AI对生产率的提升作用也极有可能像传统互联网一样昙花一现。与此同时，Web3.0的发展离开了生成式AI的支持也极有可能会遭遇应用场景不足的困扰，最终沦为加密资产泡沫。

因此，生成式AI和Web3.0相融合有望将生成式AI作为通用人工智能和通用目的技术的潜力转化为现实，引发一轮足以媲美互联网甚至工业化的智能产业革命。

第二节　中国推动智能产业革命的优势和挑战

一　中国推动智能产业革命的优势

得益于数字经济的不断发展，中国已经初步具备了发展生成式 AI 和 Web3. 0 的条件。根据信通院的计算，2022 年，中国数字经济 GDP 占比已超四成，达到 41. 5%，这一比重相当于第二产业占国民经济的比重（2022 年，中国第二产业 GDP 占比为 39. 9%）。[①] 因此，数字经济已经占据了国民经济的支柱地位。从全要素生产率观察，中国数字经济发展也表现出一定程度的可持续性。数字经济全要素生产率从 2012 年的 1. 66 上升至 2022 年的 1. 75，提升了 0. 09，而同期的国民经济全要素生产率从 2012 年的 1. 29 上升至 2022 年的 1. 35，仅上升了 0. 06。数字经济全要素生产率明显提升更快。其中第二产业全要素生产率从 2012 年的 1. 65 上升至 2018 年的 1. 69，持续下降至 2022 年的 1. 54，第三产业全要素生产率则从 2012 年 1. 70 上升至 2022 年

① 中国信通院沿用长期以来使用的方法，将数字经济区分为数字产业化和产业数字化，对数字经济规模进行计算。数字产业化部分由信息产业增加值构成，信息产业包括电子信息制造业、基础电信业、互联网行业和软件服务业。产业数字化部分由数字技术与其他产业融合应用带来的增加值构成。数字产业化与国际通用的由信息产业和信息相关产业组成的数字核心产业较为接近。产业数字化则是在区分 ICT 投资和非 ICT 投资基础上，对每个行业计算了 ICT 资本存量、非 ICT 资本存量、劳动以及中间投入。其中 ICT 投资由计算机、通信设备和软件投资组成。产业数字化部分测算了 ICT 产品和服务在其他领域融合渗透带来的产出增加和效率提升（增加值）。中国信通院所计算的产业数字化部分与国际通用的数字密集型产业较为接近，由于采用将 ICT 投资作为数字资本的代理变量的方法，具有直接计算 GDP 及其全要素生产率的优点，但反映的数字化转型口径却较窄；中国信息通信研究院：《中国数字经济发展研究报告（2023）》，http：//www. caict. ac. cn/kxyj/qwfb/bps/202304/p020230427572038320317. pdf；Calvino，F.，et al.，“Taxonomy of Digital Intensive Sectors”，Paris：OECD Science，Techology and Industry working Papers，2018/14；中国信通院运用同样的方法计算发现中国数字经济 2020 年占国民经济的比重已达 38. 6%，排在世界第 9 位，属于第二梯队。同期的德国、英国、美国数字经济占 GDP 比重超过 60%；中国信息通信研究院：《中国数字经济发展白皮书（2021）》，https：//xueqiu. com/8496839185/205482314。

的 1.90，提升幅度最为明显。第二、第三产业全要素生产率的变化符合产业结构调整的要求，同样表现出数字经济发展的可持续性。

在部分技术领域和产业部门，中国数字经济国际竞争力更为突出。2018 年，中国用于物联网的机器到机器（Machine To Machine，M2M）的 SIM 卡渗透率，即每百位居民拥有的 M2M SIM 卡数量接近 50 张，雄踞全球榜首，意大利和美国紧随其后。[①] 中国同年 M2M SIM 卡采购量高达全球总额的 69%，是美国的 6 倍。得益于如此规模的物联网投资推动，2022 年，中国工业互联网已在原材料、消费品、装备等 31 个工业门类广泛部署，覆盖至 45 个国民经济大类。5G 则是中国具有国际竞争力的另一项数字技术。2022 年，中国“5G+工业互联网”主要专利数占全球 40%，保持全球领先地位，边缘计算、5G TSN、5G LAN、5G NPN 成为专利布局热点。5G 产业化同样取得明显进展。截至 2022 年，5G 芯片模组三年平均降价 40%，实现价格突破。

考虑到生成式 AI 代表着新一代的数字技术，无论是大语言模型预训练还是外接互联网搜索引擎和其他 API 进行扩展都离不开数据、算力和算法的不断进步，由大数据、云计算和物联网所代表的现有数字经济基础设施完备无疑会为生成式 AI 发展奠定良好基础。

二　中国推动智能产业革命面临的挑战

中国生成式 AI 和 Web3.0 的发展仍面临以下一系列挑战。

（一）大语言模型投资和产业应用

确保模型开发的充足投资，并形成可竞争的市场结构，保持大语言模型在实现规模经济和促进基于生成式 AI 的产业应用次级创新之间的平衡。作为通用目的技术，对生成式 AI 的大语言模型投资具有沉淀成本特征和数字经济新一代基础设施投资性质。如果没有给大语言模型足够的投资，将很难在信息处理成本上实现规模经济，并促进

① OECD, *A Roadmap Toward a Common Framework for Measuring The Digital Economy*, Saudi Arabia: OECD Press, 2020, p. 21.

最为广泛的产业应用。然而，大语言模型的规模经济特征意味着只有少数寡头开发者才会在竞争中脱颖而出，服务的垄断定价又有可能成为基于生成式 AI 的产业应用次级创新障碍。因此，只有确保形成模型开发可竞争的市场结构，使得大语言模型成为按成本定价的数字经济新一代基础设施，才能将对大语言模型的充足投资最终转化为生成式 AI 的产业级低成本应用。尽管中国目前对大语言模型的预训练才刚刚起步，中心化互联网平台企业侧重于生成式 AI 的内部应用，各级政府引导基金对大语言模型预训练又缺乏投资动力，但借助来自国际的开源大语言模型，仍可在模型微调的中间层和引入基于人工反馈的强化学习的产业应用层大有可为，继续发挥在人力资本积累和国内市场规模方面的传统优势。

（二）发展基于区块链的新一代互联网

实现对以中心化平台企业为核心的互联网（Web2.0）实行 Web3.0 改造，建设基于区块链的新一代互联网，避免生成式 AI 节约的信息处理成本被不断上升的互联网引流和匹配成本所吞噬，充分激励第三方基于生成式 AI 的产业应用次级创新。中国当前数据分配主要是通过“以数据交换服务”“谁占有谁受益”等事实上的分配机制为主。这样的分配格局正是以中心化平台企业为核心的互联网（Web2.0）主导的结果。Web2.0 无法实现网络效应内生化，极易导致网络租金被中心化平台企业独占。在 Web2.0 上，互联网引流和匹配成本迟早会吞噬生成式 AI 节约的信息处理成本，并最终抑制基于生成式 AI 的产业应用次级创新。2022 年 12 月，《中共中央 国务院关于构建数据基础制度更好发挥数据要素作用的意见》（简称“数据二十条”）明确提出数据要素的分配要由市场评价贡献、按贡献决定报酬，按照“谁投入、谁贡献、谁受益”的原则，强调可以通过分红、提成等多种形式来实现收益共享。因此，对以中心化平台企业为核心的互联网实行 Web3.0 改造势在必行。只有这样，才能实现网络效应内生化，真正满足数据要素按贡献参与分配的基本分配原则和要求，充分激励基于生成式 AI 的产业应用次级创新。否则，一旦基于生成式 AI 的产业应用次级创新受到抑制，生成式 AI 对生产率的提升作用极有可能像传统互联网一样昙花一现。

（三）开发新一代互联网终端

大力开发由增强现实（AR）和虚拟现实（VR）为代表的新一代互联网终端，推动生成式AI必要的人类专家干预和相应的人机互动。无论是大语言模型功能泛化的微调和基于人工反馈的强化学习，还是基于生成式AI的产业应用次级创新都离不开必要的人类专家干预和相应的人机互动。由于能够实现沉浸式体验，AR和VR有望从狭隘的游戏娱乐场景解放出来，发展成为对人机互动最为友好的新一代互联网终端。由AR和VR代表的新互联网终端无疑有助于提高生成式AI人类专家干预和人机互动的效率。

（四）打造终身学习体系

积极打造终身学习体系，促进人力资本积累，充分挖掘由生成式AI驱动的智能产业革命潜力。生成式AI代表了数字化转型的最新发展方向，加剧了技术和需求结构变化，并进一步提高终身学习的重要性。除了包括生成式AI在内的ICT相关技能外，为了应对迅速变化的工作任务，还需具备与数字技术互补的认知能力。一是随着常规任务更多地被数字技术替代，管理和沟通能力、会计核算和推销能力以及高级计算能力会更多地被强调使用。[①] 二是由于数字技术便利了读写电子邮件和运用计算机进行计算的工作任务完成，也加速了员工对这些高技术环境下信息处理和问题解决能力的开发。[②] 三是当员工需要执行多样性工作任务，并且ICT无论硬件还是软件会迅速变得过时，自然对学习新事物的能力提出要求。只有这样，才能适应生成式AI驱动的数字化工作场所并从中获益。因此，乐意学习就成为在这样的数字化工作环境中至关重要的态度。[③] 很显然，适应这样的数字化转型要求员工同时具备直接的ICT技能和如人际交往和通用认知能力等数字技术互补技能。这就要求对ICT、认知、社会交往和情感技能进行终身学习。由于生成式AI能够在很大程度上实现内容生成的自

---

① OECD, *Going Digital: Shaping Policies, Improving Lives*, Paris: OECD Press, 2019.

② OECD, *Going Digital: Shaping Policies, Improving Lives*, Paris: OECD Press, 2019.

③ OECD, *OECD Skills Outlook: Thriving in a Digital World*, Paris: OECD Press, 2019.

动化，继互联网之后进一步降低信息处理成本，并有望发展成为通用人工智能，这样通用目的技术潜力很大程度上受到与人类专家干预和人机互动配套的人力资本积累水平的制约。换言之，终身学习推广成功与否最终决定着生成式 AI 驱动的智能产业革命寿命周期长短及其潜力的发挥。

（五）完善智能安全技术

完善智能安全技术，稳健推进智能产业革命。智能安全技术是智能产业革命实现的前提，主要包括两方面内容：一是实现数据确权和隐私保护。尽管中心化平台企业拥有的隐私计算技术有助于提高对数据安全的保护，但受制于中心化的网络治理结构，其所承诺的数据调用需经严格授权程序却不完全可信。这就需要引入区块链，进一步保护数据安全。具体地讲，就是运用可验证计算、同态加密和安全多方计算等密码学的进步技术支持数据确权，使在不影响数据所有权的前提下交易数据使用权成为可能，并影响数据主体和数据控制者的经济利益关系。[①] 二是提高模型的可解释性和透明度。由于本质上属于对记忆学习过程进行模拟的算法黑箱，大语言模型不易及时发现错误，并纠正相应后果。这就需要引入基于人工反馈的强化学习，并同分析式 AI 相结合，双管齐下地修正大语言模型算法的黑箱性质，提高模型的可解释性和透明度。前者有望将人工智能和人类智力结合起来，实现面向模型的人工智能向面向智能体（Agent）的人工智能转变，确保生成式 AI 更好地为人的利益服务。后者则能够促进面向模型的生成式 AI 和面向工具的分析式 AI 的结合，有助于及时纠错和必要的问责。

很显然，如果能够成功应对上述一系列挑战，就可以既实现大语言模型规模经济和产业化应用，又可以完成现有互联网的 Web3.0 改造，充分激励基于生成式 AI 的产业应用次级创新。只有这样，才能引发生成式 AI 和 Web3.0 双轮驱动的智能产业革命。

① 徐忠、邹传伟：《金融科技：前沿与趋势》，中信出版社 2021 年版，第 50 页。

第三节　应对智能革命的思考与建议

根据上面的分析，生成式 AI 能够在很大程度上实现内容生成的自动化，继互联网之后进一步降低信息处理成本，并有望发展成为通用人工智能。如果再完成对现有互联网的 Web3.0 改造，更合理地分配网络租金，充分激励基于生成式 AI 的产业应用次级创新，就足以引发生成式 AI 和 Web3.0 双轮驱动的智能产业革命，取得不逊于互联网甚至工业化的经济增长绩效。

得益于互联网平台和数字技术推动，发达经济体一度按照完全专业化分工模式来对全球供应链进行设计。如此形成的全球供应链给发达经济体带来了双重好处。一方面，互联网平台企业通过工作外包，并发展到离岸生产方式，降低了发达经济体高雇佣成本。另一方面，离岸生产还帮助发达经济体充分利用了新兴市场经济体的人口红利，在世界经济范围内配置了创新资源，并降低了创新成本。与此同时，以中国为代表的新兴市场经济体作为离岸生产商，通过全球供应链也得以加速经济增长，并缩短了与发达经济体的生产率差距。中国从 2000 年占全球制造业产出的 5.7%上升到 2011 年的 19.8%，已超过美国成为全球最大的制造业经济体。2000 年，美国的制成品出口额仍是中国出口额的 3 倍，2016 年则滑落到只有中国的一半。2002—2015 年，即使美国高技术产品贸易也出现逆差，并且赤字达到平均每年 1000 亿美元。2012 年，中国人均制造业增加值为 1856 美元，已经逼近了与美国等发达国家（人均 6280 美元）收入差距的产业国际转移 3 倍警戒线。[①] 因此，发达经济体试图通过非完全专业化分工，重构全球供应链。2023 年 5 月，七国集团广岛峰会提出去风险（de-risking）的对华战略，以减轻在供应链和生产上对中国的过度依赖。

正是由于生产率差距明显缩短，并形成世界第二的经济规模，原

---

① 拉尔夫·戈莫里、威廉·鲍莫尔：《全球贸易和国家利益冲突》，文爽、乔羽译，中信出版社 2018 年版，第 238—274 页。

有的全球供应链已经不能完全容纳中国作为离岸生产商的模式。这就要求中国进一步实现产业升级，以更高层次参与和推动经济全球化发展。生成式 AI 和 Web3.0 双轮驱动的智能产业革命恰好提供了这一重要战略机遇。

面对生成式 AI 和 Web3.0 双轮驱动带来的智能产业革命广阔前景，中国也进行了相应的制度顶层设计。2020 年 4 月，《关于构建更加完善的要素市场化配置体制机制的意见》明确将数据列为五大生产要素之一，首次提出培育数据要素市场。2022 年 12 月，“数据二十条”发布，提出加快构建数据基础制度体系，从数据产权制度、数据要素流通和交易制度、数据要素收益分配制度、数据要素治理制度等方面提出具体要求。

因此，要抓住生成式 AI 和 Web3.0 双轮驱动带来的智能产业革命机遇，关键在于采取以下两方面措施将上述数据制度顶层设计落到实处。

第一，不断丰富产业创新生态，充分挖掘生成式 AI 作为通用人工智能和通用目的技术的潜力。以工业互联网为例，以 GPT 为代表的大语言模型的横空出世极大地丰富了生成式 AI 产业创新生态，在原来的基础设施即服务（Infrastructure as a Service，IaaS）、平台即服务（Platform as a Service，PaaS）和软件即服务（Software as a Service，SaaS）等商业模式基础上，又增添了模型即服务（Model as a Service，MaaS）的新模式。MaaS 模式的引入既可以实现大语言模型的规模经济，在未来将生成式 AI 变成同大数据、云计算和物联网等相类似的新一代数字基础设施，又能够把生成式 AI 嵌入像 PaaS 的中间层和 SaaS 的应用层，形成模型开发可竞争的市场结构，促进最大限度的产业级低成本应用。由此可见，MaaS 模式的引入有助于将生成式 AI 作为通用人工智能和通用目的技术的潜力转化为现实。

第二，将 Web3.0 同知识产权制度改革和元宇宙结合起来，发展新一代互联网，完善数字资产产权保护治理，充分激励基于生成式 AI 的产业应用次级创新。对现有互联网进行 Web3.0 改造能够实现网络效应内生化，合理分配网络租金，避免生成式 AI 节约的信息处理成本被不断上升的互联网引流和匹配成本所吞噬。基于区块链的Web3.0还能帮助落实传统知识产权保护改革，同时实现对知识思想（idea）和相应的表达形式的保护，激励人类专家运用生成式AI进行知识思想（idea）创造，促进必要的人机互动。引入元宇宙不仅会增加人机互动形成的网络租金，而且可以借助Web3.0实现合理分配。根据鲍尔的定义，元宇宙是大规模、可互操作的网络，能够实时渲染3D虚拟世界，借助大量连续性数据，如身份、历史、权利、对象、通信和支付等，可以让无限数量的用户体验实时同步和持续有效的在场感。[①] 元宇宙在沉浸式体验上取得的突破，不仅会使得AR和VR成为新一代互联网终端，而且能够改进人机互动内容生成和相应的产业应用次级创新，并增加由此形成的网络租金。

（本章执笔：张磊）

① 马修·鲍尔：《元宇宙改变一切》，岑格蓝等译，浙江教育出版社2022年版，第75页。

第二十九章
人口转变下的金融市场转型

党的二十大报告指出："中国式现代化是人口规模巨大的现代化。我国十四亿多人口整体迈进现代化社会，规模超过现有发达国家人口的总和，艰巨性和复杂性前所未有，发展途径和推进方式也必然具有自己的特点。"① 人口规模巨大的现代化是中国式现代化的重要特征，人口规模巨大不仅反映了中国人口数量众多，也反映了中国丰富的人口要素中也潜藏着巨量人力资本，因此实现人口规模巨大的现代化既是压力和考验，也是优势和红利的发挥。从压力和考验看，一方面，从人口和劳动力要素供给角度看，中国人口总量已经出现下降，人口规模减小和人口结构老化对长期增长形成掣肘和压力，对中国式现代化也是压力和考验。第七次全国人口普查数据显示，中国 60 岁以上和 65 岁以上人口比例分别达到 18.7%和 13.5%，2020 年中国老龄化水平不仅高于低收入、中下收入和中上收入国家，更是高于发达国家均值，2022 年中国人口总量首次出现负增长，人口总量长期下降趋势短期内难以扭转。曾经引领中国经济增长主要驱动力之一的充裕劳动力优势禀赋正在丧失，人口红利窗口期逐步关闭，人口红利期享受的劳动力资源"资产"逐步转变为人口老龄化时期高抚养人口"负债"。另一方面，从资本或投资供给要素角度看，人口红利时期的过剩和充裕"储蓄"也正转变为人口老龄化时期短缺和枯竭的"投资"来源，从资本供给角度看，支撑经济高速增长的"投资"渠道逐步变

① 习近平：《高举中国特色社会主义伟大旗帜　为全面建设社会主义现代化国家而团结奋斗——在中国共产党第二十次全国代表大会上的报告》，人民出版社 2022 年版，第 22 页。

窄。人口红利时期正对应着工业化红利，人口红利与资本或投资红利结合创造了中国史无前例的快速工业化奇迹，一边是人口和劳动力快速增长，另一边是投资不断加码，资本回报率的不断提高为劳动力增长带来的储蓄（投资）提供了合理的投资渠道，房地产以及庞大的基建设施等固定资产和资本成为工业化时期储蓄（投资）的主要投资对象。然而，随着工业化的完成，传统以房地产和基建为代表的物质资本回报率不断下降，也极大地影响市场主体投资意愿，李宏瑾和唐黎阳①的研究显示，中国资本回报率在不同的测算情形下与美日欧等主要发达国家相比已经相差不大，昭示着单纯增加物质资本要素投入并不会带来经济增长，而是创造债务包袱和过剩产能。因此，传统增长路径情形下物质资本投入带来的资本形成和人口红利带来的廉价劳动力为特征的快速工业化已经走到尽头，从人口和资本投入要素角度看，经济增长面临较大考验。

但从优势和红利看，中国人口转变也蕴含着巨大的红利和优势，特别是巨量的人力资本优势如果得到发挥也将会减缓甚至抵消人口规模减小对经济增长的冲击。本章认为通过与现代金融市场建设相结合，能够有效减缓老龄化冲击并将人口转变中的“负担”转化为“机遇”。具体而言，通过金融市场转型能够继续发掘新产业、新业态和新模式，不仅有利于提高资本回报率，也能为继续汲取人口质量红利、人才红利、智力红利提供基础条件，促进劳动力收入不断提高和消费不断升级，实现新发展阶段人民对美好生活的需要以及经济高质量发展愿望。一方面，人口转变对金融市场转型提出了新要求，正如上文所言，人口老龄化使得净储蓄减少，可贷资金供给相应降低，人口整体风险偏好不断下降，这时建设功能完备、梯度合理的现代金融市场体系能够提高存量资金管理效率，并通过风险转移和价格发现为投资者提供合理的风险溢价、提高投资回报，这不仅有利于人口老龄化后整体社会风险偏好提高，也有利于促进企业家精神的发挥，继续

---

① 李宏瑾、唐黎阳：《全球金融危机以来的资本回报率：中国与主要发达国家比较》，《经济评论》2021 年第 4 期。

汲取新的产业、新的投资渠道，提高资本回报率，促进新的增长点和新的驱动力形成。另一方面，现代金融市场转型也是促进人口转变后最大限度发挥人力资本驱动增长的前提条件。现代金融市场是一个非常复杂的系统，它包括了各种各样的金融工具、金融机构和金融参与者，这些参与者在市场中进行买卖交易，并通过各类金融工具交易来实现投资收益。党的十八大以来，我国金融改革发展取得新的重大成就，金融业保持快速发展，金融供给侧结构性改革不断深化，金融业综合实力进一步增强。目前，中国已形成了覆盖银行、证券、保险、基金、期货等领域，种类齐全、竞争充分的金融机构体系，基本建成了与中国特色社会主义相适应的现代金融市场体系。可以看出，现代金融市场体系建设本身就是人力资本密集型的，这为中国庞大人力资源优化配置创造了一定条件，同时现代金融市场建设能够为实体经济提供金融支持，通过实体经济的壮大与升级为人力资本发挥创造平台支持，智力资本按照 Quinn 等①和 Ulrich② 的研究主要指与人力资本形成互补机制的平台或能力。人力资本作为储藏或蕴含在个人身上的“资本”，释放劳动力的人力资本潜力需要良好的平台作为支撑。因此，现代金融市场体系建设和完善有利于进入人口老龄化阶段后中国高质量人力资本优化配置并促进人力资本向智力资本转化。

综上，中国人口转变虽然具有必然性，但从理论和经验看，充分发挥主观能动性，正确认识和应对新发展阶段中国人口转型潜在挑战和机遇，以向现代金融市场体系转型建设为抓手，就能在一定程度上化被动为主动、化危机为机会，规避人口负增长所带来的数量冲击，最大限度发挥中国巨量人力资本潜力，实现从数量型人口向质量型人口转变，对长期增长恰恰是动力，对中国式现代化亦是巨大红利。

---

① Quinn, J. B., et al., “Leveraging Intellect”, *IEEE Engineering Management Review*, 1997, 25 (2): 65-79.

② Ulrich, D., “A New Mandate for Human Resources”, *Harvard Business Review*, 1998, 76: 124-135.

第一节　人口转变对金融市场运行的影响

人作为生产者和消费者的统一体，在生命周期不同阶段所面临的投资决策和消费行为具有很大的不同，生命周期理论很早就注意到人在青壮年时期作为净储蓄者身份出现，而老年阶段则以负储蓄为特征，所以人的生命周期不同阶段储蓄（投资）行为的异质性必然对投资产品收益率产生差异性影响。从目前的研究看，发达国家由于较早经历了人口转型以及现代金融市场转型全部过程，很多学者就注意到了人口转型与现代金融市场发展中的相互影响和作用机制。Poterba[①] 发现自 1950—2003 年，美国标普 500 市盈率与 40—64 岁劳动年龄人口占比走势高度一致，譬如 20 世纪 90 年代美国股市上涨与美国战后婴儿潮人口进入资产配置期高度相关，但随着婴儿潮人口逐渐退休，他们将从金融资产购买者（buyer）向金融资产出售者（seller）转变，资产抛售对金融市场下行将会起到推波助澜的作用。Schieber 和 Shoven[②] 首次从资金流入角度讨论了人口老龄化对养老金市场的影响，人口老龄化将会使资金从净流入转变为净流出，推动资产回报率下降，同时人口老龄化还会对家庭金融资产持有结构产生重要影响，比如从股票投资更加偏向债券投资。Poterba[③] 在一简单的 OLG 模型中分析了人口年龄结构变化对资产价格的影响，假设人们在年轻时工作、老年时退出就业，在假设不变储蓄率情况下，年轻时储蓄或投资总额必然与资本供给总额相等，即 $N_y \times S = p \times K$，这里 N_y 即为劳动年龄人口数量，S 为储蓄率，p 为资本价格，K 为资本供给。显然，由于储蓄率保持不变和资本供给保持不变，劳动年龄人口 N_y 的变化将会对资产价格 p 产生影响，劳动年龄人口增长将会带来资产价格上

---

① Poterba, J., "The Impact of Population Aging on Financial Markets", National Bureau of Economic Research, Inc, 2004.

② Schieber, S., Shoven, J., "The Economics of US Retirement Policy: Current Status and Future Directions", *Public Policy Toward Pensions*, 1997: 1-39.

③ Poterba, J. M., "Demographic Structure and Asset Returns", *Review of Economics and Statistics*, 2001, 83 (4): 565-584.

涨，而老龄化所致的劳动力萎缩将会导致资产价格下跌。由于本章将资本供给及储蓄率设为常数，与现实存在较大脱钩，后续一些研究对此进行了修正。Abel① 将资本供给设为可变并纳入 OLG 模型发现，婴儿潮冲击将会带来资产价格偏离稳态时水平，最终导致资产价格下跌。因此，出生于婴儿潮时期的同生群相比其他同生群将会面临更少的市场机遇，对其通过资本市场进行资产最优化配置产生了负面影响。Brooks② 在 OLG 模型框架下分析发现，人口结构快速转变影响了人们资产持有结构和不同风险资产的风险溢价，老年人更加偏好持有无风险资产，婴儿潮冲击（人口红利冲击）会使得早期即婴儿潮人口进入劳动年龄阶段，风险资产的风险溢价出现下降，而随着婴儿潮人口进入退休阶段，风险资产的风险溢价将会出现上升。Geanakoplos 等③认为人口转变冲击对资产价格波动具有重要的解释力，这不仅体现在有风险资产收益率变动，无风险资产收益率变动中也包含人口转变因素。Saas 指出人口老龄化将会增加储蓄供给、减少储蓄需求，从而对资产回报率产生下行压力。Liu 和 Poonpolkul④ 得出人口老龄化导致资本劳动比率上升，同时降低资本和债券两种资产的回报率。Amaral⑤ 将不确定性纳入 OLG 框架分析得出，随着人口老龄化时代到来，安全资产投资比重将会上升，而风险资产比重将会出现下降。

从实证研究成果看，总体发现人口转变是影响资本市场趋势和走向的重要因素。Yoo 指出由于劳动力人口比例增加带来储蓄不断增长，对以国库券为代表的无风险收益率不断下行产生了重要影响。

---

① Abel, A. B., "Will Bequests Attenuate the Predicted Meltdown in Stock Prices When Baby Boomers retire?", *Review of Economics and Statistics*, 2001, 83 (4): 589–595.

② Brooks, R., "Asset-market Effects of the Baby Boom and Social-security Reform", *American Economic Review*, 2002, 92 (2): 402–406.

③ Geanakoplos, J., et al., "Demography and the Long-run Predictability of the Stock Market", *Brookings Papers on Economic Activity*, 2004, 2004 (1): 241–325.

④ Liu, W., Poonpolkul, P., "Demographic Impacts on Life Cycle Portfolios and Financial Market Structures", *Centre for Applied Macroeconomic Analysis*, *Crawford School of Public Policy*, The Australian National University, 2020.

⑤ Amaral, P. S., "The Demographic Transition and the Asset Supply Channel", *European Economic Review*, 2023, 151: 104317.

Bakshi 和 Chen① 使用 1900—1990 年的美国长周期数据，以标普 500 收益率与国库券收益率之差来作为风险溢价衡量，分析发现人口老龄化将会带来居民风险偏好下降、风险溢价不断上升。Davis 和 Li② 使用 G7 国家 50 年的长周期数据发现，中年人（40—64 岁）比例增加将会提高金融资产价格，而随着该同生群人口退出劳动力市场将会对资产价格产生压力，并对养老金充足性形成负面冲击。Goyal③ 则发现中年（45—64 岁）劳动力人口增加能够提高风险溢价，而老年人口（65 岁以上）和青壮年人口（25—44 岁）增加则降低了风险溢价。Hammer 通过研究欧洲主要家庭资产负债表发现，50—59 岁和 60—69 岁同生群资产价值将会达到最高，其他年龄组别资产价值表现差异较小，但年轻组别部分资产由信贷资产和抵押资产构成，负债对资产价值的影响将会随着年龄增长逐步增加，在 30 岁左右达到顶峰后不断下降。Fagereng 等④使用挪威家庭税收记录数据检验发现，随着户主逐渐接近退休年龄，家庭整体资产配置风格将会趋于保守，即逐步减少风险资产配置而转向安全资产配置。Kang 和 Hu⑤ 分析得出中国家庭中少儿人口比例增加将会减少对风险资产和储蓄等无风险资产的配置，而老年人口比例增加将会使得储蓄等无风险资产不断替代风险资产。背后的主要原因在于少儿人口增加挤出了家庭劳动、增加支出，从而改变金融资产投资决策，老年人口比例增长将会削弱家庭整体风险偏好，进一步对家庭金融资产选择产生影响。Francke 和 Kore-

① Bakshi, G. S., Chen, Z., "Baby Boom, Population Aging, and Capital Markets", *Journal of Business*, 1994: 165-202.

② Davis, E. P., Li, C., "Demographics And Financial Asset Prices In The Major Industrial Economies", *Economics and Finance Section*, *School of Social Sciences*, Brunel University, 2003.

③ Goyal, A., "Demographics, Stock Market Flows, and Stock Returns", *Journal of Financial and Quantitative Analysis*, 2004, 39 (1): 115-142.

④ Fagereng, A., et al., "Asset Market Participation and Portfolio Choice over the Fife-Cycle", *The Journal of Finance*, 2017, 72 (2): 705-750.

⑤ Kang, C., Hu, R., "Age Structure of the Population and the Choice of Household Financial Assets", *Economic Research-Ekonomska Istraživanja*, 2022, 35 (1): 2889-2905.

vaar[①]发现人口结构变化是解释资产价格长期变化的重要因素，出生率上涨 1 个百分点，将会使得房价在随后的 25—30 年上涨 4—5 个百分点。出生率变化还对房地产租金率产生重要影响，但对债券收益率和股息收益率影响不显著。

综上已有研究可以发现，一是人口结构转变是影响金融市场运行的重要因素。由于人口结构转变镶嵌不同年龄段人口规模变化以及由此而来的行为异质性，因此不同年龄段人口收入和消费结构差异必然体现为储蓄结构差异，即可贷资金—投资资金来源结构差异，作为金融市场运行的要素供给方（资金来源），人口结构转变必然通过储蓄供给对金融市场运行产生重要影响。二是人口结构转变对金融市场产品结构产生异质性影响。不同年龄段人口储蓄结构差异，带来投资结构差异，具体表现在金融市场上就是金融产品选择存在不同，劳动年龄人口作为净储蓄者一般情形下会更加偏好风险资产，而老年人口作为净消费者将会更加偏好无风险—安全资产。三是人口结构转变对金融市场不同产品收益率产生异质性影响。人口红利时期由于可贷资金供给增加，对不同资产投资需求增加导致资产收益率出现上涨，而人口老龄化时代到来可贷资金供给减少，将会减少对不同资产的需求并带来收益率下降。

回到中国现实看，各个发展阶段人口结构演变也与金融市场转变息息相关。工业化时期，人口红利使得储蓄上升，居民投资需求不断提高，在以间接金融为主体的金融市场情况下，房地产—银行抵押贷款为整体包装的特征使得房地产具有一定的投资属性，成为居民投资的主要渠道之一，房地产价格持续上涨所带来的虹吸效应也对中国经济转型升级产生了重要影响。随着中国经济由高速增长向高质量发展转型，同时叠加人口老龄化时代的到来，储蓄减少使得可贷资金供给必然降低，居民整体风险偏好也随着平均年龄不断提高而持续下降，居民投资渠道应该多元、投资品种应该多样、投资风险应该分担，才

---

① Francke, M., Korevaar, M., “Baby Booms and Asset Booms: Demographic Change and the Housing Market”, Available at SSRN 3368036, 2022.

能更好地利用不断减少的“储蓄”—可贷资金来源。但是，由于现代金融市场体系建设滞后于高质量发展阶段主体所需，居民资产配置渠道无法实现多元化，房地产仍然是中国居民投资的首选渠道。特别是在房地产行业整体逐渐过剩和房价畸高的情形下，继续投资房地产无疑会扭曲“房子是用来住的，不是用来炒的”的居住属性、增加其投资和投机属性，对中国房地产市场、金融市场和宏观经济运行累积风险因素。因此，本章认为随着中国人口老龄化程度越来越深，只有加快向现代金融市场转型，充分发挥现代金融市场功能，才能更好地适应人口老龄化阶段后居民财富增值、资产配置多元的需求，这不仅有利于利用好人口老龄化阶段储蓄减少所致的稀缺的存量的可贷资金，通过资本市场建设促进资金流向创新创业领域，最大限度激发老龄化后中国经济动力和活力，还有利于实现居民财富增值，减轻老龄化时代到来后养老金压力，降低政府财政压力。

第二节　中国金融市场存在的问题与挑战

正是由于各年龄段人口消费、储蓄等行为异质性导致不同年龄段人口参与金融行为也存在很大差异，相应地对金融市场转型产生作用。按照现代生命周期理论，如图 29-1 所示，收入遵守倒“U”形特征，即收入从生命周期早期逐步提高，在中年阶段达到顶峰后，不断下降。但消费支出曲线则较为平缓，反映出消费在人们生命周期不同阶段具有一定的刚性。正是消费支出刚性和收入波动性，使得人们处于不同生命周期时收入—消费即储蓄存在差异，典型的未成年前和老年退出劳动力市场后消费支出大于收入，为负储蓄阶段，而青壮年时期收入大于消费支出，为正储蓄阶段。根据 Mason 和 Lee① 的经验研究，典型的个体将会在 46 岁时达到收入最大化，而后收入不断下降，但收入依然能够覆盖消费支出，实现正储蓄，因此 20—65 岁阶

① Nason and Lee, *Population Aging and the Generational Economy: A Global Perspective*, Edward Elgar Publishing, 2011.

段可以视为财富积累阶段，直到60—65岁退休后收入将无法涵盖消费支出，收入小于支出必然带来储蓄流失，造成财富不断降低。我们依据图29-1的理论指导，使用CHFS 2019年家庭户主收入与消费支出数据进行了模拟，如图29-2所示，中国居民收入与支出模式总体符合图29-1的特征，未成年时期和老年时期收入较低，而青壮年时期收入达到顶峰，负储蓄主要出现在未成年时期和老年时期，而正储蓄则出现在青壮年时期。因此，随着人口年龄结构转变，人口结构趋于老化将会对一国储蓄产生重要影响，最直接的影响就是净储蓄趋于减少、财富耗散趋于集中，相应地用于投资的资金供给也会减少，对一国经济增长造成负面影响。虽然人口转变趋势不可避免，但通过现代金融市场体系为居民提供的丰富投资产品和服务可以使其投资多元化、安全化以及增值化，实现财富保值增值和减轻老龄化带来的储蓄减少、财富耗散的冲击。

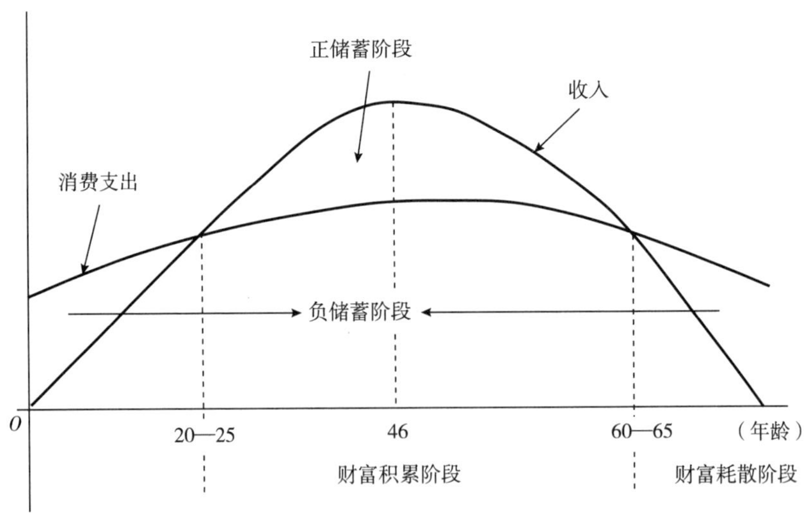

图29-1 生命周期下消费和收入差异

资料来源：笔者根据相关资料绘制。

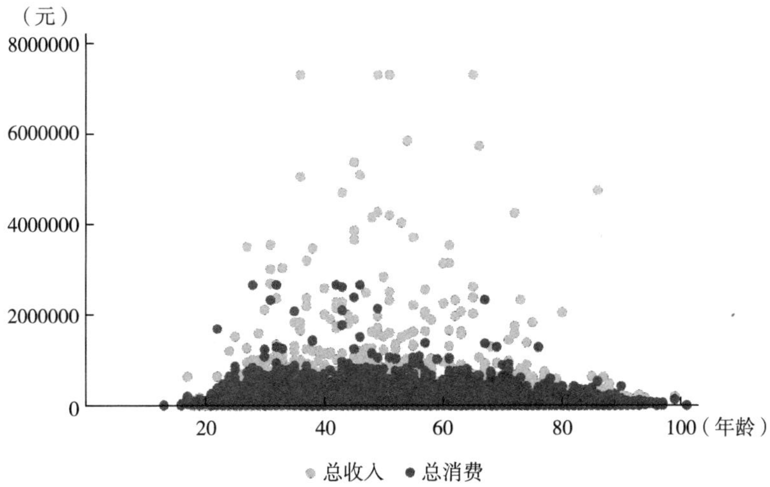

图 29-2　2019 年中国分年龄段居民收入和消费支出模式

那么，现阶段中国各分年龄段人口参与金融市场是否存在差异？进一步而言，中国分年龄段人口所投资金融产品品类是否存在差异？与国外发达国家相比，中国分年龄段人口投资金融产品品类存在哪些不足？从参与主体的行为差异分析可以更加直观地了解中国金融市场发展全貌，进一步了解中国金融市场发展存在的问题，对新发展阶段减缓老龄化后储蓄耗散冲击、实现居民投资渠道多元化和财富保值增值、减轻养老金压力都具有重要的意义。本章选择了 2021 年中国综合社会调查（CGSS）数据和 2019 年中国家庭金融调查（CHFS）数据，通过选取两大微观数据库家庭样本中户主的消费、收入、投资等数据详细考察中国分年龄段人口参与现代金融市场的广度和深度，从参与主体视角了解中国金融市场建设存在的问题。

典型化事实Ⅰ：从投资参与度看，中国各年龄段居民家庭资产主要集中于以房地产为代表的间接金融市场，较少参与以股票、基金为代表的直接金融市场，期货、权证等衍生品市场参与者更是寥寥无几，与美日等发达国家投资品类多元化形成鲜明对比。

表 29-1 为根据 CGSS 调查数据计算的中国分年龄段居民家庭持有的各类金融资产参与率。CGSS 2021 年调查问卷中分别有“您家有几

处房产”，我们将1处以上设为有房产，而0设为没有房产，然后计算有房产的家庭占全部家庭的比例；问卷中还详细询问了被访对象如下问题：“您家目前是否从事下列投资活动（股票、债券，以此类推）”，同样我们将回答“是”的样本数量除以全部家庭而得到分年龄段居民家庭投资具体金融资产的比重。从表29-1可以发现，总体来看，中国居民家庭投资活动参与主要集中于房地产领域，由于房地产投资资金来源除了自有资金外，相当的部分依靠银行抵押贷款。考虑到银行贷款对象主要针对企业等法人单位，针对个人的长期贷款除了房地产抵押贷款外几无其他，因此可以将房地产作为中国居民参与间接金融市场的表征。接下来，分年龄段居民家庭参与股票投资、基金投资比例较高，考虑到中国目前债券交易者多数为机构，参与交易的门槛较高，因此个体投资债券的比例极低。期货、权证、炒房以及外汇等投机性较强和交易门槛较高的品种，中国各年龄段居民家庭参与率更低。分年龄段内部来看，除了房地产投资高度一致外，在股票、基金等参与率较高的品种中还存在较大差异，一般性的规律便是随着年龄增长，参与股票和基金投资的比例越低，主要原因在于股票和基金相对存款等风险较大，没有刚性兑付约束，在随着年龄增长导致风险偏好不断下降的情况下，投资意愿必然降低。

表29-1　中国分年龄段居民家庭持有金融资产参与率　单位：%

年龄段	房地产	股票	基金	债券	期货	权证	炒房	外汇	其他
34岁及以下	92.24	7.706	14.311	1.680	0.406	0.116	0.348	0.521	0.695
35—44岁	92.92	10.570	10.938	1.471	0.276	0.092	0.368	0.460	1.103
45—54岁	95.29	4.577	3.620	1.093	0.342	0.205	0.273	0.205	1.093
55—64岁	95.46	3.791	2.424	0.435	0.062	0.000	0.062	0.124	0.622
65—74岁	95.34	2.364	1.445	0.460	0.000	0.066	0.066	0.000	0.328
75岁及以上	92.28	1.762	0.678	0.407	0.000	0.000	0.000	0.000	0.542

表29-2和表29-3进一步列示了日本和美国分年龄段家庭持有金融资产参与率，日本的数据来源为日本统计局2019年全国家庭收入、

消费和财富调查（National Survey of Family Income, Consumption and Wealth），美国的数据来源为2019年消费者金融调查（SCF），二者都提供了细分年龄段金融投资参与以及具体金融资产持有余额。表29-2中日本分年龄段家庭主要投资于活期存款、定期存款、人寿和非人寿保险，参与证券投资比例较低，活期存款类似于货币基金或现金，各年龄段参与比例相差不大，定期存款参与比例随着年龄增高而不断提高，人寿和非人寿保险参与比例与年龄存在倒“U”形关系，即随着年龄增长参与比例不断提高，在达到最高比例后随着年龄增长而不断下降，证券类投资也与保险相似呈现倒“U”形特征。虽然日本家庭金融资产结构也普遍偏好间接金融市场工具，但不可否认日本各年龄段家庭投资于证券等直接金融市场工具还是普遍高于中国，除34岁及以下年龄组外普遍参与比例高于20%。表29-3中美国分年龄段家庭除了与表29-2偏好活期存款外，最大特征在于更大比例投资于股票，各年龄段家庭投资只有持有股票参与比例普遍在15%左右，如果考虑购买股票共同基金、多元化组合基金则参与股市的比例会达到50%以上，充分反映了美国金融市场中股权市场的发达，能够为投资者提供众多、安全的股权基金，此外从表29-3还可以发现美国分年龄段家庭投资金融资产参与率更加均衡和多元，无论短期还是长期、直接还是间接金融工具，参与比例普遍较高，既能实现资产的安全和风险分散，更能实现资产的保值增值。

表29-2　日本分年龄段居民家庭持有金融资产参与率　单位：%

年龄段	活期存款	定期存款	人寿保险和非人寿保险	证券	其他金融资产
34岁及以下	86.60	40.60	36.50	11.30	8.60
35—44岁	87.30	56.50	54.40	19.50	11.70
45—54岁	84.90	67.50	66.90	22.50	13.60
55—64岁	88.70	74.20	65.40	29.00	7.60
65—74岁	89.10	78.30	59.50	33.00	2.20
75—84岁	86.70	78.40	52.70	27.30	1.00

续表

年龄段	活期存款	定期存款	人寿保险和非人寿保险	证券	其他金融资产
85岁及以上	85.40	73.40	42.50	20.40	1.20

表29-3　美国分年龄段居民家庭持有金融资产参与率　单位：%

年龄段	交易账户	存款账户	储蓄型债券	家庭直接持有债券	家庭直接持有股票	共同投资基金	人寿保险价值	其他托管资产	退休账户	其他金融资产	股票持有*
34岁及以下	97.64	3.41	6.29	0.33	13.82	4.78	9.94	1.12	45.29	9.79	47.78
35—44岁	98.59	4.55	8.90	0.26	14.28	7.04	12.66	2.08	55.79	7.98	56.08
45—54岁	98.38	4.35	7.92	0.59	14.52	9.56	16.76	2.38	57.88	5.93	57.46
55—64岁	97.90	8.50	7.39	1.53	15.61	10.60	22.35	7.07	54.47	8.18	54.92
65—74岁	98.38	11.79	7.24	1.70	15.28	13.25	27.78	12.52	48.24	8.12	51.54
75岁及以上	98.84	18.38	7.58	2.73	19.20	10.84	30.73	14.59	38.11	8.68	47.01

注：*股票持有是指直接持有股票、股票共同基金和多元化组合共同基金的权益总价值。

典型化事实Ⅱ：从金融资产结构构成看，中国居民主要以存款、金融理财产品等间接金融市场产品为主，股票、债券以及衍生品等直接金融市场产品投资比例较低；而反观美日等发达国家，居民投资金融资产较为平衡、多元，能够在获得资产安全性的同时博取更高的增值收益。

表29-4根据CHSF 2019年调查数据家庭调查样本计算的不同年龄段户主所在家庭持有的金融资产平均余额，例如34岁及以下户主家庭存款账户平均余额为58172元，具体来看一是不论任何年龄段，中国居民家庭都将储蓄集中投资于存款和理财两大产品，金融理财产品发行主体主要是银行，销售对象和支付收益方式都与传统银行存款高度类似，因此可以将其划为间接金融投资产品，中国居民家庭投资这两类资产余额占比都超过55%，其中45—54岁年龄段占比最低为56.7%，75岁及以上年龄段占比最高达到79.5%。如果进一步将居

表 29-4 中国分年龄段居民家庭持有金融资产平均余额 单位：元

年龄段	存款账户余额	现金余额	股票市值	债券市值	基金市值	金融衍生品市值	金融理财产品价值	互联网理财产品价值	非人民币资产价值	黄金价值	其他金融资产价值	借出资金	间接金融产品投资占比1	间接金融产品投资占比2
34岁及以下	58172	13049	3320	8	2020	177	14789	6538	161	291	0	12957	65.446	88.774
35—44岁	51240	13084	7137	434	2227	164	19043	4789	205	107	45	18871	59.894	87.125
45—54岁	44195	10083	5529	243	1289	31	13868	2214	9041	952	165	14787	56.704	80.992
55—64岁	40164	7454	4796	254	1028	0	13523	1037	95	93	14	9121	69.203	90.568
65—74岁	40820	5957	3891	507	1124	14	13464	554	42	18	92	8148	72.737	91.636
75岁及以上	45346	4585	2590	598	1701	0	13261	476	33	37	206	4881	79.506	92.347

民持有的预防性现金储存以及对外借出资金与存款和金融理财统合在一起，类似于泛间接金融市场产品，可以发现这四类金融资产余额占比都高达80%以上，占比最低依然是45—54岁年龄段，占比最高仍然是75岁及以上年龄段。二是细分年龄段看，存款账户余额、金融理财产品价值和现金余额都基本随着年龄增长出现不断下降，验证了人口老龄化会引致储蓄耗散问题。从股票市值看，股票平均市值基本上随着年龄增长而不断下降，符合风险偏好随着年龄增长而不断下降的实际情况，其他投资风险较大的金融产品普遍都有类似特征，诸如金融衍生品、互联网理财产品、黄金等。

表29-5和表29-6为日本和美国分年龄段居民家庭持有金融资产平均余额，与中国相比，主要有以下特点：一是无论是存款、保险等安全型资产还是股权、基金、债券等风险类资产，随着年龄增长，都在稳步增长，没有出现储蓄耗散和财富减少问题。日本、美国年龄较高家庭组别中都出现了财富稳步增长的趋势，安全型资产日本表现最为明显，而风险型资产美国表现最为明显，有效抵御了老龄化后储蓄耗散以及由此衍生的庞大养老金、公共财政压力，进一步推动资本市场活力，也减缓了老龄化的冲击。二是日本和美国金融资产持有结构比较分散、多元，安全型资产和风险型资产组成比例较为合理，能够充分兼顾资产组合的安全性，还能为博取更好的增值收益奠定基础。日本分年龄段居民家庭持有金融资产组合虽然偏保守一些，但风险类资产仍然占有较高比例。美国分年龄段居民家庭持有金融资产更加积极一些，交易、存款和储蓄账户等余额占比很低，大部分收入都会投资于股票、债券、基金等风险类资产，以博得市场高收益，背后仍然说明美国直接金融市场的发达，能够为投资者提供众多的金融产品和工具，投资风险也得到充分释放，投资收益也能不断增长。

表29-5　日本分年龄段居民家庭持有金融资产平均余额 单位：千日元

年龄段	存款	其中：活期存款	其中：定期存款	人寿和非人寿保险	证券	其他金融资产	年金型储蓄
34岁及以下	2692	1802	890	497	254	168	83

续表

年龄段	存款	其中：活期存款	其中：定期存款	人寿和非人寿保险	证券	其他金融资产	年金型储蓄
35—44 岁	4659	2521	2139	1615	782	361	312
45—54 岁	6733	2727	4006	3410	1458	572	852
55—64 岁	11375	3811	7564	4552	2481	372	1408
65—74 岁	12170	3764	8406	3686	3654	99	827
75—84 岁	12142	3412	8730	2704	3491	41	455
85 岁及以上	13751	4884	8867	2458	2623	65	445

典型化事实Ⅲ：从资产和负债匹配性角度看，资产和负债期限错配问题严重，久期差异会造成风险累积，加剧金融系统、经济系统内生不稳定性，也加剧了储蓄耗散和消费升级难题。

表 29-7 为中国分年龄段居民家庭持有负债情况，与表 29-4 持有金融资产相比，可以发现中国居民家庭持有的金融资产还是以相对短期的存款、现金和理财产品为主，而表 29-7 中负债则以房地产负债和工商业负债等长期负债为主，特别是 34 岁及以下年龄组别房地产负债余额高达 134564 元，这样看来资产和负债的期限结构是高度错配的，较大的久期差异导致居民资产负债表结构性风险较高，加剧了金融系统和经济系统内生不稳定性。值得注意的是，房地产负债主要集中于 64 岁及以下年龄组，将会导致这些年龄段劳动力储蓄相当部分用于负债清偿，考虑到未来中国老龄化程度将会越来越高，当前各年龄段劳动力房地产负债清偿会加剧未来中国储蓄耗散问题，个人积蓄较少、“月光族”将会导致未来养老难题，国家层面养老金压力、公共财政压力更大。此外，负债集中于房地产等高额、长期负债，按照持久收入假说，个人收入由于有长期负债约束将使得用于消费的动力大大减弱，从而影响消费规模扩大和消费结构升级。

表 29-6　美国分年龄段居民家庭持有金融资产平均余额　单位：千美元

年龄段	交易账户	存款账户	储蓄型债券	家庭直接持有债券	家庭直接持有股票	共同投资基金	人寿保险价值	其他托管资产	退休账户	其他金融资产	股票持有
34 岁及以下	11.2	19.6	2.4	29.7	18.2	50.5	10.9	139.4	30.2	9.9	27.2
35—44 岁	27.9	38.3	6.9	49.2	149.7	449.0	30.8	325.4	132.0	20.7	174.8
45—54 岁	48.2	125.8	2.3	610.7	332.0	959.4	57.9	482.2	254.7	60.2	361.6
55—64 岁	57.7	132.2	10.6	1046.5	472.8	1152.3	52.7	573.5	408.4	85.4	550.0
65—74 岁	60.4	127.2	17.8	696.3	574.0	1140.2	43.6	600.4	426.1	193.0	670.6
75 岁及以上	55.3	99.5	14.7	485.9	580.2	769.1	33.5	456.5	357.9	111.0	590.0

表 29-7　中国分年龄段居民家庭持有负债平均余额　单位：元

年龄段	金融负债	农业负债	工商业负债	房屋负债	商铺负债	汽车负债	其他非金融资产负债	教育负债	信用卡负债	医疗负债	其他负债
34 岁及以下	134	3270	16083	134564	1512	4311	472	557	3071	1190	4521
35—44 岁	272	5198	23750	90367	1278	3697	223	924	2523	1998	11155
45—54 岁	59	4412	13168	38053	894	2170	185	2134	841	2192	4982
55—64 岁	58	2373	6725	21649	616	1247	211	573	458	2102	4069
65—74 岁	15	1854	1554	9054	71	619	100	260	128	1438	1622
75 岁及以上	13	124	754	3271	0	230	6	173	88	717	455

第三节　促进金融市场转型的政策建议

上文从分年龄段居民家庭持有金融资产和负债结构差异对比中发现中国居民家庭金融资产持有率、持有余额普遍偏低，造成居民家庭资产组合结构不够合理，风险无法得到合理定价、转移，居民投资渠道较窄、财富增值增长空间较小，同时中国64岁及以下劳动力年龄组特别是低龄组居民家庭房地产负债较高，资产和负债期限结构错配问题较为严重，加剧了金融风险累积、加快了居民家庭储蓄耗散，对消费结构、经济结构升级造成负面影响。究其原因，工业化时期以间接金融市场为主的传统金融市场体系限制了居民投资渠道选择，工业化时期房地产投资、消费惯性以及与传统间接金融系统的高度绑定客观也限制了居民投资渠道的选择，这不仅造成居民资产持有结构高度集中、单一，风险无法释放，风险溢价也无法获得，还导致负债支出结构畸形加剧了储蓄耗散等问题，个人养老金账户欠账较多，更对未来应对深度老龄化社会的到来不利。随着中国人口老龄化时代的到来，净储蓄必然减少，而传统间接金融系统依然以存定贷或者以存贷差为收益来源的经营模式必然越来越难，最重要的是无法满足人民越来越多样化的财富保值增值需求以及为最具创新力的中小企业提供金融支持，加剧老龄化时代到来后对中国传统金融系统以及宏观经济的挑战。随着中国经济向高质量转型，现代金融市场体系是与高质量发展相辅相成、互相促进的。作为现代经济的核心，现代金融系统由资本市场以及与资本市场发展紧密相关的外汇交易市场和衍生品市场构成，而资本市场由股权市场和债券市场构成（见图29-3）。现代金融市场系统是各组成部分相互联系、相互促进的开放生态系统，资本市场处于现代金融市场的核心位置，通过与外汇交易市场和衍生品市场的互动和补充为投资者和融资者提供多元化、多层次和多维度的金融工具和产品，这里特别强调互动性和补充性意在说明现代金融市场的开放性、多元性和生态性特征，这就说明现代金融市场建设是系统工程，需要从投资端和融资端持续发力，从金融生态持续发力，从改革开放和制度建设持续发力，以现代金融市场系统提供的多元化产品、服务和开放的生态为居民和企业等市场主体供给多元化、有特色的投资、融资选择渠道，不断降低企业融资成本，提高资金配置效率、促进实体企业不断发展壮大，企业的成长最终必然反哺投资者，使投资者财富不断增长，减少老龄化后储蓄耗散冲击。

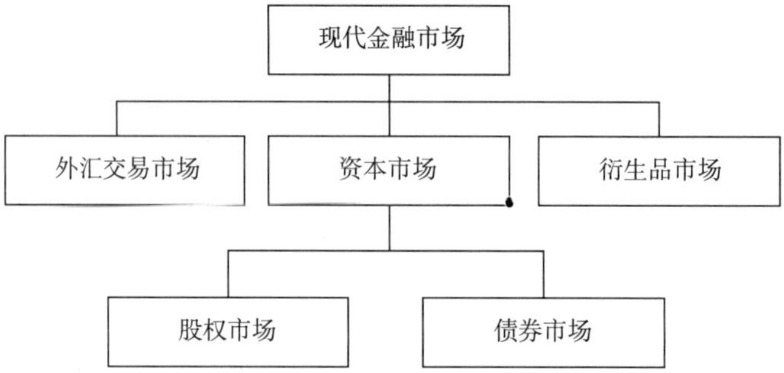

图 29-3　现代金融市场系统构成

一　加强多层次资本市场体系投资端建设，厚植老龄化时代中国现代金融体系根基

图 29-3 现代金融市场系统中，资本市场居于中心地位，无论是外汇交易市场还是衍生品市场事实上都由资本市场衍生而来，例如外汇交易市场和衍生品市场众多产品的底层资产或原生资产皆来自资本市场。因此，不断完善多层次资本市场体系是建立现代金融市场的关键环节，也是厚植老龄化时代中国现代金融体系的根基。当前，中国多层次资本市场逐步建立，形成了五个层次的交易市场，包括主板市场、创业板（包括科创板以及服务创新型中小企业的北交所市场）市场、新三板市场、各地方股权转让系统，加上产业基金、PE（私募股权基金）、VC（风险投资基金）、天使投资形成了覆盖企业从萌芽、初创、成长和成熟等不同时期融资支持的渠道，多层次资本市场在支持传统经济形式转型及新兴经济形态成长过程中正发挥着越来越重要

的作用。显然，中国多层次资本市场体系建设更多强调了对企业市场主体的融资支持，对居民等广大投资者的投资支持却较少提及。“问渠那得清如许，为有源头活水来”，多层次资本市场体系发展繁荣的根本还在于投资者资金源源不断地供给，在加强多层次资本市场的“融资”功能建设的同时强调多层次资本市场的“投资”功能建设，就是要从投资端更好地改革目前中国居民参与资本市场积极性不高、信心不足、投机心态重等问题，形成融资端和投资端相互促进、共生共长的良好生态。随着中国老龄化时代的到来，支出多、储蓄少的格局要求我们要合理和科学用好存量资金供给，优化资金配置，以融资企业的高质量发展来回馈投资者，促进投资者财富保值增值，增强各年龄段人口特别是老年人口参与资本市场投资的信心。

二　大力发展债券市场，适应老龄化时代居民风险偏好降低的时代需求

从发达国家资本市场结构看，债券市场一直是企业融资的重要方式，与股权市场融资相辅相成，债券也是投资者参与股权市场投资之外的重要投资渠道。相比股权市场，债券市场除能获得类似于股票价格波动的资本利得之外，还有定期获得利息和到期获得本金的法定权利，债券的“到期”属性使得投资者特别是中老年投资者比较偏好。从中国债券市场发展现状看，未来应着重做好以下三方面工作：一是降低居民个体参与债券市场的门槛。目前中国债券市场主要为银行间市场，投资者多为机构投资者，居民参与债券市场投资的主要渠道为债券类、偏债类和股债混合类基金购买，从表 29-6 可以看到美国居民家庭直接持有债券平均金额远远高于中国家庭，并且 45—74 岁中老年群体债券投资远远高于股票，因此通过“开源”降低投资门槛可以吸引投资者特别是收入稳定和追求收益较高、本金安全的中老年群体，为债券市场发展引入增量资金。二是要加快形成以市场化为基础的国债收益率曲线形成，为各类债券市场化定价提供科学的基础。各类债券市场化定价依赖国债收益率曲线，唯有此才能甄别各类债券的

风险并为风险提供合理的风险溢价，为投资者提供与风险匹配的回报。三是要利用好人口老龄化后长期利率下降周期，为债券市场壮大创造条件。国内外很多研究都显示，人口老龄化后伴随着长期利率中枢持续下降，这不仅降低了企业融资成本，还有利于长期债券“牛市”形成，为债券市场壮大创造了条件。

三　加快发展衍生品市场，为老龄化时代居民投资风险发现、转移和保值提供条件

相比于股权市场和债券市场，我国金融衍生品市场发展更晚，2006年9月中国金融期货交易所在上海挂牌成立，并于2010年4月推出了沪深300股票指数期货，标志着中国期货市场进入了商品期货与金融期货共同发展的新阶段。2013年9月6日，经历多年暂停和整顿后的国债期货正式交易，随后形成覆盖二年期、五年期、十年期和三十年期等不同期限和不同风险管理需求的国债期货体系，2019年12月23日沪深300股指期权正式上市交易，2022年7月22日中证100股指期权挂牌交易，至此覆盖不同期限、涵盖期货与期权、满足不同风险管理需求的金融衍生品市场体系初步建立。衍生品顾名思义即由资本市场“衍生”而来，是资本市场健康发展的重要补充，也是现代金融市场体系的重要组成部分。大力发展衍生品市场，一方面能够为投资者风险发现创造条件，资本市场瞬息万变，单一的资本市场工具已经无法满足新时代风险管理需求，然而风险管理的前提是发现风险，发展衍生品市场恰恰能够提前为投资者交易现货市场提供价格潜在走势。另一方面衍生品市场还能为投资风险转移和资产保值增值提供便利，通过衍生品和现货的多元化投资组合，降低投资资产的波动性风险，为投资者获得安全和持续的回报奠定基础。老龄化时代到来，人们对投资的绝对收益和规避波动性的要求越来越高，而大力发展衍生品市场恰恰能为投资者特别是中老年投资者提供多元化的风险管理和套期保值工具，进而也提高投资者参与资本市场的信心和积极性。

四 加快金融市场改革开放步伐，为现代金融市场体系建设提供制度溢价和增量信心

近年来，中国金融市场改革开放步伐蹄疾步稳，现代金融系统生态逐步建立，有力地支撑了经济高质量发展。未来更深层次的改革开放措施是进一步保障现代金融系统建立的关键。要不断降低交易门槛，为国内外投资各类各层次金融产品提供便利。流动性是金融产品定价的关键，只有持续不断地吸引投资者加入市场交易系统，才能使产品合理定价和扩大交易范围。进一步完善做空机制等市场基础性制度建立，做空并不意味着对市场正常发展形成影响甚至干扰，做多和做空作为投资者对市场趋势的看法都是现代金融市场相对中性的表述，做空机制的引入必然促进金融产品回归价值本源，有效发挥现代金融市场良币驱逐劣币的优势，使存量的资金得到最有效、最合理的配置。

（本章执笔：张鹏）

第三十章
新发展阶段公共服务高质量发展

共同富裕是中国式现代化的主要特征，是中国特色社会主义的本质要求。公共服务的有效供给是扎实推进共同富裕的主要支撑。中国式现代化的一个基本原则是坚持以人民为中心的发展思想。公共服务则是实现发展成果为人民共享的主要途径。高质量发展是全面建设社会主义现代化国家的首要任务。一方面，公共服务的高质量发展为经济的高质量发展提供内生动力，是人力资本投资与创新的基础；另一方面，经济的发展说到底还是具体落实到人民生活水平的提高上，落实到高质量公共服务的供给上。

改革开放以来，在全面建设小康社会的进程中，我国建立了覆盖全民的、涵盖“七个有所”的公共服务体系，建成了世界上规模最大的养老、医疗服务体系，人民生活水平不断提升。党的二十大报告在关于公共服务的供给中，提出了“增进民生福祉、提高人民生活品质”的要求，对就业、收入分配、医疗、养老、托育、社保、住房等民生事业发展提出了具体的方针。这其中也蕴含了公共服务高质量发展的内涵。

本章着重从扎实推动共同富裕的角度，从中国式现代化的历史进程中分析和总结公共服务高质量发展的内涵，并以之为逻辑线索，在实地调研的基础上，对我国公共服务供给中存在的问题、面临的重大挑战进行分析，并在总结政策实践的基础上，提出公共服务高质量发展的政策建议。

第一节　优化公共服务供给结构

一　公共服务规模扩展及结构变化的一般趋势

发展经济学中的一个经验性规律是随着经济发展水平及居民收入水平的提高，对公共服务的需求规模不断扩大，在居民需求结构及支出结构中所占比重不断上升。公共服务规模扩大及公共部门扩张的长期性趋势也被称作“瓦格纳法则”。1876年德国经济学家阿道夫·瓦格纳（Adolf Wagner，1835—1917年）在《政治经济学教程》中提出，随着经济的增长，公共部门在经济体系中的绝对规模及相对比重都会不断增长。这一点也被之后大量的经验研究所证实。[①] 从主要发达工业化国家自19世纪末期以来公共支出占国内生产总值比重的情况看，这一趋势明显。在19世纪末期，多数工业国家包括医疗、养老、救助、公共就业、社会保险等在内的公共服务支出占GDP的比重都在5%以下；20世纪中期特别是第二次世界大战之后，公共服务支出占比快速上升，基本上达到了20%—30%。也就是，这些国家整个国内生产总值的接近三分之一用于了居民的公共服务（见图30-1）。特别是公共教育的支出，自19世纪中期开始，各国公共教育支出占GDP的比重从不足1%持续上升，到20世纪晚期普遍超过了5%，高者在9%以上（见表30-1）。

公共服务规模的扩大包括两个方面：一是公共服务内涵边际（Intensive Margin）上的扩大，即对既有的公共服务需求数量及需求质量的增加，特别是对公共服务质量与品质需求的提高。具体到我国，随着我国社会主要矛盾转变为人民日益增长的美好生活需要和不平衡不充分的发展之间的矛盾，人民群众对公共服务的需求层次和品质也不

① Alan Peacock, Alex Scott, “The Curious Attraction of Wagner's Law”, *Public Choice*, 2000, 102: 1-17.

断提高，“以前我们要解决‘有没有’的问题，现在则要解决‘好不好’的问题”①。党的二十大报告提出“提高人民生活品质”，其含义也是要提高公共服务的供给质量。

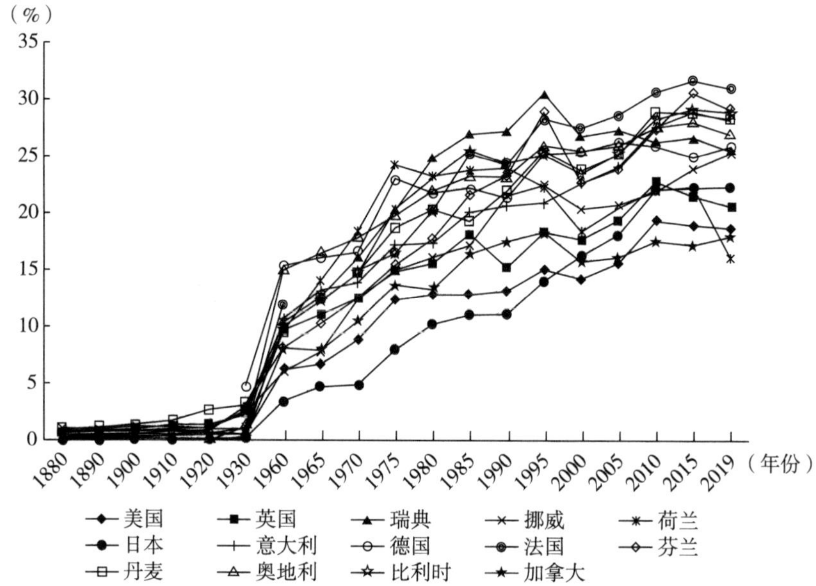

图 30-1　1880—2019 年主要发达工业化国家公共服务支出（Public Social Spending）占 GDP 的比重

注：包括医疗卫生、养老金、救助、家庭支持、公共就业、失业及住房保障方面的政府财政及法定社会保险支出。为保证数据的连续性和可比性，此处不包括公共教育支出。

资料来源：1880—1930 年数据来源于 Peter H. Lindert, *Growing Public: Social Spending and Economic Growth Since the Eighteen Century*, Vol. 1: The Story, N. Y.: Cambridge University Press, 2004；1960—1975 年数据来源于 OECD, *Social Expenditure 1960-1990: Problems of Growth and Control*, OECD Social Policy Studies, 1985；1980 年以后的数据来源于 OECD, "Social Expenditure Database (SOCX)"。

表 30-1　1870—1993 年主要发达工业化国家公共教育支出占 GDP 的比重

单位：%

国家	1870 年	1913 年	1937 年	1960 年	1980 年	1993 年
奥地利			2.5	2.9	5.6	5.5

① 习近平：《习近平谈治国理政》（第三卷），外文出版社 2020 年版，第 133 页。

续表

国家	1870 年	1913 年	1937 年	1960 年	1980 年	1993 年
比利时		1.2		4.6	6.1	5.6
加拿大				4.6	6.9	7.6
法国	0.3	1.5	1.3	2.4	5.0	5.8
德国	1.3	2.7		2.9	4.7	4.8
意大利		0.6	1.6	3.6	4.4	5.2
日本	1.0	1.6	2.1	4.1	5.8	4.7
荷兰			1.5	4.9	7.6	5.5
挪威	0.5	1.4	1.9	4.2	7.2	9.2
瑞典				5.1	9.0	8.4
英国	0.1	1.1	4.0	4.3	5.6	5.4
美国				4.0		5.5

资料来源：Vito Tanzi，Ludger Schuknecht，*Public Spending in the* 20th *Century*：*A Global Perspective*，N. Y.：Cambridge University Press，2000，p. 34。

二是外延边际（Extensive Margin）上的扩大，即新的需求、新的社会风险需要新的公共服务的类型。这些公共服务既有由原先社会、个人、家庭所负担的社会服务转化而来的，也有因技术进步而导致的就业模式、居住模式、家庭结构变化等而产生的新的服务需求。公共服务部门的扩大是一个历史现象和历史趋势。现代工业社会中诸如教育、医疗、养老等公共服务在工业革命之前乃至工业革命初期都不是“公共的”服务，而是家庭及社会的责任。但自工业革命以来，教育、医疗、养老等都逐步完成了“公共化”，成为政府的内在责任。此外，随着技术的进步，传统的劳动市场结构、就业模式以及居住和家庭结构也发生了变化，引致了新的社会风险，并产生了新的社会保障方面的需求。

二 公共服务结构调整的政策重点

具体到 2035 年共同富裕取得实质性进展的目标，从匹配居民需求结构升级的角度，我国公共服务高质量发展需要在以下几个关键环节优化供给结构。

第一，加大优质公共服务资源的投入，解决优质公共服务供给不足的问题，特别是人力资本投资型的公共服务。随着全面小康的实现，我国基本公共服务的标准化和均等化推进很快，比如义务教育巩固率已达到95%以上，实现了全民医保，基本医疗保险覆盖率稳定在95%以上，建成了覆盖全国的三级医疗卫生服务网络等。一些地区也已基本实现了基本公共服务的均等化。比如，浙江在“十三五”末期包括教育、健康、社保、就业等在内的八大类公共服务均等化达到了98.7%。

但是，不论在教育还是医疗领域，优质公共服务的供需缺口仍然比较突出，居民对优质教育和优质医疗服务的需求缺口仍然比较大。即使在一些大城市，优质教育资源的短缺依然比较严重，各地层出不穷的“择校风”“学区房”实际上反映的就是优质教育资源的供给不足。具体到中小城镇特别是农村地区，优质教育资源的短缺更为突出。在医疗领域，患者涌入大城市、大医院以寻求优质医疗资源的趋势不断加剧，社区基层医疗卫生机构就诊人次数占比不断下降。2005年在三级医院就诊的患者人次占比不到30%，截至2020年这个比例上升到54.12%，而二级和一级医院的诊疗人次数占比则显著下降（见图30-2）。

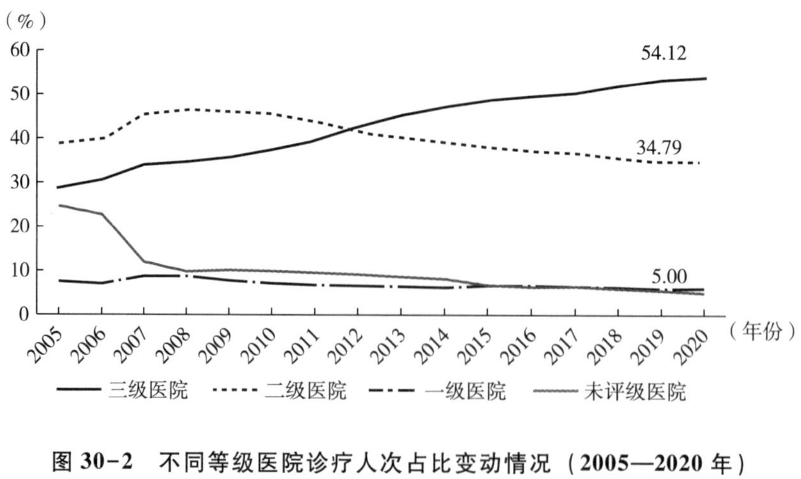

图30-2 不同等级医院诊疗人次占比变动情况（2005—2020年）

资料来源：相关年份《中国卫生健康统计年鉴》。

关于优质公共服务的扩容，在“十四五”规划以及党的二十大报告中都有明确要求。在教育领域，党的二十大报告提出“加快建设高质量教育体系”；在医疗卫生领域提出“促进优质医疗资源扩容和区域均衡布局”。

第二，健全社会保障体系，补足短板，适应新的社会需求。如前所述，公共服务是一个历史现象和历史趋势，随着经济社会发展，劳动力市场的结构以及家庭结构、人口结构都不断发生变化，一些原先由社会、家庭承担的服务逐步“公共化”，要求政府通过公共政策来实现供给。在这一方面，我国比较突出的是长期照护服务。长期照护（Long-Term Care）指的是对失能人员提供的基础医疗护理及与之相关的生活照料服务。这项服务原本是由家庭承担的。但随着家庭结构的变化以及女性外出就业的增加，其逐步成为一项社会服务，第二次世界大战之后则逐步成了政府承担的一项公共服务。

我国已经进入深度老龄化阶段，2020 年第七次全国人口普查数据显示我国 65 岁及以上老年人口占比已达到 13.50%，比 2010 年第六次全国人口普查增长了 4.63 个百分点。根据相关估算，我国失能老人将从 2020 年的 4375 万增加到 2050 年的 9140 万。① 如此庞大的失能人口需要相应的长期照护服务。但随着我国家庭结构以及功能的变化，核心家庭越来越多、双职工家庭越来越多，依靠家庭提供长期照护服务越来越不具有可持续性。我国传统的以养老服务为主体的公共政策体系，其主要的政策目标是自理老人，对失能老人的照护服务考虑较少。失能人员的不断增加及家庭照护功能的弱化亟须构建长期照护服务的公共政策体系。

与老年长期照护相似的还有 3 岁以下幼儿的照护服务。托幼服务在我国的公共政策体系中并不是一个重点。政府承担主体责任主要是从幼儿园阶段开始的。但随着我国人口结构的变化，特别是女性就业的增长，3 岁以下托幼服务成为公共服务中的一个短板。从支持生育

---

① 张良文、方亚：《2020—2050 年我国城乡老年人失能规模及其照护成本的预测研究》，《中国卫生统计》2021 年第 1 期。

的角度以及满足家庭托幼服务需求的角度，也需要考虑将托幼服务纳入公共服务体系。

第三，技术进步、劳动力市场结构、就业模式变化等带来的新的社会风险需要构建新的就业保护和社会保障项目。作为政府主导的公共服务的主要组成部分，传统就业保护和社会保障的适用对象主要是有正规就业单位的“标准化”就业人员。但是随着信息技术、移动技术的进步，以“互联网+”为代表的平台经济、数字经济规模不断扩大，已成为包括中国在内的世界主要国家经济的主要组成部分。平台经济和数字经济改变了传统的“标准就业模式”，平台就业人员与平台之间的劳动关系发生了质的变化，从之前“雇主—雇员”的模式演变为合作关系，就业模式出现了“去单位化”的趋势。在这样的情况下，就业人员面临的社会风险也不同于传统就业模式下的社会风险。在传统就业模式下，对于就业人员而言，最大的风险是失业以及失业所附带的各类社会保障权益。但在平台经济的条件下“失业”难以定义，因为平台就业人员与平台之间并未建立相应的劳动关系，从而应对失业风险的失业保险也失去了可操作性。除失业保险外，传统的基于单位—职工稳定劳动关系的职工养老保险和医疗保险也难以覆盖没有稳定就业关系的平台就业人员。[①] 诸如此类的新型社会风险也需要公共服务体系在制度上作出变革以匹配新的需求。

第二节　优质公共服务的均衡共享

一　从基本公共服务均等化到优质公共服务均衡共享

共享理念作为新发展理念的重要内容也是共同富裕的要求，“共享理念实质就是坚持以人民为中心的发展思想，体现的是逐步实现共

① 王震：《新冠肺炎疫情冲击下的就业保护与社会保障》，《经济纵横》2020 年第 3 期。

同富裕的要求”[①]。具体到公共服务领域，在共同富裕的大背景下，实现公共服务的高质量发展，就是要在基本公共服务均等化的基础上推动优质公共服务的均衡共享。

在全面建设小康社会的阶段，我们提出了基本公共服务均等化的目标。在公共服务中区分出基本公共服务，并将之作为实现小康社会的基础，是符合我国经济社会发展的具体条件的，也是我国能够在一个较短时期内建成比较完善的公共服务体系的主要经验。在扎实推进共同富裕的进程中，推动基本公共服务均等化还要求实现优质公共服务的共享。

首先，优质公共服务的共享是全民共享，每位居民不论其所处的地域、职业、收入等差别，都能获得与其自身需求相适应的公共服务。“共享发展是人人享有、各得其所，不是少数人共享、一部分人共享。”[②] 在实现全面小康的建设中基本公共服务的均等化程度得到了明显的提升。但是，不同地区、不同群体在优质公共服务的共享上仍然存在差别。

以医疗服务和医疗保障为例，我国已经实现了基本医保的全民覆盖，建立起了覆盖城乡的三级医疗卫生服务网络。但是，基本医保的筹资及待遇水平差别巨大，东部沿海大城市的人均筹资额和待遇水平远高于中西部地区。对于居民医保的人均年筹资额，北京、上海高达2782元、2669元，而西藏、河南只有739元、781元，最高值是最低值的3.76倍。[③] 从基本公共服务均等化的角度，中西部地区、经济较为落后地区的居民也能获得均等化的基本医疗服务及保障；但在优质医疗资源的供给上，则主要集中在大城市、大医院。基本医保目录中的国家谈判药品在北京、上海等大城市可以保障，但在中西部广大地区则难以落地，导致越是在落后地区这些药品的可及性越差。

---

① 习近平：《深入理解新发展理念》，载《习近平谈治国理政》（第二卷），外文出版社2017年版，第214页。

② 习近平：《深入理解新发展理念》，载《习近平谈治国理政》（第二卷），外文出版社2017年版，第215页。

③《中国医疗保障统计年鉴（2021）》。

在基础教育领域也出现此种情况，特别是对外来流动人口而言，随着基本公共服务均等化的推进，外来流动人口在流入地可以做到“有学上”，但相比于本地居民其受教育权是“不完整”的，流动儿童在学校的选择上受到一系列的限制，多数只能进入位置比较偏远、教学质量在本地被认为“较差”的学校。

还有一些地区在优质公共服务的供给上采取了“差别性”“歧视性”的政策，将本该全民共享的公共服务作为“吸引人才”的政策手段，人为制造公共服务的“待遇差别”。虽然在标准化的基本公共服务方面基本上能够保证均等获得，但在优质公共服务上，对于不同教育水平、收入水平以及不同职业的人群实行了不同的对待。一些大城市的入户积分政策更是将家长的职业、收入、背景等作为孩子进入不同质量等级学校的依据。这种做法在短期看似可以“吸引”人才，但从长期看遗患无穷，导致社会阶层的固化，严重影响社会稳定。如果说在经济不甚发达的情况下，这种差别性的公共服务供给还有其合理性，那么在扎实推进共同富裕的进程中，这种做法有悖共享发展的理念，也不符合高质量发展的要求。

其次，公共服务的全面共享，要在均等化的基础上实现实质性的共享。如前所述，随着经济发展及居民收入水平的提升，对公共服务的需求也呈现出多样化、个性化的特征。居民并不满足于基本公共服务的获得，而是“期盼有更好的教育、更稳定的工作、更满意的收入、更可靠的社会保障、更高水平的医疗卫生服务、更舒适的居住条件、更优美的环境”①。

推进基本公共服务的均等化不仅要求形式上的公平，而且要在此基础上实现实质公平。公共服务特别是人力资本投资型的公共服务，形式上的公平并不意味着实质公平。这一点在教育领域尤为突出。为居民提供大致相同的教育条件，比如生均投入、学校硬件设施、师资等，这是教育领域基本公共服务均等化的体现。但从共享的角度，这种基础条件

---

① 习近平：《人民对美好生活的向往，就是我们的奋斗目标》，载《习近平谈治国理政》，外文出版社 2014 年版，第 4 页。

的均等化并不意味着优质教育的共享。其背后的逻辑是，教育绩效不仅依赖于这些投入，而且也依赖于学生背后的家庭背景以及家庭所拥有的社会资本、文化资本等因素。在国内，“择校风”严重，很重要的原因就是基础教育阶段的社会分层功能超过了人力资本投资的功能。

二 优质公共服务均衡共享的政策重点

首先，实现优质公共服务的全民共享，要继续深化改革，打破公共服务的地域和人群分割，将优质公共服务向全民提供。这也是共同富裕的本来要求，“全体人民共同富裕是一个总体概念，是对全社会而言的，不要分成城市一块、农村一块，或者东部、中部、西部地区各一块，各提各的指标，要从全局上来看”[①]。

具体到制度安排与体制机制改革方面，一是要打破地域分割，特别是在社会保障制度上，要提高统筹层次，建立全国统一的筹资标准和待遇清单。我国以基本社会保险为主体的社会保障制度在建立之初就将统筹层次定在县（区）、地（市）一级。这在当时确实有其历史必然性，也是我国迅速建立覆盖全民的社会保险的主要经验。但过低的统筹层次不仅有悖社会保险的公平性原则，而且也限制保障效率的发挥。[②] 对此，习近平总书记也明确提出，“坚持制度的统一性和规范性……随着我国社会保障体系不断发展，社会保障体系建设要坚持国家顶层设计，做到全国一盘棋”[③]。党的十八大以来，我国已实现了职工基本养老保险的全国统筹。党的二十大报告提出实现基本医疗保险及其他险种的省级统筹。从推进共同富裕的角度，下一步还需要探索建立基本医保以及其他险种的全国基金调剂机制，提高社会保险的公平性以及基金的使用效率，从而提高全民共享的程度。

二是实现不同群体社会保障项目及公共服务的整合。我国社会保

---

① 习近平：《习近平谈治国理政》（第四卷），外文出版社 2022 年版，第 146 页。

② 王震：《共同富裕背景下医疗保障的公平性：以职工医保为例》，《经济学动态》2022 年第 3 期。

③ 习近平：《习近平谈治国理政》（第四卷），外文出版社 2022 年版，第 347—348 页。

障制度目前基本上形成了就业职工与非就业职工（包括农村居民）的二元格局。最主要的两个社会保险项目即养老和医疗保险都是职工与居民分立，二者在筹资及待遇上存在较大差别。这当然与我国当时的历史条件有关，但随着新发展阶段的到来，这种二元分立的格局无疑会带来社会群体之间的分裂，甚至在一个家庭内部也出现保障水平差别巨大的情况。这种状况会极大地破坏社会保险实现社会团结的功能，也与全面共享的理念相违背。对此，习近平总书记明确指出要“逐步缩小职工与居民、城市与农村的筹资和保障待遇差距”①。

三是破除将优质公共服务作为社会管理工具的思维定式和政策手段，恢复公共服务全民共享的本来性质，将公共服务作为提升社会流动性的工具。公共服务的最关键特征是全民共享，并通过公共服务的人力资本投资功能提高社会流动性，打破阶层固化。将公共服务作为社会管理的工具，特别是将优质公共服务的获得作为限制性条件来控制弱势群体的流动，这种做法只会进一步固化社会分层，降低社会流动性。

其次，公共服务要实现全面共享。实现全面共享的要义在于实现实质公平，公共服务的供给要充分考虑不同区域、收入、职业群体获得、使用公共服务所面临的不同条件，有针对性地提供公共服务。

要实现全面共享最关键的是要打破公共服务供给中的等级制。我国公共服务的供给长期以来存在“等级制”的问题。在教育领域，不仅基础教育要分重点、非重点，高等教育也分三六九等；在医疗卫生服务领域，医院也分为三六九等。在这种“等级制”下，不同级别所提供的服务类别是相同的，但在质量上分三六九等，是典型“同质竞争”，且通过行政化的方式确定等级。这种行政等级下的“同质竞争”带来的不是供给方的竞争，而是需求方的竞争。需求方的这种竞争没有任何扩大供给规模和提高供给效率的作用，只会导致“剧场效应”，带来的是资源的无谓浪费。

在教育领域，从推进共同富裕的角度，加快建设高质量教育体

---

① 习近平：《习近平谈治国理政》（第四卷），外文出版社 2022 年版，第 145 页。

系，“加快建成适合每个人的教育，努力使不同性格禀赋、不同兴趣特长、不同素质潜力的学生都能接受符合自己成长需要的教育。……努力使教育选择更多样、成长道路更宽广，使学业提升通道、职业晋升通道、社会上升通道更加畅通”①。“不能把高校人为分为三六九等，而是要鼓励高校办出特色。”② 在医疗领域，改革医疗机构等级制管理，建立全科、专科之间的合作分工体系，同时促进优质医疗资源扩容和区域均衡布局，做到大病不出省，一般病在市县解决，日常疾病在基层解决。

第三节 提高公共服务供给效率

一 公共服务部门的成本膨胀

不论何种筹资方式，公共服务的供给都需要一定的资源投入。从西方福利国家建立、发展及公共政策的演变进程看，最大的挑战来自过度福利化以及公共服务供给低效率所带来的财政及社会支出压力。自 20 世纪 70 年代以来，西方福利国家的公共政策出现了巨大的转折，以新自由主义为代表的改革措施开始大幅度削减公共福利，减少公共服务供给中的政府责任。这一政策转折背后的主要原因之一就是以各类公共服务为主体的福利支出超出了财政可承担的范围，给经济发展和社会稳定带来了不利的影响。

我国在改革开放后，在建立适应社会主义市场经济体制的公共服务供给体制中，以及在全面建成小康社会的过程中，之所以强调基本公共服务的供给，也主要是吸取西方福利国家的教训，考虑公共服务供给的财政可负担问题，防止超出经济发展水平的过度福利化，陷入“福利陷阱”。在推进共同富裕的过程中，基本公共服务的均等化以及

① 习近平：《习近平谈治国理政》（第三卷），外文出版社 2020 年版，第 348 页。
② 习近平：《习近平谈治国理政》（第三卷），外文出版社 2020 年版，第 349 页。

公共服务的高质量发展也首先需要考虑资源约束条件，使公共服务的供给可负担、可持续，“把保障和改善民生建立在经济发展和财力可持续的基础之上……不能提过高的目标，搞过头的保障，坚决防止落入‘福利主义’养懒汉的陷阱”①。

对于公共服务的供给，中央的方针是明确的，党的二十大报告也再次明确，即“尽力而为、量力而行”。在可负担、可持续的条件下满足居民不断增长的对优质公共服务的需求，实现公共服务的实质共享，就必须提高公共服务供给效率，以高效率的公共服务供给实现公共服务的高质量发展。

要提高公共服务的供给效率，必须解决公共服务供给中的成本膨胀问题，降低公共服务的供给成本。相比于其他的产品及服务，公共服务的供给更易陷入无效率或低效率，在没有提高供给数量及质量的情况下，反而出现成本快速上涨的问题。究其原因，一是作为服务业，公共服务与其他服务业一样也面临“鲍莫尔成本病”（Baumol's Cost Disease）问题。由于难以实现技术替代，服务业的劳动生产率增长缓慢，甚至长期没有提高。但从事服务供给的人员的工资却与社会平均工资挂钩，其增长速度高于劳动生产率的增长速度。在劳动产出没有变动的情况下，工资却快速增长，从而导致成本的膨胀。二是作为公共服务，其本质特征就是供给过程中的政府干预。政府的干预影响供给方的成本约束以及需求方的支出预算约束，从而在供给侧及需求侧都导致了无效率或低效率的扭曲性行为。在供给侧，政府对公共服务供给的干预，传统上是直接生产的模式，即政府建立相应的公共部门（事业单位或国有企业），向居民直接提供服务，比如公立的学校、医院、护理院等。为了防止公共部门使用公共资源或以公共权力牟取私利，对公共部门一般采用严格的行政化的治理模式。这就导致相比于市场化的企业，这类公共部门既没有市场竞争压力，也缺少直接的成本约束，从而出现效率低下的状况。为解决直接提供模式的低效率，西方出现了新公共管理运动，引入市场机制，提倡通过政府购

---

① 习近平：《习近平谈治国理政》（第四卷），外文出版社2022年版，第143页。

买服务来实现公共服务的供给。但政府购买服务仍然面临着政府作为独家垄断买方所带来的行为扭曲、过高的交易成本及监管难题等，相比于完全的市场化机制仍然效率较低。在需求侧，不论政府以何种方式提供的公共服务，都属于第三方支付，从而导致需求方的预算软约束，形成对公共服务的过度需求。

二　技术创新与制度创新提升公共服务供给效率

提高公共服务的供给效率，从成本角度就是要控制公共服务供给的成本膨胀问题。而控制公共服务的成本膨胀，一是要解决“鲍莫尔成本病”问题，通过技术创新提高服务的技术含量，从而提高劳动产出率；二是要解决公共服务的治理模式问题，激发多个主体的积极性，构建以政府权责清晰、发挥市场作用、支持社会力量参与、调动居民自我服务积极性为特征的公共服务治理新机制。

首先，对于“鲍莫尔成本病”，其根源在于服务业难以实现技术替代；而难以实现技术替代的主要原因则在于“服务”的特性，不具有可携带性，需要供给方与需求方“面对面”进行交易。在传统服务业中，服务供给方的供给效率囿于交易距离和交易成本，难以实现大幅度提高。但是，近年来日益发展的以“互联网+”为代表的信息技术和移动技术为解决“鲍莫尔成本病”提供了新的解决方案。在“互联网+”的信息技术支持下，服务供给方与需求方之间的交易距离和交易成本大幅下降，扩大了交易范围，提高了资源的使用效率。在这方面，我国“互联网+”的发展基础好、速度快，相比于西方国家实现了“弯道超车”，为公共服务领域的效率提升奠定了基础。

以“互联网+”教育为例，传统的教育局限于班级的限制，一个教师能够执教的班级人数大致是固定的，随着班级规模的扩大，教育质量会出现快速下降的趋势。这导致优质教育资源的服务范围也受到限制。通过不断扩大优秀教师的数量来解决优质教育资源的供给，要么受限于优秀教师的供给能力，要么受限于快速提升的人力成本。但在“互联网+”教育的支持下，教师教学的服务半径可以无限扩大。

虽然教学质量相比于面对面教学仍有所差别，但这无疑极大地提高了优秀教师的覆盖范围，提高了优秀教师的供给。不仅如此，“互联网+”教育还为非学历教育、终身学习型社会提供了新的途径。“互联网+”医疗服务不仅可以通过远程诊疗提高优质医疗资源的可及性，而且还可以通过“互联网”实现医生与患者的更精确的匹配，从而提高医疗服务的供给效率。此外，在政府政务的可及性与便捷性上，“互联网+”也提高了政府服务效率。

在实践推动方面，浙江省作为建设共同富裕示范区，在推动优质公共服务共享的过程中，将数字化改革作为抓手，将教育、医疗卫生、养老照料、就业与社会保障等公共服务以及相关的政务服务进行集成化改造，实现了各类公共服务的网上一站办理以及全省通办，极大地提高了公共服务的可及性及供给效率。

其次，构建新的公共服务供给的治理模式和机制，打破传统行政主导的治理模式，激发多个主体的积极性。对于行政化的公共服务体系的改革，西方福利国家的主要改革措施是引入市场机制，在公共服务供给中加大市场竞争的因素。这主要包括三个方面的内容：一是在原有的公共部门中引入竞争因素，进行“准市场化改革”；二是公共部门的私有化，通过引入私有产权建立对供给主体的成本约束，同时通过购买服务满足居民公共服务需求；三是建立公私合作关系，通过各种方式建立公共部门与私人部门之间的合作，将私人部门的竞争机制引入公共部门。这些改革总结起来就是使用市场的治理逻辑来改革公共部门。

我国在公共部门的改革过程中，也借鉴了新公共管理的一些做法，但本质上并未采用公共部门私有化的改革框架，而是探索了中国式的公共部门改革路径。具体如下：

第一，厘清公共服务供给中政府与社会、个人之间的权责，建立政府保障基本，引入社会及市场力量满足多元化、多样性需求的公共服务供给框架。早在20世纪90年代，我国建立适应社会主义市场经济体制的社会保障制度时，就确立了“社会统筹+个人账户”的模式，划分公共责任与个人责任。政府提供公共服务的基本原则是“尽力而为、量力而行”；同时，为社会和个人留下相应的空间。

第二，充分发挥市场主体的作用，建立政商合作的机制。引入市场主体的前提是政府承担相应的基础性责任，同时搭建政商合作的平台与机制，既发挥市场主体的积极性，也发挥政府的引导与支持作用。

第三，支持社会力量和社会组织的参与，构建共建共治共享的治理机制。共建共治共享是我国社区治理的基本原则。这一原则也适用于公共服务供给，特别是社区公共服务的供给。社区是公共服务的使用终端。鼓励和支持社区各类社会力量及社会组织的作用，从而提高公共服务的终端使用效率。

第四，调动居民自我服务的积极性。公共服务需要受益人的积极参与，没有受益人的积极参与，公共服务的效果是难以保证的。公共服务一般都涉及第三方支付。在第三方支付的情况下，受益人有动机出现过度使用和无效使用公共服务的行为。解决这个问题的途径之一是监管。但有效监督的成本高昂，且其效果有限。在监管之外，还是要靠受益人的自我约束。这就需要居民在服务供给中积极参与，具有自我服务的积极性。此外，在教育、医疗卫生、养老照料等服务中，其最终的绩效不仅依赖于投入端和供给方，而且也依赖于受益人的积极配合与参与。

第四节　结论

党的二十大对社会民生事业的发展提出了“健全基本公共服务体系，提高公共服务水平，增强均衡性和可及性，扎实推进共同富裕”的要求。这一要求也内含了公共服务高质量发展的命题。

在全面建设小康社会的历史进程中，我国建立了包括“七个有所”在内的覆盖全民的基本公共服务体系。在扎实推进共同富裕的大背景下，公共服务的高质量发展一是要优化公共服务结构，公共服务的制度安排、供给结构要与居民的需求结构升级相匹配，既要提高公共服务的品质和水平，又要适应和满足人口结构、家庭结构、就业模式变化带来的新的公共服务需求；二是要推动优质公共服务的均衡共享，不断缩小人群间、区域间公共服务差距，消除优质公共服务的歧视性待遇，实现公共服务享有上的实质性公平；三是要提高公共服务供给效率，将公共服务的发展建立在可负担、可持续的基础上。这是公共服务高质量发展的三个内涵。

公共服务高质量发展的内涵是一个动态的、发展的概念。在不同的发展阶段，居民对美好生活的理解不同，从而产生对公共服务的新需求。全面建成小康社会、迈向稳步推进共同富裕的新阶段后，人民对美好生活的要求更多体现在品质上，体现在优质公共服务的实质性共享上。公共服务事关民生福祉，公共服务的高质量发展本质上是不断满足人民最关心、最直接、最现实的利益问题。这是提炼公共服务高质量发展内涵的逻辑主线。

从政策实践的角度，公共服务的高质量发展强调效率，是可负担、可持续的发展。在公共服务的供给安排上，我国充分吸取了西方福利国家的教训，避免陷入“福利主义”的陷阱。从这个角度，公共服务的高质量发展的政策内涵与基本公共服务均等化是一脉相承的，都需要进行统筹。提高公共服务的供给效率，除了借鉴国际经验，更需要总结、提炼我国在公共服务供给的制度安排、公共部门改革等方面的实践创新，特别是在新技术的应用以及公共部门的治理创新上。这些探索也构成了中国式现代化的重要内容。

（本章执笔：王震，本章部分内容曾以《共同富裕目标下促进公共服务高质量发展的重点问题》为题发表在《经济纵横》2023 年第 2 期）

第三十一章
推动社区治理现代化

2021年中共中央、国务院印发《关于加强基层治理体系和治理能力现代化建设的意见》，其中强调："基层治理是国家治理的基石，统筹推进乡镇（街道）和城乡社区治理，是实现国家治理体系和治理能力现代化的基础工程。"社区作为社会治理的末梢、基层治理的重点，是国家治理的基石。统筹推进城乡社区治理，是实现国家治理体系和治理能力现代化的基础工程。

社区治理是社会治理现代化的微观基础。社区治理是国家治理的基础之一，是国家治理体系和治理能力现代化的重要内涵和重要体现。推进社区治理现代化，就是尊重社会治理的客观规律，将社区作为一个完整的治理单位，实现微观层面的有效社会治理，为实现国家治理体系和治理能力现代化提供有力支撑。社区处于人民群众和政府之间承上启下的特殊位置，既是上级政策的执行者，一定程度上又是政策制定者。在传统的社会治理体系中，社区层面作为"执行者"的定位容易被放大，而在治理体系创新、力量整合调配等方面的主导性作用则发挥得不够。社区治理现代化的正式提出，就是要把推进社会治理体系创新的重点下沉，突出社区在社会治理过程中作为"主导者"的角色定位。将社会治理的工作重点转到社区上来，能够更为有效地应对发展过程中各类新型社会矛盾风险的挑战，从而真正落实以人民为中心的发展思想。构建街道与社区权责明晰、高效联动、上下贯通、运转灵活，党委、政府、社会、公众等多方主体合作共治的社会治理新体系，继而形成共建共治共享的社会治理格局。

社区是基本公共服务体系的重要载体，是中国式现代化的基本单元。社区是现代社会的基本构成要素，在一定范围内，社区就是社会。社区是居民面向美好生活、面向现代化、面向未来的窗口，是居民幸福感和归属感的来源之地，是推动共同富裕和中国式现代化从宏观到微观落地的基本单元。同时，社区也是服务群众“最后一公里”的重要载体。在推进基本公共服务建设，特别是聚焦“一老一小”等重点群体需求的服务中，社区提供优质服务的能力，直接关系居民生活幸福指数。

实现全民共富的共同理想，首先要建好共同富裕的基本单元，把共同富裕的理念融入社区建设和治理。将共同富裕的任务目标分解转化为建设示范社区，落实到人民生活的基本单元，让共同富裕的理念惠及每一名居民群众。同时，凸显社区为民、便民、安民的功能，使社区成为一些基本公共服务的重要供给单位，大力推进基本公共服务优质供给和共享。

第一节　社区治理现代化的总体规划

一　基本政策

2019年《中共中央关于坚持和完善中国特色社会主义制度　推进国家治理体系和治理能力现代化若干重大问题的决定》出台，这个文件从基层治理角度明确了统筹推进乡镇（街道）和城乡社区治理的机制，为实现国家治理体系和治理能力现代化的基础工程指明了方向，给出了具体方案。2021年中共中央、国务院印发《关于加强基层治理体系和治理能力现代化建设的意见》，就加强基层治理体系和治理能力现代化建设的指导思想、基本原则、主要目标、重点任务、组织保障等作了前瞻性布局、全局性谋划、系统性部署，为新时代加快推进基层治理现代化提供了根本遵循和行动指南。

各省份也就社区治理现代化展开了一系列实践。浙江省2019年政府工作报告中首次提出“未来社区”概念，旨在打造人本化、生态化、数字化的新型生活单元。同年，浙江省政府先后印发《浙江省未来社区建设试点工作方案》《浙江省首批未来社区试点创建项目建议名单公示》《关于高质量加快推进未来社区试点建设工作的意见》等一系列政策文件，围绕“未来社区”提出了“139”系统框架，即以人民美好生活向往为中心，以人本化、生态化、数字化为价值导向，以和睦共治、绿色集约、智慧共享为基本内涵，构建未来邻里、教育、健康、创业、建筑、交通、低碳、服务和治理九大场景。湖南省2023年先后印发《关于深入推进智慧社区建设的实施意见》《湖南省绿色完整居住社区创建行动方案》，明确到2025年，要基本构建起网格化管理、精细化服务、信息化支撑、开放共享的智慧社区服务平台，初步打造成智慧共享、和睦共治的新型数字社区。当前社区治理现代化的基本规划可以总结为以下几点。

第一，坚持有为政府与有效市场并重，充分调动市场主体的积极性，共谋共商共建未来社区。社区治理现代化建设强调市场化有力、有效推动，引导企业积极参与。阿里巴巴、中国建设等企业，以建设实施、场景落地、融资授信等多个方面广泛地参与到各地的社区治理实践中。由企业组成的产业联盟、由名校组成的社区发展研究中心等集聚各方力量的新市场方式也不断涌现。目前，市场力量深度参与到政策制定、标准迭代、试点遴选等工作中，有力地推动了社区治理现代化的建设。

第二，牢牢把握社区和乡村的家园属性、民生属性。在社区的建设中，充分尊重民意，利用传统媒体、互联网、调查问卷等方式，广泛征求群众、企业和基层意见，问计于民、集思广益。在民意基础上，充分发挥政府的调节功能，加大再分配政策的调节力度和精准性，集中更多财力用于保障和改善民生，将政府服务职能延伸至社区服务中心，打通政府提供服务的“最后一公里”，方便老百姓不出社区就能办理各类事项。

第三，因地制宜，以试点为依托，有序推进。按照“谋划一批、储备一批、成熟一批、启动一批”的思路，许多地方已先后确定社区建设试点方案。许多试点已经结合地方实际，围绕加强基层议事协商、提升基层数字化治理、推动“五社联动”发展等主题，积极开展了特色治理实践，形成了一批可复制可推广的经验做法。这些地方性探索实践，将从多个角度和层面为形成共同富裕示范区社区治理模式提供有益的经验和启示。例如，杭州市萧山区瓜沥社区通过TOD（公共交通导向）复合交通系统，将工作、居住、商业、文化等功能整合于一体；宁波市通山社区依托全国首个“国家引进国外智力示范区”，谋划建设国际化青年创新创业社区；丽水市明晰了实施土地带方案出让的路径，制定与实施了履约监管协议。

第四，要在全国范围推进社区治理现代化。现代化社区是共同富裕主旨下人民群众共建共治共享现代化生活的美好家园，是中国式现代化建设的重要举措。社区治理现代化要在试点的带动下，系统性解决思想认识、场景落地、运营模式等社区建设中的问题。最终，要全面推动社区治理现代化的建设，进一步推进公共服务优质共享，实现社区整体智治。全力打造绿色低碳智慧的“有机生命体”、宜居宜业宜游的“生活共同体”、共建共治共享的“社会综合体”。努力使现代化社区成为中国式现代化建设的标志性工程。同时，以现代化社区理念实施城市更新改造行动，推动城镇老旧小区改造，打造多功能、复合型、亲民化社区精致生活场景。

二　两个重点——数字治理与党建引领

我国当前社区治理现代化的探索中，有两条核心理念。一是数字赋能助力优质公共服务均衡共享。二是在党建引领下，构建以政府权责清晰、发挥市场作用、支持社会力量参与、调动群众自我服务积极性为特征的公共服务治理新机制。

一方面，要经由未来社区建设，大力促进数字转型。将现代化社区作为数字经济“一号工程”创新落地单元，优先推动第五代移动通信技术（5G）应用。落实未来社区实体建设和数字建设孪生理念，加快推广应用社区信息模型（CIM）平台，集成数字化规划、设计、征迁、施工管理，提升试点项目建设质量和效率。加快建设应用社区智慧服务平台，探索社区居民依托平台集体选择有关配套服务，探索“时间银行”养老模式，推广“平台+管家”物业服务模式，鼓励共享停车模式，推进社区智慧安防建设。在保证数据安全、做好风险管控的前提下，大力推进未来社区数字标准化工作，所有场景应用的数据基于省公共数据平台通过社区数字化操作系统共享。

另一方面，构建党建引领的科学高效社区治理架构，优化社区治理模式。积极培育发展社区社会组织，以社区有场地、公益出服务模式，动员专业化公益组织等社会力量参与社区治理，提供登记注册、业务申请和项目推进等服务便利，鼓励建立“一平台、一窗、一人”的全科社区工作者服务模式。推行居民互助自治，建立积分换服务、服务换积分机制，鼓励通过社区基金会等公益性组织，对社区居民自治和公益性活动予以支持。

综上所述，社区治理现代化的核心是“数”“治”结合，我们将在下文分别介绍数字赋能的“智理”实践，以及党建引领、社会协同、居民参与的“治理”实践。

第二节 数字赋能推进社区智慧治理

一 基本理念

党的十九届四中全会提出“完善党委领导、政府负责、民主协商、社会协同、公众参与、法治保障、科技支撑的社会治理体系”，将科技支撑列为社会治理体系的重要内容和基本理念，并明确“加快推进市域社会治理现代化”。党的十九届五中全会审议通过《中共中央关于制定国民经济和社会发展第十四个五年规划和二〇三五年远景目标的建议》，提出“加强和创新市域社会治理，推进市域社会治理现代化”。《中华人民共和国国民经济和社会发展第十四个五年规划和2035年远景目标纲要》明确提出，适应数字技术全面融入社会交往和日常生活新趋势，促进公共服务和社会运行方式创新，构筑全民畅享的数字生活，将数字技术广泛应用于政府管理服务，推动政府治理流程再造和模式优化，不断提高决策科学性和服务效率。随着数字技术在社会治理领域的应用不断深化，数字技术在驱动机制创新、流程再造、结构重塑，促进社会治理更加高效化和灵活化等方面发挥了重要作用。

第一，作为推进治理现代化的重要方式，大数据、人工智能等数字化手段在提高统筹谋划能力、创新引领能力、群众工作能力、破解难题能力、依法打击能力等方面具有独特优势，有助于有效提升治理效率、拓展治理半径、推动治理扁平化，满足现代社会治理体系建设的核心需求。

第二，数字技术在一定程度上有助于重塑政府、社会和市场主体之间的关系，增强多元主体参与社会治理的能力和意愿，推动形成社会治理共同体。浙江省未来社区建设中，通过线上建立平台，线下重塑机制、流程，逐步实现统一指挥、综合治理。通过加强数字社会治理，完善数据共享机制，构建一体化数据平台，让多元治理主体可以实现跨层级、跨地域、跨部门、跨业务协同管理和服务，助力共建共治共享的社会治理格局的形成。

第三，推动数字技术与社会治理深度融合，大力推动创新发展。未来社区将现代智能技术与传统的社会治理方式相融合，实现治理理念与治理手段的创新。各个未来社区相继开展应用微创新，全力提升对社会治理复杂系统运行的感知能力、风险防控的决策能力、资源与服务共享的平台能力，努力实现高效的社会治理，实现了把智治作为社区治理现代化的重要治理方式和科技支撑。在加强技术创新和制度创新的同时，也推进了社区治理体系架构、运行机制、工作流程智能化再造，推进现代科技与市域社会治理深度融合。

二　社区数字治理的实践

数字化技术成了推动基层治理的有效工具，为社区治理现代化引入了新范式，创造了新工具，构建了新模式，提供了新的实践路径选择。数字平台有连通性，能够把更多人纳入数字系统，加速信息传递，从而推动群众凝聚共识，了解政策，推动基层改变思想；它有计算性，能够将各类治理行为、治理互动、治理要素数据化并实现留痕，这有利于改变传统的条块分割、人情治理的模式，推动基层治理变革方法；它还有交互性，实现所有人的即时互动，人人参与，让基层群众改变行动，参与进来。在此背景下，全国各地都开展了数字赋能社区治理和服务等方面的探索。例如，通过智能手机 APP 开发智慧养老场景，通过智能门磁、智能手环、防跌倒设备的数据反馈，及时了解老年人居家安全状况，还可提供“云点餐”服务。

在数字化驱动现代化社区建设中，进一步强调以数字赋能为动力，提供现代化的生命周期服务，驱动生产方式、生活方式和治理方式的变革，群众需求、企业供给和社会服务走向更加精细化、精准化和可数字化。坚持以人民为中心，紧扣基层所急、实战所需、群众所盼，增强数据服务功能，拓展数据应用场景，实现智治效能提升。满足人民群众对美好生活的向往是数字赋能市域社会治理现代化的出发点和落脚点，数字社会治理必须重视应用和服务，通过破解企业和群众反映强烈的办事难、办事慢、办事繁问题，让数字社会治理成果更多更公平惠及大众。具体而言，我们在浙江省、湖南省等地的调研中发现社区的数字化建设有以下可推广的经验和启示。

第一，不断深化数字技术在日常生活中的应用。现代化社区试点大多已经实现居民“刷脸”回家，到访人、车相关信息的“云”端监控和数据存储。社区便民站中普及自助诊疗仪器、智能洗衣柜、智能回收站等设备。社区网络交互平台的建设，以数字化分享居民日常生活场景，重铸有市井味、人情味、烟火味的人际关系。

通过数字领跑、智慧创建，数字技术在未来社区嵌入更多居民高频应用。在杭州市余杭区葛巷社区中，线下建成 238 平方米的 24 小时图书馆，通过增设人脸识别等技术，实现无感通行，线上整合余杭区图书馆资源，新增 10 万册电子书、981 小时学习视频，构建“云上文化家园”。杭州市余杭区良渚文化村社区，高度重视“一老一小”居民需求，在 15 分钟生活圈内配置了高品质养老公寓、日间照料养老中心、居家养老上门服务等多样化阶梯式养老服务，同时提供老年食堂、云药房等生活康养资源，周边区域居民通过未来社区智慧平台在线使用社区养老资源，实现老年人“老有所养”。杭州市红梅社区，汇集各级数据，精准抓取居民生日、健康状态、可享受政策等数据字段，实时手机提醒送达片区社工，及时开展服务，实现服务群体“一个都不少”，精准落实高龄补贴，办理60周岁以上老年优待证。

第二，强调政务平台的建设，提高便民效率。结合“最多跑一次”改革和政府数字化转型，养老、医疗保险、社会保障等71项高频服务事项都可以通过手机APP系统实现网上审批和盖章，提升了“指尖上”的服务效率，让居民体验未来数智便捷生活。社区内配置医保零星报销自助机和24小时综合服务一体机，实现医保自助受理。社区通过数智化手段，进一步深化为“就近办、自助办、网上办”服务新体验。积极推动多部门联席联办，打通人、房、企、事、物等统一地址信息数据，如通过“数字门牌”实现办理居住证“跑零次”。

第三，通过数字化方式，为社区居民集体选择提供有关配套服务。“平台+管家”物业服务模式，费用收取遵循“基本物业服务免费，增值服务收费”的原则。共享停车模式解决停车难、出行不便的问题，并能够减少停车位，为社区腾出大量可利用的公共空间。杭州市上城区红梅社区开通“一码报”意见征求场景。将“一码报”二维码设置在小区大门、楼道等点位，居民可扫码提交社区治理意见建议。收集的未来社区建设意见建议涉及加装电梯，安装体感测温、智能充电桩、智能门禁、智能烟感等智慧设施。征集群众对孤寡、独居老人照顾的“金点子”，为孤寡老人安装智能水表仪，及时掌握老人居家情况，让老旧小区更新成处处智慧便捷的未来社区。

第四，推进未来社区数字标准化工作，提升整体智治水平。在保证数据安全、做好风险管控的前提下，许多社区都建设了信息数据平台，大量场景应用的数据基于省级公共数据平台通过社区数字化操作系统共享。通过智慧服务平台，深化“组团联社、两委联格、党员联户”三联工作，以数字化手段实时掌握未来社区服务深度。

一些社区创新设立数据仓，归集社区智慧服务平台、治理应用平台等数据，与城市大脑、基层治理平台、卫健信息系统等平台实现数据互联互通、应用有机融合，为未来社区安装“智慧”大脑。社区内党员、“两代表一委员”人员信息的整合成为打造共建共治共享的现代社区的关键钥匙。同时，通过手机服务端，形成“楼道需求排摸—数据精准对接—服务按需推送—线上满意度测评”的工作和服务闭环。

第五，数字经济的发展在助力公共服务高质量发展的同时也成为经济发展的新增长点，成为现代经济体系的重要组成部分。许多地区在打造“智慧城市”“未来社区”的过程中，涌现出大批龙头企业。阿里云推出了 ET 城市大脑的智能城市解决方案，已成功在杭州、上海、雄安等城市落地；网易云在智慧教育和智慧医疗领域已形成了场景化的解决方案；海康威视和浙江大华两家企业占据全国安防领域将近百分之六十的市场；新华三集团推出“数字大脑计划”，在智慧校园、智能家居等领域成为行业领军者。许多传统行业的企业也纷纷踏足数字经济，比如吉利汽车在智慧出行、绿城在智慧物业领域都有迅猛的发展势头。而现代化社区所设想的场景将这些领域全部容纳其中，不仅如此，绿色建筑、新能源汽车、光伏发电等各种新兴产业也被整合进来。

第三节　党建引领提升社区治理水平

一　党建引领的重要意义

社区治理现代化的过程中，要坚持以党建引领为核心、以五社（社区、社工、社会组织、社会企业、社会高校）联动为基础、以专业化运营为驱动的协同共建治理模式。党建引领在社区现代化建设中具有重要意义。

第一，党是领导核心。在我国完善共建共治共享社会治理制度的改革进程中，党建引领已成为推动多方主体协同共治和提升基层治理体系整体治理能力的重要制度安排。在经济社会发展中坚持党建引领，健全领导机制、增强治理本领，加强干部队伍建设，发挥骨干带头作用，是浙江共同富裕建设中的重要组织保障。坚持党的全面领导，发挥党的集中统一领导优势，是实现全体人民共同富裕的根本保证。党的基层组织是党在社会基层组织中的战斗堡垒，是党的全部工作和战斗力的基础，坚持高质量发展建设共同富裕示范区，是实现全体人民共同富裕的必由之路。

第二，必须坚持党管数据。社区建设的核心之一是数字化治理。党管数据是确保大数据发展应用始终沿着正确政治方向和道路前进的决定因素。只有发挥党委组织领导和统筹谋划作用，通过顶层设计，完善基础设施和数据资源体系，实现数据的整合、共享和应用，才能为智治支撑社会治理现代化提供基础。维护数据安全，让数据更好地服务国家治理和社会民生，必须毫不动摇坚持党管数据。只有不断提升党员干部数字素养和数字治理能力，才能更好地应对大数据时代的新任务、新挑战。

二　行政体系改革

党建引领改变了基层行政管理体系的治理模式，在以下三个方面推动了社区治理现代化的建设。

第一，党建引领突破了“条块”的禁锢，促进了部门协作。大量基础公共服务的供给，往往需要多个部门，如民政、公安、人社等的商议和协作。在“条条块块”的传统模式下，街道作为行政体系的毛细血管，往往很被动，许多改革措施由于缺少协调，无法落地。我们在调研中发现，许多地方采用将“条条”部门负责人纳入街道党工委兼职委员的做法。由此，街道党工委借由党的领导，就可以请“条条”部门多为“块块”考虑一下，许多创新式的、突破性的便民政策得以实施。

第二，党建引领为政企合作提供了保障。构建政企合作、大运营服务商提供市场化服务的框架体系，能够减少政府财政资金直接投入，提高项目运营单位的自我“造血”能力，推动实现社区运营资金自平衡、运维可持续。政企合作，是推动社区治理现代化的重要助力。政府作为“裁判员”的公正性是决定政企携手扎实推进未来社区建设的关键。通过深入贯彻落实党中央关于全面从严治党各项决策部署，能够扎实推进清廉建设。在党的作风引领下，企业、运营商等“运动员”越来越放心、越来越规范地以多元化的形式参与到社区建设中，真正实现了财政压力减轻、社区基层工作减负。例如，杭州市余杭区翡翠社区就由政府牵头提供社区用房 2400 平方米，房产企业提供闲置用房 2700 平方米，引进 7 家单位，落地运营 13 个子空间，形成企业助力政府创建、政府扶持优质企业的双赢格局，探索出了一条未来社区“自造血、自运转”的路径。其关键之处在于，企业对市场化服务供给过程中，对权责清晰、长效运营有坚实的信心。而这一信心正是源自党建引领的清廉浙江建设。

第三，党建引领提供了一批高素质、专业化干部队伍下沉到基层。高素质、专业化的干部队伍建设，是发展建设未来社区的重中之重。通过强化基层治理的党建引领，使广大基层党员干部坚定理想信念、坚守初心使命，巩固和发展了党群关系、干群关系。在党建过程中，社区通过本社区“找”、社区间“调”、请上级机关“派”等方式，把一批思想政治素质高、道德品行好、改革创新意识强、懂党建善管理的人才吸纳进社区两委班子。同时，选派了一批基层干部到上级部门学习，让他们在参与重点工作中丰富经验、提升本领。基层人才、干部的政治素质、业务水平大幅提升。

三 基层治理现代化实践

以党建引领为核心、以五社（社区、社工、社会组织、社会企业、社会高校）联动为基础、以多元主体共建共治共享的社区治理现代化模式，有以下几个要点。

第一，充分整合社区现有运营资源。注重发挥党建网络的资源互补优势，不再单纯依靠行政资源作为吸纳单位和各类组织的方式。未来社区的党组织在开展党建引领工作时，更注重对自身深层组织资源的挖掘，充分发挥党建组织网络可以将大量类型不一、相互依赖的组织集聚起来，形成网络优势，促进组织间的资源共享和机会共享。将整合的政府侧、社区侧、小区经营性用房及物业管理用房等空间投入未来社区建设，社工站、党群服务中心、便民活动中心都得以顺利建成。

社工站的建设是一个典型运营资源高效整合的案例。场所是建设社工站的首个难题。浙江首批建设的近400个社工站，大多采用了整合思路，整合对象包括党群服务中心、社区服务中心、幸福邻里中心、社区社会工作室等。整合之后，就是在这些场所中进行社会工作功能改造和叠加。运营资金同样采用整合思路，除财政资金、福彩公益金外，浙江还充分利用慈善资源。如宁波市将甬尚慈善服务中心作为市级资源中枢，与慈善基地一同支持社工站开展精准服务项目。宁波市鄞州区还创建了社区发展基金会，并在6个社工站试点镇街设立社区发展专项基金，推进社会工作与公益慈善互利共赢。

通过资源整合，社区的党群服务中心都有了足够的空间，能够秉承着开放、共享、通用的原则，将传统“办公柜台”改为配备茶水机、微波炉的服务台、交流台。社区居民可以在服务中心看书、喝茶，享受这里舒适、温馨、充满文化体验的“会客厅式”环境，也能够和社区工作人员随意交流，提出自己对于社区建设的看法。

一些社区因地制宜，在社区党委的牵引下，盘活资源，建设了文化礼堂、共享书房等服务项目。杭州市红梅社区就积极与市城建发展集团有限公司开展党建共建，盘活三区20幢房屋资源，新建一座5层4300平方米的“一站式”社区邻里服务综合体，科学布置文化礼堂、社区客厅、社区电影院、共享书房等十大功能。通过党建联盟资源招引和智力支撑，改建两层800余平方米的红梅学堂，用于社区0—3岁幼托服务和青少年成长驿站，大力营造承载涵盖文化引领、社区服务、老年康养、商业便民的未来邻里场景。

第二，强化多元参与，走向契约共建。社区党委的工作重心不再停留于体制内“条块”部门间的协同，而是拓展到推动区域社会内不同单位、组织和群体参与共治。社区通过融入党建元素，以“大党委”制为基石，将区域内关系互不隶属、领域多元多样的机关部门、学校、卫生院、企业、社会组织等单位纳入联盟体系，构建党建引领下，区域统筹、资源整合、优势互补、共建共治的网格共同体，推动基层治理从“单兵作战”向“契约共建”转变。为打造共建共治共享的治理格局，奠定了良好的基础。

最典型的就是社区党组织、楼委会、物业公司三方协同，引入专业化物业管理，全面完成细化到楼道的微网格，织就“三方办—小区—楼道”树状组织网络，成为治理和服务的有力抓手。居民、企业、职工都有自己的代表和渠道发出声音，凝聚共识，既满足了人民生活的实际需求，也助力企业稳步增长。通过融合社区、共建单位、社会组织、物业、业委会、群团，一些未来社区建立了社区基金会，并鼓励不同治理主体依托党建引领共治制度自下而上提出公共议题，在社区基金会支持下形成共治项目。

绍兴市南丰社区就以党建为载体，集合颐和社工、西花斋等近30家社工组织、企业，组建党建联盟，延伸文化娱乐、医疗照护、生活服务、心理关爱等公共服务，协同打造“五分钟”未来民生综合体，为居民提供家门口便民服务。例如，社区卫生服务中心就与夕阳红社区组织合作，打造了“医养护”一体居家养老服务链，为老年居民提供助医、助洁、助安、助餐等“十助”服务。

杭州市上城区融合建设“尚小驿服务驿站”，为快递、外卖小哥提供歇脚休憩、优惠就餐、法律援助、心理疏导、技能培训等十大暖心服务，让其在就业地感受到党组织的关爱。另外，组建“小哥联盟”，招募队员开展关爱孤寡老人、社区清洁日等“微公益”活动，引导新就业群体积极参与社区隐患排查、居民服务、社区治理，成为未来社区治理的“一线探头”。

第三，通过党建磁场，引导居民参与到社区治理之中。通过党建引领提升未来社区凝聚力和组织力，是带动居民共享共治的有效途径。

一是引导群众积极参与到社区志愿服务中。未来社区普遍落实

“街道—社区—小区—楼道”四个层级的组织体系，通过成立小区党支部、楼道党小组，充分发挥在册、在职、在地党员“包楼联户”作用，做优做小基本治理单元体。未来社区大力创新和做实积分兑换体系，将居民个人的志愿服务积分在社区进行发布，重点评价在册、在职党员在学习、业绩、守法、诚信及服务奉献等方面的情况，将党建工作与治理实效捆绑在一起。一方面有效动员了志愿者参与社区建设，另一方面居民可在社区联盟单位内享受兑换服务和折扣优惠，形成了需求互补、服务互助、情感互融的未来治理新格局。

绍兴市越都社区构建了“特色党小组—志愿服务队”的新型组织架构，招募社区联盟党委、红色物管等单位的在职党员、志愿者等力量加入。通过党建带群建促社建，挖掘骨干力量，成立太极社团、书画社团、摄影社团、茶艺社团等社群组织，满足群众的精神文化需求。嘉兴市南苑社区则通过“社—校—民”的多元合作机制、“社群运营+积分银行”以及“全龄幸福学堂”，以“人人奉献、人人享受”的邻里积分系统，激发居民公益参与和睦邻互助内驱力，打造15分钟幸福生活圈。

二是强化民主协商，提升社区治理和谐度。未来社区广泛采取小区党支部领导下的“合议评议团”民主协商模式，组织动员专业力量与群众力量一同融入小区治理，切实有效化解矛盾、推进工作。数字化模块基本实现了协商议事、民主决策的线上执行，大大提高了民主协商的覆盖面。同时，将协商议事放到楼道单元体内，推动民主协商重心下沉，努力做到问题解决不出小区，小事不出楼道，化解各类矛盾。

杭州市江干区积极探索建立党建引领公约自治体系，实现社区党组织、小区党支部、居民代表、小区物业和业委会参与的“邻里坊”居民自治公约体系建设，推动实现居民议、居民管、居民评的良好局面。通过问卷摸排、居民共商，有效破解垃圾投放点减点并桶、电瓶车充电桩选点、幢间道路拓宽、安装加装电梯、停车位增容等人民群众切实关心的生活问题。

第四，切实保证社区资源落实到普通民众生活上。在传统的社区治理模式中，社会组织参与社区治理的资源主要依赖政府购买社会服务的资金，多通过项目制的方式进行。社区与社会组织之间并未建立平等协商、互助合作的主体关系。社会组织的需求评估往往基于政府（社区）需求的导向，或者访谈社区精英了解情况，导致服务项目与群众的需求不相匹配，出现了社区资源注入增多，但是社区组织活动开放性不足，无法吸引普通民众，导致民众获得感低的现象。党建引领的未来社区治理从两条路径保障了社区资源能够切实地注入普通居民的日常生活。

一是直接为特定群体提供专业化的社会服务，比如开展针对失独老人、空巢老人、贫困家庭等弱势群体的特殊服务，其中社会工作服务站是最重要的载体。未来社区的社工站，通过统一整合社会救助、未成年人保护、慈善、养老等民政服务资源，打造一批具有民政辨识度的服务窗口和平台。同时，建立“项目清单”和“服务清单”制度。“项目清单”列出的是需求，包括社工发现的居民需求和政府主动购买的服务项目；“服务清单”列出的是供给，包括社工站有能力承接的服务和其他社会组织的服务。社工站通过联结两个清单，精准解决需求和供给的问题。

二是指向社区民众，通过培育内生的社区型社会组织满足社区居民的闲暇娱乐需求，并带动部分居民参与公益服务。在党建引领模式下，党小组组长往往兼任楼门长、居民代表、社区志愿者等，其自身既是社会组织的骨干也是社区的积极分子。在社区两委的引领下，社区民众的民意不再是沉默对象，普通民众的基本公共服务需求更易进入社区的视野，并将社会组织孵化和培育内生于社区的社会组织打造为社区治理的亮点。同时，社区积极分子、社区型社会组织的骨干在党建引领下，能够充分发挥二次带动作用，挖掘与培育更多社区积极分子，带动更多普通居民参与社区治理。社会组织拥有了最广泛的群众基础，得以长久扎根于社区。例如，杭州市的东新园小区设立 6 个小区党组织、15 个楼道党支部，有 12 个合唱队、民乐团等群众性社团，每年举办上百场活动，构建了融洽的新型现代化基本单元。

第四节　推进社区治理现代化建设的政策建议

在中国式现代化的建设中，以社区为基本治理单位充分发挥基层的主导作用，在社区范围内统筹谋划和实施社会治理。社区治理现代化建设就是要按照中央关于社会治理现代化的总体要求，以社区为主要治理载体，以治理理念现代化、治理体系现代化、治理能力现代化为重点内容，加快提升社会治理的社会化、智能化、专业化水平的发展过程。通过充分发挥各级党委的领导核心作用，在社区范围内形成有效整合社会各方资源、动员社会各方力量参与的共建共治共享的社会治理格局。将大数据、云计算、人工智能等现代智慧技术融入治理全过程，打造出集约高效、精确精细的市域社会治理体系。在社区范围内建成一个社会治理专业人才发展体系，能够培养和储备一支高素质的专业化干部队伍和社会治理各类人才队伍。

当前要以党建引领为核心、以五社（社区、社工、社会组织、社会企业、社会高校）联动为基础、以数字创新为驱动，大力推进社区治理现代化建设，在推进基本公共服务均等化、共同富裕、社会治理现代化方面都有借鉴意义。

第一，充分发挥基层党组织的领导核心作用，依靠党的政治优势和组织优势，以党建促治理，充分发挥基层党组织在基层社会治理体系中的核心作用。一是围绕社区中心党委、社区党组织、共建单位党组织，充分发挥党的组织协调优势。吸引央企、国资、部委相关资源投入社区建设，实现共赢互惠。二是坚持党组织的全域覆盖，社区党总支、小区党支部、楼道党小组构成了覆盖社区治理各领域的坚强组织网格。三是把政治素质、协调能力、服务水平、作风品行过硬的优秀人才选到社区党组织书记岗位，以带头人凝聚党员、“两代表一委员”、群众积极参与到社区治理的工作中。

第二，以政府有为确保市场有效，充分调动市场主体的积极性，共谋共商共建未来社区，把可持续性作为提供公共服务的主攻方向。由政府部门牵头、引导城市的未来社区产业联盟、未来社区发展研究中心，集聚企业、研究院所等各方力量，广泛参与到解决方案供应库、政策制定、标准迭代、试点遴选等工作，有力地推动试点建设。

第三，大力推动专业化社区工作者、社会组织参与社区治理。目前有大量城乡社区工作者参与到社区治理工作中。现代化社区为登记注册、业务申请和项目推进等提供服务便利，构建区、街道、社区三基联动的组织孵化平台，积极培育发展社区社会组织。以社区有场地、公益出服务的模式，与动员志愿者、专业化公益组织协同共建未来社区。

第四，群众自治机制建设进一步深化。始终坚持把居民满意度、获得感和方便宜居作为未来社区建设的评价指标。以数字化平台为契机，拓展公众建言献策渠道，把社会期盼和群众智慧吸收到建设方案中。推行居民互助自治，建立积分换服务、服务换积分机制，探索“时间银行”等居民互助模式。鼓励通过社区基金会等公益性组织，对社区居民自治和公益性活动予以支持。

第五，坚持“数字赋能、整体智治、高效协同”，形成数字社会基本功能单元系统，打造社区数字生活新空间。把数字技术的应用广泛聚焦在社区便民服务、居民健康生活、社区民主共治、邻里融洽生活等日常场景中。在便民的高频事项中推广数字应用，为社区居民提供个性化综合服务。高度重视居民健康生活方面，打造社区智慧微诊室，通过远程问诊、自助购药、基础医疗检测等，创新社区就医模式；推进“互联网+护理”模式，通过智能感应、健康监测、一键求助等物联网设备，赋能社区老年人综合照护服务。建立“社区在线圆桌会”平台，围绕居民关心的小区环境整治方案评议、业委会选举、物业服务评价等，定期开展居民议事、民主评事，激发多方主体广泛参与社区自治。建立社区居民线上互动平台，通过社区活动线上组织报名、居民闲置资源互换、专业技能分享、互助信息发布、兴趣社团组建等，营造“远亲不如近邻”的融洽社区生活氛围。

（本章执笔：李铮）

第三十二章
促进高质量社会救助的机会公平

共同富裕是社会主义的本质要求，也是中国式现代化的重要特征，还是高质量发展的重要内容。习近平总书记在《扎实推动共同富裕》中进行了深入阐述，认为民生保障依然是共同富裕的重要组成部分。[①] 中国依然处于社会主义初级阶段，实现共同富裕具有长期性和复杂性的特征，其实现过程也必然是分阶段推进的。[②] 共同富裕既是富裕的过程，也是共同的过程，“分好蛋糕”体现在成果共享、机会共享，各种公共服务共享等，[③] 兜底性社会救助是中国后扶贫阶段救助和帮扶低收入群体的重要方式，也是“分好蛋糕”的环节之一。然而，随着中国扶贫政策的不断深入和调整，后扶贫时代，低收入人口的特征更加分散。面对经济社会环境和覆盖对象的变化，相关政策也应该随之变化，[④] 党的二十大报告中明确提出要“健全分层分类的社会救助体系”，从而更充分、更平衡地满足该阶段低收入人口的受助需求。

在推进共同富裕的过程中，最艰巨的任务在农村。在健全分层分类社会救助体系的过程中，农村低收入群体不仅是不容忽视的群体，而且是重点救助群体。在中国农村推行的“两不愁三保障”扶贫政策

---

① 习近平：《扎实推动共同富裕》，《求是》2021 年第 20 期。

② 李培林、崔岩：《从乡村入手分阶段推进共同富裕的目标和路径》，《学海》2022 年第 1 期。

③ 李实、朱梦冰：《推进收入分配制度改革　促进共同富裕实现》，《管理世界》2022 年第 1 期。

④ Feldstein, M., “Rethinking Social Insurance”, *The American Economic Review*, 2005, 95 (1): 1-24.

已经显露出了多个维度分类救助的特征。然而，值得关注的是，建档立卡识别贫困户的基础依然是“以农户收入为基本依据，综合考虑住房、教育、健康等情况”①。由此可见，收入依然是农村贫困人口识别的核心依据。这并不能充分体现出社会救助中分类的特征。如果需要教育、医疗和住房救助的群体与需要收入救助的群体之间重叠率较高、错配率较低，那么以收入作为受助群体的识别标准则具有较高的瞄准率，获得社会救助的机会也更具有公平性；相反，如果它们之间的重叠率较低、错配率较高，以收入作为识别依据则仅能覆盖一小部分需要教育、医疗和住房救助的群体，那么社会救助的错配程度就比较高，仅在教育、医疗和住房方面需要救助，而不需要收入救助的群体，则难以被社会救助覆盖，由此将会带来较为严重的机会不公平。在受助群体需要扶助的维度和类别越分散时，该问题带来的机会不公平会越严重。社会救助分类不清带来的机会不公平与共同富裕的思想相背离。共同富裕实现的过程是改善发展不平衡不充分的过程，也是形成人人享有的合理分配格局的过程。社会救助作为共同富裕过程中重要的民生保障机制，促进机会公平是其不断完善的题中应有之义。

分类救助的思想与多维贫困的理念一致，虽然已有学者对收入贫困与多维贫困之间的差异进行了分析，② 但在以下几个方面依然存在不足：一方面，使用的数据相对陈旧，未能对 2012 年以来中国的扶贫政策与多维贫困之间的不同进行讨论。另一方面，研究使用的中国健康和营养调查（China Health and Nutrition Survey，CHNS）数据在研究贫困问题方面的代表性相对较差。CHNS 抽样的省份集中在东北到西南的狭长地带上，这与 2010 年后中国农村贫困人口主要集中在老

---

① 参见《人类减贫的中国实践》，http://www.xinhuanet.com/2021-04/06/c_1127295868.htm。

② Wang, X., H. Feng, Q. Xia, and S. Alkire, “On the Relationship between Income Poverty and Multidimensional Poverty in China”, OPHI Working Paper, No. 101, 2016, https://ophi.org.uk/on-relationship-between-income-poverty-and-multidimensional-poverty-in-china/; Alkire, S., and Y. Shen, “Exploring Multidimensional Poverty in China: 2010 to 2014”, in Bandyopadhyay, S. ed., *Research on Economic Inequality*, Emerald Publishing Limited, Leeds, 2017, pp. 161-228；冯贺霞、王小林、夏庆杰：《收入贫困与多维贫困关系分析》，《劳动经济研究》2015 年第 6 期。

少边穷地区的区域特征存在一定差异。基于此，本章以中国农村的"两不愁三保障"为切入点，探讨分类社会救助的缘起及其理论基础；利用覆盖范围更广、代表性更高的中国社会状况综合调查（Chinese Social Survey，CSS），分析"两不愁三保障"救助的分配方式和结构，厘清其与分类社会救助之间的差异；讨论各类社会救助群体的规模、各类社会救助之间的分散性，以及获得社会救助的机会公平性；最后以此为基础，从分类的视角完善社会救助，提出健全分类社会救助的相关政策建议，以促进社会救助的机会公平。

第一节　分类社会救助的发展

社会救助与居民生活水平息息相关，其也需要随着经济社会的发展而不断调整，改革开放以来，我国社会救助不断调整，本部分首先对我国社会救助制度的发展进行梳理，然后以2020年出台的《关于改革完善社会救助制度的意见》中的重点任务"建立健全分层分类的社会救助体系"为背景，对分类社会救助的缘起进行阐述，并将其与我国农村的"两不愁三保障"进行比较。

一　我国社会救助制度的发展

社会救助不仅仅是一套设计精良和完美运行的项目，同时也需要满足一些准则：[①] 一是恰当性。社会救助制度应当与其他公共政策相互平衡，以满足居民的特定需求。二是充足性。社会救助应该能够涵盖不同群体的需求，包括长期贫困、暂时性贫困、因改革受到影响的群体等。三是公平性。社会救助对受助者应该是公平的，为个人或者家庭提供的救助应该是公平的。四是高效性。高效性可以使社会救助资源能够被更加有效地使用，高效性一方面降低了行政成本，另一方

① Grosh，Margaret，Carlo del Ninno，Emil Tesliuc，and Azedine Ouerghi，"For Protection and Promotion：The Design and Implementation of Effective Safety Nets"，World Bank，Washington，D. C.，2008，pp. 2-3.

面也可以使有限的资源发挥最大的功能。五是激励相容性。社会救助应该能够改变家庭行为，促进家庭收入提高；另外，为了促进社会救助的正效应，社会救助在符合充分性的同时应该保持在最低限度。六是可持续性。社会救助在财政上应该是可持续的，避免启动和停止带来的资源浪费和机会损失。七是动态性。良好的社会救助体系应该随着时间的推移而不断改变。随着经济社会的发展，或者是受到冲击时，社会救助体系应该随之发生变化。

根据上述社会救助制度体系的设计和实施准则来看，社会救助体系并不是一成不变的，而是随着经济社会发展不断变化的，而且在变化过程中应该与其他公共政策保持平衡。我国的社会救助制度的设计和实施也不断发展变化，与上述准则相契合（见表 32-1 和表 32-2）。

表 32-1　　农村扶贫政策的政策节点

年份	政策节点	救助群体	救助维度	救助标准	救助方式
1982	三西区域试点	农村居民	收入—温饱	1978 年标准	
1985	全国区域扶贫	农村居民	收入—温饱	1978 年标准	
1986	确定贫困县	农村居民	收入—温饱	1978 年标准	
1994	八七计划	农村居民	收入—温饱	1978 年标准	开发式扶贫
1996	开发式扶贫	农村居民	收入—温饱	1978 年标准	
2001	扶贫开发纲要（2001—2010 年）	农村居民	收入—温饱	1978 年标准 2008 年标准	开发式扶贫 综合开发
2008	调整贫困标准	农村居民		2008 年标准	调整贫困标准
2011	扶贫开发纲要（2011—2020 年）	农村居民	巩固温饱成果，两不愁三保障	2010 年标准	开发式扶贫、社会保障、全面扶贫、专项扶贫、社会扶贫
2012	精准扶贫	农村居民	两不愁三保障全面实现	2010 年标准	五个一批、多元化

表 32-2　　最低生活保障政策的政策节点

年份	政策节点	救助群体	救助维度	救助标准	救助方式
1993	上海市首建	城市居民	收入	最低生活标准	向低保户直接发放

续表

年份	政策节点	救助群体	救助维度	救助标准	救助方式
1996	提出农村最低生活保障制度	农村居民	收入	最低生活标准	向低保户直接发放
1997	向全国推行	城市居民	收入	最低生活标准	向低保户直接发放
1999	《城市居民最低生活保障条例》	城市居民	收入（维持基本生活需求，适当考虑水电燃气和未成年人教育）	最低生活标准	向低保户直接发放
2007	全面建立农村最低生活保障制度	农村居民	收入	最低生活标准	
2012	应保尽保	城市、农村	收入	最低生活标准	
2012	最低生活保障审核审批办法（试行）	城市、农村审核审批统一	收入	最低生活标准	向低保户直接发放
2020	扩大覆盖范围	城市、农村	收入	最低生活标准 1.5 倍最低生活标准	
2020	建立健全分层分类社会救助	城市、农村	收入、专项、急难	低保、特困、低收入家庭	向低保户直接发放补助+服务

从救助覆盖群体来看，我国社会救助首先始于对农村贫困的扶助，此后才建立了中国城镇最低生活保障制度，将城镇低收入群体纳入社会救助的体系。改革开放初期，相对城市而言，我国农村贫困率较高。基于此，起初在农村开展的扶贫是以区域为扶助对象的，首要解决贫困县的贫困问题。2000 年年底“八七计划”的目标基本实现，非贫困县的贫困人口问题逐渐凸显，扶贫救助覆盖的群体在贫困县的基础上又涵盖了个体贫困。2007 年在农村建立了农村最低生活保障制度，该制度主要覆盖贫困个人及贫困家庭，拓展了贫困县以外的贫困救助。相对农村而言，我国城市的社会救助起步较晚，1993 年首先在上海推行。随着国有企业改革，下岗职工规模不断扩大，城市贫困问题逐渐凸显，1997 年发布了《国务院关于在全国建立城市居民最低生活保障制度的通知》，提出 1999 年年底以前，县级市和县政府所在地的镇要建立起这项制度。

从救助覆盖维度来看，我国社会救助，特别是农村扶贫政策，经历了从单一的收入救助到“两不愁三保障”式的综合救助。起初，我国农村地区面临的贫困问题主要是温饱问题，虽然也面临其他维度的问题，但是相对而言，温饱问题更加突出。贫困扶助的维度是单一的收入扶贫，以解决温饱问题。以 1978 年农村贫困标准来核算，2000 年我国农村贫困人口的温饱问题已经基本解决，2001 年提高贫困标准之后，又展开了十年的收入扶贫。此后，农村扶贫的覆盖维度从单一的收入开始转向了多维的“两不愁三保障”。城市的最低生活保障制度同样是以收入为救助维度。尽管 1999 年的《城市居民最低生活保障条例》提出，在制定城市社会救助标准时要适当考虑水电燃煤（燃气）费用以及未成年人的义务教育费用，但是这依然体现在收入当中。自 2012 年开始，最低生活保障审批制度在城市和农村逐渐统一，城市和农村的最低生活保障制度也逐步合并。2020 年国务院印发了《关于改革完善社会救助制度的意见》，将建立健全分层分类的社会救助体系作为重点内容。社会救助体系的维度大幅扩展，包括基本生活救助、专项社会救助以及急难社会救助。其中，健全专项社会救助包括医疗救助、教育救助、住房救助、就业救助、受灾人员救助。由此可见，社会救助的维度进一步扩展。

从救助标准来看，我国的社会救助标准起初较低，然后逐渐提高。我国农村的贫困标准经历了几次较大幅度的调整。1978—2007 年采用的是 1978 年的贫困标准，这一期间该标准虽然也有调整，但是幅度较小。2008 年贫困标准大幅提高。将 2008 年的贫困标准折算至 2002 年，则该标准在 2002 年为每人每年 869 元，比 2001 年当时的贫困标准 627 元提高了 38.6%。2011 年农村贫困标准再次提高，按照 2010 年的购买力水平，达到了每人每年 2300 元，此后逐渐调整，2019 年的农村贫困标准已经达到了每人每年 3218 元，超过世界银行每人每天 1.9 美元的标准。城镇最低生活保障中的最低生活标准由县级以上地方人民政府确定，其主要依据当地的基本生活水平而制定。随着经济社会的发展，最低生活保障标准也在不断变化。

从救助方式来看，我国农村的扶贫救助起初是连片式、区域性救助，以农村开发式扶贫为主。这一期间主要是促进当地经济发展，加强基础设施建设，改善农村的生产生活条件等。随着扶贫政策的深入以及经济的发展，贫困地区也发生了变化，大规模区域性连片性贫困程度下降，贫困问题集中体现在革命老区、人口较少的民族地区以及边境地区；同时，非贫困县的贫困人口问题逐渐凸显。扶贫救助的方式则逐渐转为精准扶贫，更加侧重于瞄准贫困个体，而不是贫困地区。农村扶贫方式在开发式扶贫的基础上，增加了更加针对贫困个体的农村低保。与此同时，转移支付的力度也不断加强，2020 年中央财政专项扶贫资金达到 1465 亿元，是 2013 年 381 亿元的 3.85 倍。①

二　分类社会救助的缘起

机会不平等是实现共同富裕的主要障碍之一，个体是否陷入低收入陷阱很大程度上取决于个体很难改变的机会因素。② 陷入低收入的群体在获得社会救助时同样面临机会公平问题，社会救助的机会不公平则会给低收入人口提高收入、打破低收入陷阱和能力贫困带来更大困境。分类社会救助与多维贫困的理论具有一致性，即从多个维度、多个类别来提供救助，避免个人或者是家庭陷入贫困。本部分以多维贫困理论为基础，分析分类社会救助的缘起以及其中机会公平的思想。Sen 明确提出从多个维度理解贫困的理念，并提出“能力贫困”的概念。③ 能力是指可行性能力，Sen 将其定义为“人们能够做自己想做的事情、过上自己想过的生活的能力”④。然而，可行性能力难以度量，所以通过一组功能性活动来代表可行性能力，即作为可行性

---

① 数据来源于《人类减贫的中国实践》，中华人民共和国中央人民政府网，https://www.gov.cn/zhengce/2021-04/06/content_5597952.htm，2023 年 1 月 5 日。

② 史新杰、李实、陈天之等：《机会公平视角的共同富裕——来自低收入群体的实证研究》，《经济研究》2022 年第 9 期。

③ Sen, A. K., “Poverty: An Ordinal Approach to Measurement”, *Econometrica*, 1976, 44 (2): 219-231.

④ Sen, A. K., “Poor, Relatively Speaking”, *Oxford Economic Papers*, 1983, 35 (2): 153-169.

能力的代理指标。功能性活动包括免于饥饿、获得衣着和住房、接受教育、保持健康以及参与社会活动等多个方面，这也将贫困研究的关注点从收入拓展至多个维度。Sen 提出，当以这些功能性活动为基础的基本可行性能力被剥夺时，则陷入贫困。[①] 尽管收入低是导致生活贫困的重要因素，但并不是唯一因素，更好的教育和医疗条件等在改善生活质量的同时，具有提高能力的作用，从而帮助低收入群体获得更高的收入，而且收入并不能完全弥补被剥夺的其他功能性活动。从救助“能力贫困”的目标来看，其主要在于补足被剥夺的能力，或者是补足能力短板，使被剥夺的能力能够恢复至贫困标准的水平。更为重要的是，收入和其他维度之间并不具有完全的互补性，这也是多维贫困被提出的基石，多维贫困中各个维度之间具有一定的独立性。在更多维度为贫困人口、低收入群体提供救助，则为受助者在获得社会救助时提供了较为公平的机会，避免其因个人因素而不能改变的境遇而落入低收入陷阱。

按照多维贫困的理论，“两不愁三保障”式的分类救助是一种“单维多扶”，并不是完善的分类救助。在多维贫困中，收入只是多维中的一个维度，收入贫困、教育贫困、医疗贫困、住房贫困等维度并非完全重叠，甚至在一定程度上是相互独立的。即使个人或者家庭的收入高于收入贫困的识别标准，并不存在收入贫困，但是其在其他维度却未达到相应的标准，从而也需要一定的救助。与此不同的是，“两不愁三保障”的核心依然是提高收入，同时综合考虑了教育、医疗和住房。相比于明确的收入贫困标准，其他维度贫困标准的客观性较差，与收入贫困捆绑在一起。一般来说，根据收入建档立卡的贫困户才能享有教育、医疗和住房方面的救助。这极有可能带来社会救助覆盖面不足的情况，在教育、医疗或者住房方面需要救助，但在收入方面并不需要救助的个人或者家庭难以获得相关维度的社会救助；同时，这更可能形成各类社会救助集于一户的局面，减弱了其分类救助的特征，也降低了获得社会救助的机会公平性。这有悖于共同富裕推

① Sen, A. K., *Development as Freedom*, Oxford University Press, 1999.

动过程中关于人人享有的原则。

第二节　分类社会救助的测量方法及指标选取

本节从分类救助的角度出发，借鉴多维贫困的测算方法，计算中国农村不同维度上的贫困，以及综合的多维贫困。以此为基础，分析中国农村多维贫困的特征；讨论其他维度贫困与收入贫困之间的错配程度以及现阶段社会救助面临的机会不公平。本部分首先介绍多维贫困的测算方法，此后讨论不同维度上的指标选取以及识别标准。

一　分类社会救助的测量方法：多维贫困测量

本部分根据 Alkire 和 Foster 依据 Sen 提出的可行性能力理论，建立的多维贫困测量方法，即 AF 贫困指数，[①] 对中国农村 2013—2019 年的多维贫困进行测量。具体计算公式如下：

$$H=H(y;\ z)=q(y;\ z)/n,\ q(y;\ z)=\sum_{i}^{n}\rho_k(y_i;\ z),\ i=1,\ 2,\ \cdots,\ n \tag{32-1}$$

$$A=\sum_{i=1}^{n}g_i^0(k)/(qd),\ i=1,\ 2,\ \cdots,\ n \tag{32-2}$$

其中，式(32-1)表示多维贫困率，$q(y;\ z)$是处于多维贫困中的人数，n 是总人口数。在识别个体 i 是否处于多维贫困时，首先需要判断个体 i 是否在某一个维度 j 上存在贫困，如果个体 i 在维度 j 上的指标低于维度 j 的贫困标准 zj，则个体 i 在维度 j 上存在贫困，即 $pij=1$，否则 $pij=0$。其次需要进行综合判断，个体 i 是否存在多维贫困。这时需要进行加总计算，目前比较常用的加总方法有交集加总和并集加总两种。交集加总是指所有维度都存在贫困时，在总体上个体 i 才

① Alkire, S., and J. Foster, "Counting and Multidimensional Poverty Measurement", *Journal of Public Economics*, 2011, 95 (7-8): 476-487.

是贫困的，强调各个维度之间存在互补性。但值得注意的是，当维度个数不断增加时，交集加总将会使贫困人口规模大幅缩减，同时也会将那些比较贫困的人口排除在贫困人口之外。或者说，基于交集加总识别出来的贫困人口往往是贫困人口中最贫困的个体。并集加总是指只要在一个维度上存在贫困，在总体上个体 i 就是贫困的，这强调各个维度之间完全互斥，几乎不具有互补性，其存在的问题是，难以识别出最困难的群体。在分析研究中，因为每个加总方法都具有各自的缺陷，为了更加全面地识别多维贫困的程度一般会采用多个加总的方式。AF 贫困指数采用的办法是，选择一个维度个数的判断值 k，且 $0<k\leqslant d$（d 是维度的总数），如果个体 i 陷入贫困的维度个数是 c_i，且 $c_i\geqslant k$，那么，个体 i 在总体上是贫困的，即 $\rho_k(y_i;\ z)=1$。

式（32-2）表示贫困宽度。当存在多个维度时，在维度个数判断值 k 不变的条件下，当贫困个体 i 陷入贫困的维度增加时，也就是 c_i 变大时，贫困人口的总量其实并没有发生变化，贫困率 H 也没变。然而，贫困个体 i 的贫困维度个数 c_i 增加一定会提高其自身的贫困程度。为此，在贫困率 H 的基础上补充了关于贫困宽度的指标 A。其中，当 $c_i\geqslant k$ 时，$g_i^0(k)=c_i$；当 $c_i<k$ 时，$g_i^0(k)=0$。由此，$g_i^0(k)/d$ 反映了贫困个体 i 所遭受贫困的程度，A 可以表示贫困群体所遭受的平均贫困程度。

由此，调整后的贫困率为 $M_0=HA$，其对贫困率具有较高的敏感性，同时对贫困宽度也具有较高的敏感性。根据 M_0 的特征可知，M_0 既适用于连续型指标，也适用于离散型指标，而且变量类型对测算结果并不具有影响。

二　分类社会救助指标的选取

Sen 以可行性能力为核心对福利进行了界定，然而由于可行性能力并不能被直接观测到，目前使用可行性能力方法进行分析的经验研究主要使用的是功能性活动，[①] 不过在指标选取方面存在比较大的争议。[②] 有学者认为，应该确定一个权威的指标清单，[③] 但 Sen 并不支持以权威清单的方式来选取指标。[④] 根据 Sen 的观点，Alkire 提出了选择清单的五个方法：基于数据、理论假设、公共共识、协商参与机制以及个人价值观。[⑤]

2011 年以来，中国农村兜底性救助的目标从单一目标调整为"两不愁三保障"，本部分根据 Alkire 的五个方法、"两不愁三保障"的目标、已有关于微观层面指标的研究，[⑥] 以及本部分所使用的中国社会状况综合调查数据，[⑦] 从以下四个方面来选取分类社会救助的类别以及标准（见表 32-3）。一是收入。收入是衡量一个家庭是否陷入贫困的重要维度，同时收入对应着救助目标中的"两不愁"。剔除社会救助收入之后，家庭人均收入低于当年贫困标准时，该家庭被定义为收入贫困家庭。二是教育。自中华人民共和国成立以来，义务教育发展迅速，年轻人的受教育水平与中老年人之间差异巨大。据此，本部分分别对劳动年龄人口和学龄儿童设定教育贫困标准。对于劳动年龄人口而言，受教育是重要的人力资本积累渠道，直接影响其收入

---

① Robeyns, I., "The Capability Approach in Practice", *Journal of Political Philosophy*, 2006, 14 (3): 351-376.

② Robeyns, I., "Selecting Capabilities for Quality of Life Measurement", *Social Indicators Research*, 2005, 74 (1): 191-215.

③ Nussbaum, M., "Capabilities as Fundamental Entitlements: Sen and Social Justice", *Feminist Economics*, 2003, 9 (2/3): 33-59.

④ Sen, A. K., "Capabilities, Lists, and Public Reason: Continuing the Conversation", *Feminist Economics*, 2004, 10 (3): 77-80.

⑤ Alkire, S., "Choosing Dimensions: The Capability Approach and Multidimensional Poverty", MPRA Paper No. 8862, https://mpra.ub.uni-muenchen.de/8862/, 2008.

⑥ 王小林、Sabina Alkire：《中国多维贫困测量：估计和政策含义》，《中国农村经济》2009 年第 12 期；张立冬：《中国农村多维贫困与精准扶贫》，《华南农业大学学报》（社会科学版）2017 年第 4 期；张全红、李博、周强：《中国多维贫困的动态测算、结构分解与精准扶贫》，《财经研究》2017 年第 4 期；沈扬扬、詹鹏、李实：《扶贫政策演进下的中国农村多维贫困》，《经济学动态》2018 年第 7 期。

⑦ 本部分使用的数据来自中国社会科学院社会学研究所开展的中国社会状况综合调查，因为"两不愁三保障"于 2012 年全面推行，所以本部分主要使用 2013 年、2015 年、2017 年、2019 年四轮入户调查数据进行分析。该调查采用分层随机抽样方式，相应年份农村居民的样本量分别是 5611 户、4662 户、4654 户、4481 户，对中国农村人均收入水平、贫困发生率等具有很好的代表性。

水平。结合农民工群体以初中毕业生为主的特征，当16—50岁家庭成员的受教育水平为“未上学”时，则被访者面临家庭教育方面的贫困。而且，如果16—50岁家庭成员的受教育程度为“未上学”，其本身是存在教育贫困的，更有可能需要相关的职业培训，从而弥补其在教育上的不足。对于学龄儿童而言，教育具有打破代际贫困传递的功能。另外，当家庭收入受限或者受到外来不利冲击时，教育支出更可能被减少。[①] 对于学龄儿童，当家庭中有6—15岁家庭成员且被访者认为“子女教育费用高，难以承受”时被视为贫困。6—15岁学龄儿童正处于义务教育阶段，该阶段的家庭教育支出较少，如果被访者认为教育支出负担难以承受，则认为其家庭存在教育贫困。三是医疗。疾病是中国农村较为重要的致贫原因。疾病一方面提高了家庭的医疗支出需求，另一方面也降低了患者的劳动能力，从而对其就业带来负面影响。本部分选取两个指标来体现医疗贫困，一个指标是被访者未参与医疗保险。没有参与医保可能来自两个主要原因：第一，认为自己身体健康并不需要医疗保险；第二，存在支付困难，无力负担医疗保险，或者是即使参与了医疗保险也难以负担自付的部分，从而放弃了医疗保险的参与。农村居民参与的医疗保险主要是新型农村合作医疗（“新农合”），2011年参合率已经达到97.5%。[②] 新农合的缴费标准比较低，一般来讲其对家庭的经济负担比较轻，从风险规避的角度来看，参与新农合保险是最优的选择。没有参与医疗保险更可能是因为无力负担医疗保险。另一个指标是被访者对医疗负担的评价。四是住房。建造住房是较大的投入，需要长期的积累，所以住房状况在一定程度上能够反映长期贫困的特征。本部分也从以下两个方面设定住房贫困标准。其一是没有自住房，中国农村居民家庭有自己的宅基地，没有自建住房的可能性比较低。其二是房屋购建年限。问卷中明确了家庭住房购买或自建的时间，但没有涉及最近一次修葺的时间。

---

① 杜凤莲、孙婧芳：《劳动力市场收入冲击对消费行为的影响》，《经济理论与经济管理》2007年第11期。

② 参见《中华人民共和国2011年国民经济和社会发展统计公报》，http://www.stats.gov.cn/tjsj/tjgb/ndtjgb/qgndtjgb/201202/t20120222_30026.html。

鉴于此，采用房屋购建年限作为住房的另一个指标。当房屋购建年限超过 40 年时，该家庭被视为存在住房贫困。

表 32-3　　多维贫困的维度

维度	指标	贫困标准
收入	家庭人均收入	家庭人均收入（不含社会救助）低于当年贫困标准
教育	教育年限	有 16—50 岁家庭成员的受教育水平为“未上学”
	教育支付能力 1	有 6—15 岁家庭成员且被访者认为“子女教育费用高，难以承受”
医疗	医疗保险 2	被访者没参与医疗保险
	医疗支付能力 3	被访者认为“医疗支出大，难以承受”
住房	自住房所有	没有自住房
	房屋购建年限 4	房屋购建年限超过 40 年

注：1. 问卷“在过去 12 个月中，您或您家庭遇到下列哪些生活方面的问题?”这一题项中包含“子女教育费用高，难以承受”，这其中可能还包含上高中和大学的情况，本部分通过年龄将其聚焦于义务教育阶段。

2. 问卷关于社会保障的调查中包含“您目前有没有下列社会保障?”这一题项，这其中包含城镇职工基本养老保险、城乡居民社会养老保险、农村社会养老保险（新农保）。

3. 问卷“在过去 12 个月中，您或您家庭遇到下列哪些生活方面的问题?”这一题项中包含“医疗支出大，难以承受”。

4. 由于问卷关于住房的调查中包含“购买（或自建）时间”，所以可以得到最近一次购建房的时间距问卷调查时的年限。例如，在 2019 年的问卷中，最近一次购建房是在 2013 年，那么房屋购建年限为 6 年。

第三节　各类社会救助群体之间的分散性及机会不公平

在收入、教育、医疗和住房方面需要获得救助的群体越分散，“两不愁三保障”式社会救助则越难覆盖收入不贫困但其他维度存在贫困的群体，进而带来更大的机会不公平。本部分以多维贫困的测算方法为基础，分析各类受助群体之间的分散性，以及“两不愁三保障”式社会救助存在的覆盖不足与机会不公平。

一　各类社会救助受助群体的规模

首先，从收入维度来看，2013—2019 年，中国农村的收入贫困率呈现波动上升的趋势。这与《中国农村扶贫监测报告》中的贫困率存在较大差异。主要是因为，为了体现农村居民家庭的贫困程度，本章在计算收入水平时，剔除了社会救助收入，只保留了家庭在获得社会救助之前的可支配收入。与此不同的是，《中国农村扶贫监测报告》中的贫困率对收入的衡量是考虑了救助资金等社会救助收入之后的可支配收入。另外，剔除社会救助收入之后，农村居民收入贫困率呈现波动上升趋势也与 2012 年实施精准扶贫以来贫困标准的上升有一定的联系。2013—2019 年，收入贫困标准从每人每年 2736 元上升至 3218 元，平均每年增长 2.7%，但是各年增长的幅度存在一定差异。结合表 32-4 中的中国农村居民收入贫困率的变动来看，当贫困标准提高幅度较大时，收入贫困率的上升幅度也较大。2015—2017 年贫困标准提高幅度较小，仅提高了 1.7%，在获得社会救助收入之前，2017 年中国农村居民的收入贫困率为 8.3%，比 2015 年的 9.6%有所下降；但 2017—2019 年贫困标准提高幅度达到 4.4%，对应着 2019 年的收入贫困率比 2017 年有较大幅度的上升。

表 32-4　　中国农村居民各维度的贫困程度

年份	收入	教育		医疗		住房		
		有 16—50 岁家庭成员受教育水平为“未上学”	有 6—15 岁家庭成员且被访者认为“子女教育费用高，难以承受”	被访者没有参与医疗保险	医疗支出难以承受	没有自住房	房屋购建年限超 30 年	房屋购建年限超 40 年
2013	0.063	0.121	0.136	0.074	0.326	0.022	0.088	0.023
2015	0.096	0.132	0.138	0.077	0.389	0.014	0.106	0.027
2017	0.083	0.081	0.149	0.179	0.366	0.030	0.094	0.024
2019	0.103	0.083	0.173	0.161	0.351	0.029	0.090	0.021

其次，从教育维度来看，劳动年龄人口与学龄儿童之间存在不同的变化趋势。对16—50岁的劳动年龄人口而言，其受教育水平在一定程度上会对其劳动能力和劳动收入产生影响，进而可能会给其家庭收入带来影响。被访者的家庭中，有16—50岁家庭成员受教育水平为“未上学”的占比有较大幅度降低，从2013年的12.1%降至2019年的8.3%。对于6—15岁学龄儿童而言，其主要处于义务教育阶段，该阶段家庭承担的教育成本较低。如果被访者认为其教育费用高则反映出家庭可能面临教育贫困。2013—2019年，被访者中，有6—15岁家庭成员且被访者认为“子女教育费用高，难以承受”的占比不断提高，从2013年的13.6%上升至2019年的17.3%，教育贫困有所上升。

再次，从医疗维度来看，相较于2013—2015年，被访者没有医疗保险的比例在2017—2019年发生较大变化。2013—2015年被访者没有医疗保险的比例低于8%，而2017—2019年该比例却超过了16%。这可能是因为在2016年城镇居民医保和新农合两保合一时，国务院发文对于覆盖范围提出，“农民工和灵活就业人员依法参加职工基本医疗保险”，一部分农村居民退出了新农合。[①] 然而，农民工参与职工类医保的比例一直都比较低，所以有一部分农村居民既未参与新农合，也未参与职工医保。另外，从医疗支出负担来看，超过30%的被访者认为医疗支出难以承受。虽然这个指标是一个主观判断，但也能够反映出中国农村家庭面临的医疗压力。

最后，住房维度两个指标对于贫困程度的衡量存在较大差异。一方面，基于中国农村家庭拥有宅基地的特征，没有自住房的被访者占比非常低，仅有3%的被访者没有自住房。另一方面，房屋购建年限超过30年的占比相对较高，在10%左右，而房屋购建年限超过40年

① 2016年，国务院出台了《关于整合城乡居民基本医疗保险制度的意见》（国发〔2016〕3号），对于覆盖范围提出，“城乡居民医保制度覆盖范围包括现有城镇居民医保和新农合所有应参保（合）人员，即覆盖除职工基本医疗保险应参保人员以外的其他所有城乡居民。农民工和灵活就业人员依法参加职工基本医疗保险，有困难的可按照当地规定参加城乡居民医保。各地要完善参保方式，促进应保尽保，避免重复参保”。

的占比则非常低，低于3%，两者之间差距巨大。一个家庭可能有多套住房，本章选取了最新的自住房的购买或购建时间作为衡量住房维度贫困的标准。在中国农村，购建住房需要长期积累，住房变化幅度也比较小，住房维度两个指标在2013—2019年相对稳定。

二　各类社会救助受助群体之间的分散性：多维贫困的综合评价

本部分在分析分类救助时，选取四个维度七个指标，并赋予指标相同的权重对多维贫困进行综合评价，从而反映各类社会救助受助群体之间的分散性。

在各指标等权重的情况下（见表32-5），如果有一个指标为贫困即被视为贫困（$k=1$），那么2013年中国农村居民中的54.0%处于贫困，需要救助。随着k值的提高，即要求同时处于贫困的指标增多时，多维贫困率不断下降。如果至少有三个指标（$k=3$）处于贫困才被视为贫困人口，那么2013年中国农村的多维贫困率为4%。进一步，2013年至少有五个指标（$k=5$）同时处于贫困的人口为0，即没有人五个指标同时处于贫困。2013—2019年，随着k值的升高，综合多维贫困率的变动趋势基本一致，即k值越高，综合多维贫困率越低。这反映出中国农村家庭的贫困维度相对分散，不同贫困维度之间的重合程度较低。由于没有自住房和房屋购建年限超过40年是互斥的，两种情况只能取其一，从计算结果来看，中国农村几乎没有六个指标同时处于贫困的群体。这与调查中的现实情况基本一致，收入、教育、医疗和住房同时处于贫困的家庭较少。这意味着，以收入为基础的“两不愁三保障”式社会救助的覆盖范围非常有限，一些仅在教育、医疗、住房方面需要救助的群体难以被覆盖，在非收入社会救助获得方面存在较大的机会不公平。从时间趋势来看，2013—2019年，综合多维贫困率呈现上升趋势。只要有一个指标处于贫困就被视为贫困人口时（$k=1$），综合多维贫困率从2013年的54.0%上升至2019年的61.2%；至少有三个指标存在贫困才被视为贫困人口时（$k=3$），综合多维贫困率从2013年的4.0%上升至2019年的5.5%；至少有五个指标存在贫困才被视为贫困人口时（$k=5$），综合多维贫困率从2013年的0上升至2019年的0.2%。这反映出，中国农村多维贫困的程度呈现上升态势，且各类社会救助受助群体之间的分散性依然较高。

表32-5　中国农村居民多维贫困的综合评价（各指标等权重）

贫困判断指标数	2013年		2015年		2017年		2019年	
	H	M_0	H	M_0	H	M_0	H	M_0
$k=1$	0.540	0.109	0.604	0.124	0.603	0.131	0.612	0.131
$k=2$	0.178	0.057	0.217	0.069	0.239	0.079	0.240	0.078
$k=3$	0.040	0.018	0.045	0.020	0.066	0.030	0.055	0.025
$k=4$	0.005	0.003	0.005	0.003	0.010	0.006	0.010	0.006
$k=5$	0.000	0.000	0.000	0.000	0.000	0.000	0.002	0.001

H与M_0计算结果的差异也反映出中国农村居民在不同维度上存在的贫困具有较强的分散性。根据前文H和M_0计算公式的比较可知，H值仅体现贫困指标的个数大于等于指标个数标准值k的贫困人口占比，但不能反映这些贫困人口所遭受的贫困程度。M_0值则综合考虑贫困率H和贫困人口遭受的平均贫困程度A。根据表32-5可知，2013—2019年对于k的不同取值，M_0值均远低于H值，就2019年而言，当$k=1$时，H值达到了61.2%，但是在考虑平均贫困程度A之后，M_0则降至13.1%。这说明虽然至少有一个指标处于贫困的人口规模较大，但是遭遇的贫困程度较低，平均而言处于贫困的指标为1.5个。当$k=3$时，2019年的M_0值为2.5%，平均而言贫困人口处于贫困的指标有3.2个。从H值到M_0值的变化同样反映出，各维度同时处于贫困的情况较少，存在贫困的维度是分散的，而且分散性较强。这意味着，以收入为基础的"两不愁三保障"式社会救助已经难以覆盖收入不贫困而其他维度贫困的群体，那么该群体在获得社会救助方面则存在较强的机会不公平，其难以获得非收入以外其他维度的社会救助，有悖于推动共同富裕中"人人享有"的原则。

三　各类社会救助群体之间面临的机会不公平

鉴于中国农村贫困人口的贫困维度在不同的指标上具有较强的分散性，本部分进一步对收入贫困与其他维度贫困之间的重叠率进行分析，从而更加清晰地反映出随着贫困人口贫困维度的变化，以收入为基础的“两不愁三保障”式社会救助中存在的机会不公平。

本部分以教育贫困、医疗贫困、住房贫困与收入贫困之间的错位程度来衡量以收入为基础的“两不愁三保障”式社会救助的机会不公平程度（见图 32-1）。如果收入贫困的家庭在教育、医疗、住房方面同时存在贫困，则认为完全无错位，不存在机会不公平。如果收入贫困的家庭在教育、医疗和住房上不存在贫困，教育贫困的家庭在收入、医疗和住房上也不存在贫困，以此类推，则认为存在完全错位，存在非常严重的机会不公平。一般而言，“单维多扶”的错位程度应该介于完全无错位和完全错位之间。基于“单维多扶”主要以收入贫困标准来衡量的特征，本部分主要分析讨论收入贫困与教育贫困、收入贫困与医疗贫困以及收入贫困与住房贫困之间的错位程度。如果两两之间的重叠程度为（40%，50%］，则认为错位非常轻微，机会不公平程度非常低；如果两两之间的重叠程度为（30%，40%］，则认为错位比较轻微，机会不公平程度比较低；如果两两之间的重叠程度为（20%，30%］，则认为错位一般严重，机会不公平程度一般；如果两两之间的重叠程度为（10%，20%］，则认为错位比较严重，机会不公平程度比较高；如果两两之间的重叠程度为［0，10%］，则认为错位非常严重，机会不公平程度非常高。[①]

---

① 错位程度的衡量标准具有比较强的主观性，重叠率可以选择多个范围。根据已有关于最低生活保障瞄准率的研究来看，普遍存在一定的错保和漏保（Chen，S.，M. Ravallion and Y. Wang，“Di Bao：A Guaranteed Minimum Income in China's Cities?”，World Bank Policy Research Working Paper，3805，2006），难以实现100%的瞄准率。本部分结合上述文献和专家打分的方式，选择以50%作为分界点，重叠率高于50%，则认为错位微小，即两者之间是基本一致的；如果重叠率低于50%，则认为错位不能忽视。同时，在［0，50%］区间，又以10个百分点作为一个间距，将错位程度分为五类：错位非常轻微、错位比较轻微、错位一般严重、错位比较严重、错位非常严重。

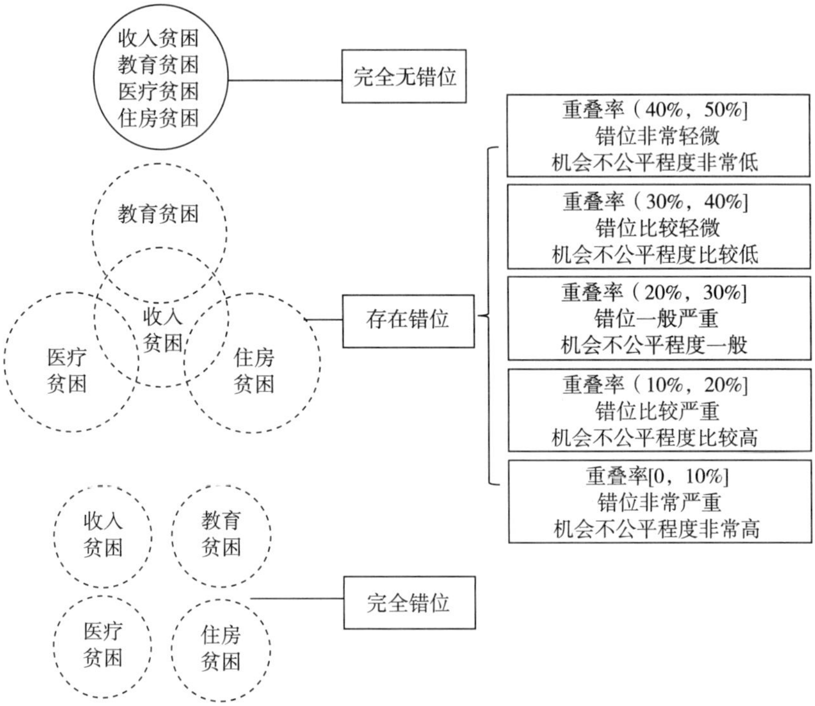

图 32-1 错位程度以及机会不公平程度示意

表 32-6 列出了收入贫困与其他维度贫困之间的错位程度。从教育贫困与收入贫困的错位来看，2013 年，在有 16—50 岁家庭成员受教育水平为“未上学”的处于教育贫困的被访者中，有 91.90%并不是处于收入贫困，存在收入贫困的仅有 8.10%。同年，有 6—15 岁家庭成员且被访者认为“子女教育费用高，难以承受”的教育贫困中有 93.34%是不处于收入贫困，存在收入贫困的有 6.66%。从收入贫困和教育贫困的比较来看，两者之间的重叠率不足 10%，这意味着这两者之间存在非常严重的错位。特别是对于“两不愁三保障”中的教育主要针对正处于学龄的儿童而言，收入贫困和教育贫困之间的错位更加严重。同时值得注意的是，6—15 岁人口主要集中于义务教育阶段，相比高中教育而言，义务教育阶段的费用比较低。然而，教育支出已经让一些非收入贫困的家庭感到负担较重。这也说明，教育贫困

是非常值得关注的。2019 年，教育贫困和收入贫困的重叠率有一定程度的提高，但依然处于错位比较严重的区间。有 6—15 岁家庭成员且被访者认为“子女教育费用高，难以承受”的教育贫困中同时存在收入贫困的仅有 10.33%。

从医疗贫困与收入贫困的错位来看（见表 32-6），2013 年没参与医保的被访者中仅有 5.93%处于收入贫困，也就是说，医疗贫困和收入贫困之间的重叠率仅为 5.93%，存在非常严重的错位。2013 年认为医疗支出难以承受的被访者中有 7.95%的被访者处于收入贫困，两者之间的重叠率也低于 10%，两者之间同样存在非常严重的错位。2013—2019 年医疗贫困和收入贫困之间的重叠率出现了较大幅度的上升。2019 年没有参与医保的被访者中有 11.33%处于收入贫困，两者之间的重叠率比 2013 年有所提高，其错位程度也有所改善，从非常严重的错位改善至比较严重的错位。就医疗支付负担而言，2015 年、2017 年和 2019 年认为医疗支出难以承受的被访者中分别有 10.81%、13.71%和 12.29%的被访者处于收入贫困，两者之间的重叠率相比于 2013 年有巨大幅度的提高，错位程度从 2015 年开始出现了一定改善，从非常严重下降至比较严重。

同教育贫困、医疗贫困与收入贫困的关系类似，2013—2019 年住房贫困和收入贫困的错位程度有所下降。2013 年，中国农村没有自住房的比例非常低，仅占 2.2%（见表 32-4），但是 2013 年这些住房贫困的被访者中也仅有 5.66%处于收入贫困，2019 年该比例上升至 9.69%。这意味着九成没有自住房的住房贫困家庭并不存在收入贫困。虽然两者之间的重叠率在 2013—2019 年有了较大幅度的提高，但依然低于 10%，仍处于错位非常严重的区间。从住房贫困的另一个指标来看，2013 年房屋购建年限超过 40 年的住房贫困被访者中，有 13.83%处于收入贫困，两者之间的重叠率位于（10%，20%］区间，住房贫困和收入贫困存在比较严重的错位。2015 年房屋购建年限超过 40 年的住房贫困被访者同时处于收入贫困的有 22.94%，两者之间的错位程度出现了下降，从比较严重的错位降至一般严重的错位；然

表 32-6　　收入贫困与其他维度贫困之间的错位程度：中国农村　　单位：%

年份	有 16—50 岁家庭成员受教育水平为“未上学”		有 6—15 岁家庭成员且被访者认为‘子女教育费用高，难以承受”		被访者没参与医保		医疗支出难以承受		没有自住房		房屋购建年限超 40 年	
	收入贫困	非收入贫困	收入贫困	非收入贫困	收入贫困	非收入贫困	收入贫困	非收入贫困	收入贫困	非收入贫困	收入贫困	非收入贫困
2013	8.10	91.90	6.66	93.34	5.93	94.07	7.95	92.05	5.66	94.34	13.83	86.17
2015	9.76	90.24	8.41	91.59	8.10	91.90	10.81	89.19	7.58	92.42	22.94	77.06
2017	15.40	84.60	10.53	89.47	9.63	90.37	13.71	86.29	10.59	89.41	22.69	77.31
2019	14.14	85.86	10.33	89.67	11.33	88.67	12.29	87.71	9.69	90.31	19.07	80.93

而，两者之间的重叠率在2019年出现了较大幅度的下降，错位程度进一步加剧。

通过收入贫困与教育贫困、医疗贫困和住房贫困之间的错位程度可以看出，当以收入作为“两不愁三保障”社会救助的核心识别指标时，有八成至九成的教育贫困、医疗贫困和住房贫困没有被覆盖在内。2013—2019年收入贫困与其他维度贫困之间的错位程度有了较大幅度的改善，但是从错位程度本身来看，依然是比较严重的错位。这意味着，虽然以收入为主要衡量标准的“两不愁三保障”式社会救助同时对收入贫困家庭的教育、医疗和住房提供了一定的保障，但是随着贫困维度分散性的提高，其与多维贫困视角下的收入扶助、教育扶助、医疗扶助和住房扶助存在非常大的差异。从分类社会救助的角度来看，收入贫困与其他维度贫困之间的严重错配降低了社会救助的机会公平性，与共同富裕所倡导的人人享有的合理分配格局相违背。

第四节　促进高质量社会救助的政策建议

《2020年人类发展报告》提出，发展是动态的，优先级和价值观会转变，所以度量标准也应转变。发展的视角同样适用于社会救助。中国已经进入扎实推动共同富裕的阶段，形成人人享有的合理分配格局是共同富裕的核心原则之一。人人享有并不是整齐划一的平均主义，其侧重于机会公平。社会救助作为共同富裕推动过程中的重要内容，其也必然遵循人人享有、机会公平的原则。基于此，本章从分类救助出发以机会公平的视角，借助多维贫困理论，分析讨论了中国农村分类社会救助的受助规模、受助群体之间的分散性；并依据教育贫困、医疗贫困和住房贫困与收入贫困之间的错配率，讨论了社会救助面临的机会不公平，为完善分类兜底性社会救助提供依据。研究发现：（1）各类社会救助受助群体的规模存在较大差异，收入贫困率、教育贫困率、医疗贫困率和住房贫困率之间存在较大差距；从时间趋势来看，中国农村的多维贫困程度呈现上升态势。（2）中国农村贫困的维度较为分散，收入贫困和其他维度贫困之间的重叠率非常低，存在较为严重的错位及覆盖不足，在“单维多扶”式的社会救助中，有超过八成的教育贫困、医疗贫困和住房贫困家庭没有被覆盖在内。这加剧了“两不愁三保障”社会救助的机会不公平；同时，也反映出其并不能满足分类进行社会救助的需求。

鉴于此，完善社会救助的过程中既要在分类的基础上促进机会公平，也要在提高获得感的同时避免社会撕裂和对兜底性社会救助的诟病，推动形成人人享有的合理分配格局。本章从以下几个方面提出相关的政策建议。

第一，打破其他维度救助与收入救助之间的高度捆绑，扩大兜底性社会救助的覆盖率，以分类救助促进机会公平。兜底性社会救助的来源必然是转移支付，而转移支付的再分配性质要求其具有合理性、公平性。打破其他维度与收入维度之间的高度捆绑和叠加，其作用在于，一方面，可以保障收入贫困以外的中低收入家庭在其他维度上的需求，避免其被排斥在所需的社会救助之外；另一方面，可以降低高捆绑带来的救助叠加，避免一个人或者一个家庭获得了多方面的救助，其可支配收入反而高于非贫困中的低收入家庭，从而带来再分配的扭曲，降低了其合理性和公平性。

第二，整合城镇和农村的社会救助，同时加强各类社会救助制度之间的联系和区别，推进各类兜底性社会救助标准的建立，使各类兜底性社会救助能够根据不同家庭或个人的需求有的放矢，避免家庭或个人陷入某一项困境。

第三，发展社会工作者队伍，持续对亟须帮助的家庭和个人提供有效的社会救助及社会服务。社会救助的瞄准率一直以来都是社会救助面临的一个重要问题。发展社会工作者队伍，加强社会工作者对服务对象的了解，在社会救助审核的过程中增加一个可以参考的维度，有助于提高社会救助瞄准率。也有助于为家庭和个人提供更加及时有效的社会救助。

第四，降低兜底性社会救助的户籍隔离，提高兜底性社会救助的可获得性。由于各行政区之间社会救助的标准存在较大差异，兜底性社会救助的对象一般以户籍为准，形成了户籍性隔离。然而，一些家庭和个人的社会救助需求主要发生在居住地，而非户籍地，但囿于户籍制度的限制，这些家庭和个人并不能在居住地获得相应的救助。要逐步将兜底性社会救助的对象从户籍人口转变为常住人口，提高社会救助的可获得性。

（本章执笔：孙婧芳）

第三十三章
推进适足性住房保障

作为社会保障安全网中重要组成部分的住房保障是实现中国式现代化的基础民生条件。中国式现代化是全体人民共同富裕的现代化，也是人口规模巨大的现代化，在实现现代化的过程中，社会发展转型呈现出“并联式”特征，工业化、信息化、城镇化、农业现代化叠加发展。这意味着中国式现代化过程会伴随大量流动人口的产生，相当一部分城市中低收入流动人口无足够支付能力通过市场购买获得持久稳定的住房，与这些人群相关的住房保障问题是现在乃至今后很长时期亟须解决的重要民生问题。在住房困难群体中，部分是丧失就业能力的失能、半失能人员，亟须住房的兜底保障，还有很大一部分是具备就业能力，且未来收入水平有望不断提高的新市民、青年人等暂时性住房困难群体。这就需要政府通过政策引导社会多方主体参与，结合市场机制，分层次、多渠道解决不同群体的住房问题，方能织密社会兜底保障网，在全体人民共同富裕的基础上实现中国式现代化。

在推进中国式现代化的进程中，住房保障该覆盖哪些人群，该保障到什么程度并没有一个放之四海而皆准的标准。专门负责人居发展问题的联合国人类住区规划署（The United Nations Human Settlements Programme）（以下简称“联合国人居署”或 UN-Habitat）在《适足住房权（第一次修订版）人权概况介绍：第 21 号》（2010 年）文件中指出，对适足住房权的保障并不是要求国家为所有人建造住房，也并不需要禁止所有涉及人口迁移的发展项目。这意味着，对住房的社会保障是基于有限的保障责任而构建的，并非无度地满足所有人的住房需求。因此，我们将住房权利的保障放在适足住房权的框架下进行评估和分析对住房保障体系的进一步完善会更具有现实意义。

对已有成就进行综合性的评判，是未来政策调整的重要基础。现有文献的相关研究大多是对住房保障某方面或某种住房保障类型的分析，抑或基于历史发展脉络的研究梳理，对住房保障体系的综合性评估还存在空白。本章将基于适足住房权的概念，从住房保障相关的七个方面，对住房保障体系进行综合评估分析，并在此基础上对中国式现代化住房保障适足性的完善提出政策建议，以丰富这一领域的研究。

第一节　适足住房权实现程度的理论基础与评估方法

一　在适足住房权视野下构建的层次分析框架

层次分析法（Analytic Hierarchy Process，AHP）为难以完全定量且无明显结构特征的复杂系统的决策建模提供了一种定量与定性兼容的解决方案，这一方法可以在不运用三段论的情况下支持演绎与归纳的研究逻辑，其最初由运筹学家 Saaty[①] 于 1971—1975 年在宾夕法尼亚大学沃顿商学院执教期间开发。这一方法在国内的推广运用并不罕见，尤其在政府的绩效评估中得到广泛的运用与拓展。[②] 其主要步骤是构建层次、设立判断矩阵、计算特征向量、求出权重，并在求得特

---

① Saaty，R. W.，"The Analytic Hierarchy Process—What it is and How it is Used"，*Mathematical Modelling*，1987，9（3-5）：161-176.

② 彭国甫、李树丞、盛明科：《应用层次分析法确定政府绩效评估指标权重研究》，《中国软科学》2004 年第 6 期；夏萍、汪凯、李宁秀等：《层次分析法中求权重的一种改进》，《中国卫生统计》2011 年第 2 期；申志东：《运用层次分析法构建国有企业绩效评价体系》，《审计研究》2013 年第 2 期。

征最大值基础上进行一致性检验以确保逻辑的整体一致性。①

“适足住房权”是一个已在国际层面广泛达成共识的保障人类基本居住需求的权利，我国早在 1997 年就签署了《经济、社会、文化权利国际公约》并成为住房权国际公约的缔约国之一。联合国《经济、社会、文化权利国际公约》将“适足住房权”作为“适当生活水准权”最基础的一个方面，联合国人权委员会适当住房问题特别报告员在此基础上曾提出一个国家应该遵从的适足住房权人权架构，其中的住房权利并不是一个单一独立的权利，这一权利能否被维护与其他权利的保障紧密相连。这些权利包括：卫生权利，环境安全权利，土地权利和粮食权利，谋生、工作的权利，其他同维护住家安全有关的权利。② 这体现了住房权利及其周边权利的嵌入与共生性，因此对于适足住房权的探讨和研究既不能仅关注保障性住房量的多少，也不应拘泥于某一种或几种住房保障形式的覆盖面，而是需要基于一个全面系统性的分析框架来客观地看待住房保障的发展现状。联合国人居署在适足住房权过去发展的基础上提出了用于衡量适足住房权实现程度的一个分析框架，其中包括七个要素：住房权的法律保护，服务、材料、设备和基础设施的供应，可负担性，宜居程度，无障碍，地点，文化环境，每个要素又可以进一步分解为八个方面的指标（见表 33-1）。

需指出，“适足住房权”这一概念本身的提出是为了促进世界范围内人们基本住房权利的保障，在具备普适性、综合性优势的同时难免会弱化某些地域性特质对于最终结论的影响。在城乡二元发展的历史轨迹下我国住房保障体系存在城乡间的差异化构建，部分制度构建中的历史遗留问题还有待完善，很难以相同的标准去衡量城乡的住房保障程度。但适足住房权的概念框架中并没有为我国城乡发展的这种

① Saaty, T. L., “A Scaling Method for Priorities in a Hierarchical Structures”, *Journal of Mathematical Psychology*, 1977, 6 (15): 234-281.

② 拉金达·萨查尔：《实现经济、社会和文化权利：适足住房权》，拉金达·萨查尔先生提交的最后报告：E/CN. 4/Sub. 2/1995/12，日内瓦：人权委员会防止歧视及保护少数小组委员会，1995 年，第 22—29 页。

表 33-1　　基于适足住房权的层次分析框架

要素	各要素层级对应具体指标
住房权的法律保护（*fl*）	*fl*1 有相关政策帮助生活在贫困区域和非正式住所的人员脱离其所处环境 *fl*2 涉及强制迁移的政策与国际标准相一致 *fl*3 在强制迁移后法律能确保人员不陷入无家可归的境地，并提供其他替代性的适足住房 *fl*4 在达成补偿协议、重新安置条款的情况下才进行强制迁移 *fl*5 具备无障碍的土地登记系统来确定住房的所有者和使用者的信息 *fl*6 个人和团体能自由地选择其住所和居住地，并且能自由地迁移 *fl*7 在国家和团体层面制定的住房相关的决策允许个人参与 *fl*8 具备政策和法律来保证非正式居住人群（例如无家可归人员）所占用的土地或者建筑的安全
服务、材料、设备和基础设施的供应（*ss*）	*ss*1 存在补贴或者不同的定价机制以确保贫困人口能获得基本服务 *ss*2 大部分居民都能获得安全和可负担的饮用水 *ss*3 大多数家庭都有足够的卫生设施和洗涤设施 *ss*4 能以实惠的价格轻松获得用于烹饪、取暖和照明的能源 *ss*5 具备安全的垃圾处理手段，家庭层面产生的固体废物得到充分管理、定期收集和处置 *ss*6 居民可以使用社会和绿色基础设施，例如花园、公园和公共区域 *ss*7 具备蓝色基础设施，例如可持续排水系统和防洪设施 *ss*8 电话和宽带互联网服务越来越多地被纳入住房基础设施
可负担性（*fd*）	*fd*1 在国家层面存在"经济适用房"的定义 *fd*2 该定义被政策采纳并得到具体实施 *fd*3 自有住房和出租住房的获得成本与人口的收入水平相宜 *fd*4 与住房相关的成本很少会影响人们实现其他的基本需求 *fd*5 租户受到法律保护，免受不合理（增加）租金水平的影响 *fd*6 具备适当的租金稳定或租金控制政策防止房东通过租金上涨的方式变相驱逐租户 *fd*7 住房补贴、税收激励、政策和市场监管到位，使低收入家庭能够获得负担得起的住房 *fd*8 住房保障计划中为低收入群体提供更多信贷额度，为解决住房不平等提供了潜在的补救措施

要素	各要素层级对应具体指标
无障碍（*za*）	*za*1 具备住房法律和政策使弱势群体和残疾人能够获得满足其需求的经济适用房 *za*2 有司法和非司法机制来确保边缘化群体（包括 LGBTQ+社区）获得足够的住房 *za*3 所在城市/国家采用和实施的政策能使无地、受歧视和贫困的社会阶层获得土地 *za*4 具备政策和战略以促进残疾人和自然灾害受害者从求助机构到基于社区的生活安排的持续过渡 *za*5 政府采取了一些政策和措施，以确保获得符合性别平等的适足住房，同时关注老年人和儿童 *za*6 具备政策和措施以确保边缘化和弱势社区的大众参与和住房相关的决策过程 *za*7 具备相关社会和经济方面的法律确保穷人能够获得适足的住房 *za*8 可广泛获得体面的低成本住房，以帮助增加社会经济贫困成员的可支配收入
地点（*dd*）	*dd*1 居民可以轻松获得医疗保健服务、学校、儿童保育中心和其他靠近其居住地的社会设施 *dd*2 上下班（通勤）的时间和财务成本不会给人们的家庭预算带来额外压力 *dd*3 居民居住在交通便利的地方，并且可以使用负担得起的交通工具 *dd*4 居民不会住在建在污染场地上的房屋，也不会紧邻可能威胁他们健康的污染源 *dd*5 居民晚上可在街上独自行走自如，不必担心会发生与犯罪相关的事件 *dd*6 居民拥有重要设施，例如公共交通、停车位、游乐场、公共场所和杂货市场，距离其住所步行可达 *dd*7 在公共空间部署了特定的工具（以路灯、闭路电视摄像机等形式）让女性可在晚上在街上自如行走 *dd*8 居民可以从当地获得优质的就业机会

续表

要素	各要素层级对应具体指标	要素	各要素层级对应具体指标
宜居程度（*yj*）	*yj*1 人们居住在结构合理的房屋/建筑物中，这些房屋/建筑物能提供足够的空间并保护人们免受寒冷、潮湿、炎热、雨水、风和其他威胁 *yj*2 人们居住在没有害虫、蟑螂、白蚁、霉菌等侵扰的房屋中，居住者免受可能威胁其健康的疾病媒介的侵害 *yj*3 住房结构采用自然或机械通风，空气中没有影响居民健康的威胁性污染物 *yj*4 住房能够提供充足的自然或人工照明，能进行正常的室内活动 *yj*5 具备法律和政策来规范环境恶化并保障享有安全环境的权利 *yj*6 平均而言，房屋能够满足标准化/规定的房间与人的比例，以克服拥挤和过度拥挤 *yj*7 住房规划符合普适设计，特别是便利残疾人士的设计 *yj*8 在房屋设计中有考虑到为抵御气候变化引发的灾害（如洪水、飓风和地震）等提供保护	文化环境（*wj*）	*wj*1 空间设计和住房配置由当地决定，并与社区的文化偏好和属性相协调 *wj*2 确保开发新住房或现有住房现代化翻新的活动过程不会牺牲人们的文化属性、维度、习惯和规范 *wj*3 住房的建筑和施工方面，包括建筑材料的使用，能够适当地促进文化身份的表达 *wj*4 妇女、原住民、少数民族群体有被包括在住房项目的设计、规划、开发和实施中以确保他们的文化适足权 *wj*5 允许并鼓励居民通过当地节日、庆典和活动参与他们居住地的文化生活 *wj*6 社区有机会通过保护文化地标和相关机构为集体遗产的保存做出贡献 *wj*7 随着时间的推移发生的各种变化并没有损害社区的生活方式及其历史背景的完整性 *wj*8 那些与住房偏好有关的文化组成部分促进了人类与环境的积极互动和环境可持续的实践（例如，在使用空调、加热器等方面）

资料来源：根据联合国人居署文件整理得出。UN-Habitat，*The Housing Rights Index*：*A Policy Formulation Support Tool*：*HS/036/19E*，Nairobi：UN-Habitat，2018.

差异提供区分城乡的指标，因为联合国人居署是将适足住房权作为一项基本的人权来对待，不应由于城乡或地域的差异而有所不同，但城乡差异本身又是我国城乡住户的住房难以获得同等保障的重要因素。因此，本章的分析先尽量保持适足住房权原有的概念含义，然后在结论部分针对我国住房保障的城乡差异进行区别城乡的分类讨论。

二　构建判断矩阵

随着层次分析法的推广和改进，运用层次分析法进行决策判断的研究越来越多，该方法采用由分析者通过对客观数据和信息的分类与观测来对影响问题情境的各要素指标赋值，然后获得基础矩阵。Wang 等[①]在运用层次分析法对社交网络的受损账户进行研究分析时指出，专家打分法存在评估主观性的问题特征，但如果研究者对采集到的账户数据直接进行特征提取，再根据特征值进行评估、排序、设定权重可以很好地解决这一问题。Sonker 等[②]在进行滑坡敏感性的分析时同样先基于可获得的历史数据和信息对不同区域滑坡敏感性的岩性、地貌、线性密度、坡度、土壤、降雨量、排水密度等要素进行评估、赋值，在此基础上再运用层次分析法进行滑坡敏感性的分区。Seejata 等[③]在对洪水危险区进行分区划片时也采用了由分析者根据现实情境和已有数据信息来进行的层次分析：在对洪灾的各要素进行标准化处理前，分析者先依据已有数据进行评估，为各要素的权重进行赋值，同时根据综合信息在地理信息系统中构建一个体现洪灾风险程度的参

① Wang, X., Tang, H., Zheng, K., et al., "Detection of Compromised Accounts for Online Social Networks Based on a Supervised Analytical Hierarchy Process", *IET Information Security*, 2020, 14 (4): 401-409.

② Sonker, I., Tripathi, J. N., Singh, A. K., "Landslide Susceptibility Zonation Using Geospatial Technique and Analytical Hierarchy Process in Sikkim Himalaya", *Quaternary Science Advances*, 2021, 4 (2021), 100039.

③ Seejata, K., Yodying, A., Wongthadam, T., et al., "Assessment of Flood Hazard Areas Using Analytical Hierarchy Process over the Lower Yom Basin, Sukhothai Province", *Procedia Engineering*, 2018, 212 (2018): 340-347.

数，为这一参数设定了“非常低、低、中等、高、非常高”的五个等级，并结合可获得的地理生态信息为此评估赋值，在此基础上结合层次分析法进行区域间的比对分析。

在汲取这些研究对层次分析法改进的基础上，本章首先采用了联合国对适足住房权要素指标的分层和指标分类，在对每一个指标项目对应内容特征进行政策信息收集和文献数据挖掘的基础上进行评估，然后根据党的十八大以来中央对住房保障工作的部署和全国财政的具体支出项与数额对各项指标的侧重和倾斜程度进行排序，最后根据排序进行权重值的设定。另外，本章的主要分析与结论并不是在直接评分值的基础上进行，而是在适足住房权框架下各要素间的相对保障程度上进行分析论证，是在对评分进行标准化处理后，与适足住房权基准值进行比对得出的结论，并运用层次分析法的一致性检验确保分析逻辑的整体一致性。

本章将适足住房权的实现作为共同富裕原则下住房保障将要达到的预定目标，将对这一目标的考察分解为表 33-1 中的 7 个要素，以构成适足住房权层次分析的要素层，其中每个要素的评估标准由指标层的 8 个指标构成，每项要素应获总分为 40，评分分 5 个等级，从 1 至 5 分别代表：非常不同意、错误、极不合适；不同意、大部分不真实、不恰当；不确定、未定、不清楚；同意、基本正确、合适；非常同意、非常正确、非常合适。根据现实数据和已有信息，本章对适足住房权要素指标进行如下评分赋值（见表 33-2）。

表 33-2　适足住房权的要素评估

指标	得分	指标	得分	指标	得分	指标	得分	指标	得分	指标	得分	指标	得分
*fl*1	5	*ss*1	5	*fd*1	5	*yj*1	4	*za*1	5	*dd*1	4	*wj*1	3
*fl*2	5	*ss*2	5	*fd*2	4	*yj*2	4	*za*2	4	*dd*2	3	*wj*2	3
*fl*3	5	*ss*3	5	*fd*3	2	*yj*3	3	*za*3	4	*dd*3	3	*wj*3	3
*fl*4	5	*ss*4	5	*fd*4	2	*yj*4	4	*za*4	5	*dd*4	4	*wj*4	3
*fl*5	5	*ss*5	5	*fd*5	4	*yj*5	4	*za*5	5	*dd*5	4	*wj*5	5

续表

指标	得分	指标	得分	指标	得分	指标	得分	指标	得分	指标	得分	指标	得分
*fl*6	3	*ss*6	5	*fd*6	4	*yj*6	4	*za*6	4	*dd*6	4	*wj*6	4
*fl*7	3	*ss*7	5	*fd*7	4	*yj*7	3	*za*7	5	*dd*7	3	*wj*7	3
*fl*8	3	*ss*8	5	*fd*8	3	*yj*8	4	*za*8	5	*dd*8	3	*wj*8	4
fl	34	*ss*	40	*fd*	28	*yj*	30	*za*	37	*dd*	28	*wj*	28

在指标得分基础上计算标准值，根据 $Z=\sum\frac{x-\mu}{\sigma}$ 求出要素层各要素的 *Z-core*（见表 33-3）。

表 33-3　　要素标准值

要素	*fl*	*ss*	*fd*	*yj*	*za*	*dd*	*wj*
Z-core	1.97	8.33	-4.39	-2.27	5.15	-4.39	-4.39

在层次构建的基础上需通过要素间排序来设立判断矩阵。普林斯顿心理学教授 Miller① 验证了人类信息处理能力极限的"7+/-2"法则，Saaty 在此基础上构建了层次分析中 1—9 的基本标度。按照其设定的标度，本章将根据党的十八大以来中央对住房保障工作的部署和全国财政的支出情况对各要素的重要性进行排序。党的十八大和十九大都将法治置于国家治理基本方略的重要地位，法律的保障也同样是住房保障制度构建的基石，因此在准则层的 7 个要素中住房权的法律保护（*fl*）相对重要，在此也被置于排序的首位。从党的十八大到党的十九大，住房保障在顶层设计中体现出从兜底保障到拓面保障，最终迈向全面保障的政策演进。在完善法律制度的基础上，我国住房保障首先较为重视低收入社会弱势群体住房的获得和保障，在全国财政支出与住房保障相关的支出中，以 2012 年财政支出结构为例，在住

① Miller, G. A., "The Magical Number Seven Plus or Minus Two: Some Limits on Our Capacity for Processing Information", *The Psychological Review*, 1956, 63 (2): 81-97.

房保障相关的所有 13 项支出中，占比较大的前 6 项之和超过了全国财政住房保障支出总额的 85%，这 6 项支出总额从高至低依次是公共租赁住房、住房公积金、廉租住房、棚户区改造、其他保障性安居工程支出、农村危房改造（见图 33-1）。

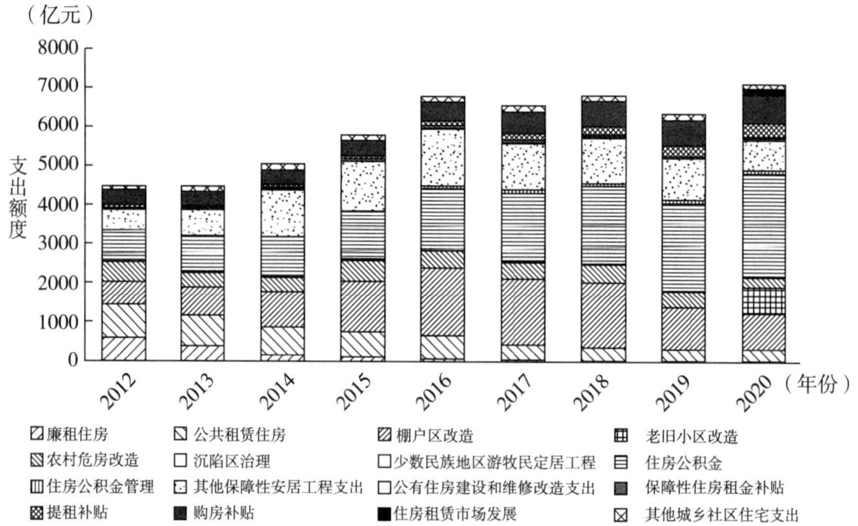

图 33-1　全国财政住房保障各项支出额度

资料来源：中华人民共和国财政部：《全国公共财政支出决算表》（2012—2020 年）。

依据出台的相关政策文件，包括《国务院关于深化城镇住房制度改革的决定》《廉租住房保障办法》《关于公共租赁住房和廉租住房并轨运行的通知》《国务院关于加快棚户区改造工作的意见》《中共中央　国务院关于打赢脱贫攻坚战的决定》，公共租赁住房、廉租住房、棚户区改造、农村危房改造在政策中是侧重于对低收入人群提供住房保障的政策措施。这四项之和约占全国住房保障相关财政支出总额的 57%。[①] 其中，棚户区改造和农村危房改造约占支出额度的

① 此处对相关支出占全国住房保障财政支出比重取四舍五入后的近似值。公共租赁住房、廉租住房、棚户区改造、农村危房改造四项占比实际值为 56.55%，其中后两项占比 24.06%，前两项占比 32.49%。

24%，是以集中整治的方式直接通过基础设施和宜居性的改善整体提升城乡居住环境；廉租房和公租房约占总额的32%，是通过提供低价住房的方式在可负担性和无障碍方面为低收入人群提供基本的住房保障；此外，支出额度位居第二的住房公积金是通过个人和单位或企业分摊缴费的形式改善职工群体住房的可负担性。可以初步判断在党的十八大之初，在不断完善法律制度的基础上，住房保障方面的财政支出主要侧重于保障住房的服务、材料、设备和基础设施的供应，住房的可负担性，宜居程度，无障碍四个方面，按照财政支出占比，重要程度分别是：可负担性（*fd*）和无障碍（*za*）>服务、材料、设备和基础设施的供应（*ss*）和宜居程度（*yj*）。而对于地点（*dd*）和文化环境（*wj*）的关注集中体现在少数民族地区游牧民定居工程和沉陷区治理工作，从财政支出结构来分析其相对重要程度应排在其他五个要素之后。

由此，可得出要素重要程度的初始排序：住房权的法律保护（*fl*）>可负担性（*fd*）和无障碍（*za*）>服务、材料、设备和基础设施的供应（*ss*）和宜居性（*yj*）>地点（*dd*）和文化环境（*wj*）。

从2012—2020年跨年度支出变化趋势来看，在住房保障年度支出与上一年度比的平均值（约为106%）稍低于全国一般公共预算支出与上一年度比的平均值（约为109%）的情况下，公积金支出占比仍呈现出持续扩大趋势，住房公积金的单项支出在2012年仅占总额的17%，但在2019年占比已超37%，超过公租房、廉租房、棚户区改造、农村危房改造四项支出额度之和。同样直接作用于提高住房可负担性的还有购房补贴、提租补贴、保障性住房租金补贴、住房租赁市场发展支出，这些支出与住房公积金支出额度之和约占2020年度支出总额的55%。由此推断各要素在财政跨年度支出中要素重要性的第一组排序是：可负担性（*fd*）>服务、材料、设备和基础设施的供应（*ss*）和宜居性（*yj*）。

但同样作用于住房可负担性（*fd*）的廉租房和公租房的支出在2012—2020年则呈现出不断缩减的趋势，直至2020年这两项支出额度占比不足总额的5%。在服务、材料、设备和基础设施的供应（*ss*）

和宜居性（*yj*）的改善方面除了棚户区改造和农村危房改造外，2020年还新增了老旧小区改造支出，这三项支出额度之和约占2020年度支出总额的26%。由此得出，财政跨年度支出中要素重要性的第二组排序是：服务、材料、设备和基础设施的供应（*ss*）和宜居性（*yj*）>可负担性（*fd*）和无障碍（*za*）。

另外，能直接体现出对关注住房地点（*dd*）和文化环境（*wj*）的少数民族地区游牧民定居工程和沉陷区治理工程的财政支出的跨年度排序位居所有支出项目之后。

至此，可得到以下三组要素重要性排序：

（1）要素重要程度的初始排序：*fl*>*fd* 和 *za*>*ss* 和 *yj*>*dd* 和 *wj*。

（2）基于财政跨年度支出要素重要性的第一组排序：*fd*>*za* 和 *ss* 和 *yj*>*dd* 和 *wj*。

（3）基于财政跨年度支出要素重要性的第二组排序：*ss* 和 *yj*>*fd* 和 *za*>*dd* 和 *wj*。

在跨年度的重要程度排序中可以看到同时出现了“*fd*>*za* 和 *ss* 和 *yj*”“*ss* 和 *yj*>*fd* 和 *za*”，由此可判定 *fd*、*za*、*ss*、*yj* 之间的排序不具有传递性。

在这样的情况下，这四个要素间重要程度暂时无法进行传递性排序，因此得到另外的排序如下：住房权的法律保护（*fl*）>服务、材料、设备和基础设施的供应（*ss*）/可负担性（*fd*）/宜居程度（*yj*）/无障碍（*za*）>地点（*dd*）和文化环境（*wj*）。

从政策实施来判断，我国住房的保障形式随时间推进发生了改变：实现了从实物补贴到货币补贴，从补供方到补需方，从兜底保障到拓面保障，从政府单一补贴到政府、社会、市场多元结合筹资保障的改革。但从财政支出的排序来看，在服务、材料、设备和基础设施的供应（*ss*）、可负担性（*fd*）、宜居程度（*yj*）、无障碍（*za*）中任何一方面的财政倾斜度与关注程度并未因为住房保障方式的改变而形成序列性的明显减弱或加强。

依据要素间排序为各要素设立标度，可获得适足住房权要素权重的重要度比较矩阵（见表33-4）。

表 33-4　　适足住房权要素权重的重要程度比较矩阵

适足住房权	*fl*	*ss*	*fd*	*yj*	*za*	*dd*	*wj*
fl	1	3	3	3	3	9	9
ss	1/3	1	1	1	1	7	7
fd	1/3	1	1	1	1	7	7
yj	1/3	1	1	1	1	7	7
za	1/3	1	1	1	1	7	7
dd	1/9	1/7	1/7	1/7	1/7	1	1
wj	1/9	1/7	1/7	1/7	1/7	1	1

设表 33-4 中矩阵为 A，A 中每一项值为 a_{ij}，代表与要素 j 相比要素 i 的重要程度。其中，如果 $i=j$，则两个指标同等重要，即 $a_{ij}=a_{ji}=1$；如果 $i>j$，与要素 j 相比要素 i 更重要，则 $a_{ij}>1$，$a_{ji}<1$。

三　计算权重向量，求取适足住房权基准值

依据 $A=\begin{bmatrix} a_{11} & \cdots & a_{17} \\ \vdots & \ddots & \vdots \\ a_{71} & \cdots & a_{77} \end{bmatrix}$，$\omega_i=\dfrac{1}{n}\sum_{j=1}^{n}\dfrac{a_{ij}}{\sum_{i=1}^{n}a_{ij}}$，$i=1, 2, \cdots n$，$n=7$，可计算得出权重向量 $W=\begin{bmatrix} 0.36 \\ 0.15 \\ 0.15 \\ 0.15 \\ 0.15 \\ 0.02 \\ 0.02 \end{bmatrix}$；依据 $Z_{\text{适足住房权基准值}}=\sum\omega_i\dfrac{x-\mu}{\sigma}$，可计算得出 $Z_{\text{适足}}=1.55$。

进一步基于适足住房权基准值比较可得适足住房权的实现程度（见表 33-5）。

表 33-5　　适足住房权实现程度

要素	*fl*	*ss*	*fd*	*yj*	*za*	*dd*	*wj*
$Z_{适足}=1.55$	<1.97	<8.33	>-4.39	>-2.27	<5.15	>-4.39	>-4.39

在所有要素中保障程度远超出适足住房权基准值的是服务、材料、设备和基础设施的供应（*ss*）和无障碍（*za*）两个要素，保障较为充足的是住房权的法律保护（*fl*），保障相对不足的是住房的可负担性（*fd*）、宜居程度（*yj*）、地点（*dd*）、文化环境（*wj*）四个方面。

四　一致性检验

在以评估值为研究基础的分析中，评估值可能会受分析者主观因素的影响，值与值之间很可能既不能计数也无法排序，因为主观的感知不一定能依靠公式来表达，通过直觉获得的排序也不一定具备传递性，层次分析法通过对逻辑整体一致性的检验可以排除判断分析中逻辑不一致的问题。

具体计算如下：

根据 $\lambda_{max}=\sum_{i=1}^{n}\frac{(AW)_i}{nW_i}$，最大特征值 $\lambda_{max}=7.12$；

据 $CI=\frac{\lambda_{max}-n}{n-1}$，$n=7$，$CI=0.02$；

据 $CR=\frac{CI}{RI}$，$RI=1.36$，$CR=0.01<0.1$，矩阵一致性处于可接受范围，判断矩阵为一致矩阵。

第二节　基于适足住房权的多维保障分析

评估直接得分体现了住房保障的观测水平，根据联合国人居署对适足住房权评估值的解释，得分100%代表充分实现适足住房权的理想状况；得分处于70%—80%代表实现适足住房权方面已获得进展；得分处于50%—60%代表在实现适足住房权方面表现中等；得分低于50%代表在实现适足住房权方面表现不佳。在实际评估得分中，大多数要素评分的百分值都落于70%—80%，七要素的平均分值约为80%。根据联合国人居署对住房权利指数的解释，这意味着被评分区域正不断升级和改善其住房行业，并在其领土上努力实现住房的充足性，同时充足性的所有方面都可能通过政策来解决，并且基本上是有保障的，分数在未来还有很大可能进一步获得提高，在这种情况下预示着被评估区域正逐步朝着充分实现适足住房权迈进。

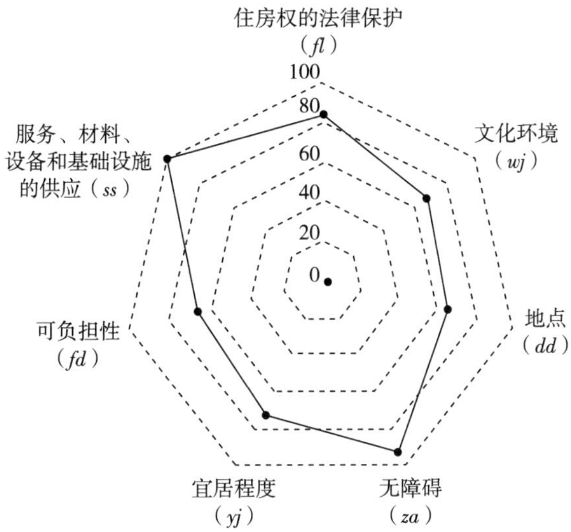

图 33-2　住房的多维度保障

注：图中0—100的标度代表各要素的百分值，换算方法是将各要素评估得分除以该项满分40分。

在评估得分基础上前文已计算得出适足住房权基准值，基于评估值、标准值、基准值的综合比较分析能更好地体现住房保障各要素方面的相对保障水平以及要素间的平衡与协调（见表33-6）。

表 33-6 基于适足住房权评估值、标准值、基准值的综合分析

要素	*fl*	*ss*	*fd*	*yj*	*za*	*dd*	*wj*
评估得分	34	40	28	30	37	28	28
百分值（40/40=100%）	85%	100%	70%	75%	92.5%	70%	70%
$Z_{适足}=1.55$	<1.97	<8.33	>-4.39	>-2.27	<5.15	>-4.39	>-4.39

虽然在评估得分中无任何要素的得分值低于50%的中等水平，且总体呈现80%中等偏上的进步表现，但基于适足住房权基准值进行的层次分析结果显示，现有住房保障在住房的可负担性、宜居程度、地点、文化环境四个方面还未达到我国适足住房权基准值水平：$Z_{适足}=1.55$。服务、材料、设备和基础设施的供应与无障碍方面，以及住房权利的法律保护方面的保障程度在 Z 标准值的比对结果中远远超越了住房的可负担性、宜居程度、地点、文化环境四个方面的保障程度。这意味着我国住房保障水平在所有考察项都超过中等水平的基础上，前三个要素的保障力度更高；在前三个要素都达到适足住房权基准值水平的基础上，服务、材料、设备和基础设施的供应与无障碍方面保障的适足程度相比较住房权的法律保护显得更为充足，这一结果从适足住房权各要素指标的分解分析中将得到进一步诠释。

住房权的法律保护这一要素主要关注贫困人员住房的政策救助、在强制迁移中利益相关者的权益是否受到适足程度的保障、公众参与、完善的住房和土地登记系统、非正式居住人群、自由迁移几个方面制度建设的完善程度。我国在低保制度和扶贫攻坚政策的共同作用下完成了对贫困人员住房问题的集中救助，此方面在无障碍，服务、材料、设备和基础设施的供应两个要素方面的考察中体现得更为全面。住房权的法律保护这一要素的其他指标项的保障具体体现在以下几个方面：对于在强制迁移中利益相关者权益的保障，2020 年新修订的《中华人民共和国土地管理法》第 49 条至第 51 条改变了早期征地制度的弊端，加强了对被征地农民权益的保障。对于公众参与权益的保障，虽然离允许个人参与决策还有一定距离，但 2020 年自然资源部发布的《土地征收“成片开发”标准（试行）》已经明确了征

地开发过程中需广泛听取各方面的公众建议并进行专家论证，以确保征地的科学性。在住房和土地登记系统方面，《中华人民共和国物权法》规定不动产登记是物权保护的基本制度，早在2015年国土资源部第三次部务会议就审议通过了《不动产登记暂行条例实施细则》，于2016年开始实施，各地自然资源部门相继出台地方实施方案，并构建形成全国统一的不动产登记系统。在非正式居住人群权益保障方面，2021年开始实施的《中华人民共和国民法典》新设立了居住权，为不具备住房所有权的居住者提供了基本住房权利的保护，也为闲置房屋的有效利用提供了更多的解决方案。在自由迁移的相关权益保障方面，自1958年《中华人民共和国户口登记条例》颁布以来，我国人口的自由迁移在很长一段时期内受到户籍制度的控制，改革开放之后随着户籍制度的改革，对于人口流动的控制有所松动，在属地管理的制度基础上各地根据当地情况建立不同的准入标准，因此我国人口的自由迁移在户籍制度改革中虽获得改善，但在准入制度的约束下离完全自由迁移还有一定距离。①

服务、材料、设备和基础设施的供应与无障碍是保障程度最高的两个要素，主要考察的是各类贫困人员住房的可获得性和已有住房条件的改善情况，以及相关基础设施条件的配备。党的十九大预计我国将在2035年实现基本公共服务均等化，到2050年基本实现全民共同富裕。服务、材料、设备和基础设施的供应和无障碍是基本公共服务均等化实现的基础，也是共同富裕目标实现的前提。我国在这方面的主要做法是结合低保制度通过有针对性的社会精准扶贫②和整体改造③来实现社会最低收入群体和边缘人群住房的保障。在乡村，主要通过农村危房改造与扶贫政策的有效衔接为贫困无房人员提供住房，2006年国务院就出台了《农村五保供养工作条例》，2014年颁布的《社会救助暂行办法》第7章中也将住房救助单独列出，明确对符合

---

① 段成荣、王文录、王太元：《户籍制度50年》，《人口研究》2008年第1期。

② 李实、沈扬扬：《中国的减贫经验与展望》，《农业经济问题》2021年第5期。

③ 陈飞、倪鹏飞：《棚户区改造与城市内部空间再造——辽宁省棚户区改造的空间经济分析》，《首都经济贸易大学学报》2014年第5期。

标准的住房困难低保家庭，特困人员给予住房救助。2015 年出台的《中共中央 国务院关于打赢脱贫攻坚战的决定》中也提出，对居住在生存条件恶劣、生态环境脆弱、自然灾害频发等地区的乡村贫困人口，加快实施易地扶贫搬迁工程。我国全面实施脱贫攻坚农村危房改造以来，总计 2568 万贫困群众危房得到改善，同步支持 1075 万户农村低保户、分散供养特困人员、贫困残疾人家庭等贫困人员住房救助改造，全国约有 2342 万户建档立卡贫困户实现住房安全保障。在城镇，政府通过保障性安居工程建造公租房、廉租房、改造棚户区和老旧小区、集中救助并重新安置了城镇各类贫困人员超过 2 亿人，建成各类保障性住房和棚改安置住房 8000 多万套。[①] 通过住房相关基础设施的建设，我国城镇和乡村住房外观面貌获得直接提升，构建出规模巨大覆盖城乡的住房救助体系，使绝大部分贫困人群的住房问题得到解决。

在住房的可负担性方面，有学者保守估算我国房价收入比至少是 10∶1，高于国际正常水平，而我国城镇居民能承受的最高房价收入比不应超过 7∶1。[②] 以适足住房权在可负担性方面的指标项为指引进行分析可以发现，为缓解市场中房价较高带来的住房困难问题，政府一直在进行政策干预：早在 1998 年《国务院关于进一步深化城镇住房制度改革加快住房建设的通知》（以下简称《通知》）出台时，经济适用房就被作为中低收入人群的主要住房保障措施，1999 年全国经济适用房竣工面积曾占商品住宅面积的 62%，随着住房实物分配逐渐退出历史舞台，2003 年经济适用房的这一比例也降至 6%。[③] 同样在《通知》中被作为住房保障体系主要保障措施的住房公积金的保障覆盖面一直在扩大，2005 年《建设部、财政部、中国人民银行关于住房公积金管理若干具体问题的指导意见》提出，有条件的地方，城镇单位聘用进城务工人员，单位和职工可缴存住房公积金，虽然公积

---

① 住房和城乡建设部：《增加保障性住房供给 努力实现全体人民住有所居》，《住宅产业》2021 年第 9 期。

② 吕江林：《我国城市住房市场泡沫水平的度量》，《经济研究》2010 年第 6 期。

③ 林卡、高红：《中国经济适用房制度发展动力和制度背景分析》，《中国软科学》2007 年第 1 期。

金实际缴存比例的增幅较为缓慢，[①] 但据《全国住房公积金 2020 年年度报告》，实际缴存职工总人数在逐年上涨，现已达 1.53 亿人，若按照中华人民共和国 2020 年国民经济和社会发展统计公报的数据计算，这一数值约占 2020 年就业人口的 34%。

党的十九大强调房住不炒的基础定位，并提出租购并举的住房制度。相较于住房销售市场，我国住房租赁市场发展相对滞后，具有“重购轻租”的特点。[②] 据中国社会科学院城市发展与环境研究中心发布的《房地产蓝皮书》，我国大部分城市的住房租售比早在 2006 年就是 1∶400—1∶270，超过了我国正常水平的上限 1∶17。[③] 国家出台了《国务院关于深入推进新型城镇化建设的若干意见》《住房租赁和销售管理条例（征求意见稿）》等一系列政策，支持和规范住房租赁市场，有条件的地方政府也因地制宜地开展了租购同权、租售并举、集体经营性建设用地建造租赁住房等改革实践，但户籍制度的门槛限制和优质教育资源的稀缺使得住房租赁市场需求方的租赁意愿受到影响。另外，租赁住房投资回报收益周期长，对应的土地出让成本高、收益少，使得租赁市场供给方的投入缺乏动力，虽然租赁市场的发展在政策上已经被提到较为重要的位置，是增强住房可负担性的必要手段，但在实践当中面临诸多困境，仍在探索完善阶段。

在宜居程度要素方面，基于相关指标项进行分析发现，在住房建设质量监督和标准化方面我国已构建了全方位的制度规范，但这些标准多是以国家标准或行业标准的形式被执行，不同地区对于标准的执行程度会有一定差异，特别是建在农村地区的住房离完全达到指标设定的标准还有一定距离。在所有指标项中，现阶段还无法得出清晰结论的是空气对居民的影响以及针对残疾人的住房设计普适性这两项指标。现行国家标准《无障碍设计规范》和《绿色建筑评价标准技术

---

① 肖作平、尹林辉：《我国住房公积金缴存比例的影响因素研究——基于 34 个大中城市的经验证据》，《经济研究》2010 年第 1 期。

② 叶剑平、李嘉：《我国商品性住房租赁市场发展的制度约束与个体行为分析——基于 2014 年北京市租赁市场调查数据》，《贵州社会科学》2016 年第 1 期。

③ 吕江林：《我国城市住房市场泡沫水平的度量》，《经济研究》2010 年第 6 期。

细则 2019》要求在室外场地设计中，对无障碍路线系统进行合理规划，场地内各主要游憩场所、建筑出入口、服务设施及城市道路之间要形成连贯的无障碍步行路线，其路线应保证轮椅无障碍通行要求，但在城镇的室内设计和广大的农村地区，离全面普及便利残疾人士的无障碍设施还有一定距离。

另外，空气污染问题具备较强的地理关联性，是全球范围内都较为关注的生态环境问题，虽然我国一直致力于从绿色建筑到低碳生态城市的建设，但空气质量的改善是一个长期的过程。基于全国 31 个城市的研究显示，2014—2018 年总体环境空气质量指数和污染天数均有明显改善，但以臭氧（O_3）为首要污染的天数明显增加。[①] 我国政府在巴黎气候变化大会上已经提出力争在 2030 年前后实现碳排放达峰的目标，在向这一目标迈进的现阶段还需在低碳、低能源发展、节能排放、强化电源结构等方面持续努力。[②]

以地点要素中指标所列项目为线索，在我国城市规划政策规范和行业标准中可找到对地点进行规范化管理的详细框架，例如住房城乡建设部发布的国家标准《城市居住区规划设计标准》中对 5—15 分钟生活区的各类社会基础设施，包括公共管理和公共服务设施、商业服务业设施、市政公用设施、社区服务设施、便民服务设施等逐一规定了应配建项目的内容、规模、地点布局的规划标准。依靠规划中的基础设施硬性指标要求可以平衡一部分住房资源失配的情况，但我国住房的空间布局中职住不平衡、资源失配的情况仍然存在：一般情况下，居住需求高的地方的住宅用地增值收益空间相对较大，保障性住房具有公共物品的性质，在融资、供地等方面动力不足，往往使得保障性住房难以在租金高、需求高的城市中心区域落地，对于在市区就业的职工，若其保障性住房分布在租金低的郊区，会直接增加居住者

---

① 王未来、李明艳、张美航等：《我国 31 个重点城市 2014—2018 年空气质量变化特征分析》，《中国公共卫生管理》2020 年第 4 期。

② 马丁、陈文颖：《中国 2030 年碳排放峰值水平及达峰路径研究》，《中国人口·资源与环境》2016 年第 1 期。

的就业和交通成本。[①] 郊区化、通勤时间增长在影响居住者生活质量的同时，还会进一步对社区本身的社会资本产生消极影响。这意味着，基础设施标准化配备的“硬”指标无法根源性地增强一个城市的“软”实力，虽然不断改进中的新规划理念已在极力矫正这一问题，但我国大城市“摊大饼”粗放式的发展模式由来已久，其中暗含“土地产权制度结构不完善”“政府职能错位”“层级制城市结构”“认识偏差”等多个方面的问题。杨开忠[②]指出，我国的上海、北京、广州、深圳已跃居 2020 年《世界城市名城》的前 50 名，但这些城市在生活质量方面还未达到美世发布的全球城市生活质量排名的前百名。在新的城市设计理念下，根据现行的国家标准和相关规范，新增建设规划项目已将城市生活质量放在较为重要的位置，但历史建成区存在的地点空间结构问题需要中长期的城市更新改造来逐渐完成空间优化。

对住房保障文化环境要素的相关指标进行分析发现，长久以来城镇改造是城镇住房保障的重要抓手，棚户区改造、城镇老旧小区改造、农村危房改造、装配式钢结构新型农房建设等都是我国住房保障工作的重要成效。一个区域的人文历史多深藏于老建筑中，从住房和城乡建设部的发文悉知，部分未经过评估论证的城市改造更新很可能会为破坏城市历史文化价值的改造提供机会，造成特色风貌产生难以挽回的损失。另外，草原是我国最大的生态系统，牧区占全国面积 40%以上，为解决欠发达牧区饮水用电等基本生活设施配备问题，根据《关于促进牧区又好又快发展的若干意见》，国务院从 2011 年正式启动游牧民定居工程，在全国财政决算支出的住房保障支出中还专设少数民族地区游牧民定居工程的支出项目。这项工程在改善游牧民生活水平和福利程度上成效显著，但若从文化环境构建的视角，部分牧区居民点的建筑和陈设未能体现出民族特色，一些牧民难以真正适应并融入新的生产和生活方式。

① 严雅琦、田莉：《集体土地建设租赁住房的策略：基于“准公共物品”的视角》，《北京规划建设》2021 年第 3 期。

② 杨开忠：《加快从生产型城市向生活型城市转变》，《天津日报》2021 年 2 月 5 日第 9 版。

习近平总书记在广州考察时指出，要高度重视历史文化保护，突出地方特色，在参加十二届全国人大五次会议上海代表团审议时他也一再强调“城市管理应该像绣花一样精细”。2021 年 9 月中共中央办公厅、国务院办公厅印发了《关于在城乡建设中加强历史文化保护传承的意见》，其中提出到 2025 年构建“多层级多要素的城乡历史文化保护传承体系”，到 2035 年全面建成“系统完整的城乡历史文化保护传承体系”，从政策体系构建和具体实施层面，都详细制订了接下来城乡历史文化保护的工作计划和制度体系。这意味着，虽然离构建系统完整且全面的城乡历史文化保护传承体系还有一定距离，但我国对住房相关文化环境的关注和保护现已进入了一个全新的时期。

第三节　构建完善的住房保障体系：从量的基本适足到质的均衡提升

基于前文对我国住房保障适足程度的评估和适足住房权概念下七要素的多维分解分析，可以基本得出这样一个结论：我国现行的住房保障体系法律制度的构建力度适足、硬件设施保障充足、无障碍可获得性强、社会救助特征明显，但总体保障维度单一，保障质量仍有待提高。在适足住房权的要素框架下，基于层次分析法的估值分析可知，我国住房保障体系在服务、材料、设备和基础设施的供应，无障碍，住房权的法律保护三个要素方面表现较为突出，并且这一分析结论不受权重赋值的影响，具备逻辑一致性。在本章层次分析的权重设定中，即使将服务、材料、设备和基础设施的供应，无障碍，可负担性，宜居程度四个要素设立同样的权重，最终结果仍然显示我国住房保障在服务、材料、设备和基础设施的供应与无障碍方面，以及住房权利的法律保护方面显著超越住房的可负担性、宜居程度、地点、文化环境四个方面。其中，虽然住房权的法律保护在分析框架建立时被赋予最高的重要程度，但分析结果也仍显示服务、材料、设备和基础设施的供应与无障碍方面保障的适足程度远超过住房权的法律保护。这说明住房保障体系在未来的发展中应更加关注住房的可负担性、宜居程度、地点的选择以及周边文化环境的兼容性，而这也正是我国住房保障政策刚开始关注，但还处于探索阶段的几个方面。

在我国城乡二元发展的历史背景下，住房保障制度的构建一直以来主要侧重于保障城镇户籍的居民群体，宅基地的无偿获得被作为农村人居保障的主要手段，基于宅基地的住房建设大多数是靠个人自筹自建。自党的十八大以来，党中央多次提出统筹城乡发展，并提出在改善民生方面需“统筹推进城乡社会保障体系建设”。城乡融合发展，建立多层次、全民覆盖的住房保障制度是住房制度发展历程中最近这一个时期的转变，也是未来住房改革的方向。本章的分析中，服务、材料、设备和基础设施的供应和无障碍方面的适足保障印证了我国住房保障制度在城乡融合发展方面的进步。在城镇，政府为不同收入水平的人群制定了廉租房、公租房、经济适用房、共有产权房、两限房、集租房等保障措施；在乡村，通过扶贫工作，基本解决了城乡差异化发展中遗留的乡村极度贫困人员住房困难的问题。这说明，通过政府主导的二次分配机制，我国住房保障体系在总量建设和基础设施标准化配备方面成效显著，为贫困群众提供了必要的住房兜底保障，然而适足住房权是任何人都享有的“生活安全、安定和有尊严的权利”，不仅仅是“四面墙壁和一个屋顶”，随着中等收入人群总量的增加，若要使发展成果更多更公平地惠及全体人民，向共同富裕的方向更进一步，住房保障应从多维度的均衡保障理念出发通过多种渠道多种方式保障不同人群不同方面的住房需求。

针对城镇人口：第一，在提供社会救助性质保障房的基础上，需对住房租、购市场的价格和市场结构进行持续调控，实现租房者权益的稳定保障，使自有住房和出租住房的获得成本与人口的收入水平相称，减少住房获得成本对人们实现其他基本需求（例如，食物、教育、交通、服装、获得医疗保健等）的影响，同时可通过增设专项信贷额度，为解决住房不平等提供潜在的补救措施。第二，坚持低碳、低能源、节能、降排放的发展路径，强化电源结构，通过持续改善总体生态环境和空气质量，进一步提高居住环境的整体宜居性。第三，关注居住者就业选择与生活质量的平衡，将实际居住者上下班通勤时间成本和交通成本作为住房选点布局的关键要素，在规划建设决策中进行统筹考虑，而非标准化、指标化地进行社会公共设施配备。第四，加快完善历史风貌和古建筑保护体系，构建历史建筑保护清单，在城镇改造中，严把制度审批环节，杜绝破坏历史文化价值和特色风貌的翻新改造。

针对乡村人口：第一，我国的乡村正经历着生产生活方式的巨大转变，但粮食安全保障是国家安全的重要基础，因此部分乡村的农业生产会长久存续，在提供基本住房保障时，需综合考虑农户生产和生活的便利性，以及生产所需存储空间的配备。第二，需在乡村规划指导下，结合乡村产业发展前景，构建整洁、宜居、可持续发展的乡村人居环境。第三，在牧民定居等安居工程中，需尊重当地居民在空间设计和住房配置中对文化传承的诉求，尊重地区文化特色。第四，加强乡村宅基地制度改革和城市住房保障制度的有效衔接，有条件的城镇应尝试逐渐拓宽覆盖面以进一步纳入外来务工人员，在没有条件将外来务工人员纳入城镇住房保障体系前，应审慎推进农村宅基地制度改革，使农民工返乡时能有地有房有保障。

党的十九大提出“我国社会主要矛盾是人民日益增长的美好生活需要和不平衡不充分的发展之间的矛盾”，但也同时明确了“我国仍处于并将长期处于社会主义初级阶段的基本国情没有变”。从“有得住”到“住得好”需要夯实已建立的制度基础，稳步完善符合现阶段发展水平的保障机制，在中长期的微改造中重构城市空间和城乡格局，加强覆盖城乡的住房保障制度建设，逐步提升从社会低收入人群辐射到社会中等收入人群的住房多维度综合保障水平。

（本章执笔：王庆，本章主要内容曾以《以住房多维保障促进共同富裕》为题发表在《经济与管理》2022 年第 3 期）

第三十四章
国有企业履行特殊社会责任

企业社会责任的一般定义是企业为自己影响人们、社会和环境的任何行为所承担的必要责任。[①] 关于企业社会责任的讨论，自 20 世纪中叶开始，就已成为管理学和经济学领域的热议话题。管理学家阿奇・卡罗尔（Archie Carroll）提出企业社会责任的金字塔模型，将其划分为经济责任、法律责任、道德责任和慈善责任四个方面。[②] 之后的一系列研究，都是在这一模型的基础上展开的。例如，英国企业家埃尔金顿提出的“三重底线”理论（Triple Bottom Line），将企业盈利、社会责任、环境责任这三者统一起来，认为企业在经营过程中，不能突破经济亏损、有碍环保、偷税漏税等底线。[③] 塞西（Sethi）提出企业社会绩效理论，认为企业需要承担应对市场环境变化和政策法律规范的社会义务，履行符合社会一般规范、价值观和共同期望的社会责任，以及面对社会环境所做的持久性准备行为的社会回应。[④]

进入 21 世纪，我国学界开始关注到企业社会责任的议题，结合中国实际情况，提出一系列富有新意的观点。研究者认为，国有企业在追求经济效益的同时，负有维护和增进社会利益的责任，且由于国

---

① 波斯特、劳伦斯、韦伯：《企业与社会：公司战略、公共政策与伦理》，张志强译，中国人民大学出版社 2005 年版，第 61 页。

② 阿奇・卡罗尔：《企业与社会：伦理与利益相关者管理》，机械工业出版社 2004 年版，第 3—7 页。

③ 黄少英：《企业伦理与社会责任》，东北财经大学出版社 2019 年版，第 168 页。

④ Sethi，Prakash，“Dimensions of Corporate Socias Performance：An Analytic Framework”，*California Management Review*，1975，17：58-64.

有企业的特殊性质，所承担的社会责任应当比一般企业更加丰富。[①] 民营企业需要履行的安全生产、绿色运营、回馈社会（社区）、和谐劳动关系等职责，国有企业理应承担。此外，国有企业还需要承担更多的社会责任，例如一些学者指出，国有企业的社会责任应当划分为社会义务和社会期望，其中社会义务是企业必须要履行的社会责任，例如经济责任、法律责任和政治责任等；社会期望是企业自愿履行的社会责任，包括道德责任、慈善责任、促进和谐发展的责任等。[②] 还有研究者认为，中国的情况与国外有所差异，使得企业社会责任的内容和动力机制也有所不同。例如，国外企业社会责任的发展，是在利益相关团体督促施压下逐步发展的，中国则缺少类似的社会基础，特别需要政府对企业履行社会责任的推动和监管作用，帮助企业建立社会责任的管理体系。[③]

关于国有企业需要承担的社会责任，2007 年发布的《关于中央企业履行社会责任的指导意见》提到，大致包括以下八类责任："坚持依法经营诚实守信；不断提高持续盈利能力；切实提高产品质量和服务水平；加强资源节约和环境保护；推进自主创新和技术进步；保障生产安全；维护职工合法权益；参与社会公益事业。"[④] 之后，国有企业社会责任的履行范围和具体要求，基本就围绕着这些内容而展开。但是，上述社会责任的含义，无论是针对国有企业还是针对民营企业、外资企业，都是适用的，并没有体现国有企业的特殊之处。换言之，除了奉行通常概念中的企业社会责任，国有企业还应当履行与

---

① 黄速建、余菁：《国有企业的性质、目标与社会责任》，《中国工业经济》2006 年第 6 期；罗斌、刘前锋：《谈我国国有企业的社会责任》，《冶金经济与管理》2006 年第 6 期；刘玲：《国有企业社会责任研究——以"企业—政府—社会"关系为框架》，《理论界》2007 年第 9 期。

② 沈志渔、刘兴国、周小虎：《基于社会责任的国有企业改革研究》，《中国工业经济》2008 年第 6 期。

③ 康彩霞、李力、白现军：《政府在企业承担社会责任中的角色分析》，《经济与社会发展》2006 年第 8 期；乔明哲、刘福成：《基于性质与功能的我国国有企业社会责任研究》，《企业社会责任》2010 年第 3 期。

④ 国务院国有资产监督管理委员会：《关于中央企业履行社会责任的指导意见》，《国有资产管理》2008 年第 2 期。

其所有制类型相适应的“国有企业一般社会责任”。此外，在中国的特殊语境和制度安排之下，中国特色的国有企业还需要承担“国有企业特殊社会责任”。既有关于国有企业社会责任的研究，还部分提到了“一般社会责任”和“社会责任”的差别，强调履行特殊社会责任的重要意义，但对于何为“一般”、何为“特殊”，在概念的界定方面仍略有不足。[①] 本章拟从国有企业的特有使命出发，论述中国国有企业履行社会责任的重要意义，针对国有企业的特殊社会责任进行分析论述。

第一节 国有企业履行的一般社会责任

在演化经济学家看来，国有企业作为“最后的企业家”，其建立主要是为了国家的利益，“不仅有助于建立一种工业的原型范例，而且也有助于确立这种新型组织的步调和型态。由于国有企业创造的需求，国有企业常被用作资本主义工业发展的催化剂。这些企业是如此的不可或缺，以至于对资本主义发展的解释不能将之忽略”[②]。回顾经济思想史可以看到，19 世纪后期，以李斯特为代表的经济学家强调，应当按照国家发展的不同阶段，有选择地采用不同的国家干预措施，“只有个人利益服从国家利益，只有世世代代地向同一个目标努力，国家生产力才能获得均衡发展”[③]。恩格斯也提出类似的看法，认为“无论在任何情况下，无论有或者没有托拉斯，资本主义社会的正式代表——国家终究不得不承担起对生产的领导。这种转化为国家财产的必然性首先表现在大规模的交通机构，即邮政、电报和铁路方面”[④]。

十月革命前后，鉴于俄国市场经济发展的盲目性、不确定性所造成的重复建设、恶性竞争、工厂倒闭、工人失业、地域经济发展不平

① 徐传谌、刘凌波：《我国国有企业特殊社会责任研究》，《经济管理》2010 年第 10 期。

② 赖纳特：《国家在经济增长中的作用》，载霍奇逊主编《制度与演化经济学现代文选：关键性概念》，贾根良等译，高等教育出版社 2005 年版，第 266—267 页。

③ 李斯特：《政治经济学的国民体系》，陈万煦、蔡受百译，商务印书馆 1961 年版，第 143 页。

④ 《马克思恩格斯全集》（第 25 卷），人民出版社 2001 年版，第 406—407 页。

衡等问题，列宁提出建立“国家的辛迪加”，“实行土地国有化、把一切银行和资本家的辛迪加收归国有或至少由工人代表苏维埃立刻加以监督……”①，“全体公民都成了国家（武装工人）雇用的职员。全体公民都成了一个全民的、国家的‘辛迪加’的职员和工人”②。列宁认为，通过国家干预经济活动的做法，“把最大部分的国家资料（原料、粮食、燃料、货币）集中在国营大工业手中，并有计划地分配这些物资，以保证依靠国家供应的各企业的生产工作不致中断”③。从生产力发展的角度而言，苏联的经济管理体制，将人力、财力、物力集中用于关系国民经济全局的部门发展和重大战略问题的解决上，呼应了生产力发展的需求，推动了工业化的进程。

苏联国有企业的探索与实践，对于第二次世界大战之后欧洲各国的“公营企业”的建设产生了启示作用。根据1980年欧洲共同体法规指南中的定义，“公营企业”是指“政府当局可以凭借它对企业的所有权、控股权或管理条例，对其施加直接或间接支配性影响”的企业。④ 如萨缪尔森所言，在公共产品和自然垄断品提供方面，这种公有制类型的企业可以修正自由市场竞争带来的扭曲，“私人生产公共产品势必导致供应不足，因为生产这些物品的收益非常分散”，此时需要由政府生产公共产品并提供给消费者。⑤ 具体而言，公共物品、外部经济、垄断、不确定性、风险和信息的非对称性等问题的出现，容易造成市场失灵，国有企业能够规避资本市场失灵的情况，建立起对公平的关切，为底层民众提供社会保障。⑥ 与财政、税收、货币等其他国家干预经济的方式相比，国有企业是一种比较灵活的政策工具，可以根据具体情况采取不同的方式调节经济。总体而言，资本主

---

① 《列宁全集》（第29卷），人民出版社1985年版，第167页。

② 《列宁选集》（第三卷），人民出版社1995年版，第202页。

③ 《苏联共产党决议汇编》（第2分册），人民出版社1964年版，第137—143页。

④ 帕里斯、佩斯蒂奥、塞诺：《西欧国有企业管理》，张冀湘、鲁奇译，东北财经大学出版社1991年版，第26—40页。

⑤ 萨缪尔森：《经济学》，萧琛等译，华夏出版社1999年版，第28—29页。

⑥ 张夏准：《“国家发展战略”视角的公共投资和国有企业改革》，周建军译，《政治经济学季刊》2018年第1期。

义国家的国有企业所承担的社会责任包括提供公共产品、平衡地区发展、促进资产重组、增加国民财富等方面。

社会主义国家的经济国有化措施，涉及所有制和意识形态问题。国营企业（国有企业）作为社会主义的重要物质基础和政治基础，关乎公有制主体地位的巩固，关乎共产党执政地位和执政能力，关乎社会主义制度，在与国家安全和经济命脉相关的主要行业和关键领域中占据支配地位。换言之，国有企业是资本主义国家发展和稳定经济生产的一种手段，对于社会主义国家，则是涉及制度基础和理论内核，因此具有更为复杂的经济社会功能，既要在基础设施、公共设施建设和公共服务提供方面起到引领性、基础性作用，也要在相关产业发展进入危机时刻发挥稳定和中坚力量。① 当然，我国的国有企业同西方国家的国有性质的企业有所不同，不应照搬西方的国有企业社会责任内容要求。② 但是，以西方国家作为经验借鉴，有助于我们更深入地构建中国特色的国有企业社会责任理论内涵。

综合各类材料可见，国有企业的一般社会责任可以包括以下几个方面的内容。

一是规范资本运作，防止资产流失。各国国有企业的建立，主要任务是维护国有资本安全，建立健全监督体制机制，依法依规实施信息公开，防止国有资产流失。例如著名的新加坡淡马锡公司，运用市场化的手段，改善国有资本管理方式，实现从管资产向管资本的机制转换，推动产业经济转型，促进资本保值增值。我国的国有企业也承担着类似的社会责任，按照国资布局和结构优化要求，培育核心竞争力和创新能力，着力提升国有资本控制力、影响力。在此过程中，还要提高国有资本回报率，加强对国有资产的监管力度。③

二是弥补市场缺陷，稳定市场运行。市场不是万能的。社会主义

---

① 黄奇帆：《结构性改革：中国经济的问题与对策》，中信出版社 2020 年版，第 276—288 页。

② 张强忠、何新月、张攀等：《国有企业社会责任履行的动力机制研究》，《管理案例研究与评论》2022 年第 2 期。

③ 林盼、郭冠清：《监管主体的变迁过程与国有资产监督体系的制度分析》，《上海经济研究》2023 年第 7 期。

市场经济同样存在着外部性、信息不对称、市场调节盲区等自有缺陷，导致市场机制失效，出现经济周期大起大落的问题，因此需要国有企业作为一种特殊的市场主体，调节市场运行，维护经济稳定，规避资源配置失灵，所采取的措施包括适度扩张或收缩企业边界，并购或接管其他类型的企业，增加就业机会和社会投资，平抑物价水平等，维护和促进国民经济健康发展。这是西方资本主义国家仍然或多或少保留国有企业的重要原因，也是中国的国有企业必须要完成的任务。

三是提供公共产品，承担公共服务。在西方的语境下，“公用事业”一词就是用于表述自然垄断行业的，这些行业应该受到国家的干预，所采取的措施一般是建立国有制的企业。[①] 与之相比，我国的国有企业需要承担更多的公共产品和公共服务提供之责，如果重要行业是由私人资本或者海外资本控制，则会造成严重的经济垄断和社会不平等，直接危害公众利益和国家安全。2006 年 12 月，国资委发布《关于推进国有资本调整和国有企业重组的指导意见》，提出国有经济应对关系国家安全和国民经济命脉的重要行业和关键领域保持绝对控制力，包括军工、电网电力、石油石化、电信、煤炭、民航、航运七大行业，目的是提高全民的基础福利保障，为社会提供高质量的产品和服务，履行维护国民经济安全的社会责任。

四是平衡产业布局，促进结构优化。纵观世界各国国有企业的发展经验，重要的任务使命是解决经济结构的失衡问题，促进经济结构的合理化，其中既涉及区域之间经济发展的不平衡问题，也包括产业之间的协同发展。[②] 我国的国有企业同样要肩负此项战略任务，按照“质量第一、效益优先”的原则，将实体经济作为发展国有经济的着力点，推动我国经济迈向高质量发展，实现经济质量、结构、规模、速度、效益、安全相统一。同时，推进国有经济在区域重大战略、区

---

① 帕里斯、佩斯蒂奥、塞诺：《西欧国有企业管理》，张冀湘、鲁奇译，东北财经大学出版社 1991 年版，第 29—32 页。

② 米什勒、雷维森卡编：《世界各国的公营企业》，吴柏均等译，东北财经大学出版社 1991 年版，第 3—10 页。

域协调发展战略、推动共建“一带一路”高质量发展中起到引领和支撑作用，在解决发展不平衡不充分的问题上更好发挥作用。

五是落实宏观调控，平稳经济发展。国有企业承担执行国家宏观调控政策的责任，并不是社会主义经济制度独有的。在平抑经济波动、维护社会稳定方面，西方国家的国有经济都做出了不可磨灭的重要贡献。与之相比，我国的国有企业在落实政策方面更为主动积极。尤其是在微观层面，国有企业作为政府宏观调控的重要抓手，通过执行国家的方针政策，促进经济社会健康发展。例如，在带动落后地区发展方面，民营企业偏向于使用投入小、周期短、见效快的扶贫方式，例如教育扶贫、就业扶贫、医疗健康扶贫；国有企业则采取投入大、周期长、见效慢的方式，例如生态环保扶贫、产业发展扶贫、推进乡村全面振兴。[①]

六是推进环境保护，实践绿色目标。建立绿色低碳循环发展的经济体系，已经成为各国共识。历数各国由中央政府直接管理的企业，往往涉及环境保护部门。近年来，我国正式提出“碳达峰”“碳中和”的发展目标，以此推动企业转型升级，实现可持续发展。对此，国有企业应当通过技术创新、制度创新、商业模式创新等方式，通过能源技术和管理方式的创新，转变经济增长方式，促进产业结构优化升级，发展循环经济，推动投资、生产和消费向绿色化转型，为消费者提供安全、可靠、绿色、健康的产品。[②]

七是健全分配机制，完善收入体系。各国国有企业的产权主体是政府，需要将经营过程中的超额利润以收益的形式返还给政府，转化为公共财政支出，提升居民公共服务质量和均等化水平，科学合理分配属于全体人民的共同财富。具体到中国的国有企业，除了上述社会责任，其还是调控收入分配结构、缩小收入分配差距的重要标杆，因此需要对内部分配制度进行有益探索，完善由市场评价贡献、按贡献参与分配的制度，使员工更好地享受到企业改革发展带来的福利，为

① 贾明：《企业社会责任》，机械工业出版社 2023 年版，第 41 页。

② 黄群慧主编：《国有经济蓝皮书——中国国有经济报告（2021）》，社会科学文献出版社 2021 年版，第 178—181 页。

全社会示范公平正义的实现机制，塑造“模范企业公民”。

国有企业的自身属性，决定了社会责任的内生性特征。[①] 回顾国有企业的发展历程，横向比较各国国有企业的社会责任，我们能够看到，像规范资本运作、弥补市场缺陷、提供公共产品、平衡产业布局、推进环境保护等方面的责任，几乎是各国国有企业（或中央政府直管企业）都需要承担的社会责任，可以将其称为“国有企业的一般社会责任”。从数值情况来看，国有企业履行一般社会责任的表现情况较好。2022 年发布的《中国企业社会责任研究报告》显示，国有企业百强社会责任发展指数普遍有所上升，整体达到 55.5 分，处于三星级的追赶者阶段，明显高于民营企业的 33.4 分和外资企业的 20.2 分。其中，中国宝武、华润集团、国投、东风汽车、中国华电、中国移动等十余家国有企业的责任管理指数达到五星级的卓越者水平，连续 14 年发布社会责任报告，体现出履行社会责任的高标准。[②]

第二节　中国特色国有企业担负的特殊社会责任

除了上述国有企业的一般社会责任，是否还具有只属于中国国有企业的特殊社会责任？对于这一问题，既有研究做出了一些探讨。例如徐传谌、刘凌波提出，国有企业的特殊社会责任包括八个方面：（1）控制国民经济命脉，维护经济安全；（2）保障国民经济健康发展；（3）引领技术进步和推进产业升级；（4）调整收入分配格局、维护社会公平；（5）忠实履行国有经济功能的社会责任；（6）模范地执行宏观调控政策；（7）应对自然灾害和突发事件，维护公共秩序和服务公众利益；（8）成为具有世界影响的大公司、大集团，引领中国经济发展。[③] 乔明哲、刘福成认为，国有企业的特殊社会责任主要

---

① 商华、尹海磊、董大海等：《我国国有企业社会责任实现驱动力研究——基于内生性视角》，《科研管理》2022 年第 10 期。

② 黄群慧、钟宏武、张蒽：《中国企业社会责任研究报告（2022）》，社会科学文献出版社 2022 年版，第 21—44 页。

③ 徐传谌、刘凌波：《我国国有企业特殊社会责任研究》，《经济管理》2010 年第 10 期。

包括实现政府特定的政策目标、保障经济政治安全等方面。[①]

对于上述研究，本章认为，国有企业特殊社会责任的内涵不应过于广泛，类似于像规范资本运作、弥补市场缺陷、提供公共产品、平衡产业布局、落实宏观调控、推进环境保护、完善分配体系等，不仅是中国国有企业的社会责任，放眼其他国家，也是构建国有制企业或是由中央政府直接管理企业的主要原因。也就是说，在探讨中国国有企业应当承担的特殊社会责任的问题上，需要充分结合具体国情而展开，聚焦核心特征。

总体而言，国有企业是中国特色社会主义的重要物质基础和政治基础，是我们党执政兴国的重要支柱和依靠力量，在关系国家安全和国民经济命脉的主要行业和关键领域占据支配地位。这些特征构成国有企业的特殊使命，决定了国有企业需要肩负特殊的社会责任。所谓企业使命，一般被认为是企业的价值取向和事业定位，规定着企业的发展目的、发展方向、奋斗目标、基本任务和指导原则。[②] 党的十八届三中全会通过的《中共中央关于全面深化改革若干重大问题的决定》提出，“国有资本投资运营要服务于国家战略目标，更多投向关系国家安全、国民经济命脉的重要行业和关键领域，重点提供公共服务、发展重要前瞻性战略性产业、保护生态环境、支持科技进步、保障国家安全”。基于这一文件，我们提出国有企业的特殊社会责任，包括引领国家科技进步、维护国家经济安全两个方面。

首先，在引领国家科技进步方面，国有企业负有推动产业升级、突破“卡脖子”问题的重要责任。在欧美发达国家，承担科技创新责任的主要是政府部门、国家实验室和公立大学。而在我国，国有企业则肩负着核心技术创新的重要使命。有学者指出，“国有企业不仅可以在我国创新驱动发展战略中充分发挥创新先锋的作用，而且，还可以作为国家创新意志的政策工具发挥更大的作用，对这一问题的深入

① 乔明哲、刘福成：《基于性质与功能的我国国有企业性质研究》，《华东经济管理》2010 年第 3 期。

② 黄群慧：《实施“精细化改革战略”——明确国有企业的组织使命与定位》，《中国党政干部论坛》2007 年第 10 期。

研究对我国国企改革具有重大意义”[①]。

具体来说，国有企业有能力肩负引领科技进步的社会责任，主要是因为国有企业特有的抗风险能力，以及其所具备的人才和技术优势。将基础研究和应用研究成果进行转化的过程中，一般面临着诸多挑战，例如转化过程和结果的不确定性、融资困难、技术脱节等问题。有学者称之为“死亡之谷”。[②] 尤其是一些战略产业或基础产业，具有成本高、风险大、回收周期长等特点，企业难以长远地考虑战略目标，使得非国有企业往往对此“望而却步”。

为了解决上述问题，国有企业作为创新体系的推动者，能够作为一种政策工具，依靠自身的雄厚实力，短时间之内集中人力、物力、财力和技术支持，重点发展创新性产业。由于历史和体制因素，国有企业在技术、人才等方面的资源储备，较之同行业的民营企业具有明显优势，在促进科技创新、引领技术进步、拉动产业升级等方面能够发挥重要作用。近年来，随着上下游整合的速度逐步加快，大型国企日渐成为综合性的一体化企业，拥有广阔的内部市场，可以自己“购买”自己的产品，便于在某些领域克服“后来者劣势”的负面影响。[③] 此外，在信息不完全、费用较高的经济体制中，国有企业能够扮演行业先导的角色，尤其是在国防、航天、能源、电信等尖端领域，一旦由国有企业带动获得技术突破，必然会对行业产生引导和借鉴作用，进而对整个行业的发展贡献正外部性，产生波及效应。

在措施方面，有研究认为，可以适度将一部分科研经费的财政拨款交由大型国有企业支配，由这些企业根据国民经济生产中遇到的问题，对国家实验室、科学院系统和大学系统提出要求，包括明确需要攻克的技术难关和产品标准，为其提供研发资金，并作为最终客户购

---

① 贾根良：《开创大变革时代国家经济作用大讨论的新纲领——评马祖卡托的〈企业家型国家：破除公共与私人部门的神话〉》，《政治经济学报》2017 年第 1 期。

② 贾根良：《国有企业的新使命：核心技术创新的先锋队》，《中国人民大学学报》2023 年第 2 期。

③ 高旭东：《不可替代的创新：大型国企创新实践的启示》，《清华管理评论》2018 年第 9 期。

买研发成果。[①] 笔者在之前的研究中也提到，将部分优势资源向国有企业倾斜，以国企作为创新平台，吸引民营企业、高等院校、科研机构、国家实验室、用户等广泛参与，形成“央企/国企+”的创新联合体，使之成为构建新发展格局的原创技术策源地。[②]

其次，在维护国家经济安全方面，国有企业需要在服务国家发展战略、保障国民经济健康稳定发展等领域担负重要责任。近年来，习近平总书记多次在各种场合提出，当前和今后的一个时期，是我国各类矛盾和风险的易发期，必须坚持统筹发展与安全，深刻认识错综复杂的国际环境带来的新矛盾新挑战，“增强机遇意识和风险意识，树立底线思维，把困难估计得更充分一些，把风险思考得更深入一些，注重堵漏洞、强弱项，下好先手棋、打好主动仗，有效防范化解各类风险挑战，确保社会主义现代化事业顺利推进”[③]。

具体而言，可以举产业链供应链安全作为例子。产业链上下游各环节环环相扣，供应链前后端供给需求关系紧密关联耦合，维系产业链供应链的畅通，本身就是高成本高风险的。个别西方大国采取贸易保护主义和单边主义，以“国家安全”和意识形态为借口，实施技术垄断与技术出口管制，对我国高科技产业实行定点定向战略战术打击，缩短甚至封锁我国重点产业领域转型升级的战略窗口期。跨国公司在全球化经营中，也逐步出现了研发机构本土化和独资化等趋势，通过知识产权保护制度，最大限度地抑制核心技术的扩散。

为了解决产业链供应链的安全问题，国有企业有责任完善科技创新组织机制，围绕“四个面向”，发挥市场的导向作用，积极与国际一流创新企业对标，全面梳理企业科技创新“短板”清单，超前谋划

---

① 贾根良：《国有企业的新使命：国家创新意志的政策工具》，《教学与研究》2023年第3期。

② 林盼：《新型举国体制如何落地：打造以国企为主导的创新平台》，《华东理工大学学报》（社会科学版）2021年第4期。

③ 《习近平：关于〈中共中央关于制定国民经济和社会发展第十四个五年规划和二〇三五年远景目标的建议〉的说明》，新华社，2020年11月3日，http://www.gov.cn/xinwen/2020-11/03/content_5556997.htm；习近平：《在庆祝中国共产党成立100周年大会上的讲话》，《人民日报》2021年7月2日。

顶层设计，注重突破关系发展全局的重大技术。产业链供应链所面临的危机，也可转化为产业升级的契机。核心企业可以依托高信用优势广开门路，构建更紧密的产业链生态系统，提升核心科技实力，借势实现产业升级。2023 年 6 月 14 日，国资委召开中央企业提高上市公司质量暨并购重组工作专题会，强调要促进国有企业以合理成本融资、实现国有资本在产业链和创新链等方面的高效整合、选择合适的投融资方式以改善资本结构。

国有企业的所有制背景，能够与商业银行结成更紧密的合作关系。由相关政府部门出面，会商对口的银行给予信用担保，鼓励银行为国有企业提供“信用支撑、利息补贴、鼓励贷款”，通过组合优惠政策和措施，打造命运共同体生态。政府协助授信，通过发行企业债直接融资，出面协调核心企业、供应链企业及金融企业的关系，推进交易确权；建立企业资金市场，用配套的政府优惠政策引导这些公司把资金流向优选企业，有利于核心企业自身竞争力的提升。

除此之外，国有企业的“国有”背景，还能够使其更便捷地参与到全球资源配置和战略规划之中，借此完善产业链和价值链的全球化布局，推动技术、管理、金融等资源的全球化配置。加快形成面向全球的生产服务网络，把进行对外投资与国内设备、服务、技术、标准的全方位“走出去”结合起来，以“一带一路”建设为纽带，塑造以中国制造、中国创造为关键技术谱系的国际生产体系，打造一批空间上高度集聚、上下游紧密协同、供应链集约高效的战略性新兴产业链集群，并加快建设以 5G、大数据、物联网为代表的新型基础设施。

需要指出的是，担负特殊社会责任，并不意味着需要承担特殊的政策负担。说到底，国有企业作为依法独立自主开展生产经营活动的经济组织，首要职能是成为自主经营、自负盈亏的社会主义商品生产者和经营者，具有自我改造和自我发展的能力。随着社会主义市场经济体制以及公共政策工具的多样化，多数公共政策目标已不完全依赖国有企业加以实现，而是可以利用市场机制或是其他一些政策工具来落实。另外，文化类、公益类的国有企业，一般不承担重大国家战略，可以不用过多涉及特殊社会责任方面的任务工作。说到底，国有企业的社会责任不应成为无所不包的“大杂烩”，降低这一概念的科学性和现实价值。

例如，在国有企业和非公有制企业关系的问题上，有观点认为，国有企业在规范和引导非公资本发展方面肩负着重要职责，例如在中观产业层面，公有制经济利用产业扩散效应，规范非公有制资本无序扩张；在宏观经济层面，公有制经济通过“逆周期调节”，提升非公有制经济和整个国民经济体系的抗风险能力。[①] 本章认为，国有企业可以在企业正常经营的业务范围之内，将非公有制企业纳入经营体系，例如发挥自身资金实力雄厚、技术人才集聚的优势，强化专业化协作和配套能力，吸纳非公有制企业的资本、人才、原材料等资源，形成突破核心技术的资源基础。但是，对非公有制企业的技术溢出和产业带动作用，或是抑制平台经济恶性扩张的措施，不应成为国有企业的特殊社会责任，也不应将其作为对国有企业的考核标准，可以在政策层面加以引导，但不应做出强制性规定。无论是强制性要求作为“链主”的国有企业将民营企业吸纳到生产供应网络之中，还是出于实施“逆周期调节”的功能，人为控制重要生产要素供给和减少基础设施投资额度的做法，既导致国有企业不得不承担额外的沉重社会责任，也会使得企业之间的合作互惠关系发生扭曲。

第三节　国有企业履行特殊社会责任的制度保障

如何推动国有企业履行特殊社会责任？我们通过分析发现，引领国家科技进步和维护国家经济安全两个责任，经常与企业的经济责任产生矛盾，即国有企业实现国有资产保值增值的经济目标与服务于战略目标及政策目标之间的利益冲突。[②] 调研发现，国有企业既要完成当前的经济绩效考核指标，又要承担长远的重大战略任务，是国有企业普遍面临的状况，究竟如何平衡两者之间的关系，始终成为困扰企业管

① 周绍东：《“普照的光”如何发挥作用？——公有制经济规范和引导非公资本发展的路径》，《河北经贸大学学报》2023 年第 3 期。

② 戴锦、和军：《国有企业责任辨析》，《中国特色社会主义研究》2015 年第 3 期。

理层策略制定的核心因素。从《中国企业社会责任研究报告（2022）》披露的国有企业社会责任报告可以看到，多数企业侧重于关注绿色管理、社区责任、员工责任等内容，与民营企业社会责任报告的议题相比，除了数值略有差异，基本差别不大。而在体现出更高级别的特殊社会责任方面，国有企业的表现仍有欠缺。[①]

在激励国有企业履行特殊社会责任方面，以下三个方面的工作可以作为重要的制度保障。

一是制定相关的法律法规，将社会责任的要求范围加以确定，产生“有法可依”的效果。目前，我国关于国有企业社会责任的规定，散见于《公司法》以及《环境保护法》《水污染防治法》《企业所得税法》《劳动合同法》《消费者权益保护法》《反垄断法》等法律法规。其中，2005 年修订通过的《公司法》第 5 条规定，“公司从事经营活动，必须遵守法律、行政法规，遵守社会公德、商业道德，诚实守信，接受政府和社会公众的监督，承担社会责任”[②]，这一引导性的条文至今不变，且在之后的内容中并没有作出进一步的要求。尽管在之后一系列的政策文件中，都论述了国有企业履行社会责任的指导思想、基本原则和主要目标，并在国资委设立了社会责任指导委员会督促实行，但文件内容普遍较为宏观概括，不够清晰，无法有针对性地指导和监督企业履行社会责任，导致一些企业管理者片面理解社会责任，甚至将其等同于“形象工程”。[③]

对此，有学者呼吁，政府应当加快制定符合我国国情的企业社会责任法，将分散于诸多法律法规中的企业社会责任相关规定统一纳入其中，使《公司法》第 5 条关于企业社会责任的精神具体化，明确国有企业社会责任的内涵、边界和行为规定，并通过一系列具体的制度

---

① 黄群慧、钟宏武、张蒽：《中国企业社会责任研究报告（2022）》，社会科学文献出版社 2022 年版，第 21—44 页。

② 全国人大常委会法律工作委员会编：《中华人民共和国公司法》，法律出版社 2005 年版，第 1—2 页。

③ 党秀云：《国有企业社会责任合作治理的模式建构——结构功能主义的视角分析》，《中国行政管理》2021 年第 8 期。

设计，使之具有可操作性，一旦出现违法现象也可追究。[①] 本章同意这样的观点，认为将企业社会责任专项立法，可以为企业主动履行社会责任提供必要的激励和规范。

二是设计具体的评价体系，使企业履行特殊社会责任的行为体现在指标之中。当前，政府机构对国有企业绩效考核主要是财务指标和业务指标等，一些多元化的评价方法并没有在社会责任的评价体系中应用，导致部分企业为了完成利润考核指标，削弱了对社会责任的承担。从绩效的角度对企业进行评价，无法在社会责任方面提供真实依据。此外，目前关于社会责任的评价以定性目标为主，致使社会责任指数出现随意性的问题。

国有企业固然行业不同，每个企业都有其特殊之处，使用一套指标很难真实反映企业履行社会责任的情况。[②] 但是，一些参数仍然可以加入其中，例如推进产业结构优化升级的情况、作为技术原创策源地的表现、在产业链供应链上下游的地位等，并按照《关于国有企业功能界定与分类的指导意见》的要求，[③] 对社会责任的考核指标进行综合考虑和选取，根据具体情况的变化，动态调整标准内容。同时，定期对国有企业履行社会责任的情况进行公示，对不合格的企业，根据其行为的危害程度，采取一定的警戒和惩罚措施。

三是建立中国特色的企业估值体系，将国家安全、社会效益等因素纳入考虑。以往资本市场对企业的价值估算，一般沿用海外成熟市场的估值理论。由于国内外市场在体制机制、产业结构、计算标准等方面存在差异，一些符合国家发展方向、承担国家安全使命、产生较大社会效益的优势资产难以得到合理定价，导致国有企业在资本市场的收益率普遍偏低。

为了解决上述问题，自 2022 年年底开始，建立中国特色的企业

---

① 程民选、王罡：《关于公益性国有企业的理论探讨》，《当代经济研究》2014 年第 3 期。

② 徐传谌、陈黎黎：《中国国有企业特殊社会责任评价体系研究——一个分类推进改革的新标准》，《当代经济管理》2016 年第 9 期。

③ 《国务院国有资产监督管理委员会规章规范性文件汇编（2003—2022）》，经济科学出版社 2022 年版，第 30—32 页。

估值体系，就已成为各界关注的焦点。目前，对于体系的建立方式、标准参数的设定等，尚处于探索阶段。我们认为，制定本土化的企业估值体系，并不是将原有的标准完全舍弃，而是在运行已久的资本市场一般规律的基础上，将具有中国特色的影响因素加入其中，提高估值体系和企业表现、资本市场的适配程度，使估值更加准确地反映上市公司的真实价值。无论体系如何设计，作为构建现代化产业结构的支柱力量，像先进制造业、新能源、军工等符合产业升级和国家安全方面的国有企业，理应在评价标准中有所体现，由此逐步修复估值，提升企业在资本市场上的总体表现，进而以真金白银的分红回馈投资人，在研发投入和分红力度两方面找到平衡点。

从政府层面而言，需要进一步加强对国有企业的责任监管。事实证明，国有企业社会责任问题，不能单纯依靠企业的自觉。强有力的政府监管是必不可少的，另外，企业也应当将履行社会责任的外部压力，转换成促进企业可持续发展的内在动机，从互惠共赢的角度来组织生产经营活动，实现企业社会责任战略与企业运营管理的内在融合。①

国有企业由于企业性质和政治特点，具有特殊的引领示范作用和内生性的社会责任。2020年6月通过的《国企改革三年行动方案（2020—2022）》强调，国有企业要坚持改革创新，促进高质量发展，积极承担社会责任。随着中国式现代化进程的深入推进，国有企业改革发展应该与时代同频共振，在推动中国式现代化进程中发挥更大作用、承担重要使命。

正确的企业使命，能够帮助企业明确从事的核心业务，为企业的目标开发、资源配置和活动管理提供依据。② 企业通过使命的制定和强化，引领、影响和指导企业组织和员工为实现既定目标而努力。③ 对国有企业而言，必须要树立把实现中华民族伟大复兴作为自

---

① 李井林、阳镇、陈劲：《混合所有制改革与国有企业社会责任——基于量与质双重视角的考察》，《上海经济研究》2021年第11期。

② 弗雷德·戴维：《战略管理》，李克宁译，经济科学出版社1986年版，第115页。

③ 王亚勇：《我国企业使命研究述评》，《对外经贸》2012年第8期。

己组织的根本使命，这是国家出资设立国有企业的最基本要求，也是国有企业存在的理由。强化建设中国式现代化使命，是国有企业在现代化新征程中推进布局优化和结构调整的逻辑基点。通过国有经济布局优化和结构调整，使国有企业更加完整、准确、全面地贯彻新发展理念，明确自己的具体定位和发展使命，成为现代化经济体系建设的重要市场主体，在承担提升产业链现代化水平、维护国家经济发展安全等特殊社会责任中发挥引领和支撑作用。

（本章执笔：林盼）

第三十五章
国有企业引领战略性新兴产业发展

2010年国务院发布《关于加快培育和发展战略性新兴产业的决定》时就指出，战略性新兴产业是以重大技术突破和重大发展需求为基础，对经济社会全局和长远发展具有重大引领带动作用的产业，具有知识技术密集、物质资源消耗少、成长潜力大、综合效益好等特点。发展战略性新兴产业是建设社会主义现代化强国、培育经济发展新动能的重要任务，也是促进我国经济高质量发展的关键。

为了尽快在我国形成战略性新兴产业领域的发展优势，中央先后出台了一系列产业政策，旨在优化战略性新兴产业的培育环境。尤其是在信息技术、新能源、新材料、高端装备制造等领域，产业发展迅猛。至2021年，我国战略性新兴产业规模达到15.3万亿元，达到当年GDP的13.4%，高技术制造业占规模以上工业增加值的比重达到了15.1%。[①] 但与此同时，由于战略性新兴产业在发展初期面临传统产业不发达、核心技术水平低、资源环境压力大、盈利能力弱等问题，诸多产业发展所需的关键材料、核心部件等只能依赖国外，这就导致产业发展面临“卡脖子”的技术风险。如何快速破解当前战略性新兴产业的发展困境，理应成为“十四五”时期经济高质量发展的关键一环。

那么，由谁来承担这一战略任务呢？针对这一问题，现有相关研

---

① 《战略性新兴产业十年成就回顾》，https://www.ndrc.gov.cn/wsdwhfz/202302/t20230221_1349104.html，2023年2月21日。

究主要对国有企业和非国有企业的创新效率进行了比较。程贵孙等[①]利用BCC模型对两种所有制企业在战略性新兴产业中的生产效率进行比较，发现在既有条件下两种类型企业的各种生产要素均未能得到有效率的利用，缺乏规模较大的企业集团，行业结构也过于分散，国有企业只在信息技术、生物和新材料行业的综合效率更高。不过，肖兴志、王建林[②]对比发现，随着国有企业的改革，现阶段国有企业拥有资金、政策、技术等全面优势，研发投入更多，研发效率更高，同时当存在行业竞争时，国有高技术企业的创新活动更高效。王志平等[③]也提出了类似观点，国企综合技术效率水平整体上高于民企，这主要受外部经济政策等因素变化的影响。在相关研究中，这些外部经济政策主要指政府补贴政策。研究表明，政府补贴能够降低经济政策的不确定性，从而降低政策的负面影响，间接促进战略性新兴产业的发展；[④] 同时，政府补贴能够发挥资源属性的作用，直接促进企业创新投入与产出，[⑤] 且这种产业政策对于国有企业的效果更加显著。[⑥]可见在现阶段，国有企业在发展战略性新兴产业方面具有一定的制度优势和较高的创新效率，能起到重要的战略支撑作用。

但是梳理现有研究也可发现，当前研究主要是通过实证分析，检验国有企业已有的实践成果，鲜有从理论层面进行的逻辑分析。本章拟采用马克思主义政治经济学的方法论，界定战略性新兴产业的基本内涵与演进方向，分析其演进轨迹与国有企业之间存在的关系，从而

---

① 程贵孙、张雍、芮明杰：《国有与民营企业发展战略性新兴产业相对效率研究——基于2005—2011年上市公司数据的实证分析》，《当代财经》2013年第10期。

② 肖兴志、王建林：《谁更适合发展战略性新兴产业——对国有企业与非国有企业研发行为的比较》，《财经问题研究》2011年第10期。

③ 王志平、吴水丹、李雪：《战略性新兴产业DEA效率对比研究——基于国有和民营上市公司面板数据》，《江西师范大学学报》（自然科学版）2017年第6期。

④ 闫俊周、齐念念、童超：《政府补贴与金融支持如何影响创新效率？——来自中国战略性新兴产业上市公司的经验证据》，《软科学》2020年第12期；曲丽娜、刘钧霆：《经济政策不确定性、政府补贴与企业创新》，《统计与决策》2022年第6期。

⑤ 伍健、田志龙、龙晓枫等：《战略性新兴产业中政府补贴对企业创新的影响》，《科学学研究》2018年第1期。

⑥ 逯东、朱丽：《市场化程度、战略性新兴产业政策与企业创新》，《产业经济研究》2018年第2期。

论证国有企业在引领战略性新兴产业发展方面所具有的独特优势，继而提出“十四五”时期通过政策引导国有企业发展战略性新兴产业的具体路径，为当前破解战略性新兴产业的发展困境提供一定的理论依循。

第一节 战略性新兴产业的基本内涵与演进方向

由于产业发展是一个动态过程，因此要理解战略性新兴产业，一方面要从战略性新兴产业的基本内涵着手，分析技术创新、产品创新与产业创新之间的交互机制；另一方面，应结合国家战略需求与新兴产业特征，分析其演进方向，才能精准把握战略性新兴产业未来的发展路径和可能存在的发展困境。

一 战略性新兴产业的基本内涵

“战略性新兴产业”本身不是传统标准的经济学概念。根据《关于加快培育和发展战略性新兴产业的决定》（2010年）中的定义，战略性新兴产业的发展重点在于“以重大技术突破和重大发展需求为基础”和“对经济社会全局和长远发展具有重大引领带动作用”两个方面，前者要求技术创新和良好发展前景，即新兴产业，后者强调对于经济社会发展的影响，即战略产业。因此，可以说战略性新兴产业是“新兴产业”与“战略产业”概念的结合，如何从理论上建立二者的互动机制，完成对“战略性新兴产业”的经济学概念搭建，则成为研究的必要前提。

（一）以产品创新引领新兴产业崛起

马克思在分析“创新”这一环节时，将其作为生产力发展与生产关系变迁的中心环节，即个别资本为了追逐利润，不断通过技术创新、设备升级等方式，缩短社会必要劳动时间，从而获得超额剩余价值——“劳动生产力的提高，我们在这里一般是指劳动过程中的这样一种变化，这种变化能缩短生产某种商品的社会必需的劳动时间，从而使较小量的劳动获得生产较大量使用价值的能力”[①]。而在获取更多剩余价值后，资本发生增殖，可以进行扩大再生产，将更多生产要素投入创新活动，从而在市场竞争中保持领先地位。当每个企业都“抱有提高劳动生产力来使商品便宜的动机”[②]，不断重构生产组织方式，运用新的生产技术，提高生产效率，那么“技术创新”这一环节就会在整个产业内得到扩散，提高产业整体的生产力水平，并使得整个产业的利润率水平获得提高。

当然，在马克思主义经典文献中，这种技术创新更多地归属于过程创新范畴，即生产既定产品的生产率的提高。但这并不表示马克思忽视了产品创新本身。按照他的叙述逻辑，产品创新属于竞争学说的范畴，这一部分应在未竟的《资本论》续篇中展开。[③] 不过在《1857—1858年经济学手稿》中，马克思在论述资本主义生产的作用及其界限时，曾经分析指出，以提高和发展生产力为基础来生产剩余价值，即为了追求相对剩余价值时，必须要生产出新的消费，即在流通内部扩大消费范围。马克思列举了三种增加新的消费的方式，“第一，要求在量上扩大现有的消费；第二，要求把现有的消费推广到更大的范围来造成新的需要；第三，要求生产出新的需要，发现和创造出新的使用价值”[④]。显然，第三种方式要求提供新的使用价值，即进行产品创新。因为当生产力水平提高后，原本生产同样产品所需的的资本和劳动会相应减少，于是会有部分的资本与劳动游离出来，需要为这部分游离的资本与劳动“创造出一个在质上不同的新的生产部门，这个生产部门会满足并引起新的需要”[⑤]，从而形成了新兴产业。

那么，如何去发现新的使用价值，即如何进行产品创新？马克思认为可以从两个途径开发新的需求：一是对物质世界的探索，“要探索整个自然界，以便发现物的新的有用属性……采用新的方式（人工

① 《马克思恩格斯文集》（第五卷），人民出版社2009年版，第366页。

② 《马克思恩格斯文集》（第五卷），人民出版社2009年版，第369页。

③ 黄瑾：《市场竞争与产品创新——从马克思角度进行的研究》，《当代经济研究》2004年第4期。

④ 《马克思恩格斯文集》（第八卷），人民出版社2009年版，第89页。

⑤ 《马克思恩格斯文集》（第八卷），人民出版社2009年版，第89页。

的）加工自然物，以便赋予它们以新的使用价值……因此，要把自然科学发展到它的最高点”[①]，即通过技术创新来提高开发和利用自然资源的能力，从而形成新的产品；二是对社会发展需求的探索，通过“培养社会的人的一切属性，并且把他作为具有尽可能丰富的属性和联系的人，因而具有尽可能广泛需要的人生产出来”[②]，即当人的能力和文明程度提高后，会形成更多的享受需求，满足这种享受需求，就是产品创新的目的。当每个人的享受需求都增加后，整个社会衍生出更加多元的产品创新需求，从而形成新的产业部门，继而形成新兴产业。

当然，回顾历史也可发现，产品创新并不一定总是依托于突破性技术革命的发生，更多的是通过对现有先进技术的有机整合，生产出能够满足市场需求的代表性产品。因此，这一过程既需要上游完整的产业链供应链体系，也需要企业内部构建高效合理的生产性资源的整合机制，更需要下游培育规模性的市场需求，因此新兴产业的形成往往需要较长的发展周期与较高的培育成本。

在新兴产业建立后，利润率水平将成为影响产业发展的重要变量。利润来自市场价格，而价格由供需决定。当市场中出现一个创新产品后，会产生两种市场需求量，一种是绝对的需求，另一种是相对的需求。前者是由实现产品创新的技术门槛或者市场壁垒来保证的，后者则是由技术更迭引致的产品更迭更快，这使得市场对于更新型产品存在较高水平的需求量。由于存在这两种市场需求，市场价格较高，从而使新兴产业内的企业能够获得较高的利润率水平，使得企业继续保持创新动机，加大对科技和产品的创新投入。

（二）以战略性新兴产业预期推动社会劳动生产率提高

虽然产品创新引致新兴产业兴起后，在一定时间内，新兴产业内部会保持较高的利润率水平，但是马克思也提出资本积累具有一般利润率下降的规律，即当不同产业部门存在不同的利润率水平而社会内部又是完全的贸易自由时，资本就会从利润率较低的部门抽走，投入

① 《马克思恩格斯文集》（第八卷），人民出版社 2009 年版，第 89—90 页。
② 《马克思恩格斯文集》（第八卷），人民出版社 2009 年版，第 90 页。

利润率更高的部门。通过这种不断的流入和流出，资本根据不同部门不同利润率的升降进行分配，最终使不同生产部门具有相同的利润率水平。

尽管一般利润率下降了，但是社会总资本所获得的利润总量可能是增加的，资本会不断发生增殖。在社会财富一定的情况下，这种资本积累必然会相应地减少劳动力获得的收入，导致社会总消费能力相对减少，继而导致商品生产的相对过剩，从而可能引发经济危机：当产品供给大于需求时，市场价格下降，利润量减少，要维持不变的利润率水平，资本必须降低生产成本，或者减少对创新研发、设备更新的投入，降低不变资本；或者减少雇用劳动者的工资水平或者减少雇用数量，降低可变资本。这两种方式都会进一步降低社会需求，加剧利润率的下降。当这种消极预期扩大蔓延，就可能导致危机的发生。

对于这种变化，德国经济学家曼德尔在马克思研究的基础上，针对资本主义生产的长波周期进行研究时就展开过分析。与熊彼特、法国调节学派等研究视角不同，曼德尔认为经济波动要以利润率为中心，结合内外生因素考察长波变动。在《晚期资本主义》一书中，曼德尔提出利润率是长波背后的主要动力。从萧条长波转向扩张长波的过程中，因为技术变革最初产生和应用的范围是较为狭窄的，只有在利润率持续提升的促进下，才会吸引更多资本进入技术应用领域，引起技术的扩张和普及；从扩张长波转向萧条长波的过程中，由于技术变革引发的是节约劳动型的投资，资本有机构成提高，造成了利润率的下降，资本积累速度放缓。① 在分析战后黄金年代出现的原因时，曼德尔进一步指出，劳动人口的进一步无产阶级化和第四次技术革命基础上出现的投资高涨相结合，为黄金年代的形成提供了根本解释。② 也就是说，除了剩余价值与利润率，经济的长期增长也要强调市场和消费需求的显著扩张，但实际工资的增长要约束在拉动生产率

---

① 黄瑾、唐柳：《对曼德尔长波理论的三重维度解读》，《政治经济学评论》2023 年第 2 期。

② 孟捷：《战后黄金年代是怎样形成的——对两种马克思主义解释的批判性分析》，《马克思主义研究》2012 年第 5 期。

增长的范围内，以保证剩余价值与利润率的增长。但也要认识到的是，利润率的提高和市场的扩大在资本主义生产方式下是不能内生实现的——利润率的增加，群众的消费需求会受到压制，阻碍市场的扩张；反之，如果利润率降低，资本积累规模受限，资本则缺少进行大规模新投资的能力，产品创新便很难发生，这一矛盾也被部分学者称为“曼德尔两难”。①

不过，现实的经济社会发展似乎并没有被这一理论难题困住。相比于利润率，企业在进行投资时往往更侧重于利润预期。尤其是在新兴产业培育初期，企业是否决定对技术研发进行投入的决策往往取决于对这一技术的发展趋势、创新产品的未来市场需求，以及相关政策的支持导向的判断和预期。此外，随着金融部门的发展，社会资本总体较为充足，尤其是以风险资本为代表的投资主体乐于投资高风险、高回报率的初创型企业，为整个社会持续供给创新产品提供了资本支持。因此，可以说新兴产业要突破理论困境发展壮大，必须在实践中具有战略意义，能为经济社会发展带来足够的市场预期，此时新兴产业表现为战略性新兴产业。

战略性新兴产业的战略意义主要体现在推动技术扩散、提高社会劳动生产率。当企业在第Ⅰ部类生产资料生产中进行技术创新和产品创新时，能够生产出更为先进的机器设备或者生产方式，节约了劳动力和生产资料，提高了整体生产效率，资本有机构成增加，产品的市场价格降低，更具有市场竞争力。于是，更多企业选择进行机器设备的更新，从而推动部门整体生产技术的创新更迭。当前，我国战略性新兴产业中包括高端装备制造产业、新材料产业、节能环保产业等生产资料生产产业，其核心产品可广泛应用于诸多传统制造业领域，将极大提高我国的制造生产水平。而战略性新兴产业企业不断改进生产技术、提高生产组织效率，势必会在整个社会生产中形成一种“示范效应”，引起其他产业部门进行效仿，从而间接推动整个社会劳动生

① 孟捷：《产品创新与马克思主义资本积累理论》，载张宇主编《高级政治经济学》，中国人民大学出版社 2004 年版。

产率的提升。

二　战略性新兴产业的演进方向

战略性新兴产业通过产品创新引致产业兴起后，再通过利润率的作用，推动先进技术的扩散，从而提升整个社会的劳动生产率水平，因此战略性新兴产业的形成过程实质上是新兴技术产业化的过程。深度把握新兴技术演进的产业生命周期特征，才能更准确地把握战略性新兴产业的演进方向。

由于战略性新兴产业起步较晚，还没有经历完整的产业生命周期，因此理论界对其阶段特征的把握也具有一定的差异。当前，相关研究多依据 Abernathy 等提出的 A-U 模型，[①] 认为产业演化存在两个主要阶段，即技术多样化发展阶段和市场增长阶段。国内部分学者结合战略性新兴产业的定义进一步提出，产业周期可分为引入期、成长期、成熟期和调整期等；[②] 另有学者根据创新政策的不同阶段提出战略性新兴产业演化具有技术期、应用期和市场期三个阶段。[③] 在此基础上，本章结合前文对于战略性新兴产业的内涵，根据其产业部门利润率的变化情况，将其发展周期分为三个阶段：第一阶段，产品创新和产业培育阶段；第二阶段，产品创新和产业成长阶段；第三阶段，产业成熟阶段以及产业趋同阶段。

在第一阶段，当生产出的创新产品能够满足市场需求时，企业所获得的利润率较高，会吸引大批资本进入产业，引致产业内部创新活动更加密集、产品创新迭代频繁，产业规模不断扩大，进入第二阶段。此时，大量资本的进入，使得产业内部企业与企业之间、同质产

---

① Abernathy, W. J., Utterback, J. M., "Patterns of Industrial Innovation", *Technology Review*, 1978, 80 (7).

② 费钟琳、魏巍：《扶持战略性新兴产业的政府政策——基于产业生命周期的考量》，《科技进步与对策》2013 年第 3 期；岳中刚：《战略性新兴产业技术链与产业链协同发展研究》，《科学学与科学技术管理》2014 年第 2 期。

③ 张永安、邬龙：《战略性新兴产业发展三阶段划分及评价研究：基于技术效率的视角》，《科技管理研究》2015 年第 19 期。

品之间的竞争开始加剧，利润率水平呈下降趋势，但依然会高于其他产业部门，因此在这一阶段，各企业主要通过扩大生产，以更低价格更高销量获得更多利润。此时，产业内的创新活动依然维持在较高水平，但突破性技术创新减少，产业规模增速放缓。到了第三阶段，此时产业内利润率下降至平均利润率，资本在产业间的流动减少，此时的竞争主要集中于企业之间，产业规模趋于稳定，产业发展趋于成熟。

由以上分析可以看到，战略性新兴产业与其他产业的发展周期较为一致，为了更准确地把握其独有特征，可进一步从产业竞争力、未来发展趋势等维度比较分析战略性新兴产业与传统产业、支柱产业、未来产业等的区别。从产业竞争力角度分析，传统产业由于利润较低，竞争主要集中于产业内部，与其他产业相比整体竞争力较弱；支柱产业虽然缺少产业间的竞争，但产业内部竞争较为激烈；未来产业处于孕育孵化阶段，其产品、技术、市场的不确定性导致了产业内外的竞争较少；而战略性新兴产业在进入扩张阶段后，由于较高的利润率水平，产业内外竞争都较为激烈。这种竞争力的不同也就导致产业未来发展趋势的差别：传统产业缺少对资本流动的吸引力，难以具有突破性的发展，未来产业由于存在诸多不确定因素，其发展前景也难以预测；而战略性新兴产业因其所具有的技术创新、产品创新，以及对于社会生产效率的提升作用，待扩张到一定规模后可发展为国民经济中的支柱产业。

当然，从战略性新兴产业发展到支柱产业的过程中也存在一些制约因素，如果处理不当，可能会影响产业演进。

首先是过度竞争和垄断。由于高利润率的存在，大量资本会在较短时间内涌入战略性新兴产业，在一定技术条件和生产规模下，各生产要素难以被充分有效地利用，造成资本的相对饱和，从而会产生过度竞争的情况，这一方面会迅速抬高相关高科技人才的劳动力价格和相关生产原料、生产设备的价格，扰乱正常的市场供需，提高生产成本，导致产业利润率的下降；另一方面生产者会向市场推出尚不成熟的产品来抢占份额，导致消费者的相关权益受损，损害整个产业的发展基础。当内部竞争发展到一定阶段时，就有可能产生垄断，包括资源垄断、资本垄断、政策垄断甚至行政垄断各种形式。而垄断企业为了维持垄断地位来获得垄断利润，必将限制创新成果的自由流动，降低技术扩散速率，这将限制整个战略性新兴产业的创新活力，阻碍产业的进一步创新发展。当这种垄断发生在核心技术市场的时候，就可能存在价值链“低端锁死”风险。比如近年来，西方国家筑起芯片等技术的“高墙”，导致通过市场方式获取技术前沿的渠道被堵塞，使得部分缺乏自身技术积累的企业面临困境。

其次是创新技术标准与主导设计的制约。因为战略性新兴产业由产业创新推动，因此创新技术标准与战略性新兴产业存在一定的“共时化”。正如经典的 A-U 模型所提出的，产品创新过程实质上是从“易变阶段”向“确定阶段”转变的过程。“易变阶段”指的是在产业培育初期，由于技术开发方向的不确定、[①] 市场对不同产品设计的需求变化的不确定，这一阶段市场处于易变阶段。只有当某项技术标准取得市场主导地位后，企业才集中精力对其进行渐进性改进，以提高生产效率，最终形成“主导设计”。“主导设计”并不总是最先进的技术，也可能与产业初期的不连续技术在形式上完全不一致，[②] 但此时技术多元化让位于技术标准化。此后，产品创新逐渐减少，以降低成本和提高利润为目标的渐进性工艺设计创新占据主流，规模报酬递增促使产业集中度提高。[③] 在经过较长时期的发展后，产业的高利润率水平回归平均水平，产业发展将出现衰竭。[④] 因此，对于战略性新兴产业来说，要想保持持续创新动力，需尽量提高技术标准的差

① 宋志红、田雨欣、李冬梅：《技术标准竞争研究 40 年：成就与挑战》，《中国科技论坛》2019 年第 4 期。

② Anderson, P., Tushman, M. L., “Technological Discontinuities and Dominant Designs: A Cyclical Model of Technological Change”, *Administrative Science Quarterly*, 1990, 35 (4): 604-633.

③ 黄阳华、吕铁：《市场需求与新兴产业演进——用户创新的微观经济分析与展望》，《中国人民大学学报》2013 年第 3 期。

④ 高峰：《产品创新与资本积累》，《当代经济研究》2004 年第 4 期。

距，技术优势才可能在标准竞争中发挥更明显的作用。①

最后是战略性新兴产业发展也受到市场成熟度的影响。在战略性新兴产业发展初期，市场中新兴产业的产品供给量相对于需求量是不足的，这种不足既体现在产品数量，也体现在市场对于新产品的创新需求上。但是，这种供需之间的不平衡会随着产业发展逐渐消失。一方面，由于较高利润率的存在，资本的大量涌入会加速“主导设计”的存在，再加上技术和管理组织方法的扩散，符合市场需求的产品数量将持续增加。另一方面，“主导设计”趋于稳定后，市场对于产品更新迭代的诉求相应下降，对于产品的需求更注重数量的增加。② 为了保持利润水平，企业会加大成熟技术的生产规模，从而使得产品的供需逐渐回归平衡状态，产业利润率也将回到平均水平。需要注意的是，利润率回归到平均水平，也表明产业发展进入成熟期，通常对应产品生命周期的中后期，此时需适时对产业定位进行调整，以延长产业生命周期。因此，对于新兴产业来说，每一代产品的完整生命周期都是以根本性技术创新的产生为起点，以主导设计的出现为成熟标志，以下一代根本性的技术创新的出现为衰落标志。因此，产品的更新换代存在一个竞争期，这个竞争期始于侵入产品的技术创新，终于侵入产品的“主导设计”的产生。③ 对于战略性新兴产业来说，要想始终保持市场竞争力，必须不断促进产品技术的跳跃式升级，而非渐进式改善，只有这样才有可能缩短产业发展过程，实现跨越式发展。

综上，战略性新兴产业在经历成长、成熟以及趋同的演进过程中，会受到多重因素的影响，要保证战略性新兴产业顺利发展成为国民经济中的支柱产业，必须不断提高企业的技术创新能力，扩大企业

---

① Hartigh, E. D., Ortt, J. R., Kaa, G., et al., “Platform Control During Battles for Market Dominance: The Case of Apple versus IBM in the Early Personal Computer Industry”, *Technovation*, 2016, 48-49.

② 张弛、张彩云：《战略性新兴产业的理论基础与演进特征》，《学习与探索》2023年第5期。

③ 刘友金、黄鲁成：《技术创新与产业的跨越式发展——A-U模型的改进及其应用》，《中国软科学》2001年第2期。

的技术标准差距，不断激励企业实现技术的跳跃式升级，以保证其充分的竞争优势和战略地位。

第二节　国有企业引领战略性新兴产业发展的独特优势

从战略性新兴产业的内涵特征与演进方向可以看出，战略性新兴产业的发展是在市场机制作用下，通过产品创新获得利润引导生产要素在产业部门之间的流动，价值规律和利润率下降规律的共同作用使得企业必须不断改进生产技术，从而推动整个社会劳动生产率的提高。因此，是否具有引领性技术水平和导向性演进路径是战略性新兴产业发展的核心问题。

但由于在现实中不存在完美的市场机制来调节资源配置，因此会出现“主体决策的分散性”问题。与传统产业、支柱产业相比，战略性新兴产业的产品创新、产业成长的初级阶段往往存在现期需求低、盈利能力弱等问题，这会导致发展初期面临要素资源约束的困境。因此，如果单纯依靠市场机制的正常作用，是很难引导战略性新兴产业的健康发展的，必须同时提供一定的政策支持。即使在产业竞争力整体提升、吸引更多生产要素进入后，也可能面临外部环境变化所带来的风险，单纯依靠市场机制进行调节，可能需要较长的调整时间以及沉没成本。[①] 因此，针对战略性新兴产业的特征和发展需求，一方面要充分发挥市场在资源配置中的决定性作用，另一方面也要进行适当宏观调控，为战略性新兴产业内的企业创新活动提供保障条件。

从企业创新的角度来看，企业组织与技术变迁之间的动态互动是工业企业竞争力的核心问题。企业不仅是在既定的价格、技术水平和预算约束条件下进行利润最大化选择的被动主体，也是能够通过产品创新、技术创新、培育新市场新产业的活动主体。因此，企业的创新

① 王开科：《我国战略性新兴产业“阶梯式”发展路径选择——基于马克思资源配置理论视角的分析》，《经济学家》2013 年第 6 期。

及其组织管理过程是具有开发性、组织性和战略性的，这也意味着支持企业创新应该具有资金投入、组织整合和内部人控制三个条件，从而保障企业将各种人力、物质资源持续投入到收益不确定性高的创新项目上，并且保障公司的战略控制权能够被赋予有动力且有能力按照既定战略进行资源配置和创新活动的人。显然，“内部人控制”是前两个条件成立的基础。[①] 具体到中国的国情，国有企业在满足企业创新条件方面具有以下独特优势。

第一，国有企业融资能力强，能够保障企业创新所需的“资金投入”条件。由于战略性新兴产业在发展初期具有科技研发投入大、投资回报风险高的特点，其他所有制企业在进行投资决策时会更加谨慎，即使有投资意愿，也可能不具备投资能力。虽然党中央、国务院已经出台大量政策支持对非公企业的投融资，但由于金融供给本身存在结构性矛盾，商业银行为了追求相对稳健的增长方式，[②] 对非公企业进行金融支持的意愿及力度较低。国有企业则往往具有较高的信用等级评级，可以充分利用多种金融工具和多层次的资本市场，探索各种投融资方式，积极吸引资金支持。同时，国有企业往往规模较大、组织管理体系成熟，能够通过完善的激励机制和风险分摊机制，有效降低战略性新兴产业投资的风险和成本，解决战略性新兴产业发展的资金难题。

第二，国有企业具有创新资源整合和集成创新的“组织整合”优势。战略性新兴产业领域在培育初期，可能会因为技术积累不足，有产业高端技术空心化、产业低端技术恶性竞争，产业上下游脱节、自主创新资源分散，难以形成创新合力的问题。为了规避这一情况，企业在进入战略性新兴产业时必须进行产业链整合，以最大限度地集聚创新资源，充分发挥各类创新要素的作用，推动产业链不同环节间的交互式学习和互动，实现产业资源的有效整合，避免低端无效竞争和

---

① 威廉·拉让尼克、玛丽·奥苏丽文：《公司治理与产业发展——一种基于创新的治理理论及其经验依据》，黄一义等译，人民邮电出版社 2005 年版，第 277—279 页。

② 郭荞：《破除所有制偏见　落实竞争中性原则　以商业可持续模式解决民营企业融资难题》，《新金融》2019 年第 5 期。

产能分配不均的情况。这就对企业的资源整合和组织能力提出了严格要求，一般企业规模有限、技术积累有限，很难完成这一任务。而国有企业本身享有较高的政策扶持力度、较大的生产规模和完善的产业配套服务，具有较强的资源整合能力，能够通过兼并、重组、战略合作等方式实现对上下游产业链的整合与控制，提高整个产业链的运行效率，达到规模经济效应和范围经济效应。

第三，国有企业对于风险高、回报率低的战略性新兴产业可以充分发挥“内部人控制”作用。企业是追求经济利益的组织，对于一般企业，追求经济目标是其社会责任的主要内容，而对于国有企业，实现社会效益是其首要目标。① 对于部分投资周期长、回报风险高，但具有重要战略意义的新兴产业，一般企业出于逐利和规避风险的本能会拒绝进入，但国有企业的特殊性决定其会将非经济目标作为其决策的出发点，充分发挥国民经济中流砥柱的战略作用，进行技术创新和产品创新。同时，国有企业可以依托自身在传统领域积累的成熟的管理模式、技术研发和市场等方面的优势，细化生产方案、组织应用示范工程、稳步推进产品创新、扩大潜在市场，保证战略性新兴产业在培育阶段的安全发展，降低产业发展风险。

第三节　引导国有企业发展战略性新兴产业的具体路径

当前，新一轮科技革命和产业变革持续纵深发展，新技术新业态蓬勃涌现，战略性新兴产业发展所急需的各种生产要素的全球分布格局也在发生相应调整，各个国家加大力度吸引创新要素。面对发达国家高精尖技术和发展中国家中低端产业的双重压迫，必须加快对战略性新兴产业的培育和发展。既然国有企业在引领战略性新兴产业发展方面具有独特优势，鉴于当前发展战略性新兴产业的紧迫性和重要性，“十四五”时期应通过积极的顶层设计和政策引导，支持国有企

① 金碚：《论国有企业是特殊企业》，《学习与探索》1999 年第 3 期。

业引领战略性新兴产业的创新发展。

第一，通过积极政策引导扩大对战略性新兴产业的投资需求。一方面，要通过“顶层设计”增强企业投资信心。通过完善战略性新兴产业的政策扶持体系，稳定市场主体对新兴产业发展方向的认知，增强企业获得预期投资回报的信心。当前，除了“五年规划”，相关部门先后出台了近 20 个相关的顶层政策文件，下一步应做好政策落地落实工作，提升政策的可持续性和有效衔接。另一方面，也要注意产业政策的作用边界。虽然通过财政补贴、税收优惠可以直接提升产业利润率，吸引资本扩大投资，但是这些政策是存在作用边界的，要在不破坏市场机制和公平竞争的前提下，围绕建设和完善基础条件来促进产业发展，[①] 实现与其他影响产业发展因素的协同作用。

第二，做好战略性新兴产业的要素配置工作。对于一个新兴产业的培育和发展来说，无论是内涵型、外延型还是蜂聚型产业，都需要大量的生产要素集聚，尤其是资本要素，这是支持技术创新、产品创新的基本条件。自 2018 年起由国家发改委联合多家商业银行、政府部门出台了相应的合作协议和指导意见，专门统筹支持战略性新兴产业的融资需求。未来应创新资金支持方式，制定针对战略性新兴产业企业的上市分类指引，鼓励和吸引更多社会资本进入。同时，要鼓励地方政府设立专项资金支持计划，促进区域发展与产业集群相融合。除了资本要素，人才要素也是创新的关键因素。国有企业应加大对紧缺人才的培养和支持力度，从人才招聘、薪酬待遇、评价考核、资助管理等多方面建立与战略性新兴产业发展相适应的人才体系，着力打造“高精尖缺”的人才团队。

第三，建立围绕产品创新的科技支持政策体系。产品创新是科技创新与产业发展的重要衔接环节，减少技术突破与产业转化之间的环节，才能持续推动产品的迭代创新。为此，应建立创新联合体，由国有企业牵头，联合科研院所、科技管理部门等各类主体，建立专业的

---

① 黄群慧：《新发展格局的理论逻辑、战略内涵与政策体系——基于经济现代化的视角》，《经济研究》2021 年第 4 期。

产品研发中心，依托国有企业深厚的技术积累，直接贯彻国家整体发展规划，承担技术研发风险，并放大技术外溢效应，尽可能扩展战略性新兴产业的高利润阶段。对于重点领域存在的“卡脖子”的关键性技术，应更进一步，建立以政府为主导、多元主体协同参与的新型举国创新体制，集中力量进行攻克，并建立配套的知识产权保护体系，优化知识产权交易机制，保障科技创新的收益主体权利。

第四，合理有序地把握战略性新兴产业的发展规律，引导国有企业的适时进退。在产业发展初期，鼓励国有企业进入战略性新兴产业是根据产业发展规律与国有企业独特优势所得到的必然路径，在这一过程中，为了避免政府资源与社会资源的浪费，应该统筹鼓励性政策的制定实施，避免政策重复叠加。在产业成熟扩张期，要完善平台企业垄断认定、防止资本无序扩张，要利用大数据、人工智能等技术手段做好产业数据的收集与管理，提高国有企业的市场分析、形势研判能力。到产业发展趋同阶段，要及时出台有序退出机制，防止企业投资行为扭曲，稳步推动战略性新兴产业目录更新迭代。

（本章执笔：张弛）

第三十六章
建设世界一流国有企业

党的二十大报告提出“深化国资国企改革，加快国有经济布局优化和结构调整，推动国有资本和国有企业做强做优做大，提升企业核心竞争力”和“完善中国特色现代企业制度，弘扬企业家精神，加快建设世界一流企业”，赋予了新时代国有企业改革新使命并指明了新方向。建设产品卓越、品牌卓著、创新领先、治理现代的世界一流企业既是中国国有企业迈向高质量发展的基本方向和奋斗目标，也是实现中国式现代化的客观需要。

党的十八大以来国有企业改革步伐蹄疾步稳，加强国有企业改革的顶层制度设计、落实方案以及具体实施都已全面展开并取得积极成效。2015 年，以中共中央、国务院印发《关于深化国有企业改革的指导意见》为标志，国有企业改革的“1+N”政策体系架构基本建立（见表 36-1），构成了国有企业改革总体目标和具体方案的“四梁八柱”，国有企业改革大幕就此拉开。总体来看，“1+N”政策体系既有国有企业改革的总体指导意见，也涵盖了完善现代企业制度、完善国有资产管理体制、发展混合所有制经济、强化监督防止国有资产流失以及加强和改进党对国有企业的领导等具体实施方案。

表 36-1 党的十八大以来国有企业改革重要论述

时间	文件名称	简要内容
2015/09/13	《中共中央、国务院关于深化国有企业改革的指导意见》	"1+N"体系的1，该意见共分为国有企业改革的总体要求、分类推进国有企业改革、完善现代企业制度、完善国有资产管理体制、发展混合所有制经济、强化监督防止国有资产流失、加强和改进党对国有企业的领导、为国有企业改革创造良好环境条件八个方面共30条，全面提出了新时代国有企业改革的目标任务和重大举措
2015/09/20	《关于在深化国有企业改革中坚持党的领导加强党的建设的若干意见》	坚持党的建设与国有企业改革同步谋划，充分发挥党组领导核心作用、党委政治核心作用、基层党组织战斗堡垒作用和党员先锋模范作用；把建立党的组织、开展党的工作，作为国有企业推进混合所有制改革的必要前提
2015/09/24	《国务院关于国有企业发展混合所有制经济的意见》	通过深化国有企业混合所有制改革，推动完善现代企业制度，健全企业法人治理结构；提高国有资本配置和运行效率，优化国有经济布局。在国有企业混合所有制改革中，要坚决防止因监管不到位、改革不彻底导致国有资产流失
2015/11/04	《国务院关于改革和完善国有资产管理体制的若干意见》	要以管资本为主加强国有资产监管，改革国有资本授权经营体制，真正确立国有企业的市场主体地位，推进国有资产监管机构职能转变，适应市场化、现代化、国际化新形势和经济发展新常态，不断增强国有经济活力、控制力、影响力和抗风险能力
2015/11/10	《国务院办公厅关于加强和改进企业国有资产监督防止国有资产流失的意见》	要加强和改进党对国有企业的领导，切实强化国有企业内部监督、出资人监督和审计、纪检监察、巡视监督以及社会监督，严格责任追究，加快形成全面覆盖、分工明确、协同配合、制约有力的国有资产监督体系，充分体现监督的严肃性、权威性、时效性，促进国有企业持续健康发展

续表

时间	文件名称	简要内容
2015/12/29	《关于国有企业功能界定与分类的指导意见》	结合不同国有企业在经济社会发展中的作用、现状和需要，根据主营业务和核心业务范围，将国有企业界定为商业类和公益类。同时明确，对商业类和公益类国有企业，要分类推进改革，分类促进发展，分类实施监管和分类定责考核；要按照谁出资谁分类的原则，履行出资人职责的机构负责制定所出资企业的功能界定与分类方案
2016/01/13	《关于全面推进法治央企建设的意见》	央企建设要适应市场化、现代化、国际化发展需要，坚持依法治理、依法经营、依法管理共同推进，坚持法治体系、法治能力、法治文化一体建设
2016/03/01	《国有科技型企业股权和分红激励暂行办法》	对符合条件的国有科技型企业，可采取股权出售、股权奖励、股权期权等股权激励方式，或项目收益分红、岗位分红等分红激励方式，对企业重要技术人员和经营管理人员实施激励。与试点政策相比，进一步扩大了企业适用范围，提高了股权激励的总体额度，增强了对科技型初创企业的激励作用等
2016/07/01	《企业国有资产交易监督管理办法》	为规范企业国有资产交易行为，加强企业国有资产交易监督管理，防止国有资产流失，确立的企业国有资产交易监管格局更为严格，以进场公开交易方式为原则，对“三类主体”的“三类交易”进行明确监管，并对企业国有资产交易的细节规则进行了重塑
2016/08/19	《关于国有控股混合所有制企业开展员工持股试点的意见》	明确了开展员工持股试点的企业应是主业处于充分竞争行业的商业类企业，试点企业要求营收和利润90%以上来自集团外部市场。同时规定，员工入股应以岗定股，支持关键技术岗位、管理岗位和业务岗位人员持股，员工入股应主要以货币出资，入股价格不得低于经核准或备案的每股资产评估值

续表

时间	文件名称	简要内容
2016/08/23	《国务院办公厅关于建立国有企业违规经营投资责任追究制度的意见》	规定了责任追究范围包括集团管控、购销管理、工程承包建设等共十个方面，同时对于资产损失认定、经营投资责任认定进行了详细的规定。对于责任追究处理的方式与力度也进行了明确规定
2016/09/26	《关于完善中央企业功能分类考核的实施方案》	进一步明确和实化了国有资本保值增值责任，文件按照国有企业功能界定与分类的有关政策要求，对中央企业主要分为主业处于充分竞争行业和领域的商业类中央企业，主业处于关系国家安全、国民经济命脉的重要行业和关键领域及主要承担重大专项任务的商业类中央企业以及公益类中央企业三类，对于不同功能定位的中央企业量身定制了考核标准，同时建立了特殊事项管理清单制度
2018/07/30	《关于推进国有资本投资、运营公司改革试点的实施意见》	明确了国有资本投资公司的功能定位、组建方式、授权机制、治理结构、运行模式以及监督与约束机制，并设置了包括推进简政放权、综合改革试点、完善落实支持政策等配套政策
2019/04/19	《改革国有资本授权经营体制方案的通知》	优化出资人代表机构履职方式、分类开展授权放权、加强企业行权能力建设、完善监督监管体系
2019/06/03	《国务院国资委授权放权清单（2019年版）》	明确五大类、35项授权放权事项。对国有资本投资、运营公司的授权放权事项作出了明确规定
2019/11/11	《关于以管资本为主加快国有资产监管职能转变的实施意见》	围绕“管资本”主线，从总体要求、重点措施、主要路径、支撑保障四个维度，构建以管资本为主加快国有资产监管职能转变的工作体系
2022/06/20	《关于国有资本投资公司改革有关事项的通知》	对国有资本投资公司试点企业进行调整优化，宝武集团、国投集团、招商局集团、华润集团和中国建材五家企业正式转为国有资本投资公司
2022/12/27	《关于进一步深化国有资本运营公司改革有关事项的通知》	中国诚通、中国国新由国有资本运营试点转入持续深化改革阶段

资料来源：笔者整理。

除了政策方案体系构建，为进一步通过组织形式变革实现国有企业做强做大做优目标和加快建设世界一流企业步伐，2018 年 7 月，国务院印发《关于推进国有资本投资、运营公司改革试点的实施意见》，国有资本授权经营体制改革迈出里程碑式的一步，国有资本投资公司、国有资本运营公司、产业集团公司三种划分和定位功能鲜明、分工明确、协调发展的国家出资企业格局正在加速形成。2022 年 6 月，国资委《关于国有资本投资公司改革有关事项的通知》宣布宝武集团、国投集团、招商局集团、华润集团和中国建材五家企业正式转为国有资本投资公司。2022 年 12 月，国资委《关于进一步深化国有资本运营公司改革有关事项的通知》指出中国诚通、中国国新由国有资本运营试点转入持续深化改革阶段。

因此，随着国企改革的不断深入，国有企业的组织形式必然从管企业、管资产转向管资本，从条条管理向横向管理转变，促进国有企业不断做优做强，让更多的国有企业不仅进入世界 500 强，而且要更多的国有企业成长成为行业竞争力强、产品卓越、品牌卓著、创新领先和治理现代的世界一流企业，成为不败于时代、永受人民喜欢的一流企业。2023 年 3 月 3 日，国务院国资委召开会议，对国有企业对标开展世界一流企业价值创造行动进行动员部署。会议强调，面对新一轮科技革命和产业变革，对标世界一流，国有企业在效率效益、战略性新兴产业布局、科技创新能力支撑等方面仍存在差距，国资国企要进一步提高政治站位，把企业价值创造行动抓紧抓细，务求取得工作实效。那么，国有企业建设世界一流企业的意义是什么？进一步而言，新时代以来国企“两类”公司改革，即国有资本投资公司和国有资本运营公司这两种新的组织形式促进国有企业进一步壮大并建设成为世界一流企业的机理是什么？这正是本章讨论研究的重点。

第一节　建设世界一流国有企业的意义

一　适应国有企业由大到强之需

随着中国经济转向高质量发展阶段，推动质量变革、效率变革、动力变革是实现经济可持续发展的关键。从发展方式和未来发展潜力看，国有企业整体上还处于大而不强、未来发展潜力尚有巨大优化空间的阶段：企业规模不断壮大，但增长疲态渐显，且发展方式较为粗放；价值创造能力不断下行，高质量发展转型比较缓慢。以 2022 年度《财富》世界 500 强排行榜为例，加上我国台湾地区企业，我国共有 145 家公司上榜，比上一年增加 2 家，上榜数量连续第四年位居各国之首。中国大陆（含香港）企业的平均营业收入达到 809.8 亿美元，与自身去年数字相比大幅提升；此外，平均总资产 3580 亿美元，平均净资产 431.8 亿美元，均超过世界 500 强的平均水平。世界 500 强中，共有 99 家国有企业上榜，较去年增加 3 家。其中，国务院国资委监管的央企（含招商局集团旗下的招商银行）47 家；地方国资委监管的地方国企 39 家，较上年增加 6 家；财政部监管的金融等企业 12 家。虽然国企上榜数量一直上升，但距离世界一流企业所具备的核心竞争力、创新能力、重构和整合能力还有不小的距离，国有企业总体上还处于以规模扩张获得增长版图阶段，随着经济向高质量转型，国有企业也必然面临规模效益瓶颈、产业融合瓶颈和领先优势瓶颈等约束。新时代如何加快推进国有企业发展由规模向质量、由封闭向生态、由国内向国际的“三个转变”，即从规模扩张为主的增长模式向创新驱动的内生增长模式转变，从注重产业链横向扩张向产业链生态化开放和闭环并存转变，从聚焦国内业务为主向国际和国内并重转变，力争成为百年“老字号”且具有长久优势的世界一流企业，具有十分重要的意义。

二　契合以创新驱动增长实际需要

改革开放以来，我国国有企业改革促进了国有企业由小到大的转变。国有企业改革着眼于公共属性和效率改革两个方面，从公共属性看，国有企业大多处于产业供应链的关键节点和重要环节，一方面在下游可以通过公共服务、稳定物价等保障民生，[①] 另一方面在上游通过重要基础和关键原材料供应为中游产业链企业提供支持。由于毛利率衡量企业产品高于成本加成的程度，可以看出其是产品创新和“护城河”深浅的衡量。表 36-2 统计了不同属性企业毛利率变化，总体来说，国有企业创新能力还需要提高。此外，图 36-1 为央企上市公司历年研发强度变化趋势，可以看出研发虽然与全部 A 股企业上升趋势一致，但上市央企整体研发强度低于平均水平以及近年来研发强度出现下降也是不争的事实。进入新发展阶段，在进入新发展格局和世界百年未有之大变局背景下，如何实质性地推进国有企业改革深化，找准发展难题和改革重点，使得国有企业在未来继续保持国有性质而又能充分体现现代企业特征，既强调不同于民营企业的公有性又能继续在经营效率方面实现不断提高，是新发展阶段国有企业改革的应有之义，为全面、整体、系统和协同地发挥公有制经济在社会主义基本经济制度中基础性和战略性作用提供支撑。

表 36-2　　2013—2021 年不同属性企业毛利率变化　　单位：%

	2013 年	2014 年	2015 年	2016 年	2017 年	2018 年	2019 年	2020 年	2021 年
全部平均	30.80	31.24	31.61	32.76	33.01	32.55	32.73	31.34	30.17
民营企业	33.57	34.04	34.64	35.69	35.63	35.02	35.31	33.93	32.37
地方国有企业	26.56	26.36	26.06	26.94	26.96	27.08	27.09	24.55	25.00

① 张乃欣：《支点的力量——不同类型企业在产业链供应链中的地位及作用》，《企业管理》2022 年第 5 期。

续表

	2013 年	2014 年	2015 年	2016 年	2017 年	2018 年	2019 年	2020 年	2021 年
中央国有企业	22.43	22.78	22.95	23.59	24.44	24.70	23.95	23.90	22.60

资料来源：Wind 金融资讯终端。

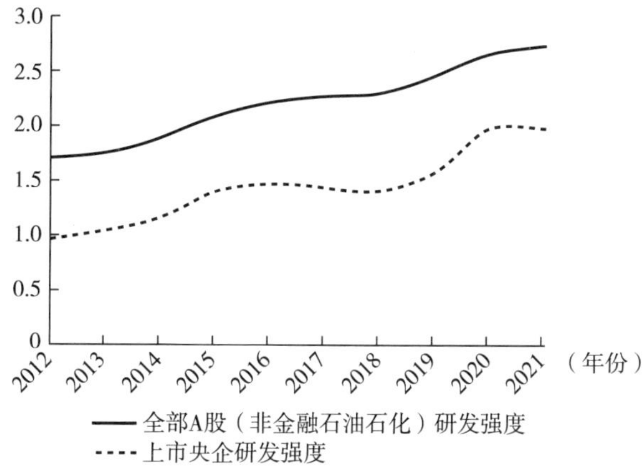

图 36-1 研发强度对比

资料来源：Wind 金融资讯终端。

三 契合世界一流企业规律

世界一流企业具备强大的产品竞争力、技术创新力、产业链控制力、国际国内影响力和市场抗风险能力。从国外头部世界一流企业演进历程可以看出它们无不具备强大的学习能力、重构能力和因应时代变化能力，这样才使得产品不断具有穿越周期、永符消费者偏好的特征，技术永远能够站在行业技术前沿，在产业链上处于链长位置并具有对产业链超强的把控能力、在国际国内具有强大的影响力，造就这些企业具有不败于时代、不败于变革的强大韧性和抗风险能力。我国国有企业由大到强建设成为世界一流企业，也要在上述“五力”方面做到一流，具体来说，一是根据企业特色和多维环境变化，在充分感应和感知市场变化形势的基础上，不断强化主责主业优势，通过产业链专业化发展和适度多元化发展，持续提供卓越产品和服务，打造卓著品牌、赢得品牌溢价；二是以适应时代和消费者变化、提升产业竞争力为使命，及时学习和预瞻产业发展规律，加快核心技术攻关和场景应用，全面提升和实现高水平科技推广应用；三是提高公司治理能力，增强企业整合、重构和执行能力，不断优化组织结构、优化权责关系、优化共享服务，提高世界一流企业所要求的动态、更新、多维、及时的韧性能力。

四　契合价值创造能力提升行动

价值创造能力，顾名思义就是反映企业为所有者创造价值的能力，国有企业为全民所有，其价值创造能力主要体现为全体民众持续创造物质财富以及提供民生、安全等软件方面的保障能力。我国国有企业一直以来对保障国民经济安全和人民生活起到了非常重要的作用，这在2020年武汉暴发新冠疫情后表现最为明显，为挑起经济社会发展和稳定的大梁起到了重要作用。[①] 但从持续为全体民众创造物质财富方面，还需要对标现代世界一流企业的经营成果。国内外文献一般用净资产收益率来衡量企业的价值创造能力，净资产收益率为公司净利润与股东权益之比，表征了过去一年企业为所有者即股东所创造的剩余价值（净利润）。表36-3列示不同属性上市公司价值创造能力差异，可以发现国有企业ROE低于民营企业，一些年份甚至低于市场平均水平。因此，建设世界一流企业必须回归价值创造行动，以价值创造为契机提升企业产品竞争力、提高品牌影响力、促进创新驱动力、建设现代企业治理制度，不断提升国有企业的抗风险能力。

① 陈宝胜、冯昊：《国有企业参与公共危机治理的四重逻辑》，《浙江工商大学学报》2022年第1期；董成伟：《中国特色社会主义举国体制的显著优势研究》，博士学位论文，吉林大学，2021年。

表 36-3　2013—2021 年不同属性企业价值创造能力（ROE）对比

	2013 年	2014 年	2015 年	2016 年	2017 年	2018 年	2019 年	2020 年	2021 年
全部平均	12.16	11.62	11.23	11.89	11.48	7.91	1.72	7.58	2.89
民营企业	14.96	15.83	15.78	15.39	13.07	10.20	7.03	9.78	2.92
地方国有企业	8.29	5.57	1.88	5.74	9.12	4.15	4.13	4.93	10.34
中央国有企业	4.81	6.40	2.33	6.20	7.25	4.38	-3.13	5.43	-11.68

资料来源：Wind 金融资讯终端。

第二节　“两类”公司改革加速世界一流国有企业建设

一　组织形式变革优化了国有企业管控模式，为向世界一流企业演变奠定基础

企业组织形式随着企业生命周期与经济社会发展阶段不断演变，企业组织形式可以看作“投入—组织—产出”的方法总体。资本、劳动力、技术、环境等要素投入，经过企业特定的组织形式转化为产出，组织作为功能或函数（Function）出现在公众视野，而解构其内部机制与形式才能解密企业组织结构演化与效率提升的规律。因此，企业组织形式是决定企业绩效和有效性的关键，主要指标包括人力资本、劳动生产率、市场份额、利润率等。

一般来说，企业组织的两个主要性质稳定性（惯性）和灵活性（变化）是此消彼长的关系。从企业组织形式演化看，U 形组织①与 M 形组织②是比较具有代表性的两种组织形式。更加稳定的 U 形组织是集中的、按职能条条划分的集权制组织形式，其特点是企业按照职能

① 又称为一元结构（Unitary Structure），简称 U 形结构（U-Form）。理论的提出者是奥利弗·威廉姆森教授（Oliver Eaton Williamson）。他因为这方面的工作获得诺贝尔经济学奖。

② 又称为多元结构（Multidivisional Structure），简称 M 形结构（M-Form）。

（如生产、销售、财务、人事、研发等）划分为若干部门，各部门负责具体事务，企业权力集中于高层和总部，按企业战略统一指挥协调企业的经营。U 形组织更适合于成熟业务，管理人员的主要工作内容是以更加精益的方式完成生产任务，有利于企业集中有限资源，有利于各管理职能的紧密配合，但行政性较强，体制上容易僵化，因此，创新性的决策和资源配置不是 U 形组织擅长的领域。更进一步地，U 形组织主要面对成熟业务，工作重心在于如何规避和处理好日常经营中的问题和风险，因此职能部门往往表现得较为保守。

而相对灵活的 M 形结构则是以分化的运营单位为组织形式，按产品服务、区域等设立运营单位，各单位组织独立地负责日常经营决策。在各运营单位之上设有总部，其一方面负责监督、协调各单位的活动并评估其绩效，另一方面负责整个公司的资源分配、战略决策或长期发展规划和目标，专注于总体的绩效而不直接过问各运营单位的绩效。因此，总部不再或较少干预运营单位的日常经营工作，而是集中精力于长期性运营决策。M 形组织多见于巨型多元化企业，组织机构有利于协调成熟业务和创新业务的矛盾，但多元化业务单元之间是独立核算的，协同的难度大幅上升，跨界创新难以实现。

从我国国有企业组织形式发展演变看，总体经历了从 U 形向 M 形演进的过程，但在实践中则是充分兼顾两类组织的优点，统筹国有企业在新时代所担负历史使命和战略，同时保持转型现代企业制度的方向不动摇。一方面，随着我国国有企业规模的不断壮大，业务范围、组织层级、管理系统的日益复杂，要建设现代企业制度和实现国资保值增值，就必须加快推动国资国企的组织形式由集权向分权、自主转变，促使“管资本”和“管资产”分离。在“管资本”目标牵引下，逐步放开和充分给予下属企业各项经营自主权，以提高国资国企的质量效益和竞争力。另一方面，充分考虑国资国企的“国有属性”“人民属性”，结合新时代国家发展和安全战略，加强国资国企对战略性、关键性领域的自主可控，在推进国资国企高质量发展中服务国家战略，完成国家赋予的使命和任务。

为进一步通过组织形式变革实现国有企业做强做大做优目标，

2018 年 7 月，国务院印发《关于推进国有资本投资、运营公司改革试点的实施意见》，国有资本授权经营体制改革迈出里程碑式的一步。当前，更深层次系列改革措施和行动方案正在落地实施，国有资本投资公司、国有资本运营公司、产业集团公司功能鲜明、分工明确、协调发展的国家出资企业格局正在加速形成。

顾名思义，国有资本投资公司、国有资本运营公司和产业集团公司三种组织形式的聚焦点在于“投资”“运营”和“产业”。从功能定位上看，国有资本投资公司主要以服务国家战略、优化国有资本布局、提升产业竞争力为目标，在关系国家安全、国民经济命脉的重要行业和关键领域，按照政府确定的国有资本布局和结构优化要求，以对战略性核心业务控股为主，通过开展投资融资、产业培育和资本运作等，发挥投资引导和结构调整作用，推动产业集聚、化解过剩产能和转型升级，培育核心竞争力和创新能力，积极参与国际竞争，着力提升国有资本控制力、影响力。产业集团公司则定位在国家重要行业及关键领域，发挥在国民经济中的重要支柱作用。2020 年 6 月，中央深改委第十四次会议审议通过《国企改革三年行动方案（2020—2022 年）》，文件提出国有资本投资公司要做好“领航员”“尖刀班”“突击队”“精英连”四个功能，聚焦自身主业，培养核心竞争力；投资前瞻性领域，优化空间布局，抢占发展制高点；进行产业聚焦，突击产业高端，打造龙头企业；实施创新驱动，构建创新体系，加强产业链延伸和成果转化。产业集团公司要以主业范围为基准，在关系国民经济命脉重要行业和关键领域发挥主导带动作用，着力培育“航母级”跨国国企，强化全球资源配置能力，提升国际竞争力。

因此，国有企业“两类公司”改革有利于实现国有资本保值增值，推动国有资本实现“四个集中”，包括向重要行业、关键领域、重点基础设施集中，向前瞻性、战略性产业集中，向产业链关键环节和价值链高端集中，向具有核心竞争力的优势企业集中。这样一方面可以在专业化领域做到“单项冠军”，在细分领域做到“长跑冠军”，将专业化、规模化优势发挥到极致；另一方面有利于现代企业制度建立，在保证国有资本保值增值基础上最大限度实现为全民进行价值创造，为加快建设世界一流企业奠定基础。“三类公司”对比具体见表 36-4。

表 36-4 “三类公司”对比

	国有资本投资公司	国有资本运营公司	产业集团
定位	服务国家战略、优化国有资本布局、提升产业竞争力	无产业使命，提升国有资本运营效率、提高国有资本回报	国家重要行业及关键领域，发挥在国民经济中的重要支柱作用
目标	国有资本保值增值	国有资本保值增值	国有资本保值增值
	发挥投资引导和结构调整作用	盘活国有资产存量	围绕确定的主业范围，从事生产经营和管理
	推动产业集聚和转型升级	提升国有资本运营效率，并向关键领域和产业集中更加注重产业发展和科技进步，同时逐步增强国际化经营能力	
	优化国有资本布局，提升其控制力和影响力	引导和带动社会资本参与	培育为具有世界水平的跨国公司
产业	可在主业范围之外选择 1—2 个新领域进行产业培育	没有主业限制，投资方向与领域灵活	聚焦做强做大做优实体经济，既要保障国民经济根基稳定，又要发挥抵御宏观风险的中流砥柱作用
管控	战略管控 财务管控	财务管控	运营管控 战略管控 财务管控

资料来源：笔者整理。

二 组织形式变革铺就穿越周期的动态能力，不断开启国企二次增长曲线

世界一流企业是一个动态性、复合性兼具的概念。黄群慧等[①]认

① 黄群慧、余菁、王涛：《培育世界一流企业：国际经验与中国情境》，《中国工业经济》2017 年第 11 期。

为世界一流企业应在重要的关键经济领域或者行业中长期保持全球领先的市场竞争力、综合实力和行业影响力。通过“两类”企业组织形式变革，增强国有企业穿越周期的动态，不断“逃逸”生命周期对企业成长的束缚，为未来发展积蓄强劲动能、强大内生动力。首先，组织形式变革由于准确界定了国有企业总部和分部（子企业或业务单元）边界，有利于总部集中于市场前沿，分部集中于细分市场前沿，不断提高国有企业总体的“感知能力”，使国有企业能够对新的市场趋势、新技术、新机会主动嗅变、主动求变、主动应变，不断在创新转型中取得新突破。因此，无论内外部环境如何变化，国有企业都能够始终保持领先竞争优势的韧劲和能力，实现在高度变化的市场环境条件下的可持续发展。其次，组织形式变革导致国有企业总部和分部（子企业或业务单元）具备良好的动态学习能力。主动适应外部变化的环境，基于对外界环境因素和内部资源及能力的正确认知，为实现长期目标而不断学习新的知识和新的战略，确保企业发展始终以领先的战略认知和正确的战略导向来指导企业以学习不变应环境万变。最后，组织形式变革使得国有企业具备较强的“重构能力”。随着时代变迁和经济周期变化，企业的业务领域必将发生较大变化，围绕新的变化，组织形式变革使得国有企业能及时对管理系统、价值文化系统、技术创新系统进行重构，可以更加灵活高效地进行资源配置，在创新转型中获得更大竞争优势。因此，组织形式变革不仅使企业脱逸规模束缚，也使企业具备了较强的感知能力、学习能力和重构能力，为实现由规模速度向质量效益增长方式转变、实现高质量发展、培育具有全球竞争力的世界一流企业提供了重要支撑。企业成长曲线演变具体见图 36-2。

三　组织形式变革有利于破解国企多元化难题，实现多元化和专业化共演共进

从宏观经济周期、产业周期看，多元化、生态化是方向，特别是数字化革命降低信息搜寻成本、匹配成本和调整成本，使企业多元

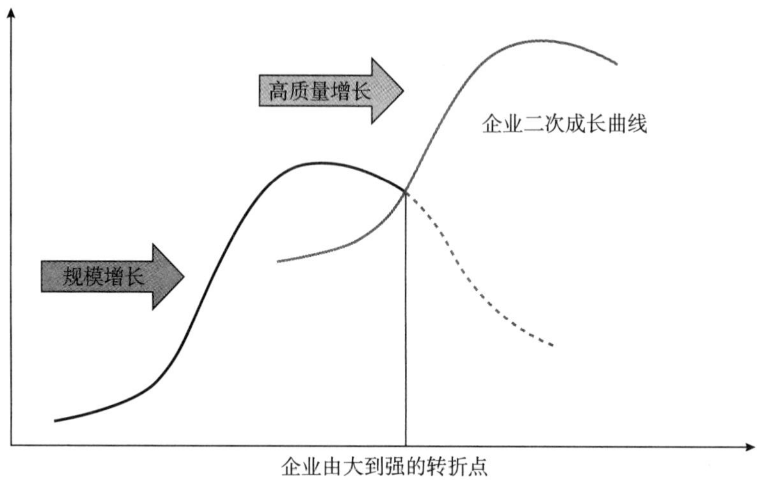

图 36-2 企业成长曲线演变

资料来源：笔者总结。

化优势可以与专业化优势相结合，市场主体较强的市场感知能力、优秀的学习能力带来的响应能力和互动性与一体化的重构能力加快了企业转型步伐。改革开放以来，我国国有企业总体上经历了规模扩张、业务扩围的过程，业务多元化使得很多国有企业从营业收入上看成为“巨无霸”，无论是国内外纵向和横向大规模并购的开展还是开辟新的业务领域，都是业务多元化的具体体现。但随着中国经济由高速增长阶段向高质量发展阶段转型，经济增长更加强调由规模向质量、由要素向创新、由外延向内涵转变，国有企业虽然紧随我国宏观经济转型步伐，但囿于传统持续扩张路径依赖以及由此带来的规模报酬递减影响，维持长期增长总是需要持续的横向并购和扩张，业务层级越来越复杂、管控体系越来越庞大，业务之间甚至存在竞争而不是互补关系。国有企业要建设世界一流企业，摆在面前的障碍或困难之一就是如何将相对多元化的市场优势转化为各自领域的专业化优势，而组织形式的变革可以减少传统国有企业相对烦琐的层级结构、响应相对缓慢的呼应机制，解绑相对僵化的管理体制，使得国有企业下属子企业/被投资公司/业务单元等保持相对独立性。特别是，数字化革命带来的新机遇，通过国有企业智能化、网络化和数字化水平的提升，能够加快国有企业各业务板块实现脱胎换骨式的重生和凤凰涅槃，加快建设世界一流企业步伐。

第三节 加快建设世界一流国有企业的政策建议

国有企业因改革而兴，改革是国有企业永远立于市场不败之地的关键因素，是实现高质量发展、建设世界一流企业的关键一招。结合上文研究，未来国有企业建设成为世界一流企业重点应当放在改革活力上，完善中国特色现代企业制度是激发国有企业活力的重要基础。在改革途径上，以做强主业为核心，加快国有经济布局优化、结构调整成为重要任务。在改革目标上，以提升企业核心竞争力为衡量国有企业做强做优做大的标准。

第一，加快完善国有企业集团及子企业两级法人治理。公司治理是企业融入现代市场竞争的重要基础。先行完善法人治理是集团及子企业运营管控模式调整的基础，也是国企改革抓住“牛鼻子”的重要抓手。一是强调分类开展“清单式管理”和两级同步实施制度。集团层面重在规划制定、统筹落实和考核评定等方面，而子企业则可以结合自身实际，按照业务范围、产品服务特征、市场背景等因素制定符合企业发展实际的法人治理架构，分类同步实施综合试点。通过设立适应竞争业务市场化发展的议事机构，对授权范围内的重大事项进行决策，减少管理层级，竞争性子公司的授权范围和权限全面下移，最大限度缩短响应和引领市场变化的时间，使集团和子公司享有更大的发展空间，同时保持二者紧密联系。二是聚焦董事会能力建设。董事会是公司治理的核心，董事会能力建设在公司治理中具有“牵一发而动全身”的重要作用，董事会能力建设既要充分发挥其在企业生产、投资决策中的关键作用，也要充分发扬民主，将重要事项决策置于“阳光”下，最大限度实现企业决策科学化。近年来，国有企业集团及子公司加大力度引入专职外部董事、高水平独立董事加入上市公司，实现了外部董事过半，为董事会能力建设和科学决策水平提高提供了重要支撑。同时，加强专业委员会建设，为董事会能力建设提供“左膀右臂”，由外部董事担任委员会主席或重要职务，对重大投资事项、人事管理进行民主公开讨论并形成专业化意见，提高董事会决策的科学性。通过合理设置董事会和监事会席位、议事决策规则和决策范围，做实“三会一层”职权和议事规则，为科学决策提供保障。三是加强专职董事队伍建设。专职董事建设按照内部选聘和市场招聘相结合的方式，实现专职董事队伍建设高质量、高标准和高素质，不断完善专职董事队伍动态评价机制，加快建立外派子企业董监事队伍，不断提升队伍综合素质。四是加强职业经理人制度建设。坚持按市场规律办事，按照“市场化选聘、契约化管理、差异化薪酬、市场化退出”的原则，推行管理层任期制和契约化动态管理模式，形成较为成熟的职业经理人聘用和退出机制，未来要有序推动改革思路从“个别职业经理人试点”向“企业整体实施职业经理人制度”的转变。

第二，围绕主业、聚焦主业，以主业为核心，以适度多元化为特征，实现国有企业经营由规模扩张向质量效益提高转变。当前，我国国有企业从规模上讲已是行业“巨无霸”和“排头兵”，特别是在关系国计民生、国家安全和国民经济命脉的重要行业和关键领域，国有企业发挥着促进经济大盘稳定、保障经济安全的重要功能。但需要指出的是，国有企业整体发展也面临着大而不强的问题，在多元化扩张中亟须注意围绕主业做强这个核心，加快前瞻性前沿性产业布局，提高国有资本配置效率。[①] 近年来，工业 4.0 在全球范围内引发新一轮工业革命，推动竞争性产业优胜劣汰和转型升级，优化产业布局和适应新技术、新产业、新业态、新模式是实现高质量发展的重要途径。因此，紧紧围绕主业、科技创新推动发展，实现从产业规模扩张向产业结构升级和优化转变，是国有企业集团和子企业以主业运营为核心并适度多元化的关键标志之一。[②] 一是要突出战略引领，明确业务转

① 张杰：《强化国有企业对中国国家自主创新能力体系支撑力的途径与对策》，《河北学刊》2022 年第 6 期。

② 赵晶、刘玉洁、付珂语等：《大型国企发挥产业链链长职能的路径与机制——基于特高压输电工程的案例研究》，《管理世界》2022 年第 5 期。

型方向。转型业务要找准业务突破口，一方面要进入新兴产业和前瞻前沿产业；另一方面要注重以布局新产业为契机加快传统产业升级改造，加快进入现有产业链上下游新兴产业和前瞻产业，形成多业支撑布局，实现业务高端化转型。二是要加大自主创新培育新产业、新业态和新模式的力度。搭建起覆盖集团、子企业和上下游一体化的研发平台，畅通科研成果交流和转化体系，以前沿的研发创新为国有企业开展并购、投资等进入新行业、拓宽新渠道提供“灯塔”，与企业现有的投资决策体系形成互补并提供参考佐证。三是要及时退出竞争性或非战略性以及竞争力较弱的产业。以资产重组加快资源整合，提高资源利用效率，充分实现资源利用的最大边际收益。四是要注意产业布局的高度关联性和协作性。这里要特别强调产业布局过程中市场化和集体决策的重要性，产业间高度关联性和协作性增强了产业韧性和自主性，提升了企业整体风险应对能力，将产业发展与企业发展、产业安全和企业安全高度关联。

第三，将“管资本”模式与授权子企业经营模式有机结合，优化国有资本布局，提升国有企业整体竞争力。我们结合对华润等国有资本投资公司的深度调研，要更好实现“管资本”与授权子企业经营模式相结合，需要在以下四个方面发力。一是梳理权力清单，管放结合，管住核心事项，放开经营和一般管理事项。例如，加强和改进党对国有企业的领导等事项需要在集团层面统一部署、统一安排，而与子企业发展相关的一般事项要下放，给企业经营以充分的自主权。换言之，要实行管理清单制，梳理出禁止和审批、备案事项，对其他事项要一律下放。二是在充分下放权力的同时，要对子企业的行使权力能力展开评估。评估体系要基于多方面、多维度展开，充分兼顾主体特质和市场特征，以结果对企业经营管理能力分类，科学调整下放事项范围。三是建立动态调整机制。落实授放权与子企业董事会考核及经营业绩考核挂钩，每年根据结果动态调整授放权事项范围及力度，逐步推动资本运作权力上移，产业发展责任下沉。四是建立容错和纠错机制，为深化改革和激发改革提供保障。国有企业转型改革进入深水区，任何改革都需要付出成本和代价。作为激励和深化改革的重要方面，当前需要为改革的反复探索甚至不断试错提供较为宽容和包容的环境，试错和容错机制要作为国有企业改革重要方面而不断深化实践。为了持续推进改革，建议企业一方面定期总结梳理现有改革成果和制定未来改革方向，制定先行改革的激励制度及规范性文件，对改革取得积极成效的要及时将改革成果及形成的优良做法固化进制度，而对改革出现偏差的要找出原因并在允许试错的制度范围内激励其继续探索改革。[①] 随着国有企业改革的深入，除了事关国有企业整体发展和安全的事项，对于一般的公司治理事项，如混合所有制改革、引入股权激励和员工持股计划等长期激励、差异化薪酬安排、外部或专职董事聘用等方面可以先行探索，加快形成促进国有企业做强做优的创新体制机制，激发国有企业综合改革新模式、新路径，共同打造新时代、新发展阶段国有企业改革的样本和模范。

（本章执笔：张鹏，本章部分内容曾以《新时代国有企业改革成效、难点与重点》为题发表在《中国西部》2023 年第 1 期）

① 杨天宇、朱光：《容错机制能促进国有企业创新吗》，《经济理论与经济管理》2022 年第 10 期。

第三十七章
提升上市公司 ESG 发展水平

全球人口增长、人口结构转变、气候变化和自然资源紧缺带来的压力不断增加，可持续发展已成为政治、社会和商业活动的主要议程。中国政府把发展绿色经济和改善社会平等纳入“十四五”规划的重点，并且在响应《巴黎协定》方面发挥引领作用，作出了 2030 年“碳达峰”、2060 年前实现“碳中和”的“双碳”庄严承诺。在此背景下，上市公司作为中国企业的优秀代表和中国经济的支柱力量，在经济高质量发展中既是主力军又是“领头羊”，针对上市公司探索试行国际上比较成熟的“环境、社会和治理”（Environment，Social Responsibility and Corporate Governance，ESG）架构和报告制度，督促上市公司在绿色发展、社会公正和有效治理方面作出表率，打造一个规范、透明、开放、低碳的资本市场，对于促进上市公司的高质量发展和资本市场的稳定健康运行都具有重要意义。

随着 30/60 行动具体落实到各行业及企业中，高质量的 ESG 信息披露将成为助力实现 30/60 目标的核心抓手。ESG 作为一种评估企业环境可持续性、社会价值与治理能力的综合矩阵指标体系，是评估上市公司高质量发展水平的可行性标准之一，有利于凝聚市场共识，集中各方力量共同推进碳中和战略落实。从企业层面来看，ESG 评价标准可以为上市公司提供 ESG 信息披露准则，通过嵌入包含碳排放量等多项节能减排指标，将 ESG 理念融入企业经营管理中，是衡量企业“碳中和”的标尺。从市场层面来看，绿色金融加码布局带来 ESG 自上而下发展，国内长线资金入市和境外资金持续流入相关行业，直接表现为股价和投资回报率的显著提升。这种 ESG 因子为上市公司带来的超额收益对头部企业形成正向激励，刺激其自发开展更多实质性的ESG工作，同时也倒逼高污染、高排放、高能耗企业进行绿色转型。从政府层面来看，“十四五”规划、“碳中和”战略引导经济结构调整，产业布局挑战与ESG投资方向不谋而合，在“碳中和”叠加绿色金融政策的双重推动下ESG投资理念逐渐成为主流，通过强制ESG制度框架推动上市公司信息披露的质量和规范，吸引更多的ESG投资进入中国资本市场，从金融配置角度促进实体经济转型。

ESG作为对企业基于价值的评估因素，属于上市公司高质量发展的重要组成部分。2020年10月15日，《国务院关于进一步提高上市公司质量的意见》（以下简称《意见》）正式发布，对提高上市公司治理水平提出两点要求。第一点“规范公司治理和内部控制”提到完善高管职责界限和法律责任，主要涵盖保障公司和投资者合法权益、管理层依法合规运作、建立良好沟通机制、科学界定相关方权责、严格执行内控制度等方面内容。第二点“提升信息披露质量”要求上市公司、股东及相关信息披露义务人真实、准确、完整、及时、公平披露信息，并以投资者需求为导向，进一步优化披露内容。随着我国政策环境的不断改善，《意见》成为今后一段时期推动上市公司高质量发展的纲领性文件。ESG作为识别企业高质量发展的重要指标，与我国转向高质量发展阶段的背景十分契合，与贯彻落实新发展理念的目标内涵高度一致，《意见》也为推动上市公司开启ESG治理、做好ESG信息披露提供了指导方向。

2021年年初，国务院国资委明确将ESG纳入中央企业履行社会责任的重点工作，提出国有企业、中央企业要在ESG体系建设中发挥表率作用，并将从深化研究、能力建设、搭建平台等方面推动中央企业的ESG工作。2022年5月和2023年1月，国资委先后发布《提高央企控股上市公司质量工作方案》及《关于进一步促进国有企业ESG信息披露的建议函》，要求央企控股上市公司在2023年前争取实现ESG专项报告披露全覆盖。近年来，越来越多的上市公司提升了ESG信息披露质量，主动进行ESG信息披露的A股公司数量也逐年增加。截至2022年12月31日，发布2021年度ESG相关报告的上市公司数量共 1376 家，其中发布社会责任报告的有 1152 家，发布 ESG 报告的有 107 家，发布可持续发展报告的有 56 家，另有 58 家发布了社会责任报告暨 ESG 报告，3 家发布了可持续发展报告暨 ESG 报告，企业披露的报告类型仍以社会责任报告居多。

第一节　ESG 的发展现状

ESG 整合了环境、社会、治理多维因素，将投资决策标准和关注要素从传统的财务绩效为主扩展到可持续发展、公共利益和良好公司治理等领域，关注创新发展、低碳环境、共同富裕等议题，与我国可持续发展战略、“双碳”目标以及高质量发展任务相契合，是对短期投资理念的长期补充。自 2004 年被正式提出以来，ESG 已经成为衡量企业可持续发展能力的关键指标，是促进企业高质量发展的重要举措。

一　ESG 的内涵

环境（Enviroment）、社会（Social）和公司治理（Governance）是三个基于价值的评估因素。ESG 通过获取财务指标以外的非财务信息衡量企业的可持续性，涵盖了企业或商业投资中可持续发展和道德影响方面最核心的三个因素的评价体系，涉及能源、气候变化、劳工、性别不平等、贪污、社会发展和贫困等广泛要素。其中，E 指公司在环境方面的积极作为，包括企业在生产经营过程中的绿色投入、资源和能源的集约使用循环利用，对有毒有害物质的处理以及对生物多样性的保护等；S 指企业与其利益相关者之间的协调与平衡，包括管理培训、供应链责任管理、精准扶贫、公益慈善等因素，以及维护公司发展的社会生态系统，如人权、劳工、健康等；G 是治理环境、治理结构、治理机制和治理行为综合形成和作用的结果，包括企业的董事会结构、股权结构、管理层薪酬和商业道德等是否规范，以及公司治理、风险管理、组织结构等因素。

ESG 作为一种衡量企业环境可持续性、社会价值与治理能力的综合性指标，在传统的财务框架上加入了对社会信用的考量，以便测度上述三类影响企业实际价值的无形资产。ESG 要求企业在发展过程中关注环境问题，承担社会责任，完善公司管理，而这些指标通常无法在传统的财务报表中直观地体现出来。从长远来看，ESG 影响着企业的生存和可持续发展；从短期来看，ESG 也影响了企业盈利及规避风险的能力。因此，越来越多的投资者在对企业进行评估时，除了依赖于传统的财务报表，也越来越注重公司 ESG 所体现的高质量发展状况。

二 ESG 的前世今生

目前，金融从业者及学术文献中最常提到的 ESG 相关术语有：社会责任（Socially Responsible，SR）、企业社会责任（Corporate Socially Responsibility，CSR）、社会责任投资（Socially Responsible Investing，SRI）、影响力投资（Impact Investing，II）、ESG（Environment，Social，Governance）等。上述都属于联合国提出的可持续发展金融的范畴。

最早关于企业承担社会责任的记载可追溯到 19 世纪或者第一次工业革命。19 世纪以前，如果公司对周边社区及社会有不负责任的行为，美国政府可吊销公司营业执照。1819 年，美国最高法院裁定公司是受《宪法》保护的法人或公民，取消了美国政府的这一权力，因此公司是否承担社会责任（being a good citizenship）完全出于自愿。

工业革命之初，在欧洲和美国，很多企业通常以慈善（Philanthropy）的形式承担社会责任，比如建立教堂、捐赠学校等。但是在 20 世纪之前，CSR 一直存在一定的阻碍，公司承担社会责任会被认为浪费公司资源、损害股东利益，甚至可能会违反当时的法律。1883 年，Hutton v West Cork Rly Co. 是一个非常典型的案例，英国西科克铁路公司（West Cork Rly Corporation）董事决定补偿公司辞退的员工，而法官（L. J. Cotton 和 L. J. Bowen）判定补偿金无效，因为他们认为公司董事只可以将公司资源运用到公司运营而非慈善上。

直到 20 世纪 40 年代，随着美国企业数量的增加和第二次世界大战的爆发，公司开始被认为是像政府一样的机构存在，应当承担一些社会责任。[①] 1946 年美国 *Fortune* 杂志第一次调查 20 世纪 40 年代的企业家，关于是否应该承担公司运行所带来的负面影响，93.5%的企业家持正面态度。

企业社会责任的发展可以划分为四个阶段。第一阶段，慈善时期（Philanthropic Era）。20 世纪 50 年代以前，企业大都通过捐赠、慈善的方式承担社会责任。第二阶段，觉醒时期（Awareness Era）。1953—1967 年，企业开始意识到企业行为对社会的影响。第三阶段，问题阶段（Issue Era）。1968—1973 年，企业开始关注具体社会问题，比如环境污染、种族歧视等。第四阶段，响应阶段（Responsive Era）。1974—1978 年，企业开始把社会责任作为衡量公司表现的指标。这一认知至今仍在沿用。

随着企业社会责任概念的发展，关于它的争论从未结束，最根本的理论对立是诺贝尔经济学奖得主弗里德曼的“股东理论”（Shareholder Theory）[②] 和弗里曼的“利益相关者理论”（Stakeholder Theory）[③]。利润最大化是企业运行的根本目的，而履行社会责任往往要求企业调整产业形态、整改员工制度、转变原有的生产策略、控制产品销售规模，甚至放弃对某些资源的开发利用等。企业背负众多“限制”以实现对社会责任的践行，会不会违背了利润最大化的初衷？弗里德曼指出公司唯一的社会责任为实现利润最大化，极力主张亚当·斯密的自由放任经济，反对社会对企业施加种种负担。他认为企业履行社会责任必然提高生产成本、侵犯股东权益，相对于社会福利组织和政治机构是越俎代庖，同时也会损害自由社会存在的基础。而与企

---

① Eberstadt, N., “What History Tells Us about Corporate Responsibility”, *Business and Society Review*, 1973, 7: 76-81.

② Milton Friedman, “Comment on Tobin”, *The Quarterly Journal of Economics*, 1970.

③ 弗里曼：《战略管理——利益相关者方法》，王彦华、梁豪译，上海译文出版社 2006 年版。

业社会责任相呼应的“利益相关者理论”则认为，企业除了关心股东利益，还要对所有受公司活动影响的利益相关者承担社会责任。

ESG 理念起源于上述企业社会责任意识。伴随着 20 世纪末经济的快速发展，工业革命所导致的环境以及社会问题逐渐增多，2000 年联合国颁布了全球最大的企业可持续发展方案——联合国全球契约（United Nation Global Compact，UNGC）。UNGC 鼓励世界各地的企业履行社会责任，以环境保护、企业福祉、人权维护、劳工权益及反腐败为框架，致力于自然环境与社会环境的和谐发展，从而促进联合国可持续发展目标的达成。全球各国在应对气候变化及提高人类福祉方面达成的共识奠定了 21 世纪经济发展的新方向——绿色经济建设，即经济、社会和环境的一体发展，从此可持续金融逐渐引起金融市场机构及个人投资者的重视。

2004 年，联合国在报告《在乎者即赢家》（*Who Cares Wins*）中首次提出了 ESG 一词。2006 年，联合国成立责任投资原则组织，旨在帮助投资者理解环境、社会及公司治理对于投资决策的影响。次年，高盛将环境、社会责任以及投资者较为关注的公司治理因素整合，首次明确了 ESG 的概念。此后，ESG 投资理念开始被广泛研究，ESG 投资实践也逐渐增多。ESG 投资策略成为责任投资界的新宠，ESG 投资分析比社会责任投资更灵活，分别从环境、社会和公司治理的角度对公司进行评估，从而对投资组合的表现进行评估。

三　ESG 国内外主要评价体系比较

国外 ESG 评估中的内容均涉及可持续性、合规程度、利益相关方、风险管理等。指标体系同时包含定量和定性指标，并通过将指标标准化，做到跨行业对比。信息主要来自企业自主披露的信息，如社会责任报告、可持续发展报告、环境责任报告等，辅以调研数据信息补充，但监管信息应用相对较少。评估普遍采用第三方机构的服务，利用第三方机构提供深入和具体的上市公司数据及分析，为企业的评级过程提供补充。国际主要 ESG 指数评级公司（如 MSCI 等），均通过其ESG指数产品，扩大地区覆盖范围和市场影响力，在一定程度上实现了ESG信息披露标准的统一。

与国外评级体系相比，中国的评价体系中对化石能源行业并不简单排斥。近年来，欧美国家兴起了一场对化石燃料的撤资运动，对化石能源采取完全排斥的态度，这种态度反映在ESG评级上，意味着对化石能源行业全盘否定。但基于我国资源禀赋以煤为主的事实，煤炭在未来相当长一段时间内仍占据主导地位。因此，在国内评价体系设计时，尽管对煤炭、石油等行业给予较低的行业评分，但并不简单归属于最低等级，化石能源的节约高效使用、企业较高的信息披露质量、传统业务向绿色业务的转型程度等指标都会影响最终的环境评分。

此外，中国的评价体系在环境绩效考核方面重视能耗和污染物指标，而不仅仅是温室气体排放指标。目前，发达国家对环境因素进行评价时，重点考虑的往往是气候变化问题，关注的也往往是温室气体这一单一指标。在我国，重要性不弱于治理温室气体排放的重大任务包括降低能耗和减少污染物排放。2017年政府工作报告确定的当年发展主要预期目标中，环境目标是“单位国内生产总值能耗下降3.4%以上，主要污染物排放量继续下降”。因此，我国在设计环境评价体系时，不仅考虑温室气体排放，还综合考虑碳排放、污染物排放、能耗指标等多种因素，且给予我国面临的最迫切挑战——污染问题更高的权重。

在社会和治理部分，中国的指标体系中增加了特色化指标。在环境部分，随着“碳达峰”“碳中和”目标的提出，“双碳”目标逐渐成为环境“E”维度的一个核心概念。在社会部分，增加“扶贫”指标，考察企业对扶贫的投入和效果；将“普惠金融”和“金融科技”作为行业特定指标，考察金融行业在一定时期在这两方面的表现。在治理部分，战略指标中，重点关注企业战略中是否考虑了新发展理念、可持续发展或ESG等因素。

综上所述，ESG本质上是一种价值观，各评级机构给出的结果不同，事实上客观反映了评级者对不同问题的看重程度、对指标选取的独有考量、对定性数据的处理习惯、对公司风险的思考框架，因此较难建立统一客观的标准。把ESG投资作为一种超越短期财务指标的价值观投资，使用ESG评价更好地挖掘最具可持续性的公司，还需要充分考虑中国国情，合理设定范围、度量和权重，进一步完善A股的ESG评价体系。

第二节　上市公司ESG发展现状

一　ESG信息披露监管特征

比对多个国家和地区的ESG信息披露监管要求，可以发现对于ESG报告的披露程度有所不同，日本、澳大利亚、泰国等为自愿披露，鼓励上市公司披露气候信息；中国内地、美国、韩国、印度等为半强制性披露，一般要求成分股公司披露ESG信息，以年度的环境、社会及治理（ESG）报告、社会责任（CSR）报告、可持续发展报告为载体披露；而中国香港、新加坡、越南等实行强制披露和不遵守就解释原则，对ESG报告的信息披露监管较强。本章分别选取ESG信息披露程度较高、ESG信息披露机制较为健全的美国、中国香港和ESG信息披露进程较快的中国内地为样本进行对比分析。

从相同之处看，美国、中国香港、中国内地的ESG信息披露监管机构均为所在国家或地区的证监会和证券交易所，披露ESG报告的周期均为年度。从不同之处看，美国进行ESG信息披露的形式较为灵活，美国证券交易委员会（SEC）要求所有上市公司在申报注册文件和阶段性报告（10-K）中提供部分ESG信息，规定企业年度报告应当披露的信息由公司经营、财务状况、公司治理和附录四个部分组成。而事实上，大多数美国上市公司均在10-K表格中披露了与“碳中和”、性别平等、反垄断等相关的ESG事项。2022年3月，SEC发布《上市公司气候数据披露标准草案》，拟加强上市公司的气候数据披露水平，将强制要求上市公司披露气候风险治理及风险管理流程，气候风险对公司业务、财务报表、公司战略、商业模式和发展前景造成的影响，公司自身、供应商和合作伙伴的碳排放数据，气候目标及转型计划。

除了以上在申报注册文件和阶段性报告中需要披露实质性风险，美国 SEC 和两大交易所的 ESG 报告披露态度为自愿性原则，鼓励企业在衡量成本和收益时考量 ESG 因素，从美国上市公司披露 ESG 报告的情况来看，上市公司可以出具可持续发展报告（如 Meta、Amazon、Microsoft）、企业社会责任报告（如 Alibaba）、ESG 报告（如 JNJ、JP Morgan）、影响力报告（如 Tesla）等披露 ESG 信息的年度报告，也可以在公司网站专栏披露企业的环境、社会责任和公司治理的进展与成果（如 Apple）。

中国香港的上市公司一般通过环境、社会及公司治理（ESG）报告来披露企业 ESG 信息，2016 年联交所发布的《环境、社会及管治报告指引》规定了港交所上市公司需在年报或另设报告披露信息，并列示了强制披露和不遵守就解释的各项绩效指标。根据中诚信的数据，港股 2021 年度 ESG 报告披露率达 86.01%，整体披露率较高。其中，16 个行业上市公司披露 ESG 相关报告的比例高于 90%，银行、美容护理、国防军工行业上市公司实现 100%披露；披露比例最低的为农林牧渔行业，也有 55.56%。港股碳排放较高的行业整体披露比例为 90.68%，其中公用事业（含火电）、煤炭、石油石化、有色金属四个行业披露比例高于 85%。美国、中国香港、中国内地上市公司 ESG 信息披露监管要求对比具体见表 37-1。

表 37-1 美国、中国香港、中国内地上市公司 ESG 信息披露监管要求对比

	美国	中国香港	中国内地
监管机构	美国证券交易委员会、纽约证券交易所、纳斯达克证券交易所	香港证券及期货事务监察委员会、香港交易所	中国证券监督管理委员会、上海证券交易所、深圳证券交易所

续表

	美国	中国香港	中国内地
ESG信息披露形式	可持续发展报告、企业社会责任报告、公司网站专栏、SEC文件（申报注册文件、10-K等）	环境、社会及公司治理（ESG）报告，年报	环境、社会及治理（ESG）报告，社会责任报告，可持续发展报告，半年报和年报
ESG报告编制指引	2019年纳斯达克《ESG报告指南2.0》	2016年联交所《环境、社会及管治报告指引》	2006年深圳证券交易所《上市公司社会责任指引》、2008年上海证券交易所《上市公司环境信息披露指引》、各交易所上市公司自律监管指引
ESG报告披露程度	通常不需要在SEC文件中提交ESG信息，除非该信息为重大披露	强制披露+不遵守就解释	自愿披露为主，部分重点排污单位及其子公司要求强制披露相关信息。上交所强制要求在科创板申请上市的公司披露社会责任报告，强制要求纳入“科创50指数”的上市公司单独披露社会责任报告或ESG报告；深交所强制要求纳入“深证100指数”的上市公司发布社会责任报告
覆盖范围	美国上市公司	全体港交所上市公司	A股上市公司
ESG报告时间周期	年度	年度	年度
披露时限		年结日后3个月	未规定
披露内容	实质性风险	强制披露ESG内容	重点排污单位上市公司需要披露污染信息和防治措施；火力发电、钢铁、水泥等高耗能行业上市公司需要披露消耗、污染及防治措施和目标；所有上市公司应披露可能影响股价的环境信息
ESG信息披露标准	GRI、SASB、TCFB、PRI等	GRI、TCFD	约70%A股上市公司参照GRI标准

资料来源：SEC、纽约证券交易所、纳斯达克证券交易所、香港证券及期货事务监察委员会、香港交易所、上海证券交易所、深圳证券交易所。

港交所与沪、深两大交易所在环境（E）、社会责任（S）及公司治理（G）方面的指标各有异同（见表 37-2）。在环境方面，三大交易所均对污染防治、排污信息方面提出了要求；在社会责任方面，三者都强调了对社会公益、职工权益的披露；而在公司治理上，投资者关系、内部监控的信息在三大交易所均被要求披露。对于港交所而言，气候等相关信息的披露是其一大亮点，在强制性披露方面也与国际标准接轨。

表 37-2　　香港与内地 ESG 信息披露关键指标汇总

	环境	社会责任	公司治理
港交所	1. 排放物的种类、相关数据、所依法规政策、处理措施； 2. 资源的使用政策及状况； 3. 业务活动对环境及天然资源的影响及应对措施； 4. 对可能产生的气候变化的描述并提出应对行动	1. 雇佣结构； 2. 薪酬体系； 3. 雇员健康与安全保障； 4. 雇员发展及培训； 5. 劳工准则； 6. 供应链管理及社会风险； 7. 产品责任； 8. 反贪污； 9. 社会公益	1. 企业管制常规； 2. 对《交易必受标准》的遵守情况； 3. 风险管理及内部监控； 4. 投资者关系； 5. 股东权利； 6. 高管薪酬； 7. 董事会及辖下委员会基本情况及职能划分
上交所	1. 环保部门要求重点管控公司及子公司情况； 2. 排污信息（定量与定性）； 3. 防治污染设置建设与运营情况； 4. 建设项目环境影响评价； 5. 是否获取环保许可证； 6. 突发环境实践应急预案； 7. 环境处罚情况； 8. 第三方机构核查、鉴证； 9. 减排降碳措施及成效	1. 母公司员工情况（数量、专业构成、薪酬制度、培训状况）； 2. 员工股权激励计划； 3. 离休人员费用承担情况； 4. 职工权益保护机制； 5. 客户和消费者权益保护； 6. 供应商信息； 7. 公共关系； 8. 社会公益事业； 9. 脱贫攻坚、乡村振兴	1. 公司基本信息； 2. 公司可持续发展战略； 3. 核心竞争力及解释说明； 4. 董监高职及构成； 5. 内部制度审查及风险分析； 6. 股东及债权人权益保护； 7. 关键利益相关方声誉及信用； 8. 关联信息交易； 9. 投资者关系

续表

	环境	社会责任	公司治理
深交所	1. 制定整体环境保护政策； 2. 定期指派专人检查环保政策实施情况； 3. 环境污染产生原因、对公司业绩的影响、环境污染的影响情况、公司拟采取的整改措施	1. 债权人及职工合法权益； 2. 供应商、客户和消费者权益保护； 3. 公共关系； 4. 社会公益事业； 5. 精准扶贫工作	1. 股东、董事、监事和高级管理人员情况介绍与权利规范； 2. 资产核算情况与审计实践； 3. 内部控制制度与风险分析； 4. 透明度/可信度； 5. 利润分配情况； 6. 投资者关系

沪、深两大交易所关于上市公司ESG披露载体的要求主要包括ESG报告、企业社会责任报告和可持续发展报告等专题报告（见表37-3），或者中报、年报，虽然承载ESG信息的报告名称不同，但都是就企业生产经营过程中非财务信息进行实质性披露，本质性区别不大。对此，业界尚未有统一标准，但从国资委对央企2023年前披露ESG报告的强制性要求来看，ESG报告将可能成为一种趋势。

表37-3　　　　ESG、CSR和可持续发展报告异同

	ESG报告	CSR报告	可持续发展报告
不同点			
定义	投资者和研究机构进行投资分析和决策时需要考虑的非财务因素，包括环境、社会、管制三大方面	强调多元利益相关方关注的实质性议题，经济、环境、社会和治理绩效的主要平台	从资源的可持续发展、社会的可持续发展等角度，来衡量企业创造的社会价值
视角	主要站在资本市场投资者角度	强调多利益相关方	
应用/使用者	聚焦资本市场，主要为投资者研究机构和监管机构	应用场景更广泛，可应用于供应链管理、品牌营销、社区沟通、员工管理等领域	跨国公司、地区和行业等
强制性	有较细的信息披露要求，特定内容强制披露	自由度较大，强调报告的可读性	

续表

	ESG 报告	CSR 报告	可持续发展报告
内容侧重	企业经营过程中的非财务风险和绩效、管理方针和信息披露	多元利益相关方参与实质性议题的筛选	企业的重要环境与社会影响力可视化的贡献度
报告框架	遵循相关交易所发布的 ESG 报告披露指引，并参考 GRI 标准	遵循 GRI 标准等框架，对经济、社会和环境维度进行披露	联合国《全球可持续发展目标》（SDGs）
相同点			
披露内容	企业经营过程中的非财务信息披露		
信息披露	强调相关信息披露的重要性		
终极目标	企业实现可持续发展，为股东及社会创造价值		

资料来源：根据国资委、上海证券交易所、深圳证券交易所资料整理。

二 上市公司 ESG 信息披露特征及趋势

（一）上市公司披露 ESG 信息载体以社会责任报告为主

发布社会责任报告的上市公司数量最多，但发布 ESG 报告的公司数据增势最为强劲。截至 2022 年 6 月的统计数据显示，发布 2021 年度社会责任报告的上市公司有 1208 家，发布 2021 年度 ESG 报告的有 149 家，发布 2021 年度可持续发展报告的有 66 家，分别占三类报告发布数量的 84.90%、10.52% 和 4.59%。从时间趋势来看，2019—2021 年，发布 ESG 报告和可持续发展报告的公司数量不断上升，其中发布 ESG 报告的公司数量由 2019 年的 8 家增加到 2021 年的 149 家，占三类报告数量的比重由 2019 年的 0.80%快速扩大到 2021 年的 10.52%，呈现激增态势（见图 37-1）。

（二）银行和非银金融行业 ESG 报告的披露率最高

分行业统计发现，医药生物、化工、机械设备、电子、公用事业等行业披露 ESG 报告的数量居前，银行和非银金融行业 ESG 报告的披露率最高。从披露率来看，银行的披露率一直高达 100%，其次是

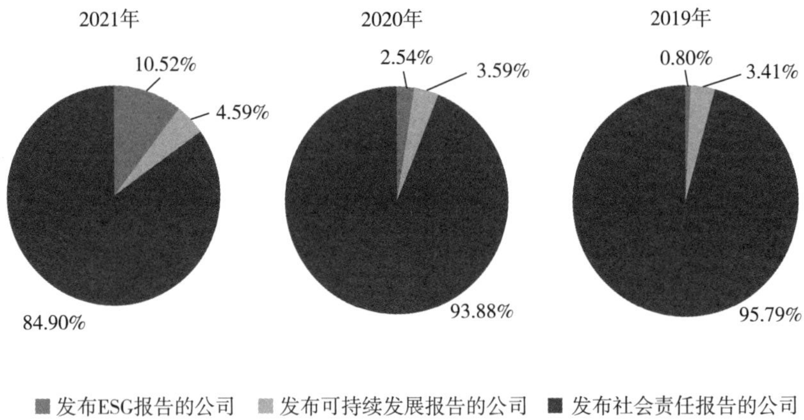

图 37-1 2019—2021 年 A 股上市公司发布 ESG 主题报告情况

注：表中数据经过四舍五入处理。

资料来源：根据 Wind、银河证券研究院数据整理，截至 2022 年 6 月 30 日。

非银金融行业，披露率从 2019 年的 75%提高到 2022 年的 85%。这与监管对金融机构环境信息披露的规范要求是相辅相成的，但在数量上占有优势的医药生物、化工和机械设备行业披露率都不足 35%，有待提高（见表 37-4）。

表 37-4 按行业统计上市公司发布 ESG 报告情况 单位:%

2022 年		2021 年		2020 年		2019 年	
行业	披露率	行业	披露率	行业	披露率	行业	披露率
医药生物	32	医药生物	3	医药生物	26	医药生物	24
化工	30	化工	26	化工	23	化工	22
机械设备	20	机械设备	19	公用事业	41	机械设备	18
电子	25	电子	25	机械设备	19	非银金融	75
公用事业	49	公用事业	42	电子	23	公用事业	36
非银金融	85	非银金融	91	非银金融	80	电子	22
传媒	48	传媒	42	传媒	34	交通运输	47
电气设备	33	电气设备	25	交通运输	46	房地产	43
交通运输	58	交通运输	48	房地产	43	传媒	33

续表

2022 年		2021 年		2020 年		2019 年	
行业	披露率	行业	披露率	行业	披露率	行业	披露率
房地产	50	房地产	47	计算机	17	有色金属	36
计算机	23	计算机	20	电气设备	20	计算机	16
汽车	27	汽车	23	有色金属	33	银行	100
有色金属	48	有色金属	35	轻工制造	30	电气设备	18
轻工制造	34	轻工制造	30	银行	100	建筑装饰	24
食品饮料	46	食品饮料	38	食品饮料	33	食品饮料	29
银行	100	银行	100	农林牧渔	36	采掘	44
建筑装饰	32	建筑装饰	23	建筑装饰	23	轻工制造	22
采掘	55	采掘	52	采掘	43	农林牧渔	32
农林牧渔	34	农林牧渔	36	汽车	13	汽车	14
纺织服装	38	纺织服装	31	纺织服装	25	国防军工	30
国防军工	30	国防军工	30	钢铁	61	建筑材料	29
通信	27	通信	23	建筑材料	31	商业贸易	22
建筑材料	39	建筑材料	34	国防军工	26	纺织服装	24
商业贸易	30	商业贸易	23	商业贸易	22	钢铁	58
钢铁	66	钢铁	58	通信	18	通信	18
家用电器	31	家用电器	28	家用电器	23	家用电器	19
休闲服务	29	休闲服务	19	休闲服务	17	休闲服务	16
综合	27	综合	13	综合	15	综合	16

资料来源：根据 Wind 等笔者自行整理，截至 2023 年 7 月 3 日。

（三）上市公司市值越大 ESG 报告的披露率越高

按上市公司数量统计，发布 ESG 报告的上市公司市值主要集中分布在 100 亿—500 亿元，且每年数量渐增。表 37－5 的数据显示，2021 年发布 ESG 报告的公司市值集中分布在 100 亿—500 亿元，数量达到 618 家，其次是市值 50 亿—100 亿元的公司，数量有 280 家。

从披露率方面统计，呈现上市公司市值越大、披露率越高的现象。市值规模在 10000 亿元以上的公司 2021 年 ESG 报告的披露率高达 100%，其次是市值规模在 1000 亿—10000 亿元的公司，披露率达

97.56%，500亿—1000亿元的公司披露率达81.10%，100亿—500亿元的公司披露率有48.28%，50亿—100亿元的公司披露率有23.93%，市值规模小于50亿元的公司披露率仅为12.37%。市值规模上万亿元的上市公司披露比例逐年上升，由2019年的71.43%提高到2021年的100%。综合来看，大规模上市公司对于ESG的重视程度明显更强，小规模公司的ESG信息披露率有较大的提升空间。

表37-5　各市值规模上市公司发布ESG报告情况

市值	2021年		2020年		2019年	
	数量（家）	披露率（%）	数量（家）	披露率（%）	数量（家）	披露率（%）
>10000亿元	6	100.00	8	100.00	5	71.43
1000亿—10000亿元	160	97.56	123	95.35	83	98.81
500亿—1000亿元	133	81.10	105	77.21	79	86.81
100亿—500亿元	618	48.28	468	46.47	420	50.36
50亿—100亿元	280	23.93	207	21.27	194	22.56
<50亿元	219	12.37	231	12.66	216	11.94
汇总	1416		1142		997	

资料来源：根据Wind、银河证券研究院数据整理，截至2022年6月30日。

（四）国有上市公司ESG报告的披露率较高

从公司控股属性层面分析，国有企业ESG报告的披露率最高，民营企业披露率有待进一步提升，但各种控股类型的公司在披露数量及披露率上均呈上升态势。

从发布报告数量上看，民营企业披露的公司数量最多。截至2022年6月的统计数据显示，发布ESG报告的民营企业在2021年达到了600家，远超地方国有企业的373家、中央国有企业的271家、公众企业的105家、外资企业的52家、其他企业的9家和集体企业的7家。但是从披露率来看，民营企业的披露率最低，从表37-6可以看出，民营企业的ESG报告披露率从2019年的17.04%涨至2021年的21.33%，但中央国有企业的披露率近三年均在55%以上，地方国有企业的披露率近三年均在40%以上。在各上市公司中，中央及地方国有企业的披露率分别排在前两位。结合政策等原因，相较于民营企业，中央国有企业和地方国有企业承担社会责任的意识更强，更加注重企业形象，起到了很好的带头作用。

表 37-6　　各控股属性上市公司发布 ESG 报告情况

控股属性	2021 年		2020 年		2019 年	
	数量（家）	披露率（%）	数量（家）	披露率（%）	数量（家）	披露率（%）
民营企业	600	21.33	462	18.77	373	17.04
地方国有企业	373	43.63	315	40.08	298	40.60
中央国有企业	271	64.52	233	58.99	218	57.37
公众企业	105	42.17	83	36.40	67	34.72
外资企业	52	33.12	31	20.67	25	18.80
其他企业	9	25.00	10	29.41	10	28.57
集体企业	7	29.17	9	39.13	6	28.57

资料来源：根据 Wind、银河证券研究院数据整理，截至 2022 年 6 月 30 日。

（五）上海证券交易所上市公司 ESG 报告披露率远高于深圳证券交易所

从所属上市板块进行分析，由表 37-7 可以看出，发布三类公告的公司主要集中在主板，其次是创业板，最后是科创板。各板块披露报告的上市公司数量逐年上升，披露率也逐年上涨，但均未达到50%。上证主板的披露率在 2021 年为 46.01%，达到最高，而科创板的披露率在 2021 年上涨最快，涨幅超 10%，其他上市板块上涨幅度则较为平缓。2022 年，上海证券交易所对科创板上市公司 ESG 信息披露提出了进一步要求，通过内部系统向科创板企业发布《关于做好科创板上市公司 2021 年年度报告披露工作的通知》，明确提出科创板企业应当在年度报告中披露 ESG 相关信息。

表 37-7　　按上市板块统计上市公司发布 ESG 报告情况

所属板块	2021 年		2020 年		2019 年	
	数量（家）	披露率（%）	数量（家）	披露率（%）	数量（家）	披露率（%）
上证主板	755	46.01	646	41.62	593	40.53
深证主板	425	29.05	367	25.70	319	23.18
创业板	150	13.93	106	12.02	77	9.92
科创板	87	23.32	24	11.16	8	11.43

资料来源：根据 Wind、银河证券研究院数据整理，截至 2022 年 6 月 30 日。

从所属交易所进行分析，上海证券交易所上市公司 ESG 报告披露率远高于深圳证券交易所。从表 37-8 数据得知，发布 ESG 报告的上市公司数量及披露率均呈现上升趋势，上海证券交易所上市公司的披露率远高于深圳证券交易所，前者的披露率约达后者的 2 倍。总体来看，目前我国境内监管机构对上市公司 ESG 信息披露的要求仍以鼓励自愿披露为主，仅对部分特定类型和范围的上市公司作出强制披露的要求。近年来，沪深交易所正在积极地把 ESG 因素纳入监管范畴，两大交易所披露 ESG 报告的上市公司数量和两大交易所披露率均得到明显提高。

表 37-8　　按所在交易所统计上市公司发布 ESG 报告情况

交易所	2021 年			2020 年			2019 年		
	发布 ESG 报告数（份）	交易所公司数（家）	披露率（%）	发布 ESG 报告数（份）	交易所公司数（家）	披露率（%）	发布 ESG 报告数（份）	交易所公司数（家）	披露率（%）
上交所	842	2014	41.81	670	1767	37.92	601	1533	39.20
深交所	575	2540	22.64	473	2310	20.48	396	2152	18.40
总计	1417	4554	31.12	1143	4077	28.04	997	3685	27.06

资料来源：根据 Wind、银河证券研究院数据整理，截至 2022 年 6 月 30 日。

（六）沪深 300 指数成分公司 ESG 报告的披露率最高

从重要指数成分股披露情况来看，指数内上市公司在 ESG 报告的披露数量及披露率上均呈明显上升态势。具体来看，沪深 300 指数成分公司 ESG 报告的披露率最高，科创 50 指数成分公司披露率涨幅最大，而中证 1000 指数成分公司披露率有待进一步提高。

从披露率看，截至 2022 年 6 月的统计数据显示，2021 年，沪深 300 指数成分公司 ESG 报告的披露率高达 81%，科创 50 披露率也高达 80%，其次是中证 500、创业板指和中证 1000，披露率分别为 63.8%、47%和 32.1%。

从时间维度分析，所有指数上市公司在披露数量及披露率上均呈现明显的上升趋势，科创 50 指数上市公司 ESG 报告披露率的涨幅是最大的。科创 50 指数披露 ESG 报告的上市公司从 2019 年的 5 家，增长至 2021 年的 40 家，披露率从 2019 年的 10%，增长至 2021 年的 80%，涨幅明显。按所属指数统计上市公司发布 ESG 报告情况具体见表 37-9。

表 37-9　　按所属指数统计上市公司发布 ESG 报告情况

所属指数	2021 年		2020 年		2019 年	
	数量（家）	披露率（%）	数量（家）	披露率（%）	数量（家）	披露率（%）
沪深 300	243	81.00	228	76.00	207	69.00
中证 500	319	63.80	286	57.20	271	54.20
中证 1000	321	32.10	233	23.30	193	19.30
科创 50	40	80.00	11	22.00	5	10.00
创业板指	47	47.00	35	35.00	29	29.00

注：披露率＝披露公司数量/全部公司数量。

资料来源：根据 Wind、银河证券研究院数据整理，截至 2022 年 6 月 30 日。

三　上市公司 ESG 评级特征

ESG 评分由环境分数（E）、社会分数（S）、公司治理分数（G）三个部分组成。环境包括环境管理、污染物、废弃物、物料消耗、水资源、能源消耗、温室气体排放、气候变化、生物多样性 9 个二级指标，社会包括劳动管理、员工参与度与多样性、职业健康与安全、社区影响、产品责任、供应商管理6个二级指标，公司治理包括商业道德、公司治理、风险管理、ESG治理4个二级指标。每个二级指标由若干个三级指标构成，共涉及700多个标准化指标。环境分数（E）、社会分数（S）、公司治理分数（G）由二级指标按权重加权得到。ESG最终得分则由环境分数（E）、社会分数（S）、公司治理分数（G）按照相应权重加权计算得到。

（一）银行和非银金融行业ESG总评级分数较高

根据中信29个行业分类方式统计发现，银行和非银金融ESG评级分数较高，各行业的ESC分数均处于上升趋势。从2020—2022年的数据得知，ESG分数较高的行业为银行和非银金融，均值分别为0.51和0.46，而ESG分数较低的为综合金融和机械行业，均值分别为0.30和0.31，但各行业的ESG分数都处于上升趋势。从图37-2可知，2020—2022年，银行和非银金融行业的ESG分数涨幅最大，而综合金融和机械行业涨幅相对较小。

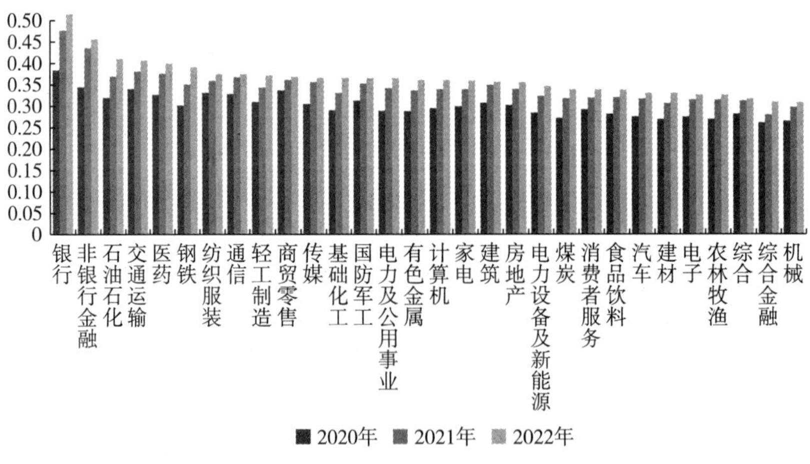

图37-2　2020年、2021年、2022年第二季度各行业ESG评级

分维度来看，各维度分数差距与行业本身性质有关。从2022年第二季度的数据得知，ESG评估的不同行业细分指标呈现出了分数差异。比如，总得分均分位于前列的银行和非银金融业，在社会、治理维度和其他行业相比更胜一筹，但环境方面落后较大，这很大可能是因为金融业消耗资源、排放污染都较少，也基本不生产实体产品，因此在排污、环保措施这些属性的披露上信息较少。由图 37-3 可知，有 13 个行业的社会分数大于公司治理分数，如消费者服务行业，而另有 17 个行业的社会分数小于公司治理分数，如轻工制造行业。可以看出，ESG 各维度分数差距与行业本身性质有所关联。共同点是，各个行业的环境分数均低于其公司治理分数和社会分数。ESG 高的企业更注重长远利益，愿意牺牲短期利润、加大研发创新投入，从而增强企业的可持续发展能力。

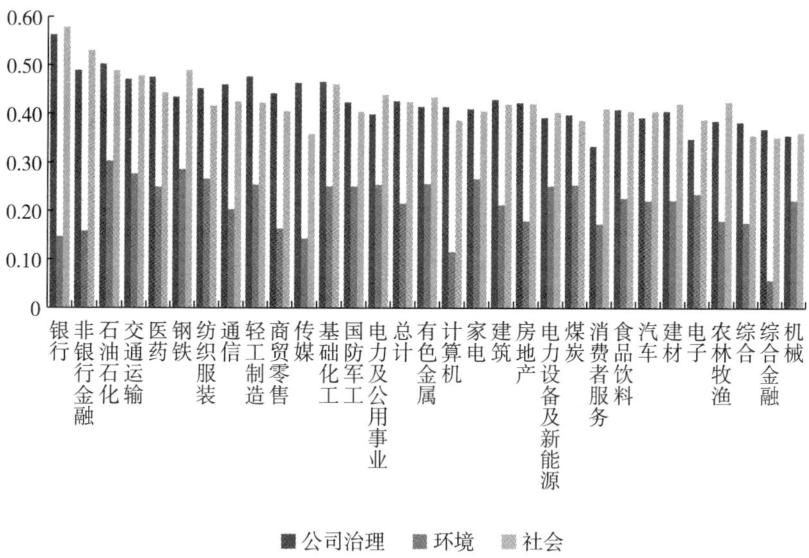

图 37-3　2022 年第二季度各行业 ESG、E、S、G 评级情况

（二）上市公司市值越大 ESG 分数越高

根据表 37-10 数据统计分析，基本上呈现上市公司市值越大，ESG 分数越高的现象。披露公告的各个市值区间公司的 ESG 均值均高于未披露公司。披露样本中披露了 ESG 相关报告的上市公司，一般来说，ESG 评分会更高，对于分数更有信心，回避心态较少。

表 37-10　　按上市公司市值规模统计 ESG 评级情况

市值	2022 年		2021 年		2020 年	
	总样本	披露样本	总样本	披露样本	总样本	披露样本
>10000 亿元	0. 49	0. 52	0. 52	0. 55	0. 53	0. 58
1000 亿—10000 亿元	0. 51	0. 53	0. 50	0. 51	0. 50	0. 52
500 亿—1000 亿元	0. 40	0. 45	0. 41	0. 46	0. 45	0. 47
100 亿—500 亿元	0. 35	0. 42	0. 35	0. 42	0. 36	0. 42
50 亿—100 亿元	0. 32	0. 39	0. 32	0. 39	0. 32	0. 39
<50 亿元	0. 30	0. 37	0. 30	0. 37	0. 30	0. 37
整体平均	0. 33	0. 42	0. 33	0. 42	0. 33	0. 42

资料来源：根据 Wind、银河证券研究院数据整理。

2020 年和 2021 年数据显示，不论是总样本还是披露样本，均呈现市值越高、ESG 评级分数越高的趋势。虽然在 2022 年，1000 亿—10000 亿元市值公司的 ESG 均值反超市值高于 10000 亿元公司的 ESG 均值，但市值 1000 亿元以下的公司依旧遵循市值越高 ESG 分数越高的规律。2022 年，市值规模超 10000 亿以上的公司，总样本 ESG 评级均分为 0. 49，披露样本 ESG 评级均分为 0. 52，略低于市值规模在 1000 亿—10000 亿元的公司，其总样本 ESG 评级均分为 0. 51，披露样本 ESG 评级均分为 0. 53。而 500 亿—1000 亿元公司的总样本 ESG 评级均分为 0. 4，披露样本 ESG 评级均分为 0. 45，100 亿—500 亿元公司的总样本 ESG 评级均分为 0. 35，披露样本 ESG 评级均分为 0. 42，50 亿—100 亿元公司的总样本 ESG 评级均分为 0. 32，披露样本 ESG 评级均分为 0. 39，市值规模小于 50 亿公司的总样本 ESG 评级均分仅为 0. 3，披露样本 ESG 评级均分为 0. 37。综合来看，大规模上市公司对于 ESG 评级更为重视，这可能是由于良好的 ESG 表现有助于提升企业价值，提供企业的正面信息，起到积极的信号传递作用。

（三）央企 ESG 评分较高

根据表 37-11 数据，中央国有企业的 ESG 分数均始终保持在较高水准，公众企业与地方国有企业的评分紧随其后。各类控股属性的披露公告的公司的 ESG 均值均高于未披露公司。ESG 样本分数呈现逐年升高的趋势。

表 37-11 按上市公司控股属性统计 ESG 评级情况

控股属性	2022 年		2021 年		2020 年	
	总样本	披露样本	总样本	披露样本	总样本	披露样本
民营企业	0. 34	0. 43	0. 32	0. 42	0. 28	0. 36
地方国有企业	0. 38	0. 45	0. 36	0. 43	0. 31	0. 36
中央国有企业	0. 44	0. 50	0. 41	0. 48	0. 34	0. 39
公众企业	0. 39	0. 48	0. 36	0. 45	0. 31	0. 38
外资企业	0. 36	0. 46	0. 34	0. 45	0. 30	0. 40
其他企业	0. 34	0. 43	0. 34	0. 41	0. 28	0. 32
集体企业	0. 38	0. 51	0. 36	0. 45	0. 29	0. 36

资料来源：根据 Wind、银河证券研究院数据整理。

截至 2022 年 6 月末，中央国有企业的 ESG 总样本分数达到 0. 44，披露样本分数达到 0. 5；公众企业的 ESG 总样本分数为 0. 39，披露样本分数为 0. 48，排名第二；地方国有企业的 ESG 总样本分数为 0. 38，披露样本分数为 0. 45；民营企业的 ESG 分数较低，2022 年总样本分数为 0. 34，披露样本分数为 0. 43，比中央国有企业的 ESG 评级分数低 15%以上。虽然 2022 年集体企业的披露样本 ESG 分数最高，达到了 0. 51，但是总样本分数较低。综合 2020 年和 2021 年数据来看，基本上呈现中央国有企业的 ESG 均分较高，公众企业与地方国有企业的评分位列其后的规律。披露样本作为披露了 ESG 相关报告的上市公司，更迫切希望其表现获得投资者认可，回避心态更少，因此评分普遍高于总样本均分。好的 ESG 表现能缓解企业融资约束、提高企业经营效率和降低企业经营风险，因此各控股属性公司对 ESG 评分表现逐渐重视。

（四）各省份 ESG 评级均分与发达程度没有明显相关性

由表 37-12 可知，2022 年 ESG 分数均值较高的前五个省份为北京、上海、天津、福建、云南，分别达到 0. 4、0. 38、0. 38、0. 38、0. 39；2022 年 ESG 分数均值较低的五个省份依次为山西、甘肃、海南、吉林和黑龙江，分别为 0.35、0.33、0.35、0.33、0.32。从 2020—2022 年的数据得知，虽然北京、上海等发达省份 ESG 评级均值较高，但天津、福建、云南也连续多年名列前茅。各省份的 ESG 评级均分与发达程度并无明显相关性。分数最低的黑龙江省比最高的北京市低了 20%，且连续三年排名最末，有较大上涨空间。各省份的 ESG 均分并未随时间推移产生较大变化，且呈现 2020 年与 2022 年分数基本持平，而 2021 年分数较低的特征。结合政策原因，各省份上市公司向消费者与投资者释放积极信号，对 ESG 评级分数还是较为重视的。

表 37-12　　按上市公司所在省份统计 ESG 评级情况

2022 年		2021 年		2020 年	
省份	均值	省份	均值	省份	均值
北京	0.40	北京	0.38	北京	0.40
上海	0.38	云南	0.37	云南	0.39
天津	0.38	河南	0.37	上海	0.38
福建	0.38	天津	0.36	天津	0.38
云南	0.39	上海	0.36	福建	0.38
河南	0.38	福建	0.36	河南	0.38
广东	0.35	四川	0.34	山东	0.36
山东	0.36	陕西	0.34	陕西	0.36
广西	0.35	河北	0.34	河北	0.36
安徽	0.35	广东	0.34	重庆	0.36
陕西	0.36	山东	0.34	四川	0.36
四川	0.36	安徽	0.34	贵州	0.35
江西	0.35	宁夏	0.34	广东	0.35
贵州	0.35	广西	0.34	海南	0.35
河北	0.36	湖北	0.34	安徽	0.35
湖北	0.35	贵州	0.34	广西	0.35
新疆	0.35	江西	0.34	湖北	0.35
宁夏	0.34	重庆	0.34	内蒙古	0.35
内蒙古	0.35	新疆	0.34	新疆	0.35

续表

2022 年		2021 年		2020 年	
省份	均值	省份	均值	省份	均值
浙江	0.35	内蒙古	0.33	山西	0.35
重庆	0.36	山西	0.33	江西	0.35
青海	0.35	青海	0.33	青海	0.35
西藏	0.34	浙江	0.33	浙江	0.35
辽宁	0.34	西藏	0.33	西藏	0.34
江苏	0.33	辽宁	0.33	辽宁	0.34
湖南	0.34	海南	0.33	宁夏	0.34
山西	0.35	湖南	0.32	湖南	0.34
甘肃	0.33	甘肃	0.32	吉林	0.33
海南	0.35	江苏	0.32	江苏	0.33
吉林	0.33	吉林	0.32	甘肃	0.33
黑龙江	0.32	黑龙江	0.31	黑龙江	0.32

（五）上证主板的 ESG 评级均分最高

由表 37-13 可知，上证主板的 ESG 评分均值较高，深圳主板紧随其后。各上市板块披露公告公司的 ESG 均值均高于未披露公司，且 ESG 样本分数呈现逐年升高的趋势。

表 37-13　　按上市公司所属上市板块统计 ESG 评级情况

所属板块	2022 年		2021 年		2020 年	
	总样本	披露样本	总样本	披露样本	总样本	披露样本
上证主板	0.38	0.46	0.36	0.44	0.32	0.38
深证主板	0.36	0.46	0.34	0.44	0.29	0.36
创业板	0.32	0.44	0.31	0.41	0.28	0.35
科创板	0.35	0.43	0.30	0.39	0.27	0.39

从披露样本来看，2022 年，上证主板与深圳主板的 ESG 披露样本均分持平，均值皆达到 0.46；创业板排名其后，均值为 0.44；科创板以 0.43 排名最后。而从总样本来看，上证主板的 ESG 总样本均

值达到0.38；深圳主板排名第二，均值为0.36；科创板排名第三，总样本均值为0.35；创业板较低，总样本均值为0.32。在2020年和2021年，不论总样本还是披露样本，也基本呈现上证主板与深圳主板的ESG均值较高，位列前二的规律。虽然2020年科创板披露样本均值达到0.39，位列第一，但其总样本均分为四个上市板块中的最后一名。各上市板块的上市公司ESG均分皆稳定攀升，涨势可期。

（六）沪深300指数上市公司ESG评级分数最高

根据表37-14数据，沪深300指数上市公司ESG评级分数最高。各个所属指数的披露公告公司的ESG均值均高于未披露公司。但ESG样本分数呈现逐年降低的趋势。

表37-14　　按上市公司所属指数统计ESG评级情况

（ESG评分均值）

所属板块	2022年		2021年		2020年	
	总样本	披露样本	总样本	披露样本	总样本	披露样本
沪深300	0.39	0.43	0.48	0.51	0.53	0.55
中证500	0.33	0.37	0.40	0.45	0.43	0.48
中证1000	0.29	0.36	0.33	0.42	0.36	0.43
科创50	0.31	0.43	0.34	0.44	0.45	0.44
创业板指	0.31	0.37	0.37	0.46	0.41	0.51

截至2022年6月30日，沪深300指数上市公司的ESG总样本分数达到0.39，披露样本分数达到0.43；科创50指数的上市公司ESG披露样本分数同样高达0.43，但总样本披露均分为0.31，不及沪深300；中证500指数上市公司紧随其后，ESG总样本分数为0.33，披露样本分数为0.37；创业板指上市公司的ESG总样本分数为0.31，披露样本分数为0.37；中证1000上市公司的ESG总样本分数为0.29，披露样本分数为0.36，为五个指数板块中平均评级分数最低的板块，仍有一定提升空间。综合2020年和2021年数据来看，基本上呈现沪深300指数上市公司ESG评级分数最高，中证500位列其后

的规律。披露样本作为披露了 ESG 相关报告的上市公司，评分普遍高于总样本均分。但从时间维度分析，ESG 样本分数并未呈现逐年增高的趋势。

第三节　提升上市公司 ESG 发展水平的方向与建议

一　中国上市公司 ESG 践行现状

第一，ESG 信息披露监管特征方面，沪、深两大交易所要求强制性披露的信息趋多，ESG 报告将成为一种趋势。各国对 ESG 报告披露程度的监管指引不同，但 ESG 报告披露已成为国际趋势。将美国、中国香港、中国大陆上市公司 ESG 信息披露监管要求进行对比分析，发现三地 ESG 信息披露监管形式、指标略有不同，但其监管机构均为所在国家或地区的证监会和证券交易所，且披露 ESG 报告均以年度为周期。中国大陆的 ESG 信息披露正处在较快的发展进程中，逐渐向国际接轨。

第二，我国 A 股上市公司 ESG 信息披露呈现以下特征：一是上市公司披露 ESG 信息载体以社会责任报告为主，发布社会责任报告的上市公司数量最多，但发布 ESG 报告的公司数据增势最为强劲；二是从 ESG 相关报告披露数量来看，医药生物、化工、机械设备、电子、公用事业等行业居前，从披露率来看，银行和非银金融行业披露率最高，这与监管对金融机构环境信息披露的规范要求是相辅相成的；三是上市公司市值越大 ESG 相关报告披露率越高，发布 ESG 相关报告的上市公司市值主要集中分布在 100 亿—500 亿元，且每年数量渐增；四是国有上市公司 ESG 相关报告的披露率较高，民营企业相关公告披露率有待进一步提升；五是发达省份披露 ESG 报告的上市公司较多，但披露率没有明显优势；六是上海证券交易所的上市公司 ESG 报告披露率远高于深圳证券交易所。

第三，我国 A 股上市公司 ESG 评分呈现以下特征：一是披露 ESG

相关报告的上市公司的 ESG 评分普遍高于未披露公司；二是上市公司 ESG 评级分数特征与其 ESG 信息披露特征呈现极为相似的特征，银行和非银金融行业、大市值、国有、上证主板上市公司 ESG 总评级分数表现较高。这再次说明，现阶段上市公司 ESG 信息披露质量与其 ESG 评级结果直接相关。

二 中国上市公司 ESG 发展方向

中国 A 股上市公司 ESG 披露监管与实践情况正逐渐与国际接轨，但在这一过程中仍存在以下待改善之处。

一是 ESG 信息披露规则需要进一步规范和完善。首先，我国 A 股上市公司 ESG 相关信息披露是非强制性的，仍处于由自愿披露向强制披露的转变过程。从国际趋势看，部分国家和地区已采取强制或者半强制原则，如欧盟、澳大利亚、印度、南非和中国香港等。其次，监管部门或自律组织已初步构建 ESG 信息披露框架，但尚缺乏详细的披露标准和规范指引，导致尽管越来越多的上市公司主动进行 ESG 信息披露，但披露信息的广度和深度参差不齐，这进一步使利益相关方较难获取有价值的信息甚至容易被误导。尤其对于投资者而言，缺乏高质量、标准化和可比性的 ESG 数据成为开展 ESG 整合的重要障碍，直接影响到 ESG 投资体系的建立。

二是上市公司 ESG 信息披露质量有待进一步提升。通过对比特斯拉发布的影响力报告和国内几家汽车公司发布的 CSR 报告发现，国内上市公司 ESG 信息披露普遍存在不足之处：首先，披露内容详细程度有待提高，特斯拉 ESG 报告提供了详细的注释、测算模型和关键指标索引，而 A 股上市公司披露信息较为单薄、ESG 数据不全面，也缺少和交易所要求对应的内容和指引。其次，环境信息披露质量不足，特斯拉不仅披露自身践行碳中和战略的举措和成就，还提供了行业、竞争对手和地区之间的数据进行对比。而 A 股上市公司则只提供了整体的碳排放数据，有的甚至不披露这一数据，更没有进行横向对比。最后，社会治理信息披露倾向“报喜不报忧”，国内上市公司不像特斯拉会在披露自身的负面信息方面进行详细数据披露，一般只强调自己“做了什么”，不会披露“没做到什么”。

三是 ESG 报告的审核机制还需要进一步建立和健全。特斯拉有内审及外审两道增信环节，而国内上市公司则仍停留在内审阶段，我国 A 股上市公司发布的 2021 年 ESG 相关报告中仅 55 家是经过第三方审计验证的，这一比例不到 4%。以特斯拉为代表的发达资本市场上市公司，除了本公司可持续发展委员会对公司 ESG 报告进行内审，还请普华永道等第三方审计机构为其做审计验证，并出具了审计报告，进一步提高报告的公信力和权威性。而我国国内上市公司的 CSR 报告仍停留在内审阶段，与发达国家健全的内外部综合审核机制相比仍有较大的差距。在我国现存的内审机制下，审核部门是公司的内设机构，很大程度上会与公司各种利益方有牵扯和关联，容易出现审核不严、刻意提高公司的 ESG 评级等包庇现象，缺乏客观性。而外部审核通常由第三方审计机构来完成，其独立性和客观公正性会很大程度上提高企业 ESG 报告的公信力和权威性，极大地增加投资者对于该公司的投资信心。因此，审核机制的建立和健全对于 ESG 投资来说起着尤为关键的作用。

（本章执笔：张小溪，本章部分内容曾以《我国上市公司的 ESG 信息披露实践》为题发表在《发展研究》2023 年第 8 期）

主要参考文献

中文文献

《马克思恩格斯全集》（第 25 卷），人民出版社 2001 年版。

《马克思恩格斯全集》（第 38 卷），人民出版社 2019 年版。

《马克思恩格斯全集》（第 44 卷），人民出版社 2001 年版。

《马克思恩格斯全集》（第 46 卷），人民出版社 1960 年版。

《马克思恩格斯全集》（第 19 卷），人民出版社 2006 年版。

《马克思恩格斯全集》（第 30 卷），人民出版社 1995 年版。

《马克思恩格斯文集》（第 2 卷），人民出版社 2009 年版。

《马克思恩格斯文集》（第 5 卷），人民出版社 2009 年版。

《马克思恩格斯文集》（第 8 卷），人民出版社 2009 年版。

《马克思恩格斯选集》（第 1 卷），人民出版社 2012 年版。

《马克思恩格斯选集》（第 2 卷），人民出版社 2012 年版。

《马克思恩格斯选集》（第 3 卷），人民出版社 2012 年版。

《马克思恩格斯选集》（第 4 卷），人民出版社 2012 年版。

《列宁全集》（第 28 卷），人民出版社 2017 年版。

《列宁全集》（第 29 卷），人民出版社 1985 年版。

《列宁全集》（第 43 卷），人民出版社 2017 年版。

《列宁全集》（第 7 卷），人民出版社 1986 年版。

《列宁选集》（第 4 卷），人民出版社 2012 年版。

《毛泽东书信选集》，人民出版社 1983 年版。

《毛泽东文集》（第 3 卷），人民出版社 1996 年版。

《毛泽东文集》（第 6 卷），人民出版社 1999 年版。

《毛泽东文集》（第7卷），人民出版社1999年版。

《毛泽东文集》（第8卷），人民出版社1999年版。

《毛泽东选集》（第1卷），人民出版社1991年版。

《毛泽东选集》（第2卷），人民出版社1991年版。

《毛泽东选集》（第3卷），人民出版社1991年版。

《毛泽东选集》（第4卷），人民出版社1991年版。

《毛泽东著作选读》（下册），人民出版社1986年版。

《周恩来经济文选》，中央文献出版社1993年版。

《周恩来选集》下卷，人民出版社1984年版。

《邓小平思想年编（一九七五——一九九七）》，中央文献出版社2011年版。

《邓小平文选》（第1卷），人民出版社1993年版。

《邓小平文选》（第2卷），人民出版社1994年版。

《邓小平文选》（第3卷），人民出版社1993年版。

《江泽民论有中国特色社会主义》，学习出版社2002年版。

《江泽民文选》（第1卷），人民出版社2006年版。

《江泽民文选》（第2卷），人民出版社2006年版。

《江泽民文选》（第3卷），人民出版社2006年版。

《胡锦涛文选》（第1卷），人民出版社2016年版。

《胡锦涛文选》（第2卷），人民出版社2016年版。

《胡锦涛文选》（第3卷），人民出版社2016年版。

习近平：《高举中国特色社会主义伟大旗帜　为全面建设社会主义现代化国家而团结奋斗——在中国共产党第二十次全国代表大会上的报告》，人民出版社2022年版。

习近平：《中共中央关于党的百年奋斗重大成就和历史经验的决议》，人民出版社2021年版。

习近平：《“两个结合”的认识飞跃和理论内涵的发展》，《人民日报》2023年6月3日。

习近平：《把握新发展阶段，贯彻新发展理念，构建新发展格局》，《求是》2021年第9期。

习近平：《对发展社会主义市场经济的再认识》，《东南学术》2001 年第 4 期。

习近平：《关于〈中共中央关于全面深化改革若干重大问题的决定〉的说明》，《人民日报》2013 年 11 月 16 日。

习近平：《关于社会主义市场经济的理论思考》，福建人民出版社 2003 年版。

习近平：《论“三农”工作》，中央文献出版社 2022 年版。

习近平：《坚持把解决好“三农”问题作为全党工作重中之重，举全党全社会之力推动乡村振兴》，《求是》2022 年第 7 期。

习近平：《坚持总体国家安全观，走中国特色国家安全道路》，《人民日报》2022 年 9 月 20 日。

习近平：《决胜全面建成小康社会　夺取新时代中国特色社会主义伟大胜利——在中国共产党第十九次全国代表大会上的报告》，人民出版社 2017 年版。

习近平：《论坚持党对一切工作的领导》，中央文献出版社 2019 年版。

习近平：《论坚持全面深化改革》，中央文献出版社 2018 年版。

习近平：《深入理解新发展理念》，《社会主义论坛》2019 年第 6 期。

《习近平关于社会主义政治建设论述摘编》，中央文献出版社 2017 年版。

习近平：《习近平谈治国理政》（第二卷），外文出版社 2017 年版。

习近平：《习近平谈治国理政》（第三卷），外文出版社 2020 年版。

习近平：《习近平谈治国理政》（第四卷），外文出版社 2022 年版。

习近平：《习近平谈治国理政》，外文出版社 2014 年版。

习近平：《习近平谈治国理政》（第一卷），外文出版社 2018 年版。

习近平：《新发展阶段贯彻新发展理念必然要求构建新发展格局》，《求是》2022 年第 17 期。

习近平：《以史为鉴、开创未来，埋头苦干、勇毅前行》，《求是》2022 年第 1 期。

习近平：《在二十届中央政治局第一次集体学习时的讲话》，《求是》2023 年第 2 期。

习近平：《在庆祝全国人民代表大会成立 60 周年大会上的讲话》，《人民日报》2014 年 9 月 6 日。

习近平：《在庆祝中国共产党成立 100 周年大会上的讲话》，《人民日报》2021 年 7 月 2 日。

习近平：《在全国宣传思想工作会议上强调　胸怀大局把握大势着眼大事努力把宣传思想工作做得更好》，《人民日报》2013 年 8 月 21 日。

习近平：《在文艺工作座谈会上的讲话》，《人民日报》2015 年 10 月 15 日。

习近平：《正确认识和把握我国发展重大理论和实践问题》，《求是》2022 年第 10 期。

习近平：《中国式现代化是强国建设、民族复兴的康庄大道》，《求是》2023 年第 16 期。

习近平：《在打好精准脱贫攻坚战座谈会上的讲话》，人民出版社 2020 年版。

《习近平关于全面建成小康社会论述摘编》，中央文献出版社 2016 年版。

《习近平关于全面依法治国论述摘编》，中央文献出版社 2015 年版。

《习近平著作选读》（第 1 卷），人民出版社 2023 年版。

《习近平总书记系列重要讲话读本（2016 年版）》，学习出版社、人民出版社 2016 年版。

《中共中央关于全面深化改革若干重大问题的决定》，人民出版社 2013 年版。

《中共中央关于全面推进依法治国若干重大问题的决定》，人民出版社 2014 年版。

《中国共产党第十九届中央委员会第五次全体会议公报》，人民出版社 2020 年版。

《中国共产党第十四次全国代表大会文件汇编》，人民出版社 1992 年版。

《中国共产党简史》，人民出版社、中共党史出版社 2021 年版。

《中华人民共和国简史》，人民出版社、当代中国出版社 2021 年版。

《1958—1965 中华人民共和国经济档案资料选编 · 工业卷》，中国财政经济出版社 2011 年版。

《1953—1957 中华人民共和国经济档案资料选编 · 工业卷》，中国物价出版社 1998 年版。

中共中央党史和文献研究院编：《马克思主义中国化一百年大事记（1921—2021 年）》，中央文献出版社 2022 年版。

中共中央党史和文献研究院编：《十九大以来重要文献选编》（上），中央文献出版社 2019 年版。

中共中央党史研究室：《中国共产党历史：第二卷（1949—1978）》（上册），中共党史出版社 2011 年版。

中共中央党史研究室：《中国共产党历史大事记（一九一九 · 五——一九八七 · 十二）》，人民出版社 1989 年版。

中共中央文献研究室编：《建国以来重要文献选编》（第五册），中央文献出版社 2011 年版

中共中央文献研究室编：《十八大以来重要文献选编》（中），中央文献出版社 2016 年版。

中共中央文献研究室编：《十二大以来重要文献选编》（中），中央文献出版社 2011 年版。

中共中央文献研究室编：《十五大以来重要文献选编》（上），人民出版社 2000 年版。

中共中央文献研究室编：《建国以来重要文献选编》（第六册），

中央文献出版社 1993 年版。

中共中央宣传部、国家发展和改革委员会：《习近平经济思想学习纲要》，人民出版社、学习出版社 2022 年版。

中华人民共和国水利部编：《中国水利统计年鉴 2022》，中国水利水电出版社 2022 年版。

中华人民共和国住房和城乡建设部编：《中国城乡建设统计年鉴 2021》，中国统计出版社 2022 年版。

中央财经领导小组办公室编：《中国经济发展五十年大事记（1949. 10—1999. 10）》，人民出版社、中共中央党校出版社 1999 年版。

陈沂主编：《当代中国的上海》（上），当代中国出版社 1999 年光盘版，第 386—387 页。

成致平：《价格改革三十年（1977—2006）》，中国市场出版社 2006 年版。

当代中国研究所：《中华人民共和国简史（1949—2019）》，当代中国出版社 2019 年版。

董志凯、吴江：《新中国工业的奠基石：156 项建设研究》，广东经济出版社 2004 年版。

方天坤：《农业经济管理》，中国农业大学出版社 2019 年版。

高小勇、汪丁丁：《高小勇、汪丁丁专访诺贝尔经济学奖得主》，朝华出版社 2005 年版。

侯杨方：《中国人口史：第六卷　1910—1953 年）》，复旦大学出版社 2001 年版。

胡代光、周安军：《当代国外学者论市场经济》，商务印书馆 1996 年版。

黄奇帆：《结构性改革：中国经济的问题与对策》，中信出版社 2020 年版。

黄群慧、钟宏武、张蒽：《中国企业社会责任研究报告（2022）》，社会科学文献出版社 2022 年版。

黄少英：《企业伦理与社会责任》（第 2 版），东北财经大学出版社 2019 年版。

贾明：《企业社会责任》，机械工业出版社 2023 年版。

姜长青：《中国式现代化的经济探索历程：第二卷　开局与奠基》，江西高校出版社 2023 年版。

孔祥智等：《中国农业农村现代化》，中国人民大学出版社 2021 年版。

李萍、钟明华等：《人的现代化：开放地区人的现代化系列研究报告》，人民出版社 2007 年版。

林毅夫、蔡昉、李周：《中国的奇迹：发展战略与经济改革》，格致出版社 1999 年版。

柳建辉主编：《中华人民共和国通史》（第六卷），广东人民出版社 2020 年版。

娄勤俭主编：《中国电子信息产业发展模式研究》，中国经济出版社 2003 年版。

罗荣渠：《现代化新论：世界与中国的现代化进程》（增订本），商务印书馆 2009 年版。

钱乘旦、许洁明：《英国通史》，上海社会科学院出版社 2002 年版。

汪海波主编：《新中国工业经济史》，经济管理出版社 2017 年版。

王立胜、赵学军主编：《中华人民共和国经济发展 70 年全景实录》（上卷），山东城市出版传媒集团·济南出版社 2019 年版。

王梦奎：《中国改革 30 年》，中国发展出版社 2009 年版。

王维国：《协调发展的理论与方法研究》，中国财政经济出版社 2001 年版。

王文、刘玉书：《数字中国：区块链、智能革命与国家治理的未来》，中信出版集团 2020 年版。

魏后凯、王贵荣主编：《中国农村经济形势分析与预测（2022~2023）》，社会科学文献出版社 2023 年版。

吴敬琏：《当代中国经济改革教程》，上海远东出版社 2010 年版。

吴凌放主编：《互联网+医疗服务业：发展、挑战与展望》，上海交通大学出版社2018年版。

徐忠、邹传伟：《金融科技：前沿与趋势》，中信出版集团2021年版。

许涤新、吴承明主编：《中国资本主义发展史》（第二卷），人民出版社1990年版。

杨建飞：《“互联网+教育”新学习革命》，知识产权出版社2016年版。

殷陆君：《人的现代化》，四川人民出版社1985年版。

俞家海、亢升、张伟军：《东南亚农业发展与国家现代化 缅泰稻米产业面面观》，中山大学出版社2022年版。

张军、王永钦：《大转型：中国经济改革的过去、现在与未来》，格致出版社2018年版。

张宇：《中国特色社会主义政治经济学》，中国人民大学出版社2016年版。

张卓元：《中国经济学40年（1978—2018）》，中国社会科学出版社2018年版。

赵凌云等主编：《为了人民的利益：中国共产党经济工作100年》，北京大学出版社2021年版。

赵文林、谢淑君：《中国人口史》，人民出版社1988年版。

张自然、张鹏、张平等：《中国经济增长报告（2022~2023）：中国式现代化与城市可持续发展》，社会科学文献出版社2023年版。

中国社会科学院工业经济研究所主编：《中国工业发展报告（1999）：告别短缺经济的中国工业》，经济管理出版社1999年版。

周文夫、彭建强：《农村现代化问题研究》，河北人民出版社2017年版。

周应恒等：《现代农业发展战略研究》，经济科学出版社2012年版。

阿诺德·汤因比：《文明经受着考验》，沈辉等译，浙江人民出版社 1988 年版。

阿诺德·汤因比著，D. C. 萨摩维尔编：《历史研究》（上卷），郭小凌等译，上海世纪出版集团上海人民出版社 2010 年版。

安东尼·吉登斯：《社会的构成：结构化理论纲要》，李康、李猛译，中国人民大学出版社 2016 年版。

奥斯瓦尔德·斯宾格勒：《西方的衰落》（上册），齐世荣等译，群言出版社 2016 年版。

保罗·萨缪尔森、威廉·诺德豪斯：《经济学》（第 19 版），萧琛等译，商务印书馆 2010 年版。

本·麦兹里奇：《从社交网络到区块链：文克莱沃斯兄弟的科技创富之路》，黄菊译，机械工业出版社 2020 年版。

波斯特、劳伦斯、韦伯：《企业与社会：公司战略、公共政策与伦理》，张志强译，中国人民大学出版社 2005 年版。

布莱恩·斯诺登、霍华德·R. 文：《现代宏观经济学：起源、发展和现状》，佘江涛等译，江苏人民出版社 2009 年版。

布莱克：《现代化的动力》，段小光译，四川人民出版社 1988 年版。

德沃金：《至上的美德：平等的理论与实践》，冯克利译，江苏人民出版社 2003 年版。

弗朗索瓦·佩鲁：《新发展观》，张宁、丰子义译，华夏出版社 1987 年版。

弗雷德·戴维：《战略管理》（第六版），李克宁译，经济科学出版社 1986 年版。

冈纳·缪尔达尔著，塞思·金缩写：《亚洲的戏剧：南亚国家贫困问题研究》，方福前译，商务印书馆 2017 年版。

哈罗德·安德伍德·福克纳：《美国经济史》（下卷），王琨译，商务印书馆 1989 年版。

金里卡：《当代政治哲学》，刘莘译，上海译文出版社 2011 年版。

卡尔·夏皮罗、哈尔·瓦里安：《信息规则：网络经济的策略指导》，孟昭莉、牛露晴译，中国人民大学出版社 2017 年版。

拉尔夫·戈莫里、威廉·鲍莫尔：《全球贸易和国家利益冲突》，文爽、乔羽译，中信出版社 2018 年版。

雷蒙德·威廉斯：《关键词：文化与社会的词汇》，刘建基译，生活·读书·新知三联书店 2016 年版。

鲁道夫·卡尔纳普：《卡尔纳普思想自述》，陈晓山、涂敏译，上海译文出版社 1985 年版。

罗伯特·戈登：《美国增长的起落》，张林山、刘现伟、孙凤仪等译，中信出版集团 2018 年版。

罗尔斯：《正义论》，何怀宏等译，中国社会科学出版社 1988 年版。

马克斯·霍克海默、西奥多·阿道尔诺：《启蒙辩证法》，渠敬东、曹卫东译，上海人民出版社 2006 年版。

马克斯·韦伯：《新教伦理与资本主义精神》，康乐、简惠美译，广西师范大学出版社 2010 年版。

马泰·卡林内斯库：《现代性的五个面孔：现代主义、先锋派、颓废、媚俗艺术、后现代主义》，顾爱彬、李华瑞译，译林出版社 2015 年版。

马修·鲍尔：《元宇宙改变一切》，岑格蓝、赵奥博、王小桐译，浙江教育出版社 2022 年版。

米什勒、雷维森卡编：《世界各国的公营企业》，吴柏均等译，东北财经大学出版社 1991 年版。

《弗里德曼文萃》，高榕等译，北京经济学院出版社 1991 年版。

帕里斯、佩斯蒂奥、塞诺：《西欧国有企业管理》，张冀湘、鲁奇译，东北财经大学出版社 1991 年版。

乔治·施蒂格勒：《产业组织和政府管制》，潘振民译，上海三联书店 1989 年版。

塞缪尔·亨廷顿等著，罗荣渠编：《现代化：理论与历史经验的再探讨》，上海译文出版社 1993 年版。

塞缪尔·亨廷顿：《文明的冲突与世界秩序的重建》（修订版），周琪等译，新华出版社 2010 年版。

史蒂芬·平克：《语言本能：人类语言进化的奥秘》，欧阳明亮译，浙江人民出版社 2015 年版。

唐·泰普斯科特：《数据时代的经济学：对网络智能时代机遇和风险的再思考》，毕崇毅译，机械工业出版社 2016 年版。

特奥托尼奥·多斯桑托斯：《帝国主义与依附》（修订版），杨衍永等译，社会科学文献出版社 2016 年版。

特里·伊格尔顿：《历史中的政治、哲学、爱欲》，马海良译，中国社会科学出版社 1999 年版。

托德·巴克霍尔兹：《已故西方经济学家思想的新解读》，杜丽群等译，中国社会科学出版社 2004 年版。

威廉·布雷特、罗杰·L. 兰塞姆：《经济学家的学术思想》（第三版），孙琳等译，中国人民大学出版社、北京大学出版社 2004 年版。

威廉·拉让尼克、玛丽·奥苏丽文：《公司治理与产业发展——一种基于创新的治理理论及其经验依据》，黄一义等译，人民邮电出版社 2005 年版。

威廉·伊斯特利：《经济增长的迷雾：经济学家的发展政策为何失败》，姜世明译，中信出版集团 2016 年版。

维诺德·托马斯、王燕：《增长的质量》（第二版），张绘、唐仲、林渊译，中国财政经济出版社 2017 年版。

伟·桑巴特：《现代资本主义》（第一卷），李季译，商务印书馆 1958 年版。

乌尔里希·贝克：《风险社会》，何博闻译，译林出版社 2004 年版。

西里尔·E. 布莱克编：《比较现代化》，杨豫、陈祖洲译，上海译文出版社 1996 年版。

西里尔·E. 布莱克等：《日本和俄国的现代化——一份进行比较的研究报告》，周师铭等译，商务印书馆 1983 年版。

西蒙·库兹涅茨编著：《现代经济增长》，戴睿、易诚译，北京经济学院出版社 1989 年版。

西蒙娜·德·波伏瓦:《第二性》(合卷本),郑克鲁译,上海译文出版社 2015 年版。

亚历山大·格申克龙:《经济落后的历史透视》,张凤林译,商务印书馆 2017 年版。

尤尔根·哈贝马斯:《合法化危机》,刘北成、曹卫东译,上海人民出版社 2009 年版。

尤瓦尔·赫拉利:《今日简史:人类命运大议题》,林俊宏译,中信出版集团 2018 年版。

约翰·梅纳德·凯恩斯:《就业、利息和货币通论》,高鸿业译,商务印书馆 1999 年版。

张夏准:《"国家发展战略"视角的公共投资和国有企业改革》,周建军译,《政治经济学季刊》2018 年第 1 期。

保建云:《大数据、人工智能与超级博弈论——新时代国际关系演变趋势分析》,《国家治理》2019 年第 11 期。

蔡昉:《高质量发展阶段如何保持充分的社会性流动》,《经济纵横》2020 年第 1 期。

蔡昉:《谦虚使人类进步——从〈人类发展报告〉看发展理念的变化》,《读书》2022 年第 11 期。

蔡昉:《人口负增长的经济影响》,《新金融》2023 年第 7 期。

曹春方、张婷婷、刘秀梅:《市场分割提升了国企产品市场竞争地位?》,《金融研究》2018 年第 3 期。

曹大宇、周志宽:《国内外农业农村现代化发展模式及其启示》,《现代化农业》2022 年第 11 期。

曹庄、李赛赛、曹人元等:《国家医保谈判药品落地情况研究——基于 5 市 17 种国谈抗癌药使用及报销数据的分析》,《卫生经济研究》2022 年第 7 期。

常春雨《G. A. 科恩的两个社会主义原则及其内在关系——从分配平等和关系平等的争论谈起》,《马克思主义哲学》2021 年第 2 期。

常明明:《新中国成立以来中国共产党对中国式现代化的探索历

程及其基本特征》,《求索》2023 年第 4 期。

钞小静:《数字经济赋能中国式产业现代化》,《人文杂志》2023 年第 1 期。

陈宝胜、冯昊:《国有企业参与公共危机治理的四重逻辑》,《浙江工商大学学报》2022 年第 1 期。

陈飞、倪鹏飞:《棚户区改造与城市内部空间再造——辽宁省棚户区改造的空间经济分析》,《首都经济贸易大学学报》2014 年第 5 期。

陈金龙、李丹:《中国式现代化的叙事方式》,《学术研究》2022 年第 11 期。

陈科霖:《中国撤县设区 40 年:回顾与思考》,《地方治理研究》2019 年第 1 期。

陈敏、桂琦寒、陆铭等:《中国经济增长如何持续发挥规模效应?——经济开放与国内商品市场分割的实证研究》,《经济学》(季刊)2008 年第 1 期。

陈明:《农业农村现代化的世界进程与国际比较》,《经济体制改革》2022 年第 4 期。

陈文福:《从毛泽东到江泽民:中国新型工业化道路的历史探索》,《毛泽东思想研究》2003 年第 1 期。

陈彦斌、马啸、刘哲希:《要素价格扭曲、企业投资与产出水平》,《世界经济》2015 年第 9 期。

陈云贤:《中国特色社会主义市场经济:有为政府+有效市场》,《经济研究》2019 年第 1 期。

程贵孙、张雍、芮明杰:《国有与民营企业发展战略性新兴产业相对效率研究——基于 2005—2011 年上市公司数据的实证分析》,《当代财经》2013 年第 10 期。

程民选、王罡:《关于公益性国有企业的理论探讨》,《当代经济研究》2014 年第 3 期。

程文:《人工智能、索洛悖论与高质量发展:通用目的技术扩散的视角》,《经济研究》2021 年第 10 期。

池毛毛、叶丁菱、王俊晶等：《我国中小制造企业如何提升新产品开发绩效——基于数字化赋能的视角》，《南开管理评论》2020 年第 3 期。

崔庆波、邓星、关斯元：《从扩大开放到制度型开放：对外开放平台的演进与升级》，《西部论坛》2023 年第 1 期。

戴锦、和军：《国有企业责任辨析》，《中国特色社会主义研究》2015 年第 3 期。

党秀云：《国有企业社会责任合作治理的模式建构——结构功能主义的视角分析》，《中国行政管理》2021 年第 8 期。

邓德胜、祝海波、杨丽华：《国外农村现代化模式对我国实现农村全面小康的启示》，《经济问题》2007 年第 2 期。

丁春福、冯贺：《中国共产党探索社会主义现代化道路的历史演进和基本经验》，《大连干部学刊》2022 年第 7 期。

董志勇、沈博：《百年中国共产党经济现代化思想的形成渊源与演进逻辑》，《经济科学》2021 年第 4 期。

杜凤莲、孙婧芳：《劳动力市场收入冲击对消费行为的影响》，《经济理论与经济管理》2007 年第 11 期。

杜志雄：《农业农村现代化：内涵辨析、问题挑战与实现路径》，《南京农业大学学报》（社会科学版）2021 年第 5 期。

段成荣、王文录、王太元：《户籍制度 50 年》，《人口研究》2008 年第 1 期。

樊纲、王小鲁、马光荣：《中国市场化进程对经济增长的贡献》，《经济研究》2011 年第 9 期。

樊纲、王小鲁、张立文等：《中国各地区市场化相对进程报告》，《经济研究》2003 年第 3 期。

范欣、宋冬林、赵新宇：《基础设施建设打破了国内市场分割吗?》，《经济研究》2017 年第 2 期。

方福前：《重构政府和市场关系：新时代的经济体制双向改革》，《贵州省党校学报》2018 年第 3 期。

方书生：《近代中国工业体系的萌芽与演化》，《上海经济研究》

2018 年第 11 期。

费钟琳、魏巍：《扶持战略性新兴产业的政府政策——基于产业生命周期的考量》，《科技进步与对策》2013 年第 3 期。

冯贺霞、王小林、夏庆杰：《收入贫困与多维贫困关系分析》，《劳动经济研究》2015 年第 6 期。

付敏杰、张平、袁富华：《工业化和城市化进程中的财税体制演进：事实、逻辑和政策选择》，《经济研究》2017 年第 12 期。

傅勇：《财政分权、政府治理与非经济性公共物品供给》，《经济研究》2010 年第 8 期。

盖庆恩、朱喜、程名望等：《要素市场扭曲、垄断势力与全要素生产率》，《经济研究》2015 年第 5 期。

高峰：《产品创新与资本积累》，《当代经济研究》2004 年第 4 期。

高培勇：《构建新发展格局：在统筹发展和安全中前行》，《经济研究》2021 年第 3 期。

高旭东：《不可替代的创新：大型国企创新实践的启示》，《清华管理评论》2018 年第 9 期。

高志刚、任严岩：《新中国成立以来我国城镇化建设的历程和经验》，《理论视野》2022 年第 7 期。

郭峰、王靖一、王芳等：《测度中国数字普惠金融发展：指数编制与空间特征》，《经济学》（季刊）2020 年第 4 期。

郭冠清：《回到马克思：对生产力——生产方式——生产关系原理再解读》，《当代经济研究》2020 年第 3 期。

郭冠清：《新发展理念生成逻辑及其对新发展格局的引领作用研究》，《河北经贸大学学报》2021 年第 4 期。

郭家堂、骆品亮：《互联网对中国全要素生产率有促进作用吗?》，《管理世界》2016 年第 10 期。

郭凯明：《人工智能发展、产业结构转型升级与劳动收入份额变动》，《管理世界》2019 年第 7 期。

郭莽：《破除所有制偏见　落实竞争中性原则　以商业可持续模

式解决民营企业融资难题》，《新金融》2019 年第 5 期。

郭庆旺、贾俊雪：《中国全要素生产率的估算：1979—2004》，《经济研究》2005 年第 6 期。

韩保江、李志斌：《中国式现代化：特征、挑战与路径》，《管理世界》2022 年第 11 期。

韩庆祥：《中国道路及其本源意义》，《中国特色社会主义研究》2020 年第 2 期。

韩秋红：《当代西方左翼学者资本主义现代性批判的三重维度》，《马克思主义研究》2022 年第 3 期。

郝飞飞、任霏、刘欢：《中国共产党推进共同富裕的百年历程、主要成就及基本经验》，《华北理工大学学报》（社会科学版）2022 年第 1 期。

何伟：《经济发展、劳动力市场转型与农民工分化》，《经济学动态》2021 年第 3 期。

何祎金：《重思东亚现代性的理论话语与内在张力》，《人文杂志》2023 年第 7 期。

贺俊、陶思宇：《创新体系与技术能力协同演进：中国工业技术进步 70 年》，《经济纵横》2019 年第 10 期。

洪功翔、顾青青、董梅生：《国有经济与民营经济共生发展的理论与实证研究——基于中国 2000—2015 年省级面板数据》，《政治经济学评论》2018 年第 5 期。

侯宏：《从消费互联网寡头格局迈向产业互联网生态共同体》，《清华管理评论》2019 年第 4 期。

胡鞍钢、周绍杰：《新的全球贫富差距：日益扩大的“数字鸿沟”》，《中国社会科学》2002 年第 3 期。

胡怀国：《立足新发展阶段推动高质量发展》，《红旗文稿》2022 年第 16 期。

胡青：《企业数字化转型的机制与绩效》，《浙江学刊》2020 年第 2 期。

黄瑾：《市场竞争与产品创新——从马克思角度进行的研究》，

《当代经济研究》2004年第4期。

黄瑾、唐柳：《对曼德尔长波理论的三重维度解读》，《政治经济学评论》2023年第2期。

黄群慧、陈创练：《新发展格局下需求侧管理与供给侧结构性改革的动态协同》，《改革》2021年第3期。

黄群慧：《新发展格局的理论逻辑、战略内涵与政策体系——基于经济现代化的视角》，《经济研究》2021年第4期。

黄群慧、余菁、王涛：《培育世界一流企业：国际经验与中国情境》，《中国工业经济》2017年第11期。

黄群慧、余泳泽、张松林：《互联网发展与制造业生产率提升：内在机制与中国经验》，《中国工业经济》2019年第8期。

黄速建、余菁：《国有企业的性质、目标与社会责任》，《中国工业经济》2006年第6期。

黄兴涛、陈鹏：《民国时期“现代化”概念的流播、认知与运用》，《历史研究》2018年第6期。

黄阳华、吕铁：《市场需求与新兴产业演进——用户创新的微观经济分析与展望》，《中国人民大学学报》2013年第3期。

贾根良：《国有企业的新使命：国家创新意志的政策工具》，《教学与研究》2023年第3期。

贾根良：《国有企业的新使命：核心技术创新的先锋队》，《中国人民大学学报》2023年第2期。

贾根良：《开创大变革时代国家经济作用大讨论的新纲领——评马祖卡托的〈企业家型国家：破除公共与私人部门的神话〉》，《政治经济学报》2017年第1期。

江剑平、葛晨晓、朱雪纯：《国有经济与民营经济协同发展的理论依据与实践路径》，《西部论坛》2020年第2期。

姜长青：《社会主义革命和建设时期中国工业化道路的形成逻辑与发展路径研究》，《经济纵横》2021年第6期。

姜长云、李俊茹：《2035年中国特色的农业农村现代化指标体系研究》，《全球化》2021年第4期。

蒋永穆：《从“农业现代化”到“农业农村现代化”》，《红旗文稿》2020 年第 5 期。

解垩：《与收入相关的健康及医疗服务利用不平等研究》，《经济研究》2009 年第 2 期。

金碚：《论国有企业是特殊企业》，《学习与探索》1999 年第 3 期。

金双华、于洁、田人合：《中国基本医疗保险制度促进受益公平吗？——基于中国家庭金融调查的实证分析》，《经济学》（季刊）2020 年第 4 期。

金文成、张灿强、王莉：《深刻认识农业农村现代化的科学内涵》，《中国农村科技》2021 年第 1 期。

鞠丽华：《习近平总体国家安全观探析》，《山东社会科学》2018 年第 9 期。

康彩霞、李力、白现军：《政府在企业承担社会责任中的角色分析》，《经济与社会发展》2006 年第 8 期。

寇宗来、赵文天：《分工视角下的全国统一大市场建设》，《云南社会科学》2022 年第 5 期。

蓝红星、王婷昱、施帝斌：《中国农业农村现代化：生成逻辑、内涵特征与推进方略》，《改革》2023 年第 7 期。

黎鹏：《区域经济协同发展及其理论依据与实施途径》，《地理与地理信息科学》2005 年第 4 期。

李包庚：《世界普遍交往中的人类命运共同体》，《中国社会科学》2020 年第 4 期。

李婵玉、朱智斌：《改革开放以来我国留学教育发展历程与演进逻辑》，《教育文化论坛》2019 年第 5 期。

李翠霞、许佳彬：《中国农业绿色转型的理论阐释与实践路径》，《中州学刊》2022 年第 9 期。

李德：《从“碎片化”到“整体性”：创新我国基层社会治理运行机制研究》，《吉林大学社会科学学报》2016 年第 5 期。

李宏瑾、唐黎阳：《全球金融危机以来的资本回报率：中国与主要发达国家比较》，《经济评论》2021 年第 4 期。

李井林、阳镇、陈劲：《混合所有制改革与国有企业社会责任——基于量与质双重视角的考察》，《上海经济研究》2021 年第 11 期。

李静、楠玉、刘霞辉：《中国研发投入的“索洛悖论”——解释及人力资本匹配含义》，《经济学家》2017 年第 1 期。

李黎：《贯彻落实总体国家安全观要义分析》，《党政干部论坛》2014 年第 7 期。

李力行、黄佩媛、马光荣：《土地资源错配与中国工业企业生产率差异》，《管理世界》2016 年第 8 期。

李琳、刘莹：《中国区域经济协同发展的驱动因素——基于哈肯模型的分阶段实证研究》，《地理研究》2014 年第 9 期。

李培林、崔岩：《从乡村入手分阶段推进共同富裕的目标和路径》，《学海》2022 年第 1 期。

李培林：《中国式现代化和新发展社会学》，《中国社会科学》2021 年第 12 期。

李鹏飞：《以协同创新推动工业互联网产业高质量发展》，《中国发展观察》2022 年第 12 期。

李实、沈扬扬：《中国的减贫经验与展望》，《农业经济问题》2021 年第 5 期。

李实、朱梦冰：《推进收入分配制度改革　促进共同富裕实现》，《管理世界》2022 年第 1 期。

李燕：《工业互联网平台发展的制约因素与推进策略》，《改革》2019 年第 10 期。

李永友、张子楠：《转移支付提高了政府社会性公共品供给激励吗?》，《经济研究》2017 年第 1 期。

梁海兵：《乡村产业高质量发展的困境与优化：一个嵌入机制的分析框架》，《学海》2022 年第 5 期。

林爱珺、莫继严：《中国信息化发展的历史路径与时代贡献》，《暨南学报》（哲学社会科学版）2023 年第 5 期。

林卡、高红：《中国经济适用房制度发展动力和制度背景分析》，《中国软科学》2007 年第 1 期。

林盼、郭冠清：《监管主体的变迁过程与国有资产监督体系的制度分析》，《上海经济研究》2023 年第 7 期。

林盼：《新型举国体制如何落地：打造以国企为主导的创新平台》，《华东理工大学学报》（社会科学版）2021 年第 4 期。

林盼、朱妍：《工人分化与激励异化：20 世纪 50 年代国营工厂的计件工资制度》，《史林》2015 年第 3 期。

刘朝、袁阡佑：《我国国企与民企共同发展的途径探索》，《社会科学辑刊》2008 年第 6 期。

刘干：《高校班级人数与平均成绩的关系》，《统计与决策》2006 年第 8 期。

刘建军：《论中国特色社会主义创造了人类文明新形态》，《中国社会科学》2023 年第 3 期。

刘军、杨渊鋆、张三峰：《中国数字经济测度与驱动因素研究》，《上海经济研究》2020 年第 6 期。

刘玲：《国有企业社会责任研究——以“企业—政府—社会”关系为框架》，《理论界》2007 年第 9 期。

刘善仕、孙博、葛淳棉等：《人力资本社会网络与企业创新——基于在线简历数据的实证研究》，《管理世界》2017 年第 7 期。

刘守英：《中国式现代化的独特路径》，《经济学动态》2021 年第 7 期。

刘淑春、闫津臣、张思雪：《企业管理数字化变革能提升投入产出效率吗》，《管理世界》2021 年第 5 期。

刘霞辉：《从马尔萨斯到索洛：工业革命理论综述》，《经济研究》2006 年第 10 期。

刘晓静、刘艳丽：《改革开放以来中国托幼服务现状、议题及思考》，《中国软科学》2021 年第 S1 期。

刘英基：《高技术产业技术创新、制度创新与产业高端化协同发展研究——基于复合系统协同度模型的实证分析》，《科技进步与对策》2015 年第 2 期。

刘友金、黄鲁成：《技术创新与产业的跨越式发展——A-U 模型的改进及其应用》，《中国软科学》2001 年第 2 期。

刘跃进：《非传统的总体国家安全观》，《国际安全研究》2014 年第 6 期。

刘长全：《农业农村现代化是建设农业强国的根基》，《红旗文稿》2023 年第 9 期。

刘志彪、孔令池：《从分割走向整合：推进国内统一大市场建设的阻力与对策》，《中国工业经济》2021 年第 8 期。

柳彦：《新中国出国留学工作的先河：简述五、六十年代向苏联派遣留学生工作》，《高等教育学报》1990 年第 3 期。

卢金钟、雅玲：《社会主义市场经济条件下国企与民企共同发展的实现路径》，《理论探讨》2016 年第 3 期。

芦千文、高鸣：《中国农业生产性服务业支持政策的演变轨迹、框架与调整思路》，《南京农业大学学报》（社会科学版）2020 年第 5 期。

陆铭、陈钊：《分割市场的经济增长——为什么经济开放可能加剧地方保护?》，《经济研究》2009 年第 3 期。

逯东、朱丽：《市场化程度、战略性新兴产业政策与企业创新》，《产业经济研究》2018 年第 2 期。

罗斌、刘前锋：《谈我国国有企业的社会责任》，《冶金经济与管理》2006 年第 6 期。

罗平汉：《中国共产党与中国现代化》，《历史研究》2021 年第 2 期。

吕江林：《我国城市住房市场泡沫水平的度量》，《经济研究》2010 年第 6 期。

马丁、陈文颖：《中国 2030 年碳排放峰值水平及达峰路径研究》，《中国人口·资源与环境》2016 年第 S1 期。

马晓河：《推动农业农村现代化与建设农业强国》，《农村金融研究》2023 年第 5 期。

马歇尔·范阿尔斯丁、杰弗里·帕克、桑杰特·保罗·乔达利:《平台时代战略新规则》,《哈佛商业评论》2016 年第 4 期。

毛萍:《国有企业与民营企业融合发展的探索与思考》,《中国市场》2021 年第 20 期。

蒙慧:《从“先富”带动“后富”角度解析区域共同富裕困境》,《西南大学学报》(社会科学版)2013 年第 4 期。

孟捷:《战后黄金年代是怎样形成的——对两种马克思主义解释的批判性分析》,《马克思主义研究》2012 年第 5 期。

孟昭华:《关于协同学理论和方法的哲学依据与社会应用的探讨》,《系统辩证学学报》1997 年第 2 期。

穆虹:《构建高水平社会主义市场经济体制》,《求是》2022 年第 22 期。

楠玉:《新发展格局下提振消费需求的机制、难点与对策》,《经济体制改革》2022 年第 5 期。

楠玉、袁富华:《服务业高端化与增长效率模式重塑——兼论人力资本梯度升级与知识生产消费一体化过程》,《北京工业大学学报》(社会科学版)2021 年第 4 期。

楠玉:《中国迈向高质量发展的人力资本差距——基于人力资本结构和配置效率的视角》,《北京工业大学学报》(社会科学版)2020 年第 4 期。

潘光哲:《想象“现代化”——一九三〇年代中国思想界的一个解剖》,《新史学》2005 年第 1 期。

彭超、刘合光:《“十四五”时期的农业农村现代化:形势、问题与对策》,《改革》2020 年第 2 期。

彭国甫、李树丞、盛明科:《应用层次分析法确定政府绩效评估指标权重研究》,《中国软科学》2004 年第 6 期。

彭圣钦、周晓虹:《现代性的再启与“工业中国”的想象——以 20 世纪 50 年代草明的工业小说为例》,《中央民族大学学报》(哲学社会科学版)2021 年第 6 期。

彭希哲、胡湛:《当代中国家庭变迁与家庭政策重构》,《中国社会科学》2015 年第 12 期。

齐艳红《关系平等主义及其困境——兼析分配平等与社会平等之辨》，《哲学研究》2021 年第 2 期。

钱颖一：《理解经济学研究》，《经济学报》2017 年第 1 期。

钱颖一：《市场与法治》，《经济社会体制比较》2000 年第 3 期。

乔明哲、刘福成：《基于性质与功能的我国国有企业社会责任研究》，《企业社会责任》2010 年第 3 期。

乔明哲、刘福成：《基于性质与功能的我国国有企业性质研究》，《华东经济管理》2010 年第 3 期。

秦玉友、李生滨：《美国班级规模缩减项目：取向与讨论》，《外国教育研究》2010 年第 11 期。

邱泽奇、张樹沁、刘世定等：《从数字鸿沟到红利差异——互联网资本的视角》，《中国社会科学》2016 年第 10 期。

曲丽娜、刘钧霆：《经济政策不确定性、政府补贴与企业创新》，《统计与决策》2022 年第 6 期。

任志江、苏瑞珍：《增强医疗保障减贫效应的再分配实现机制研究——基于改善亲贫性的视角》，《中国行政管理》2020 年第 8 期。

彤新春：《新民主主义革命时期中国共产党的经济探索与发展道路的初步形成》，《经济纵横》2021 年第 6 期。

单豪杰：《中国资本存量 K 的再估算：1952—2006 年》，《数量经济技术经济研究》2008 年第 10 期。

沙健孙：《毛泽东与新中国的经济建设》，《党的文献》2013 年第 1 期。

商华、尹海磊、董大海等：《我国国有企业社会责任实现驱动力研究——基于内生性视角》，《科研管理》2022 年第 10 期。

申远、杨莹、毛李宁等：《我国公立医疗机构国家谈判药品采购使用现状：基于 13 个地区的实证数据分析》，《中国卫生资源》2022 年第 3 期。

申志东：《运用层次分析法构建国有企业绩效评价体系》，《审计研究》2013 年第 2 期。

沈坤荣、施宇：《中国的“有效市场+有为政府”与经济增长质量》，《宏观质量研究》2021年第5期。

沈立人、戴园晨：《我国“诸侯经济”的形成及其弊端和根源》，《经济研究》1990年第3期。

沈扬扬、詹鹏、李实：《扶贫政策演进下的中国农村多维贫困》，《经济学动态》2018年第7期。

沈志渔、刘兴国、周小虎：《基于社会责任的国有企业改革研究》，《中国工业经济》2008年第6期。

史新杰、李实、陈天之、方师乐：《机会公平视角的共同富裕——来自低收入群体的实证研究》，《经济研究》2022年第9期。

司晓、吴绪亮：《产业互联网的演进规律》，《清华管理评论》2019年第4期。

宋德勇、朱文博、丁海：《企业数字化能否促进绿色技术创新？——基于重污染行业上市公司的考察》，《财经研究》2022年第4期。

宋志红、田雨欣、李冬梅：《技术标准竞争研究40年：成就与挑战》，《中国科技论坛》2019年第4期。

孙博文、李雪松、张雨迪：《武汉城市圈多中心协同发展研究》，《区域经济评论》2016年第6期。

滕磊、马德功：《数字金融能够促进高质量发展吗?》，《统计研究》2020年第11期。

汪海波：《中国新民主主义革命时期根据地和解放区的国营工业》，《江西社会科学》1985年第6期。

王海兵：《数字经济的“破坏性”：典型现象及政策建议》，《当代经济管理》2022年第10期。

王晗、李琼：《新中国成立以来中国工业化历程》，《上海经济研究》2023年第8期。

王宏鸣、孙鹏博、郭慧芳：《数字金融如何赋能企业数字化转型？——来自中国上市公司的经验证据》，《财经论丛》2022年第10期。

王宏伟：《总体国家安全观视角下公共危机管理模式的变革》，《行政论坛》2018 年第 4 期。

王开科：《我国战略性新兴产业“阶梯式”发展路径选择——基于马克思资源配置理论视角的分析》，《经济学家》2013 年第 6 期。

王世强：《数字经济中的反垄断：企业行为与政府监管》，《经济学家》2021 年第 4 期。

王未来、李明艳、张美航等：《我国 31 个重点城市 2014—2018 年空气质量变化特征分析》，《中国公共卫生管理》2020 年第 4 期。

王小林、Sabina Alkire：《中国多维贫困测量：估计和政策含义》，《中国农村经济》2009 年第 12 期。

王亚勇：《我国企业使命研究述评》，《对外经贸》2012 年第 8 期。

王瑶、郭冠清、黄志刚：《新中国 70 年党的领导集体对中国经济发展道路的探索》，《上海经济研究》2019 年第 12 期。

王永钦、张晏、章元等：《中国的大国发展道路——论分权式改革的得失》，《经济研究》2007 年第 1 期。

王震：《共同富裕背景下医疗保障的公平性：以职工医保为例》，《经济学动态》2022 年第 3 期。

王震：《新冠肺炎疫情冲击下的就业保护与社会保障》，《经济纵横》2020 年第 3 期。

王志平、吴水丹、李雪：《战略性新兴产业 DEA 效率对比研究——基于国有和民营上市公司面板数据》，《江西师范大学学报》（自然科学版）2017 年第 6 期。

魏后凯：《加快建设农业强国的推进策略与政策建议》，《中国乡村发现》2023 年第 2 期。

魏后凯：《农业农村现代化的内涵、目标和驱动机制》，《新型城镇化》2023 年第 3 期。

魏礼群：《新时代十年我国推进社会治理现代化的重大创新与成就》，《行政管理改革》2023 年第 4 期。

魏小萍：《分配正义的两个抽象原则》，《哲学动态》2015 年第

12 期。

温桂芳：《价格改革 30 年：回顾与思考》，《财贸经济》2008 年第 11 期。

吴非、胡慧芷、林慧妍等：《企业数字化转型与资本市场表现——来自股票流动性的经验证据》，《管理世界》2021 年第 7 期。

吴华强、才国伟、何婧：《新发展格局下的全国统一大市场建设》，《南方经济》2022 年第 7 期。

吴敏、周黎安：《晋升激励与城市建设：公共品可视性的视角》，《经济研究》2018 年第 12 期。

伍健、田志龙、龙晓枫等：《战略性新兴产业中政府补贴对企业创新的影响》，《科学学研究》2018 年第 1 期。

武常岐、张昆贤、周欣雨：《数字化转型、竞争战略选择与企业高质量发展——基于机器学习与文本分析的证据》，《经济管理》2022 年第 4 期。

武力：《中国式现代化的经济史分析》，《近代史研究》2023 年第 1 期。

向国春等：《精准健康扶贫对完善全民医保政策的启示》，《中国卫生经济》2017 年第 8 期。

项久雨：《中国式现代化的理论体系》，《马克思主义研究》2023 年第 3 期。

项冶、张静：《大企业时代国企与民企需融合发展》，《红旗文稿》2012 年第 19 期。

肖冬梅、文禹衡：《在全球数据洪流中捍卫国家数据主权安全》，《红旗文稿》2017 年第 9 期。

肖兴志、王建林：《谁更适合发展战略性新兴产业——对国有企业与非国有企业研发行为的比较》，《财经问题研究》2011 年第 10 期。

肖作平、尹林辉：《我国住房公积金缴存比例的影响因素研究——基于 34 个大中城市的经验证据》，《经济研究》2010 年第 S1 期。

徐传谌、陈黎黎：《中国国有企业特殊社会责任评价体系研究——一个分类推进改革的新标准》，《当代经济管理》2016 年第 9 期。

徐传谌、刘凌波：《我国国有企业特殊社会责任研究》，《经济管理》2010 年第 10 期。

徐清源、单志广、马潮江：《国内外数字经济测度指标体系研究综述》，《调研世界》2018 年第 11 期。

徐毅、巴斯·范鲁文：《中国工业的长期表现及其全球比较：1850—2012 年——以增加值核算为中心》，《中国经济史研究》2016 年第 1 期。

许成刚：《官僚体制中的激励机制问题》，《经济学报》2017 年第 2 期。

许宪春、任雪、常子豪：《大数据与绿色发展》，《中国工业经济》2019 年第 4 期。

许宪春、张美慧：《中国数字经济规模测算研究——基于国际比较的视角》，《中国工业经济》2020 年第 5 期。

薛暮桥：《我国六年来物价和人民生活的变化》，《价格月刊》1986 年第 2 期。

薛岩、彭超：《粮食市场全面放开后的政策调控及其改革方向》，《理论探索》2020 年第 1 期。

闫俊周、齐念念、童超：《政府补贴与金融支持如何影响创新效率？——来自中国战略性新兴产业上市公司的经验证据》，《软科学》2020 年第 12 期。

严雅琦、田莉：《集体土地建设租赁住房的策略：基于“准公共物品”的视角》，《北京规划建设》2021 年第 3 期。

阎书钦：《20 世纪 30 年代中国知识界“现代化”理念的形成及内涵流变》，《河北学刊》2005 年第 1 期。

杨春学：《新古典自由主义经济学的困境及其批判》，《经济研究》2018 年第 10 期。

杨春学：《政府与市场关系的中国视野》，《经济纵横》2018 年第

1 期。

杨春学：《中国模式的独特性——基于政府竞争与企业之间关系的一种考察》，《财经问题研究》2012 年第 10 期。

杨慧梅、江璐：《数字经济、空间效应与全要素生产率》，《统计研究》2021 年第 4 期。

杨亮洁、杨永春、王录仓：《城市系统中的竞争与协同机制研究》，《人文地理》2014 年第 6 期。

杨天宇、朱光：《容错机制能促进国有企业创新吗》，《经济理论与经济管理》2022 年第 10 期。

杨团：《中国长期照护的政策选择》，《中国社会科学》2016 年第 11 期。

杨正权：《中国式现代化理论的形成和发展》，《社会主义论坛》2023 年第 1 期。

于金富：《生产方式变革是建设社会主义新农村的基础工程》，《经济学家》2007 年第 4 期。

余红心、赵袁军、陈青祝：《消费外流、结构失衡与经济发展》，《消费经济》2019 年第 35 期。

余文涛、吴士炜：《互联网平台经济与正在缓解的市场扭曲》，《财贸经济》2020 年第 5 期。

虞和平：《中国早期现代化道路的三大特性》，《近代史研究》2023 年第 1 期。

虞和平：《中国早期现代化道路的探索》，《历史研究》2023 年第 2 期。

袁淳、肖土盛、耿春晓等：《数字化转型与企业分工：专业化还是纵向一体化》，《中国工业经济》2021 年第 9 期。

袁富华、张平、刘霞辉等：《增长跨越：经济结构服务化、知识过程和效率模式重塑》，《经济研究》2016 年第 10 期。

原磊：《认识当前宏观经济形势的四重逻辑》，《价格理论与实践》2023 年第 8 期。

原磊：《以畅通国民经济循环为主构建新发展格局》，《中国井冈山干部学院学报》2020 年第 6 期。

岳中刚：《战略性新兴产业技术链与产业链协同发展研究》，《科学学与科学技术管理》2014 年第 2 期。

张弛、张彩云：《战略性新兴产业的理论基础与演进特征》，《学习与探索》2023 年第 5 期。

张东海：《改革开放前新中国的留学教育》，《比较教育研究》2010 年第 32 卷第 10 期。

张海鹏：《中国城乡关系演变 70 年：从分割到融合》，《中国农村经济》2019 年第 3 期。

张红杰：《我国农业生产方式现代化转变的历史脉络、内在机理和发展对策》，《山东社会科学》2019 年第 8 期。

张杰：《强化国有企业对中国国家自主创新能力体系支撑力的途径与对策》，《河北学刊》2022 年第 6 期。

张杰、周晓艳、李勇：《要素市场扭曲抑制了中国企业 R&D?》，《经济研究》2011 年第 8 期。

张洁、李敦瑞：《中国共产党成立以来关于开放型经济的思想发展与实践探索》，《上海市经济管理干部学院学报》2022 年第 3 期。

张军、樊海潮、许志伟等：《GDP 增速的结构性下调：官员考核机制的视角》，《经济研究》2020 年第 5 期。

张俊：《新中国成立初期中国共产党的留学生统战工作研究（1949—1956）》，《学术探索》2017 年第 5 期。

张立冬：《中国农村多维贫困与精准扶贫》，《华南农业大学学报》（社会科学版）2017 年第 4 期。

张良文、方亚：《2020—2050 年我国城乡老年人失能规模及其照护成本的预测研究》，《中国卫生统计》2021 年第 1 期。

张乃欣：《支点的力量——不同类型企业在产业链供应链中的地位及作用》，《企业管理》2022 年第 5 期。

张强忠、何新月、张攀等：《国有企业社会责任履行的动力机制研究》，《管理案例研究与评论》2022 年第 2 期。

张全红、李博、周强：《中国多维贫困的动态测算、结构分解与精准扶贫》,《财经研究》2017 年第 4 期。

张瑞、郭冠清:《中国共产党对外开放的百年探索及其对构建新发展格局的启示》,《上海经济研究》2021 年第 9 期。

张素峰:《从新中国经济史看中国特色社会主义市场经济理论的六大突破》,《长江论坛》2022 年第 2 期。

张卫国、任燕燕、花小安:《地方政府投资行为、地区性行政垄断与经济增长——基于转型期中国省级面板数据的分析》,《经济研究》2011 年第 8 期。

张晓晶、李成、李育:《扭曲、赶超与可持续增长——对政府与市场关系的重新审视》,《经济研究》2018 年第 1 期。

张昕蔚:《数字经济条件下的创新模式演化研究》,《经济学家》2019 年第 7 期。

张永安、邬龙:《战略性新兴产业发展三阶段划分及评价研究:基于技术效率的视角》,《科技管理研究》2015 年第 19 期。

张紫驰:《中国共产党对中国式现代化的百年探索》,《大庆社会科学》2023 年第 2 期。

张自然、陆明涛:《全要素生产率对中国地区经济增长与波动的影响》,《金融评论》2013 年第 1 期。

赵峰、周慧珍:《有效市场、有为政府与党对经济工作的集中统一领导》,《学习与探索》2021 年第 6 期。

赵晶、刘玉洁、付珂语等:《大型国企发挥产业链链长职能的路径与机制——基于特高压输电工程的案例研究》,《管理世界》2022 年第 5 期。

赵涛、张智、梁上坤:《数字经济、创业活跃度与高质量发展——来自中国城市的经验证据》,《管理世界》2020 年第 10 期。

赵学军、钟李隽仁:《中国共产党的共同富裕思想与实践》,《经济思想史学刊》2022 年第 3 期。

郑风田:《农村现代化:乡村振兴的重要一步》,《中国报道》2017 年第 12 期。

郑世林、周黎安、何维达:《电信基础设施与中国经济增长》,

《经济研究》2014 年第 5 期。

中国式现代化研究课题组：《中国式现代化的理论认识、经济前景与战略任务》，《经济研究》2022 年第 8 期。

钟燕、张翼：《新生代农民工子女受教育权的实现与完善——以广州市积分入户政策为例》，《教育导刊》2016 年第 2 期。

周慧、岳希明：《中国国民收入分配格局的现状与国际比较》，《国际税收》2019 年第 10 期。

周黎安：《“官场+市场”与中国增长故事》，《社会》2018 年第 2 期。

周绍东：《“普照的光”如何发挥作用？——公有制经济规范和引导非公资本发展的路径》，《河北经贸大学学报》2023 年第 3 期。

周升起、胡玉峰：《数字技术应用与服务业全球价值链参与度实证研究——基于“金砖国家”GVCs 长度的比较》，《重庆理工大学学报》（社会科学版）2022 年第 6 期。

周雄伟、肖咏龙、杨鑫浩：《工业软件国产化替代创新突破路径与激励机制》，《科技导报》2023 年第 6 期。

朱庆芳：《小康社会指标体系及 2000 年目标的综合评价》，《中国社会科学》1992 年第 1 期。

竹志奇等：《人口老龄化与地方政府债务风险——基于财政“四本账”的机制梳理与综述》，《财政研究》2022 年第 8 期。

住房和城乡建设部：《增加保障性住房供给努力实现全体人民住有所居》，《住宅产业》2021 年第 9 期。

陈茂林：《中国式现代化的独特性与创新性》，《中国社会科学报》2023 年 7 月 26 日。

成德宁：《加快从人口大国转向人力资源强国》，《光明日报》2023 年 6 月 6 日。

董玮、秦国伟：《农村现代化的深刻内涵与推进路径》，《安徽日报》2020 年 12 月 29 日。

洪群联：《把握现代化产业体系要素及特征》，《经济日报》2023

年8月14日。

洪蔚：《改革开放以来科技政策大事记》，《中国科学报》2012年3月5日。

洪晓楠：《深刻把握“第二个结合”的精髓要义》，《中国社会科学报》2023年6月15日。

黄群慧：《厚植中国式现代化的实体经济根基》，《光明日报》2022年10月25日。

黄群慧、杨虎涛：《中国式现代化道路的特质与世界意义》，《人民日报》2022年3月25日。

黄群慧：《以高质量发展推进中国式现代化》，《经济日报》2022年10月27日。

黄群慧：《中国式现代化道路新在哪里》，《人民日报》2022年10月10日。

黄群慧：《中国式现代化的重大创新意义与光明经济前景》，《中国社会科学报》2023年3月2日。

吕炜、刘欣琦：《完善支持人口高质量发展的财政政策》，《光明日报》2023年6月6日。

马建堂：《全面认识我国在世界经济中的地位》，《人民日报》2011年3月17日。

任仲平：《增强实现中华民族伟大复兴的精神力量》，《人民日报》2023年6月4日。

杨开忠：《加快从生产型城市向生活型城市转变》，《天津日报》2021年2月5日。

杨永强：《深刻理解构建人类命运共同体理念的内涵》，《中国社会科学报》2023年7月27日。

张明梅、廖颖、兰翔：《农业农村现代化评价指标体系研究》，《中国信息报》2022年12月2日。

朱太辉、张彧通：《中小企业数字化转型：政策框架与优化方向》，《金融时报》2023年4月3日。

外文文献

Abdul-Nasser, et al. , "Green Innovation and Organizational Performance: The Influence of Big Data and the Moderating Role of Management Commitment and HR Practices-Science Direct", *Technological Forecasting and Social Change*, 2019, 144: 483-498.

Abel, A. B. , "Will Bequests Attenuate the Predicted Meltdown in Stock Prices When Baby Boomers retire?", *Review of Economics and Statistics*, 2001, 83 (4): 589-595.

Abernathy, W. J. , Utterback, J. M. , "Patterns of Industrial Innovation", *Technology Review*, 1978, 80 (7) .

Acemoglu, D. , Restrepo, P. , "The Race Between Machine and Man: Implications of Technology for Growth, Factor Shares and Employment", NBER Working Papers, 2016.

Alan Peacock, Alex Scott, "The Curious Attraction of Wagner's Law", *Public Choice*, 2000, 102: 1-17.

Alkire, S. , "Choosing Dimensions: The Capability Approach and Multidimensional Poverty", MPRA Paper, No. 8862, https://mpra. ub. uni-muenchen. de/8862/, 2008.

Amaral, P. S. , "The Demographic Transition and the Asset Supply Channel", *European Economic Review*, 2023, 151: 104317.

Anderson, P. , Tushman, M. L. , "Technological Discontinuities and Dominant Designs: A Cyclical Model of Technological Change", *Administrative Science Quarterly*, 1990, 35 (4): 604-633.

Arthur M. Schlesinger, "The Inscrutability of History", in Stephen Vaughn ed. , *The Vital Past: Writings on the Uses of History*, Athens: The University of Georgia Press, 1985, p. 314.

Ashish Vaswani, et al. , "Decentralized Attention Is All You Need", 2017, https://arxiv. org/abs/1706. 03762.

Atrostic, B. K. , Sang, V. N. , "It and Productivity in U. S. Manufacturing: Do Computer Networks Matter?", *Economic Inquiry*, 2010, 43

(3): 493-506.

Avi Goldfarb, Catherine Tucker, "Digital Economics", *Journal of Economic Literature*, 2019, 57 (1): 3-43.

Bai, C., Hsieh C., and Song Z., 2019, "Special Deals with Chinese Characteristics", *NBER Macroeconomics Annual 2019*, University of Chicago Press, 34 (1): 341-379.

Bakshi, G. S., Chen, Z., "Baby Boom, Population Aging, and Capital Markets", *Journal of Business*, 1994: 165-202.

Benjamin H. Bratton, *The Stack: On Software and Sovereignty*, Cambridge: The MIT Press, 2015, p. 52.

Blanchard, O., and A. Shleifer, 2001, "Federalism with and without Political Centralization: China Versus Russia", *IMF Staff Papers*, 48 (4): 171-179.

Brooks, R., "Asset-market Effects of the Baby Boom and Social-security Reform", *American Economic Review*, 2002, 92 (2): 402-406.

Brynjolfsson, E., "The Productivity Paradox of Information Technology", *Communications of the ACM*, 1992, 36 (12): 66-77.

Caves, D. W., et al., "The Economic Theory of Index Numbers and the Measurement of Input and Output and Productivity", *Econometrica*, 1982, 50: 1393-1414.

Chen, T., and J. K. Kung, 2019, "Busting the 'Princelings': The Campaign Against Corruption in China's Primary Land Market", *The Quarterly Journal of Economics*, 134 (1), 185-226.

Coelli, T. J., et al., "An Introduction to Efficiency and Productivity Analysis", Springer US, 2005.

Danial Lerner, The Passing of Traditional Society: Modernizing the Middle East, the Paperback edition, New York: The Free Press, 1964, p. 46.

David, P. A., "The Dynamo and the Computer: An Historical Perspective on the Modern Productivity Paradox", *American Economic Review*,

1990, 80 (2): 355-361.

David W. Pearce, *The Macmillan Dictionary of Modern Economics*, London: The Macmillan Press LTD, 1981, p. 271.

Davis, E. P., Li, C., "Demographics And Financial Asset Prices In The Major Industrial Economies", *Economics and Finance Section, School of Social Sciences*, Brunel University, 2003.

Dean C. Tipps, "Modernization Theory and the Comparative Study of Societies: A Critical Perspective", *Comparative Studies in Society and History*, Vol. 15, No. 2, 1973, p. 208.

Donella H. Meadows, et al., *The Limits to Growth: A Report for the Club of Rome's Project on the Predicament of Mankind*, New York: New American Library, Inc., 1972, pp. x-xi.

Dong, X., Mcintyre, S. H., "The Second Machine Age: Work, Progress, and Prosperity in a Time of Brilliant Technologies", *Quantitative Finance*, 2014, 14 (11): 380-383.

Eberstadt, N., "What History Tells Us about Corporate Responsibility", *Business and Society Review*, 1973, 7: 76-81.

Eiko Ikegami, *The Taming of the Samurai: Honorific Individualism and the Making of Modern Japan*, Cambridge: Harvard University Press, 1997, p. 11.

Erik, Brynjolfsson, Lorin, et al., "Paradox Lost? Firm-Level Evidence on the Returns to Information Systems Spending", *Management Science*, 1996, 42 (4): 541-558.

Ernesto Laclau & Chantal Mouffe, *Hegemony & Socialist Strategy: Towards a Radical Democratic Politics*, London: Verso, 1985, p. 176.

Fagereng, A., et al., "Asset Market Participation and Portfolio Choice over the Fife-Cycle", *The Journal of Finance*, 2017, 72 (2): 705-750.

Fan, Joseph, Romdall Morch and Bernard Yeung, "Capitalizing China", NBER Working Paper, No. 17687, 2011.

Feldstein, M., "Rethinking Social Insurance", *The American Economic Review*, 2005, 95 (1): 1-24.

Francke, M., Korevaar, M., "Baby Booms and Asset Booms: Demographic Change and the Housing Market", Available at SSRN 3368036, 2022.

Färe, R., et al., "Multilateral Productivity Comparisons When Some Outputs are Undesirable: A Nonparametric Approach", *Review of Economics and Statistics*, 1989, 71 (1): 90.

Färe, R., et al., "Productivity Growth, Technical Progress, and Efficiency Change in Industrialized Countries", *American Economic Review*, 1994, 84 (1): 66-83.

Geanakoplos, J., et al., "Demography and the Long-run Predictability of the Stock Market", *Brookings Papers on Economic Activity*, 2004, 2004 (1): 241-325.

Goyal, A., "Demographics, Stock Market Flows, and Stock Returns", *Journal of Financial and Quantitative Analysis*, 2004, 39 (1): 115-142.

Graetz, G., Michaels, G., "Robots at Work", *Review of Economics and Statistics*, 2018, 100 (5): 753-768.

Grosh, Margaret, Carlo del Ninno, Emil Tesliuc, and Azedine Ouerghi, "For Protection and Promotion: The Design and Implementation of Effective Safety Nets", World Bank, Washington, D. C., 2008, pp. 2-3.

Hallward-Driemeir, M., and L. Pritchett, 2015, "How Business is Done in the Developing World: Deals versus Rules", *Journal of Economic Perspective*, 29 (3): 121-140.

Hartigh, E. D., Ortt, J. R., Kaa, G., et al., "Platform Control During Battles for Market Dominance: The Case of Apple versus IBM in the Early Personal Computer Industry", *Technovation*, 2016, 48-49.

Hinton, Geoffrey E., et al., "A Fast Learning Algorithm for Deep

Belief Nets", *Neural Computation*, 2006, 18 (7): 1527-1554.

Hsieh, C., and P. J. Klenow, 2009, "Misallocation and Manufacturing TFP in China and India", *Quarterly Journal of Economics*, 124 (4): 1403-1448.

John E. Roemer, *A Future of Socialism*, Cambridge: Harvard University Press, 1994, pp. 49-51.

J. Q. Su, et al., "Does the Digital Economy Promote Industrial Structural Upgrading? —A Test of Mediating Effects Based on Heterogeneous Technological Innovation", *Sustainability*, 2021 (18): 10105.

Kang, C., Hu, R., "Age Structure of the Population and thc Choice of Household Financial Assets", *Economic Research - Ekonomska Istraživanja*, 2022, 35 (1): 2889-2905.

Katz, L., Shapiro, C., "Technology Adoption in the Presence of Network Externalities", *Journal of Political Economy*, 1986, 94 (4): 822-841.

Klenow, H. P. J., "Misallocation and Manufacturing TFP in China and India", *Quarterly Journal of Economics*, 2009 (4): 1403-1448.

Lau, L. J., Qian Y., and G. Roland, 2000, "Reform without Losers: An Interpretation of China's Dual-Track Approach to Transition", *Journal of Political Economy*, 108 (1): 120-143.

Liu, W., Poonpolkul, P., "Demographic Impacts on Life Cycle Portfolios and Financial Market Structures", *Centre for Applied Macroeconomic Analysis*, *Crawford School of Public Policy*, The Australian National University, 2020.

Marion J. Levy, *Modernization and the Structure of Societies: A Setting for International Affair*, Vol. 2, Princeton: Princeton University Press, 1966, p. 709.

Michele Barrett, *Women's Oppression Today: Problems in Marxist Feminist Analysis*, London: Veso, 1986, pp. 248, 252.

Miller, G. A., "The Magical Number Seven Plus or Minus Two:

Some Limits on Our Capacity for Processing Information", *The Psychological Review*, 1956, 63 (2): 81-97.

Milton Friedman, "Comment on Tobin", *The Quarterly Journal of Economics*, 1970.

Montinola, G., Qian, Y., and B. R. Weingast, 1995, "Federalism, Chinese Style: The Political Basis for Economic Success in China", *World Politics*, 48 (1): 50-81.

Mubarak, M. F., et al., "How Industry 4.0 Technologies and Open Innovation can Improve Green Innovation Performance?", *Management of Environmental Quality An International Journal*, 2021, ahead-of-print.

Oliner, S., Sichel, D., "Computers and Output Growth Revisited: How Big Is the Puzzle?", *Brookings Papers on Economic Activity*, 1994, 25 (2): 273-334.

Olley, G. S., Pakes, A., "The Dynamics of Productivity in the Telecommunications Equipment Industry", *Econometrica*, 1996 (6): 1263-1297.

Peter Berger, *The Capitalist Revolution: Fifty Propositions about Prosperity, Equality, and Liberty*, New York: Basic Books, Inc., 1986, p. 141.

Poterba, J. M., "Demographic Structure and Asset Returns", *Review of Economics and Statistics*, 2001, 83 (4): 565-584.

Poterba, J., "The Impact of Population Aging on Financial Markets", National Bureau of Economic Research, Inc, 2004.

Quinn, J. B., et al., "Leveraging Intellect", *IEEE Engineering Management Review*, 1997, 25 (2): 65-79.

Robert N. Bellah, *Tokugawa Religion: The Value of Pre-Industrial Japan*, Boston: Beacon Press, 1970, pp. 194-197.

Robeyns, I., "Selecting Capabilities for Quality of Life Measurement", *Social Indicators Research*, 2005, 74 (1): 191-215.

Robeyns, I., "The Capability Approach in Practice", *Journal of Po-*

litical Philosophy，2006，14（3）：351-376.

Roller，L. H.，Waverman，L.，“Telecommunications Infrastructure and Economic Development：A Simultaneous Approach”，*American Economic Review*，2001，91（4）：909-923.

Rui Xie，Jiayu Fang，Cenjie Liu，“The Effects of Transportation Infrastructure on Urban Carbon Emissions”，*Applied Energy*，Vol. 196，2017，pp. 199-207.

Saaty，R. W.，“The Analytic Hierarchy Process—What it is and How it is Used”，*Mathematical Modelling*，1987，9（3-5）：161-176.

Saaty，T. L.，“A Scaling Method for Priorities in a Hierarchical Structures”，*Journal of Mathematical Psychology*，1977，6（15）：234-281.

Samuel P. Huntington，“The Change to Change：Modernization，Development，and Politics”，*Comparative Politics*，Vol. 3，No. 3，1971，p. 292.

Saoussen Bargaoui，Naoufel Liouane，Fethi Zouheir Nouri，“Environmental Impact Determinants：An Empirical Analysis based on the STIRPAT Model”，*Procedia - Social and Behavioral Sciences*，Vol. 109，2014，pp. 449-458.

Schieber，S.，Shoven，J.，“The Economics of US Retirement Policy：Current Status and Future Directions”，*Public Policy Toward Pensions*，1997：1-39.

Sen，A. K.，“Capabilities，Lists，and Public Reason：Continuing the Conversation”，*Feminist Economics*，2004，10（3）：77-80.

Sen，A. K.，“Poverty：An Ordinal Approach to Measurement”，*Econometrica*，1976，44（2）：219-231.

Sen，A. K.，“Poor，Relatively Speaking”，*Oxford Economic Papers*，1983，35（2）：153-169.

Sen，A. K.，*Development as Freedom*，Oxford University Press，1999.

Sethi，Prakash，“Dimensions of Corporate Socias Performance：An Analytic Framework”，*California Management Review*，1975，17：58-64.

Shardul Agrawala, "Context and Early Origins of the Intergovernmental Panel on Climate Change", *Climatic Change*, Vol. 39, No. 4, 1998, pp. 605–620.

Shmuel N. Eisenstadt, *Japanese Civilization: A Comparative View*, Chicago: The University of Chicago Press, 1996, p. 3.

Sonker, I., Tripathi, J. N., Singh, A. K., "Landslide Susceptibility Zonation Using Geospatial Technique and Analytical Hierarchy Process in Sikkim Himalaya", *Quaternary Science Advances*, 2021, 4 (2021): 100039.

Talcott Parsons, *Social Systems and the Evolution of Action Theory*, New York: Free Press, 1977, pp. 289–320.

Talcott Parsons, *The System of Modern Societies*, New–Jersey: Prentice–Hall, Inc., 1971, p. 114.

Tapscott, D., *The Digital Economy: Promise and Peril in the Age of Networked Intelligence*, New York: McGraw–Hill, 1996.

Ulrich, D., "A New Mandate for Human Resources", *Harvard Business Review*, 1998, 76: 124–135.

Wang, X., Tang, H., Zheng, K., et al., "Detection of Compromised Accounts for Online Social Networks Based on a Supervised Analytical Hierarchy Process", *IET Information Security*, 2020, 14 (4): 401–409.

Weyl, Eric Glen, et al., "Decentralized Society: Finding Web3's Soul", 2022, SSRN–ID 4105763.

Wilbert E. Moore, *Social Change*, 2nd ed., Englewood Cliffs: Prentice–Hall, Inc., 1974, pp. 94–102.

W. F. Wertheim, *East – West Parallels: Sociological Approaches to Modern Asia*, Hague: W. Van Hoeve Ltd., 1964, p. 262.

Yanan Wang, Yanqing Kang, Juan Wang, Linan Xu, "Panel Estimation for the Impacts of Population–related Factors on CO_2 Emissions: A Regional Analysis in China", *Ecological Indicators*, Vol. 78, No. 6, 2017, pp. 322–330.

Y. Kaya, "Impact of Carbon Dioxide Emission Control on GNP

Growth: Interpretation of Proposed Scenarios", Paper Presented to the IPCC Energy and Industry Subgroup, 1990.

Zhang, X., and Tan K., 2007, "Incremental Reform and Distortions in China's Product and Factor Markets", *The World Bank Economic Review*, 21 (2): 279-299.

后　记

《中国经济报告（2023）》是中国社会科学院经济研究所集体撰写的第四本年度中国经济发展报告。自2020年始，中国社会科学院经济研究所决定每年撰写一本既覆盖全所研究范围又针对某方面现实重大问题进行集中研究论述的年度经济发展报告。2020年主题是中国经济高质量发展，2021年主题是迈向现代化新征程，2022年主题是推进共同富裕。《中国经济报告》连续出版三年后，取得良好社会反响。

《中国经济报告（2023）》的主题是推进中国式现代化。习近平总书记在党的二十大上发出号召："从现在起，中国共产党的中心任务就是团结带领全国各族人民全面建成社会主义现代化强国、实现第二个百年奋斗目标，以中国式现代化全面推进中华民族伟大复兴。"中国式现代化理论，是党的二十大的一个重大理论创新，是科学社会主义的最新重大成果。中国式现代化，深深植根于中华优秀传统文化，体现科学社会主义的先进本质，借鉴吸收一切人类优秀文明成果，代表人类文明进步的发展方向，展现了不同于西方现代化模式的新图景，是一种全新的人类文明形态。本报告是经济研究所的研究人员从各个学科视角对中国式现代化理论问题和实践问题的深入思考与探究。

由于本报告是集体研究成果，各章之间的逻辑关系可能还有待进一步加强，各章质量水平可能会有差异，在此诚恳欢迎读者批评指正。

本报告是中国社会科学院国家治理领域重大创新项目"中国经济高质量发展的新挑战新任务"（项目编号：2023YZD006）的阶段性成果。报告出版得到了中国社会科学出版社的大力支持，在此表示感谢！